Holger H. Schweizer

Das große Heimwerkerbuch

Holger H. Schweizer

Das große Heimwerkerbuch

Geräte, Techniken, Materialien

289 Farbfotos
66 Tabellen
389 Zeichnungen

Ulmer

Powerd by
BOSCH

Holger H. Schweizer ist seit den 50er Jahren ambitionierter Heimwerker. In den 60er Jahren schrieb er Fachartikel für deutsche, englische und amerikanische Modellbauzeitschriften. Für die Robert Bosch GmbH war er in verschiedenen Geschäftsbereichen im In- und Ausland tätig, davon 20 Jahre im Geschäftsbereich Elektrowerkzeuge. Während dieser Zeit erstellte er zahlreiche technische Publikationen zu den Themen Kraftfahrzeugtechnik und handgeführte Maschinenwerkzeuge.

Titelfotos: Bosch
Bildquellen:
Lorch Schweißtechnik, Auenwald: Abb. Seite 305, 307 rechts oben und unten, 308, 309 rechts alle, 313, 314;
Jentner, Günther, Eschachried: Abb. Seite 231;
Schweizer, Holger H., Ditzingen: Abb. Seite 118 oben Mitte, rechts, 120 rechts, 147 links, 189, 277, 279 rechts, Mitte, unten, 280 links, Mitte, unten, 310 links, Mitte, rechts;
alle anderen Abbildungen stammen, wenn nicht anders vermerkt, von der Robert Bosch GmbH, Geschäftsbereich Elektrowerkzeuge, Leinfelden-Echterdingen

Die Piktogramme erstellte Artur Piestricow, Stuttgart.

Bibliografische Information der Deutschen Nationalbibliothek
Die Deutsche Nationalbibliothek verzeichnet diese Publikation in der Deutschen Nationalbibliografie; detaillierte bibliografische Daten sind im Internet über http://dnb.d-nb.de abrufbar.

Wollgrasweg 41, 70599 Stuttgart (Hohenheim)
E-Mail: info@ulmer.de
Internet: www.ulmer.de
Lektorat: Werner Baumeister
Herstellung: Gabriele Wieczorek
Umschlagentwurf: Atelier Reichert, Stuttgart
Layout und DTP: Atelier Reichert, Stuttgart
Druck und Bindung: Firmengruppe APPL, aprintadruck, Wemding
Printed in Germany

ISBN 978-3-8001-7594-9

Die in diesem Buch enthaltenen Empfehlungen und Angaben sind vom Autor mit größter Sorgfalt zusammengestellt und geprüft worden. Eine Garantie für die Richtigkeit der Angaben kann aber nicht gegeben werden. Autor und Verlag übernehmen keinerlei Haftung für Schäden und Unfälle.
Der Inhalt entspricht dem Stand der Technik zum Zeitpunkt der Drucklegung. Wie bei anderen technischen Geräten können von Elektrowerkzeugen Gefahren ausgehen, wenn sie zweckentfremdet werden oder fehlerhaft bedient werden. Die im Inhalt beschriebenen Texte, Darstellungen und Arbeitsvorgänge wurden mit großer Sorgfalt erstellt, erheben aber keinen Anspruch auf Vollständigkeit. Aus ihnen können keine Haftungsansprüche hergeleitet werden.
Zur besseren Übersicht sind in einigen Abbildungen die Werkzeuge ohne ihre Schutzhauben und Schutzeinrichtungen dargestellt. In der Praxis dürfen diese Schutzeinrichtungen niemals entfernt oder manipuliert werden!
Beim Umgang mit den im Inhalt angegebenen Geräten sind die geltenden Regeln entsprechend der Betriebsanleitungen und der Sicherheitsvorschriften zu beachten. Wo der Gesetzgeber, Arbeitsschutzorganisationen oder Berufsgenossenschaften abweichende Bedienungsvorschriften vorschreiben sind diese verbindlich und müssen befolgt werden. Dies gilt auch für künftige Änderungen und Ergänzungen.
Sofern im Inhalt geschützte Markenzeichen genannt werden, dienen sie als Beispiele und sind nicht besonders gekennzeichnet. Sie stellen somit keine Bewertung dar. Die im Inhalt erwähnten Normen wurden zum besseren Verständnis vereinfacht dargestellt. Maßgebend ist jedoch stets die neueste Fassung, die bei der VDE-Verlag GmbH, Bismarckstraße 33, 10625 Berlin, und der Beuth Verlag GmbH, Burggrafenstraße 6, 10787 Berlin, erhältlich ist.
Wir danken der Firma Robert Bosch GmbH, Geschäftsbereich Elektrowerkzeuge, für die großzügige Unterstützung mit Bildmaterial und technischen Detailinformationen. Dank gilt auch der Firma Lorch Schweißtechnik GmbH für die Bereitstellung von Bild und Informationsmaterial und der Firma R+G Kunststofftechnik. Für Beiträge zu den Themen Oberflächenbearbeitung und Befestigungstechnik danken wir Herrn Erwin Ritz.
Besonderer Dank gebührt Herrn Torsten Kühlcke von der Robert Bosch GmbH für die fachliche Betreuung des Buchprojektes.

Vorwort

Der Mensch hat zwei Hände mit zusammen 10 Fingern. Sie enthalten 52 Knochen, 40 Hauptgelenke, 90 Bänder und Sehnen. Außerdem viele Nervenbahnen und unzählige Hautsensoren. Biomechanische Meisterwerke der Natur, die ein Leben lang halten sollen. Und daher viel zu schade für grobe manuelle Arbeit. Sie sind besser geeignet für das kreative Führen und Lenken: Die Schwerarbeit sollen Maschinen machen!

Im Jahre 1895 war es soweit: Das erste handgeführte Elektrowerkzeug kam auf den Markt. Eine mit 7 kg gerade noch „handliche" Bohrmaschine mit bescheidenen 60 Watt Leistungsaufnahme und der beachtlichen Bohrleistung von 4 mm in Stahl. Eine Leistung die heute lächerlich erscheint. Die damalige Alternative war aber der handbetriebene „Drillbohrer" mit Kurbel und Brustplatte.

Heute stehen dem handwerklich kreativen Heimwerker hunderte von leistungsfähigen Elektrowerkzeugen zur Verfügung, für jede Arbeitsaufgabe das passende Gerät. Aber der Arbeitserfolg ist immer noch vom Anwender selbst abhängig. Er muss wissen, wie man mit dem Werkzeug umgeht und wie man es optimal einsetzt.

Die Betriebsanleitung vermittelt Grundsätzliches, kann aber nur eine Basisinformation sein. Erst die Erfahrung und die Kenntnis von Tipps und Tricks ermöglichen ein optimales Arbeitsergebnis.

Das Große Bosch-Heimwerkerbuch ist eine Sammlung praktischer Erfahrungen. Neben den Basisfunktionen von Elektrowerkzeugen und der Beschreibung der wichtigsten Werkstoffeigenschaften ist der Hauptanteil des Buches der Praxis gewidmet. Die darin beschriebenen Anwendungshinweise, Tipps und Tricks sind ausnahmslos erprobt und haben sich bewährt. Sie sind sowohl eine Hilfe für den ambitionierten Anfänger als auch eine Wissensergänzung für den erfahrenen Heimwerker. In einem abschließenden Kapitel werden beispielhaft Sonderaufgaben dargestellt und wie man sie löst. Selbstverständlich kommt die Sicherheit nicht zu kurz. Neben allgemeinen Informationen finden sich in jedem Praxisthema Hinweise, was bei der jeweiligen Anwendung besonders zu beachten ist.

Die reichhaltige Ausstattung mit Abbildungen und technischen Daten wurde durch den Geschäftsbereich Elektrowerkzeuge der Firma Robert Bosch GmbH ermöglicht. Ihr gebührt an dieser Stelle besonderer Dank.

Der Autor wünscht allen Heimwerkern ein erfolgreiches und sicheres Umsetzen ihrer Kreativität mit Elektrowerkzeugen.

Ditzingen, im Frühjahr 2012

Holger H. Schweizer

Basics – was man wissen muss!

Werkstoffe

Heimwerkerpraxis

BOSCH

Basics – was man wissen muss!

Warum Elektrowerkzeuge?

Ein Rundgang in einem alten Schloss, einer jahrhundertealten Kirche oder einfach auf einer Antiquitätenmesse beweist uns, welche hervorragenden handwerklichen Arbeiten vor der Erfindung der Elektrizität und deshalb mit Handwerkzeugen gefertigt wurden. Warum sollte also der Heimwerker in der heutigen Zeit Elektrowerkzeuge benutzen? Eine Frage, auf die es mehrere Antworten gibt.

Zeitersparnis

Wohl der wichtigste Grund: Zeit ist heutzutage ein sehr kostbares Gut. Wenn man beispielsweise eine Tischplatte der Länge nach zusägen will und als Handwerkszeug nur ein gewöhnlicher Fuchsschwanz zur Verfügung steht, geht schnell eine Viertelstunde vorbei, während der schnelle Schnitt mit der elektrischen Handkreissäge nur Sekunden dauert.

Arbeitsqualität

Freihand Sägen muss man können. Was bei einem erfahrenen Handwerker leicht aussieht, kann für den weniger geübten Heimwerker zum Alptraum werden: Das Sägeblatt verläuft entlang der Schnittlinie, die Kante wird nicht sauber und gerade, womöglich beschädigt man das künftige Werkstück. Entlang einer Führungsschiene oder mit dem Parallelanschlag sägt die elektrische Handkreissäge dagegen sauber und exakt gerade.

Ermüdungsfrei

Nicht jeder Heimwerker hat den Bizeps eines Kraftsportlers. Wer mit dem Fuchsschwanz schon einmal ein meterlanges Brett der Länge nach durchgesägt hat, wird sofort und ohne Einschränkung bestätigen, dass diese Arbeit ziemlich in die Oberarme geht und deshalb eine längere Pause fällig wird.

Elektrowerkzeuge brauchen keine Pause. Entspannt kann deshalb ein Arbeitsgang auf den Anderen folgen, ohne dass die Konzentration durch Ermüdung leidet. Dieses Beispiel ist nur eins von Vielen. Ob gebohrt, geschliffen oder gehobelt wird, überall ist das Elektrowerkzeug schneller, exakter und ermüdungsfreier. Manche Arbeitsgänge, wie beispielsweise Fräsen oder Drechseln, sind ohne Maschinenwerkzeuge sogar undenkbar.

Neue Arbeitsfelder

Elektrowerkzeuge ermöglichen Arbeiten, die manuell nur unbefriedigend oder gar nicht durchgeführt werden können. Die folgenden Beispiele sollen dies verdeutlichen. Früher musste bei Wandbefestigungen mit Hammer und Meißel ein konisch hinterschnittenes Loch in die Wand gemeißelt werden. Dort hinein wurde ein sogenanntes Dübelholz, ein trapezförmiger Abschnitt einer Dachlatte eingegipst. Einige Stunden später konnte man dann eine Schraube in das Dübelholz eindrehen. Die dann aufkommenden Dübel heutiger Art benötigten ein passgenaues zylindrisches Loch. Mit dem Hand-Dübelbohrer und einem schweren Hammer keine leichte Aufgabe, wenn es in harten Beton ging. Unter gleichzeitigem Drehen und kräftigen Hammerschlägen ging es leidlich und so mancher Schlag daneben sorgte für den bekannten blauen Heimwerkerdaumen!

Heißluftapplikationen sind ein anderes Thema. Wie lässt sich ein gezielter und temperaturgenauer Heißluftstrom ohne elektrisches Heißluftgebläse erzeugen, um beispielsweise Kunststoffe zu verformen oder Schrumpfschläuche aufzuziehen?

Metallverbindungen (Löten oder Schweißen) sind für den Heimwerker ohne elektrische Werkzeuge wie Lötkolben oder Schweißgeräte kaum denkbar.

Unabhängigkeit

Unabhängigkeit und Einsatzbereitschaft an jedem Ort zu jeder Zeit war lang eine Domäne des klassischen „Hand“werkszeugs. Diese Zeiten sind Vergangenheit. Elektrowerkzeuge sind heute nicht mehr an die Steckdose gebunden. Nahezu alle klassischen Arbeiten mit netzgespeisten Elektrowerkzeugen kann man auch kabellos erledigen, und das auch unter extremen Bedingungen: Bei der Montage von Fixseilen am Mt. Everest verließ sich das sächsische Expeditionsteam von 1996 auf den Akku-Bohrhammer von Bosch und ein Solar-Ladegerät.

Heute ermöglichen leistungsstarke Akkusysteme wie die Lithium-Ionen-Technik dem Netzgerät vergleichbare Leistungen auch dort, wo es keinen Netzanschluss gibt: Im Außenbereich, auf der Hochseeyacht oder auch im Haushalt, wo das Netzkabel oft hinderlich ist.

Welche Elektrowerkzeuge braucht man?

Ein Rundgang im Baumarkt oder Eisenwarengeschäft zeigt eine schier unübersichtliche Auswahl an Elektrowerkzeugtypen, noch dazu in den unterschiedlichsten Qualitäts- und Preisklassen. Vor diese Auswahl gestellt ist der künftige Heimwerker oft ratlos. Soll er als Anfänger zunächst mit dem billigsten Werkzeug beginnen oder gleich auf hohe Qualität wert legen? Soll er im Baumarkt einkaufen oder sich in einem Fachgeschäft für Handwerkerbedarf ausführlich beraten lassen? Oder wie wäre es zunächst mit einem No-Name-Schnäppchen vom Discounter? Hier ein paar Hinweise, auf was man achten muss, damit man die richtige Wahl treffen kann.
Die heute auf dem Markt erhältlichen Elektrowerkzeuge lassen sich grob in drei Kategorien einteilen:

→ No-Name-Geräte
→ Marken-Heimwerkergeräte
→ Handwerkergeräte

No-Name-Geräte
Geräte dieser Kategorie stellen die unterste Preisklasse dar. Sie werden meist von Kleinstbetrieben in Drittländern unter fragwürdigen Arbeitsbedingungen produziert und dann über Importeure billig auf den Markt gebracht. Über die Qualität und die Umweltverträglichkeit der verwendeten Materialen werden oft keine Angaben gemacht, man erkennt sie aber meist durch den penetranten Geruch. Sie unterliegen nicht den strengen Richtlinien der EU. Möglicherweise enthalten die verwendeten Kunststoffe das Krebsgift PCB und die Farbpigmente das gefährliche Schwermetall Cadmium.
No-Name-Produkte erscheinen auf den ersten Blick preisgünstig. In Wirklichkeit sind sie billig und teuer zugleich – gemessen am Preis sind sie billig, gemessen an der Qualität sind sie jedoch teuer: Unabhängige Testinstitute haben sehr oft eine Lebensdauer von deutlich weniger als einer Laufstunde ermittelt! Bei vielen No-Name-Geräten ist zudem die Sicherheit mangelhaft. Technischer Kundendienst ist so gut wie nicht existent, eine Reparatur ist nicht vorgesehen. Die Gütezeichen oder die TÜV-Plaketten sind möglicherweise in vielen Fällen erschlichen oder schlichtweg kopiert. Unabhängige Testinstitute raten deshalb vom Kauf ab.
Als Erstgeräte für den beginnenden Heimwerker sind No-Name-Geräte denkbar ungeeignet, weil er sich auch noch mit den Unzulänglichkeiten des Gerätes herumschlagen muss.

Marken-Heimwerkergeräte
Einige bedeutende Hersteller bieten ein spezielles Programm an Elektrowerkzeugen für den Heimwerker an, bei denen Preis, Leistung und Qualität für diese Anwendergruppe optimiert sind. Der Leistungs- und Ausstattungsbereich geht dabei vom einfachen Basisgerät bis zum Topgerät mit den Leistungsmerkmalen des professionellen Handwerkergerätes. Die Typenvielfalt ist groß und eignet sich für fast jede Arbeitsaufgabe. Hinter dieser Gerätekategorie steht der volle Werkssupport mit Kundendienst, Ersatzteilversorgung, Beratungshotline und Garantieleistungen. Rechnet man alles zusammen, sind diese Werkzeuge preiswert, denn sie sind „ihren Preis wert".

Handwerkergeräte
Auch der ambitionierteste Heimwerker arbeitet mit seinen Geräten nicht täglich oder nur an ganz bestimmten Arbeitsaufgaben. Das ist beim Handwerker anders. Hier müssen beispielsweise tagelang immer wieder die selben Löcher gebohrt werden, Schweißnähte geschliffen oder Bretter gesägt werden. Oft werden dabei auch Werkstoffe bearbeitet, die im Heimwerkerbereich wenig oder selten verwendet werden. Für diese Arbeitsaufgaben sind die Geräte aus dem Handwerkersegment bestimmt. Oft sind dies dann Spezialgeräte, beispielsweise Bohrmaschinen ohne Schlagbohreinrichtung, Winkelschleifer mit Leistungen über zweieinhalb Kilowatt, Metallscheren, Geradschleifer, Gewindeschneider, spezielle Tiefen- und Drehmomentschrauber oder schwere Bohr- und Schlaghämmer. Die Spezialisierung, hohe Leistung und die sehr lange Lebensdauer dieser Geräte schlägt sich naturgemäß im Preis wieder. Dieser amortisiert sich für den Handwerker nach kurzer Zeit durch den schnelleren Arbeitsfortschritt und die lange Lebensdauer, für den „normalen" Heimwerker sind diese Geräte aber meist überdimensioniert. Andererseits gibt es aber auch Heimwerker, für die das Beste gerade gut genug ist und die den höheren Anschaffungspreis nicht scheuen. Falsch macht man mit solchen Geräten, richtig ausgewählt, natürlich nichts.

Einsatzwerkzeuge
Alle Elektrowerkzeuge benötigen zu ihrer Arbeitsfunktion Einsatzwerkzeuge: Bohrer, Sägeblätter, Schleifscheiben, Fräser, um nur einige zu nennen. Für diese Einsatzwerkzeuge, auch Arbeitswerkzeuge oder Zubehör genannt, gelten die selben

Leistung

Qualitätsansprüche wie für Elektrowerkzeuge. Was nützt eine leistungsfähige Bohrmaschine, wenn der Bohrer aus billigstem Stahl gefertigt ist? Ein No-Name-Einsatzwerkzeug hält nicht lange und muss oft nach kurzem Gebrauch weggeworfen werden, während das Qualitätswerkzeug sich trotz des höheren Anschaffungspreises länger hält und sich so letzten Endes als die preiswertere Anschaffung erweist. Vom besseren Arbeitsergebnis und vom schnelleren Arbeitsfortschritt einmal ganz abgesehen! Zu solch einem Gerät gehört qualitativ gutes Zubehör.

Die Leistung ist ein wichtiges Merkmal von Elektrowerkzeugen. Deshalb schreiben sie die Hersteller auch auf das Typenschild, in den Katalog und auch auf die Verpackung. Allerdings ist diese Leistungsangabe die Leistung, die das Elektrowerkzeug aus der Steckdose bezieht, also diejenige Leistung für die wir das Elektrizitätswerk bezahlen müssen. Weil das Elektrowerkzeug diese Leistung aus der Steckdose aufnimmt, wird sie auch als Leistungsaufnahme oder Eingangsleistung bezeichnet. Nicht angegeben wird die Leistung, die das Werkzeug an den Bohrer, ans Sägeblatt oder an die Schleifscheibe abgibt. Diese Leistung wird nämlich als Leistungsabgabe oder Abgabeleistung bezeichnet. Sie ist stets kleiner als die Leistungsaufnahme. Der Grund dafür ist, dass die Energieumwandlung vom elektrischen Strom über den Motor und das Getriebe an das eigentliche Werkzeug nicht ohne Verluste funktioniert, leider! Für uns ist aber entscheidend, was „am Ende rauskommt", also am Werkzeug bei der Bearbeitung eines Werkstückes. Wie hoch die Verluste und damit der Unterschied zwischen Leistungsaufnahme und -abgabe sind, hängt in

Das Geheimnis des Typenschilds

Wie jedes technische Gerät müssen auch Elektrowerkzeuge ein Typenschild mit den wichtigsten Merkmalen tragen. Hiervon profitiert auch der Käufer, denn das Typenschild liefert ihm vergleichbare Daten. Folgende Angaben müssen auf dem Typenschild enthalten sein:

- → **Name des Herstellers oder Warenzeichen.**
- → **Anschrift des Herstellers oder Ursprungsland.**
- → **Modell- oder Typbezeichnung des Herstellers und Seriennummer (falls vorhanden).**
- → **Betriebsspannung bzw. Betriebsspannungsbereiche.**
- → **Kennzeichen der Stromart.**
- → **Betriebsfrequenz in Hertz (Hz), es sei denn, das Elektrowerkzeug ist nur für Gleichstrom oder für Wechselstrom mit Frequenzen bis 60 Hz bestimmt.**
- → **Aufnahmeleistung (Nennleistung) in Watt (W) oder Kilowatt (kW), falls sie höher als 25 W ist.**
- → **Nennstrom in Ampère (A), falls er höher als 10 A ist.**
- → **Jedes verbindliche Prüfzeichen, das die Übereinstimmung mit der gesetzlichen Forderung unter Berücksichtigung dieser Norm bestätigt.**
- → **Leerlaufdrehzahl in Umdrehungen pro Minute, falls diese höher als 10.000 U/min ist.**
- → **Symbol für Aufbau der Schutzklasse II, falls das Elektrowerkzeug der Schutzklasse II entspricht.**
- → **Symbol für den Grad des Schutzes gegen Feuchtigkeit, falls zutreffend.**

Markenhersteller machen über diesen Pflichtteil hinaus zusätzliche Angaben, wie beispielsweise maximale Durchmesser von Einsatzwerkzeugen, eine fortlaufende Fertigungsnummer oder das Herstelldatum.

Typschild eines Winkelschleifers

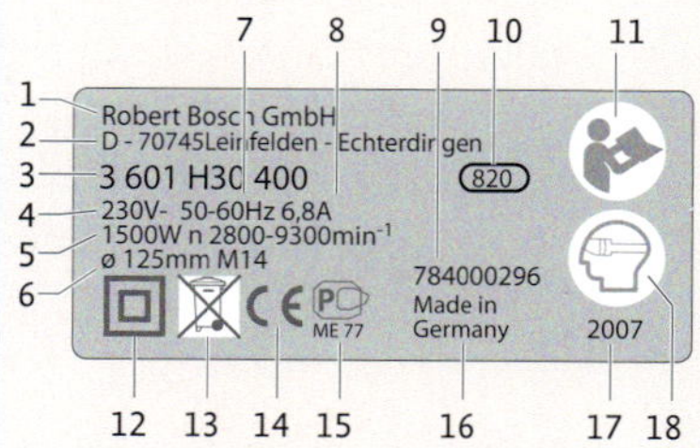

1 Hersteller
2 Herstelleradresse
3 Typnummer
4 Bertriebsspannung
5 Nennleistung
6 Schleifscheibendurchmesser
7 Netzfrequenz
8 Strom bei Nennleistung
9 Seriennummer
10 Werkskennzahl
11 Hinweis auf Betriebsanleitung
12 Schutzklasse
13 Entsorgungshinweis
14 CE-Konfirmitätszeichen
15 Läderspezifische Prüfzeichen
16 Herstellort
17 Herstelldatum
18 Hinweis Schutzbrille tragen

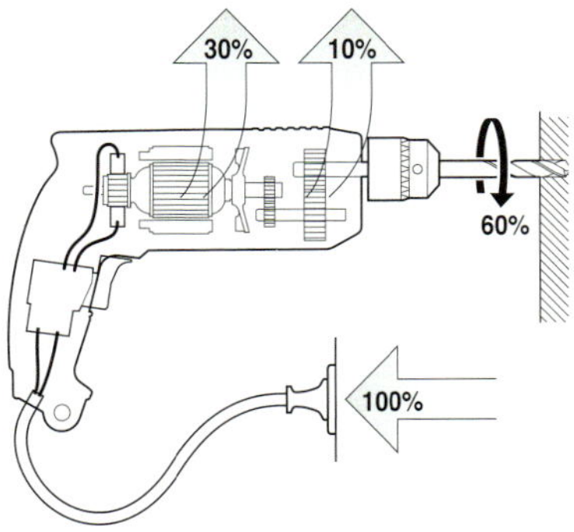

100% Aufnahmeleistung
-30% Wärmeverluste Motor
-10% Reibungsverluste Getriebe

= 60% Abgabeleistung

Typische Leistungsbilanz eines Elektrowerkzeugs

hohem Maße von der Qualität des Werkzeugs ab und kann immerhin zwischen 40 und 70% ausmachen. Markenhersteller geben deshalb in den Katalogen neben der Aufnahmeleistung auch die Abgabeleistung an. Hersteller minderer Qualität tun dies aus gutem Grund nicht.
Natürlich ist geringere Qualität „billiger". Wenn man also beispielsweise zwei Bohrmaschinen mit je 1000 Watt Leistungsaufnahme vor sich hat und der Preisunterschied fast 100 % ausmacht, kann es durchaus sein, dass die „teurere" Maschine eine Leistungsabgabe von etwa 600 Watt hat, die „billige" Maschine aber vielleicht nur 300 Watt. Die Differenz wird als Wärme produziert und muss trotzdem bezahlt werden, wodurch die billigere Maschine letztlich wieder die teurere wird, von der geringeren Leistung am Werkzeug ganz zu schweigen.

Elektronik

Die meisten Elektrowerkzeuge sind heutzutage mit einer Elektronik ausgestattet. Sie ermöglicht z. B., dass man die Drehzahl „regulieren" kann; eine angenehme Sache, wenn es darum geht, den Bohrer auf dem Werkstück anzusetzen oder vorsichtig ein schwieriges Werkstück auszusägen. Je nach Elektrowerkzeugtyp (und Preisklasse) kommen unterschiedliche Arten von Elektroniken zum Einsatz:

→ Steuerelektronik
→ Regel- oder Konstantelektronik
→ Drehmoment- oder Powercontrol
→ Anlaufstrombegrenzung

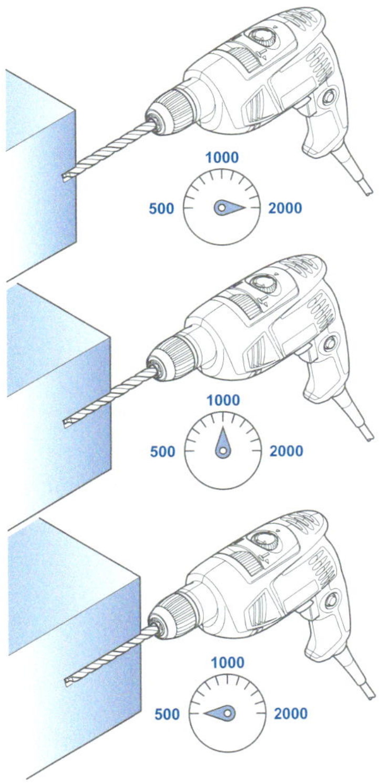

Drehzahl- / Lastverhalten der Steuerelektronik

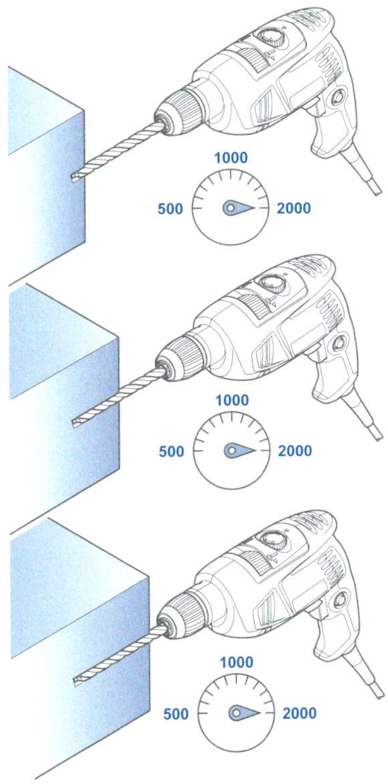

Drehzahl / Lastverhalten der Regelelektronik

„Gasgebefunktion" mit der Schaltertaste

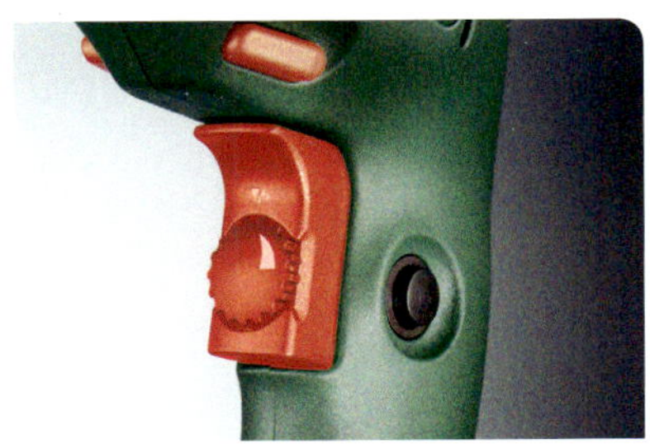

Einstellrad zur Drehzahlvorwahl im Schaltergriff

Steuerelektronik

Die einfachste aller Elektronikarten. Der Schalter dieser Geräte hat eine so genannte „Gasgebefunktion". Je weiter man ihn eindrückt, um so schneller läuft der Motor. Wird der Motor belastet, geht die Drehzahl zurück. Man muss also mehr „Gas" geben, um die Belastung auszugleichen. Es ist wie beim Auto: Wenn es den Berg hinauf geht, muss man das Gaspedal tiefer treten. Ist man bereits am Anschlag und die Belastung steigt weiter, geht die Drehzahl auch weiter zurück. Lässt die Belastung nach, erhöht sich die Drehzahl wieder.

Einstellrad zur Drehmomentkontrolle

Einstellrad zur Drehmomentvorwahl beim Bohren oder Schrauben

Regelelektronik

Diese Elektronik ist aufwändiger, aber dafür auch sehr viel komfortabler. Wenn man durch Einstellen eines Reglers oder Schalterdruck eine bestimmte Drehzahl vorgegeben hat, behält der Motor diese Drehzahl auch dann bei, wenn die Belastung sich ändert, also höher oder geringer wird. Der Vorgang entspricht etwa dem Tempomat im Auto, die vorgegebene Geschwindigkeit wird exakt eingehalten.
Der Vorteil liegt klar auf der Hand: Weil die Drehzahl gleich bleibt, ist auch der Arbeitsfortschritt gleichbleibend. Und wenn man eine Bohrmaschine im Bohrständer betreibt, muss man sich nicht mehr um die Drehzahl kümmern, wenn man mit einer Hand das Werkstück hält und mit der anderen Hand den Vorschub betätigt.

Drehmomentkontrolle

Eine tolle Sache! Damit kann man die Kraft des Motors unter Kontrolle halten. Wenn man beispielsweise Schrauben eindreht, sollte man Schrauben kleinen Durchmessers mit kleinem Drehmoment, Schrauben mit großem Durchmesser aber mit hohem Drehmoment einschrauben. Mit der Einstellung des Drehmomentes wird der Motor genau in dem Moment abgeschaltet, wo die gewünschte und voreingestellte Drehkraft erreicht ist. Daneben kann man die Drehmomentkontrolle auch als „Sicherheitskupplung" verwenden. Wenn man sie auf einen mittleren Wert einstellt, ist das gefährliche Rückdrehmoment (die Kraft, die einem die Maschine aus der Hand drehen kann!) geringer und beherrschbar, sollte mal der Bohrer im Werkstück oder im Beton klemmen und blockieren.

Anlaufstrombegrenzung

Alle Geräte mit Elektronik haben einen „sanften" Anlauf. Das ist angenehm für den Anwender, denn die Maschine „bäumt" sich beim Einschalten nicht auf. Außerdem schont der Sanftanlauf auch den Motor.
Bei großen Winkelschleifern gibt es keine Elektronik, denn hier ist der Motor stark genug, um ohne Konstantelektronik auszukommen. Sie verfügen statt dessen über eine so genannte Anlaufstrombegrenzung. Diese wirkt beim Einschalten automatisch und verhindert, dass die Haushaltsicherung durch einen zu hohen Anlaufstrom auslöst.
Die Anlaufstrombegrenzung ist bei großen Winkelschleifern in den Schalter integriert. Beim Einschalten wird zunächst über einen eingebauten Widerstand geschaltet. In der zweiten, automatischen Stufe wird dann der Widerstand überbrückt.

Akku oder Steckdose?

Moderne Akkus auf Lithiumbasis sind so leistungsfähig, dass die Leistung von Akkuwerkzeugen heute durchaus mit der von netzbetriebenen Elektrowerkzeugen vergleichbar ist. Welcher Werkzeugtyp ist also der Richtige?
Die Frage kann mit Gegenfragen beantwortet werden: Wo will ich arbeiten? – Wenn am Arbeitsplatz kein Netzanschluss vorhanden ist oder wenn wegen beengter Arbeitsverhältnisse ein Netzkabel stört oder ein Netzgerät zu groß und unhandlich ist, dann fällt die Wahl auf ein Akkugerät. Was will ich arbeiten? – Sind es langdauernde oder sehr schwere Arbeiten, wie sie beim Schleifen und beim Sägen vorkommen können, wird meist eine Menge Leistung über einen längeren Zeitraum benötigt. Das kann nur die Steckdose Liefern, daher ist das Netzgerät hier die bessere Wahl.

Bohren von Dübellöchern

Elektrowerkzeuge für Netzbetrieb

Aus der Steckdose steht ständig reichlich Energie zur Verfügung. Der Netzbetrieb von Elektrowerkzeugen macht deshalb überall dort Sinn, wo folgende Eigenschaften und Anwendungen gefordert sind:
- → Hohe bis sehr hohe Leistungen.
- → Lange Betriebszeiten.

Dies trifft auf stationär betriebene Geräte wie beispielsweise Kappsägen, Tischkreissägen, große Winkelschleifer und Kreissägen, Bandschleifer und schwere Bohr- und Schlagbohrmaschinen zu.

Elektrowerkzeuge für Akkubetrieb

Der Energieinhalt eines Akkus ist begrenzt, er kann deshalb
- → hohe Leistungen nur für kurze Zeit,
- → geringe Leistungen aber auch für längere Zeit liefern.

Ideal sind diese Geräte daher für kurze Arbeitsgänge. Typische Akkugeräte sind deshalb Schrauber, Bohrschrauber und leichte Bohrhämmer, aber auch Stichsägen und kleine Schleifgeräte. Bei höherer Leistungsanforderung (kleine Winkelschleifer, Bohrhämmer, Kreissägen und Hobel) sind Akkuwerkzeuge nur dann eine Alternative, wenn der kabelfreie Betrieb unbedingt gewünscht wird und wenn an die Dauer der Betriebszeit keine zu großen Anforderungen gestellt werden.

Akkutypen

Wenn die Entscheidung zu Gunsten des Akkugerätes ausfällt, stellt sich die nächste Frage: Für welche Akkutechnologie soll man sich entscheiden? Zur Wahl stehen zur Zeit:
- → Akkus auf Nickelbasis
- → Akkus auf Lithiumbasis

Die Akkus sind wegen ihrer unterschiedlichen Eigenschaften und der unterschiedlichen Ladeverfahren nicht austauschbar. Wenn man also einen bestimmten Akkupack an verschiedenen Geräten verwenden will, muss man auch die dafür vorgesehenen Geräte anschaffen.

Nickel-Metallhydrid-Akkus

Akkus auf Nickelbasis haben eine geringe Zellenspannung von je 1,2 Volt, für die üblichen Akkuspannungen von 12-18 Volt benötigt man daher viele Akkuzellen, wodurch der Akku groß und schwer wird. Diese

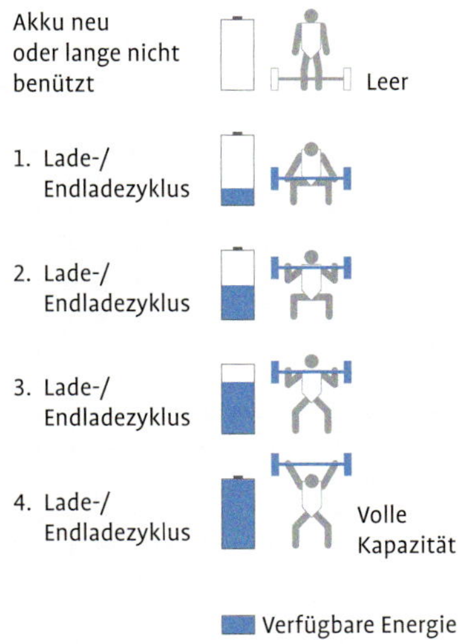

Training macht die „Lazy“ Nickel-Batterie wieder fit

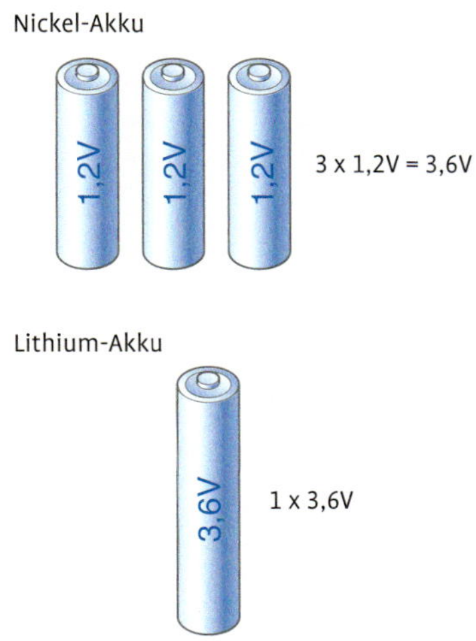

Vergleich der Zellenspannung Nickel- und Lithium-Akku.

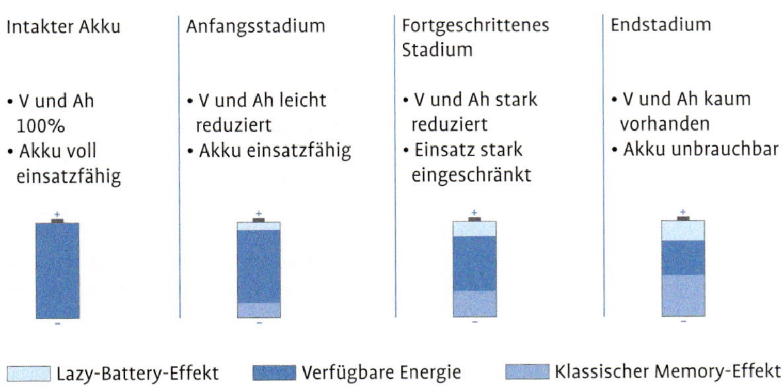

Auswirkungen des Memory-Effekts bei Nickelakkus

Akkus verhalten sich relativ umweltneutral und ersetzen den inzwischen nicht mehr erhältlichen Nickel-Cadmium-Akku. Sie haben bei gleicher Baugröße eine höhere Kapazität als diese und leiden nicht so sehr unter dem Memory-Effekt. Allerdings haben sie bei Nichtgebrauch eine relativ hohe Selbstentladung (das heißt, auch wenn man das Gerät gar nicht benutzt, entlädt sich der Akku langsam). Sie sind kostengünstig und dienen deshalb als Standardakku im unteren und mittleren Preissegment.

Memory-Effekt und “Lazy Battery”

Nickelakkus kann man sehr gut mit einem Sportler vergleichen: Wenn sie nicht ständig im Training sind,

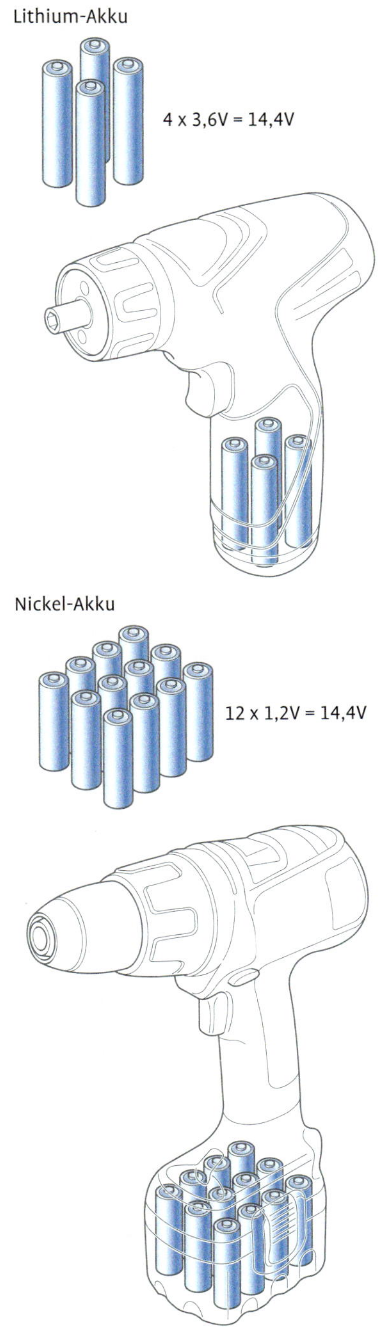

Bei gleicher Leistung ist ein Elektrowerkzeug mit Lithium-Akku durch die geringere Zellenzahl deutlich kleiner und leichter als ein Elektrowerkzeug mit Nickel-Akku.

Selbstenladung

Wie schon erwähnt, hält kein Akku seine Ladung ewig, wenn man ihn nicht benützt. Durch elektrochemische Vorgänge im Inneren der Akkuzellen entlädt sich der Akku mit der Zeit. Die sogenannte Selbstentladung hängt von der Lagertemperatur ab. Lagerung bei hoher Raumtemperatur beschleunigt die Selbstentladung. Daneben ist die Selbstentladung auch von der Akkutechnologie abhängig.

- **→ Nickel-Akkus haben eine relativ hohe Selbstentladung.**
- **→ Lithium-Akkus haben eine sehr geringe Selbstentladung.**

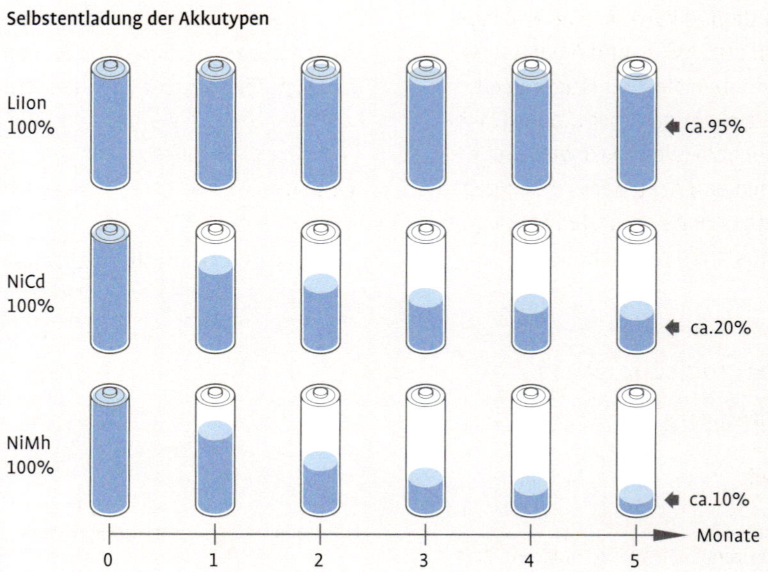

sinkt die Leistung. Man nennt dies „Lazy-Battery-Effekt“. Wenn die Akkus längere Zeit nicht benützt wurden, müssen sie erst durch mehrere Arbeits- und Ladezyklen wieder aktiviert werden, um ihre volle Leistungsfähigkeit zurück zu bekommen. Sie haben sich sozusagen an das Nichtstun gewöhnt.

Anders verhält es sich mit dem „Memory-Effekt“. Wenn der Akku nur teilweise entladen wurde und man ihn dann wieder auflädt „erinnert“ sich der Akku daran, dass man einen Teil der Energie nicht benützt hat. Wenn man diese Teilentladungen öfters praktiziert, merkt sich der Akku dies und blockiert diese Restenergie.

Will man nun den Akku wegen einer längeren Arbeit ganz entladen gelingt dies nicht mehr, der Akku hat durch den Memory-Effekt deutlich an Kapazität verloren. Die einzige Abhilfe gegen den Memory-Effekt ist, den Akku immer solange zu benützen, bis er wirklich entladen ist und ihn erst dann aufzuladen. Daher ist es wichtig, die Bedienungsanleitung der Geräte genau zu lesen. Die Akkus danken es mit einer längeren Lebensdauer und guter Leistung.

Lithium-Akkus

Akkus auf Lithiumbasis haben mit 3,6 Volt eine dreimal höhere Zellenspannung als Nickelakkus. Bei gleicher Akkuspannung braucht man also nur 1/3 der Akkuzellen. Durch die höhere Zellenspannung ist der Lithium-Akku auch dann leistungsfähiger, wenn seine Zellenkapazität geringer ist.

Die Akkupacks sind deshalb wesentlich kleiner und leichter. Bei Nichtgebrauch ist ihre Selbstentladung so gering, dass sie vernachlässigt werden kann. Bei gleicher Leistung ist ein Elektrowerkzeug mit Lithium-Akku durch die geringere Zellenzahl deutlich kleiner und leichter als ein Elektrowerkzeug mit Nickel-Akku.

Die Lithium-Technik ist daher vorteilhaft bei

- → sehr kleinen und leichten Elektrowerkzeugen,
- → Werkzeugen mit hohem Leistungsanspruch.

Nachteilig ist ihr momentan noch etwas höherer Preis. Da die Lithium-Technologie aber ein sehr hohes Entwicklungspotential hat, sind in naher Zukunft noch wesentliche Leistungssteigerungen und günstigere Kosten zu erwarten.

Wie lagert man Akkus?

Nicht immer arbeitet man täglich mit dem Akkuwerkzeug. Wie lagert man also Akkus und Akkugeräte, wenn man sie über längere Zeit, vielleicht sogar über Monate nicht braucht? Viele Elektrowerkzeuge haben den Akku aber fest eingebaut. Dann ist eine separate Lagerung der Akkus nicht möglich. Bei Werkzeugen mit Wechselakkus (meist Akkupacks) lagert man die Akkus am besten außerhalb des Werkzeuges, denn wenn das Elektrowerkzeug über eine Kapazitätsanzeige verfügt, könnte diese langsam den Akku entladen (sie braucht etwas Strom). Wegen der Selbstentladung sollte man kühl und trocken lagern. Bezüglich des Ladezustands beim Lagern unterscheiden sich die Akkutypen allerdings:

- → Nickel-Metallhydrid-Akkus sollten bei der Lagerung nicht vollständig entladen sein.
- → Lithium-Akkus lagert man am besten in halbvollem Zustand ein, da sie vollgeladen oder entladen etwas schneller altern würden.

Der logische Weg zum empfehlenswerten Akkuwerkzeug

Anwendung	Werkstoff	Dimension	Werkzeugtyp	Akkuspannung	Akkutyp
Bohren	Metall	< 10 mm	Bohrschrauber	bis 14,4 V	NiMh, LiIon
		> 10 mm	Bohrschrauber	über 14,4 V	LiIon
Bohren	Holzwerkstoffe	< 15 mm	Bohrschrauber	bis 14,4 V	NiMh, LiIon
		> 15 mm	Bohrschrauber	über 14,4 V	LiIon
Schlagbohren	Mauerwerk		Schlagbohrschrauber	bis 14,4 V	NiMh, LiIon
	Beton	< 10 mm	Schlagbohrschrauber	über 14,4 V	LiIon
			Schlagbohrmaschine	über 14,4 V	LiIon
Hammerbohren	Beton	< 10 mm	Bohrhammer klein		LiIon
		> 10 mm	Bohrhammer mittel		LiIon
Schrauben	Holzschrauben, Schnellbauschrauben	bis 3 mm	Kleinschrauber	3,6 V	LiIon
		bis 5 mm	Bohrschrauber	bis 14,4 V	NiMh, LiIon
		über 5 mm	Bohrschrauber	über 14,4 V	LiIon
	Rahmendübelschrauben	< 100 mm Länge	Bohrschrauber	über 14,4 V	NiMh, LiIon
		> 100 mm Länge	Bohrschrauber	über 14,4 V	LiIon
			Drehschlagschrauber	über 14,4 V	LiIon
	Zimmermannsschrauben		Drehschlagschrauber	über 14,4 V	LiIon
	Maschinenschrauben	bis M6	Bohrschrauber	über 14,4 V	NiMh, LiIon
		M6...M8	Bohrschrauber	über 14,4 V	NiMh, LiIon
			Drehschlagschrauber	über 14,4 V	LiIon
		über M8	Drehschlagschrauber	über 14,4 V	LiIon
Sägen	Holz, Kunststoffe	Universell	Stichsäge		LiIon
			oszillierende Säge		LiIon
		dünne Platten	Kreissäge		LiIon
Hobeln	Holz		Hobel		LiIon
Schleifen	Holzwerkstoffe, Kunststoffe	Oberflächen	Multischleifer		LiIon
	Metalle	Oberflächen, Trennen	Winkelschleifer		LiIon

Wie werden Akkus geladen?

Akkus auf Nickel-Basis haben ein grundsätzlich anderes Ladeverfahren als Lithium-Akkus. Sie können deshalb nicht in den selben Ladegeräten geladen werden.

Ladegeräte für Nickel- Akkus

Diese Ladegeräte können für Nickel-Cadmium-Akkus und für Nickel-Metallhydrid-Akkus verwendet werden. Es gibt drei grundsätzliche Ladeverfahren:

- → Dauerladegeräte. Sie haben eine sehr lange Ladezeit über mehrere Stunden. Sie sind billig aber heute nicht mehr Stand der Technik
- → Delta-Volt-Ladegeräte. Die übliche Ladezeit beträgt je nach Akkukapazität bis ca. 1 Stunde. Nach dem Ende der Ladung fließt nur noch ein geringer Ruhestrom
- → Expressladegeräte. Diese Ladegeräte sind prozessorgesteuert, die Ladezeit beträgt je nach Akkukapazität ab etwa 15 Minuten. Nach dem Ende der Ladung fließt nur noch ein geringer Ruhestrom.

Grundsätzlich sollte man Akkus nach Abschluss der Ladung nicht für längere Zeit im Ladegerät belassen. Bei eingestecktem Ladegerät wird der Akku durch den noch fließenden Ruhestrom unnötig warm gehalten wodurch er schneller altert. Bei ausgestecktem Ladegerät fließt noch ein ganz geringer Rückstrom aus dem Akku zum Ladegerät wodurch er sich schneller entlädt.

Ladegeräte für Lithium-Akkus

Diese Ladegeräte sind speziell auf die komplexen Ladebedingungen von Lithium-Akkus abgestimmt. Sie sind deshalb an den Typ gebunden. Am Ende des Ladevorgangs schalten diese Ladegeräte komplett ab, es fließt also kein Ruhestrom mehr. Obwohl zur Zeit die Ladezeiten von Lithium-Akkus für eine komplette Volladung generell noch etwas länger sind als bei Nickel-Akkus, ermöglicht ein spezielles Express-Ladeverfahren, dass bei etwa 50% der Ladezeit bereits etwa 80% der Ladekapazität erreicht ist. Diese sogenannten „Express“- oder „Turbo“- Ladegeräte ermöglichen also schon nach recht kurzer Zeit ein Weiterarbeiten mit dem Werkzeug, wobei diese Teilladung im Gegensatz zu den Nickel-Akkus keine nachteiligen Effekte zur Folge hat.

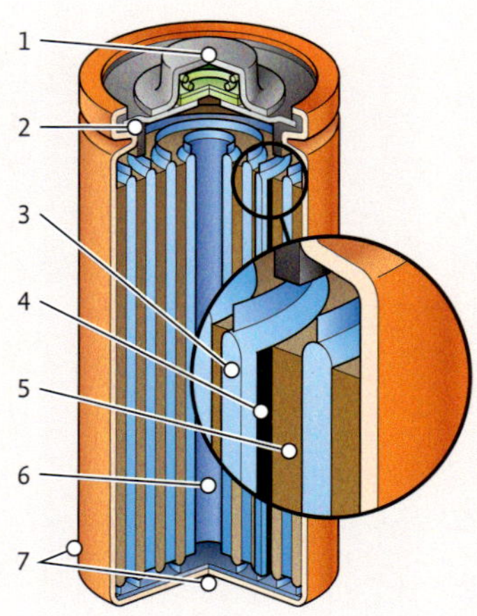

1 Positiver Pol +
Deckel mit Sicherheitsventil

2 Dichtung
elektrischer Isolator beim Gehäuse
Flüssigkeitsdichtung

3 Positive Elektrode

4 Separator
elektrischer Isolator in der Wicklung

5 Negative Elektrode

6 Elektrolyt
flüssig, enthält Leitsalze

7 Negativer Pol -
Gehäuseboden und Gehäuseseite

Aufbau einer Wickelzelle

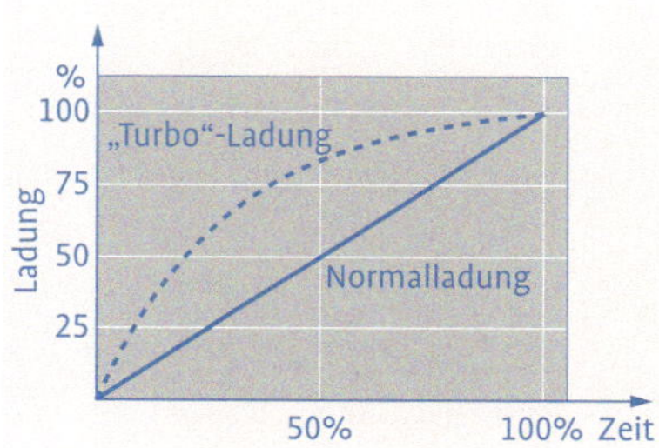

Ladung mit Turbo-Algorithmus

Was gehört in die Werkzeugkiste?

Nichts fehlt: Die optimale Aufbewahrung für Werkzeug, Zubehör und Kleinteile

So ist das komplette Werkzeug stets griffbereit

Wie immer bewährt es sich, zunächst mit einer soliden Grundausstattung von Elektrowerkzeugen zu beginnen. In dieser Grundausstattung sollten folgende Geräte für Netzbetrieb enthalten sein

- → Schlagbohrmaschine
- → Stichsäge
- → Kreissäge
- → Exzenterschleifer
- → Kleiner Winkelschleifer

Diese Ausrüstung sollte stets durch einen

- → Akku-Bohrschrauber

ergänzt werden. Nach und nach wird man diese Grundausstattung erweitern. Wenn man häufig im Außenbereich, wie z. B. im Garten oder auf dem Wochenendgrundstück arbeiten möchte, wird man natürlich bevorzugt Akkugeräte einsetzen.

Wohin mit dem Werkzeug?

Auch wenn man im Idealfall über einen voll ausgerüsteten Hobbykeller mit Werkbank und Werkzeugschrank verfügt: Es gibt häufig Situationen, bei denen die Arbeitsaufgabe außerhalb oder in anderen Räumlichkeiten stattfinden muss. In diesen Fällen bewähren sich Werkzeugkoffer, die neben dem Elektrowerkzeug auch die Einsatzwerkzeuge, Handwerkzeuge und Verbrauchsmaterialen, wie beispielsweise Schleifmittel, Schrauben und Kleinteile enthalten. Dann hat man alles „vor Ort“ und muss nicht wegen jedem fehlenden Teil zurück in die Werkstatt.

Betrieb von Elektrowerkzeugen an Verlängerungskabeln

Der Betrieb an einem Verlängerungskabel oder an einer Kabeltrommel ist bei Arbeiten im Außenbereich der Regelfall. Gerade weil dies so selbstverständlich ist, sollten einige Regeln beachtet werden, damit auch in diesen Fällen das Gerät erfolgreich und vor Allem störungsfrei betrieben werden kann. Die wichtigsten Punkte sind:

→ Kabellänge
→ Kabelquerschnitt
→ Kabelqualität

Kabellänge

Verlängerungskabel und Kabeltrommeln werden in standardisierten Längen angeboten. Einfache Verlängerungskabel sind bis etwa 10 m Länge handelsüblich, bei Längen darüber werden in der Regel Kabeltrommeln verwendet. Normlängen sind hier 25 m, 50 m und 100 m.

Bei der Verwendung von Kabeltrommeln wird häufig der Fehler gemacht, dass bei kurzer Arbeitsdistanz das restliche Kabel aufgerollt auf der Trommel verbleibt. Dies ist gefährlich und kann zur Beschädigung des Kabels führen. Bei leistungsstarken Geräten wie Winkelschleifern, Kreissägen, Kettensägen, Häckslern oder Elektrorasenmähern ist der durch das Kabel fließende Strom sehr hoch und erwärmt dieses. Wenn das Kabel auf der Trommel aufgerollt ist, kann die Wärme nicht abgestrahlt werden und es kommt zur Überhitzung. Auch bei Kabeltrommeln mit eingebautem Überhitzungsschutz sollte man sich nicht zu sehr auf dessen Funktion verlassen sondern stets das Kabel ganz von der Trommel abrollen.

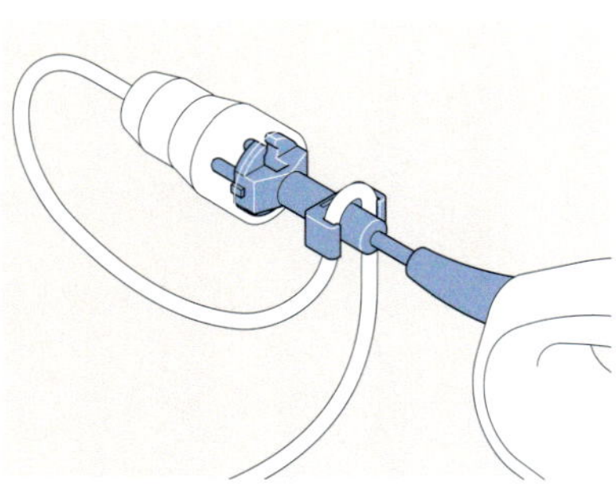

So verwendet man das Verlängerungskabel an Gartenwerkzeugen

Kabelquerschnitt

Die den Strom führenden Kabeladern leiten zwar den Strom sehr gut, aber sie haben auch einen gewissen elektrischen Widerstand. Dieser führt unter anderem zu der bereits erwähnten Erwärmung. Eine andere Eigenschaft jedes elektrischen Kabels ist, dass der Widerstand von der Kabellänge und vom Kabelquerschnitt abhängt. Dünne Kabeladern haben einen höheren elektrischen Widerstand, dickere Kabeladern einen kleineren Widerstand.

Der Kabelquerschnitt wird in Quadratmillimetern (mm^2) angegeben. Die für Verlängerungskabel verwendeten Querschnitte sind genormt und können 1,0 mm^2; 1,5 mm^2 oder 2,5 mm^2 betragen.

Verlängerungskabel oder Kabeltrommeln mit Querschnitten von 1 mm^2 sollte man grundsätzlich nicht verwenden. Durch ihren höheren Widerstand kommt bei hoher Belastung weniger Spannung am Gerät an, wodurch dieses nicht die volle Leistung erreicht. Der Kabelquerschnitt sollte also mindesten 1,5 mm^2 betragen. Bei Kabeln über 50 m Länge genügt dieser Querschnitt auch nicht mehr. Ab dieser Länge sollte man unbedingt Kabel mit 2,5 mm^2 Querschnitt verwenden, damit das angeschlossene Gerät noch die volle Leistung bringt.

Die Kabelquerschnitte sind auf das Verlängerungskabel aufgedruckt oder finden sich auf dem Typschild der Kabeltrommel.

Kabelqualität

Bei Verwendung im Außenbereich ist die Wahl der geeigneten Kabelqualität wichtig. Kabel mit PVC-Ummantelung haben im Außenbereich nichts verloren. Sie verspröden durch den UV-Einfluss (Sonnenlicht) mit der Zeit und können dann, besonders bei kalter Witterung, schnell brüchig werden. Es sollten stets Kabel mit Gummi- oder PU-Ummantelung verwendet werden. Sie sind gegen UV-Strahlung weitgehend resistent, bleiben auch bei kalter Witterung flexibel und sind gegenüber spitzen Gegenständen weniger empfindlich. Als Kabelfarbe sollte man nach Möglichkeit Rot, Orange oder Gelb wählen. Diese Farbe ist im Außenbereich auffälliger als Schwarz. Beschädigungen können so wegen der besseren Sichtbarkeit leichter vermieden werden.

Warum ist bei Gartenwerkzeugen das Kabel so kurz?

Damit man es nicht versehentlich durchtrennen kann. Zum Auswechseln müsste dann die Maschine geöffnet werden wodurch die Garantie erlischt.

Am Maschinenkabel ist übrigens eine Zugentlastung, damit sich das Verlängerungskabel während der Arbeit nicht löst.

Betrieb von Elektrowerkzeugen an Stromerzeugern

Überall dort, wo netzgespeiste Geräte betrieben werden müssen, ohne dass eine Steckdose in der Nähe ist, muss die benötigte Energie durch mobile Stromerzeuger erzeugt werden. Die wichtigsten Komponenten eines Stromerzeugers sind:

- → der Antriebsmotor,
- → der Generator.

Als Antriebsmotoren dienen Benzinmotoren nach dem 2-Takt- oder 4-Takt-Prinzip sowie Dieselmotoren. Hier einige Angaben zur Entscheidungshilfe:

2-Takt-Benzinmotoren

Wegen der fehlenden Ölwanne können 2-Takt-Motoren in fast jeder Position betrieben werden, weshalb sie für extreme Einsätze bei Hilfs- und Katastrophendiensten besonders geeignet sind. In ihrer Betriebscharakteristik reagieren 2-Takt-Motoren empfindlich auf Belastungsänderungen, ihr Teillastverbrauch ist hoch. Da das dem Kraftstoff beigemischte Schmieröl mit diesem verbrennt, ist der 2-Takt-Motor im Bezug auf die Umweltbelastung eher ungünstig und nicht mehr zeitgemäß.

4-Takt-Benzinmotoren

Die Wartung ist aufwändiger (Ölstandskontrolle, Ölwechsel). Die Aufstellung muss wegen der notwendigen Ölwanne weitgehend waagerecht erfolgen. Das Betriebsgeräusch und der spezifische Kraftstoffverbrauch sind geringer als beim 2-Taktmotor, das Belastungsverhalten ist ebenfalls günstiger.

Dieselmotoren

Wegen der prinzipbedingten Kraftstoffeinspritzung mittels geregelter Einspritzpumpe reagieren sie sehr günstig auf wechselnde Belastung. Der spezifische Kraftstoffverbrauch, besonders im Teillastbereich, ist wesentlich günstiger als der von Benzinmotoren. Wo es weniger auf das Gewicht ankommt, ist der Dieselmotor der günstigste Antriebsmotor.

Generatoren

Für mobile Stromerzeuger werden Asynchron-Generatoren und Synchron-Generatoren eingesetzt. Synchrongeneratoren gibt es als Schleifringläufer und in bürstenloser Ausführung. Der Schleifringläufer hat ein stabileres Überlastverhalten.

Asynchron-Generatoren

Der Generatortyp ist wartungsfrei und kostengünstig, aber empfindlich gegenüber hohen Anlaufströmen der angeschlossenen Verbraucher. Er ist deswegen nicht sehr gut als Energiequelle für Elektrowerkzeuge und andere motorische Verbraucher geeignet.

Synchrongeneratoren

Das Stoßlastverhalten gegenüber Verbrauchern mit hohem Anlaufstrom ist sehr gut. Idealer Generatortyp für motorische Verbraucher. Die Konstruktion ist wegen der Schleifringe und Kohlebürsten etwas aufwendiger.

Welcher Stromerzeuger ist der Richtige?

Zur Auswahl des passenden Stromerzeugers muss man wissen, welche Geräte später mit Strom versorgt werden sollen. Man unterscheidet dabei in Verbraucher ohne Motor und solche, die mit einem Motor angetrieben werden. Bei nichtmotorischen Verbrauchern wie beispielsweise

- → Glühlampen
- → Heizgeräten

ergibt die Summe aller angeschlossenen Verbraucher die erforderliche Stromerzeuger-Leistung in kW.

Beispiel:

5 Glühlampen mit je 20 Watt und eine Kochplatte mit 500 Watt sollen mit Strom versorgt werden. Die erforderliche Stromerzeuger-Leistung muss in diesem Fall 5 x 20 Watt = 100 Watt und 1 x 500 Watt, zusammen also 600 Watt betragen. Hier reicht also ein leistungsschwächerer Stromerzeuger.

Bei motorischen Verbrauchern wie beispielsweise

- → Winkelschleifern
- → Bohrmaschinen
- → Handkreissägen
- → Kettensägen

ist jedoch ein Zuschlag von mindestens 50 % für erhöhten Einschaltbedarf (Hochlaufbedarf) und eventuelle Überlastfälle zu berücksichtigen.

Beispiel:

1 Winkelschleifer mit Nennleistung 2000 Watt benötigt einen Stromerzeuger mit mindestens 3000 Watt Leistung.

Bei der Auswahl des Stromerzeugers sollte man auch berücksichtigen, ob womöglich ein Betrieb bei Dunkelheit erfolgen soll, der zusätzlich starke stromverbrauchende Scheinwerfer nötig macht.

Qualität des Stromerzeugers

Bei vergleichbaren Typschildleistungen gibt es unterschiedliche Preispositionierungen im Markt. Markenfabrikate überzeugen durch höhere Fertigungsqualität und ausreichende Reserven in Güte und Material der Blechpakete und der Kupferwicklungen im Generator. Hierdurch wird ein gutes Überlastverhalten gewährleistet. Nur gute Qualität bei diesen Komponenten garantiert eine „saubere“ Wechselspannung. Dies ist besonders wichtig, wenn an dem Stromerzeuger elektronische oder elektronisch geregelte Geräte angeschlossen werden sollen.
„Billige" No-Name Stromerzeuger sind in vielen Fällen nicht besonders überlastfest, oft ist der Generator auch für die angegebene Dauerleistung nicht ausreichend dimensioniert. Auch hier lohnt es sich also, ein Qualitätsgerät anzuschaffen.
Die niedrigeren Werte für Stromerzeuger mit Synchrongenerator ergeben sich aus den höheren Leistungsreserven.
Bei Häckslern und Hochdruckreinigern werden Wechselstrommotoren verwendet. Wegen deren Anlaufverhalten muss bei Asynchrongeneratoren eine wesentlich höhere Leistung vorhanden sein. Als Faustregel gilt, dass Asynchrongegeratoren eine 2–3 fach höhere Leistung haben müssen als das angeschlossene Gerät mit Wechselstrommotor.

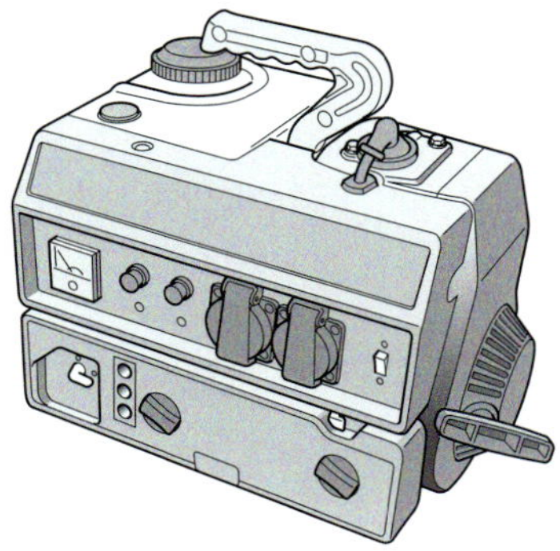

Stromerzeuger, kompakte Bauart, Nennleistung bis ca. 1.000 Watt

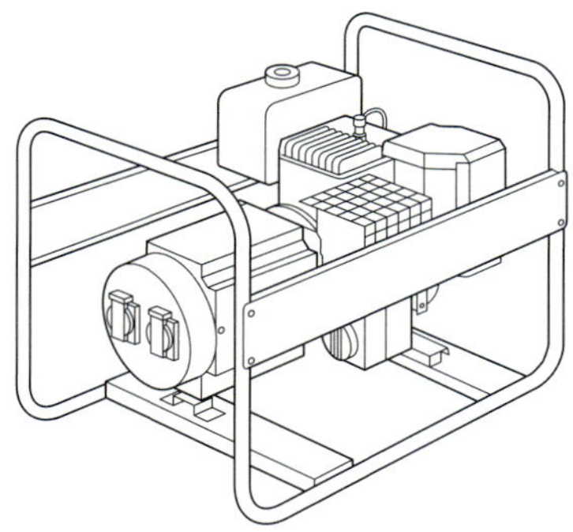

Stromerzeuger, offene Bauart, Nennleistung ab ca. 2.000 Watt

Der logische Weg zum passenden Stromerzeuger

Elektrowerkzeug	typische Nennlast	mögliche Überlast	Mindestleistung Generator	
			Asynchron	Synchron
	Watt	Watt	Watt	Watt
Schlagbohrmaschinen	600	1.000	1.000	1.000
	1000	2.000	2.000	1.500
Bohrhämmer	700	1.000	1.000	1.000
Winkelschleifer	800	1.500	1.500	1.000
	1.500	3.000	3.000	2.000
	2.000	4.000	4.000	3.000
Schwingschleifer	400	500	1.000	800
Exzenterschleifer	400	500	1.000	800
Stichsägen	700	800	1.000	800
Fuchsschwanzsägen	800	1.000	1.500	1.000
Kreissägen	1.000	2.000	2.500	1.500
	1.500	3.000	3.000	2.000
	2.000	4.000	4.000	3.000
Kettensägen	1.500	3.000	3.000	2.000
Heckenscheren	500	700	1.000	800
Rasenmäher	1.500	2.000	3.000	2.000
Häcksler*	2.000	3.000	5.000	2.500
Hochdruckreiniger*	2.000	–	5.000	2.500

* mit Wechselstrommotor

Messen oder Schätzen? – Messtechnik für Heimwerker

Die klassischen Messwerkzeuge des Heimwerkers sind Meterstab (Zollstock) Winkelmesser und Wasserwaage. Den Umgang mit diesen Messwerkzeugen ist man gewohnt, trotzdem haben sie in vielen Fällen entscheidende Nachteile:

- → Ablesefehler kommen häufig vor.
- → Der Messwert ist nicht speicherbar.
- → Mit der Wasserwaage sind keine präzisen Messungen möglich.
- → In manchen Fällen ist eine zweite Person erforderlich.

Elektronische Messwerkzeuge sind für den Anwender aus vielen Gründen vorteilhafter:

- → Die meisten Messungen können von einer einzigen Person ausgeführt werden.
- → Der Messvorgang ist schneller, die Zeitersparnis hoch.
- → Durch die digitale Anzeige werden Ablesefehler verhindert.
- → Komplexe oder gefährliche Bauteile können oft berührungslos gemessen werden.
- → Die Messwerte können elektronisch weiter verarbeitet werden, beispielsweise können aus Längen Flächen und Volumen errechnet werden.

Elektronische Messwerkzeuge sind durch moderne Fertigungsverfahren heute auf einem Preisniveau, das sich kaum noch von hochpräzisen aber empfindlichen mechanischen Messwerkzeugen unterscheidet. In zunehmendem Maße basieren elektronische Messgeräte auf der Lasertechnik. Deshalb ist es sinnvoll, wenn man einige Grundlagen der Lasertechnik kennt.

Laser in der Messtechnik

Der Laser hat sich bei Mess- und Projektionsgeräten als unentbehrliche Technologie etabliert. Die dabei verwendeten Laserstrahlen sind scharf gebündelt, der Strahl weitet sich auch auf lange Entfernungen nicht wesentlich auf. Während der Strahl in der Regel selbst unsichtbar bleibt, erzeugt er am Austritt aus dem Gerät und an der Projektionsfläche einen gut sichtbaren konzentrierten Leuchtpunkt.

TIPP

Die Energiekonzentration innerhalb des Strahles ist auch auf weite Entfernungen sehr hoch. Beim Blick in den Strahl können durch die Bündelung des Strahles durch die Augenlinse irreversible Schäden an der Netzhaut des Auges entstehen. Es darf also niemals direkt in den Strahl geblickt werden!

In Geräteabbildungen wird der Laserstrahl zur besseren Erklärung sichtbar dargestellt. In der Realität ist jedoch nur der Zielpunkt sichtbar.

Kennzeichnung

Instrumente und Geräte, die mit Laserstrahlen arbeiten oder solche erzeugen, müssen als solche auf dem Typschild gekennzeichnet sein. Daneben müssen die Laserklasse, die Leistung, die Wellenlänge des Laserlichtes, die für das Gerät zutreffende Norm, Gefahrenhinweise und eventuelle Sicherheitsvorschriften angegeben sein.

Laserklasse

Die Laser sind entsprechend ihrer Leistung und dem Durchmesser des Strahles in Laserklassen eingeteilt. In der Messtechnik werden ausschließlich Laser der Laserklasse 2 eingesetzt. Der Strahl muss wahrnehmbar

Laser zur Längenmessung

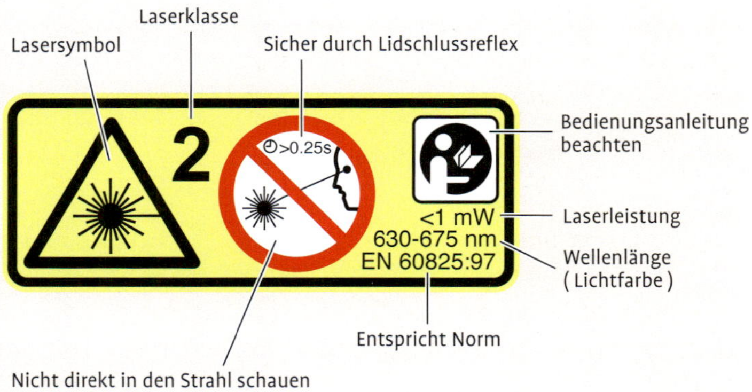

Kennzeichnung von Lasergeräten

sein, also einen im sichtbaren Licht liegenden Projektionspunkt erzeugen und durch Lidschlussreflex augensicher sein (siehe unten).

Laserklasse 2

- → Wellenlänge 400-700 nm (Farben grün oder rot).
- → Leistung: max. 1 mW.
- → Einstufung: Niedrige Leistung. Augensicher durch Lidschlussreflex.
- → Kennzeichnung: Laserklasse 2. Strahl nicht mit vergrößernden optischen Instrumenten betrachten!
- → Spezielle Bedienungsvorschriften: Nicht in den Strahl blicken!
- → Typische Anwendung: Messtechnik.

Strahlwahrnehmung

Unter Strahlwahrnehmung versteht man die Sichtbarmachung des Laserstrahles. Wenn der Laserstrahl bzw. seine Auswirkungen sichtbar sein sollen, muss der Laserstrahl eine Wellenlänge im sichtbaren Bereich haben. Dann kann man den Strahl oder seine Auswirkungen (Lichtpunkt) als Reflexion auf einer Projektionsfläche oder durch diffuse Reflexion wahrnehmen.

Lidschutzreflex

Beim plötzlichen Eintritt heller Strahlung in das menschliche Auge schließt sich reflexartig das Augenlid, um die Netzhaut zu schützen. Der Lidschutzreflex kann bei hohem Lebensalter oder bei vorhandenen Augenkrankheiten verzögert oder unvollständig eintreten und ist deshalb nicht verlässlich.

TIPP

Trotz der Bezeichnung „Augensicher durch Lidschlussreflex“ sollte man also niemals in den Laserstrahl schauen. Brillenträger sollten beachten, dass der Strahl auch von glänzenden Teilen des Brillengestells in das Auge reflektiert werden kann!

Wellenlänge

Die Wellenlänge bezeichnet unter anderem auch die Farbe des Laserstrahles. Die Wellenlänge wird in Nanometer (nm) gemessen. Niedrige Wellenlängen (beispielsweise unter 500 nm) haben eine grüne Farbe, höhere Wellenlängen (beispielsweise ab 550 nm) eine rote Farbe. Das menschliche Auge ist für Grün empfindlicher – grüne Farben

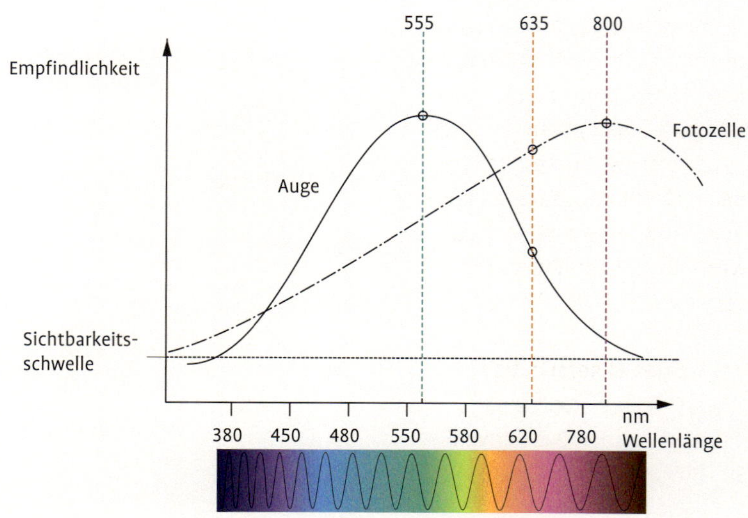

Wellenlänge und Farbe des Laserstrahles

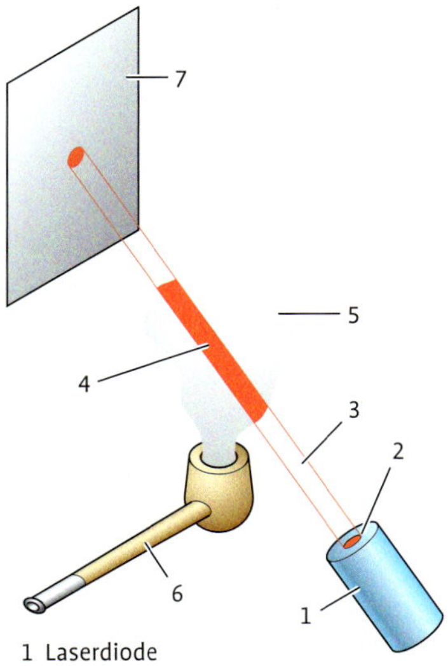

1 Laserdiode
2 Lichtquelle direkt sichtbar
3 Laserstrahl unsichtbar
4 Laserstrahl sichtbar durch Reflexion (diffuse Reflexion)
5 Rauch oder Staub
6 Raucherzeuger
7 Reflektierende Projektionsfläche

Sichtbarkeit des Laserstrahles

werden also besser wahrgenommen. Elektronische Empfangselemente sind eher rotempfindlich, weshalb beispielsweise für Entfernungsmesser eher höhere Wellenlängen verwendet werden. Die am meisten verwendete Wellenlänge von ca. 635 nm (hellrot) stellt einen guten Kompromiss zwischen der Empfindlichkeit des menschlichen Auges und elektronischer Empfangselemente dar und wird deshalb am häufigsten verwendet.

Erzeugung des Laserstrahles

In der Messtechnik werden so genannte Festkörperlaser verwendet. Sie sind auch unter der Bezeichnung „Laserdioden“ bekannt. Vereinfacht dargestellt besteht eine Laserdiode aus einer Kombination von Leuchtdioden und einem Laserkristall. Die Leuchtdioden regen den Laserkristall dazu an, eine Strahlung auf einer einzigen Wellenlänge zu erzeugen. Diese Strahlung wird nach dem Austritt aus dem Laserkristall durch optische Linsen gebündelt und parallel als Rundstrahl oder als Linienstrahl ausgerichtet. Die Laserdiode und die Optik sind dabei nur wenige Millimeter groß.

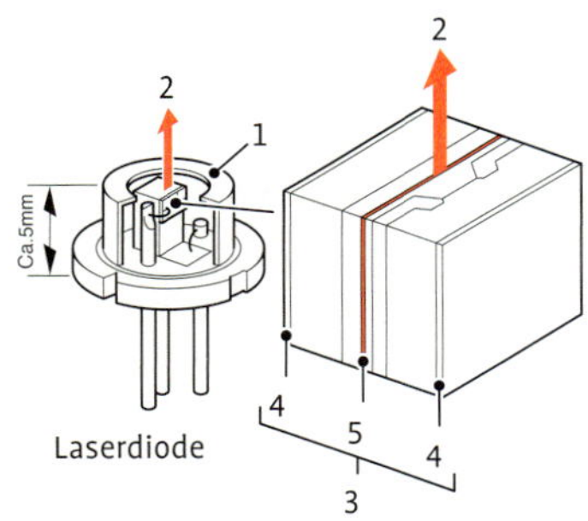

1 Gehäuse
2 Laserstrahl
3 Laserdiode
4 Elektroden
5 aktiver Laserkristall

Schichtaufbau des Laserkristalls

Aufbau einer Laserdiode

Längen- und Entfernungsmessgeräte

Die Längenmessung ist das wichtigste aller Messverfahren, weil mit ihr als Grundlage nicht nur Entfernungen sondern auch Flächen und Rauminhalte (Volumen) errechnet werden können.

Verfahren zur Längenmessung

Neben den bekannten mechanischen Messgeräten gibt es elektronisch-mechanische Messgeräte und rein elektronische Verfahren:

→ Maßstäbe, Maßbänder
→ Elektronische Maßbänder
→ Elektronische Ultraschall-Entfernungsmesser
→ Elektronische Laser-Entfernungsmesser

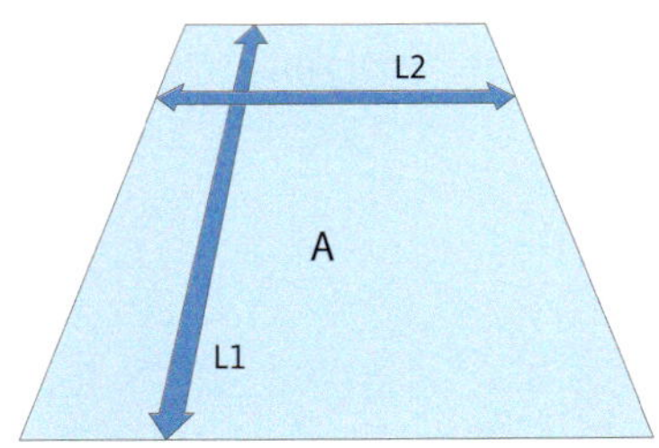

Länge x Breite = Fläche

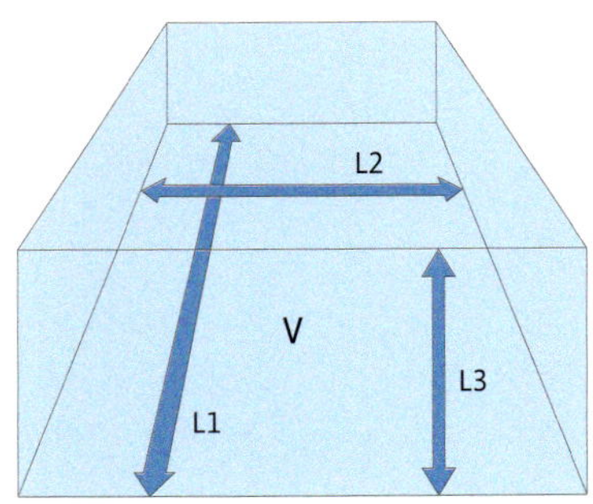

Länge x Breite x Höhe = Rauminhalt

Sie unterscheiden sich so wesentlich in ihren Möglichkeiten und Eigenschaften, dass man (mit Ausnahme des Ultraschallverfahrens) eigentlich auf keines verzichten kann, denn sie ergänzen sich in der Anwendung.

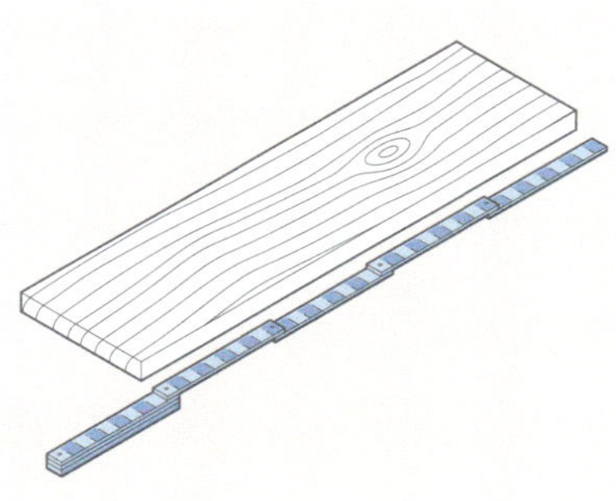

Messen mit dem Zollstock

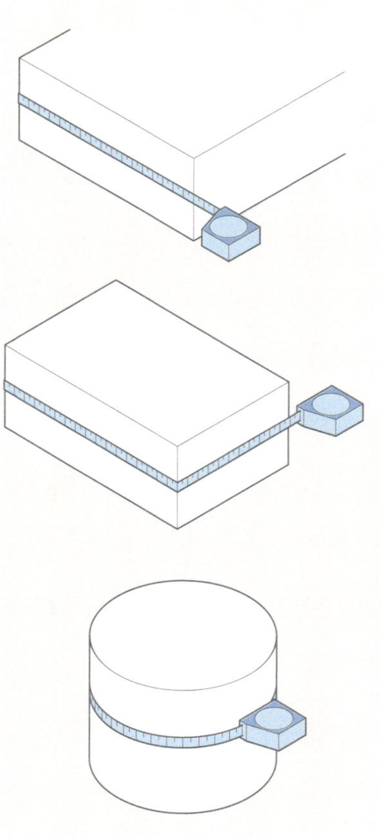

Messen mit dem Maßband

Maßstäbe

Maßstäbe müssen direkt an den zu messenden Gegenstand angelegt werden. Weil sie starr sind, setzt das voraus, dass die Messstrecke gerade und eben ist.

Maßbänder

Maßbänder sind flexibel. Man kann also runde Gegenstände oder um Ecken messen. Elektronische Maßbänder haben den Vorteil dass das Maß digital angezeigt wird, wodurch Ablesefehler vermieden werden. Die Messwerte lassen sich speichern, Differenzmaße können subtrahiert oder addiert werden. Mehrere Längen können zu Flächen oder Volumen multipliziert werden.

Elektronisches Maßband

Ultraschall-Entfernungsmesser

Ultraschall-Entfernungsmesser basieren auf dem Echo-Prinzip: Bei der Messung wird ein Ultraschallsignal ausgesendet. Das Schallsignal wird vom Messobjekt reflektiert und als Echo zurückgeworfen. Aus der Zeitspanne zwischen Aussenden und Empfangen des Schallsignals wird von der Elektronik die Entfernung ermittelt.

Das Ultraschallsignal breitet sich keulenförmig aus. Die Strecke zwischen dem Messgerät und dem Messobjekt muss deshalb frei von Hindernissen sein. Wenn in der Messrichtung Gegenstände wie Säulen, Hängelampen oder Einrichtungsgegenstände wie Tische und Stühle vorhanden sind, kann an diesen Gegenständen das Schallsignal teilweise reflektiert werden und Fehlmessungen verursachen. Der Ultraschall-Entfernungsmesser eignet sich also nur in leeren hindernisfreien Räumen mit geraden rechtwinkligen Wänden. Wegen dieser Nachteile hat der Ultraschall-Entfernungsmesser keine Marktbedeutung mehr.

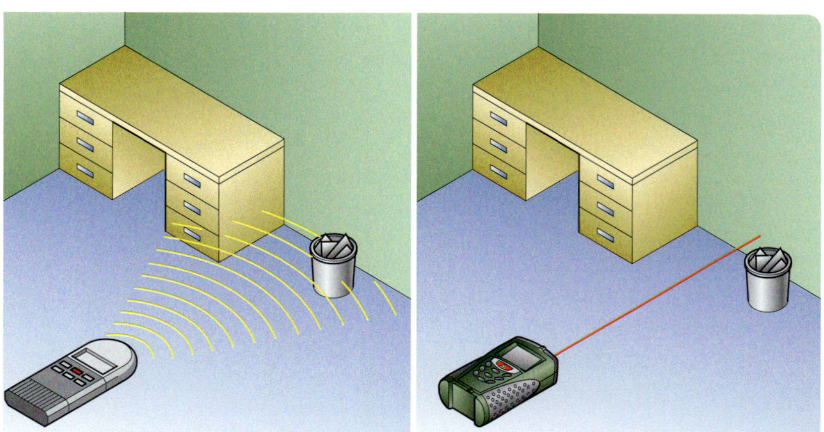

Vergleich Ultraschall- und Laser-Entfernungsmesser

Laser-Entfernungsmesser

Triangulation

Mit Hilfe der Triangulation lassen sich Längenmessungen auch dann durchführen, wenn die Messstrecke aus irgend einem Grund nicht zugänglich ist. Die Messung beruht dabei auf der berühmten Formel des Pythagoras. Aber keine Angst vor dieser aus der Schulzeit gefürchteten Formel. Man muss nicht rechnen sondern nur messen. Das Rechnen erledigt der Laser-Entfernungsmesser. Man misst lediglich zwei Zielpunkte an, der Entfernungsmesser zeigt uns dann den gesuchten Messwert an. Sie werden es zu schätzen wissen!

Laser-Entfernungsmesser

Bei der Messung wird ein Laserstrahl ausgesendet. Das Laserlicht wird vom Messobjekt reflektiert. Die Reflexion wird von einem Sensor im Entfernungsmesser erfasst. Aus der Zeitspanne zwischen Aussenden und Empfangen des Lasersignals wird von der Elektronik die Entfernung ermittelt. Weil der Laserstrahl nur einen Durchmesser von wenigen Millimetern hat, kann sehr gut an Hindernissen vorbei gemessen werden. Vorteile des Laser-Entfernungsmessers sind die

- → auch auf lange Messdistanz hervorragende Genauigkeit,
- → Sichtbarkeit des Zielpunktes,
- → hohe Reichweite,
- → die extrem schnelle Messzeit.

Neben der Errechnung von Flächen und Volumen eignet sich der Laser-Entfernungsmesser hervorragend zur Triangulation, worunter man die indirekte Messung von Längen versteht.

Bei der Triangulation ist es wichtig, die erste Messung absolut waagrecht und damit, wie im Beispiel gezeigt, im rechten Winkel zur Wand durchzuführen. Am besten ist es, wenn man dazu ein Stativ als Auflage benützt. Es empfiehlt sich, zunächst eine Probemessung durchzuführen.

Neigungsmessung

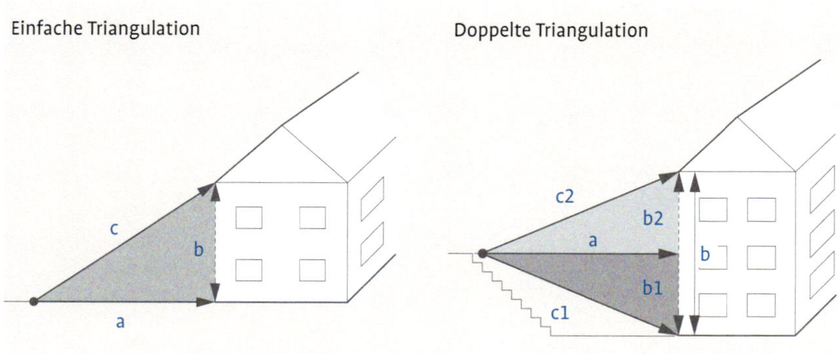

Aufgabe: Bestimmen der Höhe eines Hauses bis zur Dachkante

Beispiel 1, einfache Triangulation

- → Einstellen des Laser-Entfernungsmesser auf Triangulation.
- → Waagrechte Messung der Stecke a zur Basis des Hauses.
- → Messung der Strecke c zur Dachkante des Hauses.
- → Ergebnis ist die Höhe.

Beispiel 2, doppelte Triangulation

- → Einstellen des Laser-Entfernungsmesser auf Triangulation.
- → Messung vom Stativ aus.
- → Waagrechte Messung der Stecke a zur Wand des Hauses.
- → Messung der Strecke c1 zur Basis des Hauses.
- → Ergebnis Höhe b1 speichern.
- → Unverändert vom Stativ aus Messen
- → Waagrechte Messung der Stecke a zur Wand des Hauses.
- → Messung der Strecke c2 zur Dachkante des Hauses.
- → Ergebnis Höhe b2 speichern.
- → Die Addition von b1 und b2 ergibt die Höhe b.

Nicht immer ist es möglich, eine Höhe durch einfache Triangulation zu ermitteln. In diesen Fällen kann man eine doppelte Triangulation anwenden. Es wird zweimal gemessen. Dabei ist es erforderlich, dass die Horizontalmessung sehr exakt erfolgt. Weil dies freihand sehr ungenau sein kann, muss unbedingt ein Stativ als Auflage verwendet werden. Vorteilhaft ist es, sich am Messobjekt markante Punkte zu suchen, die man bei der Messung anpeilt. Die Addition der beiden Messungen addiert man dann am Ende zum Gesamtmaß.

Messen bei regnerischem Wetter

Bei Messungen im Außenbereich können Regentropfen den Laserstrahl teilweise reflektieren und dadurch das Messergebnis verfälschen. Besonders bei langen Messdistanzen kann sich dieser Effekt störend bemerkbar machen. Selbstverständlich tritt dieser Effekt auch bei Schneefall auf.

Die Neigungsmessung dient dazu, Abweichungen von der Senkrechten oder Waagrechten zu erfassen und anzuzeigen. Das klassische Neigungsmessgerät ist die

→ Wasserwaage

Die Wasserwaage hat aber den Nachteil, dass lediglich Abweichungen um wenige Winkelgrade angezeigt werden. Die Anzeige erfolgt durch die Stellung einer Luftblase in der „Libelle“. Ein zur Neigung passender Zahlenwert wird nicht angezeigt. Die Anzeige erfolgt nur, wenn die Wasserwaage an die Neigung angelegt ist; ein Nachteil wenn die Sichtverhältnisse am Messort schlecht sind. Beim

→ elektronischen Neigungsmesser

werden alle diese Nachteile vermieden.

Elektronischer Neigungsmesser

Der elektronische Neigungsmesser hat einen internen Sensor, der sich nach der Schwerkraft ausrichtet. Das Sensorsignal wird durch einen internen Prozessor ausgewertet und der ermittelte Wert auf einem Display in

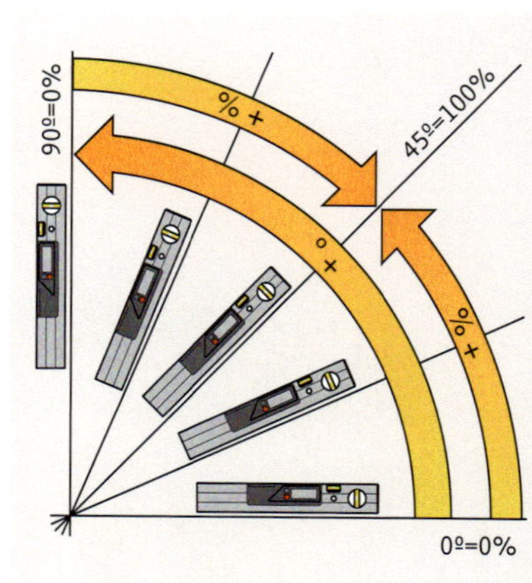

Neigungsmessung, Winkelgrade und Prozentual

Neigungsmessung

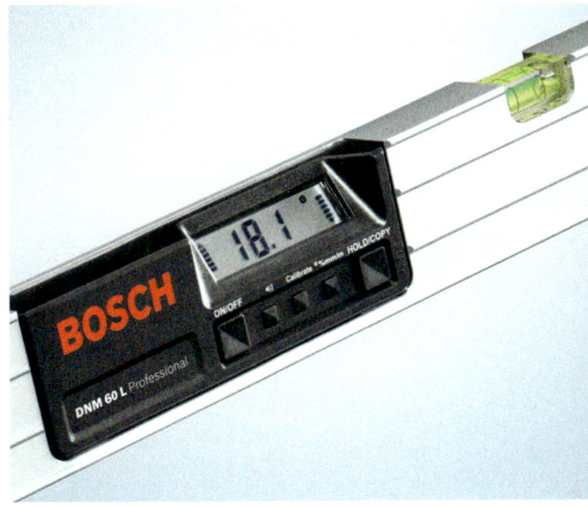

Eindeutige digitale Messwertanzeige

Alleiniges Ausrichten von Küchenmöbeln

digitaler Darstellung angezeigt. Die Vorteile sind:

- → Das Ergebnis wird direkt angezeigt.
- → Keine Ablesefehler.
- → Der Messbereich beträgt volle 360 Winkelgrade.
- → Der Messwert kann gespeichert werden.
- → Das Gerät kann jederzeit neu kalibriert (geeicht) werden.
- → Die Anzeige kann in Winkelgraden (°) oder Prozent (%) erfolgen.
- → Die Richtung der Steigung/des Gefälles wird angezeigt.

Die Anzeige in Winkelgraden (°) verwendet man hauptsächlich für Messungen an Bauteilen und an Baukörpern, z. B. Treppen, Dachschrägen, Winkeln.

Die Anzeige in Prozent (%) verwendet man beispielsweise für die Messung an Gefällen, Drainagen, Rampen.

Die exakte waagrechte oder senkrechte Ausrichtung kann durch ein akustisches Signal angezeigt werden. Dadurch lassen sich Arbeitsplatten, Küchengeräte oder Maschinen ohne eine zweite Hilfsperson ausrichten.

Winkelmessung

Winkelmesser benötigt man, um die Lage von Werkstücken oder Bauteilen zueinander zu messen oder um Winkel und Schrägen auf ein Werkstück zu übertragen. Bei mechanischen Winkelmessern kann es durch Fehlbedienung oder durch Ablesefehler zu Ungenauigkeiten kommen. Bei elektronischen Winkelmessern werden diese Nachteile vermieden.

Elektronischer Winkelmesser

Der elektronische Winkelmesser arbeitet mit einem Drehsensor, der mehrere Messungen pro Sekunde durchführt. Die Anzeige des gemessenen oder eingestellten Winkels erfolgt digital auf einem Display. Die Vorteile sind:

- → Das Ergebnis wird direkt angezeigt.
- → Keine Ablesefehler.
- → Der ermittelte Messwert lässt sich speichern.

Messen des Dachüberstandes

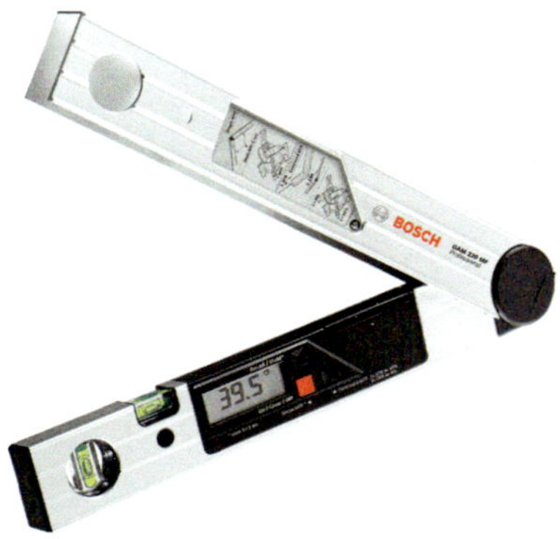

Elektronischer Winkelmesser

Winkelmessung

Durch die Speichermöglichkeit kann auch an schlecht einsehbaren Stellen gemessen und der Messwert später in bequemer Lage abgelesen werden. Durch den besonderen Drehsensor kalibriert sich das Gerät während der Messung ständig selbst.

Nivellieren

Beim Nivellieren geht es darum, Punkte oder Linien so auf Baukörperflächen, Wände oder Decken zu projizieren, dass entsprechend dieser Linie Gegenstände, Aussparungen oder Vorsprünge in einer Linie aufgehängt, angebaut oder verlegt werden können. Die hierzu verwendeten Geräte basieren auf der Lasertechnik. Man unterscheidet dabei in

- → Punktlaser (Laser-Wasserwaagen)
- → Linienlaser
- → Kreuzlinienlaser
- → Fliesenlaser

Die Verwendung von Lasergeräten vermeidet mühsames Ausmessen einzelner Punkte und das Anzeichnen von Linien mit Schreibstiften oder der Schlagschnur, die später

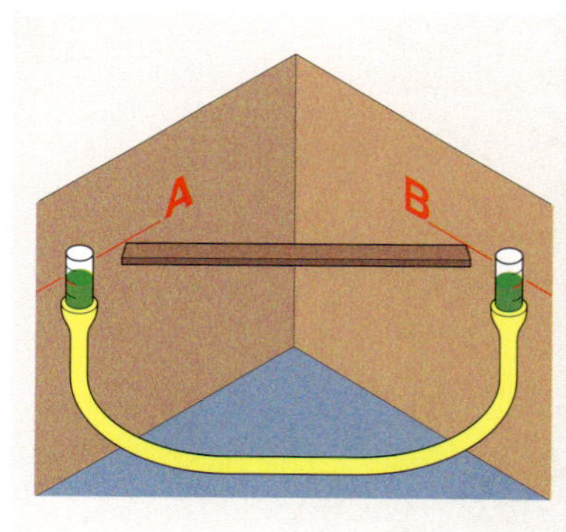

Nivellieren mit der Schlauchwasserwaage

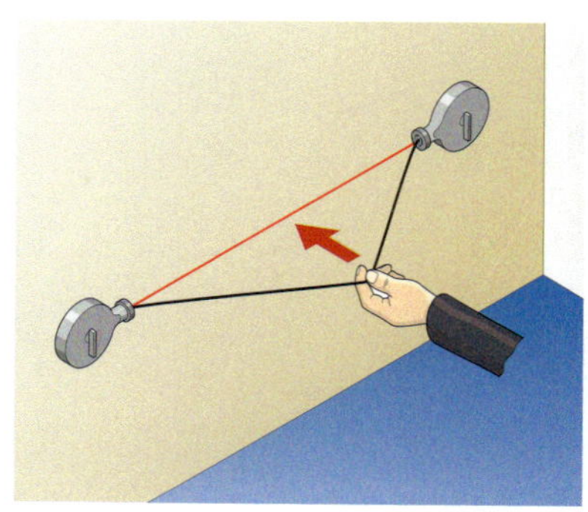

Kennzeichnen mit der Schlagschnur

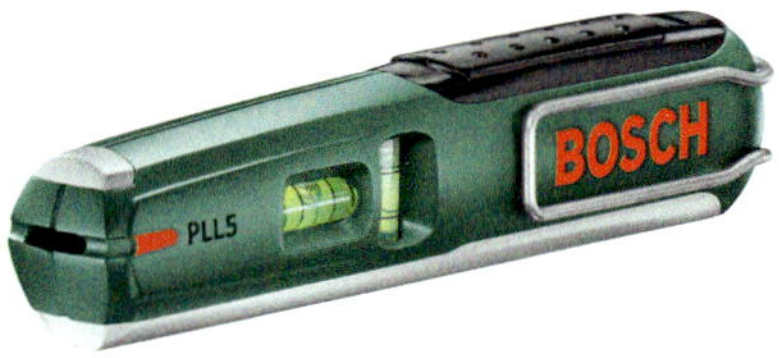

Punktlaser

wieder entfernt werden müssen. In den meisten Fällen kann durch den Laser auf die Mithilfe einer zweiten Person verzichtet werden. Die Zeitersparnis ist erheblich.

Punktlaser

Punktlaser, im Handwerk auch Baulaser genannt, projizieren Punkte, an denen Markierungen für spätere

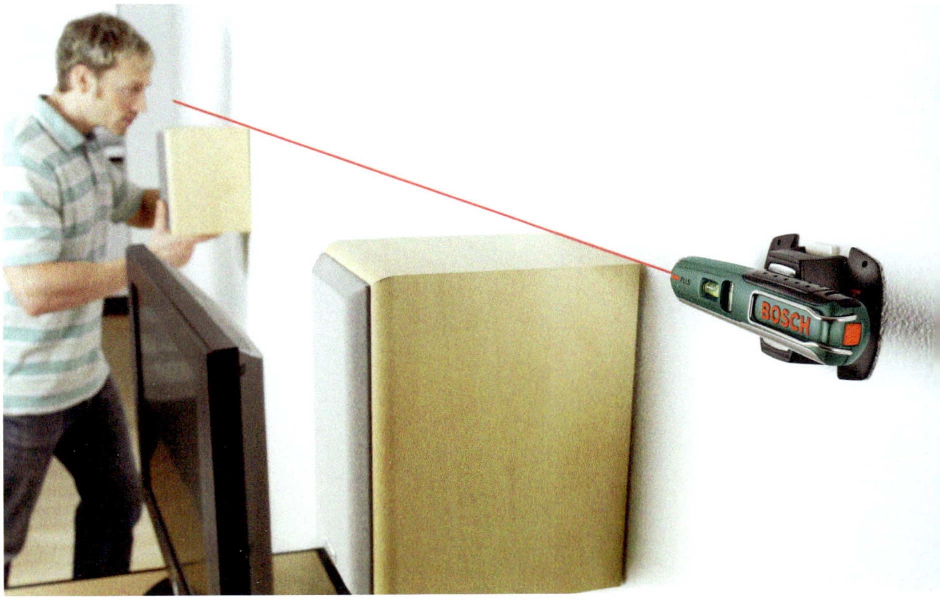

Nivellieren mit dem Punktlaser

Nivellieren mit dem Linienlaser / Rotationslaser

Nivellieren mit dem Linienlaser / Rotationslaser

Exakte Wanddekoration mit dem Kreuzlinienlaser

Arbeiten angebracht werden können oder Bauteile ausgerichtet werden. Zur praktischen Anwendung wird der Punktlaser dazu auf ein Stativ aufgesetzt oder mittels Wandhalterungen verwendet.

Linienlaser / Rotationslaser

Dies Laser projizieren statt eines Punktstrahls eine Linie. Entlang dieser Linie können Gegenstände mühelos auf gleiche Höhe oder Lage justiert und montiert werden. Wie bei allen andern Lasergeräten werden Linienlaser meist in Verbindung mit einem Stativ oder einer Wandhalterung verwendet.

Kreuzlinienlaser

Der Kreuzlinienlaser projiziert zwei sich im Winkel von 90° kreuzende

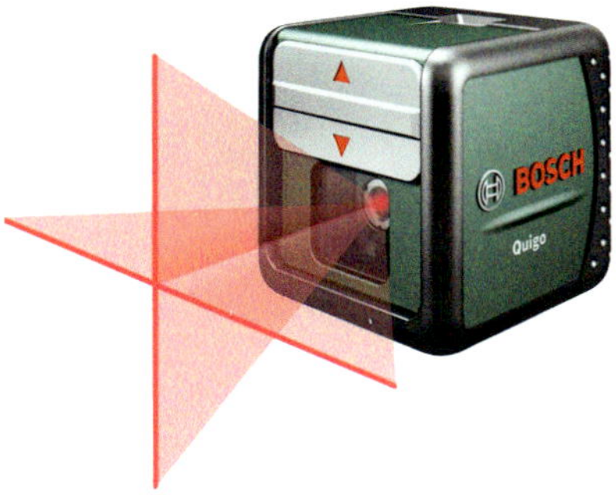

Kreuzlinienlaser

Linien. An diesen Linien lassen sich Bauteile, Einrichtungsgegenstände oder Wandverkleidungen präzise ausrichten.

Fliesenlaser

Das Verlegen von Fliesen muss von der ersten Fliese an mit hoher Winkelgenauigkeit erfolgen. Wenn dies nicht der Fall ist, addieren sich die Abweichungen mit jeder weiteren verlegten Fliese und sind später wegen des abhärtenden Mörtels oder Klebers nicht mehr korrigierbar. Der Fliesenlaser erzeugt zwei genau im Winkel von 90° zueinander ausgerichtete Strahlen, an denen die Fliesen exakt ausgerichtet und verlegt werden können.

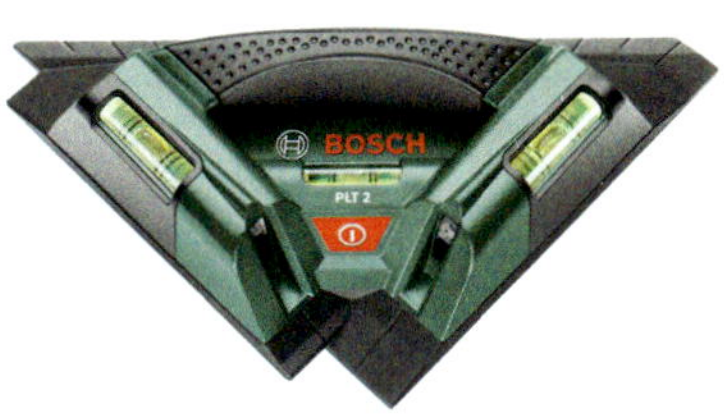

Fliesenlaser

Ausrichten von Wandfliesen mit dem Fliesenlaser

Exaktes Ausrichten von Bodenfliesen mit dem Fliesenlaser

Ortungstechnik

Nicht jede Wand ist aus Glas und man sieht, was sich darunter verbirgt. Wände aus Beton, Mauerwerk und Leichtbauwände im Trockenbau enthalten elektrische Leitungen, Installationsrohre oder im Falle von armiertem Beton die Bewehrungsstäbe. Rohre und Leitungen sind zwar meist waagerecht oder senkrecht zur Steckdose oder zum Wasserhahn angeordnet, aber leider nicht immer.
Besonders bei der Sanierung von Altbauten findet man oft die abenteuerlichsten Leitungsführungen. Bohrt man dann seine Dübellöcher an der „falschen" Stelle, erlebt man womöglich eine Überraschung:
Es knallt und funkt und das Licht geht aus, oder schlimmer: um das Bohrloch herum wird es plötzlich feucht. Ein anderes Desaster kann man erleben, wenn man Küchenschränke aufhängt und man ausgerechnet beim letzten Dübelloch auf einen massiven Armierungsstahl im Beton trifft.
Alle diese Unabwägbarkeiten kann man einfach und preisgünstig vermeiden: Mit einem Ortungsgerät! Damit können Unfälle, zum Beispiel das Anbohren elektrischer Leitungen, aber auch Schadensfälle wie das Anbohren von Beton-Bewehrungen oder Rohrleitungen sicher verhindert werden.

Ortungsgeräte

Hochwertige Ortungsgeräte arbeiten wie folgt:
→ Induktiv zur Messung von Metallen.
→ Kapazitiv zur Messung von Hohlräumen.
→ Mit 50Hz-Sensor zum Erkennen elektrischer Leitungen.

Auch bei den Ortungsgeräten gibt es wie überall Qualitätsunterschiede. Bei Markengeräten sind die Magnetfeldsensoren so angeordnet, dass die Empfindlichkeit in waagerechter und senkrechter Achse zum Gerät gleich ist. Bei billigen Geräten ist die Empfindlichkeit in waagrechter und senkrechter Achse unterschiedlich, wodurch das Auffinden von Metallgegenständen umständlicher und ungenauer ist. Die Messung von Hohlräumen ist z. B. dann wichtig, wenn Befestigungen an einer Konterlattung erfolgen müssen.

Ortungsgerät für Metall, Hohlräume und Elektrizität

Wie genau messen induktive Ortungsgeräte?
Prinzipbedingt werden Metalle aus magnetischen Werkstoffen wie Eisen und Stahl besonders gut erfasst. Unmagnetische Metalle wie Kupfer, Messing, Aluminium und auch rostfreier Stahl werden weniger gut erfasst.
Spannungsführende elektrische Leitungen erzeugen bei Wechselspannung um sich herum ein eigenes Magnetfeld, wodurch sie vom Ortungsgerät schon auf größere Entfernung erfasst werden.

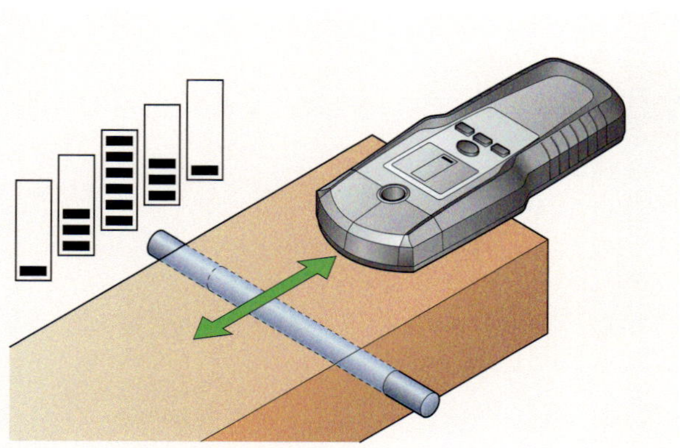
Orten von Metallen

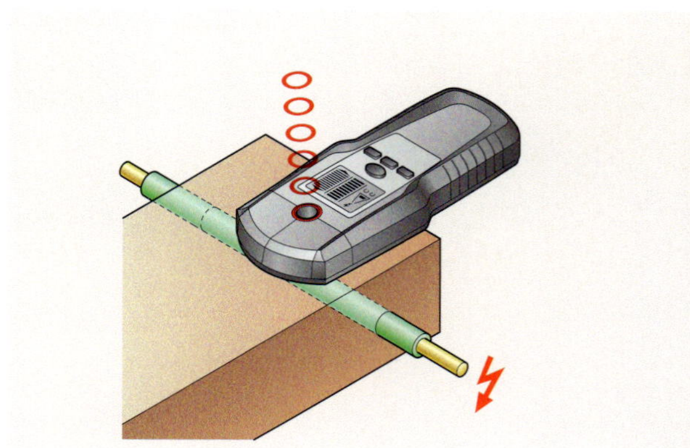
Orten von spannungsführenden Leitungen

Bis zu welcher Tiefe kann geortet werden?

Die Erfassungstiefe hängt stark vom Metalltyp und von der Metallmenge ab. Eisen und Stahl werden bis ca. 5 cm Entfernung sicher lokalisiert, bei Kupferleitungen ohne Spannung und bei Kupferrohren ist die Erfassungstiefe geringer. Bei spannungsführenden elektrischen Leitungen kann die Erfassungsdistanz über 5 cm liegen.

Orten des Rahmenwerks bei Leichtbauwänden

Das Orten vor dem Bohren erspart Ärger

Safety First

Augen, Ohren, Hände

Arbeitssicherheit mit Elektrowerkzeugen ist ein komplexes Thema, für das Hersteller und Anwender in gleichem Maße verantwortlich sind. Von den Qualitätsherstellern werden Elektrowerkzeuge mit großer Sorgfalt auf die höchstmögliche Sicherheit hin entwickelt, konstruiert und gefertigt. Diese Sorgfalt kann nicht „billig" sein. No-Name-Produkte und Raubkopien lassen diese Sorgfalt auf Grund ihrer Kostenstruktur nicht zu, wie unabhängige Tests von Verbraucherorganisationen bewiesen haben. Selbst so genannte Sicherheitszertifikate können im Extremfall erschlichen oder schlicht manipuliert sein. Auch wenn es um die eigene Sicherheit geht, ist das vermeintlich „teurere" Markengerät letztlich die „preiswertere" und sicherste Lösung. Für die Arbeitssicherheit ist in der Praxis der Anwender selbst verantwortlich. Bei bestimmungsgemäßem Einsatz unter Beachtung der Herstellerinformationen und Befolgung der bindenden Sicherheitsvorschriften und, nicht zuletzt, des gesunden Menschenverstandes, ermöglicht das Elektrowerkzeug die rationelle und sichere Erledigung von Arbeitsaufgaben.

Von jedem hat man zwei. Trotzdem sollte man sie unbedingt schützen. Eine Schutzbrille sollte man nicht nur beim Schleifen tragen sondern eigentlich immer. Auch Holz- oder Metallspäne können sehr schmerzhaft wirken, von Gesteinssplittern beim Bohren von Beton und Mauerwerk ganz zu schweigen. Viele Arbeitsaufgaben erzeugen Lärm und das ist leider nicht zu ändern. Dem Gehör tut das auf die Dauer nicht gut, weil sich die Schäden summieren. Wenn man die Spätschäden bemerkt, kann man aber nichts mehr ändern. Deshalb sollte

Schadstoffeinflüsse auf die Haut

Auslösende Stoffe	Auftreten	Schaden	Wirkung
Säuren, Laugen, Reinigungsmittel, organische Lösungsmittel, Schmierstoffe, Öle	ständiger oder wiederholter Kontakt	degenerative Kontaktekzeme	Zerstörung des Säureschutzmantels der Haut
konzentrierte Säuren und Laugen	von der Dauer des Kontaktes und von der Konzentration abhängig	toxische Kontaktekzeme	Zerstörung der Haut
Additive von Schmierstoffen, Latexderivate, Holzteer, Terpentin, Kunstharzbestandteile, Chrom, Nickel, Cobalt	je nach Anfälligkeit bereits bei Erstkontakt möglich	allergische Hautekzeme	Sensibilisierung
Aniline, Phenole, Benzole, Pflanzen- und Holzschutzmittel, Antifouling-Farben	ständiger oder wiederholter Kontakt	Vergiftungen	Hautresorption (Giftstoffe gelangen durch die Haut in den Körper)
Metallspäne, Schleifstaub, verunreinigte Kühlflüssigkeiten	ständiger oder wiederholter Kontakt	Mikroverletzungen	Eindringen von Schmutz und Bakterien

Gehörschutzmaßnahmen

Maßnahme	Anwendung	Dämpfung	Eigenschaften	Vorteile	Nachteile
Gehörschutzstöpsel	im Gehörgang	20...30 dB	vorgeformte oder verformbare Pfropfen	klein, leicht, indiviuell anpassbar	Hygiene
Gehörschutzkapseln	wie Kopfhöhrer	35...45 dB	umschließen das gesamte Ohr	durch großes Volumen Druckausgleich beim Sprechen	bei falscher Anpassung unbequem
Schallschutzhelme	wie Motorradhelme	35...45 dB	Umschließen den Kopf und die Ohren	Kopfschutz und Gehörschutz kombiniert	schwer, bei warmer Umgebung unbequem

Beständigkeit von Schutzhandschuhen

Eigenschaften	Handschuhwerkstoff				
	Naturlatex NR	Chloropren CR	Nitril NBR	Viton	Butyl
Elastizität	+++	++	++	++	++
Abriebverhalten	- - -	o	+++	o	o
Durchstichfestigkeit	- - -	o	+++	o	o
Substanz					
Abbeizflüssigkeiten	-	-	-	-	-
Aceton	o	-	-	-	+
Akkusäure	+	+	+	+	+
Benzin	-	-	o	+	-
Blechreiniger	-	-	-	-	-
Bremsflüssigkeit	o	o	-	-	+
Carbolineum	-	-	-	+	o
Dieselkraftstoff	-	-	+	+	-
Ethanol	+	+	-	+	+
Ethylalkohol	+	+	-	+	+
Fett	o	+	+	+	o
Flußsäure 40 %	o	+	o	+	+
Formaldehyd 37 %	+	+	o	+	+
Hydrauliköl	o	o	+	+	+
Kalilauge konz	+	+	+	+	+
Kalkmilch	+	+	+	+	+
Kerosin	-	-	+	+	-
Methanol	+	o	-	-	+
Mineralöl	-	o	+	+	o
Natronlauge	+	+	+	+	+
Nitroverdünnung	-	-	-	-	-
Salpetersäure 10%	o	+	o	+	+
Salpetersäure, konz.	Zerstörung	Zerstörung	Zerstörung	+	Zerstörung
Salzsäure 20%	o	+	+	+	+
Sanitärreiniger	o	o	o	+	+
Schwefelsäure 10%	+	+	+	+	+
Schwefelsäure konz.	Zerstörung	-	Zerstörung	+	+
Terpentinersatz	-	-	o	+	-
Tetrachlorkohlenstoff	-	-	o	+	-
Wasserstoffperoxid 30%	+	+	o	+	+

man sich lieber auf einen wirksamen Gehörschutz verlassen. Die Hände schließlich sind das komplexeste, sensibelste und vielseitigste „Arbeitswerkzeug“ des Menschen. Gleichzeitig sind sie aber am meisten gefährdet. Man sollte sie also durch geeignete Handschuhe schützen. Es muss jedoch beachtet werden, dass bei bestimmten Arbeiten mit umlaufenden Werkzeugen und Maschinen keine Schutzhandschuhe verwendet werden dürfen, weil das zähe Handschuhmaterial erfasst und in die Maschine gezogen werden kann.

Die Basis-Schutzausrüstung besteht aus
- → Schutzhandschuhen
- → Schutzbrille
- → Gehörschutz

und ist kostengünstig. Es besteht also kein vernünftiger Grund, sie nicht zu haben (und auch zu tragen!).

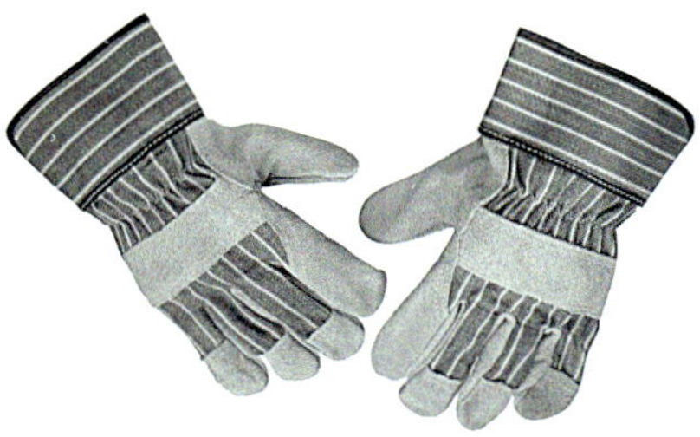
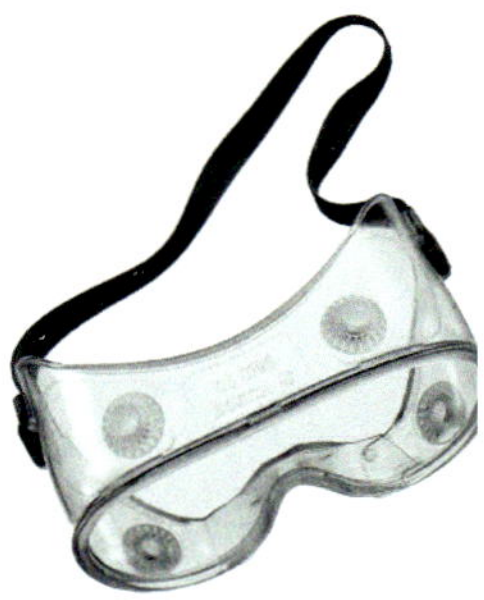
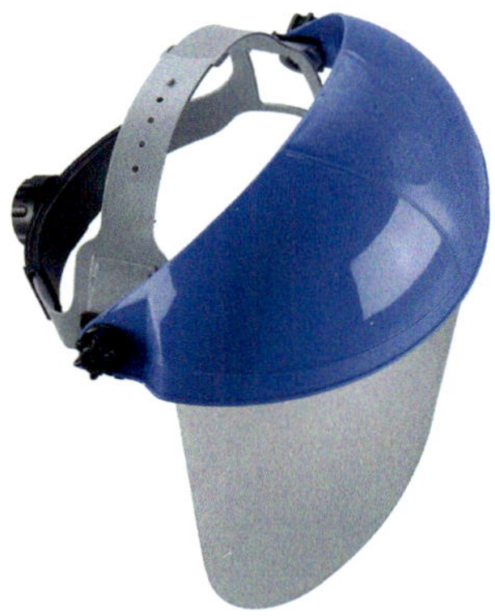

Schutzhandschuhe
Schutzbrille
Schutzvisier
Gehörschutz

Der logische Weg zum passenden Augenschutz

Risiko	Ursache	Schutzausrüstung	Sichtscheibe	Norm
Mechanische Verletzung	Späne, Splitter	Gestellbrille mit Seitenschutz		
	Grobstaub	Maskenbrille, weich anliegend		
	Feinstaub	Maskenbrille, weich anliegend, Augenraum gasdicht		
Chemische Verletzungen	Flüssigkeiten	Maskenbrille, weich anliegend		
	Gase	Maskenbrille, weich anliegend, Augenraum gasdicht	Sicherheitsscheiben mit oder ohne Filterwirkung	DIN EN 166
Thermische Schäden	Hitze	Gestellbrille mit Seitenschutz	Sicherheitsscheiben mit Filterwirkung	Din EN 169
	Kälte			
Optische Schäden	sichtbares Licht hoher Leuchtdichte, Sonne	Gestellbrille mit Seitenschutz	Scheiben mit Filterwirkung	DIN EN 172
	UV-Strahlung, Elektroschweißen	Schutzhaube	Sicherhheitsscheiben mit Filterwirkung	DIN EN 169, 170, 379
	IR-Strahlung, Gasschweißen	Gestellbrille, geschlossen	Scheiben mit Filterwirkung	DIN EN 171
	Laserstrahlung	Gestellbrille, geschlossen	Scheiben mit Filterwirkung	DIN EN 207, 208

Atemschutzfilter, Filterklassen und Kennzeichnung

Filterklasse	Kennfarbe	Filterwirkung	Rückhaltevermögen	max. Schadstoffkonzentration
A1	Braun	organische Gase und Dämpfe	klein	0,1 Vol%, 1.000ppm
A2			mittel	0,5 Vol%, 5.000ppm
A3			groß	1 Vol%, 10.000ppm
AX		niedrigsiedende organische Gase und Dämpfe		
B1	Grau	anorganische Gase und Dämpfe	klein	0,1 Vol%, 1.000ppm
B2			mittel	0,5 Vol%, 5.000ppm
B3			groß	1 Vol%, 10.000ppm
E1	Gelb	Schwefelgase, Chlorgase	klein	0,1 Vol%, 1.000ppm
E2			mittel	0,5 Vol%, 5.000ppm
K1	Grün	Ammoniak	klein	0,1 Vol%, 1.000ppm
K2			mittel	0,5 Vol%, 5.000ppm
CO	Schwarz	Kohlenmonoxid		
Hg	Rot	Quecksilberdämpfe		
NO	Blau	Stickstoffgase		
Reaktor	Orange	radioaktive Jodgase		
P1	Weiss	Partikel	klein	4facher Grenzwert
P2			mittel	10facher Grenzwert
P3			groß	30fach bei Halbmaske, 400fach bei Vollmaske

Beim Arbeiten mit Winkelschleifern ist Arbeitsschutz besonders wichtig

Bei der Steinbearbeitung unbedingt mit Staubabsaugung arbeiten

Gase, Dämpfe, Atemschutz

Im Urlaub an der See oder in den Bergen schätzen wir die frische Luft und das Atmen fällt uns leicht. Wir merken deutlich den Unterschied zur mit Feinstaub belasteten Großstadtluft. Und wie ist es beim Heimwerken? Schleifstäube und Dämpfe von Farben, Klebstoffen und Lösungsmitteln sind nicht nur unangenehm, sie können auch langfristige Schäden in den Lungen verursachen. Nicht selten sind die Wirkungen chronisch und unheilbar. Zur gesunden Ausübung des Hobbys gehört deshalb auch der Atemschutz.
Im industriellen Bereich gibt es für fast jeden Gefahrstoff geeignete Filter. Im Heimwerkerbereich beschränkt sich die Gefährdung meist auf Staub und die Dämpfe von Lösungsmitteln. Welcher Atemschutz dafür in Frage kommt ist aus der Tabelle der Filterklassen ersichtlich.

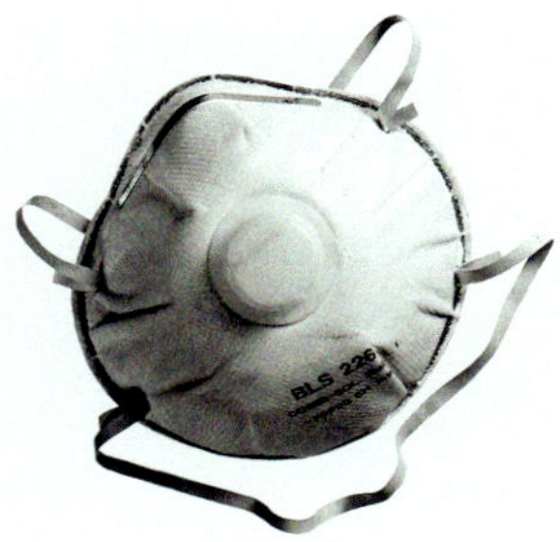

Atemschutzmaske

Der logische Weg zur richtigen Filterklasse

Anwendung	Werkstoff	Einsatzfall	Filterklasse
Schleifen	Metall	Stahl	P2
		Edelstahl	P3
		Rost	P1
	Gestein	Mauerwerk	P1
		Quarzhaltig	P2
		Beton	P2
	Holz		P2
Farbspritzen	Dispersionsfarben		P2
	Lösungsmittelfarben		AP 2
Reinigen	Verdünner	bis 30-fach MAK	A2
	Säuren		E
		bei Vernebelung	P2 / P3
Sanierungsarbeiten	Glaswolle, Glasfaser		P2
	Asbest	geringe Konzentration	P2
Löten		allgemein	P2
Schweißen	Stahl		P2 / P3
		verzinkt	P2 / P3
	Aluminium		P2 / P3
	Edelstahl		P3

Werkstoffe

Die meisten Werkstoffe sind in fester Form ungiftig. In Staubform können sie jedoch eine Gefährdung darstellen. Gesteinsstäube können zu Lungenschädigungen führen, die Stäube von Harthölzern (Eiche, Buche sowie alle insekten- und pilzresistenten Edelhölzer) können bei längerer Einwirkungszeit Krebs erregend wirken. Bei den Metallen wirken vor allem die Schleifstäube von Schwermetallen, Nickel, Aluminiumlegierungen und Edelstählen gefährdend.
Bei Arbeiten im Außenbereich, beispielsweise im Vorgarten oder vor der Garage, ergibt sich durch die natürlich Luftbewegung meist eine geringe Partikeldichte und damit auch ein geringer Gefährdungsgrad. Im Hobbyraum oder im Keller herrschen aber grundsätzlich andere Verhältnisse. Durch das geringe Raumvolumen kann es zu Feinstaubkonzentrationen kommen, welche weit über dem liegen was im professionellen handwerklichen Betrieb vorkommt, in dem zusätzlich auch noch strenge Vorschriften zur Staubabsaugung herrschen.
Fazit: Im Heimwerkerbereich kann die Gefährdung durch Stäube um ein Vielfaches höher sein als beispielsweise bei einem Handwerksprofi. Staubabsaugung und Schutzmaßnahmen sollten also gerade durch den Heimwerker in besonderem Maße verwendet bzw. angewendet werden. Auch kurzfristige Belastung mit hohen Staubkonzentrationen kann zu Spätschäden führen.
Eine weitere Gefahr durch Feinstäube sind sogenannte Staubexplosionen. Feinstäube von Hölzern können zusammen mit der Raumluft ein explosives Gasgemisch bilden, das durch einen Funken (Lichtschalter, Elektrowerkzeug) entzündet werden kann!

Schadstoffe und Gefahrstoffe

Nicht alles, was man als Heimwerker verarbeitet, ist so harmlos wie es aussieht. Besonders Zusatzstoffe, Chemikalien, Kleber, Lösungsmittel und Farben können es in sich haben. Der Gesetzgeber hat für Gefahrstoffe besondere Vorschriften geschaffen, nach denen Gefahrstoffe gekennzeichnet werden müssen. Zusätzlich muss jeder Hersteller für die von ihm in den Handel gebrachten Stoffe Datenblätter anlegen, in denen die Gefahren, Nebenwirkungen und die Schutzmaßnahmen genau definiert sind. Die Datenblätter sind auf den Homepages der Hersteller (und manchmal auch der Händler) veröffentlicht und abrufbar. Schadstoffe und Gefahrstoffe, die in Verbrauchsstoffen enthalten sind, müssen gekennzeichnet sein. Weil auf den Gebinden von Klebstoffen, Leimen, Lösungsmitteln oder Farben nicht immer genügend Platz für diese Informationen ist, hat man Kurzbezeichnungen eingeführt. Diese Kurzbezeichnungen sind unter den Kürzeln

→ R-Sätze
→ S-Sätze

bekannt.

Die R-Sätze bezeichnen, welche Gefährdung vom Schadstoff bzw. bei unsachgemäßer Anwendung von ihm ausgehen kann.

Bei den S-Sätzen handelt es sich um Sicherheitshinweise und Angaben, welche Maßnahmen durchzuführen sind, wenn man mit dem Gefahrstoff in Berührung gekommen ist.

Bezeichnung der Gefahren bei gefährlichen Stoffen

R-Satz	Gefahr
R 10	Entzündlich
R 11	Leichtentzündlich
R 20	Gesundheitsschädlich beim Einatmen
R 21	Gesundheitsschädlich bei Berührung mit der Haut
R 22	Geundheitsschädlich beim Verschlucken
R 23	Giftig beim Einatmen
R 24	Giftig bei Berührung mit der Haut
R 25	Giftig beim Verschlucken
R 26	Sehr giftig beim Einatmen
R 27	Sehr giftig bei Berührung mit der Haut
R 28	Sehr giftig beim Verschlucken
R 33	Gefahr kumulativer Wirkung
R 34	verursacht Verätzung
R 35	Verursacht schwere Verätzung
R 36	Reizt die Augen
R 37	Reizt die Atmungsorgane
R 38	Reizt die Haut
R 39	ernste Gefahr irreversibler Schäden
R 40	Irreversibler Schaden möglich
R 42	Sensibilisierung durch Einatmen möglich
R 43	Sensibilisierung durch Hautkontakt möglich
R 45	kann Krebs erzeugen
R 46	kann vererbbare Schäden verursachen
R 49	kann Krebs beim Einatmen erzeugen
R 61	kann das Kind im Mutterleib schädigen
R 68	Irreversibler Schaden möglich

Sicherheitshinweise für gefährliche Stoffe

S- Satz	Sicherheithinweise
S 7	Behälter dicht geschlossen halten
S 16	Von Zündquellen fernhalten, nicht rauchen
S 22	Staub nicht einatmen
S 23	Gas, Rauch, Dampf, Aerosol nicht einatmen
S 24	Berührung mit der Haut vermeiden
S 25	Berührung mit den Augen vermeiden
S 26	Bei Berührung mit den Augen gründlich mit Wasser spülen und Arzt konsultieren
S 27	Beschmutzte, getränkte Kleidung sofort ausziehen
S 28	Bei Berührung mit der Haut sofort mit viel Wasser und Seife abwaschen
S 36	Geeignete Schutzkleidung tragen
S 37	Geeignete Schutzhandschuhe tragen
S 39	Schutzbrille, Gesichtsschutz tragen
S 44	Bei Unwohlsein Arzt konsultieren, dabei R-und S-Sätze und Stoffe angeben
S 45	bei Unwohlsein sofort Arzt konsultieren, dabei R- und S-Sätze und Stoffe angeben
S 46	bei Verschlucken sofort ärztlichen Rat einholen und Verpackung oder Etikett vorzeigen
S 49	nur im Originalbehälter aufbewahren
S 51	nur in gut belüfteten Bereichen verwenden
S 62	bei Verschlucken kein Erbrechen herbeiführen. Sofort Arzt konsultieren und Verpackung oder Etikett vorzeigen

Elektrische Sicherheit

Elektrowerkzeuge haben als Energiequelle die Elektrizität. Durch sorgfältige Konstruktion und hohen Isolieraufwand sind Markenelektrowerkzeuge sehr sicher. Markengeräte werden während der Entwicklung sogar intensiven Falltests unterzogen, vergleichbar mit dem Crashtest der Automobilindustrie. Die Vorgabe ist, dass beim Aufprall das Maschinengehäuse soweit intakt bleibt, dass keine spannungsführenden Teile nach außen freigelegt werden. Diese Tests sind aufwendig und mit hohen Kosten belastet. Kein Wunder, dass dieser Sicherheitsaspekt bei No-Name-Geräten und Raubkopien zu kurz kommt.
Trotzdem gibt es viele Situationen, bei denen ein Heimwerker ungewollt mit der Elektrizität in Berührung kommen kann. Isolierschäden an Leitungen, Eigenreparatur von elektrischen Geräten, Arbeiten an Beleuchtungskörpern, Arbeiten in feuchter Umgebung sind nur einige Beispiele. Ein ernster Grund dafür, die Gefahren der Elektrizität an dieser Stelle kurz darzustellen.
Bei der Berührung spannungsführender Gegenstände durch den Menschen können durch den dann über ihn fließenden Strom gefährliche Situationen entstehen. Als Folgen können vorübergehende Schädigungen, bleibende Schädigungen oder sogar der Tod eintreten. Das Maß der Gefährdung hängt von vielen Faktoren ab:

- → von der Berührungsspannung
- → vom elektrischen Widerstand des Körpers
- → vom Strom durch den Körper
- → von der Stromart
- → von der Einwirkungsdauer

Die Berührungsspannung ist im Wesentlichen von der elektrischen Anlage oder der Netzspannung abhängig, der Stromfluss durch den Körper hängt vom individuellen Körperwiderstand und den die Isolation gegen Erde beeinflussenden Kleidungsstücken (z. B. Handschuhe, Schuhe) und dem Standpunkt ab.
Die Schädigung tritt durch die Beeinflussung des Nervensystems (welches auf Grund von elektrochemischen Vorgängen funktioniert) und durch physikalische Auswirkungen wie Stromwärme und Lichtbögen ein. Durch die Reizüberflutung, insbesondere des Nervensystems, kann es zu Sekundäreffekten kommen, durch welche weitere Unfallsituationen entstehen können. Typisch sind hier Schreckreaktionen beim Eintreten des elektrischen „Schlages“, z. B. Fallen vom Gerüst oder der Leiter oder unbeabsichtigte Fehlbedienung von Werkzeugen und Vorrichtungen.

Berührungsspannung

Als ungefährlich werden Spannungen bis 50 Volt eingestuft, Spannungen oberhalb von 50 Volt müssen grundsätzlich als gefährlich angesehen werden. Ab dieser Spannung kann es zu Unfällen mit Todesfolge kommen.

Körperwiderstand

Der elektrische Widerstand des Körpers hängt stark vom Zustand im Berührungszeitpunkt ab (z. B. Schweiß) und ist nicht einheitlich. Zur Bemessung der Gefährdungsbereiche wird deshalb ein mittlerer Widerstand angesetzt, welcher, zwischen den Extremitäten (Hand – Hand oder Hand – Fuß) gemessen, bei etwa 1000 Ohm liegt.

Strom

Der durch den Körper fließende Strom verursacht die eigentliche Schädigung. Er ist direkt abhängig von der Berührungsspannung und dem elektrischen Widerstand des Körpers vom Berührungspunkt gegen Erde oder einen weiteren Leiter bei Drehstromnetzen.

Stromart

Man unterscheidet grundsätzlich zwischen Gleichstrom und Wechselstrom.
Bei Wechselstrom kann die Netzfrequenz zum Verkrampfen führen, wodurch ein selbstständiges Lösen vom elektrischen Berührungspunkt unmöglich gemacht werden kann. Besonders gefährdend ist bei Wechselstrom die Möglichkeit der Herzrhythmusstörungen über das Herzkammerflimmern bis hin zum Herzstillstand.
Bei Gleichstrom hängt die Gefährdung in starkem Maße davon ab, zu welchem Zeitpunkt des Herzzyklus die Erstberührung erfolgt ist. Die Gefährdung muss also für die Stromarten getrennt betrachtet werden.

Wechselstrom

Stromstärken bis 0,5 mA verursachen in der Regel keine Auswirkungen, zwischen den Stromstärken von ca. 2 – 10 mA kommt es jedoch zu individuell starken Empfindungen, die Schreckreaktionen und damit Sekundarunfälle (z. B. Sturz von einer Leiter) auslösen können.
Oberhalb von 10 mA kann es durch Fehlreaktionen der Nerven zu Muskelverkrampfungen kommen, die ein Loslassen des spannungsführenden Gegenstandes unmöglich machen können. Die hieraus resultierende

längere Einwirkungsdauer kann unter Umständen zu Herzkammerflimmern und Störungen der Atemfrequenz führen.
Oberhalb von 50 mA erfolgt mit hoher Wahrscheinlichkeit Herzkammerflimmern, bei längerer Einwirkungszeit ist mit Herzstillstand und Atemlähmungen zu rechnen. Hinzu kommen Verbrennungen bei höheren Stromstärken.

Gleichstrom
Bei Gleichstrom ist die Beeinflussung des Herzrhythmus vom Zeitpunkt der Erstberührung im Herzzyklus entscheidend. Besonders gefährdend ist, wenn die Erstberührung in die aufsteigende Phase des Elektrokardiogramms fällt. Für kurze Einwirkungsdauer können die Auswirkungen bei Gleichstrom etwas günstiger sein, wegen der Gefahr von Lichtbögen können die thermischen Auswirkungen jedoch größer sein als bei Wechselstrom.

Einwirkungsdauer
Grundsätzlich steigt die Gefährdung mit der Einwirkungsdauer an. Hieraus folgt, dass auch relativ geringe Berührungsspannungen tödliche Folgen haben können, wenn die Einwirkungsdauer entsprechend lang ist. Dieser Effekt ist insbesondere bei Wechselströmen stark ausgeprägt.

Akkumulatoren
Elektrische Unfälle mit Akkumulatoren werden weniger durch das Berühren spannungsführender Teile als durch Kurzschlüsse verursacht. Von den dabei entstehenden Temperaturen und Lichtbögen geht eine hohe Verbrennungsgefahr aus. Beim Austritt des chemisch aggressiven Elektrolyts kann es zu Verätzungen kommen.
Bei Arbeiten am Automobil wird nicht umsonst darauf hingewiesen, zuerst die Batterie komplett vom Bordnetz zu trennen. Der Energieinhalt einer Autobatterie reicht ohne weiteres aus, um einem über den Polen liegenden Schraubenschlüssel innerhalb von Sekunden zur Weißglut zu erhitzen und das Batteriegehäuse durch die Gasentwicklung zum Platzen zu bringen!

Auswirkungen von Elektrounfällen
Die typischen Auswirkungen von Elektrounfällen betreffen meist das Herz und in schweren Fällen die Atmung. Wenn diese Grundfunktionen gestört werden, kann es zum Kreislaufzusammenbruch kommen, wodurch die Sauerstoffzufuhr zum Gehirn versagen kann. In diesem Falle kann das Gehirn die wichtigsten Steuer- und Überwachungsfunktionen noch wenige Minuten aufrechterhalten, danach treten irreversible Schädigungen ein. Die Zeitspanne ist individuell unterschiedlich und beträgt ca. 3–5 Minuten. Bei niedrigen Temperaturen kann die Zeitspanne etwas länger sein.
Hieraus folgt, dass im Falle eines Elektrounfalls eine Reanimation durch Ersthelfer (Atemspende, Herzmassage) entscheidend ist und absolute Priorität hat. Arbeiten an elektrischen Anlagen sollten deshalb grundsätzlich nicht alleine durchgeführt werden. Vorrangig ist die Trennung des Verunfallten von der Spannungsquelle, wobei mit Notabschaltung und isolierenden Hilfsmitteln sowie mit äußerster Vorsicht vorgegangen werden muss. Über die entsprechenden Notmaßnahmen halten die dazu befähigten Organisationen wie Handwerkskammern und Berufsgenossenschaften regelmäßig Seminare ab.
Wenig bekannt ist, dass auch glimpflich verlaufende Elektrounfälle („einen Schlag bekommen“) bei empfindlichen Personen noch nach Stunden lebensgefährliche Spätreaktionen hervorrufen können. Betroffene sollten deshalb anderen Personen sofort jeden Elektrounfall mitteilen, damit diese im Krisenfall sofort Hilfsmaßnahmen in die Wege leiten können.

Zusammenfassung
Beim Umgang mit der Elektrizität können Unfälle entstehen, deren Auswirkungen im Voraus nicht absehbar sind. Arbeiten und vor allem Reparaturen an elektrischen Geräten sind deshalb nur durch solche Personen zulässig, welche die dafür notwendige Fachkenntnis besitzen und darüber den gesetzlich erforderlichen Nachweis erbracht haben. Bei erfolgten Unfällen sind die Sofortmaßnahmen überlebensentscheidend.

Maßnahmen bei Arbeiten in Feuchträumen oder in metallischen Behältnissen
Durch Isolationsschäden an Kabeln oder Geräten ist man dann besonders gefährdet, wenn die Umgebung feucht ist oder man in metallischen Behältern oder auf metallischer Unterlage arbeitet. Hierbei sollte man auch an metallische Fahrzeuge wie beispielsweise Wohnmobile oder Boote denken. Für zusätzliche Sicherheit in diesen Fällen sorgen

- → Schutztrennung mittels Trenntransformatoren
- → FI-Schalter

Schutztrennung

Bei der Schutztrennung wird die Erdverbindung des öffentlichen Stromnetzes durch einen zwischen Netz und Elektrowerkzeug geschalteten Trenntransformator aufgehoben, das Elektrowerkzeug also „galvanisch" vom Netz getrennt. Es kann somit im Schadensfall kein Strom über den Anwender zur Erde fließen. Voraussetzung für sichere Funktion ist, dass das Gerät fest mit dem Trenntransformator verbunden ist und kein weiteres Gerät an den Trenntransformator angeschlossen wird.

.

FI-Schutzschalter

Der FI-Schutzschalter enthält eine Schaltung, die selbsttätig den Schalter auslöst, wenn gegen Erde, Erdklemme, über den Schutzleiter oder den Körper ein Fehlerstrom fließt, der den Auslösestrom des FI-Schutzschalters überschreitet. Der Auslösestrom des FI-Schutzschalters ist so bemessen, dass keine Gefährdung erfolgt.
Der FI-Schutzschalter enthält einen Summenstromwandler, der die Ströme richtungsabhängig überwacht, die in die Anlage oder in das Gerät hineinfließen. Beim Auftreten eines Fehlers fließt ein Teil des Stromes nicht über den Summenstromwandler sondern über Erde zur Stromquelle zurück. Das dann im Summenstromwandler auftretende Ungleichgewicht bringt den FI-Schutzschalter zum Auslösen. Das Auslösen und damit die Trennung vom Netz erfolgt innerhalb von 0,2 Sekunden.

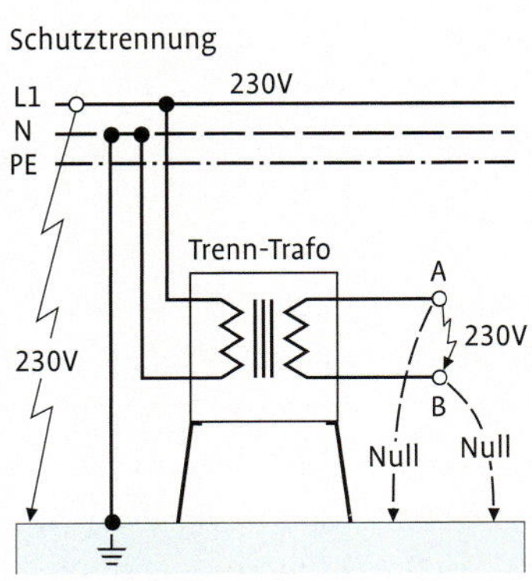

Schutztrennung mit Trenntransformator

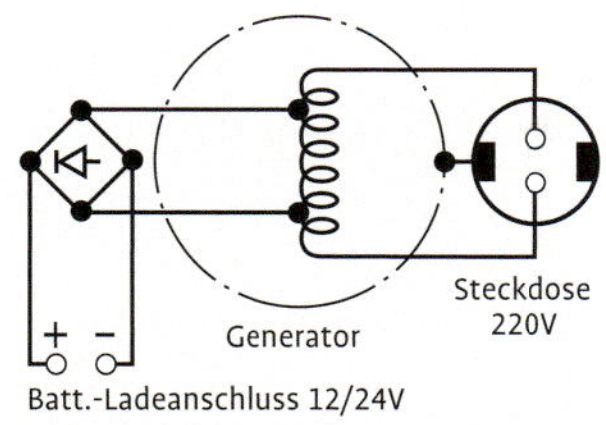

Elektrisch unsichere Schaltung

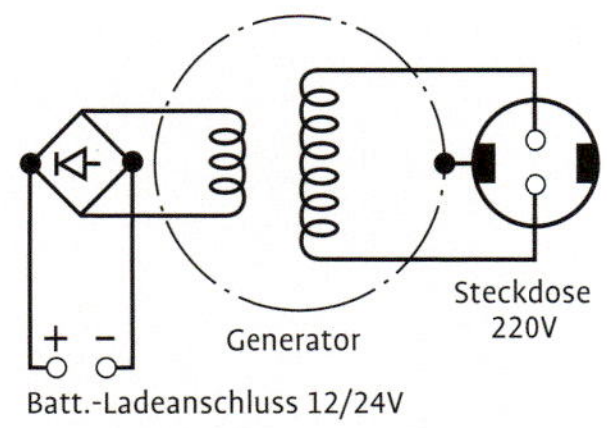

Elektrisch sichere getrennte Wicklungen für Wechselspannungskreis 230 V und Gleichspannungskreis 12 V

Niederspannungskreis bei mobilen Stromerzeugern

Elektrische Sicherheit bei mobilen Stromerzeugern

Mobile Stromerzeuger sind normalerweise ohne weitere externe Schutzmaßnahmen einsatzbereit, wenn sie den gültigen Vorschriften entsprechen. Dies muss in der Betriebsanleitung ausgewiesen sein. Eine zusätzliche Erdung durch einen Erdungsspieß ist nicht erforderlich, kann aber als Blitzableiter eingesetzt werden. Nur wenn ein FI-Schutzschalter am Stromerzeuger verwendet werden soll, muss der Stromerzeuger mit einem Erdungsspieß geerdet sein.

Mobile Stromerzeuger mit Batterieladeanschluss

Wenn ein mobiler Stromerzeuger mit einer Kleinspannungswicklung beispielsweise zur Ladung von Akkumulatoren ausgerüstet ist, muss darauf geachtet werden, dass diese Kleinspannungswicklung gegenüber der Netzspannungswicklung getrennt ist (technische Bezeichnung: galvanisch getrennt). Bei billigen No-Name-Stromerzeugern ist dies unter Umständen nicht der Fall. Da wird möglicherweise die Netzspannungswicklung entsprechend angezapft. Im Falle eines Falles kann dies zur Gefährdung des Anwenders führen.

Die 10 Gebote für sicheres Arbeiten

1 Bedienungsanleitung

Zugegeben: Meistens lesen wir die Bedienungsanleitung nicht! Wir alle trauen uns zu, jedes Gerät auch ohne Bedienungsanleitung in Betrieb setzen zu können. Erst wenn wir nicht mehr weiterkommen, wird um Rat gesucht.
Doch die technische Entwicklung macht vor unserem Basiswissen nicht Halt. Auch relativ einfache, tausendmal benützte Geräte (z. B. eine Bohrmaschine) unterliegen einer Weiterentwicklung, die neue Funktionen und neue Bedienungseigenschaften zur Folge haben kann.

Vor der ersten Inbetriebnahme eines neuen Gerätes (und sei es noch so einfach) stets die Bedienungsanleitung und die beigefügten Sicherheitshinweise sorgfältig durchlesen und beachten.

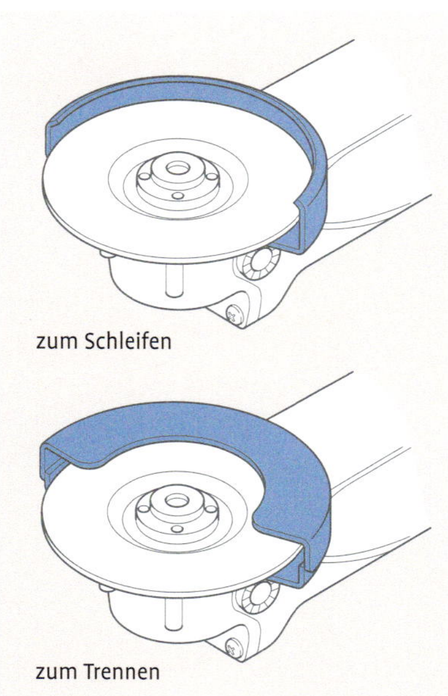

Für maximale Sicherheit unterschiedliche Schutzhauben

2 Werkzeuge nicht manipulieren

Viele Elektrowerkzeuge haben angebaute Sicherheitsteile. Sie dürfen niemals entfernt oder verändert werden. Auch bei der Verwendung von nicht geeignetem Zubehör (z. B. Kreissägeblatt am Winkelschleifer) besteht allerhöchste Unfallgefahr.

Folge stets den Angaben in der Bedienungsanleitung!

3 Zwangslagen

Über Kopf, in engen Arbeitssituationen oder bei der Nacharbeit an bereits montierten Werkstücken verzichtet man aus Gewohnheit (nur mal eben kurz...) oft auf einen sicheren Stand, die sichere Haltung des Gerätes oder Fixierung des Werkstückes. Vom unbefriedigenden Arbeitsergebnis abgesehen bedeutet dies stets erhöhte Unfallgefahr.

Vermeide Zwangslagen! Demontiere Werkstücke zur Nacharbeit. Auf der Werkbank oder dem Arbeitstisch geht es sicherer und besser. Wenn Zwangslagen unvermeidlich sind, sorge stets für sicheren Stand und sichere Maschinenbeherrschung.

4 Ermüdung

Ermüdung erfolgt meist durch Arbeiten in Zwangslagen und Unterschätzen des Arbeitsumfangs. Ermüdung verlangsamt die sicherheitsrelevanten Körperreaktionen und führt daher direkt zur Unsicherheit. Ermüdung kann sowohl körperlicher als auch geistiger Natur sein: Vorausgegangene mentale Herausforderungen tragen ebenso zu Ermüdungserscheinungen bei wie körperliche Beanspruchung.

Benütze Maschinenwerkzeuge nur in ausgeruhtem und entspanntem Zustand. Jede Arbeit ermüdet. Regelmäßige Pausen fördern die Arbeitsqualität und vor allem die Sicherheit.

5 Arbeitseinstellung

Hektik, Frust und Wut haben noch nie zu einem sicheren, guten Arbeitsergebnis beigetragen. Meistens haben diese Faktoren fremde Ursachen, die nichts mit der auszuführenden Arbeit zu tun haben. Typischerweise führen solche Situationen dazu, ein Arbeitsergebnis mit „Gewalt" zu erzwingen, was meistens auf Kosten des Arbeitsergebnisses, der Leistungsgrenzen des Werkzeugs und stets auch der Sicherheit geht.

Lasse niemals schlechte Stimmung an der Arbeitsaufgabe, dem Werkstück, dem Gerät oder dem Einsatzwerkzeug aus. Die können nichts dafür!

6 Erfahrungsmangel

Wenn das Arbeitsergebnis mal nicht so ausfällt, wie man es sich vorgestellt hat, hat das Gründe, die man bei kritischer Betrachtung des „Warum" leicht analysieren kann. Es kann durchaus sein, dass man seine Fähigkeiten überschätzt hat. Diese Ursache zuzugeben verlangt ein hohes Maß an Ehrlichkeit sich selbst gegenüber. Dabei braucht man sich überhaupt nicht zu schämen:

Viele handwerkliche Fertigkeiten werden oft in jahrelanger Lehrpraxis vermittelt. Wenn man alles „aus dem Stand" beherrschen würde, wäre man ein (seltenes) Genie. Erfahrungsmangel einzugestehen ist keine Schande. Jeder hat einmal angefangen...

Durch die überall angebotenen Wochenendkurse und Workshops für Heimwerker hat heute jeder die Chance, sich das nötige Fachwissen und die Praxiskenntnisse schneller als durch „learning by doing" anzueignen. Übung macht den sicheren Meister!

7 Routine

Die Routine erfolgreich durchgeführter Arbeitsaufgaben erweist sich immer wieder als bedeutendes Sicherheitsrisiko: Arbeitsaufgabe und Maschinenbedienung werden mit schlafwandlerischem Sicherheitsgefühl beherrscht. Und dann passiert das Unerklärliche: Eine Sekunde Unaufmerksamkeit oder eine unbewusste Ablenkung setzt eine Kette von Ereignissen in Gang, an deren Ende ein verkorkstes Werkstück oder sogar ein Unfall steht.

Führe jede Arbeitsaufgabe mit der gleichen Aufmerksamkeit durch wie beim ersten Mal. Schalte alle Ablenkungsfaktoren aus. Reagiere auch auf gut gemeinte Störungen erst nach Abschalten des Gerätes.

8 Drogen und Medikamente

Arbeiten mit Elektrowerkzeugen nach Drogengenuss grenzt an Beihilfe zum Selbstmord. Dies kann nicht deutlich genug erwähnt werden. In diesem Zusammenhang ist auch Alkohol als Droge zu betrachten. Aber auch Medikamente können die Reaktionsfähigkeit stark einschränken.

Arbeite nur, wenn Du gesund bist. Am besten schmeckt das „Bierchen" nach der Arbeit!

9 Der „Home Run"

Fast fertig, nur noch ein Loch bohren, eine Nut fräsen, noch ein Brett absägen ... ich bin gleich fertig ... das Essen steht schon auf dem Tisch ... Typische Situationen, die jeder kennt – und genau in dem Moment passiert es! Am Ende von Arbeitsvorgängen eilen die Gedanken oft dem tatsächlichen Arbeitsfortschritt voraus, man beschäftigt sich mental schon mit anderen Dingen. Dies ist meist die Ursache für die Häufung von Arbeitunfällen kurz vor Beendigung der Arbeit. Das muss nicht sein!

Auch Restarbeiten konzentriert durchführen und keine Hektik zum Arbeitsende!

10 „Man hat es kommen sehen"

Arbeitsunfälle passieren nicht, sie werden verursacht und sie kündigen sich an. In der Ursachenanalyse von Arbeitsunfällen ist stets eine Situation zu finden, bei der man sofort bemerkt hat: „Hier könnte etwas passieren". Das können beispielsweise gewagte Zwangslagen sein, zweckentfremdete Anwendungen oder manipulierte Schutzeinrichtungen. Meistens geht es ja gut, aber eben nicht immer!

Immer wenn man bemerkt, dass etwas schief laufen könnte: Arbeit sofort einstellen, den Fehler oder das Fehlverhalten berichtigen. Es lohnt sich!

Auch bei kleinen Arbeiten Schutzbrille tragen!

Konstruktionstechnik für Heimwerker

Der kreativen Gestaltung von Werkstücken sind theoretisch keine Grenzen gesetzt. In der Praxis jedoch gibt es manchmal Aufgaben, zu deren Bewältigung man einige Grundkenntnisse der Geometrie und des technischen Zeichnens benötigt. Die am häufigsten vorkommenden Aufgaben sind dabei:

- → Berechnung von Flächen.
- → Berechnung von Inhalten.
- → Die Streckenteilung.
- → Die Konstruktion von Vielecken.
- → Die Konstruktion von Ellipsen.

Für diese Aufgaben braucht man keine tiefergehende Kenntnis der Mathematik oder Geometrie. Im Zeitalter des Taschenrechners sind auch Formeln mit Quadratwurzeln leicht zu lösen. Bezüglich der geometrischen Konstruktionen hat sich die Anwendung der folgenden Beispiele in der Praxis bewährt.

Berechnung von Flächen

Als Wert für π wird 3,1416 eingesetzt.

Dreieck

$A = \frac{a \cdot h}{2}$

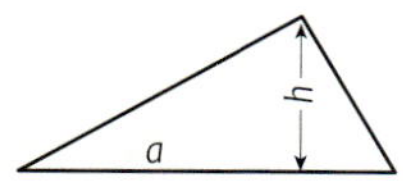

Trapez

$A = \frac{a+b}{2} h$

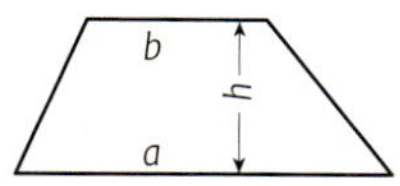

Parallelogramm

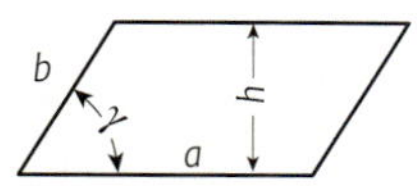

$A = a \cdot h = a \cdot b \cdot \sin\gamma$

Kreis

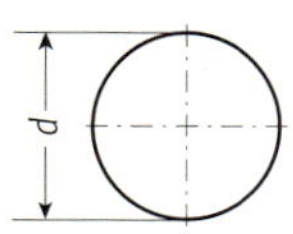

$A = \frac{\pi \cdot d^2}{4} = 0.785\ d^2$ $\qquad U = \pi \cdot d$

Kreisring

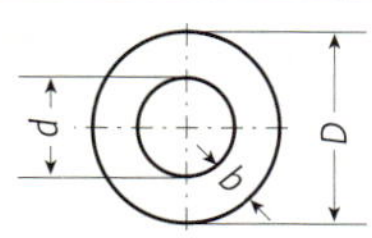

$A = \frac{\pi}{4}(D^2 - d^2) = \frac{\pi}{2}(D + d)\, b$

Sechseck

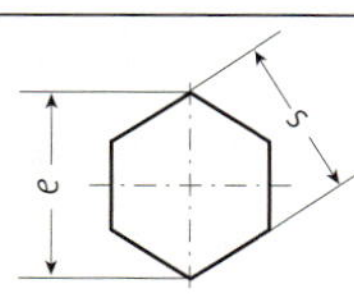

$A = \frac{\sqrt{3}}{2} s^2 = 0.866\ s^2$

$e = \frac{2s}{\sqrt{3}} = 1.155\ s$

Ellipse

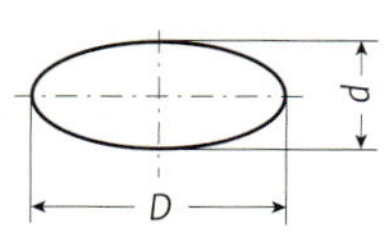

$A = \pi \cdot D \cdot d/4 = 0.785\ D \cdot d$

$U = 0.75\,\pi\,(D + d) - 0.5\,\pi\,\sqrt{D \cdot d}$

Berechnung von Flächen

Berechnung von Inhalten

Als Wert für π wird 3,1416 eingesetzt.

Kreiszylinder

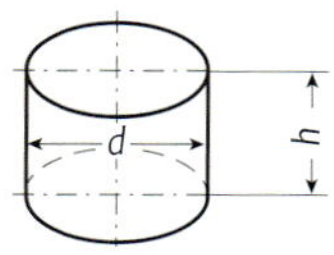

$V = \frac{\pi \cdot d^2}{4} h = 0.785\ d^2 \cdot h$

$M = \pi \cdot d \cdot h,\ S = \pi \cdot h,\ S = \pi \cdot d\,(d/2 + h)$

Pyramide

$V = \frac{1}{3} A \cdot h$

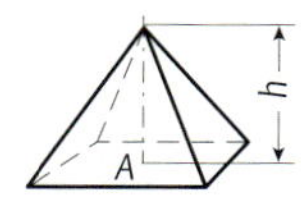

Kreiskegel

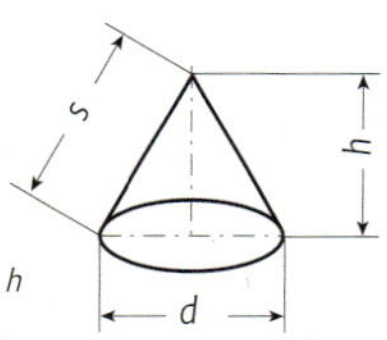

$V = \frac{\pi \cdot d^2 \cdot h}{12} = 0.262\ d^2 \cdot h$

$M = \frac{\pi \cdot d \cdot s}{2} = \frac{\pi \cdot s}{4} \sqrt{d^2 + 4h^2} = 0.785\ d \cdot \sqrt{d^2 + 4h^2}$

Kegelstumpf

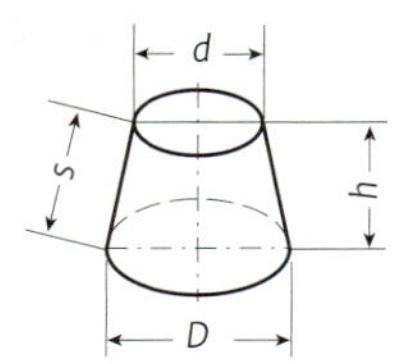

$V = \frac{\pi \cdot h}{12}(D^2 + D \cdot d + d^2) = 0.262\ h\,(D^2 + D \cdot d + d^2)$

$M = \frac{\pi \cdot (D+d)\, s}{2}\ ;\ s = \sqrt{\frac{(D-d)^2}{4} + h^2}$

Kugel

$V = \frac{\pi \cdot d^3}{6} = 0.524\ d^3$

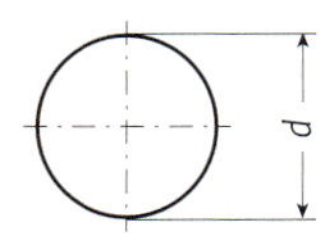

$S = \pi \cdot d^2$

Berechnung von Inhalten

Streckenteilung

Dies ist eine typische Arbeitsaufgabe beim Bohren von Schraubenlöchern in ein Werkstück. Die Löcher sollen über die Länge des Werkstückes untereinander den selben Abstand haben. Das hier gezeigte Beispiel wurde für 9 gleiche Abstände gewählt. Es lässt sich aber für jede beliebige Anzahl von Abständen anwenden. Zur Konstruktion benötigt man ein Lineal und einen rechtwinkligen Anschlagwinkel.

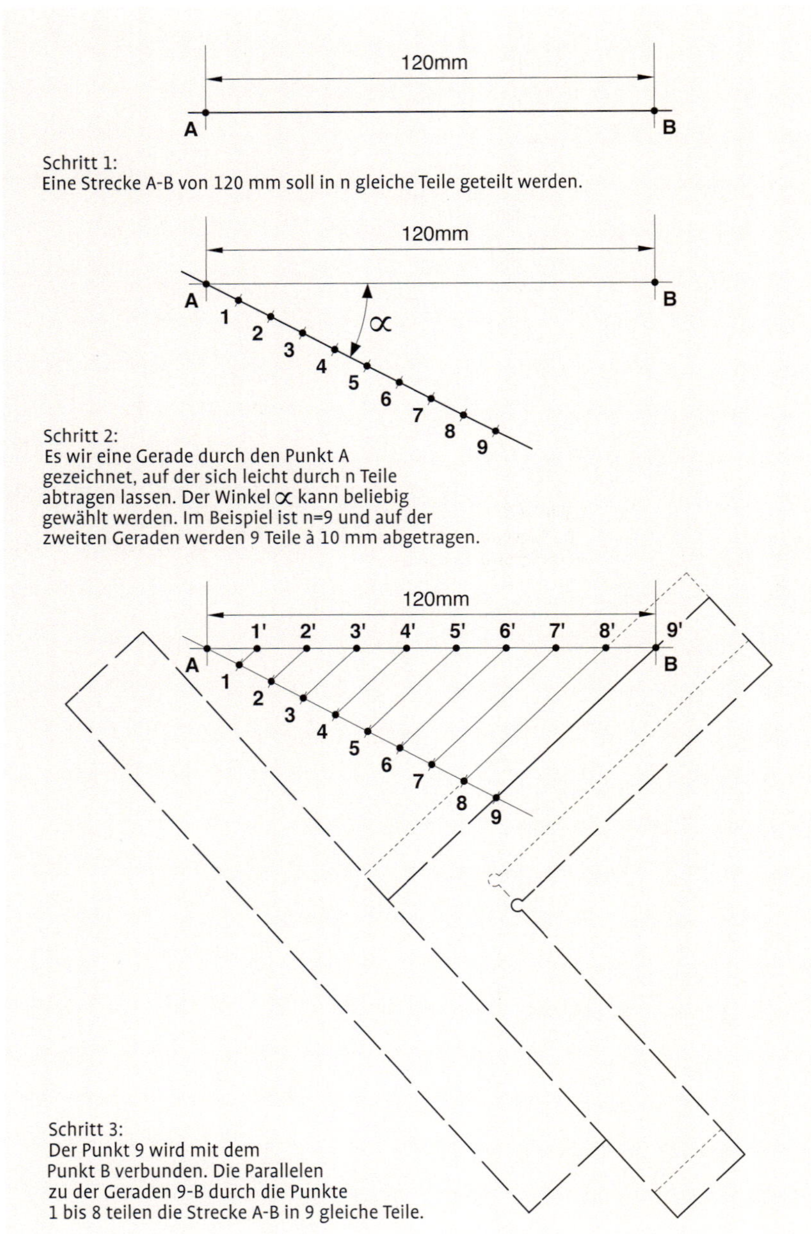

Schritt 1:
Eine Strecke A-B von 120 mm soll in n gleiche Teile geteilt werden.

Schritt 2:
Es wir eine Gerade durch den Punkt A gezeichnet, auf der sich leicht durch n Teile abtragen lassen. Der Winkel ∝ kann beliebig gewählt werden. Im Beispiel ist n=9 und auf der zweiten Geraden werden 9 Teile à 10 mm abgetragen.

Schritt 3:
Der Punkt 9 wird mit dem Punkt B verbunden. Die Parallelen zu der Geraden 9-B durch die Punkte 1 bis 8 teilen die Strecke A-B in 9 gleiche Teile.

Teilen von Strecken

Vielecke

Werkstücke mit mehr als 4 Ecken bezeichnet man als Vielecke. Typische Arbeitsaufgaben sind beispielsweise Werkstücke wie Tischplatten mit regelmäßigen Ecken, d.h. alle Ecken haben den selben Winkel, die Werkstückkanten sind alle gleich lang. Man bezeichnet diese Vielecke auch als „regelmäßige“ Vielecke. Für ihre Konstruktion benötigt man lediglich einen Zirkel und ein Lineal.

Mittelpunkt und Achsenkreuz

Als erster Schritt dient stets das Zeichnen eines Achsenkreuzes zur Gewinnung des Mittelpunktes.

Geradzahlige regelmäßige Vielecke

Zu diesen Vielecken zählen
→ 6-Eck
→ 8-Eck
→ 12-Eck

Konstruktion von ungeradzahligen regelmäßigen Vielecken.

Typische ungeradzahlige Vielecke sind
→ 5-Eck
→ 7-Eck

Beliebige regelmäßige Vielecke

Neben den erwähnten Beispielen gibt es natürlich auch regelmäßige Vielecke mit höheren Eckenzahlen. Solche Vielecke lassen sich mit der folgenden Vorgehensweise konstruieren.

Schritt 1:
Wählen einer beliebigen horizontalen Geraden mit einem Mittelpunkt M

Schritt 2:
Kreis um Mittelpunkt M mit einem beliebigen Radius r1 ergibt die Schnittpunkte A und B.

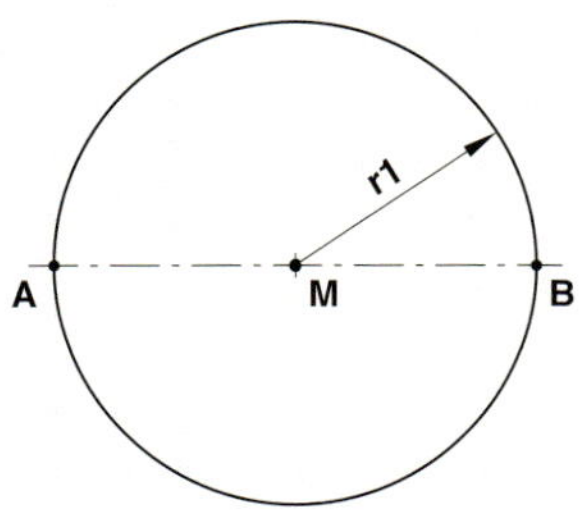

Schritt 3:
Kreisbögen um A und B mit einem Radius r2, der größer als r1 sein muss, ergeben die Schnittpunkte C und C'

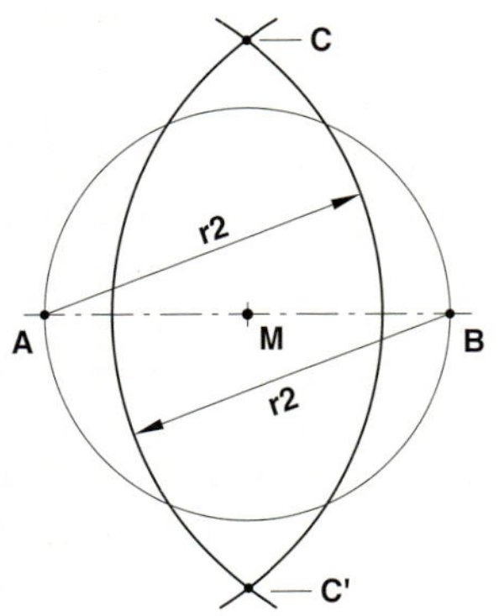

Schritt 4:
Die Gerade durch C oder C' und M steht senkrecht auf der Geraden A – B

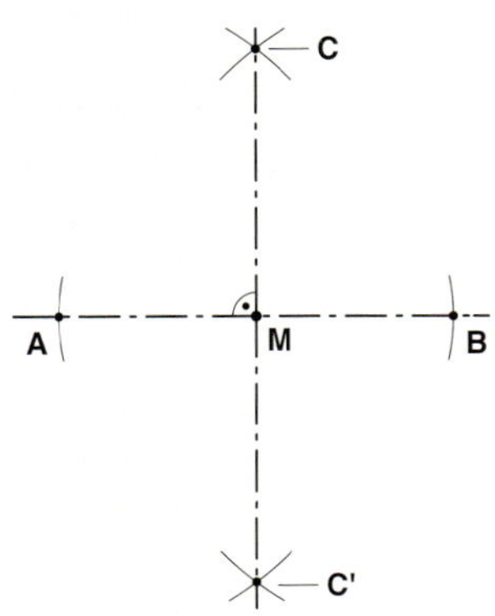

Mittelpunkt und Achsenkreuz

Schritt 1:
Zeichnen eines Kreises mit dem Radius r1 um den Mittelpunkt M des Koordinatenkreuzes. Dieser Kreis ist der Umkreis des zu konstruierenden Sechsecks und ergibt die Schnittpunkte A und B.

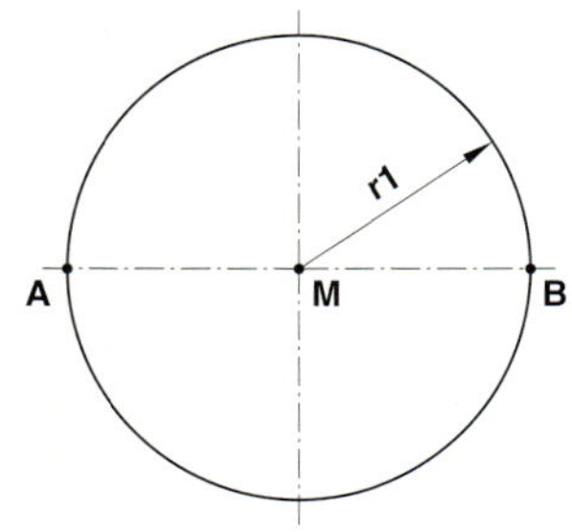

Schritt 2:
Kreisbögen um die Schnittpunkte A und B mit dem Radius r1 ergeben die Schnittpunkte A1, A2 und B1, B2.

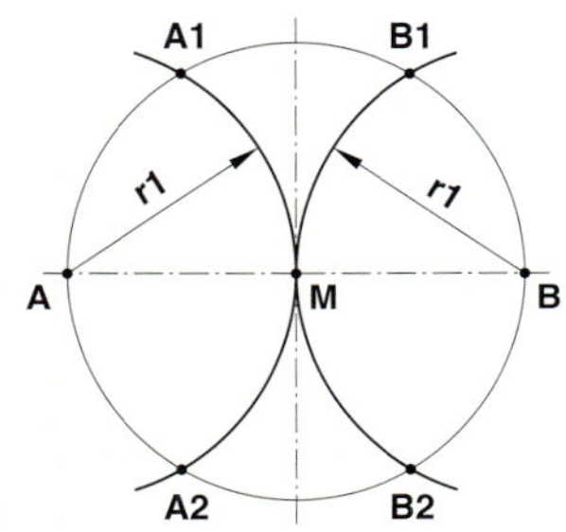

Schritt 3:
Das Verbinden der Schnittpunkte auf der Kreislinie ergibt das gewünschte Sechseck.

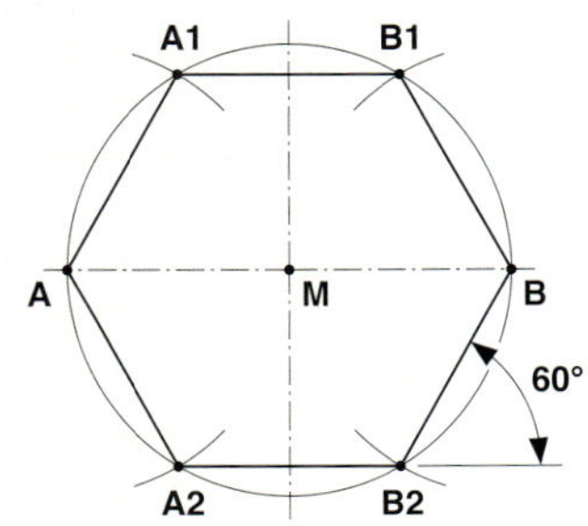

Konstruktion eines Sechsecks

Schritt 1: Zeichnen eines Kreises mit dem Radius r1 um den Mittelpunkt M des Koordinatenkreuzes. Dieser Kreis ist der Umkreis des zu konstruierenden Achtecks und ergibt die Schnittpunkte A, B, C und D.

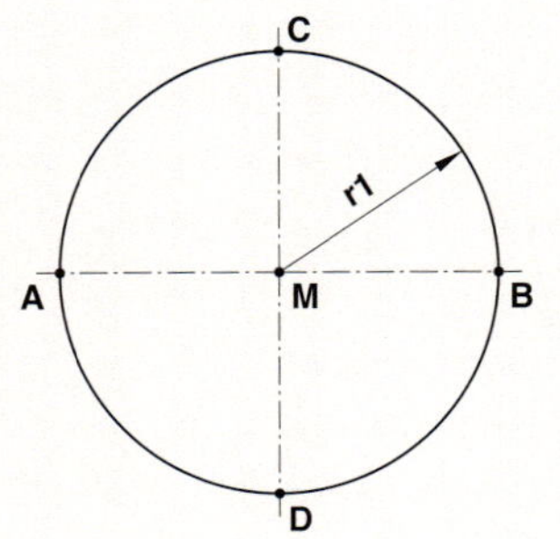

Schritt 2:
Kreisbögen um die Schnittpunkte A, B, C und D mit dem Radius r1 ergeben die Schnittpunkte AC,. AD, BC und BD.

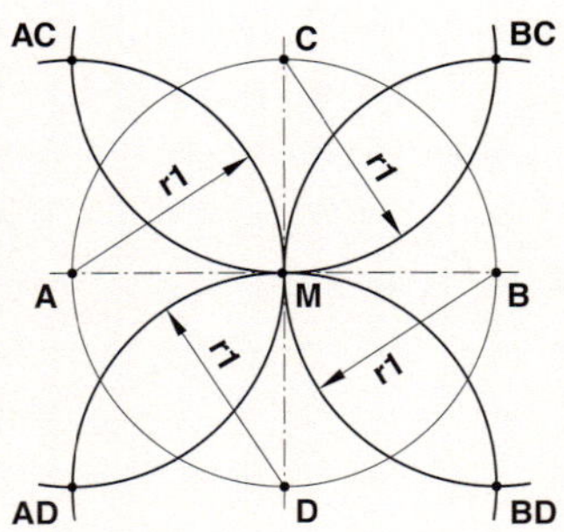

Schritt 3:
Die Geraden AC – BD und AD – BC ergeben auf der Kreislinie die Schnittpunkte A1, A2, B1 und B2.

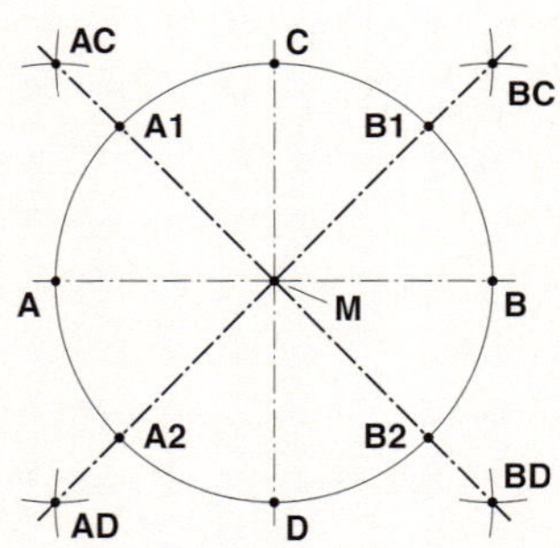

Schritt 4:
Das Verbinden der Schnittpunkte auf der Kreislinie ergibt das gewünschte Achteck.

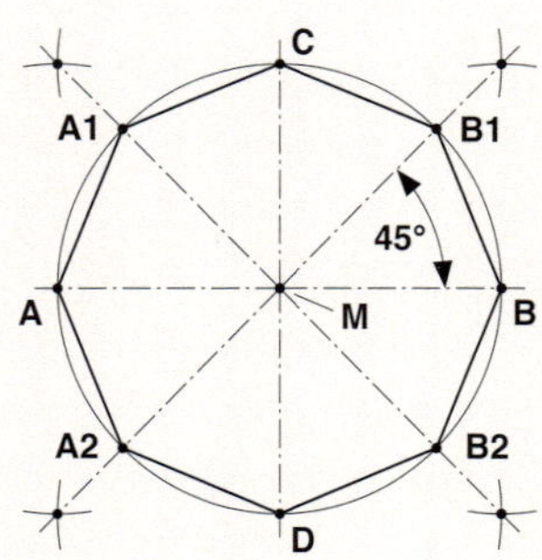

Konstruktion eines Achtecks

Schritt 1:
Zeichnen eines Kreises mit dem Radius r1 um den Mittelpunkt M des Koordinatenkreuzes. Dieser Kreis ist der Umkreis des zu konstruierenden Achtecks und ergibt die Schnittpunkte A, B, C und D.

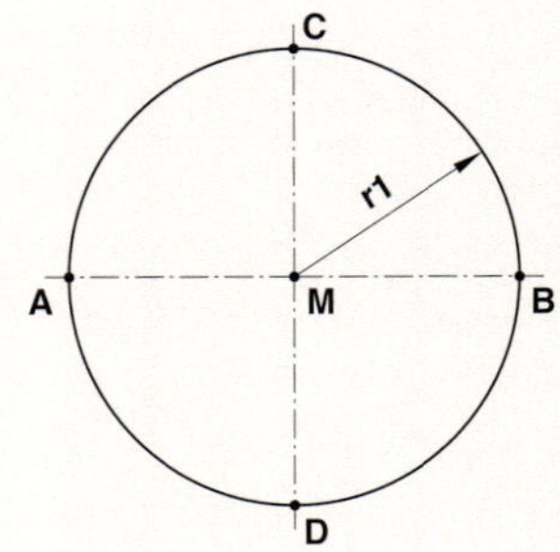

Schritt 2:
Kreisbögen um die Schnittpunkte A, B, C und D mit dem Radius r1 ergeben die Schnittpunkte A1, A2, B1, B2, C1, C2, D1 und D2.

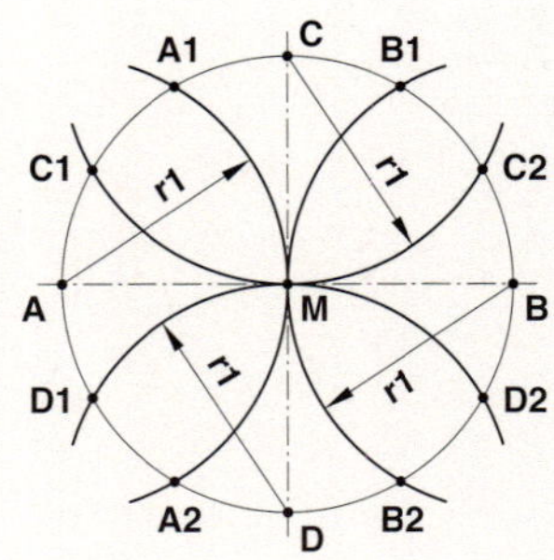

Schritt 3:
Das Verbinden der Schnittpunkte auf der Kreislinie ergibt das gewünschte Zwölfeck.

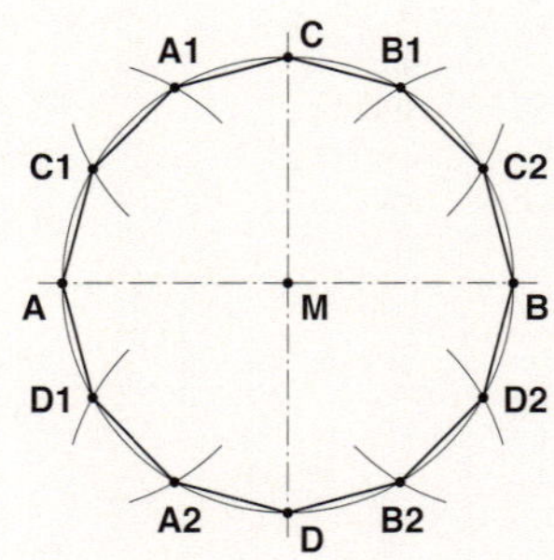

Konstruktion eines Zwölfecks

Schritt 1:
Zeichnen eines Kreises mit dem Radius r1 um den Mittelpunkt M des Koordinatenkreuzes. Dieser Kreis ist der Umkreis des zu konstruierenden Vielecks und ergibt unter anderem die Schnittpunkte A und 1, welcher der erste Eckpunkt des Fünfecks ist.

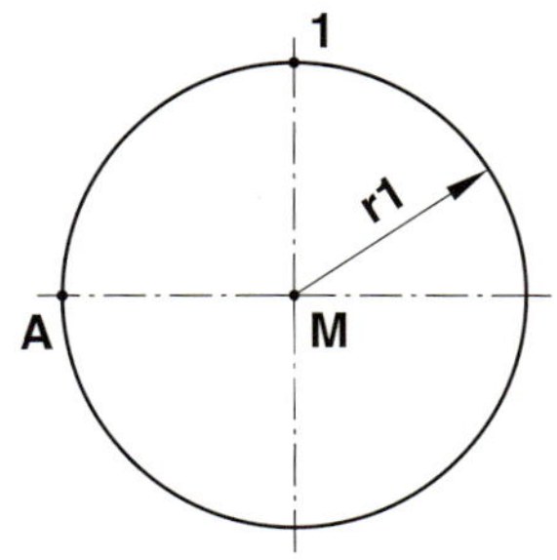

Schritt 2: Durch die Kreisbögen um die Punkte A und M mit dem Radius r2, der kleiner als r1 sein muss, erhält man die Schnittpunkte B1 und B2.

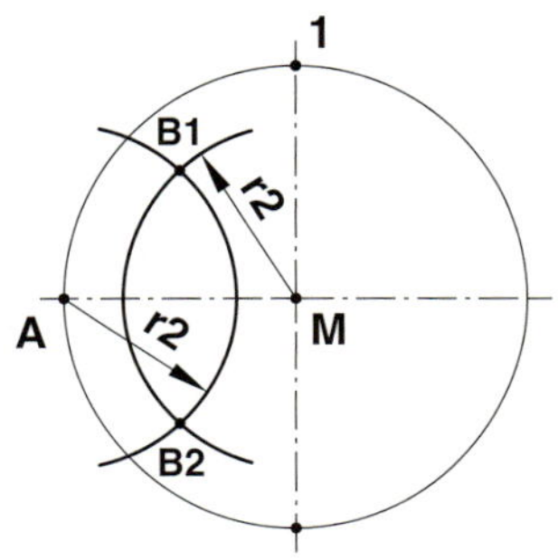

Schritt 3:
Die Gerade durch B1 und B2 teilt r1 in zwei gleiche Teile. Man erhält den Schnittpunkt C.

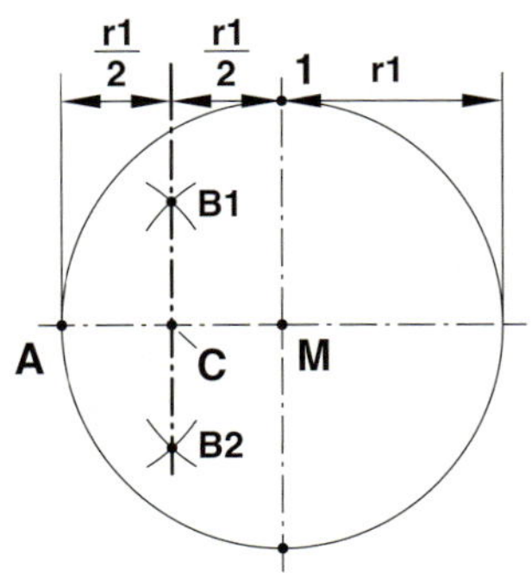

Schritt 4:
Der Kreisbogen um den Punkt C durch den Punkt 1 (Radius r3) schneidet die Gerade A – M im Punkt D.

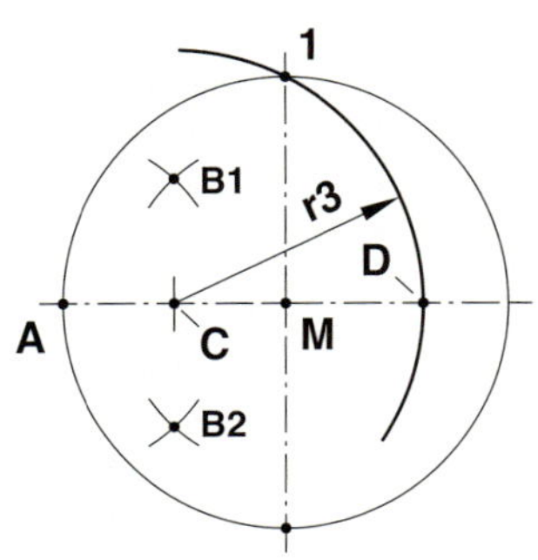

Schritt 5:
Der Kreisbogen um den Punkt 1durch den Punkt D (Radius r4) schneidet den Kreis in den Eckpunkten 2 und 5 des Fünfecks. Der Radius r4 ist die Kantenlänge des Fünfecks.

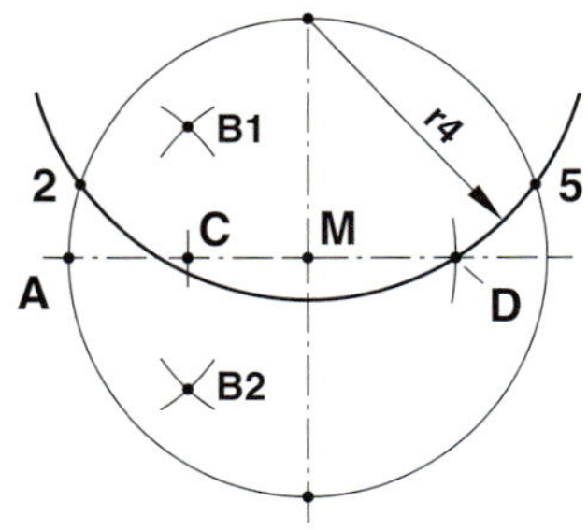

Schritt 6:
Von den Punkten 2 und 5 wird der Radius r4 auf dem Kreis abgetragen um die Punkte 3 und 4 des Fünfecks zu erhalten.

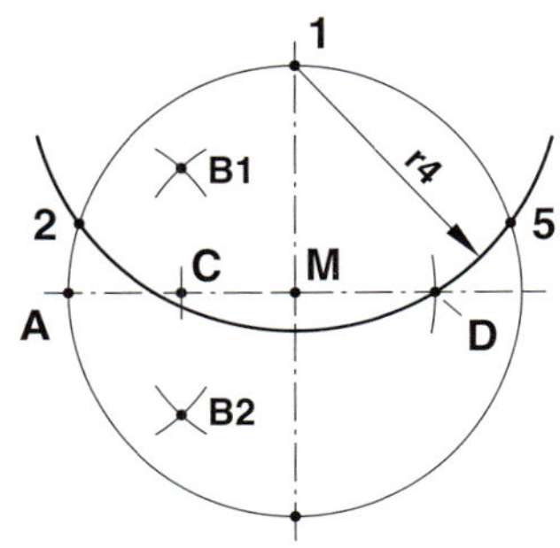

Schritt 7:
Das Verbinden der Schnittpunkte auf der Kreislinie ergibt das gewünschte Fünfeck.

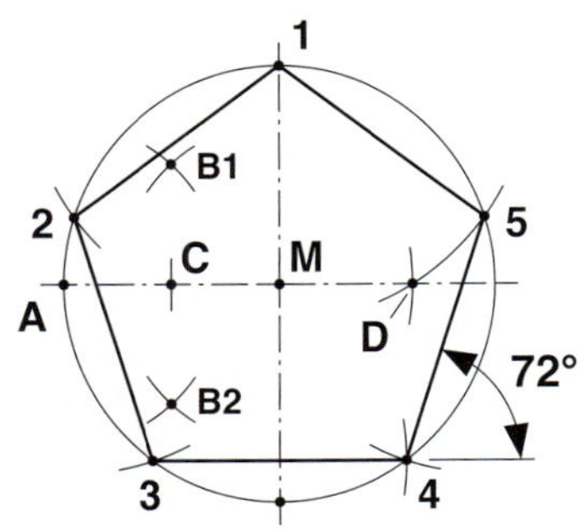

Konstruktion eines Fünfecks

Schritt 1:
Zeichnen eines Kreises mit den Radius r1 um den Mittelpunkt M des koordinatenkreuzes. Dieser Kreis ist der Umkreis des zu konstruierenden Vielecks und ergibt unter anderem den Schnittpunkt A.

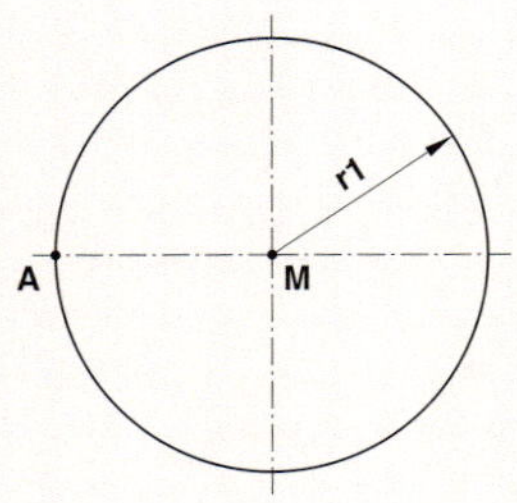

Schritt 2:
Ein Kreisbogen um den Punkt A mit dem Radius r1 schneidet den Kreis in den Punkten 1 und B. Der Punkt 1 ist der erste Eckpunkt des gewünschten Siebenecks.

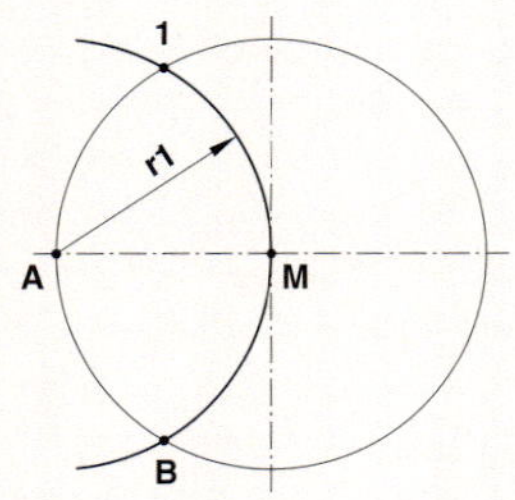

Schritt 3:
Die Gerade durch die Punkte 1 und B schneidet die Gerade AS – M im Punkt C. Die Strecke 1 – C ist der Radius r2 und die Kantenlänge des gewünschten Siebenecks. Der Kreisbogen um Punkt 1 mit dem Radius r2 schneidet den Kreis in den Punkten 2 und 7.

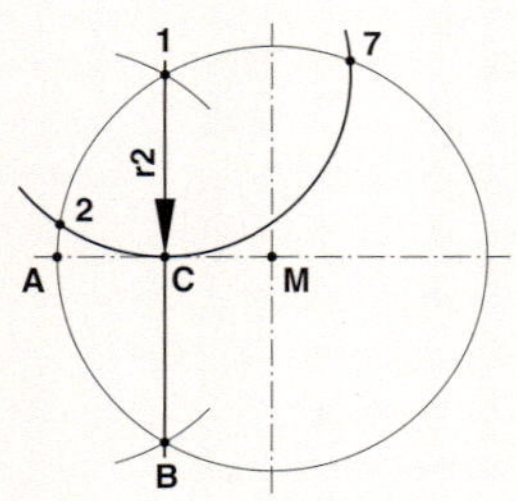

Schritt 4
Durch Abtragen der Kantenlängen auf dem Kreis mit dem Radius r2, ausgehend von den Punkten 2 und 7 ergeben sich die restlichen Eckpunkte 3, 4, 5 und 6 des Siebenecks.

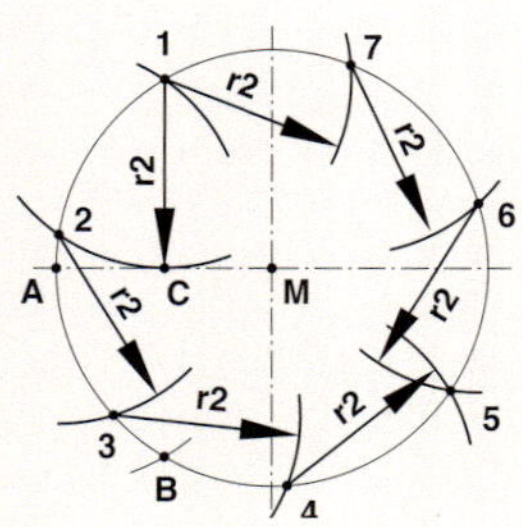

Schritt 5
Das Verbinden der Schnittpunkte auf der Kreislinie ergibt das gewünschte Siebeneck.

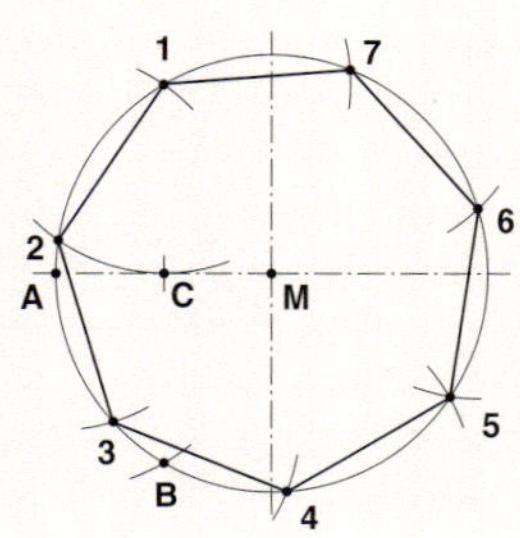

Konstruktion eines Siebenecks

Schritt 1:
Zeichnen eines Kreises mit dem Radius r1 um den Mittelpunkt M des Koordinatenkreuzes. Dieser Kreis ist der Umkreis des zu konstruierenden Vielecks und ergibt die Schnittpunkte A und B.

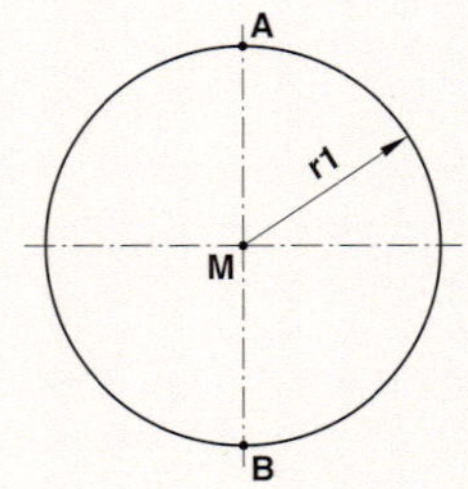

Schritt 2:
Der Kreisdurchmesser A – B wird in n gleiche Teile geteilt, wobei n die gewünschte Anzahl der Ecken des zu konstruierenden Vielecks ist.
In diesem Beispiel ist n = 10 für ein Zehneck.

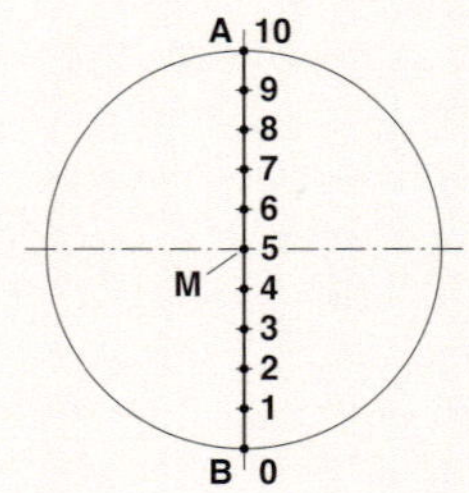

Schritt 3:
Die Kreisbögen um die Punkte A und B mit dem Radius r2 = A – B schneiden die Horizontale des Koordinatenkreuzes in den Punkten C und C'.

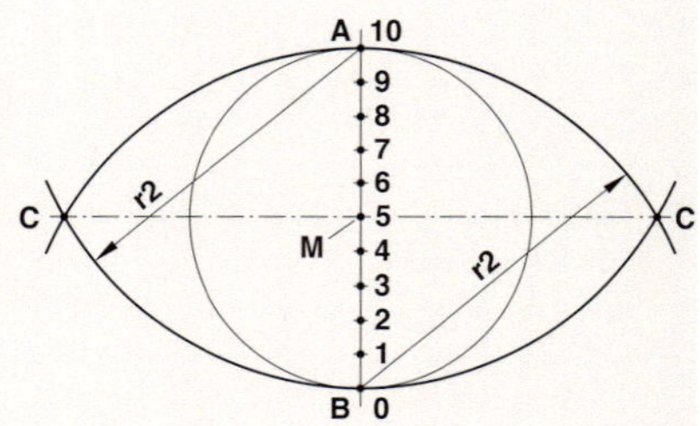

Schritt 4:
Die Geraden von C bzw. C' durch jede zweite Teilung der Strecke A – B schneiden den Kreis in den Eckpunkten des zu konstruierenden Vielecks.

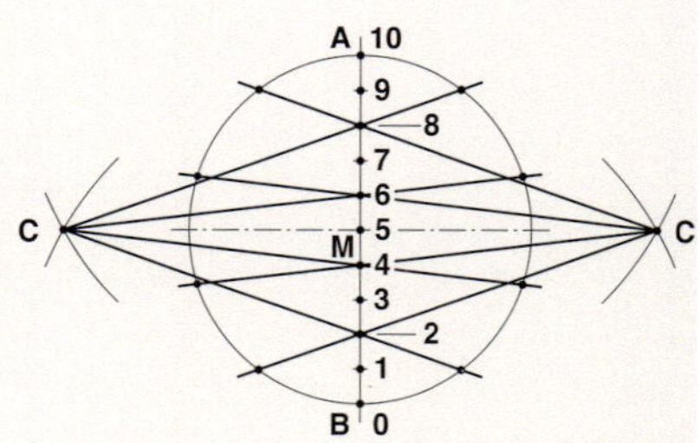

Schritt 5:
Das Verbinden der Schnittpunkte auf der Kreislinie ergibt das gewünschte vieleck.

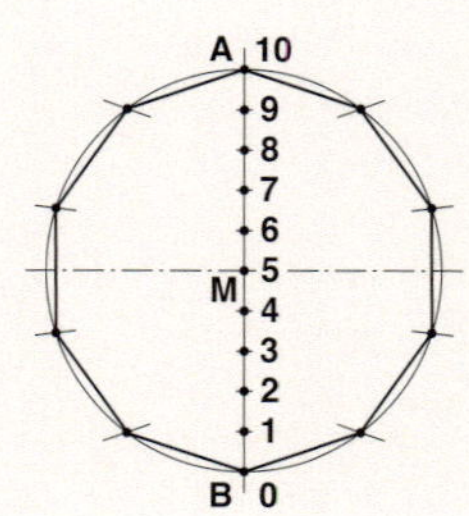

Konstruktion eines Vielecks

Ellipsen

Viele Werkstücke und Möbelteile erhalten erst durch eine elliptische Form ein elegantes Aussehen. Beispiele hierzu sind Tischplatten, Schalen, Unterlegplatten. Die Konstruktion ist etwas aufwändiger als bei Vielecken, denn die Übergänge der verschiedenen Radien ineinander verlaufen kontinuierlich. Man kann Ellipsen auf zwei verschiedene Arten herstellen:

→ Mit einem behelfsmäßigen Ellipsenzirkel.
→ Mit einer geometrisch exakten Konstruktion.

Beide Methoden haben ihre Vor- und Nachteile.

Ellipsenzirkel

Zur Herstellung benötigt man zwei Nägel, ein Stück Schnur und einen Bleistift.

Vorteile:

→ Keine Rechenarbeit.
→ Die Radienübergänge verlaufen kontinuierlich.

Nachteile:

→ Die beiden Nägel hinterlassen Spuren im Werkstück.

TIPP

Nägel in kleine Holzstückchen einschlagen und diese Holzstückchen dann mit doppelseitigem Klebeband (Teppichband) passgenau auf das Werkstück kleben. Dann gibt es keine Nagelspuren auf dem Werkstück.

Schritt 1:
Zeichne eine Linie A1 – A2 auf das Werkstück. Die Länge R entspricht der Länge der gewünschten Ellipse.

Schritt 2:
Zeichne in der Mitte der Strecke A1 – A2 im Winkel von 90° die Strecke B1 – B2 mit der Länge r ein. Die Länge r entspricht der Breite der gewünschten Ellipse.

Schritt 3:
Zeichne um dem Punkt B1 einen Kreisbogen mit dem Radius R/2. Der Kreisbogen schneidet die Gerade A1 – A2 in den Punkten C1 und C2.

Schritt 4:
Schlage die Nägel in den Punkten C1 und C2 ein.

Schritt 5:
Umspanne mit einer Schnur die Nägel und den Punkt B1.

Schritt 6:
Ein im Punkt B1 oder B2 angesetzter Bleistift umfährt die Punkte A1 und A2 mit der angespannten Schnur und zeichnet die gewünschte Ellipse auf das Werkstück.

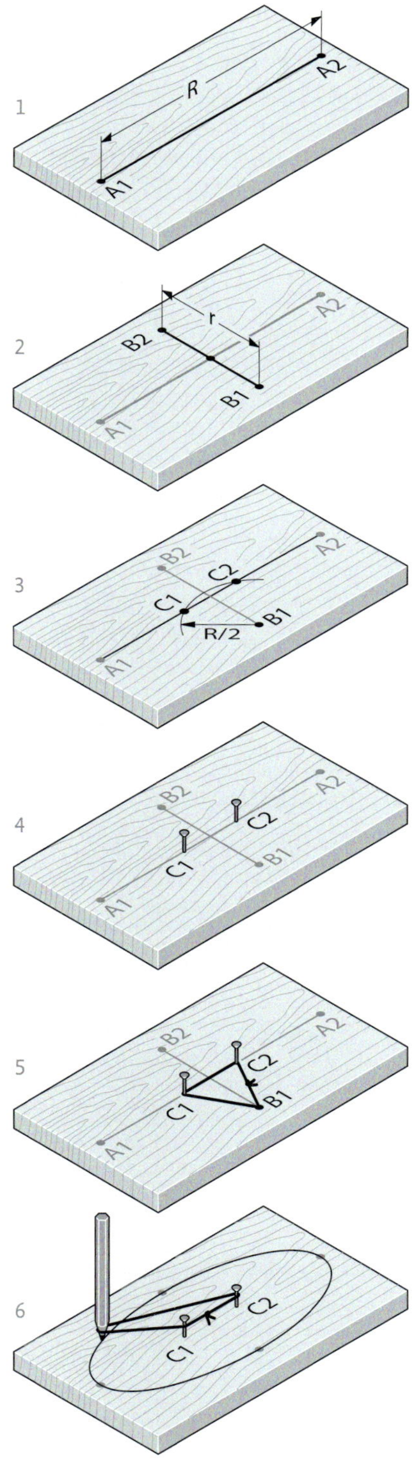

Ein selbstgemachter Ellipsenzirkel

Geometrische Ellipsen-konstruktion

Die geometrische Konstruktion erlaubt die Übertragung der exakten vorgegebenen Länge und Breite ohne mehrmalige „ungenaue“ Versuche auf das Werkstück. Als Konstruktionswerkzeug dienen Zirkel, Lineal, rechtwinkliger Anschlagwinkel und ein Kurvenlineal.

Vorteile:

→ Exakteste Methode bei gegebenen Abmessungen.

Nachteile:

→ Aufwändiges Verfahren.

Mit der geometrischen Konstruktion ergeben sich eine Anzahl von Punkten welche miteinander verbunden werden und dann die Ellipse ergeben. Je mehr Punkte man konstruiert, umso genauer wird der Verlauf der Ellipse. Damit die Übergänge zwischen den Punkten harmonisch verlaufen zeichnet man sie durch Anlegen eines Kurvenlineals.

Schritt 1:
Im Koordinatenkreuz werden zwei konzentrische Kreise mit den Radien r1 und r2 gezeichnet. Der größere Kreis ist der Umkreis der zu konstruierenden Ellipse, der kleinere ist der Inkreis.

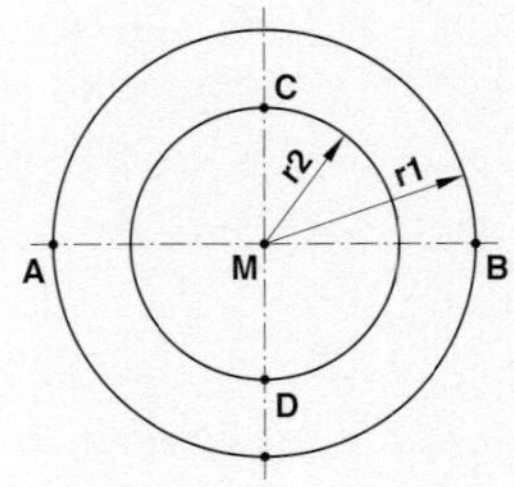

Schritt 2:
Beliebige durch den Mittelpunkt M gezogene Geraden schgneiden die beiden Kreise in den Punkten D und E.

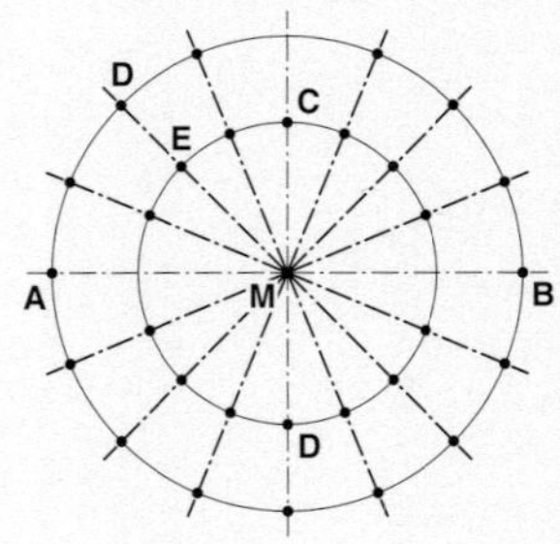

Schritt 3:
Waagrechte Geraden durch die Punkte E und senkrechte Geraden durch die dazugehörigen Punkte D Schneiden sich in den Punkten F.

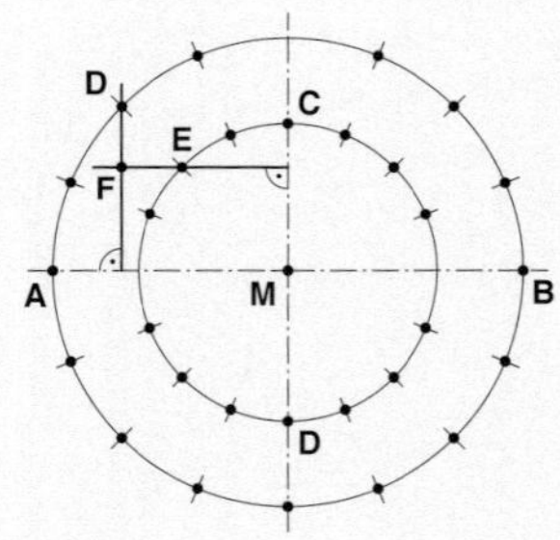

Schritt 4:
Alle Punkte F liegen auf der zu konstruierenden Ellipse. Je mehr Punkte konstruiert werden, umso genauer wird die Konstruktion.

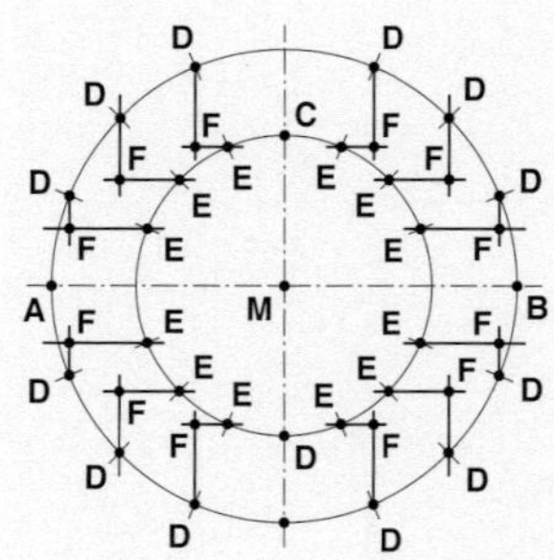

Schritt 5:
Das Verbinden der Punkte F miteinander ergibt die gewünschte Ellipse.

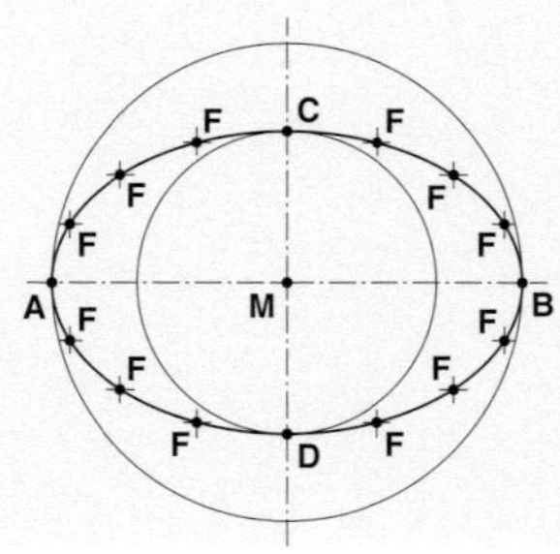

Geometrische Ellipsenkonstruktion

Perspektivisch Zeichnen

Perspektivische Zeichnungen geben ein räumliches Bild des Werkstücks wieder und erleichtern die Vorstellungskraft. Auch wenn heutzutage einfache 3D-Computerprogramme erhältlich sind: Etwas Kenntnis im manuellen Zeichnen von Perspektiven schadet nie. Am Beispiel der Hundehütte wird gezeigt, wie man es macht. Die Methode lässt sich natürlich auch bei komplizierteren Werkstücken wie beispielsweise Möbeln anwenden.

Typische Abmessungen von Möbeln

Möbel haben eine typische Höhe, damit man bequem darauf sitzen, liegen oder daran stehen kann. Ebenso gibt es für die Höhe von Schränken Standardmaße. Wenn man sich beim Selbstbau ungefähr nach diesen Maßen richtet, hat man später keine Probleme.
Aktuelle Möbelmaße kann man auch in Möbelhäusern recherchieren oder sich nach den Angaben in den Möbelkatalogen richten. Für den Ausbau von Wohnmobilen oder Booten gelten andere Regeln. Hier hat man sich in erster Linie nach dem verfügbaren Raumangebot zu richten.

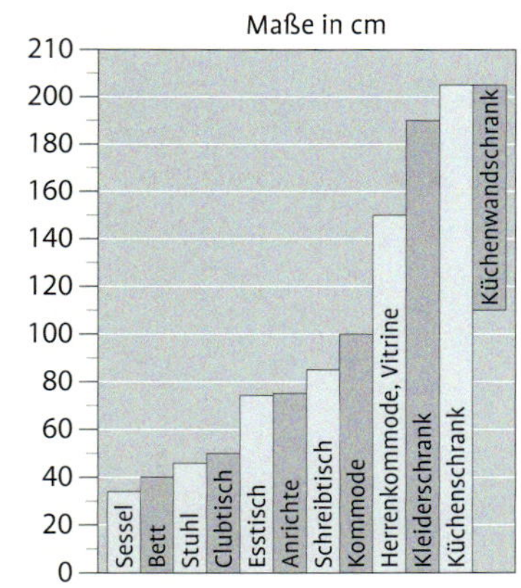

Typische Höhe von Möbeln und Schränken

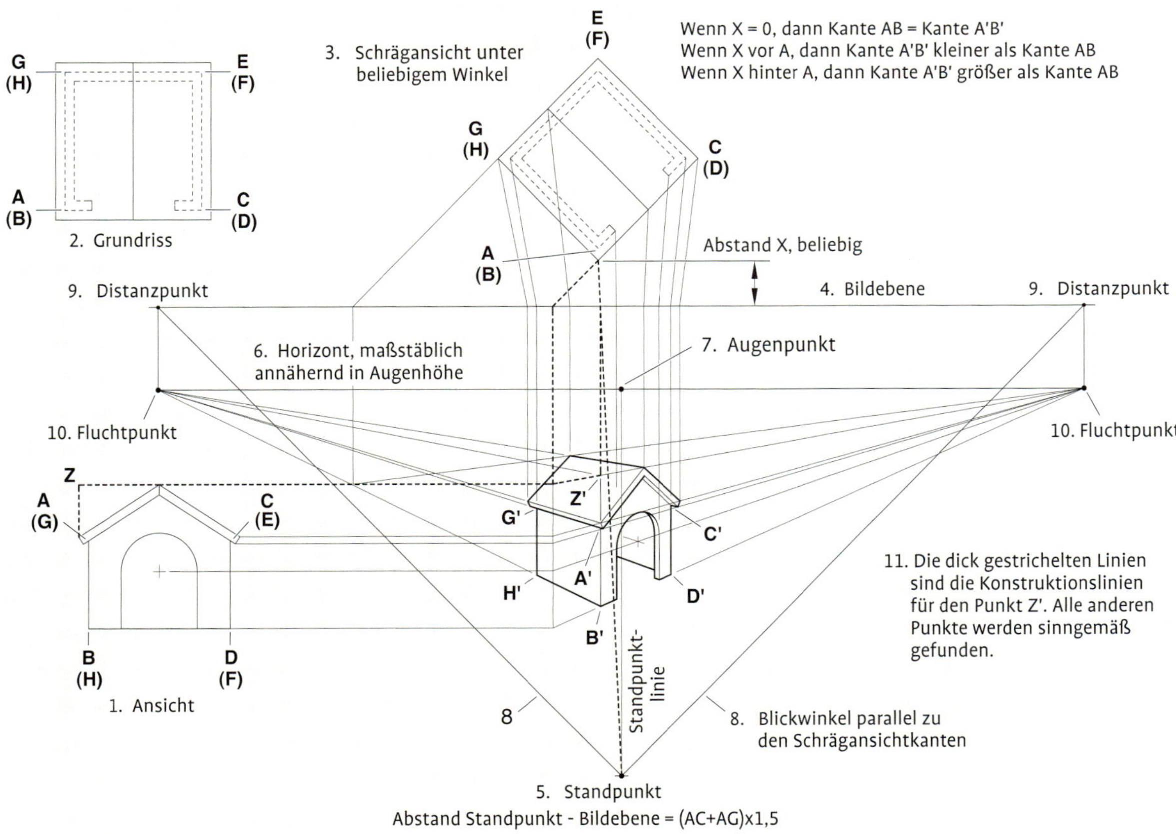

Perspektivzeichnung

Werkstoffe

Welche Werkstoffe gibt es?

Werkstoffe stehen am Beginn jeder Arbeitsaufgabe. Sie sind das Material, aus dem später das fertige Werkstück besteht. Die im Heimwerkerbereich verwendeten Werkstoffe lassen sich in die Gruppen

- → Holz und Holzwerkstoffe,
- → Kunststoffe,
- → Metalle und
- → Gesteinswerkstoffe

einteilen. Die Werkstoffe unterscheiden sich in ihren Eigenschaften und deshalb auch in ihrer Bearbeitbarkeit. Wenn man die grundlegenden Eigenschaften kennt, ist die Auswahl des geeigneten Bearbeitungsverfahrens und die richtige Werkzeugauswahl nicht schwer.

Mauerwerkstoffe

Metalle

Holzwerkstoffe

Kunststoffe

Holz und Holzwerkstoffe

Holzarten

Holz ist ein natürlicher nachwachsender Rohstoff und einer der ältesten Werkstoffe der Menschheit überhaupt. Die besonderen Eigenschaften des Holzes

- → leichte Bearbeitbarkeit,
- → hohe Festigkeit,
- → geringes Gewicht,
- → dekoratives Aussehen.

machen es zu einem hochwertigen Werkstoff für Heim- und Handwerk. Um das richtige Holz für den jeweiligen Zweck aussuchen zu können, wird hier das Wichtigste zu diesem Werkstoff erläutert.

Die Artenvielfalt der Hölzer ist außerordentlich groß. Die Einteilung der Hölzer wird in der Praxis nicht einheitlich gehandhabt und erfolgt

- → botanisch,
- → nach Gewicht,
- → nach Härte.

Botanische Einteilung

Man unterscheidet in Nadelhölzer und Laubhölzer. In Ländern mit relativ geringer Sortenvielfalt (z. B. Europa, Nordamerika) ist diese Einteilung sinnvoll. Für die große Zahl tropischer Hölzer ist sie zu grob.

Einteilung nach Gewicht

Man unterscheidet nach dem spezifischen Gewicht, der sogenannten Rohdichte. Da das Gewicht sehr stark vom Feuchtigkeitsgehalt abhängt, hat man die zum Vergleich benützte Rohdichte auf eine Restfeuchtigkeit von 12% festgelegt (Rohdichte r12). Die Einteilung erfolgt in

- → leichte Hölzer mit bis ca. 0,5 g / cm^3
- → mittelschwere Hölzer zwischen 0,5 bis 0,8 g / cm^3
- → schwere Hölzer ab 0,8 g / cm^3

Einteilung nach Härte

Die Härte ist eine relativ unpräzise Einteilung, da innerhalb einer Holzsorte je nach Standort und Wachstumsbedingungen erhebliche Härteunterschiede vorkommen können. Üblich ist die Einteilung in Weichhölzer und Harthölzer, wobei der Übergang zwischen den beiden Gruppen etwa bei einer Dichte r12 von 0,5 g/ cm^3 liegt.

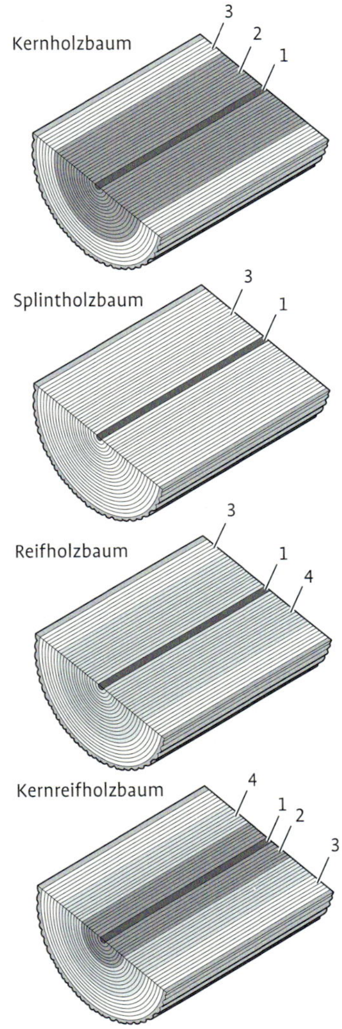

1 Markröhre
2 Kernholz
3 Splintholz
4 Reifholz

Holztypen

Eigenschaften ausgewählter Hölzer

Handelsname	Dichte r12	Farbe Kernholz	Farbunterschied Splintholz	Beständigkeit	Widerspänig	Furniertypen	Verleimbarkeit	Bearbeiten	Oberflächenbearbeitung
Abachi	0,38	yw	-	-	o/+	s/m	+	+	+
Akazie	0,7	db	+	++	-	-	+	-	+
Apfel	0,75	pb	+	-	o	s/m	+	+	+
Balsa	0,16	bg	-	--	o	-	+	o/+	+
Birke	0,65	yw	-	--	o	s/m	+	+	+
Birne	0,72	pb	-	--	o	s/m	+	+	+
Buche, rot	0,62	gb	-	-	-	s/m	+	+	+
Buche, weiss	0,8	ws	-	+	o	-	+	-	+
Douglasie, Oregon Pine	0,6	yb	+	+	o	s/m	+	+	+
Ebenholz, afrikan.	1,05	bl	+	++	o	-	+	--	+
Ebenholz, asiatisch	1,1	bl / y	+	++	+	m	+	-	-
Edelkastanie	0,65	yb	+	+	o	s/m	+	+	+
Eibe	0,8	o	+	++	o	s/m	+	+	+
Eiche	0,7	gb	+	+	o	s/m	+	+	+
Kastanie	0,55	yb	-	-	o	s	+	+	+
Khaya (Mahagoni)	0,66	rb	+	o/+	+	s/m	+	o	+
Kiefer	0,6	yw	+	-	o	s	+	+	+
Kirsche	0,58	rb	+	o	o	s/m	+	+	+
Lärche	0,7	pb	+	o	-	s/m	+	+	+
Linde	0,53	w	-	--	o	-	+	+	+
Mahagoni, echtes	0,6	rb	+	+	++	s/m	+	+	+
Meranti, Dark Red	0,7	rb	+	--	o	s/m	+	+	+
Olive	0,9	y/ o / str	+	+	o	s/m	+	+	+
Palisander	0,95	r	+	++	+	m	+	-	o
Pappel	0,45	bg	-	--	-	s	+	+	+
Platane	0,7	gr	+	-	o	s	+	+	+
Ramin	0,66	yw	-	--	o	s/m	+	+	+
Robinie	0,7	y ol	+	++	o	s/m	+	+	+
Rosenholz	0,9	p / v / str	+	++	o/+	m	-	--	+
Sapeli - Mahagoni	0,68	rb	+	o	++	s/m	+	-	+
Tanne	0,6	gw	-	--	o	s	+	+	+
Teak	0,7	yb	+	++	o	m	+	+	o
Ulme	0,65	pb / str	+	o	-	s/m	+	+	+
Walnuss	0,65	db	+	+	o	s/m	+	+	+
Zeder	0,55	rb	+	o/+	o	s/m	+	+	+

Legenden

Farbe

b	braun	ol	olive
lb	hallbraun	gw	weißgrau
db	dunkelbraun	w	weiß
rb	rotbraun	p	rosa
gb	goldbraun	v	violet
pb	braunrosa	y	gelb
yb	gelbbraun	o	orange
gb	graubraun	gw	grau
bg	beige	str	gestreift
yw	weißgelb		

Farbunterschied

+ deutlich
- undeutlich

Natürliche Beständigkeit

- - sehr schlecht
- schlecht
o mittel
+ gut
++ sehr gut

Widerspänigkeit

o keine
o/+ manchmal
+ oft
++ immer

Furnier

s Schälfurnier
m Messerfurnier

Leimbarkeit

- schlecht
o mittel
o/+ nach Vorbereitung
+ problemlos

Bearbeitbarkeit

- schlecht
o mittel
o/+ nach Vorbereitung
+ problemlos

Oberflächenbearbeitung

- schlecht
o mittel
o/+ nach Vorbereitung
+ problemlos

Holztypen

Bäume wachsen am Umfang und natürlich werden sie mit der Zeit höher. Das Innere des Baumes „verholzt“ deshalb im Laufe des Wachstums nach außen. Dabei kann sich je nach Baumtyp die Struktur, Farbe und Härte ändern. Das Holz im Kern des Baumes wird dabei als Kernholz bezeichnet, das darum liegende Holz als Splintholz. Das Kernholz ist meist härter als Splintholz. Innerhalb einer Holzsorte ist die Färbung zwischen Splint- und Kernholz meist unterschiedlich; das Kernholz ist in der Regel dunkler.

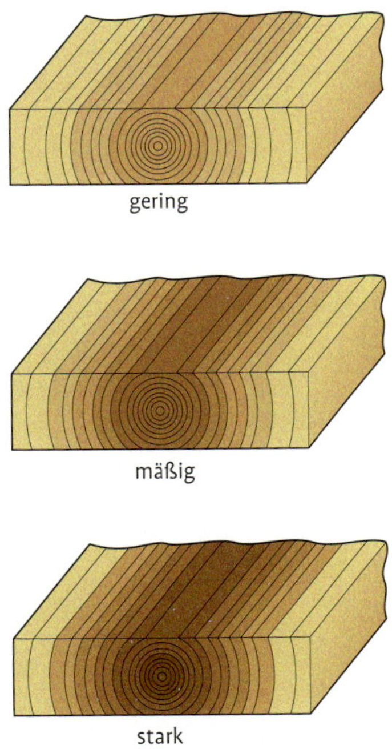

Farbunterschiede Kern- und Splintholz

Eigenschaften ausgewählter Hölzer

Die hier aufgelisteten Eigenschaften stellen lediglich eine Auswahl der wichtigsten Holzeigenschaften dar. Die Farbe der Hölzer kann nur allgemein angegeben werden. Farbabweichungen durch unterschiedliche Wachstumseinflüsse sind häufig. Die angegebenen Farben sind die üblichen und häufigsten Farbtöne oder Farbkombinationen von frisch geschnittenem, unbehandeltem Holz. Abhängig von der Lagerung und/oder der Weiterverarbeitung und Oberflächenbehandlung können starke Farbabweichungen auftreten.

Schwund

Mit Schwund bezeichnet man die Eigenschaft des Holzes, sein Volumen entsprechend dem Restfeuchtegehalt zu ändern. Dieser Vorgang, auch „Arbeiten“ des Holzes genannt, wirkt sich unterschiedlich in Richtung der Markstrahlen und Jahresringe aus. Als Faustregel kann man den Schwund in Richtung der Jahresringe etwa doppelt so hoch ansetzen. Je nach Lage der Jahresringe im verarbeiteten Zustand, muss dies berücksichtigt werden.

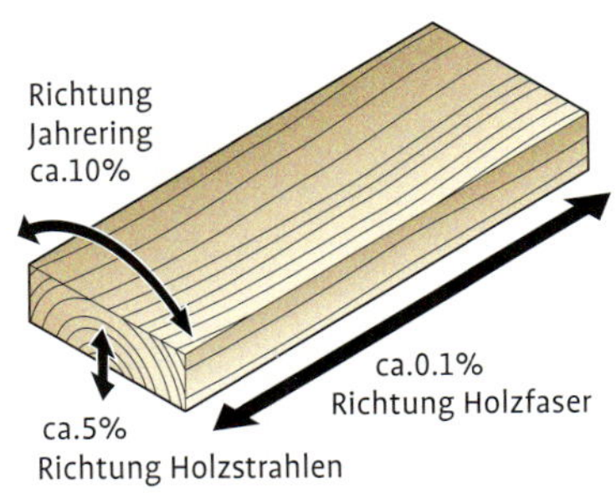

Schwund

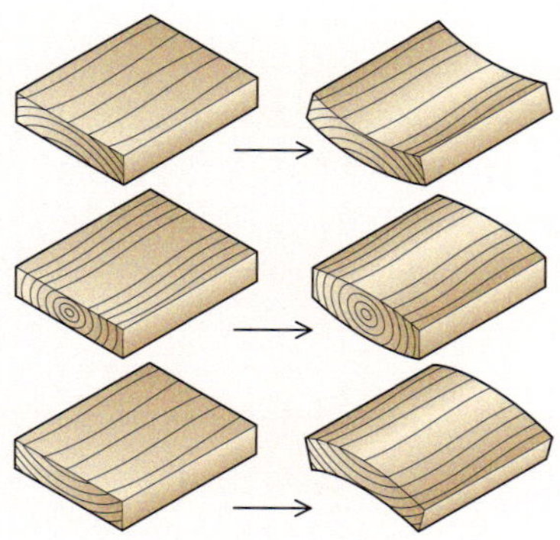

Auswirkungen von Schwund bei Brettern

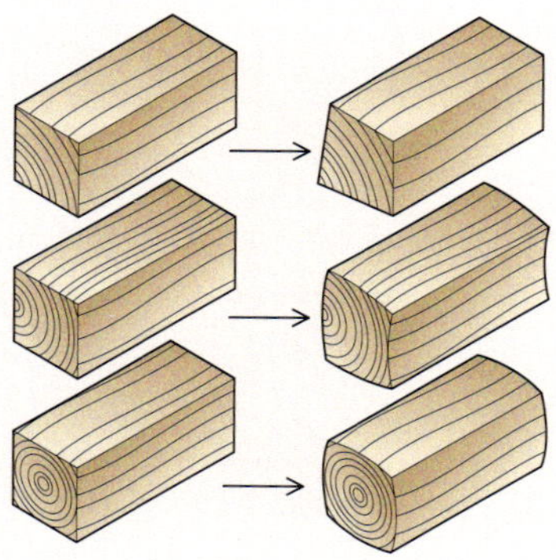

Auswirkungen von Schwund bei Kanthölzern

Verwertung

Die Verwertung von Holz unterscheidet in Natur- oder Massivhölzer und in Holzwerkstoffe. Bei der Holzverarbeitung entscheiden die Schnittarten über die Verwendungsmöglichkeiten als Massivholz oder als Zwischenprodukt für so genannte Lagenhölzer. Holzwerkstoffe bestehen in der Regel aus zerkleinertem Holz oder Holzabfällen, die durch geeignete Füllstoffe und Bindemittel zu Platten gepresst werden.

Schnittarten und Handelsformen

Massivholz kommt in Form von Schnittholz auf den Markt; die Abmessungen und Bezeichnungen sind genormt. Die wichtigsten Handelsformen sind

- → Bretter
- → Bohlen
- → Kanthölzer
- → Latten und Leisten

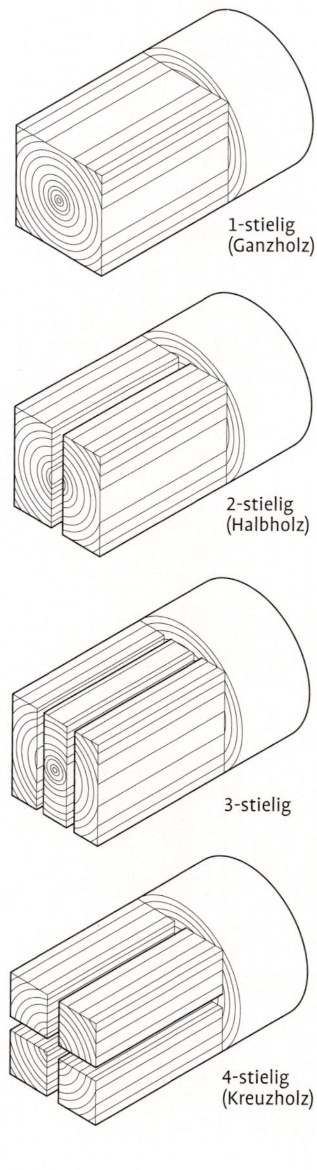

Zuschnittarten von Kanthölzern

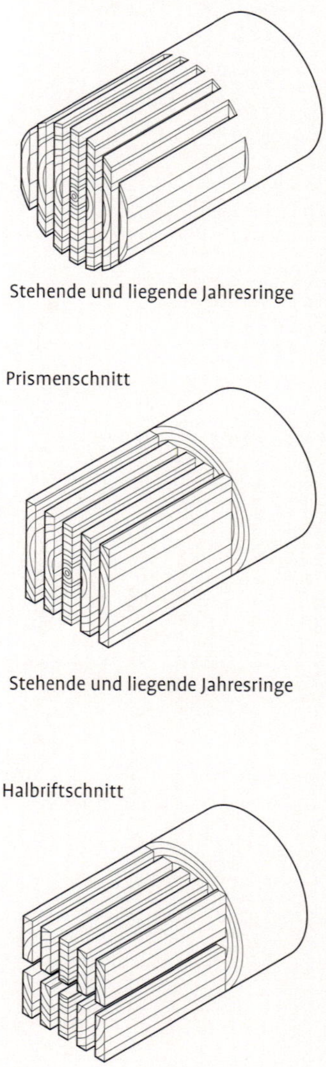

Zuschnittarten von Brettern

Furniere

Furniere sind dünne Holzschichten, die nach ihrem Herstellverfahren benannt sind. Sie dienen zum Veredeln von Holz- oder Holzwerkstoffoberflächen und zur Herstellung von Schichthölzern. Man unterscheidet:

→ Sägefurniere
→ Messerfurniere
→ Schälfurniere

Sägefurniere

Die Furnierblätter werden mit einer speziellen Gattersäge oder Kreissäge aus dem Block gesägt. Der Verschnitt ist bei dieser Methode sehr hoch, die Mindestdicke der Furnierblätter

Schnittholzmaße DIN 4070

Standardlängen 1,5...6 m						
Latten	Kantholz	Balken	Bretter, Nadelholz gesägt DIN 4071	Bretter, Laubholz gesägt DIN 68372	Bohlen, Nadelholz gesägt DIN 4071	Bohlen, Laubholz gesägt DIN 68372
mm x mm	mm x mm	mm x mm	Dicke mm	Dicke mm	Dicke mm	Dicke mm
			16			
			18	18		
			22	20		
24 x 48			24	26		
30 x 50			38	30		
40 x 60				35	44	40
	60 x 60				48	45
	60 x 80				50	50
	80 x 80				63	55
	80 x 100				70	60
	80 x 120				75	65
	80 x 160					70
	100 x 100	100 x 200				75
	100 x 120	100 x 220				80
	120 x 120	120 x 200				90
	120 x 140	120 x 240				100
	120 x 160					
	140 x 140					
	140 x 160					
	160 x 160					
	160 x 180	160 x 200				
		180 x 220				
		200 x 200				
		200 x 240				

ca. 1 bis 1,5 mm. Sägefurniere sind farbtreu, behalten ihre typische Maserung und sind von hoher Qualität, aber kostenintensiv.

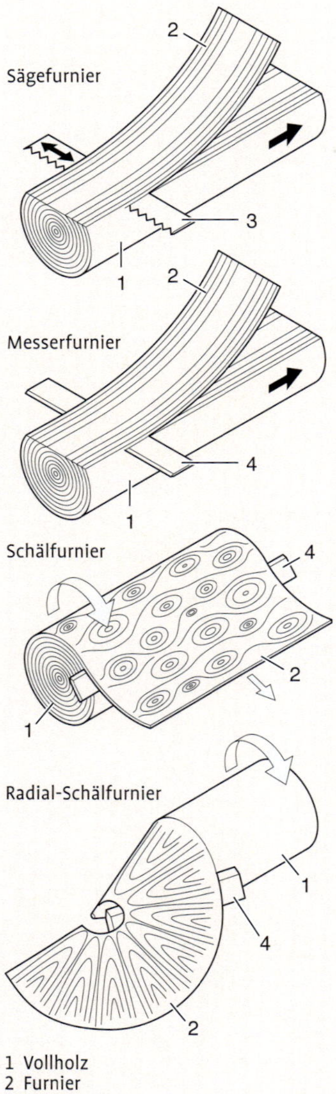

Furnierarten

Messerfurnier

Bei Messerfurnieren werden die Furnierblätter mit einer Art überdimensionalem Hobelmesser „abgemessert". Als Vorbehandlung muss das Holz gewässert oder gedämpft werden, damit es nicht reißt. Durch das Dämpfen kann eine Farbveränderung eintreten. Je nach Schnittverfahren erhält man eine gestreifte oder gefladerte Struktur der natürlichen Maserung. Messerfurniere können fast abfalllos und dünner als Sägefurniere hergestellt werden, Dicken von ca. 0,5 mm sind möglich.

Schälfurniere

Beim Schälen wird der gedämpfte Stamm rotierend gegen ein Schälmesser gleicher Länge gefahren, wodurch das Furnier am Stammumfang abgeschält wird. Das Schälen kann zentrisch um die Mittelachse des Stammes erfolgen, wobei ein endloses Furnierblatt ähnlich einer Papierrolle entsteht. Diese Furniertechnik wird hauptsächlich zur Herstellung von Lagen- und Sperrhölzern verwendet. Beim exzentrischen Schälen rotiert der Stamm außerhalb seiner Mittelachse. Bei diesem Verfahren fallen ähnlich dem Messerfurnier einzelne Furnierblätter an, die je nach der eingestellten Exzentrizität eine dem Messerfurnier entsprechende Maserung bekommen können. Eine weitere Variante des Schälens ist das radiale Schälen. Es entspricht dem Bleistiftspitzen. Die Struktur der Maserung ist sehr dekorativ, was interessante Anwendungen im Möbelbau ermöglicht.

Holzwerkstoffe

Unter Holzwerkstoffen versteht man Produkte, deren Bestandteile überwiegend aus Holz bestehen. Es gibt Holzwerkstoffe, die aus „Massivholzteilen" bestehen und solche, deren Hauptbestandteile zerkleinertes Holz in Form von Spänen oder Fasern ist. Entsprechend ihrem Aufbau unterteilt man Holzwerkstoffe in:

→ Furnierplatten (Sperrhölzer),
→ Schichthölzer,
→ Verbundplatten (Tischlerplatten),
→ Spanplatten,
→ Holzfaserplatten.

Furnierplatten (Sperrhölzer)

Furnierplatten bestehen aus einer ungeraden Anzahl von mindestens 3 Lagen Furnier, die in kreuzweiser („gesperrter") Faserrichtung miteinander verleimt sind. Die beiden Deckfurnierplatten haben dabei immer den selben Faserverlauf und die selbe Dicke. Sehr dicke Furnierplatten werden als Multiplexplatten bezeichnet. Furnierplatten sind maßhaltig, haben eine hohe Festigkeit und können mit dekorativen Deckfurnieren versehen werden. Die Art der Verleimung hat Einfluss auf die Eigenschaften. Genormt sind folgende Verleimungsarten, deren Eigenschaften sich nur auf die Verleimung, jedoch nicht auf das Holz beziehen:

Innenanwendung (I)

→ IF 20: nicht wetterfest, nicht dauernd wasserfest
→ IW 67: nicht wetterfest, nicht dauernd wasserfest

Außenanwendung (A)

→ A 100: begrenzt wetterfest, kochfest
→ AW 100: wetterfest, kochfest

Schichthölzer

Im Gegensatz zu Sperrhölzern sind die Furnierlagen nicht „gesperrt“, sondern liegen in gleicher Faserrichtung, aber mit entgegen gesetzter Richtung der Jahresringe übereinander. Hierdurch wird eine hohe Festigkeit in Richtung des Faserverlaufes erzielt. Im Vergleich zu Massivhölzern gleicher Dicke werden weitaus höhere Festigkeiten erreicht und gleichzeitig wird die Riss- und Bruchgefahr erheblich verringert. Die Verleimungsarten entsprechen dem Sperrholz. Eine Besonderheit sind kunststoffverleimte Presshölzer aus besonders dünnen Furnierlagen, die in ihrer Endfestigkeit und in ihren Eigenschaften dem verwendeten Kunstharz gleichen.

Verbundplatten (Tischlerplatten)

Verbundplatten bestehen aus Deckfurnieren, mit einer Mittellage aus Massivholzstäben, -leisten oder -lamellen. Die Deckfurniere haben denselben Faserverlauf. Der Faserverlauf der Mittellage ist quer dazu angeordnet. Verbundplatten haben dadurch eine ebene Oberfläche und ein kleines Schwundmaß. Wegen der geringen Lagenzahl ist der Leimanteil gering, wodurch die Tischlerplatten ein vergleichsweise geringes Gewicht haben. Mit dekorativem Furnier überfurniert werden Tischlerplatten bevorzugt im Möbelbau eingesetzt. Die Verleimungsarten entsprechen dem Sperrholz. Wegen des hohen Massivholzanteils sind Verbundplatten jedoch nicht im Außenbereich einsetzbar.

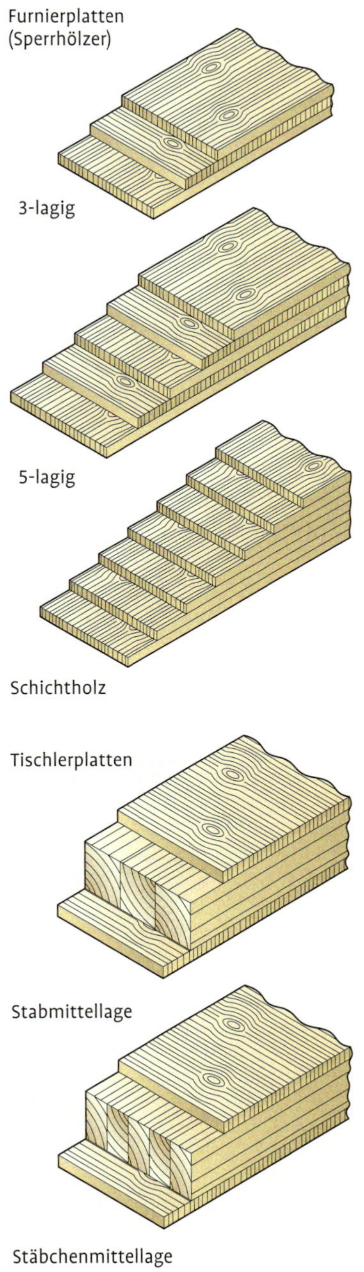

Furnierplatten (Sperrhölzer, Schichtholz) und Tischlerplatten

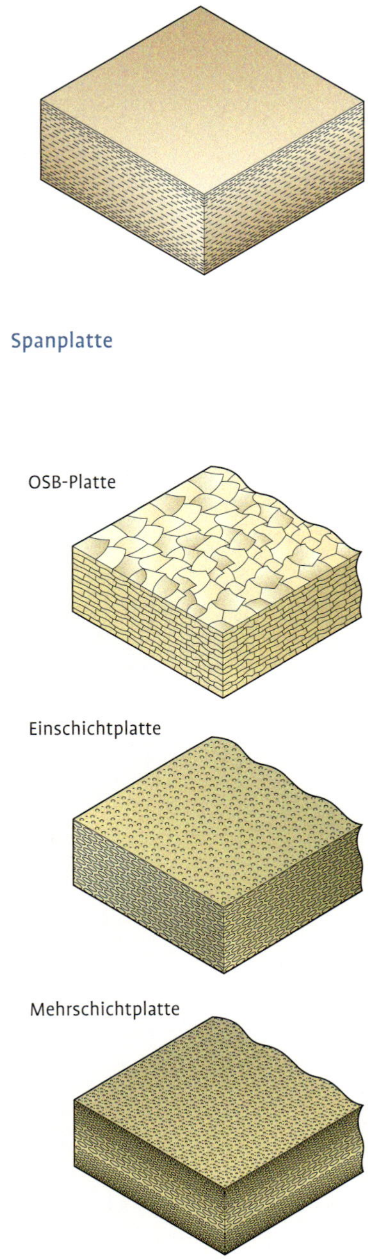

OSB-Platte und Holzfaserplatten

Spanplatten

Spanplatten haben ein homogenes Gefüge, weisen in allen Richtungen die gleichen Festigkeitswerte auf und sind maß- und formbeständig. Die relativ lockere Gefügestruktur muss in der Verbindungstechnik entsprechend beachtet werden. Genormt sind folgende Anwendungsqualitäten:

- V 20, für trockene Innenräume, nicht dauernd wasserfest.
- V 100, für feuchte Innenräume, nicht dauernd wasserfest.
- V 100 G A, für Räume, in denen zusätzlich Verrottungsgefahr durch Pilzbefall besteht.

Einen Sondertyp stellt die sogenannte OSB- Platte dar. Diese Platten bestehen aus mehreren Lagen ausgerichteter Flachspäne (Oriented Strand Board), die nur einen sehr geringen Leimanteil aufweisen. Die Platten sind leicht und haben ein dekoratives Aussehen. Sie werden im Innenbereich eingesetzt.

Holzfaserplatten

Holzfaserplatten bestehen aus zerfasertem Holz, dessen Fasern mit Leim benetzt und „verfilzt" werden, bevor sie in Pressen unter Hitzeeinwirkung zu Platten geformt werden.
Im Möbelbau haben sich insbesondere MDF-Platten durchgesetzt, da sie neben hoher Festigkeit ausgezeichnete Bearbeitungseigenschaften haben.

Kurzbezeichnung von Holzwerkstoffen

Typcode	Bedeutung	Details
BFU	Bau- Furniersperrholz	
BPH	Holzfaser-Dämmplatte	wie HFD, enthält 10...30% Bitumen, für Feuchträume
BST	Bau-Stabsperrholz	wie ST, Decklagenfurnier dick
BSTAE	Bau-Stäbchensperrholz	wie STAE, Decklagenfurnier dick
FPO	Flachpressplatte	Spanplatte, Oberfläche feinspanig
FPY	Flachpressplatte	Spanplatte
FU	Furnierplatten, Furniersperrholz	mindestens 3 Lagen, Faserrichtung rechtwinklig
HFD	Holzfaser-Dämmplatte	poröse Holzfaserplatte
HFH	Holzfaserplatte, hart	
HFM	Holzfaserplatte, mittelhart	
KP	Kunstharz-Pressholz	Furnierplatten mit 10...30% Phenolharzanteil
MDF	Holzfaserplatte, mitteldicht	
PSCH	Kunstharz-Schichtholz	Schichtholz mit 10...30% Phenolharzanteil
SCH	Schichtholz	mindestens 7 Lagen, Faserrichtung parallel
SN	Sternholz	mindestens 5 Lagen, Faserrichtung spitzwinklig
SR	Streifenplatte	Tischlerplatte, Streifen nicht miteinander verleimt
ST	Stabsperrholz	Tischlerpaltte, Stäbe 24...30 mm breit
STAE	Stäbchensperrholz	Tischlerplatte, Stäbchen 5...8 mm breit

Standardmaße von Holzwerkstoffen

Amessungen	Furniersperrholz	Multiplexplatten	Tischlerplatten	Spanplatten	OSB	MDF
Dicke mm	4					
	5					
	6					6
	8			8		8
	10			10		10
	12			12	12	12
			13	14	15	14
		15	16	16	18	16
		18	19	18	22	19
		20	22	19	25	22
		22	25	22		25
		25	28	25		28
		30	30	28		30
		35	38	32		32
		40		35		35
		50		38		38
				40		40
						45
						50
Länge mm	1220	1220	1220			
	1250	1250	1530			
	1500	1500	1830			
	1530	1530	2050			
	1830	1830	2500			
	2050	2050	4100			
	2200	2200		2200	2200	2200
	2440	2440		3660	3660	3660
	2500	2500		3730	3730	3730
	3050	3050		4100	4100	4100
				5600	5600	5600
Breite mm	1220	1220				
	1250	1250				
	1530	1530				
	1700	1700				
	1830	1830		1870	1870	1870
	2050	2050		2070	2070	2070
	2440	2440	2440	2200	2200	2200
	2500	2500	2500			
	3050	3050	3500			
			5100			
			5200			
			5400			

Kunststoffe

Kunststoffe ergänzen in zunehmendem Maße die konventionellen Werkstoffe Holz und Metall. Gründe dafür sind die fast unbegrenzten Möglichkeiten der plastischen Verformung, die Gleichmäßigkeit des Materials und die Möglichkeit, Kunststoffe „nach Maß" herstellen zu können. Man unterscheidet in

→ Thermomere (Thermoplaste)
→ Duromere (Duroplaste)
→ Elastomere

Unterscheidung der Kuststoffe

Thermomere (Thermoplaste)

Thermomere verlieren oberhalb ihrer spezifischen Temperatur ihre Formbeständigkeit durch Erweichen.
Sie sind dadurch verformbar. Beim Abkühlen verfestigen sich Thermomere wieder. Handelsformen: Folien, Platten, Tafeln, Profile und Fertigprodukte.

Duromere (Duroplaste)

Duromere haben bis in den Bereich der Herstelltemperatur Formstabilität. Die mechanischen Eigenschaften sind weniger temperaturabhängig als die der Thermoplaste. Sie sind spröder als Thermoplaste, je nach Anwendung enthalten sie verstärkende Füllstoffe. Handelsformen: Folien, Platten, Tafeln, Profile und Fertigprodukte. Duromere werden auch an Ort und Stelle durch Zusammenfügen der Bestandteile (Gieß- und Laminierharze) der Arbeitsaufgabe entsprechend hergestellt.

Elastomere

Elastomere verfügen über eine gummiartige Elastizität. Handelsformen: Folien, Platten, Tafeln, Profile und Fertigprodukte (Dichtungen, Konstruktionsteile). Elastomere werden auch an Ort und Stelle (z. B. Dichtungen, Dichtkleber) hergestellt. Die Polymerisation erfolgt dabei durch Luftfeuchtigkeit oder durch Zugabe einer weiteren Komponente.

Eigenschaften wichtiger Kunststofftypen

Die Eigenschaften von Kunststoffen sind so vielfältig, dass eine detaillierte Auflistung in diesem Rahmen nicht möglich ist. Im Folgenden werden deshalb lediglich die Eigenschaften einiger ausgewählter Kunststoffgruppen beschrieben. Zur exakten Information sind im Internet die technischen Datenblätter der Kunststoffhersteller aufrufbar.

ABS: Acryinitril-Butadien-Styrol

- Einsatztemperaturbereich ca. -40 – +100 °C.
- Hohe Schlag-, Kerbschlag- und Kratzfestigkeit.
- Geringe elektrostatische Aufladung.
- Relativ geringe Wasseraufnahme.
- Geringe Spannungsrissbildung.
- Kann geklebt werden.
- Brennbar.
- Nicht beständig gegen Lösungsmittel, Benzol und konzentrierte Mineralsäuren.

POM: Polyacetal

Große Typenvielfalt mit unterschiedlichen Eigenschaften

- Einsatztemperaturbereich ca. -40 – +100 °C.
- Hohe Härte, Festigkeit, Steifigkeit, Zähigkeit und Wechselbiegefestigkeit.
- Gutes Gleit- und Abriebverhalten.
- Elastizität auch bei tiefen Temperaturen.
- Gute chemische Beständigkeit.
- Empfindlich gegen konzentrierte Säuren und verschiedene Ölprodukte.
- Verklebungen haben keine hohe Haltbarkeit.

PA: Polyamid
Große Typenvielfalt mit unterschiedlichen Eigenschaften
- Einsatztemperaturbereich ca. -40 – +80° C.
- Hohe Festigkeit, Zähigkeit und Abrieb- und Verschleißfestigkeit.
- Gute Beständigkeit gegenüber Chemikalien.
- Alterungsbeständig.
- Fast keine elektrostatische Aufladung.
- Gute Spannungsrissfestigkeit.
- Brennt tropfend.
- Nicht beständig gegen starke mineralische Säuren und Laugen.
- Nimmt etwas Wasser auf.
- Erhitztes PA ist nicht lebensmittelsicher.
- Verklebungen nicht sehr haltbar.

PC: Polycarbonat (Carbonatglas)
- Einsatztemperaturbereich ca. -80 – +130 °C.
- Transparent.
- Hohe Steifigkeit und sehr hohe Schlagzähigkeit auch bei tiefen Temperaturen.
- Schwer entflammbar und selbstverlöschend.
- Sehr geringe Wasseraufnahme.
- Zäh und witterungsbeständig.
- Nicht beständig gegen Alkohole, Laugen, Ammoniak und Ozoneinwirkung.
- In Mineralölen beständig bis ca. 60 °C.
- Lädt sich elektrostatisch auf.
- Neigt zu Spannungsrissen.

PMMA: Polymethylmethacrylat (Acrylglas)
- Einsatztemperaturbereich ca. -40 – +80 °C.
- Transparent (glasklar).
- Hart, steif und mäßig schlagzäh, kratzfest.
- Gute Licht- und Alterungsbeständigkeit.
- Kann gut geklebt werden.
- Leicht entflammbar, brennt.
- Spannungsrissbildung.
- Nicht beständig gegenüber einigen Lösungsmitteln: z. B. Nitro, Benzol, Verdünner und konzentrierten Säuren.

PP: Polypropylen
- Einsatztemperaturbereich ca. 0 – +100 °C.
- Leicht, hohe Steifigkeit und federnd.
- Gute chemische Beständigkeit.
- Bruchunempfindlich, hart.
- Kann gut geschweißt werden.
- Brennt tropfend.
- Versprödung bei Kälte.
- Quillt in Benzin und Benzol.
- Oxidiert bei hohen Temperaturen.
- Witterungsbeständigkeit schlecht.
- Lädt sich elektrostatisch auf.
- Klebeverbindungen halten schlecht.

PVC: Polyvinylchlorid
- Große Typenvielfalt mit unterschiedlichen Eigenschaften.
- Einsatztemperaturbereich ca. -5 – +60 °C.
- Gute chemische Beständigkeit.
- Gute Festigkeit und universelle Verarbeitbarkeit.
- Preiswerter Massenkunststoff.
- Schwer entflammbar.
- Versprödung bei tiefen Temperaturen.
- Nicht alle PVC-Typen sind lebensmittelecht.
- Geringe Kriechstromfestigkeit.
- Festigkeit temperaturabhängig.
- Starke toxische und korrosive Wirkung der Zersetzungsprodukte im Brandfalle.

Reaktionsharze

Die gebräuchlichsten Reaktionsharztypen sind:
→ Polyesterharze
→ Vinylesterharze
→ Epoxidharze
→ Acrylharze
Sie haben unterschiedliche Eigenschaften, sowohl in ihrem Festigkeitsverhalten als auch in der Verarbeitung. Die Auswahl muss deshalb entsprechend dem Verwendungszweck getroffen werden und bei der Verarbeitung berücksichtigt werden.

Polyesterharze

Handelsbezeichnung UP-Harze. UP bedeutet ungesättigtes Polyesterharz. Polyesterharze sind in Styrol gelöst, was ihnen ihren typischen Geruch verleiht. Kalthärtende Polyesterharze härten bei Raumtemperatur durch Zugabe eines Härters (Katalysators) und eines Beschleunigers aus, der bei bestimmten Polyesterharzen bereits dem Harz beigemischt ist (vorbeschleunigte Harze). Warmhärtende Polyesterharze bestehen aus Harz und Härter. Der Aushärtvorgang erzeugt Wärme. Entsteht zu viel Wärme, z. B. durch zu große Härtezugabe, wird das Polyesterharz irreversibel zerstört, es können sogar Brände verursacht werden. Der Volumenschwund beim Aushärten kann bis ca. 8% betragen.

Vinylesterharze

Handelsbezeichnung VE-Harz. Im Gegensatz zu UP-Harzen besteht eine höhere Warmfestigkeit und eine bessere Chemikalienbeständigkeit. Wegen des guten Haftvermögens können VE-Harze auch als Klebstoffe eingesetzt werden. Das

Mischungsverhältnis Harz / Härter muss exakt eingehalten werden. Der Volumenschwund bei Aushärten kann bis ca. 4% betragen. VE-Harze sind gegenüber UP-Harzen um ein mehrfaches kostenintensiver.

Epoxidharze

Epoxidharze (EP-Harze) sind im Gegensatz zu UP-Harzen etwas schwieriger zu verarbeiten und sind kostenintensiver, erreichen aber bessere mechanische Eigenschaften. Sie werden deshalb für hochbelastete Bauteile (Flugzeugbau) verwendet und eignen sich hervorragend auch für Beschichtungsmaterial und Klebstoffe. Epoxidharze härten je nach Typ kalt oder warm aus. Der Aushärtvorgang kann bei allen Epoxidharztypen durch die Verarbeitungstemperatur beeinflusst werden, höhere Temperaturen ergeben kürzere Aushärtzeiten. Die Aushärtzeiten sind länger als bei Polyesterharzen. Üblicherweise betragen sie bei kalthärtenden Harzen zwischen 12 – 24 Stunden (Klebstoffe auf Epoxidbasis ca. 10 Min – 24 Stunden), wobei die Endfestigkeit erst nach mehreren Tagen eintritt. Das Mischungsverhältnis von Harz und Härter muss gemäß den Herstellerangaben exakt eingehalten werden.

Acrylharze

Acrylharze bestehen aus je einer flüssigen und einem pulverförmigen Komponente. Sie werden als Laminier- und Gießharze verwendet. Die Aushärtung erfolgt ohne nennenswerte Wärmeentwicklung, der Schwund ist äusserst gering, es eignet sich deshalb auch für komplexe Gießformen. Acrylharze können so eingestellt werden, dass sie frei von aggressiven Bestandteilen und Lösungsmitteln sind. Die Topfzeiten betragen je nach Einstellung ca. 10...15 Minuten, Die Aushärtezeiten betragen zwischen 60 – 90 Minuten. Acrylharze werden häufig mit Füllstoffen vergossen. Mineralische Füllstoffe machen Gussteile aus Acrylharz extrem Druckfest, sie werden für Maschinenbette und Fundamente verwendet. Mit dekorativen keramischen Füllstoffen bekommen Acrylharze ein sehr dekoratives Aussehen („Kunstmarmor"), weshalb sie häufig für Küchen- und Badmöbel verwendet werden.

Laminatwerkstoffe

Laminatwerkstoffe sind im Gegensatz zu herkömmlichen Materialien wie Metall oder Holz ein Verbund aus Fasern, die in eine sie umgebende Matrix (Kunstharze oder Thermoplaste) eingebettet sind. Während die Faser die Verstärkungskomponente in dem entstehenden Werkstoff übernimmt, dient die Matrix dazu, die Fasern räumlich zu fixieren, die Kräfte gleichmäßig auf die Fasern zu übertragen, die Fasern vor Druckbeanspruchung und Umgebungsmedien zu schützen. Dass die endgültigen Eigenschaften erst nach der Herstellung vorliegen ist ein wesentlicher Unterschied gegenüber Konstruktionen aus Metall oder Holz.

Verbundwerkstoffe

Zur Herstellung tragender Bauteile werden neben Laminatwerkstoffen auch Verbundwerkstoffe eingesetzt. Sie können aus einem Mix aus Kunststoffen, Fasern, Metall oder Holzwerkstoffen bestehen. Verbundwerkstoffe sind als Plattenmaterial im Handel erhältlich oder werden aus ihren Einzelkomponenten an Ort und Stelle gefertigt.

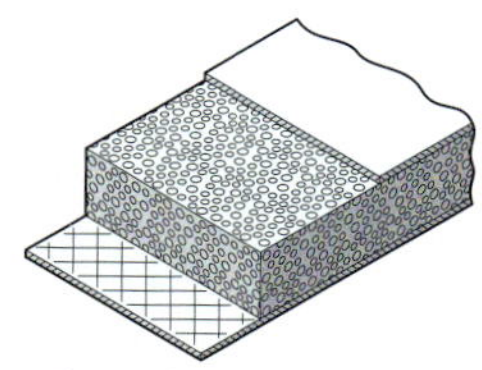

Schaumkern-Verbundplatte
Kern: PU-Schaum
Deckflächen: GFK

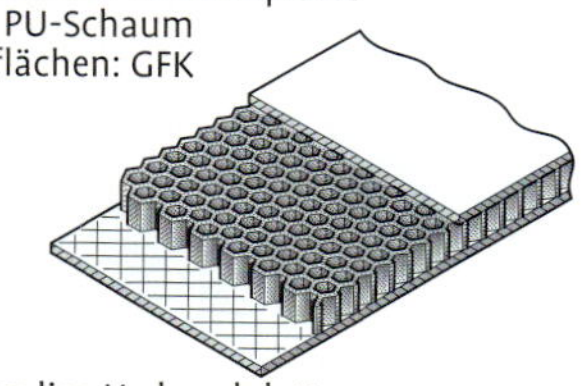

Wabenvlies-Verbundplatte
Kern: Polyestervlies mit Glasballons
Deckflächen: GFK

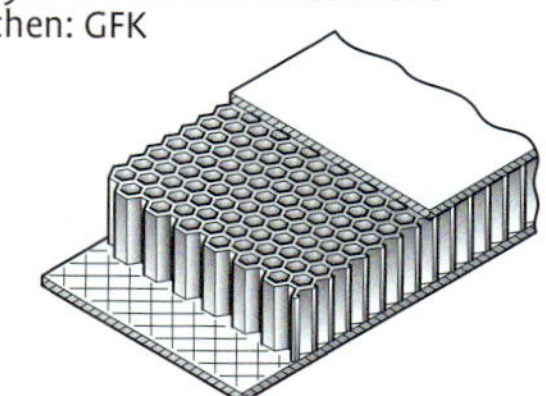

Wabenverbundplatte
(Honeycomb)
Kern: Aramidfasern-Phenolharz
Deckflächen: GFK

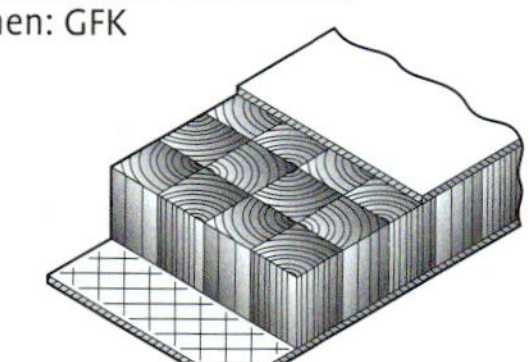

Balsaholz-Verbundplatte
Kern: Balsa-Stirnhölzer
Deckflächen: GFK

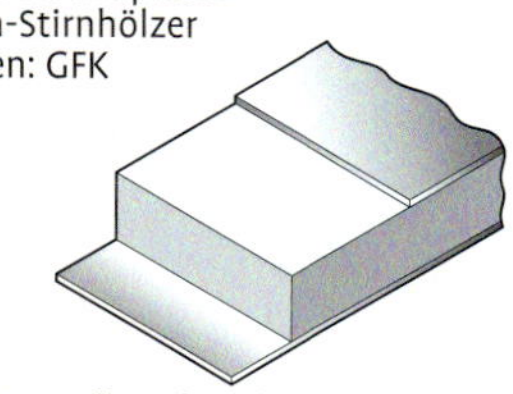

Kunststoff-Metall-Verbund
(Alucobond®)
Kern: Polyurethan
Deckflächen: Aluminium

Verbundwerkstoffe

Verbundwerkstoffe werden auch als Sandwichmaterial bezeichnet. Sie bestehen meist aus GFK-Deckschichten mit einer dazwischenliegenden Stützschicht aus Kunststoffschäumen, Wabenstrukturen oder leichten Hölzern. Eine Sonderform sind Alu-Verbundplatten. Bei diesen befindet sich zwischen zwei dünnen Decklagen aus Alublech ein Kunststoffkern aus Polyurethan.

Kurzbezeichnung von Kunststoffen

Typcode	Chemische Bezeichnung
ABS	Acrylnitril-Butadien-Styrol
CA	Celluloseacetat
CAB	Celluloseacetopropionat
CF	Cresolformaldehyd
CN	Cellolosenitrat
CR	Polychlorbutadien
EC	Ethylcellulose
EP	Epoxidharz
EPS	Polystyrolschaum
MF	Melaminformaldehydharz
NR	Naturkautschuk
PA	Polyamid
PC	Polycarbonat
PE	Polyethylen
PF	Phenolformaldehydharz
PIR	Polisocyanuratschaum
PMMA	Polymethylacrylat
PP	Polypropylen
PS	Polystyrol
PTFE	Polytetrafluorethylen
PUR	Polyurethan
PVAC	Polyvinylchlorid
PVC	Polyvinylchlorid
PVDC	Polyvinylidenchlorid
SAN	Styrol-Acrcrylnitril
SB	Styrol-Butatien
SI	Silikonelastomer
UF	Harnstofformaldehyd
UP, GFK	Ungesättigter Polyester

Bearbeitung von Kunststoffen

Kunststoffe können mit den üblichen spanabhebenden Verfahren bearbeitet werden. Bei der Bearbeitung muss man sich auf die Eigenschaften des jeweiligen Kunststofftyps einstellen. Thermomere können zusätzlich spanlos verformt werden. Hierzu werden sie bis zu ihrem plastischen Temperaturbereich erwärmt, dann geformt und anschließend abgekühlt. Nach der Abkühlung behalten sie die Verformung bei.

Bohren

Es können die in der Metallbearbeitung üblichen Bohrer eingesetzt werden. Bei Faserverbundwerkstoffen werden sie wegen des Glasanteils bei GFK jedoch relativ schnell stumpf und müssen regelmäßig nachgeschliffen werden, da sonst durch Ausrisse der Faserverbund an der Bohrlochwand geschädigt wird. Beim häufigen Bohren sollten deshalb Bohrer mit scharfgeschliffenen Hartmetallschneiden eingesetzt werden (keine Gesteinsbohrer!). Bohrungen über 15 mm Durchmesser bohrt man zweckmäßigerweise mit Lochsägen bzw. Bohrkronen. Auch hier sind Werkzeuge mit Hartmetallzähnen zweckmäßiger.

Fräsen

Die Fräswerkzeuge unterliegen bei der Kunststoffbearbeitung einem sehr hohen Verschleiß. Aus diesem Grund ist die Verwendung von HSS-Fräsern unwirtschaftlich. Hartmetallbestückte Fräser haben eine höhere Standzeit. Während GFK und CFK weitgehend problemlos zu bearbeiten sind, neigt SFK (Aramidfaserverstärkung) zum Ausfransen.

Sägen

CV-Sägeblätter eignen sich nicht zum Sägen von Faserverbundwerkstoffen, es sollten ausschließlich Hartmetallbestückte Sägeblätter mit hoher Zähnezahl verwendet werden. Die Zahnstellung sollte neutral sein, die Zahnform Trapez- Flachzahn. Hiermit lassen sich gute Schnittqualitäten bei hoher Standzeit erreichen. Die bei der Holzbearbeitung üblichen Wechselzähne stumpfen an ihren Zahnspitzen bei der Bearbeitung von Faserverbundwerkstoffen zu schnell ab.

Schleifen

Für den Feinschliff eignen sich Schwing- und Exzenterschleifer. Als Schleifmittel sollten beschichtete Schleifpapiere verwendet werden. Sie setzen sich weniger schnell mit Schleifstaub zu und erreichen dadurch höhere Standzeiten. Beim Schleifen von Faserverbundwerkstoffen muss unbedingt Atemschutz, Schutzbrille, Hautschutz (Handschuhe) und Absaugung verwendet werden. Die im Schleifstaub enthaltenen Faseranteile können zu erheblichen Schädigungen der Atemwege und der Haut führen. Bei der Bearbeitung von CFK ist zu beachten, dass der Schleifstaub elektrisch leitend ist und zu Kurzschlüssen in elektrischen Geräten und Anlagen (auch im Elektrowerkzeug!) führen kann. Absaugung ist in diesem Falle zwingend!

Metalle

Eisenmetalle

Die Werkstoffgruppe der Metalle umfasst reine Metalle, legierte Metalle und Sintermetalle. Man unterscheidet dabei in die beiden Hauptgruppen
- → Eisenmetalle
- → Nichteisenmetalle (NE-Metalle)

und innerhalb der NE-Metalle in
- → Leichtmetalle
- → Schwermetalle

Handelsformen von Metallen

Eisenmetalle bestehen entweder ganz oder zu einem hohen Legierungsanteil aus Eisen und sie stellen in der veredelten Form, dem Stahl, den am häufigsten verwendeten Konstruktionswerkstoff dar. Stahl wird unterschieden in:
- → unlegierte Stähle
- → niedriglegierte Stähle
- → hochlegierte Stähle

Unlegierte Stähle
Unlegierte Stähle werden als „Massenstähle" hergestellt und stellen den höchsten Marktanteil dar. Wenn ihr Kohlenstoffgehalt mehr als 0,5% beträgt, sind sie härtbar. Handelsformen: Baustähle, Profile, Bleche.

Niedriglegierte Stähle
Niedriglegierte Stähle enthalten neben Eisen und Kohlenstoff bis zu 5% Legierungsbestandteile. Je nach Legierungsmetall und Anteil wird die Härte, die Zugfestigkeit, die Elastizität und die Zähigkeit gegenüber unlegierten Stählen verbessert. Handelsformen: hochfeste Baustähle, Werkzeugstähle.

Hoch legierte Stähle
Stähle mit 5-30% Legierungsanteilen werden als hochlegierte Stähle bezeichnet. Handelsformen: Hochlegierte Werkzeugstähle, korrosionsbeständige Stähle („Edelstähle").

Baustähle

Baustähle werden in erster Linie zu Metallkonstruktionen weiterverarbeitet. Sie werden entsprechend ihrer Zugfestigkeit klassifiziert. Die früheren Bezeichnungen „St" sind durch die neue DIN-Bezeichnung „Fe" ersetzt worden.

alt	St 33	neu	Fe 310-0
	St 37		Fe 360B
	St 44		Fe 430B
	St 50		Fe490B
	St 60		Fe 590B
	St 70		Fe 690B

Bearbeitung von Baustählen
Für die Anwendung im Heimwerkerbereich wird Fe 360B in Form von Blechen und Profilen am häufigsten verwendet. Er kann mit den üblichen Werkzeugen problemlos bearbeitet werden.

Werkzeugstähle

Hauptanwendungsgebiet der Werkzeugstähle sind Einsatzwerkzeuge, wobei man hauptsächlich in vier Gruppen unterteilt:
- → niedriglegierte Werkzeugstähle
- → hochlegierte Werkzeugstähle
- → Schnellarbeitsstähle
- → hochlegierte Schnellarbeitsstähle

Niedriglegierte Werkzeugstähle werden bei niedrig belasteten Einsatzwerkzeugen, beispielsweise für Handwerkzeuge zur Holzbearbeitung verwendet.
Hochlegierte Werkzeugstähle (HL-Stähle) werden bei Einsatzwerkzeugen für Maschinenwerkzeuge bei der Holz-, Kunststoff- und Metallbearbeitung eingesetzt.
Schnellarbeitsstähle (SS-Stähle) sind länger schnitthaltig und höher belastbar als HL-Stähle.
Hochlegierte Schnellarbeitsstähle (HSS-Stähle) sind höher belastbar, haben höhere Standzeiten und eine höhere Hitzebeständigkeit als SS-Stähle. Sie werden hauptsächlich in der Metallbearbeitung eingesetzt. Wegen der größeren Härte sind sie aber meist auch spröder.

Korrosionsbeständige Stähle

Hochlegierte Stähle mit einem Chromanteil von mindestens 10,5 % und weiteren Legierungsbestandteilen wie Nickel und Molybdän haben eine erhöhte Beständigkeit gegen Korrosion. Sie werden populär als „Edelstähle" oder „nichtrostende" Stähle bezeichnet. Sie werden im täglichen Praxisgebrauch auch als Niro®, Nirosta®, Inox®, rostfreier Stahl oder als VA-Stahl bezeichnet. Es gibt eine große Zahl von Edelstahltypen, von denen nicht alle eine gleich gute Korrosionsbeständigkeit haben. Sie sind in die so genannten A-Gruppen eingeteilt. Die am häufigsten verwendeten Edelstähle zählen zur Gruppierung

- → A2
- → A4
- → A5

Innerhalb der Gruppen setzt sich die DIN-Bezeichnung aus den Legierungsbestandteilen zusammen und ist ziemlich komplex. Im Handel haben sich deshalb die Werkstoffnummern (Kurzform Wk-Nr.) durchgesetzt.

Edelstähle rosten, wenn sie Kontakt mit normalem Stahl haben. Schleifscheiben, mit denen normaler Stahl bearbeitet wurde, erzeugen Rost auf Edelstahl. Wo Edelstahl durch Hitzeeinwirkung Anlauffarben zeigt, wird er rosten. Anlauffarben müssen abgeschliffen, wegpoliert oder abgebeizt werden.

Grund für diese Korrosion ist eine Entchromung im Bereich der Anlauffarben. Der Edelstahl reagiert in diesem Bereich wie normaler Stahl. Erst durch das Abtragen der Anlauffarben ist die Werkstoffoberfläche wieder in ihrem Originalzustand und entfaltet dadurch ihre Schutzwirkung.

A2 Edelstähle

Populäre Bezeichnung V2A. Standard-Edelstahl für Anwendungen im Innenbereich und im Binnenland auch im Außenbereich. Die gebräuchlichsten A2-Stähle haben die Werkstoffnummern

- → 1.4301
- → 1.4303
- → 1.4541

A4 Edelstähle

Populäre Bezeichnung V4A. Anwendung im Außenbereich auch in Salzwasseratmosphäre. Säurefest. Kann bei Zugbeanspruchung interkristallin korrodieren. Häufig verwendete A4-Stähle haben die WkNr.

- → 1.4401
- → 1.4435
- → 1.4462

A5 Edelstähle

Anwendung und Eigenschaften wie A4, aber durch den zusätzlichen Legierungsanteil Titan oder Niob resistent gegenüber Wechselbelastung und interkristalline Korrosion. WkNr.

- → 1.4571 (vormals A4-Gruppe)
- → 1.4580

Bearbeitung von Edelstählen

Edelstähle sind zähhart und haben meist die doppelte Festigkeit von einfachem Baustahl. Beim Bohren und Sägen darf nur die halbe Drehzahl / Hubzahl wie für Baustahl üblich angewendet werden, der Anpressdruck muss kräftiger sein.

TIPP

Edelstähle nur mit Verbindungsmitteln derselben Stahlgruppe verschrauben oder Nieten. Edelstähle getrennt von normalen Stählen lagern. Edelstähle mit separaten Schleifmitteln und mit Edelstahlbürsten bearbeiten.

Hartmetalle

Hartmetalle nehmen eine Sonderstellung ein. Der Hauptbestandteil von Hartmetall ist Wolframcarbid, weshalb im technischen Sprachgebrauch oft die Abkürzung der englischen Bezeichnung Tungsten Carbide „TC" verwendet wird. Ein weiterer wesentlicher Bestandteil ist Cobalt. Hartmetall ist

- → extrem hart
- → extrem hitzebeständig

und eignet sich deshalb hervorragend für hochbelastbare Werkzeugschneiden an Bohrern, Sägeblättern, Fräsern, Hobelmessern und als Belag von Schleifmitteln. Hartmetalle werden aus ihren Bestandteilen zusammengesintert. Sie sind extrem spröde und werden deshalb meist nur als Schneiden- oder Zahnmaterial verwendet und durch Hochtemperaturlötung oder Laserschweißung mit einer Unterlage aus Werkzeugstahl verbunden.

Die populäre Bezeichnung „Widia®" entstammt dem Handelsbegriff „Wie Diamant" der Firma Krupp und soll auf die extreme Härte des Hartmetalls hinweisen.

Nichteisenmetalle (NE-Metalle)

Die Familie der NE-Metalle (Nichteisenmetalle) beinhaltet alle Metalle, deren hauptsächliche Legierungsbestandteile nicht der Gruppe der Eisenmetalle angehören. Sie werden in die Hauptgruppen

→ Leichtmetalle
→ Schwermetalle

eingeteilt. Leichtmetalle sind Metalle oder Legierungen, deren spezifisches Gewicht bis ca. 5 g/cm³ beträgt. Zu den Leichtmetallen zählen

→ Aluminium
→ Magnesium

und ihre Legierungen. Als Schwermetalle bezeichnet man Metalle, die das Gewicht von Eisenmetallen oder höher haben. Hierzu zählen

→ Kupfer
→ Zinn
→ Zink
→ Blei

und ihre Legierungen.

Aluminiumlegierungen

Aluminium ist neben Stahl das am meisten verwendete Metall. Es zeichnet sich durch das geringe spezifische Gewicht von 2,7 g/cm³ aus und wiegt damit nur ca. 1/3 von Stahl. Bestimmte Legierungen erreichen jedoch die Festigkeit von Baustählen. Aluminium schützt sich durch eine Oxidhaut, die eine gute Korrosionsfestigkeit gegen Witterungseinflüsse ergibt.

Aluminium-Magnesium-Legierungen (AlMg)

AlMg-Legierungen haben bei Magnesiumanteilen zwischen 1 und 5 % Festigkeiten von 180 – 270 N/mm² und sind gut bearbeitbar. Ab einem Magnesiumgehalt von 3 % haben sie eine hohe Korrosionsfestigkeit und sind als einzige Aluminiumlegierung für den Einsatz in Meerwasser geeignet.

Aluminium-Kupfer-Magnesium-Legierungen (AlCuMg)

AlCuMg-Legierungen haben Festigkeiten im Bereich von 300 – 450 N/mm², sind aber korrosionsempfindlicher.

Aluminium-Zink-Magnesium-Kupfer-Legierungen (AlZnMgCu)

AlZnMgCu-Legierungen erreichen die höchsten Festigkeitswerte mit bis ca. 650 N/mm², sind aber stärker korrosionsgefährdet.

Magnesiumlegierungen

Magnesium hat von allen Konstruktionsmetallen mit 1,74 g/cm³ das niedrigste spezifische Gewicht. Es wiegt damit knapp 2/3von Aluminium. Bei einer durchschnittlichen Festigkeit von ca. 100 – 200 N/mm² erreichen Konstruktionsteile aus Magnesiumlegierungen ein sehr günstiges Gewichts:Festigkeits-Verhältnis.

Bearbeitung von Leichtmetallen

Beim Bohren und Sägen kann die doppelte Drehzahl/Hubzahl als für Stahl angewendet werden. Für die Bearbeitung von Leichtmetallen müssen separate Werkzeuge verwendet werden. Jeder Kontakt mit fremden Metallpartikeln (z. B. Bearbeitungsrückstände, Schleifstaub) speziell von Eisenmetallen und Kupferlegierungen muss vermieden werden, weil hierdurch Korrosion an, auf oder im Aluminium verursacht wird. Dies ist speziell bei der Oberflächenbearbeitung zu beachten.

Grundsätzlich müssen z. B. Bürsten, mit denen Aluminium bearbeitet wird, aus Edelstahl bestehen. Werkzeuge (Feilen, Schleifmittel), mit denen Stahl oder Buntmetalle bearbeitet wurden, können nicht mehr für Aluminium verwendet werden.

Titan

Titan ist ein Metall, das aus Hochtechnologiebereichen wie der Luft- und Raumfahrt bekannt ist und weniger ein Metall für den Heimwerker. Allerdings ist es auch ein Metall, das durchaus für Kunstgegenstände und Schmuck verwendet werden kann.

Die Eigenschaften sind wahrhaft titanisch: Je nach Legierung ist die Zugfestigkeit von ca. 300 – 900 N/mm² mit vergüteten Stählen vergleichbar und das bei einer Dichte, die mit 4,51 g/cm³ nur geringfügig über der von Aluminium liegt. Dazu hat es eine Schmelztemperatur von 1660 °C und ist extrem korrosionsbeständig.

Reintitan ist extrem schwierig zu bearbeiten, meist werden deshalb Legierungen verwendet. Für die spanende Bearbeitung gelten im Wesentlichen die selben Regeln wie für die Bearbeitung von Edelstählen.

Arbeitssicherheit
Magnesiumspäne und besonders Magnesiumstaub sind sehr leicht entzündlich und brennen mit extrem hoher Temperatur. Brände können nicht mit Wasser gelöscht werden!

Schwermetalle

Als Schwermetalle werden Metalle bezeichnet, deren Dichte über der von Eisen liegt. Zu den wichtigsten Schwermetallen zählen die Kupferlegierungen, populär als "Buntmetalle" bezeichnet. Die bekanntesten sind:

→ Kupfer
→ Messing
→ Bronzen

Wegen ihres hohen spezifischen Gewichtes zählen sie zu den Schwermetallen. Die Legierungsanteile:

→ Zink
→ Zinn
→ Blei

finden auch als eigenständige Metalle Verwendung.

Kupferlegierungen

Kupfer ist das am längsten bekannte Metall. Es wird aus Erz erschmolzen und durch Wärmebehandlung oder elektrolytisch raffiniert.

Reinkupfer
Reines Kupfer wird wegen seiner guten elektrischen und thermischen Leitfähigkeit vor allem in der Elektrotechnik eingesetzt. Dank seiner guten Korrosionsbeständigkeit findet es auch im Außenbereich, beispielsweise für Bedachungen und Regenrinnen Verwendung.

Messing (Kupfer-Zink-Legierungen)
Kupfer-Zink-Legierungen werden als Messing bezeichnet. Die Farbe von Messing kann je nach Zinkanteil von Rotgelb bis Gelb variieren. Hohe Zinkanteile machen das Messing härter, besser gießbar und besser spanend bearbeitbar. Ab 50% Zinkanteil tritt allerdings Versprödung ein.

Früher wurde Messing nach seinem Kupferanteil bezeichnet. Ms 63 stand für 63% Kupferanteil. Dasselbe Messing wird heute mit CuZn 37 bezeichnet (37 % Zink, der Rest ist Kupfer). Messing wird bevorzugt für Verbindungsmittel in der Installationstechnik (Fittings) und bei Beschlägen eingesetzt, bei denen Stahl wegen der Korrosionsempfindlichkeit nicht verwendet werden kann.

Bronzen
Kupferlegierungen mit einem Kupfergehalt von höchstens 60 % und deren Legierungsbestandteile aus anderen Metallen bestehen, wobei der Hauptlegierungsanteil nicht Zink ist, werden als Bronzen bezeichnet. Die Farbe ist zwischen Rotbraun und Braun. Bronze ist sehr korrosionsbeständig, sehr gut gießfähig und in warmem Zustand gut verformbar. Die wichtigsten Bronzetypen sind:

→ Zinnbronzen
→ Aluminiumbronzen
→ Nickelbronzen

Zinnbronzen
Zinnbronzen enthalten ca. 9% bis ca. 20 % Zinn. Verschleißfestigkeit und Korrosionsfestigkeiten sind hervorragend (seewasserbeständig), Einsatz hauptsächlich für Gleitlager, Zahnräder, Gussteile, Armaturen und Fittings in der Hochdrucktechnik.

Aluminiumbronzen
Aluminiumbronzen enthalten bis zu 11% Aluminium und zeichnen sich durch hohe Festigkeitswerte auch bei hohen Temperaturen aus. Durch die Bildung einer Oxidschicht an der Oberfläche ist die Korrosionsbeständigkeit gut. Einsatz bei hoch belasteten Pumpen- und Wasserturbinenlaufrädern sowie Schiffspropellern in Meerwasser.

Nickelbronze
Nickelbronzen bestehen aus bis zu 45% Nickel (Rest Kupfer). Die sehr gute Beständigkeit gegen Erosion und Korrosion erlaubt Anwendungen wie bei Aluminiumbronzen sowie zum Instrumentenbau, für Werkzeuge, für Bestecke im Lebensmittelbereich und als Münzmetall.

Zink

Die Farbe von Zink ist Grau-Weiß. Es überzieht sich durch die Luftfeuchtigkeit und den Kohlendioxidgehalt der Luft mit einer Deckschicht, die es gegen Korrosion schützt. Anwendung als Zinkblech für Behälter und Außenverkleidungen und als Beschichtungsmaterial zum Korrosionsschutz für Eisenwerkstoffe.

Zinn

Die Farbe von Zinn ist Grau-Weiß. Bei hoher Reinheit hat Zinn den Nachteil, dass es bei Temperaturen unterhalb von -20 °C zerfällt (Zinnpest). Zinn wird als reines Metall meist zu Folien und dünnen Blechen oder Behältern (Tuben) verarbeitet. Wegen seiner guten Korrosionsbeständigkeit wird es besonders in der Lebensmittelindustrie als Beschichtungsmetall eingesetzt. Als Legierungsmetall ist es ein wichtiger Bestandteil von Bronzen, Werkstoffen für Gleitlager und von Weichloten.

Blei

Die Farbe von Blei ist Grau-Weiß. Wegen seines hohen spezifischen Gewichtes von 11,3 g/cm³ wird reines Blei oft als Ballastwerkstoff verwendet. Wegen der guten Korrosionsbeständigkeit wird Blei auch als Beschichtungsmetall verwendet. Weitere Anwendungsgebiete sind die Chemietechnik, die Elektrotechnik (Akkumulatoren) und die Legierung mit Zinn als Weichlot. Blei kann mit anderen Stoffen giftige Verbindungen eingehen.

Bearbeitung von Schwermetallen
Für die Bearbeitung von Kupfer und seinen Legierungen müssen separate Werkzeuge verwendet werden. Jeder Kontakt mit fremden Metallpartikeln (z. B. Bearbeitungsrückstände, Schleifstaub) von Eisenmetallen muss vermieden werden, weil hierdurch Verfärbungen verursacht werden können.

Wärmebehandlung von Metallen

Durch die Wärmebehandlung können die Eigenschaften von Metallen verändert werden. Die wichtigsten Wärmebehandlungsmethoden sind
→ Glühen
und für Eisenmetalle
→ Härten
→ Anlassen

Glühen

Glühen wird angewendet, um einen Werkstoff bearbeitbar zu machen und ihm eine gleichmäßige, meist geringere Härte zu geben oder durch die Bearbeitung entstandene Spannungen oder Verfestigungen aus dem Material zu nehmen. Die erforderliche Glühtemperatur und Glühzeit ist werkstoffabhängig. Bei Stahl sind dazu Temperaturen zwischen 650 und 720 °C nötig, bei NE-Metallen liegen die Temperaturen darunter.

Härten

Härten dient dazu, das Werkstück als Ganzes oder Teile davon widerstandsfähiger gegen Verschleiß und Beanspruchung zu machen. Das einfachste Verfahren dazu ist das thermische Härten. Es bewirkt bei Stahl einen martensitischen Gefügezustand, der sich durch besonders hohe Härte auszeichnet. Hierzu wird der Stahl entsprechend seiner Legierung auf die sogenannte Härtetemperatur erwärmt. Sie beträgt für:

→ Niedrig legierte Stähle je nach Kohlenstoffgehalt ca. 780 – 950 °C
→ Kalt/Warmarbeitsstähle ca. 950 – 1100 °C
→ Schnellarbeitsstähle ca. 1150 – 1230 °C

Aus dieser Temperatur wird möglichst rasch auf Raumtemperatur abgekühlt („abgeschreckt"). Je nach

Wärmebehandlung von Stahl

Bei der Wärmebehandlung (Glühen und Anlassen) von Stahl werden die erforderlichen Temperaturen in der Praxis anhand der Glühfarben und Anlassfarben festgestellt. Zum Ermitteln der Anlassfarben ist das Werkstück vorher durch Schleifen oder Bürsten mit einer blanken Oberfläche zu versehen. Mit einiger Übung können die Temperaturen mit praxisgerechter Genauigkeit ermittelt werden.

Glühfarben des Stahls		Anlaßfarben des Stahls	
Dunkelbraun	ca. 550 °C	Blank	ca. 20 °C
Braunrot	ca. 630 °C	Blaßgelb	ca. 200 °C
Dunkelrot	ca. 680 °C	Strohgelb	ca. 220 °C
Dunkelkirschrot	ca. 740 °C	Dunkelgelb	ca. 230 °C
Kirschrot	ca. 770 °C	Braun	ca. 240 °C
Hellkirschrot	ca. 800 °C	Purpur	ca. 260 °C
Hellrot	ca. 850 °C	Violett	ca. 280 °C
Guthellrot	ca. 900 °C	Dunkelblau	ca. 290 °C
Gelbrot	ca. 950 °C	Kornblumenblau	ca. 300 °C
Gelbrot	ca. 1.000 °C	Hellblau	ca. 320 °C
hellgelb	ca. 1.100 °C	Blaugrau	ca. 350 °C
Gelbweiß	ca. 1.200 °C	Grau	ca. 400 °C

Stahlsorte erfolgt die Abkühlung durch Luft („Lufthärter"), Öl („Ölhärter") oder Wasser („Wasserhärter"). Nur härtbare Stahlsorten können gehärtet werden.

Anlassen

Anlassen dient dazu, dem gehärteten und dadurch sehr spröden Werkstoff eine höhere Zähigkeit zu geben und das Risiko von Härtespannungen und Rissbildung zu vermindern. Das Anlassen geschieht durch Erwärmen auf Temperaturen zwischen 180 – 650 °C mit mindestens einstündigem Verweilen auf dieser Temperatur. Als Richtwerte gelten für:

- → unlegierter Vergütungsstahl ca. 180 °C
- → niedriglegierten Kaltarbeitsstahl ca. 250 °C
- → Warmarbeitsstahl ca. 500 °C
- → Schnellarbeitsstahl ca. 550 °C

Höhere Temperaturen verursachen eine wesentliche Härteminderung.

Glüh- und Anlassfarben von Stahl

Bei der Wärmebehandlung (Glühen, Härten und Anlassen) von Stahl werden die erforderlichen Temperaturen in der Praxis anhand der Glühfarben und Anlassfarben festgestellt. Zum Ermitteln der Anlassfarben ist das Werkstück vorher durch Schleifen oder Bürsten mit einer blanken Oberfläche zu versehen. Mit einiger Übung können die Temperaturen mit praxisgerechter Genauigkeit erkannt werden.

Korrosion

Unter Korrosion, bei Eisenmetallen als Rost bezeichnet, versteht man chemische bzw. elektrochemische Vorgänge an Metallen unter Einfluss von Sauerstoff und Feuchtigkeit. Weitere Ursachen sind der Kontakt mit Chemikalien und das Zusammenkommen unterschiedlicher Metalle.

Korrosionsarten

Die Korrosionsarten, deren Auswirkungen teilweise metalltypspezifisch sind, sind hauptsächlich

- → Flächenkorrosion
- → Spaltkorrosion
- → Lochfraßkorrosion
- → Kontaktkorrosion

Flächenkorrosion

Häufigste Korrosionsart bei ungeschützten Metalloberflächen, insbesondere rauen Oberflächen; auf der gesamten Fläche meist gleichmäßig angreifend. Das angreifende Medium (z. B. aggressive Dämpfe, Salzwasser) bestimmt die Schnelligkeit und Intensität der Flächenkorrosion. Das bekannte „Rosten" von unbehandeltem Stahl ist meist Flächenkorrosion.

Spaltkorrosion

Korrosion in engen Spalten und Zwischenräumen, die nicht durchlüftet oder durchspült werden. Durch den Unterschied in der Konzentration des angreifenden Mediums am Anfang und am Ende des Spaltes entstehen elektrochemische Potentialunterschiede, die den Korrosionsvorgang bewirken. Typische Stellen für Spaltkorrosion sind Überlappungen von Blechen, Nietverbindungen oder hinter einseitigen Schweißnähten.

Lochfraßkorrosion

Lochfraßkorrosion ist eine punktförmige, meist in die Tiefe gehende Korrosionsart. Sie entsteht meist an Unregelmäßigkeiten der Oberflächenstruktur und ist werkstoffabhängig. Bei Edelstählen ist die Ursache meist ein örtlicher Defekt der Oberfläche.

Kontaktkorrosion

Wenn zwei verschiedene Metalle miteinander in Kontakt sind, kommt es bei Einfluss von Feuchtigkeit, Dämpfen oder Chemikalien zu einer elektrochemischen Reaktion. Dabei tritt die Korrosion stets am unedleren Metall auf.

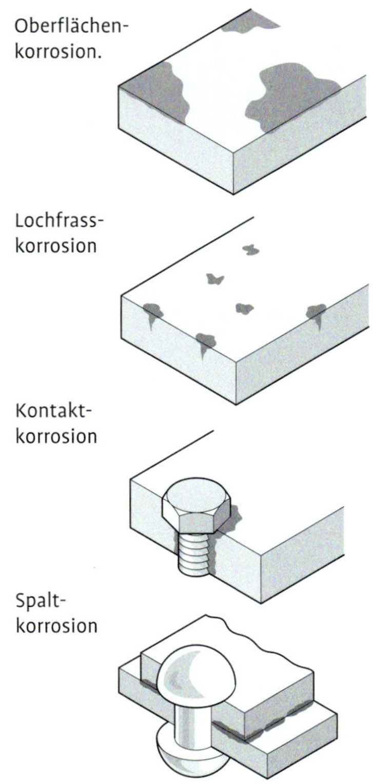

Korrosion bei Metallen

Handelsformen und Gewichte

Die wichtigsten Handelsformen für Metalle sind Bleche (Platten), Vollstäbe, Hohlprofile und Profile. Die Typenvielfalt ist extrem groß. Einige wichtige Handelsformen, ihre Abmessungen und Gewichte sind in den folgenden Tabellen dargestellt.

Handelübliche Abmessungen

Für Halbzeuge gibt es standardisierte Abmessungen für
- → Stäbe und Profile
- → Blechplatten

Stäbe und Profile

Das Einheitsmaß beträgt 6000mm Länge.

Vollstäbe rund Durchmesser mm	Gewicht kg /m	
	Alu	Stahl
5	0,055	0,15
10	0,22	0,62
15	0,495	1,39
20	0,879	2,47
30	1,978	5,55
40	3,517	9,87
50	5,495	15,4
60	7,913	22,2
80	14,1	39,5
100	22	61,7

Vollstäbe sechskant Schlüsselweite mm	Gewicht kg /m	
	Alu	Stahl
5	0,058	0,17
10	0,242	0,68
15	0,545	1,53
20	0,93	2,72
30	2,18	6,12
40	3,72	10,9
50	6,05	17
60	8,71	24,5
80	14,87	43,5
100	23,24	68

Gewichte von Halbzeug

Bleche Dicke mm	Gewicht kg / m²	
	Alu	Stahl
0,5	1,35	4
0,75	2,02	6
1	2,7	8
1,5	4,05	12
2	5,4	16
2,5	6,75	20
3	8,1	24
3,5	9,45	28
4	10,8	32
5	13,5	40
10	27	80
20	54	160
30	81	240
40	108	320
50	135	400
60	162	480

Vollstäbe vierkant mm x mm	Gewicht kg / m	
	Alu	Stahl
5 x 5	0,07	0,2
10 x 10	0,28	0,78
15 x 15	0,63	1,77
20 x 20	1,12	3,14
30 x 30	2,52	7,07
40 x 40	4,48	12,6
50 x 50	7	19,6
60 x 60	10,1	28,3
80 x 80	17,9	50,2
100 x 100	28	78,5

Rundrohr Außendurchmesser x Wandstärke mm	Gewicht kg / m	
	Alu	Stahl
10 x 1	0,08	0,23
10 x 1,5	0,11	0,32
15 x 1	0,12	0,35
15 x 1,5	0,17	0,51
20 x 1	0,16	0,48
20 x 1,5	0,24	0,70
20 x 2	0,31	0,90
20 x 5	0,64	1,87
25 x 2	0,39	1,15
25 x 3	0,56	1,65
30 x 2	0,47	1,40
30 x 3	0,69	2,03
30 x 5	1,06	3,13
40 x 3	0,94	2,78
40 x 5	1,49	4,48
50 x 3	1,20	3,51
50 x 5	1,91	5,63
100 x 5	4,04	12

Vierkantrohr Maß x Wandstärke mm	Gewicht kg / m	
	Alu	Stahl
20 x 20 x 2	0,39	1,15
30 x 30 x 2	0,61	1,79
30 x 30 x 3	0,88	2,77
40 x 40 x 3	1,20	3,75
50 x 50 x 3	1,52	4,62
50 x 50 x 4	1,99	5,51
80 x 80 x 4	3,28	9,28
100 x 100 x 4	4,15	11,8

Winkelprofil Maß x Wandstärke mm	Gewicht kg / m	
	Alu	Stahl
10 x 10 x 2	0,1	0,29
15 x 15 x 2	0,15	0,44
20 x 20 x 2	0,21	0,61
20 x 20 x 3	0,3	0,9
25 x 25 x 3	0,38	1,2
25 x 25 x 4	0,5	1,46
30 x 30 x 3	0,47	1,4
30 x 30 x 5	0,75	2,19
50 x 50 x 3	0,79	2,31
50 x 50 x 5	1,3	3,8
60 x 60 x 5	1,57	4,6
80 x 80 x 8	3,32	9,7
100 x 100 x 10	5,19	15

U-Profil Maß x Wandstärke mm	Gewicht kg / m	
	Alu	Stahl
20 x 20 x 20 x 2	0,3	0,88
40 x 20 x 40 x 2	0,52	1,52
30 x 30 x 30 x 2	0,52	1,52
30 x 30 x 30 x 3	0,68	2
20 x 40 x 20 x 3	0,6	1,75
30 x 40 x 30 x 3	0,76	2,22
40 x 40 x 40 x 5	0,92	2,69
30 x 50 x 30 x 3	0,84	2,45
50 x 50 x 50 x 5	1,89	5,53
40 x 80 x 40 x 5	2,03	5,94
50 x 100 x 50 x 5	2,57	7,52
50 x 150 x 50 x 10	6,21	18,2
80 x 160 x 80 x 10	8,1	23,7

Rechteckrohr Maß x Wandstärke mm	Gewicht kg / m	
	Alu	Stahl
20 x 10 x 2	0,28	0,82
30 x 20 x 2	0,50	1,51
40 x 20 x 3	0,88	2,39
50 x 30 x 3	1,20	3,51
60 x 40 x 4	1,99	5,51
80 x 40 x 4	2,42	6,76
100 x 50 x 4	3,07	8,65
150 x 50 x 4	4,15	12,42
200 x 100 x 4	6,31	18,56

L-Profil Maß x Wandstärke mm	Gewicht kg / m	
	Alu	Stahl
20 x 10 x 2	0,15	0,44
30 x 20 x 2	0,26	0,76
30 x 20 x 3	0,38	1,11
40 x 20 x 3	0,47	1,37
40 x 20 x 4	0,61	1,77
50 x 25 x 4	0,78	2,28
50 x 30 x 5	1,02	2,96
60 x 40 x 5	1,3	3,7
75 x 50 x 5	1,64	4,8
80 x 40 x 6	1,87	5,4
100 x 50 x 5	1,98	5,8
120 x 80 x 8	4,1	12
150 x 100 x 10	6,46	18,9
200 x 100 x 10	7,92	23,2

T-Profil Maß x Wandstärke mm	Gewicht kg / m	
	Alu	Stahl
25 x 25 x 2	0,26	0,76
25 x 25 x 3	0,38	1,11
30 x 30 x 3	0,46	1,35
40 x 40 x 3	0,62	1,81
40 x 40 x 4	0,82	2,4
50 x 50 x 4	1,04	3,04
50 x 50 x 5	1,28	3,8
60 x 60 x 6	1,88	5,5
100 x 100 x 10	5,16	15,1

Blechplatten

Blechplatten kommen in folgenden Abmessungen in den Handel

→ 1000 x 2000mm
→ 1250 x 2500mm
→ 1500 x 3000mm
→ 1500 x 4000mm

Steinwerkstoffe

Naturgestein

Gestein wird in vielfältigen Formen seit dem Altertum als Bau- und Konstruktionswerkstoff genutzt. Man unterscheidet zwischen:
- → Naturgestein
- → Kunstgestein

Naturgesteine sind von der Natur geschaffen und werden durch die Bearbeitung in ihrer Form verändert – die Eigenschaften sind jedoch von der Natur vorgegeben. Naturgestein wird nach seinem Entstehungsprozess bezeichnet und in drei Gruppen eingeteilt:
- → Eruptivgestein
- → Sedimentgestein
- → Metamorphes Gestein

Innerhalb dieser Gruppen gibt es zahlreiche Erscheinungsformen.

Eruptivgestein
Eruptivgestein entstand aus schmelzflüssigem Magma, das aus dem Erdinneren durch Vulkanismus an die Oberfläche gelangte und erstarrte. Die wichtigsten Eigenschaften von Eruptivgestein sind
- → gleichmäßige Struktur,
- → kristallines, oft feinkörniges Gefüge,
- → meist außerordentliche Härte.

Handelsformen: Granit, Gneis, Basalt.

Sedimentgestein
Sedimentgestein entstand aus Ablagerungen von verwitterten mineralischen Stoffen, die im Laufe der Zeit verdichtet wurden und meist auch eine chemische Veränderung erfahren haben. Typische Merkmale von Sedimentgestein sind
- → weiche Beschaffenheit
- → typspezifische Struktur

Handelsformen: Kalkstein, Sandstein, Travertin.

Metamorphes Gestein
Metamorphes Gestein entstand durch die Umkristallisierung von Eruptiv- und Sedimentgestein unter hohen Temperaturen und hohem Druck bei der Entstehung von Gebirgen. Je nach Zusammensetzung sind die wichtigsten Eigenschaften
- → unterschiedliche Härte
- → typspezifisches Gefüge

Handelsformen: Schiefer, Marmor, Quarzit.

Stein als Baustoff
Stein ist ein stabiler und hoch belastbarer Baustoff. Stein ist nicht brennbar wie Holz und im Gegensatz zu Metall kostengünstig zu gewinnen. Seine natürlichen Ressourcen sind unerschöpflich. Jahrhundertealte Bauwerke beweisen seine Beständigkeit. Kein Wunder, dass Steinwerkstoffe das am meisten verwendete Baumaterial sind.
Mechanisch bearbeitet kann Naturgestein für Mauern und Bauwerke verwendet werden und somit seine natürliche Struktur und Farbe voll zur Geltung bringen. Naturgestein liefert auch den Rohstoff für alle mineralischen Baustoffe. Aus Lehm oder Tonerde geformt und gebrannt entstehen Mauersteine. Kalkgestein in gemahlener und gebrannter Form liefert Rohstoffe für Mörtel und Zement, natürliche Gesteinsformen wie Kiesel und Sand die Zuschlagstoffe für Beton.
Als häufig verwendeter Baustoff müssen Steinwerkstoffe auch häufig bearbeitet werden. Bohren, Trennen und Strukturieren sind Arbeitsaufgaben, die Materialkenntnis erfordern, um raschen Arbeitsfortschritt und hohe Arbeitsqualität zu erzielen.

Kunstgestein

Mauerwerkstoffe

Plattenwerkstoffe

Kunstgestein stellt heute den am meisten verwendeten Baustoff dar. Es besteht im Wesentlichen aus natürlichen Mineralien, die einer physikalischen und chemischen Bearbeitung unterzogen werden. Die Festigkeit von Kunstgestein ist in der Regel geringer als die der harten Naturgesteine. Je nach Handelsform unterscheidet man in

- → Vollsteine
- → Lochsteine
- → Platten
- → Fliesen und Kacheln.

Basismaterial für diese Steinwerkstoffe sind Tonerde (Ziegel), Kalksandstein, Leicht- und Schwerbeton

Mauerwerk

Mauerwerke zählen zu den historisch ältesten Baumethoden. Sie haben auch durch die Erfindung des Betons nichts an ihrer Bedeutung verloren.

Mauerwerke werden handwerklich erstellt und sind deshalb lohnintensiv. Das typische Bauelement ist der Mauerstein, wobei es sich um natürliches, behauenes Gestein oder um Kunstgestein wie beispielsweise Ziegelsteine, Kalksandsteine oder Klinker handeln kann. Die einzelnen Mauersteine werden durch Mörtel miteinander verbunden. Zum Erreichen der gewünschten Stand- bzw. Tragfähigkeit werden die Mauersteine meist im Verband geschichtet (gemauert). Typische Mauerwerksverbände sind beispielsweise

- → Läuferverband
- → Binderverband
- → Kreuzverband
- → Blockverband

Je nach Lage des Mauersteins im Verband wird er als Steher, Roller, Binder oder Läufer bezeichnet.

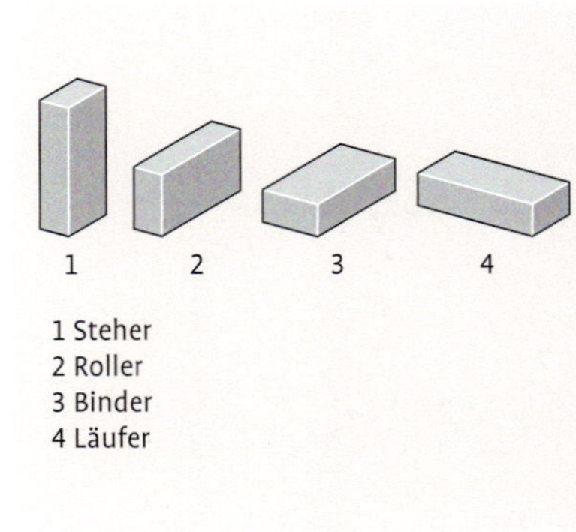

Lage der Steine im Mauerwerk

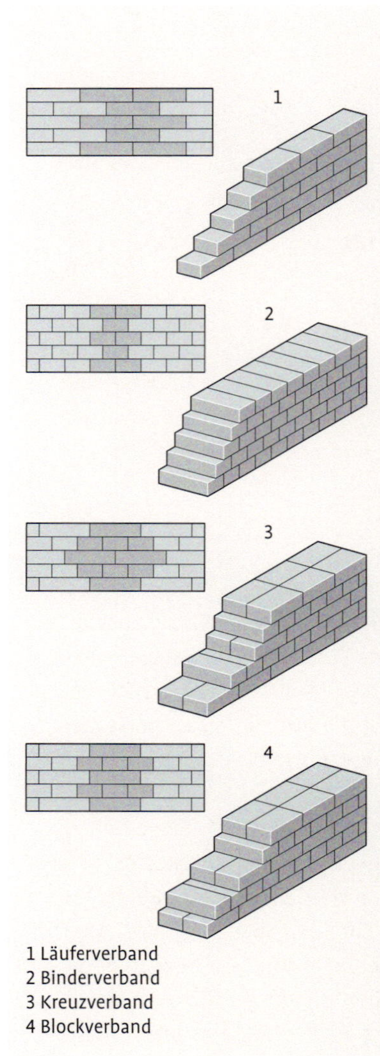

Mauerwerkverbände

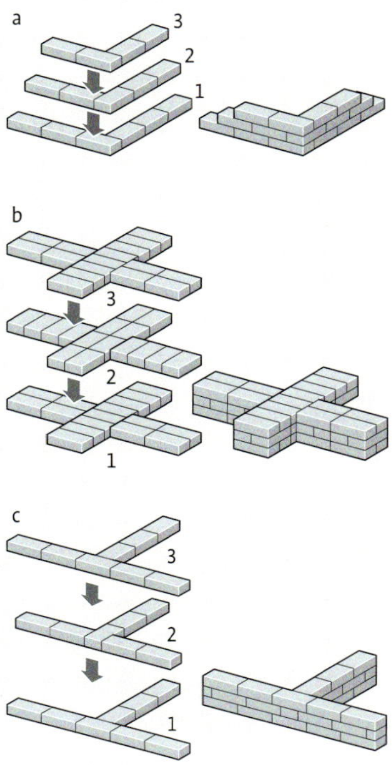

1 erste Lage
2 zweite Lage
3 dritte Lage

a Mauerecken
b Mauerkreuzung
c Maueranschluss

Mauerverbindungen

Gewölbe

Eine Sonderform des Verbandes sind Gewölbe. Sie dienen als Abschluss von Öffnungen im Bauwerk. Beim Kraggewölbe werden die Steine so geschichtet, dass sie überkragen. Bogengewölbe können sowohl mit Rechtecksteinen als auch mit konischen Steinen erstellt werden. Bei Bogengewölben mit Rechtecksteinen werden die am Außenbogen entstehenden Spalte mit Mörtel verfüllt. Beide Bogengewölbe werden über eine Schalung errichtet. Nach Einsetzen des Schlusssteines sind sie tragfähig.

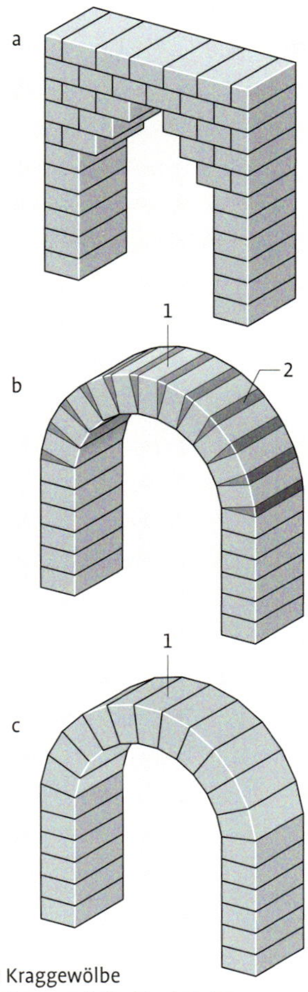

a Kraggewölbe
b Bogen mit Rechtecksteinen
c Bogen mit Keilsteinen
1 Schlußstein
2 Mörtel

Gewölbebauarten

Schalungssteine

Bei Mauerwerk mit Schalungssteinen werden die Techniken des klassischen Mauerwerkes mit den Vorzügen des Betons kombiniert. Die hohlen, durchbrochenen und profilierten Schalungssteine werden aufeinandergeschichtet und anschließend mit Beton verfüllt. Sie dienen damit als „verlorene Schalung". Waagrecht und senkrecht eingelegte Betonstähle dienen als Bewehrung und verstärken die strukturelle Festigkeit. Schalungssteine gibt es aus Beton und Leichtbaustoffen.

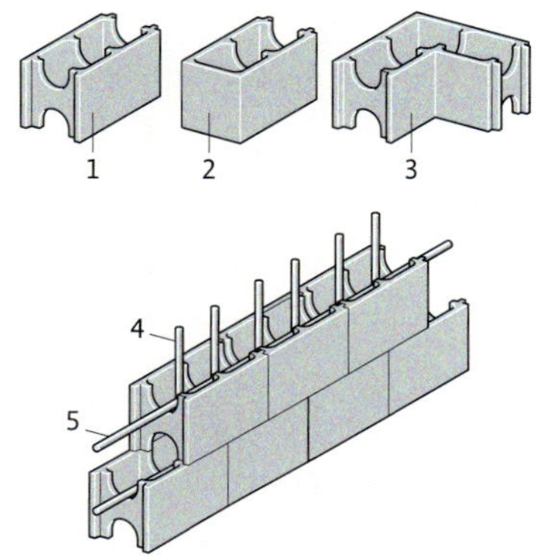

1 Schalungssteine
2 Endstein
3 Winkel
4 Senkrechte Bewehrung
5 Waagrechte Bewehrung

Mauerbau mit Schalungssteinen

Klassischer Betonbau

Beton als Gestaltungselement

Beton

Beton ist ein universell einsetzbarer Steinwerkstoff. Er ist im Verarbeitungszustand plastisch und kann in diesem Zustand geformt oder vergossen werden. Er bildet nach dem Aushärten einen weitgehend homogenen Steinwerkstoff mit vorausberechenbaren Eigenschaften. Beton besteht in seiner einfachsten Form aus

→ Zement
→ Zuschlagstoffen
→ Wasser

Zement

Zement ist das Bindemittel des Betons, mit dem die Zuschlagstoffe aneinander gebunden werden und die Hohlräume zwischen den Zuschlagstoffen ausgefüllt werden. Der durch das Abbinden entstehende Zementstein „zementiert" die Zuschlagstoffe aneinander. Die Zementsorten sind nach DIN 1164 genormt und durch die Farbe der Säcke und des Aufdrucks gekennzeichnet.

Zuschlagstoffe

Die Zuschlagstoffe geben dem Beton Festigkeit. Sie können natürlichen, bearbeiteten oder künstlichen Ursprungs sein und unterschiedliche Korngrößen aufweisen. Die häufigsten Zuschlagstoffe sind Sand und Kies. Die Zuschlagstoffe werden nach DIN 4226 in Korngrößen eingeteilt. Korngrößen von 0,25 – 4 mm gelten als Sand, 4 – 32 mm als Kies und 32 – 64 mm als Grobkies. Ein typisches Zuschlagsgemisch der Korngrößen 4 – 16 sagt aus, dass es sich hierbei um ein Grobsand-Kies-Gemisch handelt, das die Korngrößen 4 bis 16 mm enthält.

In der Praxis wird man die Korngröße so hoch wählen, wie es die Verarbeitung des Betons zulässt.

Wasser

Die Qualität des Wassers muss mindestens dem Leitungswasser entsprechen. Es muss frei von Schmutz und Chloriden (Salzwasser) sein.

Betontypen

Nach der Art der Verarbeitung und Verwendung richtet sich die Einstellung des Betons.
Man unterscheidet:

→ steifen Beton
→ plastischen Beton
→ weichen Beton

Entsprechend der Einstellung ergeben sich unterschiedliche Anwendungsfälle.

Steifer Beton

Das Gemisch ist lose, hängt höchstens klumpig zusammen und ist nur geringfügig nasser als erdfeucht. Beton dieser Einstellung kann nur durch kräftiges Stampfen und Rütteln verdichtet werden, um ein geschlossenes Gefüge zu erreichen. Verwendung: Befestigen von Untergründen vor dem Verlegen von Platten. Nicht für Bauteile mit Bewehrung geeignet.

Plastischer Beton

Das Gemisch ist beim Schütten zusammenhängend, die Verdichtung erfolgt durch Rütteln.
Verwendung: Typischer Beton zum Verguss. Für Bauteile mit Bewehrung.

Weicher Beton

Die Mischung ist beim Schütten schwach fließend. Um ein

geschlossenes Gefüge zu erreichen, muss nur wenig verdichtet werden. Verwendung: Gießen komplex geformter Bauteile. Verwendung bei Bewehrung möglich.

Zubereitung des Betons

Die Qualität eines Betons hängt maßgeblich vom Zementtyp und vom Verhältnis der Bestandteile zueinander ab und ist in DIN 1045 verbindlich festgelegt. Der oft im Heimwerkerbereich verwendete Beton der Festigkeitsklasse C20/25 oder BN 250 besteht beispielsweise aus Zement des Typs Z 350 und einer Zuschlags-Korngröße von maximal 16 mm. Als plastischer Beton besteht er aus folgenden Gewichtsanteilen:

→ Zement ca. 14 %
→ Wasser ca. 6 %
→ Zuschläge ca. 80 %

Bei Abweichungen ergeben sich qualitätsmindernde Eigenschaften. In Schalungen gegossene Betonteile dürfen erst dann entschalt werden, wenn der Beton soweit erhärtet ist, dass seine Festigkeit ausreicht, um das Bauteil und die auf es einwirkenden Lasten sicher zu tragen. Für den Zeitpunkt der Entschalung gibt es folgende Anhaltswerte

→ seitliche Wände 4 Tage
→ Decken 10 Tage
→ Stützen, Balken, Rahmen 28 Tage

Grundsätzlich sollten allerdings Stützen für Decken und tragende Bauteile so lange wie möglich, am besten 28 Tage lang stehen

Stahlbeton

Bei Stahlbeton werden Stahlstäbe oder Stahlmatten in den Beton eingebettet. Durch diese „Armierung" wird eine höhere Zug- und Biegefestigkeit des Betons erreicht. Die Einbettung des Stahls erfolgt nach exakt berechneten Armierungsplänen.

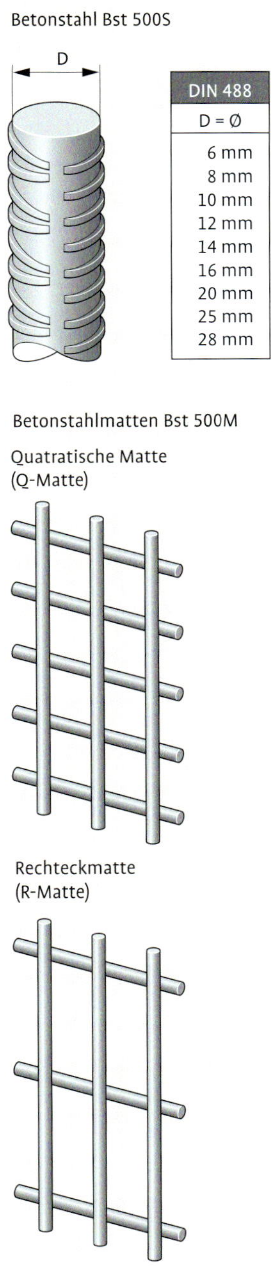

Betonstahl

Für den Heimwerker bedeutet dies, dass er sich vor dem Betonieren bei einem Statiker oder Architekten informieren muss.

Betonstahl

Der zur Bewehrung verwendete Betonstahl ist genormt und hat folgende Bezeichnungen

→ Bst 500S für Rundstäbe
→ Bst 500M für Matten

Die Lieferformen für Matten sind Q-Matten (quadratische Maschenform) und R-Matten (rechteckige Maschenform).
Durch die Lagerung entsteht an der Oberfläche von Betonstahl Rost, der aber nicht qualitätsmindernd ist. Der Betonstahl muss allerdings später so im Beton eingebettet sein, dass er von außen keiner Feuchtigkeit ausgesetzt ist. Als Faustregel sollte der Betonstahl mit mindestens 2,5 cm Beton bedeckt sein.

BOSCH
PKS 55 A
45
30
22,5

Heimwerker-praxis

Bohren, Sägen oder Fräsen?

Entscheidend beim Benutzen von Geräten und Materialien ist, dass man alles „richtig“ macht. Nur dann wird das Projekt erfolgreich sein und, besonders wichtig, ohne Verletzungen enden. Also kommt es auf den perfekten Einsatz von Maschinen und Werkzeugen an. Darum soll es in den folgenden Kapiteln gehen.
Die praktische Anwendung von Elektrowerkzeugen lässt sich in die folgenden Anwendungen und Arbeitsaufgaben einteilen:

→ Bohren
→ Sägen
→ Schleifen
→ Hobeln
→ Fräsen
→ Feilen und Raspeln
→ Drechseln
→ Schaben
→ Meißeln
→ Heißluftapplikationen
→ Farbspritzen

Die Gerätebedienung und die Basisfunktionen sind ausführlich in den Betriebsanleitungen der Elektrowerkzeuge enthalten. Sie werden deshalb an dieser Stelle nur dann erwähnt, wenn dies notwendig ist. Für viele Arbeitsaufgaben gibt es innerhalb derselben Anwendung verschiedene Gerätetypen und Einsatzwerkzeuge. Aus diesem Grund werden am Kapitelanfang zunächst die unterschiedlichen Typen mit ihren Funktionen vorgestellt, bevor es an die eigentlichen Arbeitsaufgaben geht. In den dann folgenden Beschreibungen werden die hauptsächlichsten Arbeitsaufgaben und ihre Ausführung beschrieben. Daneben werden Tipps und Tricks gezeigt, mit deren Hilfe sich die Arbeitsaufgaben

→ besser
→ schneller
→ sicherer

durchführen lassen und begründet, warum sich welcher Gerätetyp oder welches Einsatzwerkzeug am besten für die jeweilige Arbeitsaufgabe eignet.

Hierzu ein Beispiel: Es ist sehr oft möglich, das Arbeitsziel mit mehreren unterschiedlichen Bearbeitungsarten zu erreichen. Nehmen wir als Beispiel das Trennen von Metallprofilen. Dies kann mit einer Stichsäge oder mit einem Winkelschleifer erfolgen. Mit der Säge dauert es etwas länger, auch ist der Sägeschnitt meistens rau und muss nachgearbeitet werden. Mit dem Winkelschleifer und einer Trennscheibe geht es wesentlich schneller und der Schnitt ist so sauber, dass er meist nicht mehr nachbearbeitet werden muss. Aber man muss auch folgendes Beachten: Mit ein- und demselben Stichsägeblatt kann man sehr viele Trennschnitte machen, die Kosten pro Schnitt sind also äußerst gering. Die Trennscheibe des Winkelschleifers dagegen verbraucht sich und kann nach wenigen Trennschnitten nicht mehr verwendet werden, entweder ist sie ganz verbraucht oder im Durchmesser so stark dezimiert, dass die erforderliche Schnitttiefe nicht mehr erreicht wird.
Bei der Kantenbearbeitung kann man Sägen, Schleifen oder Fräsen. Wenn man nicht gerade mit der Kreissäge sägt, wird die Kante stets einer gewissen Nachbearbeitung bedürfen, um eine glatte Oberfläche zu erzielen. Hierzu bietet sich Schleifen an. Allerdings ist das Schleifen recht unpräzise, man muss also aufpassen, dass man nicht zuviel abträgt. Außerdem verbraucht sich das Schleifmittel dabei. Einfacher ist es, etwas größere Umrisse auszusägen und anschließend den endgültigen Arbeitsgang mit der Oberfräse durchzuführen. Man erhält dann eine Oberfläche, die im Idealfall keiner Nacharbeit mehr bedarf. Eventuell kann man prüfen, ob man nicht gleich mit der Oberfräse, dem passenden Fräser und einer Schablone die Werkstückkontur in einem einzigen Arbeitsgang herstellt.
Bei den Einsatzwerkzeugen verhält es sich ähnlich. Auch hier hat man in vielen Fällen Entscheidungsfreiheit. Man kann beispielsweise mit fast jedem Bohrer Holz bohren, manche Bohrer ergeben aber ein besseres Arbeitsergebnis als andere.

Sicherheitshinweis
In den folgenden Kapiteln sind Elektrowerkzeuge und Anwendung teilweise ohne die maschinenspezifischen Schutzeinrichtungen dargestellt. Dies war nötig um die Illustrationen informativer zu gestalten und das Wesentliche stärker hervorzuheben. In der Praxis dürfen jedoch Schutzeinrichtungen niemals manipuliert oder gar entfernt werden. Wie die Schutzvorrichtungen zur Benützung einzusetzen bzw. einzustellen sind ist in den jeweiligen Bedienungsanleitungen und Sicherheitshinweisen des Werkzeugs einzusehen.

Bohren

Bohrungen dienen in der Praxis meist als Vorbereitung für den Einsatz von Schrauben als Verbindungsmittel (vorbohren). Bei Holzwerkstücken ist mindestens eine Bohrung in einem der Werkstücke nötig, bei Verbindungen von metallischen Werkstücken werden stets zwei Bohrungen benötigt, von denen eine ein Gewinde haben kann. Zum Herstellen von Bohrungen benötigt man eine Bohrmaschine und als Einsatzwerkzeug den Bohrer. Das Bohren erfolgt durch eine Drehbewegung wenn man spanende Werkstoffe wie Holz, Kunststoff oder Metall bearbeitet. Bei nicht spanenden Werkstoffen wie Gestein, Mauerwerk oder Beton ist neben der Drehbewegung eine Schlagbewegung erforderlich. Bohrmaschinen die auch eine Schlagfunktion haben nennt man deshalb Schlagbohrmaschinen.

Bohrmaschine oder Schlagbohrmaschine?

Im gewerblichen Bereich überwiegen Arbeiten, die nur eine normale Bohrfunktion erfordern. Es gibt deshalb für diese Anwender neben der Schlagbohrmaschine auch normale „nur“ Bohrmaschinen. Im Heimwerkerbereich ist dagegen die Schlagbohrmaschine das bestgeeignete Bohrwerkzeug. Durch die wahlweise Verwendung als Bohrmaschine oder als Schlagbohrmaschine ist sie universell verwendbar.

Eingang-Schlagbohrmaschine

Eingang oder Zweigangmaschine?

Es kommt wie immer darauf an, was man damit machen will. Eingangmaschinen haben eine Enddrehzahl, die man durch die Drehzahlelektronik von Null bis zur Höchstdrehzahl einstellen oder Steuern kann. Zweigangmaschinen verfügen dagegen über ein Schaltgetriebe mit einer langsamen und einer schnellen Drehzahlstufe. In der schnellen Drehzahlstufe hat man beispielsweise eine Maximaldrehzahl von 3000 Umdrehungen pro Minute. In der langsamen Drehzahlstufe hat man dann beispielsweise nur die halbe Drehzahl, dafür aber die doppelte Kraft (Drehmoment). In der Praxis verwendet man die schnelle Drehzahlstufe für dünne Bohrer, die langsame Drehzahlstufe für dicke Bohrer und zum Schrauben.

TIPP

Für universelle Anwendungen ist die Zweigangmaschine die bessere Wahl.

Zweigang-Schlagbohrmaschine

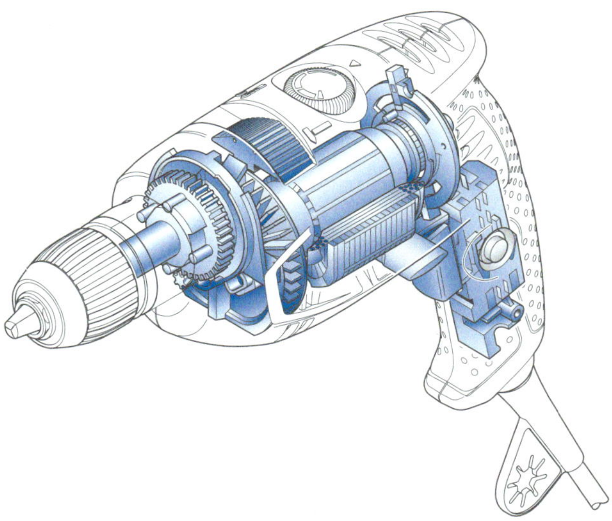

Aufbau einer Eingang-Schlagbohrmaschine

Drehmomentkontrolle oder nicht?

Es gibt Schlagbohrmaschinen, bei denen die maximale Drehkraft vorgewählt werden kann. Die Drehkraft wird auch als Drehmoment, englisch „Torque“ bezeichnet. Solche Schlagbohrmaschinen werden dann mit dem Zusatz „Torque-Control“ oder auch „Power Control“ bezeichnet. Die Funktion erfolgt elektronisch und ist einfach erklärt: Beim Erreichen der vorgewählten Drehkraft wird der Motor elektronisch abgeschaltet, die Maschine bleibt stehen. Damit kann man beispielsweise Schrauben genau richtig festziehen oder das Drehmoment beim Bohren aus Sicherheitsgründen begrenzen, wenn man in einer schwierigen Position arbeitet, beispielsweise auf einer Leiter.

TIPP

Die Drehmomentkontrolle ermöglicht ein exaktes Eindrehen von Schrauben und kann auch als Sicherheitsfunktion benützt werden.

Steuerelektronik oder Regelelektronik?

Heutzutage sind alle Schlagbohrmaschinen mit einer elektronisch variablen Drehzahl ausgerüstet. Es gibt zwei Typen

- → Steuerelektronik
- → Konstant- oder Regelelektronik

Steuerelektronik

Dies ist die „normale“ Elektronik. Die Drehzahl kann durch entsprechendes Niederdrücken des Schalters gesteuert werden (Gasgebefunktion). Die Drehzahl ist belastungsabhängig. Bei steigender Belastung muss „Gas“ gegeben werden, um die Drehzahl zu halten.

Konstant- oder Regelelektronik

Die Regelelektronik hat alle Funktionen der Steuerelektronik, zusätzlich wird aber die vorgegebene oder die vorher eingestellte Drehzahl auch dann konstant gehalten wenn sich die Belastung ändert.
Die Vorteile sind

- → schneller Arbeitsfortschritt
- → bessere Leistungsausnützung
- → ideal für stationäre Arbeiten im Bohrständer

Netzgerät oder Akkumaschine?

Grundsätzlich gehört eine Schlagbohrmaschine mit Netzanschluss zur Grundausrüstung. Viele Arbeiten werden an der Werkbank erledigt. Wegen der hohen Leistung sind Bohrungen mit großem Durchmesser oder Lochsägen schnell und zügig durchzuführen und ein stationärer Betrieb im Bohrständer ist problemlos möglich.
Als sinnvolle Ergänzung dient ein Akku-Bohrschrauber oder ein Akku-Schlagbohrschrauber. Damit lassen sich Bohrarbeiten überall dort ausführen, wo kein Netzanschluss zur Verfügung steht oder ein Netzkabel hinderlich wäre. Die Akkugeräte verfügen über eine mechanische Drehmomentvorwahl, können also hervorragend auch zum Schrauben verwendet werden.

TIPP

Netzgerät und Akkugerät ergänzen sich sinnvoll als Grundausrüstung des Heimwerkers.

Hand- oder Tischbohrmaschine?

Elektrische Handbohrmaschinen sind kompakt, handlich und, besonders als Akkugerät, überall einsetzbar. Leider haben sie einen gemeinsamen Nachteil: bei allen Handbohrmaschinen hängt die Arbeitsqualität vom Anwender ab, der die Maschine ja „freihändig" einsetzt. Typisch ist ein leichtes Verkanten beim Ansetzen oder beim Bohren. In der Praxis bedeutet dies, dass in fast allen Fällen das Bohrloch nicht exakt im rechten Winkel zur Werkstückoberfläche verläuft. Das ist in der Regel nicht tragisch, aber wenn Werkstücke miteinander verschraubt oder Gewinde in die Bohrlöcher geschnitten werden müssen, muss das Bohrloch winkelgenau sein. Es gibt zwei bewährte Möglichkeiten, präzise zu bohren:

→ mit der Handbohrmaschine im Bohrständer,
→ mit der Tischbohrmaschine.

Schlagbohrmaschine im Bohrständer

Preisgünstigste Möglichkeit stationär zu bohren. Die Bohrqualität ist hinreichend genau, aber die Anwendung ist umständlich wenn man oft abwechslungsweise mit der Hand oder stationär bohren will, denn die Maschine muss jedes Mal aus- oder eingespannt werden. Eine Alternative wäre dann die Anschaffung einer zweiten Bohrmaschine die ständig im Bohrständer eingespannt bleibt.

Tischbohrmaschine

Die Tischbohrmaschine ist für präzise Bohrungen die beste Lösung.

Schlagbohrmaschine im Bohrständer

Der logische Weg zur passenden Bohrmaschine

Werkstoff	Bohrdurchmesser mm	Arbeitsaufgabe	Schlagbohrmaschine für Netzbetrieb		Akkumaschine
			Typ	Ausstattung	
Holzwerkstoffe	< 10 mm		1- Gang	Steuerelektronik	Bohrschrauber bis 14,4V
	> 10 mm		2- Gang	Steuerelektronik	Bohrschrauber ab 14,4V
		tiefe Löcher	2- Gang über 600W	Regelelektronik	Bohrschrauber ab 18V
		Lochsägen	2- Gang über 600W	Regelelektronik, Drehmomentkontrolle	Bohrschrauber ab 18V
Metall	< 6 mm		1- Gang	Steuerelektronik	Bohrschrauber bis 14,4V
	bis 10 mm		2- Gang	Regelelektronik	Bohrschrauber ab 14,4V
	über 10 mm		2- Gang über 600W	Regelelektronik, Drehmomentkontrolle	Bohrschrauber ab 18V
		Blechschälbohrer	2- Gang über 600W	Regelelektronik	Bohrschrauber ab 18V
		Lochsägen	2- Gang über 800W	Regelelektronik, Drehmomentkontrolle	Bohrschrauber ab 18V
allgemein		Bohrständerbetrieb	2- Gang über 600W	Regelelektronik, Drehmomentkontrolle	
		Rühren und Mischen	2- Gang über 600W	Regelelektronik	
		Vorsatzgeräte	2- Gang über 600W	Regelelektronik, Drehmomentkontrolle	

Antrieb, Säulenführung und Bohrtiefenanschlag sind für den stationären Betrieb optimiert und das lästige Umspannen bei der Bohrständerlösung entfällt. Weitere Vorteile der Tischbohrmaschine sind

- → exakte Drehzahlanzeige,
- → exakte Markierung der Bohrposition durch Laserprojektion.

Wenn also häufig gebohrt werden muss und es auf höchste Genauigkeit ankommt, ist die Tischbohrmaschine die beste Wahl.

Stationäres Bohren

Für sicheres stationäres Bohren sollte unbedingt ein Maschinenschraubstock verwendet werden. Er erlaubt nicht nur das Spannen kleiner und kleinster Werkstücke, sondern ermöglicht auch winkelgenaues Bohren. Mittels Schrauben kann der Maschinenschraubstock in den Nuten des Bohrtisches festgespannt werden.

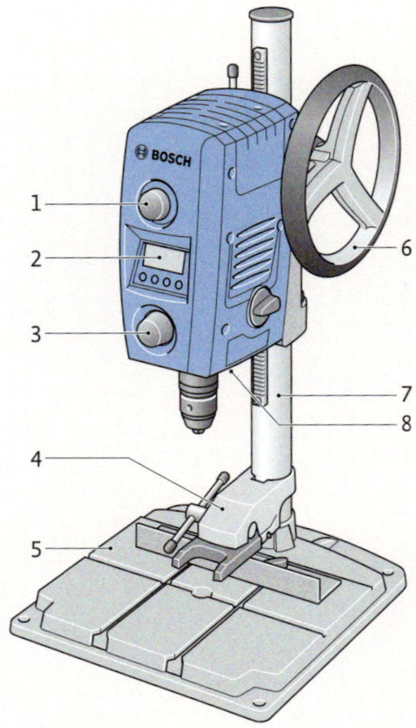

1 Ein / Aus, Notaus
2 Drehzahlanzeige
3 Einstellknopf
4 Spannvorrichtung
5 Bohrtisch
6 Vorschubrad
7 Säule
8 Laser, Licht

Aufbau einer Tischbohrmaschine

Tischbohrmaschine

Maschinenschraubstock

Welches Bohrfutter?

Je nach Typ und Preisklasse sind Schlagbohrmaschinen ab Werk mit folgenden Bohrfuttern ausgerüstet

- → Zahnkranzbohrfutter
- → Schnellspannfutter

Die typischen Spannbereiche sind 1-10 mm; 1-13 mm, 3-16 mm. Gespannt werden können Bohrer mit Rundschaft, Sechskantschaft und mit Dreikantschaft. Die Bohrfutter sind austauschbar, die Gewindegröße muss allerdings mit der Bohrspindel übereinstimmen. Bei Bohrmaschinen mit Links- und Rechtslauffunktion sind die Bohrfutter mit einer Linksgewindeschraube auf der Bohrspindel gesichert.

Zahnkranzbohrfutter

Das traditionelle Bohrfutter. Benötigt zum Spannen und Lösen einen Bohrfutterschlüssel. Es sind sehr hohe Spannkräfte möglich.

TIPP

Zahnkranzbohrfutter stets an allen drei Steckpositionen festziehen. Nur dann wird der Bohrer wirklich mit stärkster Kraft festgespannt und rutscht beim Bohren nicht durch. Das wird häufig vergessen.

Zahnkranz-Bohrfutter

Schnellspannfutter

Das Bohrfutter kann ohne Schlüssel festgezogen und gelöst werden. Es gibt

→ zweihülsige Schnellspannfutter
→ einhülsige Schnellspannfutter

Beim zweihülsigen Schnellspannfutter benötigt man beide Hände zum Festziehen und Lösen des Futters. Wegen der schmalen Griffbereiche sind die erreichbaren Spannkräfte nicht besonders hoch.

Beim einhülsigen Schnellspannfutter muss die Schlagbohrmaschine mit einer manuellen oder automatischen Spindelblockierung ausgerüstet sein. Das Bohrfutter wird mit nur einer Hand festgezogen und gelöst. Es sind hohe Spannkräfte möglich. Akku-Bohrschrauber haben stets ein einhülsiges Schnellspannfutter.

Zweihülsiges Schnellspannfutter

Einhülsiges Schnellspannfutter

Bohrer

Werkstoffe haben unterschiedliche Eigenschaften. Deshalb gibt es auch für jeden Werkstoff den geeigneten Bohrer. Die am meisten verwendeten Bohrer sind Spiralbohrer, die technisch korrekt als Wendelbohrer bezeichnet werden. Sie werden teilweise unter ihrer Werkstoffbezeichnung

- → Werkzeugstahl
- → HSS
- → Hartmetall

angeboten. Daneben sind der Schliff und die Form der Schneiden für die Bohrqualität und den Bohrfortschritt entscheidend.

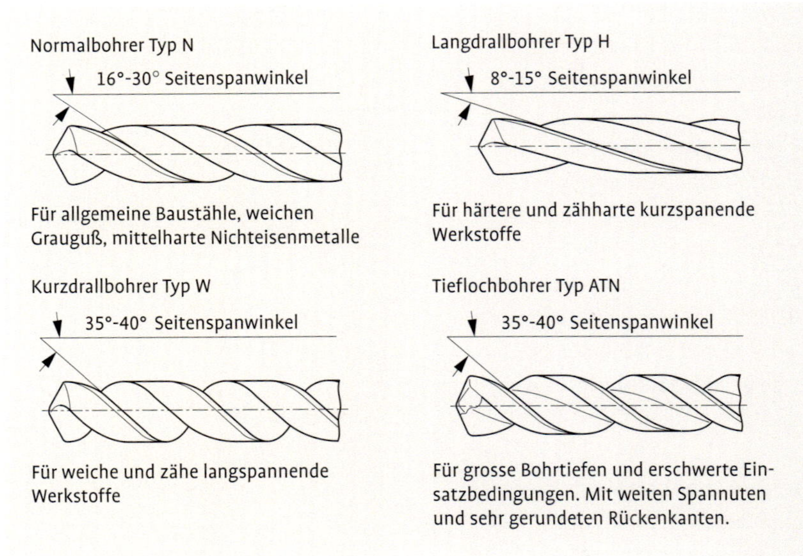

Wendelform von Spiralbohrern

Bohrer aus Werkzeugstahl

Der Bohrer ist aus einem Chrom-Vanadium-Stahl gefertigt. Typische Verwendung bei Holzbohrern. Beim Bohren von Metall stumpfen sie schnell ab. Beim Bohren von Edelstahl versagen sie sofort.

Bohrer aus HSS

Hier handelt es sich um hochlegierten Werkzeugstahl. Typische Verwendung zum Bohren von Metall.

HSS-Bohrer, Titannitrid-beschichtet

Die goldfarbene Beschichtung aus Titannitrid ist besonders hart. Die Bohrer haben deshalb eine geringere Reibung.

Cobaltlegierte Bohrer

Der Legierungsanteil Cobalt macht diese Bohrer besonders hart und hitzebeständig. Sie sind deshalb besonders für die Bearbeitung von hochfestem Baustahl und Edelstahl geeignet. Nachteilig ist die bei dünnen Bohrern höhere Bruchempfindlichkeit.

Arbeitssicherheit beim Bohren

Bohrmaschinen haben zum Teil sehr hohe Leistungen. Das gilt auch für Akkumaschinen.
Wenn der Bohrer plötzlich im Werkstück blockiert, können unerwartet sehr hohe Rückdrehmomente auftreten. Deshalb gilt:

- → Bohrmaschine stets beidhändig führen.
- → Werkstück festspannen.
- → Akku-Bohrschrauber stets in Schraubstellung betreiben. Die Drehmomenteinstellung wirkt dann im Einhandbetrieb als Sicherheitskupplung.
- → Beim Stationärbetrieb im Bohrständer keine Handschuhe anziehen. Sie können vom Bohrer erfasst und mitgerissen werden
- → Beim Bohrerwechsel stets Netzstecker ziehen, bei Akkumaschinen durch Mittelstellung des Rechts-Links-Schalters Maschine gegen Einschalten blockieren. Wenn man beim Bohrerwechsel unbeabsichtigt den Schalter berührt und einschaltet, könnte sonst der Bohrer Verletzungen verursachen.
- → Bei Akkumaschinen niemals den Bohrer und das Bohrfutter festhalten und durch Einschalten der Maschine festziehen. Beim Verkanten des Bohrers im Bohrfutter besteht extreme Verletzungsgefahr!
- → Beim Bohren entstehen Späne. Bei Holz sind sie lästig, bei Metall können sie gefährlich werden, denn sie sind messerscharf. Deshalb gilt:
- → Schutzbrille tragen
- → Niemals versuchen, bei laufender Maschine die Späne vom Bohrer zu entfernen.

Bohrpraxis

Stets den zum Werkstoff passenden Bohrer verwenden. Grundsätzlich nur scharfe Bohrer verwenden. Stumpfe Bohrer kann man nachschärfen (lassen). Für einfachen Schliff gibt es Schärfvorrichtungen, die auf die Bohrmaschine aufgesetzt werden können. Man kann auch per Hand am Schleifbock den Bohrer schärfen. Hier ist allerdings Fingerspitzengefühl und Erfahrung nötig. Am besten lässt man sich das Schärfen von einem erfahrenen Mechaniker zeigen.

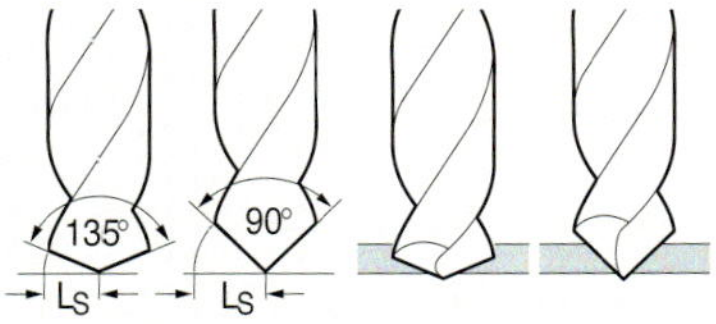

Ws 135° Ls = klein	Wärmeabfuhr geringer	Führung besser
Ws 90° Ls = groß	Wärmeabfuhr höher	Führung schlechter

Spitzenwinkel von Spiralbohrern

Hartmetallbohrer

Bei diesen Bohrern ist meist nur die Schneide aus Hartmetall. Ideal zur Steinbearbeitung und zum Bohren von faserverstärkten Kunststoffen

Spitzenwinkel

Der Spitzenwinkel eines Bohrer entscheidet über die Wärmeabfuhr und die Führung der Bohrerschneiden im Werkstück. Ein kleiner Spitzenwinkel ergibt eine längere Bohrerschneide, wodurch die Wärme besser abgeführt wird. Ein großer Spitzenwinkel ergibt eine schnellere und bessere Führung des Bohrers im Bohrloch.

Wendelform

Die Wendelform (Drallnutenwinkel) entscheidet über die Spanabfuhr und muss werkstoffspezifisch gewählt werden. Für die standardisierten Wendelformen sind Kurzbezeichnungen eingeführt:

→ Typ N: Normalbohrer für die Stahlbearbeitung.
→ Typ W: Kurzdrallbohrer für langspanende Werkstoffe wie Alu und Kupfer.
→ Typ H: Langdrallbohrer für kurzspanende Werkstoffe wie Messing.
→ Typ ATN: für tiefe Bohrungen.

Folgende Winkel sind beim Schärfen von Bohrern einzuhalten:

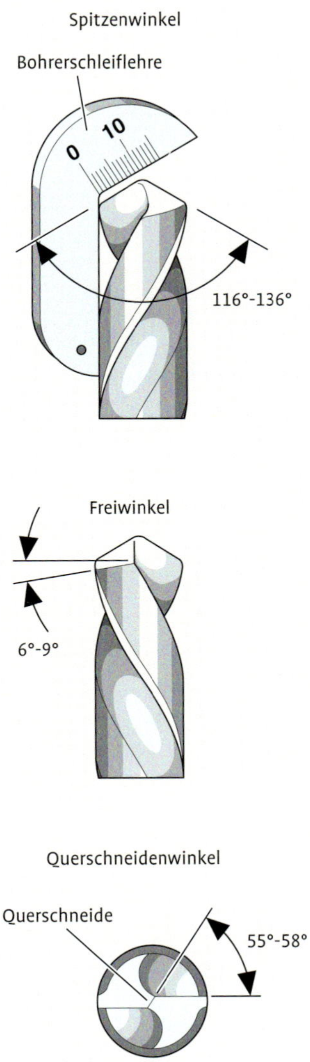

Schärfen von Spiralbohrern

Schärfen von Bohrern
Praktisches Schärfen

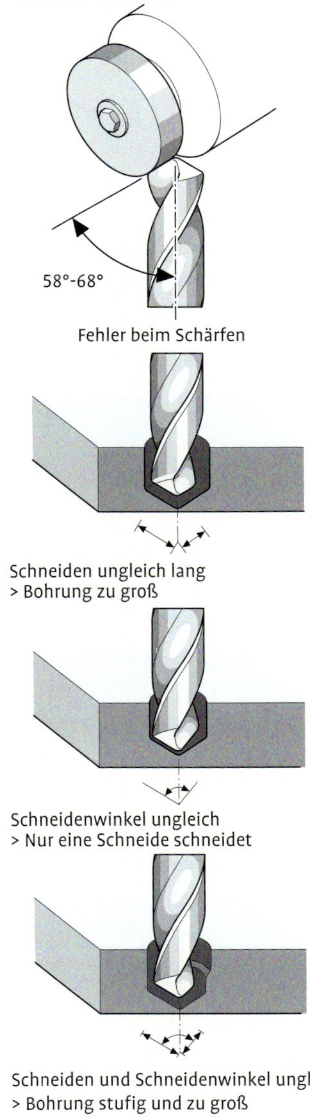

Fehler beim Schärfen

Bohrer aus Werkzeugstahl für Holz können mit einer feinen Feile nachgeschärft werden.
Beim Bohren die zum Bohrerdurchmesser passende Drehzahl verwenden. Dünne Bohrer mit hoher Drehzahl, dicke Bohrer mit geringer Drehzahl betreiben. Bei Holz kann mit hoher Drehzahl gebohrt werden, Metall verlangt niedrigere Drehzahlen.
Beim stationären Bohren von kleinen Werkstücken im Bohrständer stets einen Maschinenschraubstock verwenden oder Werkstück anderweitig festspannen. Das Halten von kleinen Werkstücken mit der Hand ist nicht sicher. Hohe Verletzungsgefahr!

Bohren von Holz und Holzwerkstoffen

Zum Bohren von Holz sollten spezielle Holzbohrer verwendet werden. Die für Metall üblichen Spiralbohrer eignen sich nur für sehr feste, phenolharzverleimte Schichthölzer und tropische Harthölzer mit einer Rohdichte ≧1.

Bohren von Massivholz

Bei Massivholz wechseln sich harte und weiche Fasern ab. Wenn ein normaler Spiralbohrer auf eine harte Faser trifft, gleitet er ab und „verläuft“. Die Abweichung kann dabei je nach Bohrerdurchmesser zwischen wenigen Zehntelmillimetern und einigen Millimetern liegen. Ebenso entsteht am äußeren Rand statt einer sauberen Schnittkante ein Ausriss, weil die Fasern weggedrückt werden.
Spiralbohrer für Holz haben dagegen eine scharfe Zentrierspitze.
Sie gleiten nicht an den harten

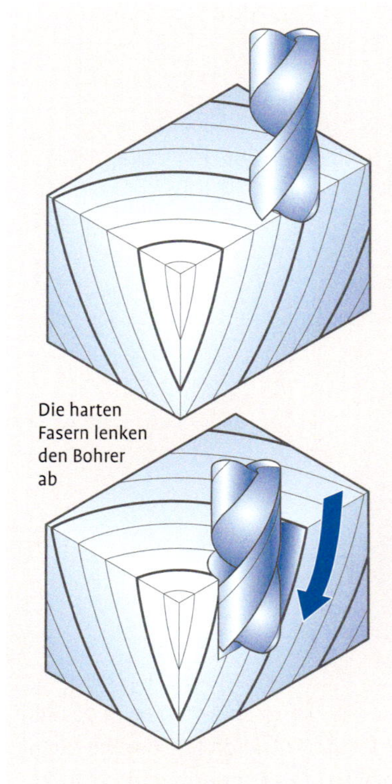

Normale Spiralbohrer „verlaufen“ in Massivholz

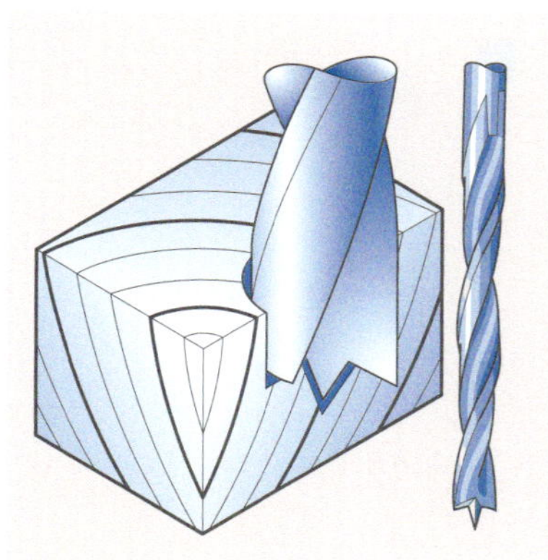

Holz-Spiralbohrer mit Zentrierspitze bohren präzise

Fasern ab. An den äußeren Schneidenenden haben sie scharfe Schneidkanten, die den Bohrlochrand sauber begrenzen.

Bohren von tiefen und großen Löchern

Zum Bohren von tiefen und großen Löchern, beispielsweise in Bohlen und Balken, eignen sich Holzspiralbohrer nicht, denn die Andruckkräfte

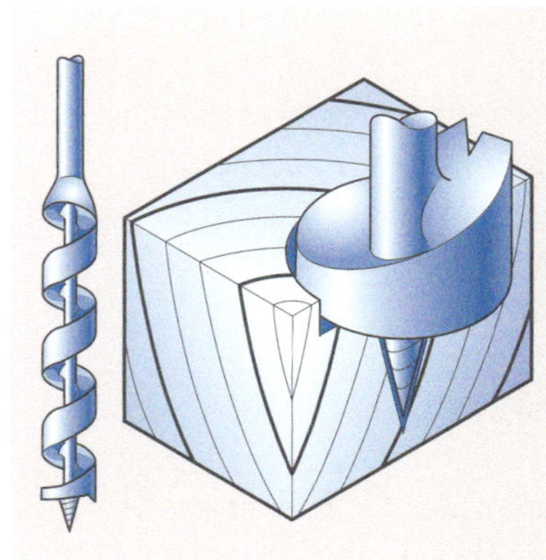

Schlangenbohrer sind ideal für tiefe Bohrungen

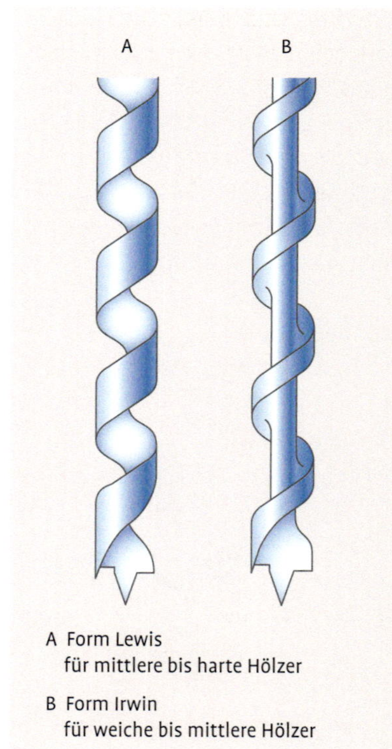

Schlangenbohrer Typ Lewis und Irwin

werden zu hoch und die Bohrer neigen zum Verstopfen. Man verwendet deshalb die so genannten Schlangenbohrer. Die Zentrierspitze hat ein kurzes Schraubengewinde, der Bohrer zieht sich selbst in das Holz hinein. Die Spannuten sind deutlich größer, die Bohrer neigen deshalb nicht zum Verstopfen.
Für Nadelhölzer verwende man Schlangenbohrer der Form Irwin. Laubhölzer und harte Edelhölzer bohrt man besser mit der Form Lewis.

Sacklöcher mit großem Durchmesser

Bei großen Bohrdurchmessern besteht bis zur mittleren Bohrtiefe kein Problem mit dem Spantransport, wenn man so genannte Flachfräsbohrer verwendet. Der Bohrfortschritt ist äußerst schnell, die Bohrlochqualität hoch. Für Durchgangslöcher ist der Flachfräsbohrer weniger geeignet, weil beim Durchgang der Werkstoff an der Austrittskante ausreißt. Flachfräsbohrer mit einer Gewindespitze erleichtern den Vorschub.

Bohrungen für Beschläge

Topfscharniere und weitere Möbelbeschläge werden meist bündig zur Werkstückoberfläche eingebaut. Hierzu müssen Sacklöcher großen Durchmessers gebohrt werden. Zum Herstellen solcher Löcher eignen sich besonders Forstnerbohrer, Scharnierlochbohrer und Kunstbohrer.

Bohren mit dem Scharnierlochbohrer

Scharnierlochbohrer haben Hartmetallschneiden und eine sehr kurze Zentrierspitze. Die Durchmesser der Scharnierlochbohrer sind genau auf die im Handel erhältlichen Topfscharniere abgestimmt. Wegen der Hartmetallschneiden ist der Bohrer für kunststoffbeschichtete Holzwerkstoffe geeignet. Wegen der sehr kurzen Zentrierspitze können auch Werkstücke gebohrt werden, deren Dicke nur knapp über der gewünschter Bohrlochtiefe liegt. Scharnierlochbohrer haben einen relativ stumpfen Spanwinkel und keine Randbegrenzungsschneiden. Zum Bearbeiten von Naturholz sind sie deshalb nicht geeignet.

TIPP

Wegen der sehr kurzen Zentrierspitze nur im Bohrständer bohren. Beim Freihandbohren besteht die Gefahr des Verkantens. Der Bohrer verläuft dann über die Werkstückoberfläche und beschädigt diese!

Bohren mit dem Forstnerbohrer

Der Forstnerbohrer besteht aus Werkzeugstahl und hat im Gegensatz zum Scharnierlochbohrer sehr scharfe Schneiden. Er erzeugt sehr glatte Bohrungen. Durch seine im Vergleich längere Zentrierspitze kann sehr gut „Freihand" gebohrt werden. Er ist in allen gängigen Abmessungen erhältlich. Bei harten Hölzern muss die Drehzahl stark verringert werden, damit die Bohrerflanken nicht überhitzen.

TIPP

Forstnerbohrer niemals für kunststoffbeschichtete Platten verwenden. Der harte Kunststoff stumpft die empfindlichen Werkzeugstahlschneiden sofort ab!

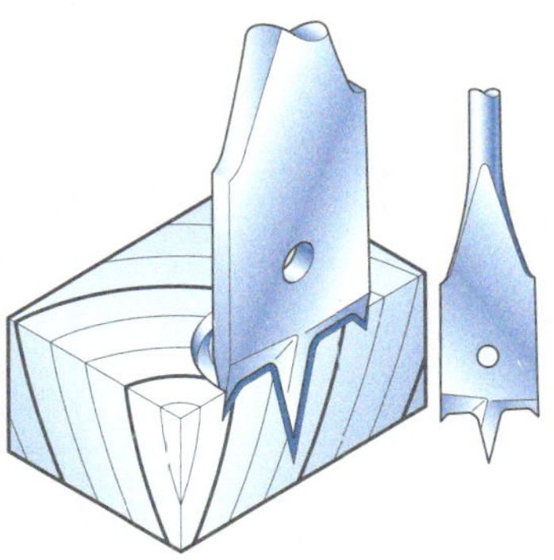

Flachfräsbohrer für große Durchmesser

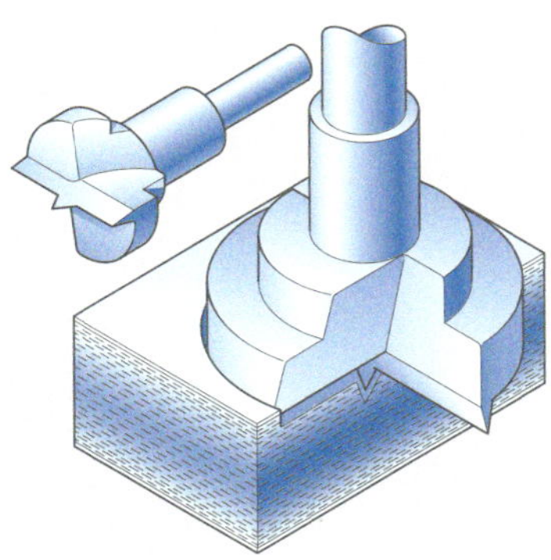

Scharnierlochbohrer für beschichtete Platten

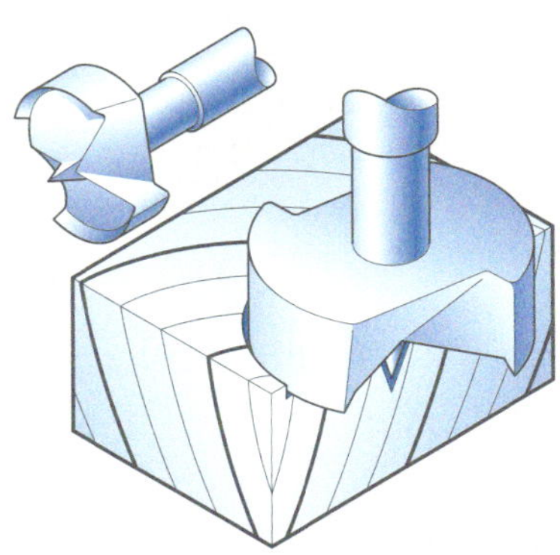

Forstnerbohrer für große, flache Bohrungen

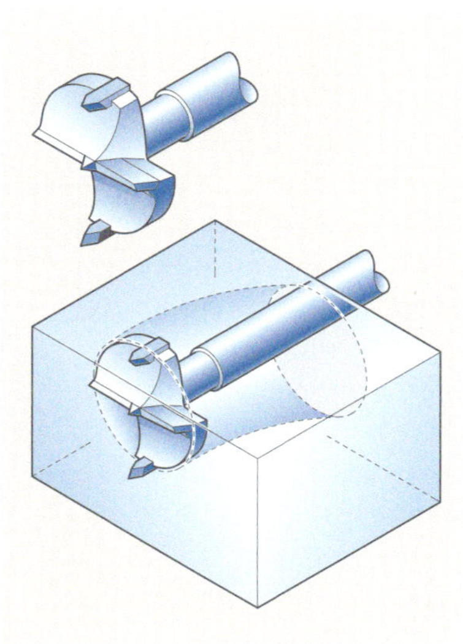

Kunstbohrer für gekrümmte Bohrungen

TIPP

Durch Umdrehen des Aufstecksenkers kann man ihn auch als Tiefenanschlag für Holzspiralbohrer und andere Spiralbohrer verwenden.

Sehr große Durchgangsbohrungen in dünnen Platten

Löcher in dünne Bretter und Platten kann man nicht mit herkömmlichen Bohrern bohren. Die Bohrlochränder würden ausreißen. Für diese Fälle verwendet man besser

→ Lochsägen
→ Sägekränze

Lochsägen

Lochsägen haben ein topfförmiges Gehäuse, an dessen stirnseitigem Umfang Sägezähne angeordnet sind. Die Lochsäge wird durch einen mittig angebrachten Bohrer in der gewünschten Position an das Werkstück angesetzt und zentriert. Weil nur ein ringförmiger Spalt durch das Werkstück „gesägt" wird, ist der Kraftaufwand gering und der Arbeitsfortschritt sehr hoch. Bei dickeren Werkstücken verstopft die Zahnung wegen der schlechten Spanabfuhr. Deshalb öfters aus dem Spalt ein- und ausfahren.

Gekrümmte Bohrungen

Ja, es geht: Man kann gekrümmte Bohrungen herstellen. Der passende Bohrer dazu heißt „Kunstbohrer" und gleicht dem Scharnierlochbohrer. Weil der Bohrerkopf sehr flach ist kann man den Bohrer während des Bohrens im Bohrloch schwenken und dadurch in begrenztem Rahmen auch gekrümmte Bohrungen herstellen.

Senken von Bohrungen

Im Möbelbau werden häufig Senkschrauben verwendet. Damit die Schrauben bündig zur Werkstofoberfläche abschließen, muss das Bohrloch angesenkt werden. Zu diesem Zweck gibt es Aufstecksenker. Sie werden auf dem Bohrerschaft des Holzspiralbohrers befestigt und in entsprechendem Abstand zur Bohrerspitze mit einer Stellschraube fixiert. Hierdurch kann man die Bohrung und die Senkung in einem Arbeitsgang herstellen.

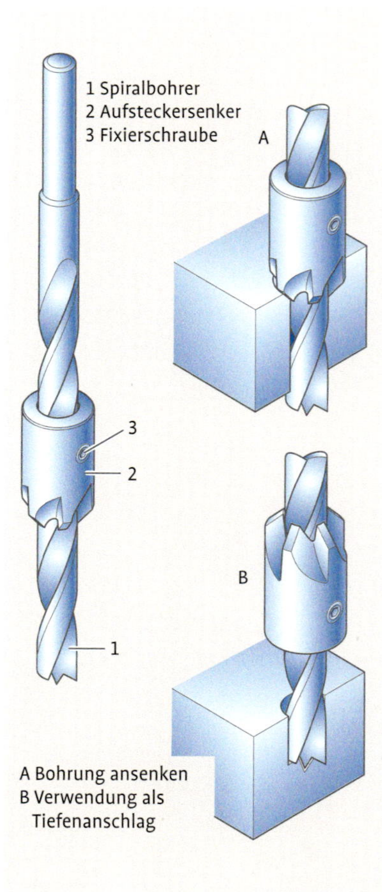

Aufstecksenker für Bohrungen in Holz

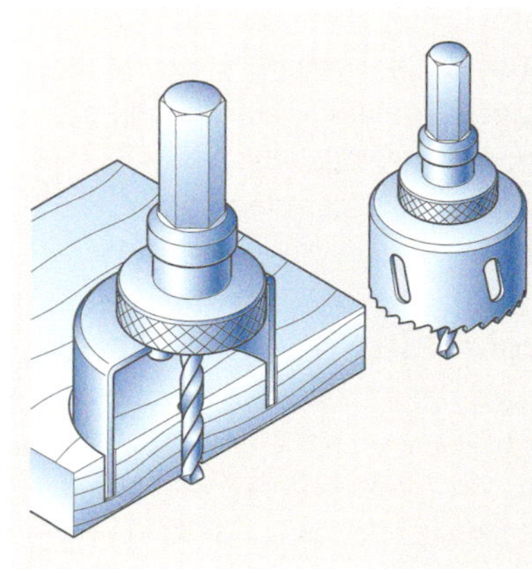

Lochsäge für dicke Bretter

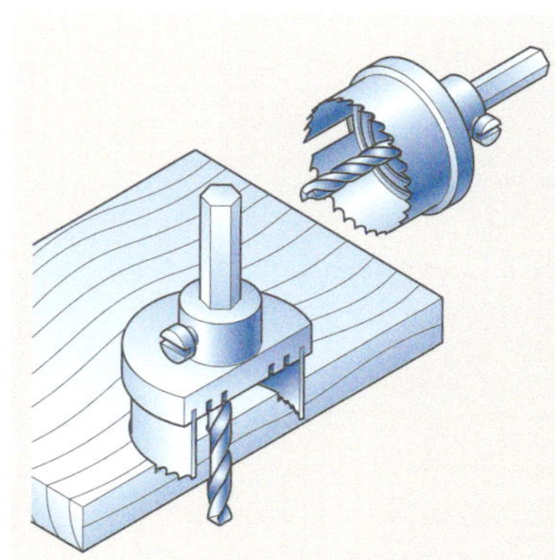

Sägekranz für dünne Platten

Der logische Weg zum passenden Bohrer für Holzwerkstoffe

Anwendungsfall	Durchmesser	Vorzugstyp	Alternative
Tiefe Bohrungen	< 6 mm	Holz-Spiralbohrer	
	8...10 mm	Schlangenbohrer	Holz- Spiralbohrer
	> 10 mm	Schlangenbohrer	
Flache Bohrungen	< 10 mm	Holz- Spiralbohrer	
	10...30 mm	Forstnerbohrer	Flachfräsbohrer
	> 30 mm	Lochsägen, Sägekränze	
Sonderfälle	Scharnierlöcher	Scharnierlochbohrer	

Sägekränze

Während Lochsägen nur jeweils einen einzigen Durchmesser haben, bestehen Sägekränze aus einem Grundkörper und mehreren abgestuften Einsätzen. Man kann deshalb Sägekränze universell verwenden. Weil sie weniger belastbar als Lochsägen sind, eigen sie sich nur für dünne Platten.

Bohren in Metall

Metalle werden mit den bekannten Spiralbohrern gebohrt. Grundsätzlich sollte man nur HSS-Bohrer verwenden. Sie behalten ihre Schärfe für längere Zeit und ergeben einen schnelleren Bohrfortschritt als WS-Bohrer. HSS-Spiralbohrer sind in unterschiedlichen Qualitäten erhältlich. Je höher die Qualität von Werkstoff und Schliff der Schneiden, umso höher ist die Bohrqualität und umso schneller ist der Bohrfortschritt. Höhere Qualität ist aber auch mit höheren Kosten verbunden. HSS-Spiralbohrer gibt es auch mit einer goldfarbenen Titannitrid-Beschichtung. Diese Beschichtung ist sehr hart und verringert die Reibung des Bohrers im Bohrloch.

Sie sind die „teuersten“, aber auch die leistungsfähigsten Bohrer. Weil sie länger halten und der Bohrfortschritt schneller ist, sind sie auf lange Sicht die preiswertesten Bohrer.

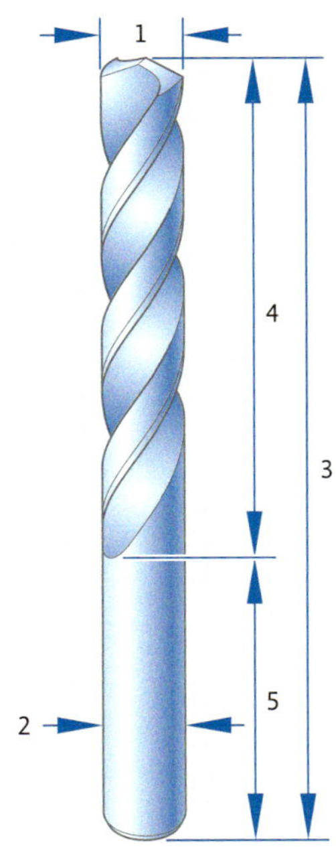

1 Bohrerdurchmesser
2 Schaftdurchmesser
3 Gesamtlänge
4 Arbeitslänge
5 Schaftlänge

Abmessungen am Spiralbohrer

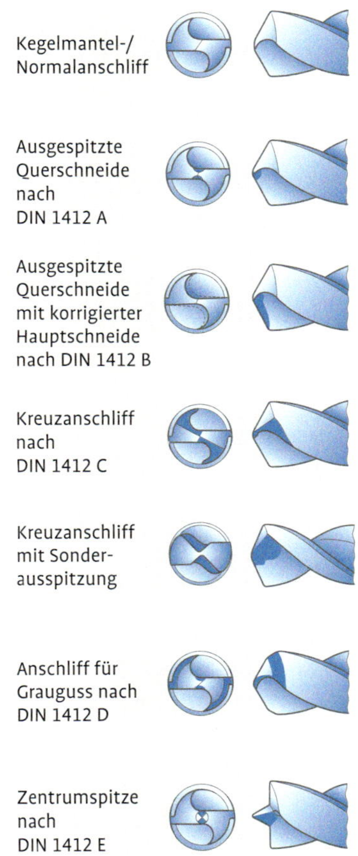

Typische Schneidenformen von Spiralbohrern für Metall

Bohrungen mit großem Durchmesser

Bohrungen bis etwa 6 mm Durchmesser bohrt man meist mit einem Bohrer des passenden Durchmessers. Bei größeren Durchmessern werden die notwendigen Andruckkräfte aber sehr hoch. Es lohnt sich dann, zunächst mit einem dünneren Bohrer vorzubohren. Beim anschließenden „aufbohren“ mit dem endgültigen Bohrerdurchmesser ist weniger Andruckkraft notwendig und auch die Bohrlochqualität ist besser.

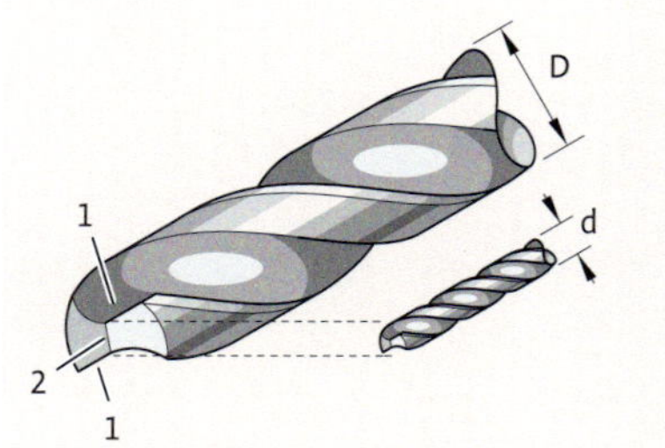

1 Hauptschneiden D Δ großer Bohrer
2 Querschneide d Δ kleiner Bohrer

Beim Vorbohren soll der Durchmesser des kleineren Bohrers der Querschneidenlänge des großen Bohrers entsprechen.

Vorbohren

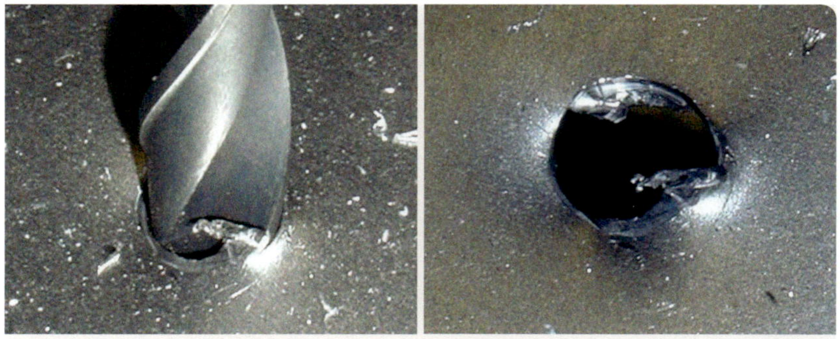

Spiralbohrer
- grosser Durchmesser
- dünnes Blech
- zu hoher Anpressdruck
- Bohrer verhakt beim Durchdringen

Lochbild im Blech
- Material verzogen
- Bohrloch ausgerissen

Verhaken des Bohrers in dünnem Blech

TIPP

Beim Vorbohren sollte der dünne Bohrer etwa den Durchmesser der Querschneide des dicken Bohrers haben.

Bohren von dünnen Blechen

Beim Bohren von dünnen Blechen <1 mm neigt der Bohrer beim Durchgang einzuhaken. Das Bohrloch ist dann nicht rund und das Werkstück kann sich verziehen. Eine Methode zur Vermeidung dieses Nachteils ist, das dünne Blech zwischen zwei Beilagen aus Sperrholz zu packen und dieses „Sandwich“ gemeinsam zu bohren.

Große Durchmesser in dünnen Blechen

Für große Bohrlöcher in dünnen Blechen sollte man folgende Bohrer verwenden:

→ Blechschälbohrer
→ Stufenbohrer

Mit diesen Bohrern besteht keine Gefahr, dass das Bohrloch ausreißt. Das Bohrloch wird exakt rund und kann genau auf den gewünschten Durchmesser gebracht werden. Allerdings eignen sich diese Bohrer nur bis zu Blechstärken von ca. 5 mm Dicke. Grundsätzlich muss eine sehr langsame Drehzahl gewählt werden. Für Bohrungen in Vollmaterial eignen sie sich nicht.

Blechschälbohrer

Blechschälbohrer sind konisch, die Bohrlochwandung verläuft deshalb auch konisch. Allerdings lassen sich damit auch Bohrungen mit jedem gewünschten Durchmesser herstellen. Es muss mit geringer Drehzahl gebohrt werden.

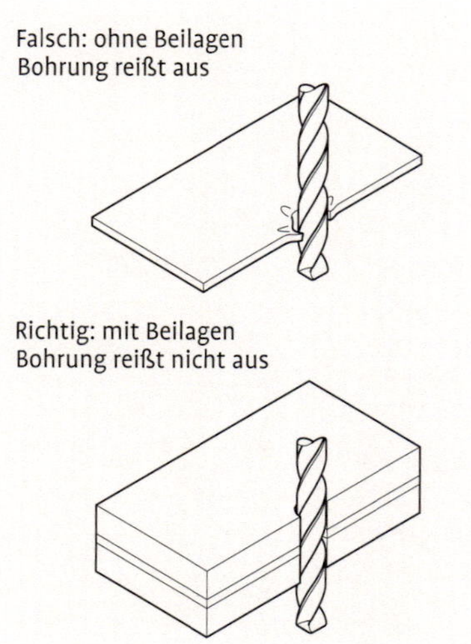

„Sandwich“-Verfahren beim Bohren dünner Bleche

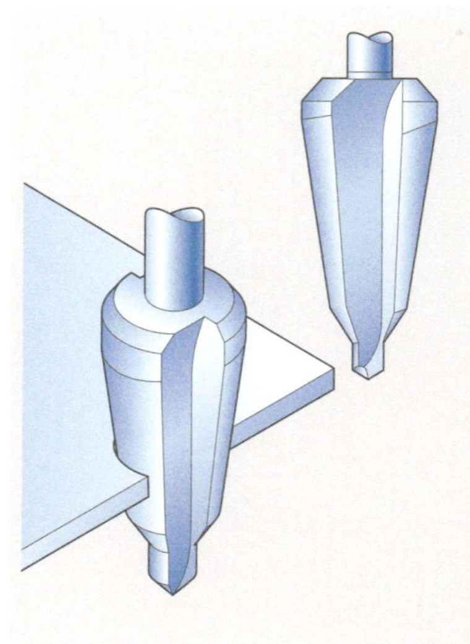

Blechschälbohrer

TIPP

Wenn man nach Erreichen des gewünschten Durchmessers den Blechschälbohrer nochmals kurz von der gegenüber liegenden Seite des Bleches ansetzt, kann man die Schräge der Bohrlochwandung etwas ausgleichen.

Stufenbohrer

Der Stufenbohrer hat abgestufte Flanken, meist in Schritten von 2 mm. Bis zur Stufenhöhe ist dadurch das Bohrloch zylindrisch. Der Stufenübergang ist angeschrägt und kann deshalb zum Entgraten der Bohrung verwendet werden.

TIPP

Wenn man nach Erreichen des gewünschten Durchmessers den Stufenbohrer nochmals kurz von der gegenüber liegenden Seite des Bleches ansetzt, kann man das Bohrloch auch von dieser Seite entgraten.

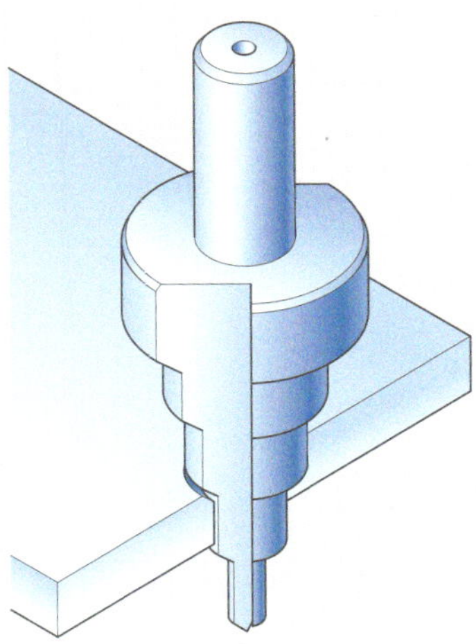

Stufenbohrer

Ansenken mit Kegelsenker

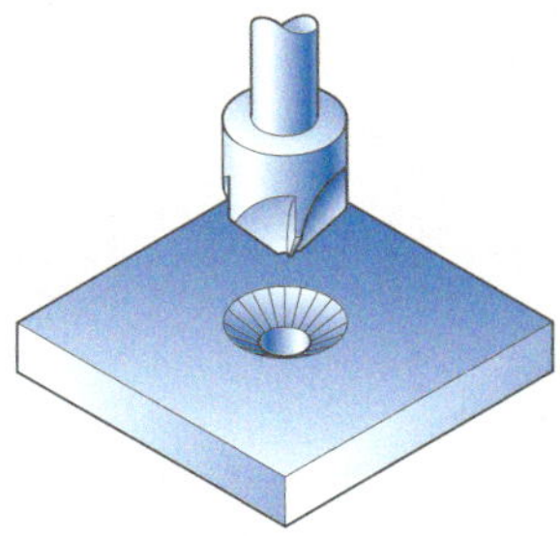

- Späne können Spannuten verstopfen
- "Rattermarken" entstehen

Ansenken mit Querlochsenker

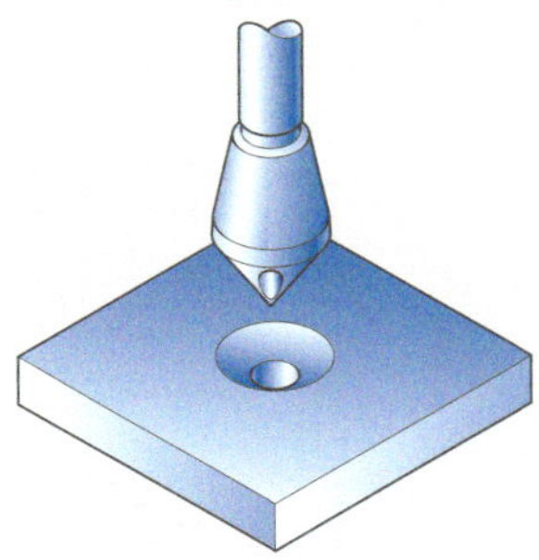

- höhere Reibung, da der Schneidenschaft am Umfang führt
- keine „Rattermarken"

Kegelsenker und Querlochsenker

Senken

Beim Bohren von Metall ist es üblich, den Bohrlochrand zu entgraten. Hierzu verwendet man nicht einen dickeren Bohrer, weil dies zu grob und ungenau würde.
Zum Entgraten verwendet man so genannte Senker. Sie werden neben dem Entgraten auch zum Ansenken der Bohrungen verwendet werden, wie dies bei der Verwendung von Senkschrauben nötig ist. Es gibt
→ Kegelsenker
→ Querlochsenker
Alle Senker müssen mit sehr geringer Drehzahl betrieben werden.

Kegelsenker

Kegelsenker haben 3 oder mehr Schneiden an der Stirnkante. Wenn Freihand gesenkt wird, neigen sie zum „rattern".
Kegelsenker neigen weniger zum „rattern", wenn im Bohrständer gesenkt wird.

Querlochsenker

Querlochsenker haben durch ihre runde Form eine sehr gute Führung und neigen deshalb nicht zum „rattern". Bauartbedingt sind sie zwar etwas teurer, ergeben aber eine sehr hohe Oberflächenqualität.

Schmierung und Kühlung

Beim Bohren von Metall entsteht an den Bohrerschneiden Hitze. Durch Kühlen mit Schneidöl oder Fett bleiben die Schneiden länger scharf. Ebenso gleiten die Späne bei Schmierung leichter aus den Spannuten und verringern die Reibung. Eine „saubere" Art der Schmierung kann man dadurch erreichen, indem man den Bohrer mit einer Wachs- oder Stearinkerze einreibt.Eine Ausnahme ist das kurz spanende Messing. Hier sollte trocken gebohrt werden.

Der logische Weg zum passenden Bohrer für Metalle

Werkstoff	Typ	Wendel / Bohrertyp	Spitzen-winkel	Bohrer-werkstoff	Alternativ
Stahl	Baustahl FE360B (St 37)	N	135 / 118	HSS	
	Baustahl FE490-2 (St 50-2)	N	135	HSS-TiN	HSS, HSS-Co
	Edelstahl	N	135	HSS-Co	HSS-TiN
NE-Metalle	Aluminium-legierungen	W	135	HSS	
	Kupfer	W	135	HSS	
	Bronce	W	135	HSS	
	Messing	H	135	HSS	
Kunststoff	Thermomere, Duromere	N	135	HSS	
	Duromere mit GF-Anteil	N	135	HSS-Co	HSS, HSS-TiN
	GFK-Werkstoffe	N	135	HM-Schneiden	

Alu „Special“

Aluminiumlegierungen sind im Vergleich zu Stahl relativ weich und können mit hoher Drehzahl gebohrt werden. Der ideale Bohrer hat flache Spannuten (Typ W). Man sollte allerdings niemals die goldfarbenen Bohrer mit Titannitridbeschichtung verwenden. Im Gegensatz zu anderen Metallen lagert sich das Aluminium in die Beschichtung ein und erhöht die Reibung so stark, dass der Bohrer anschließend unbrauchbar wird.

TiN-beschichteter Bohrer
- Aluminiumbearbeitung

Neuer Bohrer

Nach ca. 10 cm Bohrlänge

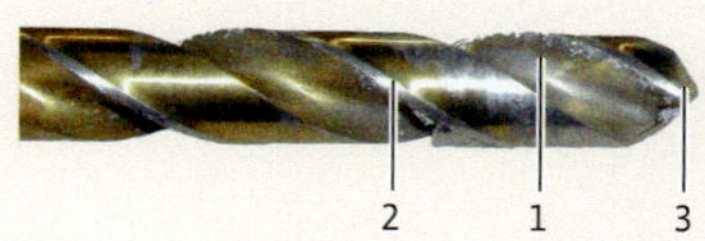

Nach ca. 20 cm Bohrlänge

1 anlegiertes Aluminium
2 Aufbau an Schneiden und Flanken
3 microrauhe TiN-Alu-Oberflche
4 Späne bleiben in Spannut „kleben“ – verstopfte Spannut

Späne „Special“

Metalle sind beim Bohren meist langspanend. Die Späne steigen in den Spannuten des Bohrers hoch und werden dann von der Fliehkraft im Kreis herumgewirbelt. Durch kurzes nachlassen des Andrucks kann man den Spanfluss unterbrechen. Sollten sich jedoch schon Späne um den Bohrer gewickelt haben, muss man der Versuchung widerstehen, die Späne vom drehenden Bohrer abzustreifen. Die Späne sind messerscharf und stark genug, um schwere Fingerverletzungen zu verursachen.
Maschine abstellen und dann erst die Späne entfernen!

Bohren – langspanende Werkstoffe

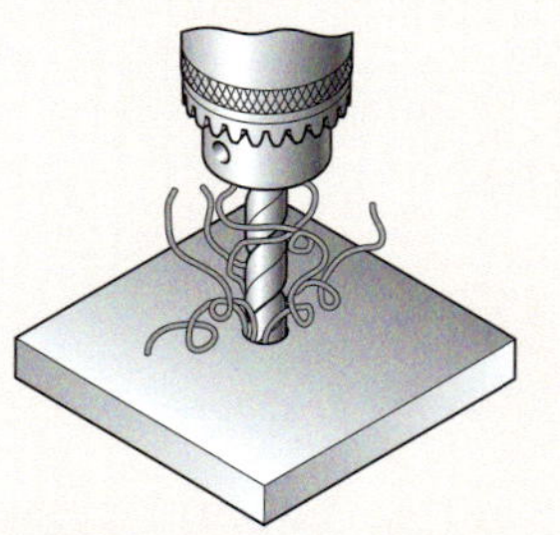

Beim Bohren weicher und zäher Werkstoffe entstehen Langspäne, die oft am Bohrer hängen bleiben.

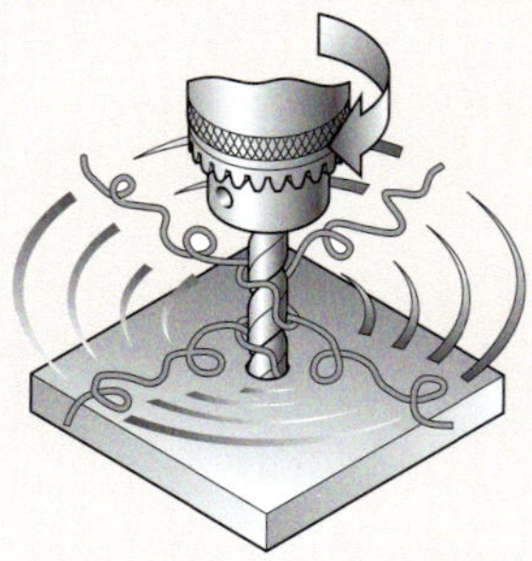

Langspäne wickeln sich um den Bohrer und werden durch die Rotation herumgeschleudert.

Messing „Special“
Messing ist ein sehr kurz spanendes Metall. Der optimale Bohrer hat steile Spannuten (Bohrertyp H). Beim Bohren spritzen die Späne geradezu. Es kann mit hoher Drehzahl gebohrt werden. Beim Bohren von Messing unbedingt Schutzbrille tragen!

Bohren – kurzspanende Werkstoffe

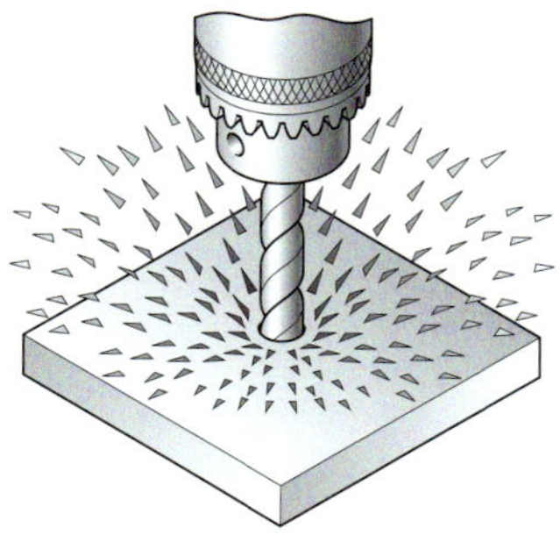

Beim Bohren harter oder kurzspanender Werkstoffe (z.B. Messing) „sprühen“ kurze Späne in alle Richtungen.

Edelstahl „Special“
Edelstähle sind zäh, hart und haben etwa die doppelte Festigkeit von normalem Baustahl. Man muss deshalb gegenüber normalem Stahl mit der halben Drehzahl bohren. Wenn man den Bohrer mit hoher Drehzahl ansetzt, besteht bei dünnen Bohrern die Gefahr, dass die Schneide ausglüht. Der bestgeeignete Bohrertyp ist cobaltlegiert (HSS-Co).

TIPP

Beim Bohren von Edelstahl Bohrer andrücken und dann erst die Drehzahl von Null an langsam steigern. Dabei ständig und stark andrücken. Bei zu geringem Andruck „rutschen“ die Bohrerschneiden über die Oberfläche und schneiden nicht.

Bohren von Kunststoffen

Kunststoffe unterscheidet man in die drei Gruppen
- → Elastomnere
- → Thermomere
- → Duromere

Sie verhalten sich beim Bohren unterschiedlich.

Elastomere

Zu dieser Gruppe zählen elastische Schaumstoffe, Gummi und artverwandte Dichtstoffe. Sehr leichte Schaumstoffe können mit Lochsägen gebohrt werden, bei normalen Spiralbohrern wickelt sich das Material in der Regel um den Bohrer.

Scharfgeschliffener Hartmetallbohrer für faserverstärkte Kunststoffe

TIPP

Bohrprobe an einem Materialrest durchführen. Holzspiralbohrer mit Zentrierspitze bringen meist brauchbare Ergebnisse.

Thermomere (Thermoplaste)

Thermomere sind mit den Spiralbohrern für Metall meist gut zu bearbeiten. Voraussetzung sind scharfe Bohrer. Bei stumpfen Schneiden kann es zur Überhitzung kommen und die Späne verkleben im Bohrloch.

TIPP

Bei großen Bohrdurchmessern kann man erfolgreich die bei der Holzbearbeitung üblichen Flachfräsbohrer einsetzen.

Duromere (Duroplaste)

Duromere lassen sich mit den Spiralbohrern für Metall bearbeiten. Eine Ausnahme bilden faserverstärkte Kunststoffe wie GFK und CFK. Die glasharten Fasern stumpfen die Boherschneiden sehr schnell ab, der Bohrer quetscht dann nur noch und das Bohrloch franst aus. Für diese Kunststoffe sollten dann Bohrer mit scharfgeschliffenen Hartmetallschneiden verwendet werden.
Die zur Steinbearbeitung verwendeten Bohrer mit meisselförmigen Hartmetallschneiden können nicht verwendet werden, es müssen Bohrer mit scharfgeschliffenem Hartmetall sein!

Bohren von Glas

Wegen der hohen Bruchgefahr ist das Bohren von Glas stets problematisch. Mit speziellen Glasbohrern ist es aber möglich. Es wird ohne Schlag gebohrt, als Kühlmittel wird Petroleum verwendet. Das Bohren verlangt viel Übung. Manchmal hilft es, die Bohrstelle mit einem stabilen Tape abzukleben. Man probiert es am besten an einigen Materialresten.

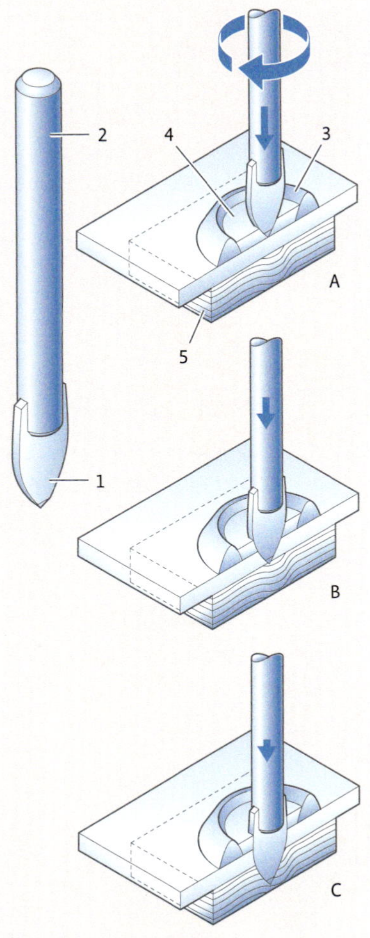

1 Hartmetallschneide
2 Schaft
3 Ring aus Knetmasse
4 Kühlmittel
5 Unterlage

A Anbohren mit mäßigem Druck
B Bohren mit geringem Druck
C Durchbohren mit sehr geringem Druck

Bohren von Glas

TIPP

Auch bei viel Übung kann es immer wieder zum Bruch kommen. Besser ist es, die Löcher mit Diamanttechnik von einem Glasereibetrieb bohren zu lassen.

Bohren von Stein und Steinwerkstoffen

Diese Werkstoffe können nur mit hartmetallbestückten Bohrern bearbeitet werden. Auf die entsprechenden Bohrtechniken wird im Kapitel „Verbindungstechnik Steinwerkstoffe" detailliert eingegangen.

Bohren von Kacheln und Fliesen

Kacheln und Fliesen lassen sich mit normalen Spiralbohren nicht bearbeiten. Nur Spiralbohrer mit scharfgeschliffenen Hartmetallschneiden sind verwendbar. Nachteilig ist, dass sich die Hartmetallschneide bei zu starkem Andruck im Werkstoff verhaken kann, was bei dünnen Kacheln dann möglicherweise zum Bruch führt. Größere Bohrungen, wie sie beispielsweise für Rohrstutzen notwendig sein können, sind wegen des bei Hartmetall-Bohrkronen nötigen hohen Andrucks mit einem hohen Bruchrisiko verbunden.
Eine mögliche Alternative sind Diamantbohrer. Diese rohrförmigen oder bei größeren Durchmessern topfförmigen Bohrer besitzen an der Stirnseite eine Diamantbeschichtung

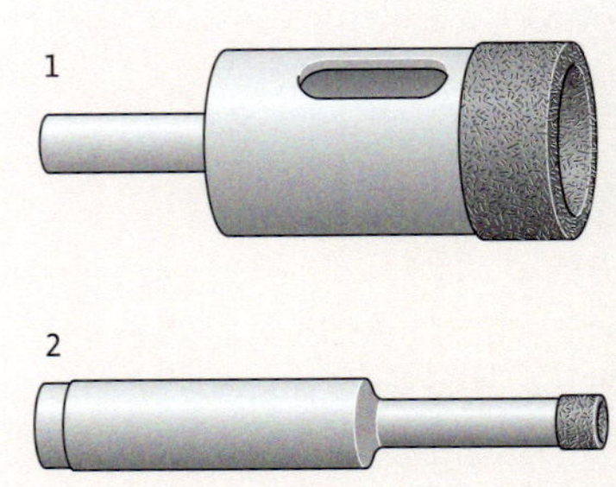

1 Bohrkrone für Bohrmaschine
2 Bohrer für Bohrmaschine

Diamantbohrer

und schleifen sich auch bei geringem Andruck schnell und erschütterungsfrei durch keramische Werkstoffe.
Für die höheren Kosten dieser Bohrer erhält man dann ein sauberes und sicheres Arbeitsergebnis.

Sägen

Sägen dient zum Trennen, Ablängen, Besäumen und Zuschneiden von Werkstücken. Mit Ausnahme einiger mineralischer Werkstoffe, wie beispielsweise Glas, kann jedes Material bearbeitet werden. Das Einsatzwerkzeug der Säge ist das Sägeblatt. Beim Sägen handelt es sich um eine spanabhebende Bearbeitung.
Die motorisch angetriebenen Sägen werden in die zwei folgenden Grundtypen eingeteilt:
→ Hubsägen
→ Rotationssägen
Bei den Hubsägen führt das Sägeblatt eine hin- und hergehende Bewegung aus. Typische Hubsägen sind
→ Stichsägen
→ Fuchsschwanzsägen
→ oszillierende Sägen
Rotationssägen arbeiten mit einem kreisförmigen, umlaufenden Sägeblatt. Typische Rotationssägen sind:
→ Handkreissäge
→ Tischkreissäge
→ Kappsäge
→ Paneelsäge
Die Sägetypen unterscheiden sich wesentlich in ihrer Handhabung, der erzielbaren Schnittqualität und der Schnelligkeit des Arbeitsfortschrittes. Es gibt also keinen Sägentyp, der alles kann. Die Auswahl der geeigneten Säge richtet sich deshalb stets nach der Arbeitsaufgabe.

Stichsägen und Fuchsschwanzsägen

Diese beiden Sägetypen haben ein sich hin- und herbewegendes Sägeblatt. Ihre Sägeblätter sind so eingerichtet, dass nur in einer Hubrichtung gesägt wird. Die bevorzugte Sägerichtung ist auf Zug, weil hierdurch die Maschine besser beherrscht wird und das Sägeblatt keinen Druck- und damit Knickkräften ausgesetzt ist. Bei beiden Sägetypen ist eine zuschaltbare Pendelbewegung des Sägeblattes möglich. Durch die Schwenkbewegung des Sägeblattes beim Arbeitshub kommen die Zähne besser zum Eingriff. Die Säge arbeitet dann aggressiver und entlastet die Vorschubkraft des Anwenders.

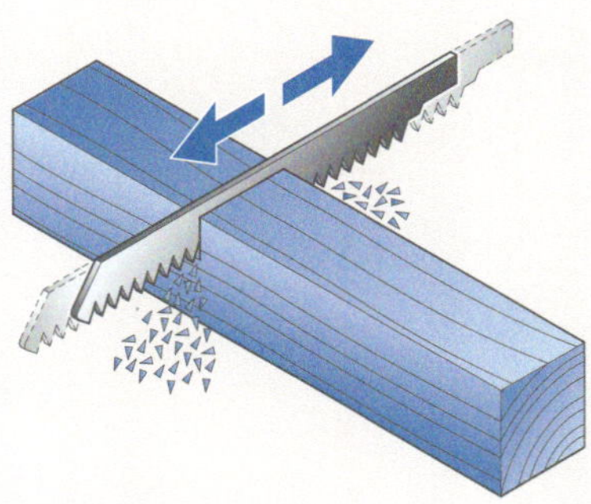

Sägen auf Zug und Druck

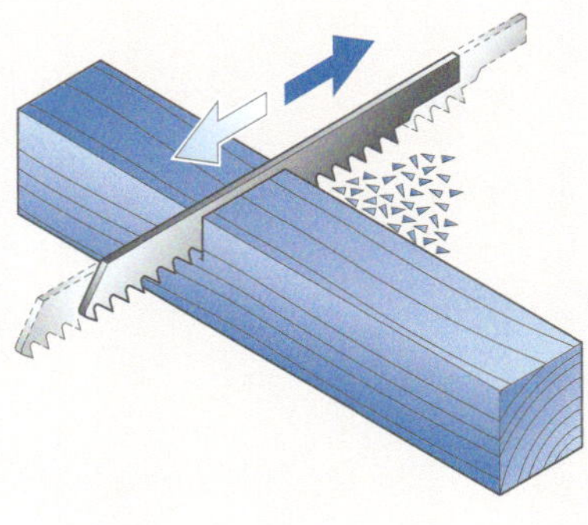

Sägen auf Zug

Stichsägen

Die Stichsäge verbindet in idealer Weise Handlichkeit und universelle Einsatzmöglichkeiten miteinander. Motor und Sägeblatt sind rechtwinklig zueinander angeordnet. Das Motorgehäuse (in Stab- oder Bügelform) bildet den Handgriff.
Der Handgriff ist bügelförmig oberhalb des Maschinengehäuses angeordnet. Die Schaltertaste ist als „Gasgebeschalter“ ausgelegt, womit sich beim Ansetzen und auch beim Sägen die Hubzahl stufenlos ändern lässt. Durch die optimierte Griffform ist die Stichsäge sowohl in Vorschubrichtung als auch beim Kurvenschnitt hervorragend zu beherrschen.
Moderne Stichsägen sind mit einem Laserprojektor („Cut Control“) ausgestattet. Hierdurch wird die Schnittlinie auf das Werkstück projiziert. Man sieht genau, wohin gesägt wird. In vielen Fällen erübrigt sich dadurch das Anzeichnen der Schnittlinie. Wenn entlang einer auf dem Werkstück aufgezeichneten Schnittlinie gesägt werden soll, ist „Cut-Control„ also ein weiteres Ausstattungsmerkmal, welches die Arbeit erleichtert und ein präziseres Sägen ermöglicht. Es ermöglicht eine exakte Maschinenführung und damit ein optimales Arbeitsergebnis.

Arbeiten mit der Stichsäge

Bei Stichsägen ist der Aufwärtshub der Arbeitshub, weshalb die Fußplatte der Säge gegen das Werkstück gezogen wird. Allerdings berührt auch beim Abwärtshub das Sägeblatt das Werkstück, wodurch die Säge nach oben gedrückt wird. Die Stichsäge muss deshalb bei der

Stichsäge mit Bügelgriff

Laser zeigt Schnittlinie an

Arbeit gegen das Werkstück gedrückt werden, damit sie nicht „springt“. Durch das Springen kann sich im Extremfall die Fußplatte verbiegen, was die präzise Führung der Säge beeinträchtigt. Das Springen kann besonders bei harten Werkstoffen wie beim Sägen von Metall auftreten oder wenn das Werkstück nicht festgespannt wird. Man sollte deshalb wenn immer möglich das Werkstück fixieren.

Arbeitssicherheit beim Sägen mit der Stichsäge
Hand und Finger beim Halten des Werkstückes stets auf der Werkstückoberfläche halten. Wenn dies nicht möglich ist: Werkstück Festspannen.

Fuchsschwanzsägen

Der Elektrofuchsschwanz wird stets zweihändig bedient. Er ist für gröbere und größere Sägearbeiten geeignet. Die Griffpositionen sind am Haltebügel und am Maschinenhals.

Arbeiten mit dem Elektrofuchsschwanz

Der Elektrofuchsschwanz wird so an das Werkstück angesetzt, dass die Andruckplatte am Maschinenhals vor dem Einschalten am Werkstück

Fuchsschwanzsäge

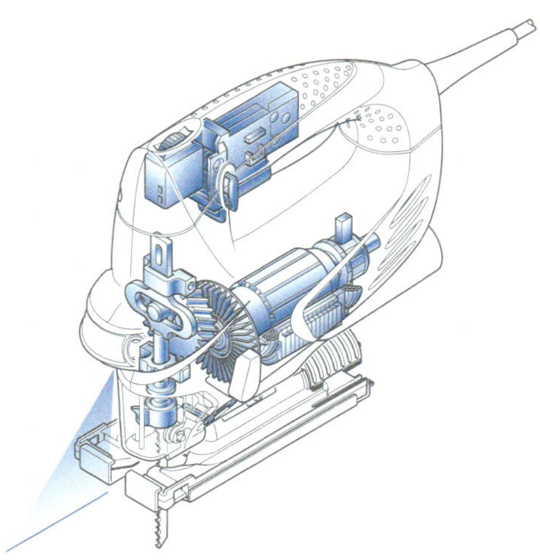

Aufbau einer Stichsäge

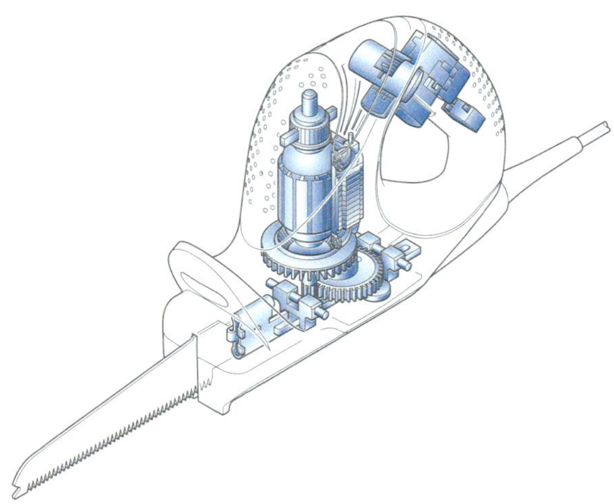

Aufbau einer Fuchsschwanzsäge

Arbeitssicherheit beim Sägen mit der Fuchsschwanzsäge
Bei der Verwendung von sehr langen und dünnen Sägeblättern kann es im Leerlauf, also bei laufender aber nicht an das Werkstück angesetzter Säge, zum „Flattern“ des Sägeblattes kommen. Deshalb das Sägeblatt so kurz wie möglich wählen. Sehr lange Sägeblätter nur dann verwenden, wenn die Arbeitsaufgabe dies wirklich erfordert.

anliegt. Das ist nötig, damit die Säge beim Einschalten nicht ruckartig an das Werkstück herangezogen und dadurch das Werkstück eventuell beschädigt wird.

Sägeblätter für Stichsägen und Fuchsschwanzsägen

Vom Sägeblatt hängt es ab, welcher Werkstoff wie schnell und mit welcher Schnittqualität gesägt werden kann. Für eine erfolgreiche Auswahl ist es entscheidend, dass man die wichtigsten Eigenschaften und deren Einfluss auf die Arbeitsqualität und den Arbeitsfortschritt kennt:

→ Sägeblattwerkstoff
→ Zähnezahl
→ Sägeblattform

CV

CV bedeutet Chrom-Vanadium und bezeichnet die Hauptbestandteile des legierten Stahls. CV-Stähle besitzen eine hohe Elastizität bei mäßiger Härte. Anwendung bei Holzwerkstoffen.

HCS

HCS ist die Bezeichnung für High Carbon Steel, ein Stahl, der sehr hart, aber auch spröde ist. Anwendung bei Metallen.

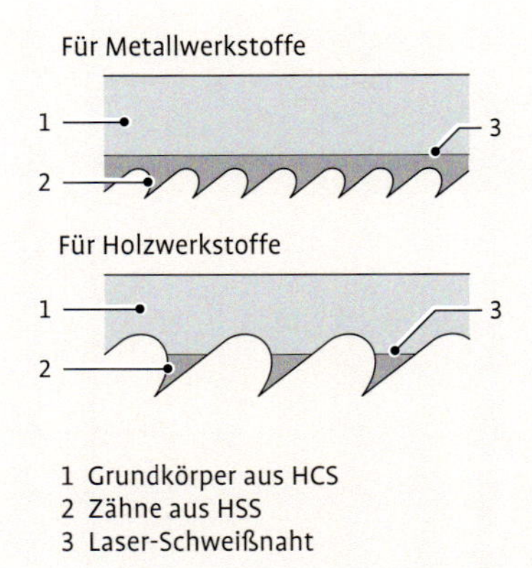

Bimetall-Sägeblätter

HSS

Unter HSS versteht man Hochlegierte Schnellarbeits-Stähle. Sie sind hart und haben eine höhere Hitzebeständigkeit. Verwendung für alle Werkstoffe.

Bimetall

Kombination aus elastischem CV-Stahl und hartem HSS-Stahl. Die Sägeblätter sind wenig bruchempfindlich. Lange Lebensdauer. Anwendung für alle Werkstoffe.

HM

HM bedeutet HartMetall. Es wird für die Zähne von Sägeblättern verwendet. Größte Härte und höchste Hitzebeständigkeit. Extrem Verschleißfest, aber spröde. Verwendung bei

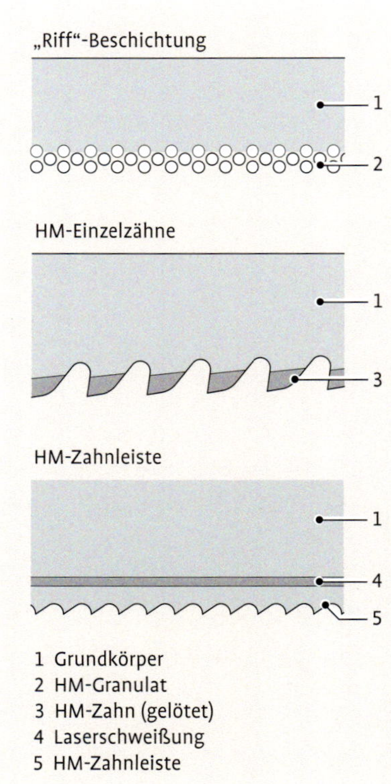

Hartmetall-Sägeblätter

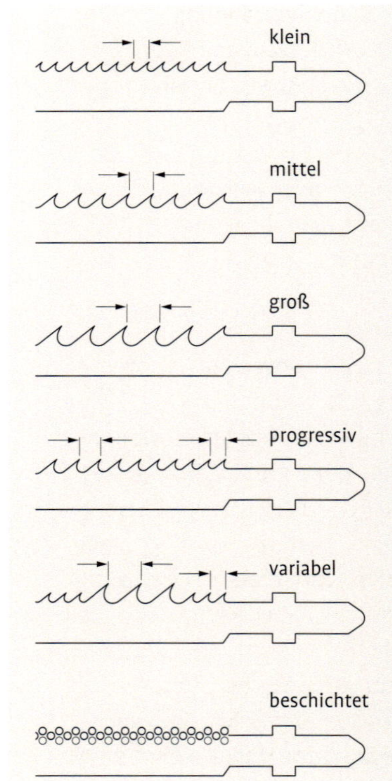

Verzahnungsarten bei Stichsägeblättern

rostfreien Stählen, faserverstärkten Kunststoffen und keramischen Werkstoffen.

Zähnezahl

Wenige große Zähne bei gegebener Sägeblattlänge ergeben eine große Zahnteilung, viele kleine Zähne eine kleine Zahnteilung. Wenige große Zähne ergeben einen rauen schnellen Schnitt. Viele kleine Zähne ergeben einen langsamen aber sauberen Schnitt.

TIPP

Die Auswahl erfolgt abhängig von der Werkstückdicke: Es sollten immer zwei Zähne im Eingriff sein.

Der logische Weg zum passenden Stich- und Fuchsschwanzsägeblatt

Werkstoff	Werkstofftyp	Zahnwerkstoff
Holz	weich	HCS
	hart	HCS
Holzwerkstoffe	Sperrholz	HCS
	Karrosseriesperrholz	Bimetall
	Multiplex	Bimetall
	Spamplatten leicht	HCS
	Spanplatten schwer	Bimetall
	MDF-Platten	Bimetall
Kunststoffe	Thermomere	HCS
	Duromere	Bimetall
	GFK	HM
Metalle	Baustahl	HSS
	Edelstahl	HSS, HM
	Alu	Bimetall
	Messing, Kupfer	Bimetall
Steinwerkstoffe	Gasbeton	HM-Granulat
	Leichtziegel	HM-Granulat
	Fliesen	HM-Granulat

Verzahnungsart

Man unterscheidet in
- → Normalverzahnung
- → Varioverzahnung
- → Progressivverzahnung

Normalverzahnung

Bei der Normalverzahnung sind alle Zähne über die gesamte Sägeblattlänge gleich groß.

Varioverzahnung

Bei der Varioverzahnung wechselt die Zahnteilung mehrmals über die Länge des Sägeblattes, wodurch kleine und große Zähne gebildet werden. Hierdurch wird besonders beim Sägen von Metall ein hoher Arbeitsfortschritt bei vibrationsarmem Lauf erreicht

Progressivverzahnung

Bei der Progressivverzahnung beginnt das Hubsägeblatt an der Maschinenseite mit kleinen Zähnen, die zum Ende des Blattes hin progressiv größer werden. Hierdurch kann ein und dasselbe Sägeblatt für Schnitte sowohl in dünnem als auch in dickem Material verwendet werden, ohne dass Schnittqualität und Arbeitsfortschritt verringert werden.

„Clean-Cut"-Verzahnung

Für besonders hohe Schnittqualität, speziell in Weichhölzern, gibt es Sägeblätter mit speziell geschliffener Verzahnung. Der Schnitt ist randscharf mit sehr geringer Ausrissgefahr. Die Sägeblätter können auch für unverstärkte Thermoplaste verwendet werden. Für die Metallbearbeitung sind sie nicht geeignet.

TIPP

Sägeblätter mit Progressivverzahnung sind ideal für dicke Werkstücke. Der Schnitt ist schnell, trotzdem ist die Schnittqualität an der Werkstückoberfläche sauber.

Oszillierende Sägen

Die Sägeblätter der oszillierenden Sägen haben kreisförmige, kreissegmentförmige oder spatelförmige Formen. Die Bewegung schwenkt hin- und hergehend um die Antriebsachse.
Die hin- und hergehende Schwenkbewegung ist sehr gering und beträgt nur wenige Winkelgrade bzw. Millimeter. Die Bewegungszahl dagegen ist sehr hoch und beträgt bis etwa 20.000 Hübe pro Minute. Die Sägeblätter schneiden bei jeder Bewegungsrichtung. Sie haben deshalb dreieckige und beidseitig geschärfte Zähne. Der Leistungsbedarf ist bei oszillierenden Sägen sehr gering, das Gerät ist deshalb klein, sehr leicht und handlich.

Arbeiten mit der oszillierenden Säge
Die oszillierende Säge wird in eingeschaltetem Zustand an das Werkstück angesetzt. Wegen des geringen Hubs und der sehr hohen Hubzahl ergibt sich fast keine Rückwirkung auf den Anwender, wodurch sich die oszillierende Säge exakt an der vorgesehenen Schnittlinie positionieren lässt. Die zur Auswahl stehenden Sägeblätter lassen sich in unterschiedlichen Positionen auf den Werkzeughalter aufsetzen und können deshalb perfekt auf die Arbeitsposition eingestellt werden.

Oszillierende Säge

Gerades Sägeblatt, gekröpft

Gerades Sägeblatt

Kreisförmiges Sägeblatt

Sägeblatt mit Hartmetallbeschichtung

Bündigschnitt mit der oszillierenden Säge

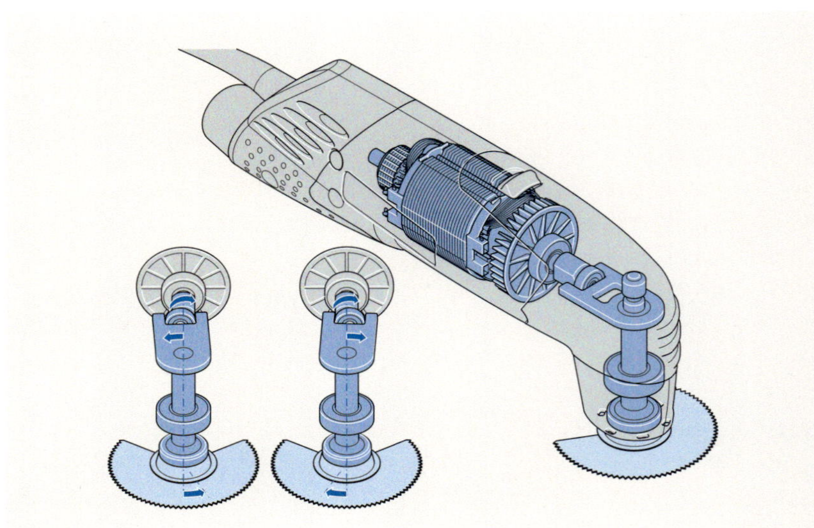
Aufbau der oszillierenden Säge

TIPP

Neben den Sägeblättern können an der oszillierenden Säge auch scharf geschliffene Schneidemesser verwendet werden. Deshalb die Hände nicht im Arbeitsbereich positionieren.

Sägeblätter für die oszillierende Säge

Die Sägeblätter für die oszillierende Säge unterscheiden sich in Form und Verzahnungsart. Für Sägearbeiten unterscheidet man in

- → Gerade Sägeblätter
- → Kreisförmige Sägeblätter
- → Gekröpfte Sägeblätter
- → Schneidemesser

Gerade Sägeblätter

Bevorzugter Einsatz für Taschenschnitte. Sie lassen sich exakt punktgenau ansetzen. Für kleine Ausschnitte stehen schmale Sägeblätter zur Verfügung, für größere Ausschnitte sind breite Sägeblätter günstiger, weil sie eine bessere Führung im Werkstück haben.

Kreisförmige Sägeblätter

- → Sehr gute Führung bei langen Schnitten.
- → Universeller Einsatz.
- → Je nach Zahnung auch für NE-Metalle verwendbar.

Zum Schneiden von keramischen Werkstoffen oder glasfaserverstärkten Kunststoffen verwendet man Sägeblätter mit Hartmetallgranulat-beschichteten Schnittkanten.

Gekröpfte Sägeblätter

Bei gekröpften Sägeblättern ist der Befestigungsflansch tellerförmig zurückgesetzt. Hierdurch kann das Sägeblatt bündig zur Werkstückoberfläche angesetzt werden.

HM-beschichtetes Sägeblatt

Sägeblätter mit Hartmetall-Granulatbeschichtung eignen sich zum Bearbeiten von keramischen Werkstoffen, beispielsweise für Kacheln und Mörtelfugen.

Schneidemesser

Schneidemesser haben statt einer Zahnung eine scharf geschliffene Schneidkante. Sie eignen sich zum Trennen von weichen Werkstoffen, beispielsweise zum Entfernen von Klebe- und Dichtungsmitteln und zum Trennen von Elastomeren.

Schaber- und Schneideklingen

Die oszillierende Bewegung eignet sich in Verbindung mit scharfgeschliffenen Messereinsätzen hervorragend zum Trennen von Kunststoffen, Entfernen von Kleberresten wie beispielsweise beim Renovieren von Bodenbelägen oder beim Versäubern von Dichtfugen. Eine weitere Anwendungsmöglichkeit für die Schneideklingen ist das Schnitzen.

Schleifplatten

An Stelle von Sägeblättern und Schneidwerkzeugen können auch

So sägt die oszillierende Säge

Oszilierende Säge für Netzbetrieb

Schaben von Kleberresten

Säubern von Fugen

Schleifen von Ritzen und Knten

Schleifmittel eingesetzt werden. Hierzu wird auf den Werkzeughalter eine dreieckige Schleifplatte aufgesetzt. Als Schleifmittel werden die selben Schleifblätter wie für den Deltaschleifer verwendet. Durch diese Kompatibilität benötigt man nur eine Schleifblattform für beide Werkzeugtypen, eine Rationalisierung auch für den Heimwerker!

Multifunktionelle Anwendung

Das umfangreiche Zubehör macht die oszillierende Säge zu einem universell anwendbaren Multifunktionswerkzeug, dessen Anwendung kaum Grenzen gesetzt sind. Die oszillierende Bewegung des Werkzeugs um nur wenige Winkelgrade ist für den Anwender ein echter Sicherheitsgewinn, der das Verletzungsrisiko minimiert. Die leichte, kompakte Maschinenform erlaubt eine präzise Führung für exakte Schnitte. Zusammen mit den gekröpften Einsatzwerkzeugen kann man Arbeiten im randnahen Bereich und in Werkstückspalten ausführen, die mit anderen Werkzeugtypen in dieser Form nicht möglich sind.

Handkreissägen

Ideale Säge für schnelle und präzise Trennschnitte bei der Holzbearbeitung. Das Sägeblatt ist kreisförmig und schneidet durch Rotation. Durch den kontinuierlich verlaufenden Schnitt ergibt sich ein schneller Arbeitsfortschritt.
Es sind nur gerade Schnitte möglich. Handkreissägen sind auf einer Grundplatte so montiert, dass die Motor-Getriebe-Sägeblatt-Einheit in der Höhe und auch im Winkel zur Grundplatte verstellt werden kann. Hierdurch ist eine Einstellung der Schnitttiefe und des Gehrungswinkels (meist bis 45°) möglich.
Zur Sicherheit verfügen Handkreissägen über eine Pendelschutzhaube. Sie deckt im Ruhezustand das Sägeblatt ab. Beim Ansetzen an das Werkstück gibt die Pendelschutzhaube das Sägeblatt frei.

Arbeiten mit der Handkreissäge
Das Sägeblatt muss stets so montiert werden, dass die Zahnschneiden in Sägerichtung zeigen. Die Säge muss stets mit beiden Händen geführt werden. Die Vorschub-

Arbeitsicherheit beim Sägen mit der Kreissäge
Große Handkreissägen dürfen nur beidhändig betrieben werden.
Handkreissäge stets erst einschalten und dann mit laufendem Sägeblatt an das Werkstück ansetzen, sonst droht Rückschlaggefahr.
Grundsätzlich wird die Handkreissäge laufend an das Werkstück angesetzt.

Handkreissäge

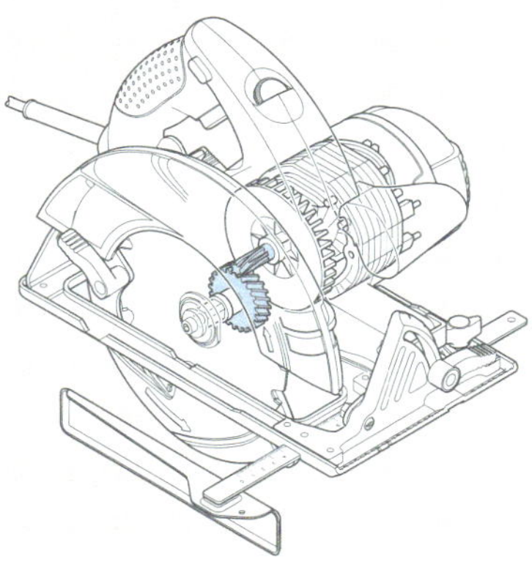
Aufbau einer Handkreissäge

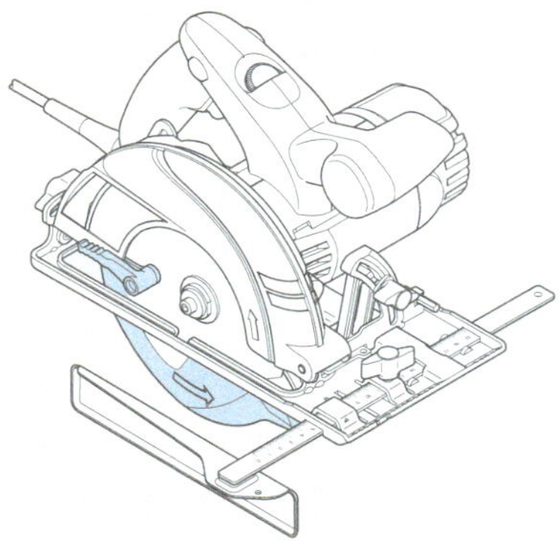
In Ruhestellung ist das Sägeblatt vollständig geschützt

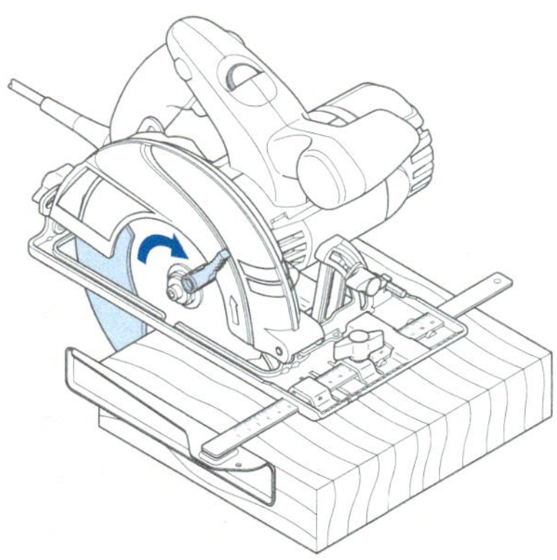
Beim Ansägen am Werkstück schwenkt die Pendelschutzhaube in das Maschinengehäuse ein

Funktion der Pendelschutzhaube

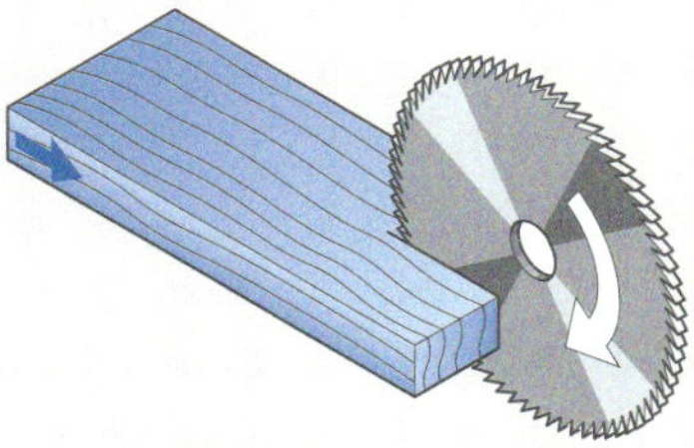
So sägt die Handkreissäge

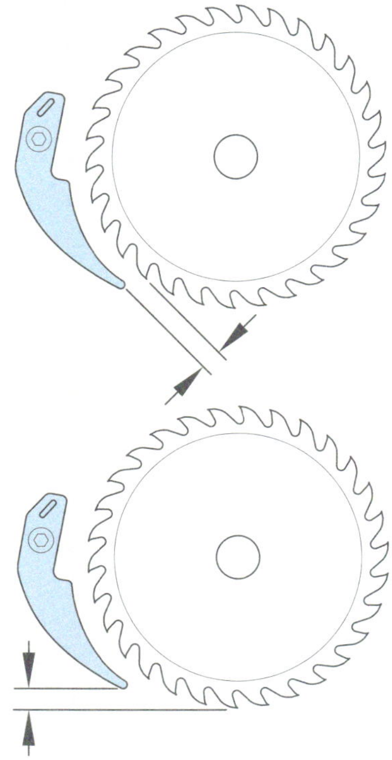
Einstellmöglichkeiten des Spaltkeils

richtung ist stets im Gegenlauf, d. h. gegen die Rotationsrichtung des Sägeblattes.

Spaltkeil

Der Spaltkeil soll verhindern, dass sich das Sägeblatt im Sägeschnitt verklemmt, wenn das Holz unter Spannung steht. Spaltkeile sind zwar nicht vorgeschrieben, aber wenn die Handkreissäge über einen Spaltkeil verfügt, muss dieser neu eingestellt werden, wenn ein Sägeblatt mit einem anderen Durchmesser als das Original-Sägeblatt verwendet wird. Die genauen Einstellwerte stehen in der Betriebsanleitung

Sägeblätter für Handkreissägen

Als Sägeblatter für Handkreissägen werden heutzutage fast ausschließlich Sägeblätter mit Hartmetallzähnen verwendet. Die Vorteile von Hartmetallzähnen sind

- lange Lebensdauer,
- auch für harte Kunststoffe geeignet,
- unempfindlicher bei metallischen Einschlüssen (z. B. Nägel).

Zähnezahl

Sägeblätter mit hoher Zähnezahl verwendet man für

- Querschnitte in Massivholz
- Sägen von Plattenmaterial
- Sägen von Metall

Sägeblätter mit geringer Zähnezahl verwendet man für

- Längsschnitte in Massivholz
- Sägen von Spanplatten

Von der Zähnezahl hängt auch die Schnitttqualität ab:

- hohe Zähnezahl für hohe Schnittqualität
- geringe Zähnezahl für geringe Schnittqualität

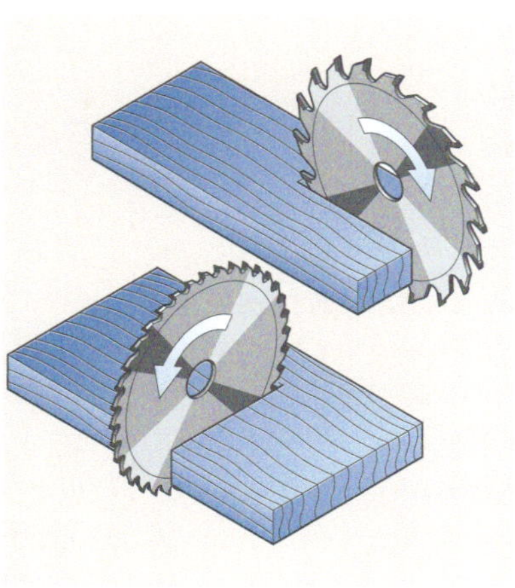

Zähnezahl für Längs- und Querschnitte

Typ WZ:
Wechselzähne

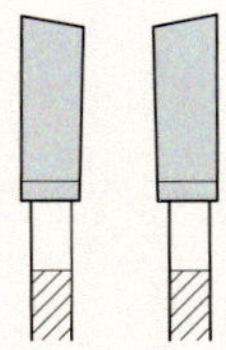

Verwendung:
Universaleinsatz in Weich- und Hartholz, Plattenmaterialien, Faserwerkstoffen, MDF. Besonders sauberer und kantenscharfer Schnitt.

Typ TR-F:
Trapez/Flachzähne

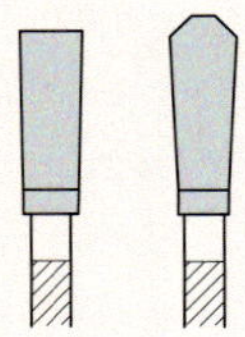

Verwendung:
Verbundstoffe, Spanplatten, Kunststoffe, Acrylglas, NE-Metalle, Hartholz.

Typ FWF:
Flachzähne mit wechselseitiger Anfasung

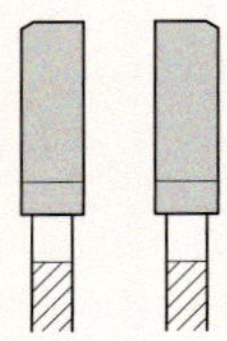

Verwendung:
Bauholz, Schalungsbretter, Gasbeton, Spanplatten. Hohe Widerstandskraft auch gegenüber Fremdkörpern im Werkstoff.

Zahnformen für Kreissägeblätter

Zahnformen

Für die verschiedenen Werkstoffe gibt es eine Anzahl von Zahnformen, die optimal auf den Verwendungszweck abgestimmt sind. Mit ihnen erreicht man das beste Ergebnis bezüglich Schnittqualität und Standzeit.

- Flachzähne für Schnitte in Spanplatten.
- Wechselzähne für hohe Schnittqualität in Massivholz.
- Trapez-Flachzähne für dicke Schichthölzer und NE-Metalle.

Zahnstellung

Die Zahnstellung entscheidet über Aggressivität, Schnittqualität und Lebensdauer des Sägeblattes. Die drei typischen Zahnstellungen haben folgende Eigenschaften:

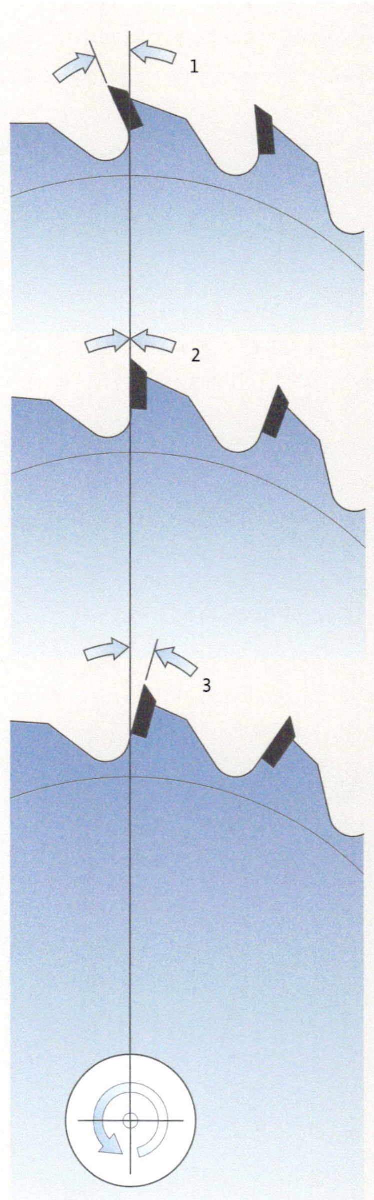

Zahnstellungen am Kreissägeblatt.
1 positiv 2 neutral 3 negativ

Positive Zahnstellung
- → Aggressives Schnittverhalten, wenig Andruckkraft nötig
- → Sehr gute Schnittqualität.
- → Ideal zur Holzbearbeitung.
- → Sehr hohe Zahnbelastung und Verschleiß beim Sägen.

Neutrale Zahnstellung
- → Höhere Andruckkraft nötig.
- → Mäßige Schnittqualität in Weichholz.
- → Geringere Zahnbelastung.
- → Ideal zum Sägen von NE-Metallen und Kunststoffen.
- → Lange Lebensdauer.

Negative Zahnstellung
- → Sehr hohe Andruckkraft nötig.
- → Mäßige Schnittqualität in Weichholz.
- → Geringe Zahnbelastung.
- → Drückt beim Sägen das Werkstück bei Kapp- und Gehrungssägen gegen den Anschlag.
- → Ideales Sägeblatt für Kapp- und Gehrungssägen.

Arbeitssicherheit beim Sägen
Zum Sägen benötigt man scharfe Sägezähne und funktionsbedingt Sägeblätter, die das Werkstück durchdringen. Ein Teil der Zähne befindet sich deshalb beim Sägen außerhalb des Werkstückes. In diesem Arbeitsbereich dürfen sich keine Finger oder Hände befinden. Beim Sägen sollte man keine Handschuhe tragen. Wenn das zähe Handschuhmaterial von den Sägezähnen erfasst wird, kann der Handschuh an das Sägeblatt gezogen werden.

Sägepraxis

Die typischen Arbeitsaufgaben beim Sägen sind
- → Ablängen
- → Zuschnitte im Längs- oder Querschnitt
- → Besäumen
- → Kurvenschnitte
- → Bündigschnitte
- → Sägen von Hohlprofilen

Neben der Arbeitsaufgabe hängt es von dem zu bearbeitenden Werkstoff ab, mit welcher Säge und mit welchem Sägeblatt das beste Arbeitsergebnis erreicht wird.

Ablängen

Ablängen ist eine typische Bearbeitungsart beim Kürzen von Brettern, Balken, Kanthölzern, Leisten. Allen diesen Bearbeitungsarten ist gemeinsam, dass es sich um so genannte Querschnitte handelt, wenn der abzulängende Werkstoff aus Massivholz besteht, was bei Brettern häufig, bei Balken, Kanthölzern und Leisten immer der Fall ist.

Der logische Weg zum passenden Kreissägeblatt

Werkstoff	Werkstofftyp	Zahnform	Zahnstellung
Holz	weich	Wechselzahn	positiv
	hart	Wechselzahn	positiv
Holzwerkstoffe	Sperrholz	Wechselzahn	positiv
	Karrosseriesperrholz	Trapez-Flachzahn	neutral
	Multiplex	Wechselzahn	positiv
	Spamplatten leicht	Flachzahn	positiv
	Spanplatten schwer	Flachzahn	positiv
	MDF-Platten	Trapez-Flachzahn	neutral
Kunststoffe	Thermomere	Wechselzahn	positiv
	Duromere	Trapez-Flachzahn	neutral
	GFK	Trapez-Flachzahn	neutral
NE-Metalle	Alu	Trapez-Flachzahn	neutral

Ablängen mit der Fuchsschwanzsäge

- Querschnitte sind Schnitte, die quer zur natürlichen Faserrichtung des Holzes verlaufen.
- Das Ablängen wird auch als Kappschnitt bezeichnet.

Ablängen von Balken, Kanthölzern und Leisten

Typische Anwendung für Fuchsschwanzsägen und Stichsägen. Die Auswahl der Säge richtet sich nach den Werkstückabmessungen.

- Elektrofuchsschwanz für Balken und Kanthölzer.
- Stichsäge für Kanthölzer und Leisten.

Den Elektrofuchsschwanz an das Werkstück anlegen, einschalten und dann das Sägeblatt in das Werkstück einschwenken. Möglichst breites Sägeblatt benützen.

Sägestation für Bosch Heimwerker-Stichsägen

Ablängen von Leisten und dünnen Brettchen mit der Stichsäge

Zu einem absolut gerade verlaufenden Schnitt benötigt man eine gewisse Erfahrung und eine ruhige Hand. Besser ist es in jedem Fall, eine Führungseinrichtung wie Beispielsweise eine so genannte Sägestation zu benützen. Damit lassen sich auch Winkelschnitte mit hoher Genauigkeit erzielen.

Exakte Winkelschnitte an Leisten

TIPP

Die Sägestation ermöglicht mit der Stichsäge das winkelgenaue Ablängen von Brettern, Leisten, Profilen und Paneelen mit hoher Schnittpräzision und ist dem freihändigen Sägen in jedem Fall vorzuziehen.

Ablängen von Brettern

Prinzipiell können Bretter mit dem Elektrofuchsschwanz, der Stichsäge oder der Handkreissäge abgelängt werden. Allerdings muss man dabei folgendes Beachten:

- Mit dem Elektrofuchsschwanz ist nur der Freihandschnitt möglich. Die Schnittgenauigkeit hängt von der Erfahrung des Anwenders ab.
- Mit der Stichsäge ist ein präziser Schnitt nur entlang einer Führungsschiene möglich.

→ Das beste Ergebnis erzielt man mit der Handkreissäge, besonders bei der Verwendung einer Führungsschiene.

TIPP

Beim Ablängen sägt man quer zur Faser. Die beste Schnittqualität erreicht man mit feingezahnten Sägeblättern.

Maßnahmen gegen Kantenausriss

Beim Ablängen von Brettern lässt man üblicherweise das abzutrennende Stück frei überstehen. Auf den letzten Zentimetern des Sägeschnittes verlagert sich das Gewicht des abzutrennenden Stücks auf einen sehr kleinen Materialquerschnitt. Kurz bevor das Sägeblatt das Brett ganz durchtrennt, bricht das abgetrennte Stück ab, wobei es zum Kantenausriss kommen kann. Unter Umständen ist dadurch das Werkstück zerstört. Um einen solchen Kantenausriss zu vermeiden gibt es mehrere Methoden.

Unterlegen des Werkstückes

Statt die Werkstückkante über die Unterlage herausstehen zu lassen, unterlegt man es so, dass am Sägeschnitt keine Biegekräfte auftreten können.

Ausrisse bei Querschnitten in Massivholz

Am Ende von Querschnitten besteht die Gefahr von Ausrissen, weil auf den letzten paar Millimetern die Fasern vor dem Durchtrennen aussplittern. Ein typisches Problem, wenn man beispielsweise eine Türe kürzt.

Hilfskante anlegen

Man kann Ausrisse bei Querschnitten dadurch vermeiden, dass man eine Leiste oder ein Stück Abfallholz an die Endkante heftet oder klemmt. Beim Sägen wird dann nicht die Kante des Werkstückes sondern diejenige der Hilfsleiste beschädigt. Diese Methode bewährt sich

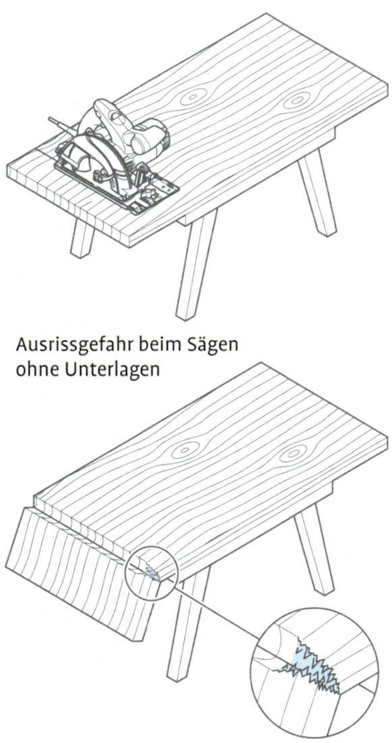

Kantenausriss beim Sägen von Brettern und Platten

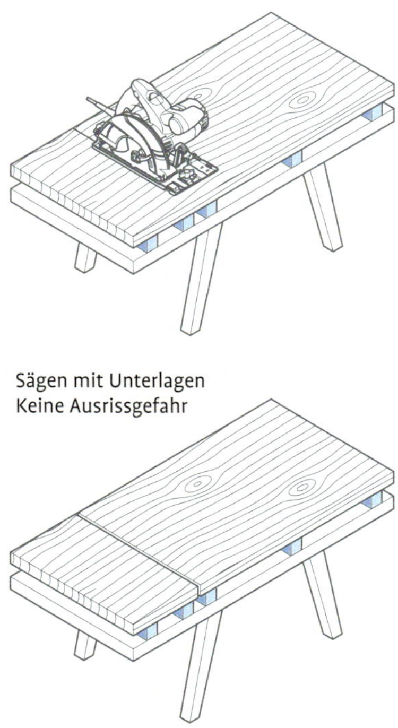

Mit Unterlagen werden Kantenausrisse verhindert

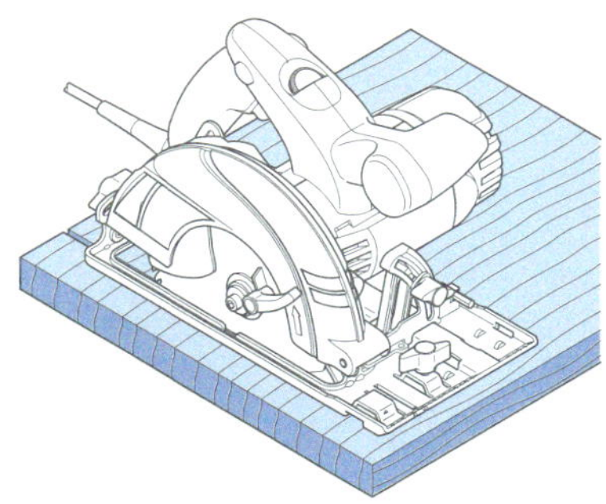

Querschnitte in Massivholz

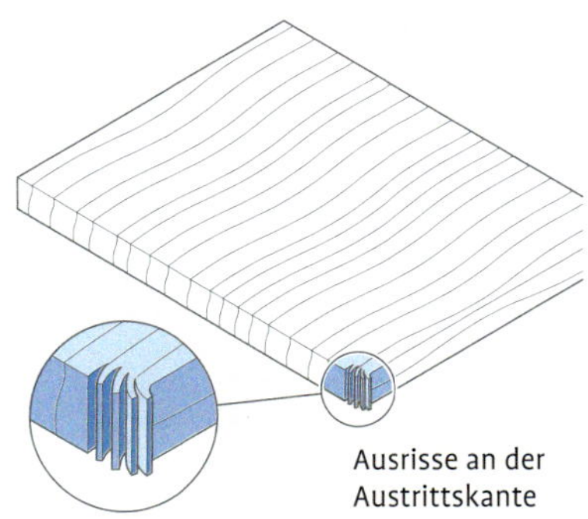

Ausrisse am Schnittende

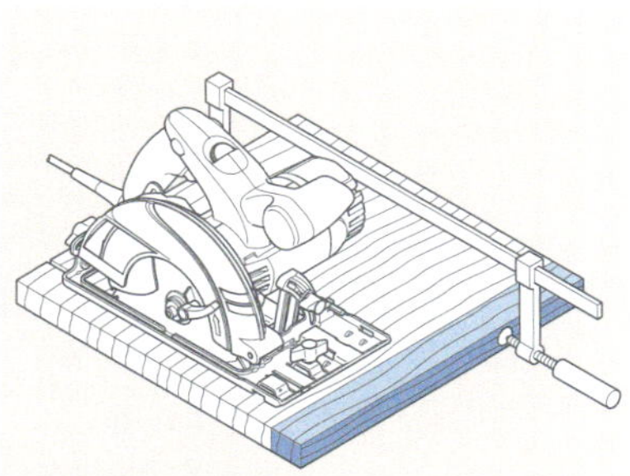

Anklemmen der Hilfsleiste

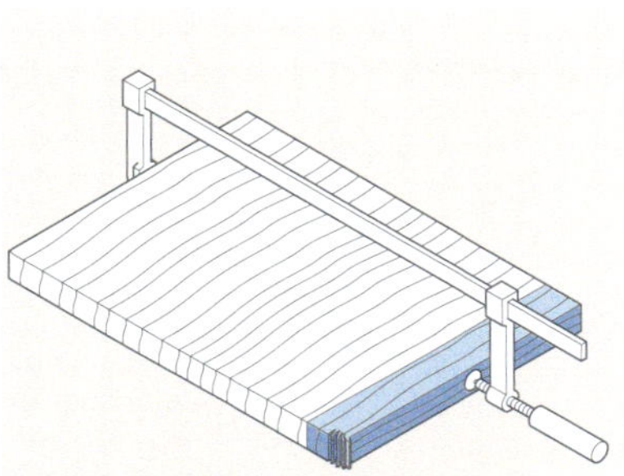

Nur die Hilfsleiste ist ausgerissen

besonders dann, wenn das abzutrennende Stück so schmal ist, dass ein Unterlegen schlecht möglich ist.

Lage der Jahresringe an der Stirnseite beachten

Die Ausrissgefahr kann man bei Massivholz auch dadurch vermindern, dass man die Lage der Jahresringe an der Schnittstelle berücksichtigt. Diese Methode ist auch und besonders bei Bohlen und Kanthölzern empfehlenswert. Je mehr die Jahresringe quer zu der Zahnung des Sägeblattes stehen, umso weniger wird es zum Ausriss der Kante kommen.

TIPP

Auf den letzten Zentimetern beim Ablängen verringert man die Ausrissgefahr auch dadurch, dass man nur einen ganz langsamen Vorschub macht.

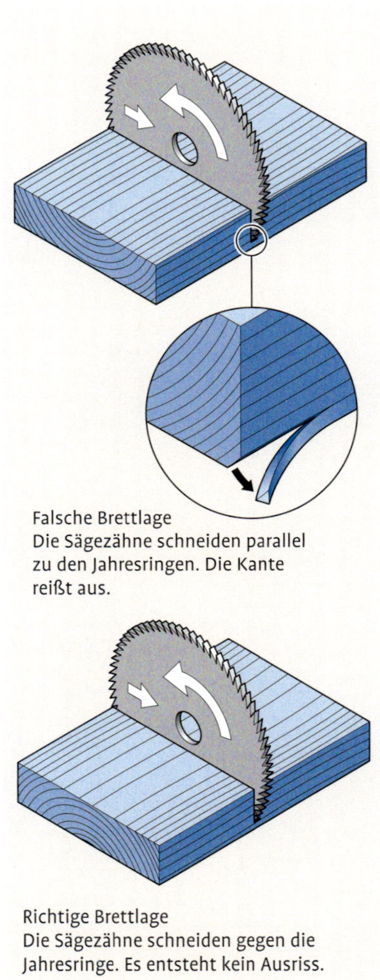

Einfluss der Jahresringe beim Querschnitt

Zuschnitte von Plattenmaterial

Bei Massivholz ist eine ausgeprägte Faserrichtung vorhanden, die beim Zuschnitt Probleme bereiten kann. Schichthölzer wie Sperrhölzer, Siebdruckplatten, Tischlerplatten und mit einer Decklage furnierte Spanplatten verhalten sich beim Schnitt neutral, man muss aber die Faserlage der Deckschicht beachten, wenn man eine gute Schnittqualität erreichen will.

Sägeblätter für den Plattenzuschnitt in Massivholz

Beim Zuschnitt von Platten hat man in der Regel sowohl Querschnitt als auch Längsschnitt. Beim Sägen von Massivholz hat man hier das Problem, dass man für den Querschnitt ein Sägeblatt mit hoher Zähnezahl benötigt, für den Längsschnitt jedoch ein Sägeblatt mit wenigen großen Zähnen.
Der Grund dafür ist, dass man beim Querschnitt nur kleine Späne bekommt, die in den kleinen Zahnlücken eines Sägeblattes mit hoher Zähnezahl mühelos aus dem Sägeschnitt heraustransportiert werden. Beim Sägen längs der Faser werden jedoch sehr lange Späne erzeugt. Diese passen dann nicht in die Zahnlücken sondern reiben an den Außenflächen des Sägeblattes entlang. Die Säge wird hierdurch stark belastet, und durch die Reibungshitze im Sägespalt kann es zu Brandmalen kommen.
Man braucht also für den Längsschnitt in Massivholz eigentlich ein Sägeblatt mit wenigen großen Zähnen. Allerdings ist in diesem Fall die Schnittqualität eher rau. Theoretisch

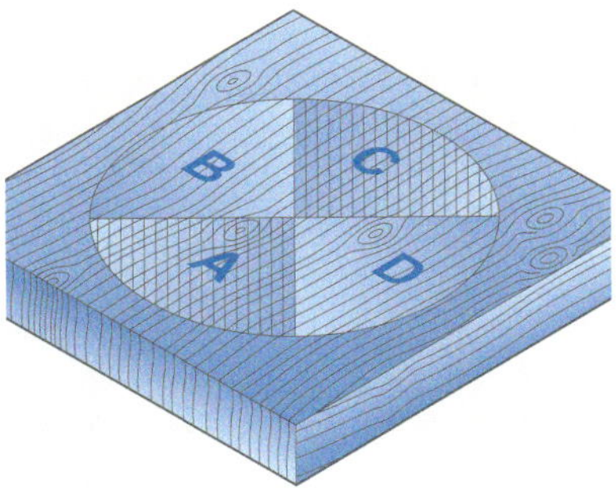

Kritische Bereiche beim Sägen. Segmente A+C geringe Verlaufsgefahr, Segmente B+D hohe Verlaufsgefahr

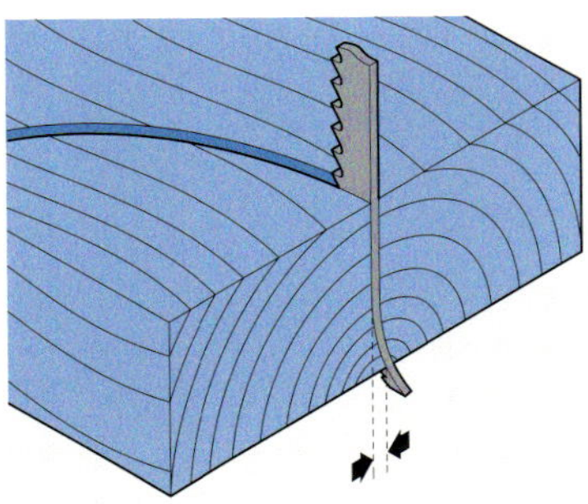

Abweichung des Stichsägeblattes bei Schnitten schräg zur Faser

würde man also die Sägeblätter entsprechend der Schnittführung wechseln. In der Praxis tut das aber kein Anwender, denn es wäre zu Umständlich. Man geht deshalb einen Kompromiss ein und verwendet ein Sägeblatt mit mittlerer Zahnung.

Sägeblätter für den Plattenzuschnitt in geschichteten Hölzern

Bei geschichteten Hölzern sind die Späne durch die geringe Dicke der Schichten stets kurz. Für hohe Schnittqualität verwendet man Sägeblätter mit vielen Zähnen.

Sägen schräg zur Faserrichtung

Häufig kommen schräge Schnitte, das Abrunden von Ecken und auch kreisrunde Schnitte vor. Weil Stichsägeblätter schmal sind und nur oben in der Maschine geführt werden, können sie von den harten Fasern im Holz abgelenkt werden. Dadurch „verlaufen" sie im Werkstück oder biegen sich im unteren Teil des Werkstückes zur Seite, wodurch die Schnittlinie an der Unterseite nicht mehr mit derjenigen der Oberseite übereinstimmt. Dieser Effekt tritt besonders bei langfaserigen Hölzern und beim Auftreffen auf die geschwungenen Fasern entlang von Ästen auf, speziell wenn der Faserverlauf nur in einem ganz geringen Winkel von der Sägerichtung abweicht. Bei schrägem Sägeverlauf sollte man nur mit geringer Vorschubgeschwindigkeit arbeiten. Die Gefahr, dass das Sägeblatt verläuft, ist dann wesentlich geringer.

TIPP

Bei Stichsägearbeiten schräg zur Faser extra dicke und breite Sägeblätter benützen. Mit langsamen Vorschub arbeiten.

Oberflächenqualität bei Schrägschnitten

Beim Schnitt schräg zur Faser geht die Schnittführung der Sägezähne auf einer Seite aus der Faser heraus und auf der gegenüberliegenden Seite in die Faser hinein. Dies hat zur Folge, dass die Schnittqualität auf beiden Seiten unterschiedlich ist. Auf der Seite, auf der die Zähne aus der Faser austreten, ist die Schnittlinie glatt und sauber, auf der Seite,

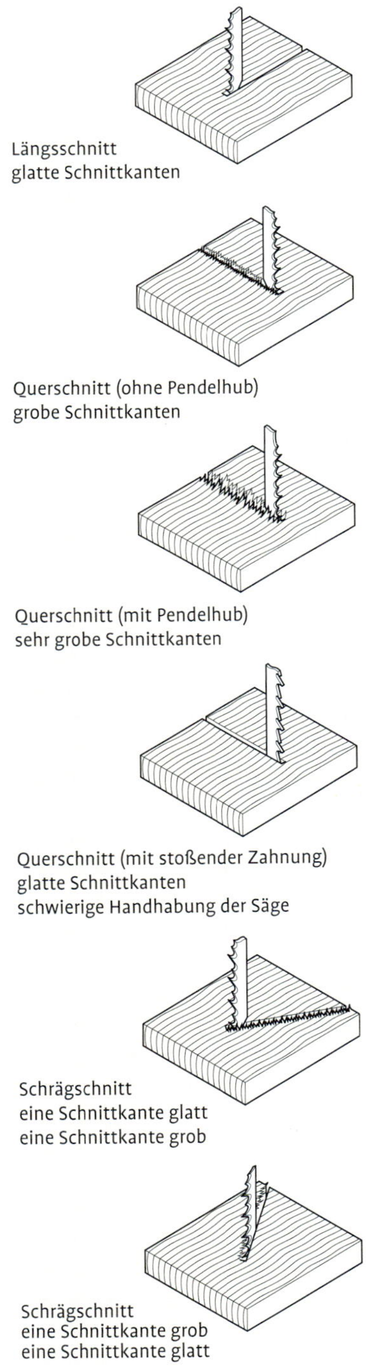

Einfluss der Faserrichtung und der Sägerichtung auf die Schnittgüte

auf der die Zähne in die Faser eintreten jedoch grob und unter Umständen an der Oberfläche etwas ausgerissen. Diesen Effekt kann man sehr einfach prüfen, indem man dies an einem Materialrest ausprobiert. Man kann den Effekt nun so ausnützen, dass man die Sägerichtung auf der Platte so ausrichtet, dass die „gute" Seite jeweils an den Werkstückseiten verläuft und nicht etwa am Abschnitt.

TIPP

Die Ausrissgefahr an der Oberfläche erhöht sich bei Stichsägen, wenn man den Pendelhub einstellt. Durch den Pendelhub arbeitet das Sägeblatt aggressiver und erzeugt deshalb auch stärkere Ausrisse. Bei Schrägschnitten, Querschnitten und empfindlichen Materialien sollte man deshalb den Pendelhub verringern oder ganz abstellen. Der Sägefortschritt wird dadurch zwar langsamer, die Schnittqualität aber wesentlich besser.

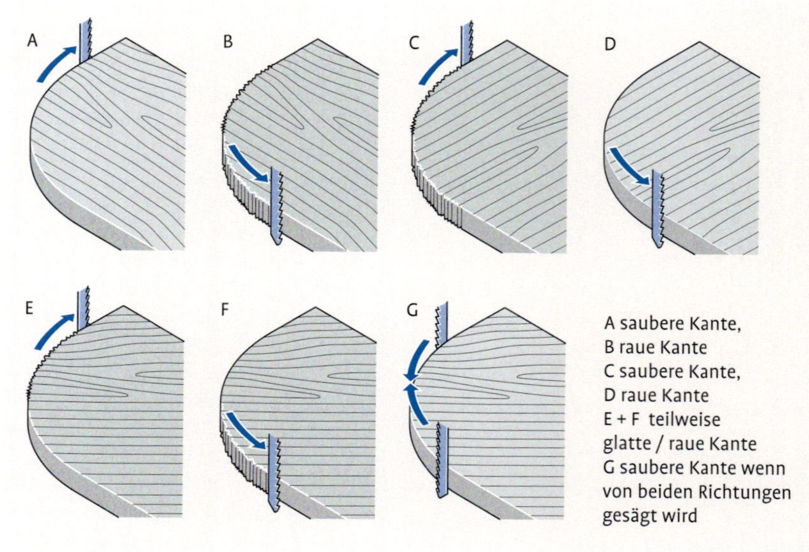

Abrunden von Ecken in Massivholz. Kantenqualität bei unterschiedlichem Faserverlauf in Abhängigkeit von der Sägerichtung

Kurvenschnitte

Geeigneter Sägentyp ist die Stichsäge. Schmale Sägeblätter verwenden. Für ganz enge Kurven gibt es spezielle Sägeblätter von nur wenigen Millimetern Breite. Mit ihnen kann man fast auf der Stelle drehen. Fuchsschwanzsägen eignen sich auch bei Verwendung sehr schmaler Sägeblätter nur für relativ große Radien, die Schnittpräzision ist wegen der erforderlichen Zweihandführung niemals so genau wie bei der Stichsäge. Kreissägen und oszillierende Säge sind wegen der breiten Sägeblätter nicht verwendbar.

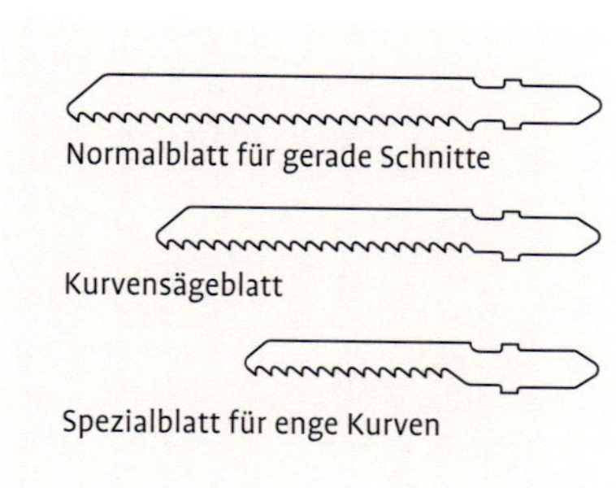

Stichsägeblätter

TIPP

Keinen Pendelhub verwenden. Durch die Pendelbewegung benötigt das Sägeblatt mehr Raum im Sägespalt. Dies hat dieselbe Wirkung als ob man ein sehr breites Sägeblatt verwenden würde.

Abrunden von Ecken

Beim Abrunden von Ecken muss man bei der Bearbeitung von Massivholz die Faserrichtung beachten. Beim Schnitt gegen die Faser wird die Schnittkante rau, beim Schnitt mit der Faser wird sie glatt.

Sägen von Ronden, Kreisen und Ausschnitten

Zum Sägen exakt runder Kreise mit der Stichsäge verwendet man einen Zirkelvorsatz.
Bei Massivholz gelten wieder die Regeln der Schnittrichtung: Gegen die Faser ergibt raue Schnitte, mit der Faser dagegen glatte Schnitte. Da man bei einem Vollkreis stets Segmente mit einem Faserverlauf gegen und mit der Schnittlinie hat, kann man ein einwandfreies Ergebnis nur durch mehrmaliges Umsetzen der Schnittrichtung erreichen.

Kurvenschnitte mit der Stichsäge

TIPP

Wenn man die Zirkelspitze nicht in das Werkstück eindrücken möchte, klebt man mit doppelt klebendem Klebeband ein Stückchen Holz in die Mitte und sticht die Zirkelspitze darin ein.

Sägen mit dem Parallelanschlag

Parallelanschläge sind Führungen, die an der Säge angebracht werden können. Man kann sie so einstellen, dass beim Sägen die gewünschte Abschnittsbreite eingehalten wird. Der Parallelanschlag erlaubt eine Führung der Säge entlang der Werkstückkanten. Die sich ergebende Schnittlinie ist parallel zur Werkstückkante. Die Ausladung des Anschlags ist begrenzt. Es sind deshalb nur Schnitte innerhalb der Anschlaglänge und entlang der Werkstückkanten möglich.

TIPP

Typische Fehlschnitte beim Sägen mit dem Parallelanschlag entstehen dadurch, dass der Anschlag nicht fest genug an die Werkstückkante gedrückt wird.

Sägeschnitte mit dem Parallelanschlag verlaufen nur dann exakt, wenn der Anschlag stets sicher an der Werkstückkante anliegt. Wenn also der Anschlag nicht ausreichend an die Kante angedrückt wird, kann der Schnitt „verlaufen“. Wenn man beispielsweise aus einem Brett schmale Leisten schneiden will, dann wäre in diesem Fall die Leiste verschnitten. Deshalb sollte das

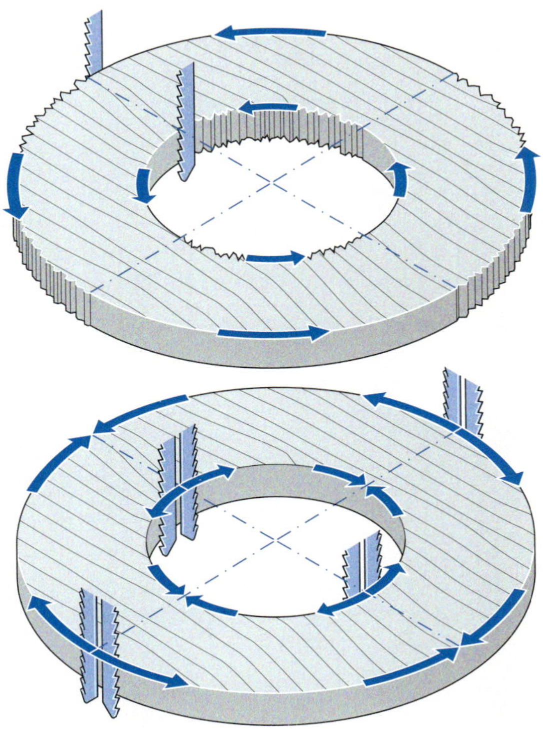

Einfluss der Sägerichtung auf die Schnittqualität
Oben: Beim Sägen in einer Richtung wechseln sich glatte und raue Schnittkanten ab
Unten: Durch Umsetzen der Schnittrichtung hat man stets glatte Kanten

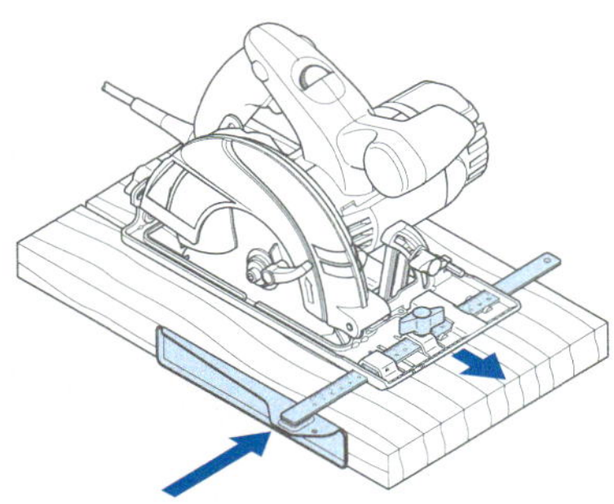

Den Parallelanschlag gegen die Werkstückkante drücken und gleichzeitig den Vorschub ausführen

Handkreissäge mit Parallelanschlag

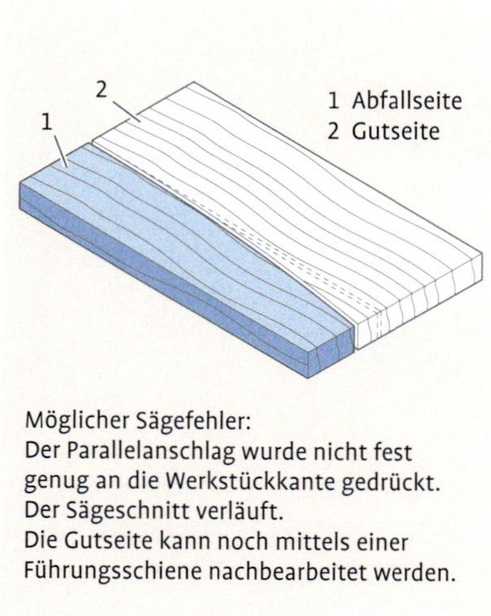

Sägefehler wenn der Anschlag nicht an die Kante angedrückt wird

gewünschte Werkstück nie zwischen Sägeblatt und Anschlag, sondern stets hinter dem Sägeblatt liegen. Sollte nun der Sägeschnitt verlaufen, dann ist die „gute" Seite des Werkstückes zwar nicht präzise, es ist aber immer noch genügend Material vorhanden, um mit einem zweiten Schnitt (diesmal mit der Führungsschiene) maßgenau zu sägen.

Sägen mit der Führungsschiene

Die beim Sägen mit dem Parallelanschlag erwähnten Verschnittprobleme kann man mit der Führungsschiene vermeiden. Für den Heimwerkerbereich gibt es spezielle Führungsschienen, die einfach zu handhaben sind.
Die Führungsschiene erlaubt eine Führung der Säge in beliebiger Lage auf dem Werkstück: Die Lage der Führungsschiene kann längs, quer oder schräg zur Maserung sein. Je nach Konstruktion der Handkreissäge erfolgt die Führung der Säge durch eine Nut in der Grundplatte oder durch einen an der Säge befestigten Adapter.
Ein Zusatznutzen der

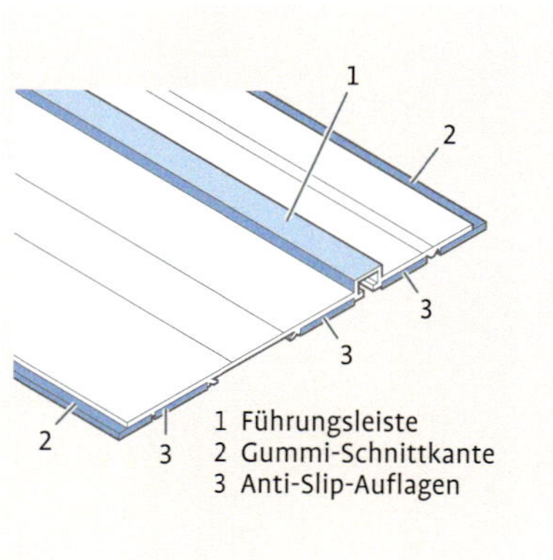

Führungsschiene

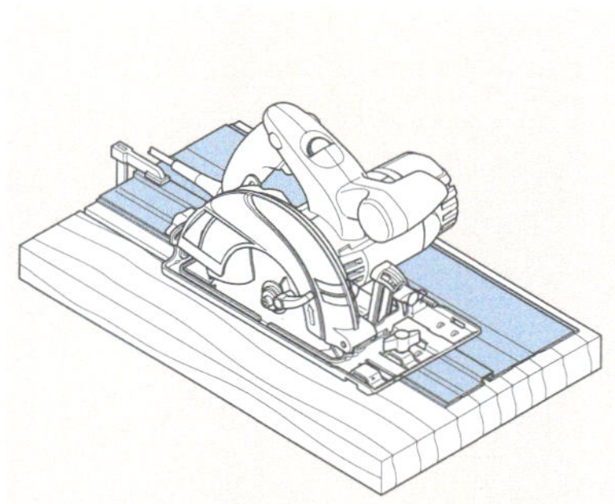

Direktes Sägen auf der Führungsschiene

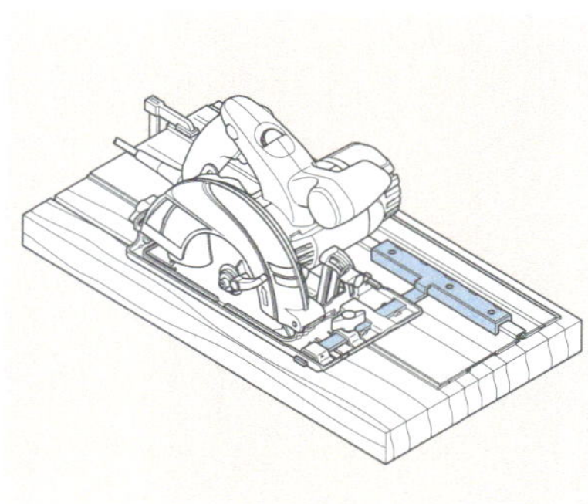

Sägen mit Adapter auf der Führungsschiene

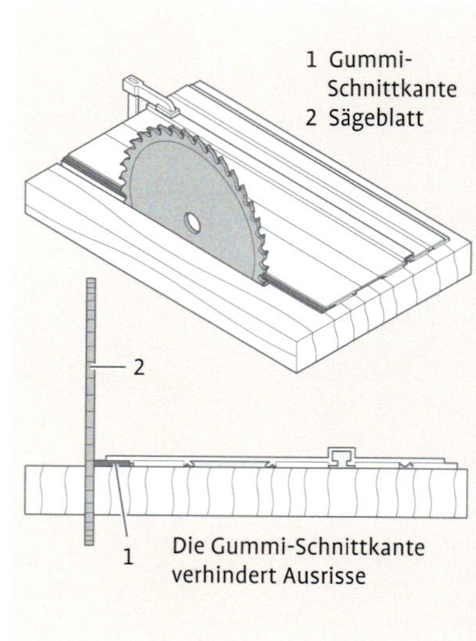

Wirkung der Gummilippe an der Führungsschiene

Führungsschiene besteht darin, dass das Sägeblatt exakt entlang einer Gummilippe entlang sägt. Diese Gummilippe übt einen Druck auf die Oberfläche der Schnittkante aus und vermindert die Ausrissgefahr an der Oberfläche.

TIPP

Die rutschsicheren Auflagen an der Unterseite der Führungsschiene geben einen gewissen Halt auf der Werkstückoberfläche, besser aber ist es, die Führungsschiene durch Spannmittel am Werkstück zu befestigen, damit sie sich während des Sägens nicht unbeabsichtigt verschieben kann.

Sicherheitshinweis
Vor dem Sägen von Metallen in der Bedienungsanleitung nachsehen, ob dies zulässig ist!

Gehrungsschnitte

Gehrungsschnitte erzeugen schräge Schnittkanten. Der Gehrungswinkel kann dabei bis 45° gewählt werden. Gehrungsschnitte können mit Stichsägen und Handkreissägen durchgeführt werden.

Gehrungsschnitte mit der Handkreissäge

Das Maschinengehäuse der Handkreissäge wird auf der Grundplatte geneigt. Hierdurch ändert sich die Winkelstellung des Sägeblattes zum Werkstück. Gehrungsschnitte sind sowohl mit dem Parallelanschlag als auch mit der Führungsschiene möglich. Je nach Ausführung der Säge kann sich dabei die Schnittlinie des Sägeblattes gegenüber der 90°-Einstellung ändern. Durch die Schrägstellung des Sägeblattes zum Werkstück verringert sich die maximale Sägetiefe.

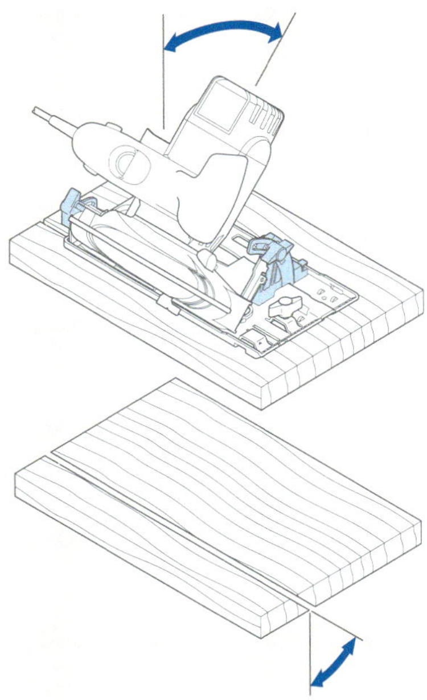

Der Gehrungsschnitt entsteht durch Neigen der Säge auf der Grundplatte.

Gehrungsschnitt

TIPP

Vor dem Sägen mit Gehrung in der Betriebsanleitung nachsehen, ob sich bei der verwendeten Handkreissäge die Sägelinie des Sägeblattes verschiebt.

Gehrungsschnitte mit der Stichsäge

Bei der Stichsäge wird die Fußplatte geneigt. Im Gegensatz zur Handkreissäge ist dies nach beiden Seiten möglich, kann also an die jeweilige Arbeitsposition angepasst werden. Die Neigung reicht bis 45°.
Durch die Schrägstellung des Sägeblattes zum Werkstück verringert sich die maximale Sägetiefe.

Bündigschnitte

Beim Bündigschnitt werden überstehende Werkstückteile so abgetrennt, dass sie auf die gleicher Ebene kommen wie die Werkstückoberfläche oder Werkstückkante. Bündigschnitte werden ebenfalls benötigt, um Werkstücke aneinander anzupassen. Je nach Arbeitsaufgabe eignen sich hierfür die oszillierende Säge oder der Elektrofuchsschwanz am besten.

Bündigschnitte mit der oszillierenden Säge

Für Bündigschnitte mit der oszillierenden Säge verwendet man abgewinkelte (gekröpfte) Sägeblätter. Sie erlauben eine Führung der Säge ohne dass der Werkzeughalter die

Einstellen der Fußplatte an der Stichsäge

Bündigsägen einer Türzarge

Bündigsägen im Möbelbau

Oberfläche des Werkstücks berührt und eventuell beschädigt.
Die oszillierende Säge eignet sich ebenfalls für kleine Arbeiten an überstehenden Kunststoffen und Nichteisenmetallen.

Bündigschnitte mit dem Elektrofuchsschwanz

Bei der Sanierung von Altbauten gibt es häufig Fälle von Bündigschnitten an Metallteilen und Installationen. Hierzu eignet sich besonders der Elektrofuchsschwanz. Weil der Fuchsschwanz beim Sägen in einem leichten Winkel zur Wand steht, müssen flexible Sägeblätter (Bimetallblätter) verwendet werden. Damit die Krümmung des Sägeblattes nicht zu stark wird, müssen lange Sägeblätter verwendet werden. Beim Bündigsägen muss beachtet werden, dass die Andruckplatte nicht aufgesetzt werden kann. Die Säge muss deshalb mit größter Aufmerksamkeit gehalten und geführt werden. Das hin- und hergehende Sägeblatt hinterlässt Spuren auf der Oberfläche.

Bündiges Absägen mit dem flexiblen Sägeblatt

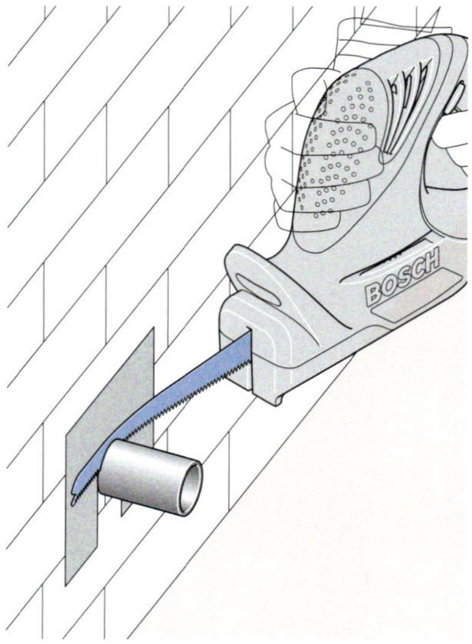

Ein dünnes Blech verhindert Beschädigungen der Wand

TIPP

Wenn beim Bündigsägen keine Spuren auf der Oberfläche entstehen sollen, kann man sich mit einem einfachen selbst gemachten Hilfsmittel helfen. Man nimmt ein entsprechend großes Stück eines etwa 0,5 mm starken Bleches und versieht es so mit einem Ausschnitt, dass es über das Rohrstück gelegt werden kann. Beim Sägen gleitet das Sägeblatt über dieses Blech und schont so die Oberfläche der Wand.

Taschenschnitte

Bei Ausschnitten in Tafeln oder Platten muss nicht unbedingt vorgebohrt werden, um das Sägeblatt durchzustecken. Man wendet hier den so genannten Taschenschnitt an. Der Taschenschnitt setzt allerdings etwas Erfahrung voraus. Man sollte ihn deshalb zunächst mehrmals an einem Abfallstück üben.

Taschenschnitt mit der Stichsäge

Man verwendet ein breites Sägeblatt ausreichender Länge, damit sich ein flacher Eindringwinkel ergibt. Man setzt die Säge so mit ihrer Fußplatte auf das Werkstück, dass das

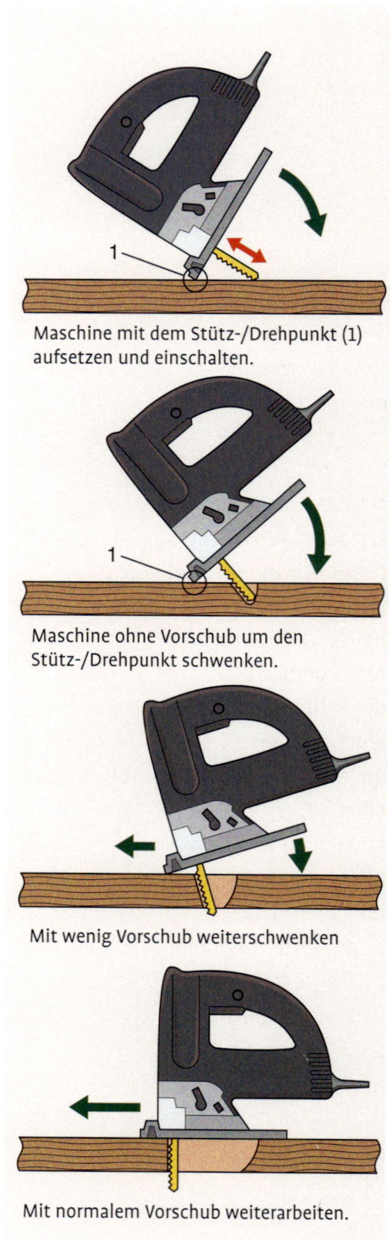

Taschenschnitt mit der Stichsäge

Sägeblatt die Oberfläche noch nicht berührt. Dann schaltet man die Säge ein und dreht bei voller Hubzahl vorsichtig die Säge zum Werkstück. Das Sägeblatt dringt bei diesem Vorgang ein. Wenn das Sägeblatt durch die Platte gedrungen ist, wird die Säge vollends in die Waagrechte geschwenkt und dann geradeaus weiter gesägt.

TIPP

Am Besten gelingt der Taschenschnitt, wenn man den Eintauchschnitt längs zur Holzfaser durchführt.

Taschenschnitt mit der oszillierenden Säge

Die oszillierende Säge eignet sich hervorragend für den Taschenschnitt. Im Gegensatz zur Stichsäge und zum Elektrofuchsschwanz besteht keine Rückschlaggefahr. Die Schnittqualität ist sehr gut.
Bei Taschenschnitten sollte man die oszillierende Säge stets beidhändig führen, weil sich dann das Sägeblatt präziser an die Schnittlinie ansetzen lässt. Bei dickeren Werkstücken hat es sich bewährt das Sägeblatt zunächst entlang der kompletten Schnittlinie zu führen und damit die Oberfläche anzuritzen. Erst dann sollte man in die Tiefe gehen und durchtrennen. Weil das Sägeblatt dabei durch die Anritzung eine gewisse Führung erhält, ist die präzise Schnittführung sicherer.

TIPP

Die oszillierende Säge ist optimal für den Taschenschnitt.

Taschenschnitt mit der oszillierenden Säge in Brettern

Sägen von dünnen Platten

Dünne Platten können beim Sägen mit relativ grob gezahnten Sägeblättern zum Ausriss an der Oberfläche neigen. Deshalb für diese Arbeiten stets fein gezahnte „Clean Cut“ Sägeblätter verwenden. Hat man diese nicht zur Hand, kann man mit einer über das Werkstück gelegten Hilfslage aus Plattenabfällen ein sehr gutes Schnittergebnis erzielen. Am Beispiel der Handkreissäge sieht man, wie es gemacht wird. Prinzipiell gilt die Methode natürlich auch für die Stichsäge.

Taschenschnitt an Möbeln

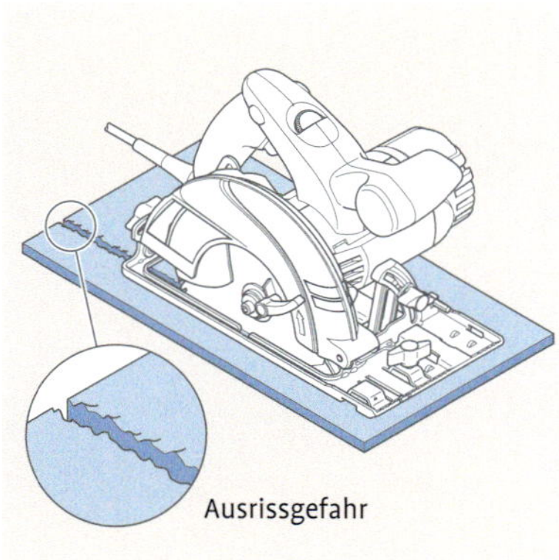

Ausrissgefahr bei dünnen Platten

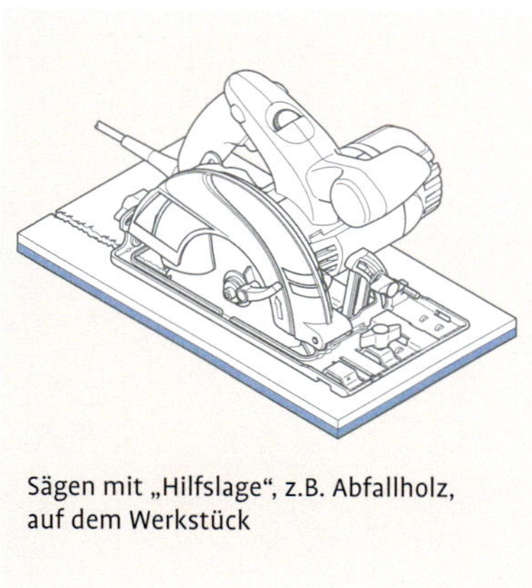

Zusammen mit einer Auflage aus Materialresten sägen

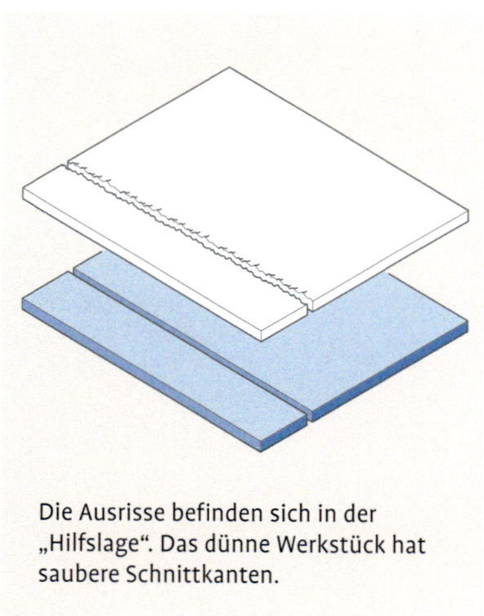

Die Auflage hat Ausrisse verhindert

Sägen von beschichteten Platten

Ein generelles Problem beim Sägen von kunststoffbeschichteten Platten sind die leicht ausgerissenen Schnittkanten an der Oberfläche. Sie entstehen beim Austritt der Sägezähne aus dem Werkstoff. Um ausrissfreie Schnittkanten zu bekommen, lassen sich mehrere Methoden anwenden.

Kleine Zahnteilung

Je kleiner die Sägezähne sind, umso feiner ist der Schnitt und umso geringer die Ausrissgefahr. Dazu sollte man bei der Stichsäge auf den aggressiven Pendelhub verzichten und eine geringe Vorschubkraft anwenden. Den geringeren Arbeitsfortschritt muss man dabei in Kauf nehmen.

Für Schnitte mit exakt geraden Kanten benutzt man am besten die Kreissäge. Wenn immer es möglich ist, sollte man dabei auf der Rückseite des Werkstückes sägen. Durch diese Maßnahme wird die spätere Oberseite zur Unterseite, die Sägezähne dringen in diese Oberfläche ein und erzeugen einen ausrissfreien Sägeschnitt.

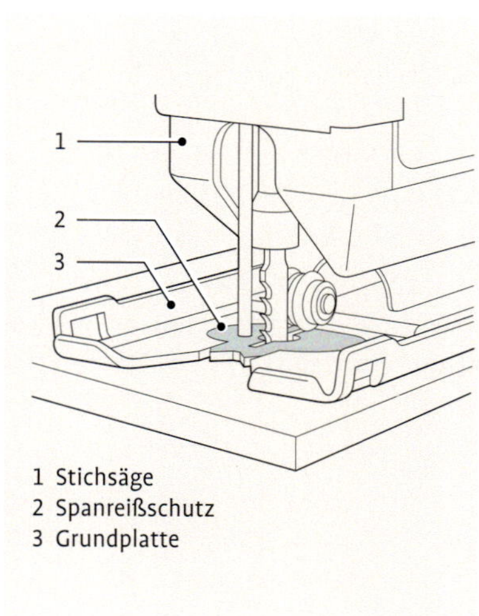

Spanreißschutz

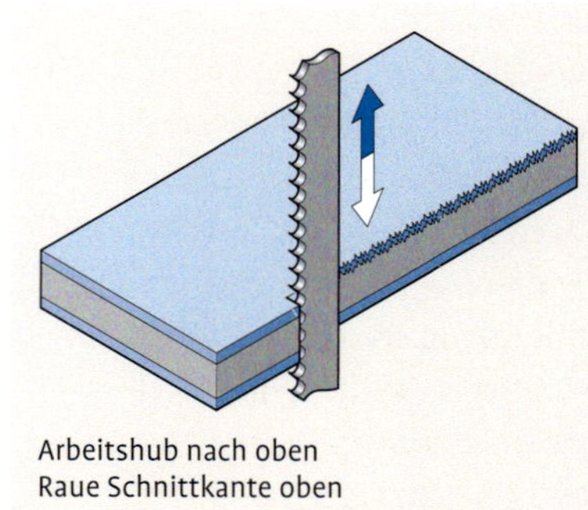

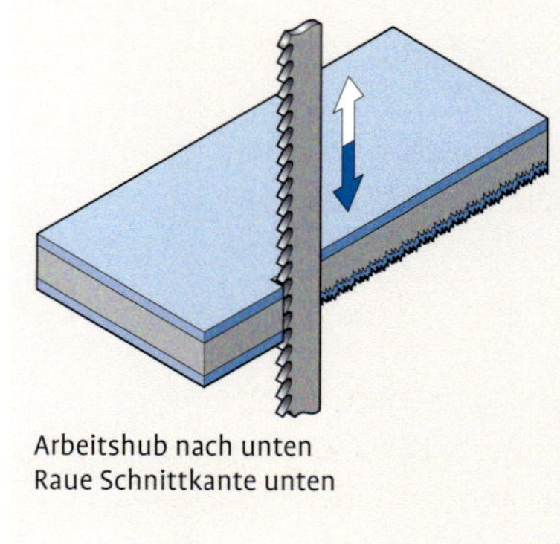

Schnittkantenqualität bei ziehendem und stoßenden Sägeblatt

Splitterschutz verwenden

Für die Stichsäge gibt es einen Spanreißschutz, der in die Fußplatte der Stichsäge eingeclipst wird. Er liegt ganz nahe am Sägeblatt auf der Werkstückoberfläche auf und kann das Aussplittern in einem gewissen Grad verringern.

Stoßendes Sägeblatt

Wie bereits beschrieben, erfolgt die Arbeitsbewegung der Stichsäge durch den Hub des Sägeblattes nach oben. Der Grund hierfür ist, dass die Säge damit an das Werkstück gezogen wird und deshalb wesentlich einfacher und weniger anstrengend zu führen ist. Allerdings ist dieser Aufwärtshub schlecht für eine saubere Oberfläche, weil die nach oben aus dem Werkstück austretenden Sägezähne das Material mitreißen und so die Ausrisse verursachen. Für die Bearbeitung von beschichteten Platten gibt es aus diesem Grund Sägeblätter mit entgegengesetzt, also nach unten gerichteten Zähnen. Dadurch ist der Arbeitshub umgekehrt, die Zähne schneiden beim Eintritt von oben nach unten in das Werkstück. Die Ausrisse befinden sich folglich auf der Unterseite. Allerdings fordern diese Zähne eine erhöhte Aufmerksamkeit vom Anwender. Die Säge muss wesentlich fester an das Werkstück gedrückt werden. Tut man das nicht, kann die Säge auf der Oberfläche springen. Ein gutes Ergebnis ist dann nicht mehr zu erreichen. Das Sägen mit dem stoßenden Sägeblatt unbedingt vorher an einem Werkstückrest üben!

TIPP

Hier ein einfacher Trick zum Schutz der Oberfläche: Man klebt entlang der Schnittlinie ein dickes Klebeband auf das Werkstück. Darauf zeichnet man die Schnittlinie. Dann sägt man unter Anwendung einer der vorgenannten Maßnahmen. Nachdem der Schnitt fertig ist, zieht man das Klebeband ab. Die Anwendung des Klebebandes eignet sich sowohl für Stichsägen als auch für Kreissägen.

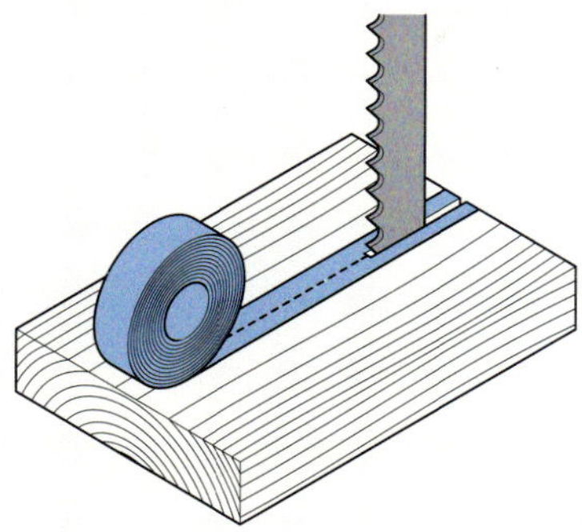

Der Trick mit dem Klebeband

Sägen mit der oszillierenden Säge

Die feine Zahnung und die geringe aber schnelle Zahnbewegung ergeben einen so feinen Schnitt, dass ein Ausriss an der Oberfläche des Werkstückes nicht zu befürchten ist. Wegen des sehr langsamen Arbeitsfortschritts ist dieses Verfahren aber weniger für die Bearbeitung großer Werkstücke geeignet, wie beispielsweise Küchenplatten oder Arbeitsplatten.

Falzen

Unter Falzen versteht man das Formen eines stufenförmigen Absatzes an einer Werkstückkante. Hierbei ist problematisch, dass die Säge beim Sägen auf der Schmalkante nicht genügend Auflagefläche hat und deswegen leicht kippen kann. Man vermeidet das Kippen durch das Anklemmen eines breiten Kantholzes entlang der Schmalkante. Die Säge hat dann genügend Auflagefläche für einen winkelgenauen Schnitt. Zur exakten Schnittführung verwendet man einen Parallelanschlag (in der Abbildung wegen der Übersichtlichkeit weggelassen).

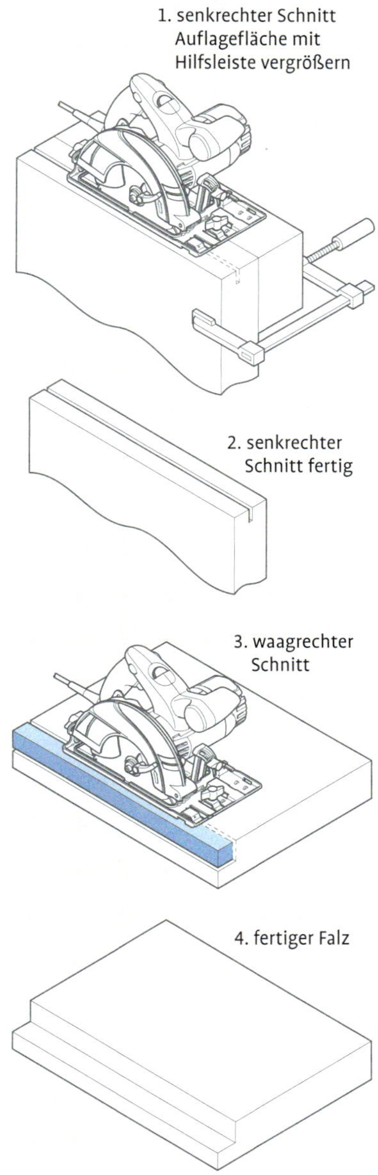

Falzen schmaler Kanten

Nuten

Beim Nuten sägt man zuerst die Begrenzungsschnitte, weil sie eine exakte Einstellung des Anschlages erfordern. Damit ist die Nutbreite präzise festgelegt. Das Ausräumen des zwischen den Begrenzungsschnitten stehen gebliebenen Materials erfolgt durch das Versetzen der Schnittlinie innerhalb der Begrenzungsschnitte um jeweils eine Sägeblattbreite, bis die Nut vollständig ausgeräumt ist.

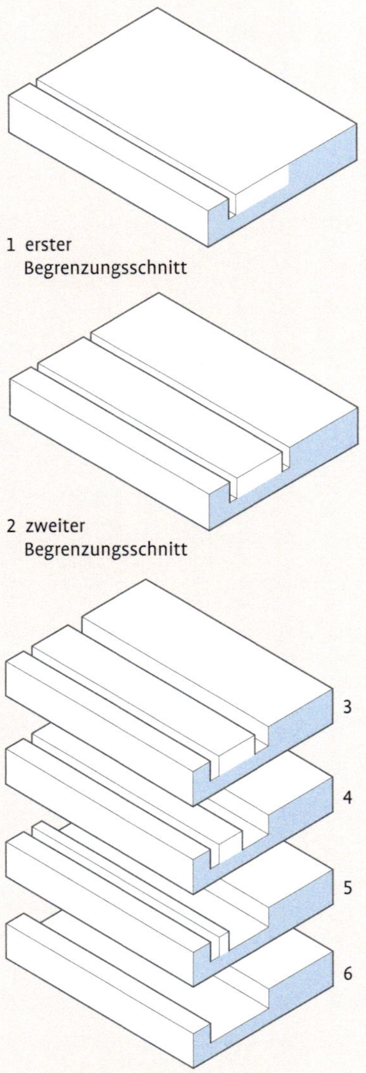

3-6 Ausräumen der Nut durch Versetzen der Säge um je eine Sägeblattbreite

Nuten mit der Handkreissäge

Das Nuten kann sowohl mit dem Parallelanschlag als auch mit der Führungsschiene erfolgen. Nuten mit dem Parallelanschlag ist allerdings bequemer, weil das Versetzen der Schnittlinie beim Parallelanschlag einfacher ist als das Umsetzen der Führungsschiene.

Sägen von Metall

Abgesehen von Hartmetallen lassen sich alle metallischen Werkstoffe mit Hubsägen bearbeiten, sofern man geeignete Sägeblätter verwendet. Allerdings muss die größere Härte von Metall gegenüber Holzwerkstoffen beachtet werden. Das wirkt sich in der Praxis so aus, dass man eine geringere Hubzahl verwendet und eine langsamere Vorschubgeschwindigkeit anwendet.

Besonderheiten der Metallbearbeitung

Im Gegensatz zur relativ unkritischen Holzbearbeitung weist die Metallbearbeitung einige Besonderheiten auf, die im Hinblick auf eine gute Schnittqualität und die Lebensdauer der Sägeblätter beachtet werden müssen.

Zahnteilung

Unter Zahnteilung versteht man die Anzahl der Zähne pro Längeneinheit auf dem Sägeblatt. Bei Hubsägen verwendet man Sägeblätter mit geringer Zahnteilung, also Sägeblätter mit vielen kleinen Zähnen. Die Zahnteilung hängt dann in der Praxis von der Dicke des zu sägenden Werkstückes ab und sollte so gewählt werden, dass mindestens zwei Zähne im Eingriff sind.

Schmierung / Kühlung

Die Zahnbelastung ist beim Sägen von Metall sehr hoch, wodurch am Sägezahn eine hohe Temperatur entsteht. Hierdurch können zwei unerwünschte Effekte entstehen:

→ Die Zahnspitzen können überhitzt werden („ausglühen") wodurch sie ihre Schärfe und Festigkeit verlieren. Das Sägeblatt ist dann unbrauchbar.
→ Beim Sägen von niedrig schmelzenden Metallen, wie beispielsweise Aluminiumlegierungen, kann sich Aluminium an das Sägeblatt anlagern. Es wird dadurch dicker und rauer, erzeugt noch mehr Reibung im Sägespalt und wird letztlich unbrauchbar.

Als Kühl- bzw. Schmiermittel bewähren sich bei Stahl und Alu spezielle Schneidfette, die vor dem Sägen auf das Sägeblatt aufgetragen werden.

Mit oder ohne Pendelhub sägen?

Ob man beim Sägen von Metall mit der Stichsäge den Pendelhub verwendet, hängt vom Werkstoff und von der Blechdicke ab.

→ Dünne Bleche mit wenig oder ohne Pendelhub sägen.
→ Bleche über 5 mm Dicke mit Pendelhub sägen.
→ Leichtmetalle mit Pendelhub sägen.
→ Stahl mit weniger Pendelhub sägen.

Auch hier gilt die bewährte Regel: Pendelhubeinstellung an einem Probestück ausprobieren.

Sägen mit der Handkreissäge

Beim Sägen von NE-Metallen soll mit niedrigerer Schnittgeschwindigkeit als bei Holz gesägt werden. Bei elektronisch geregelten Handkreissägen stellt man hierzu am Drehzahlstellrad eine geringere Drehzahl ein. Dies kann bei länger dauernden Sägearbeiten aber dazu führen, dass der Motor überhitzt. Der Grund hierfür ist folgender: Die Belastung ist beim Sägen von Metall sehr hoch, gleichzeitig kühlt das Gebläserad wegen der geringeren Motordrehzahl den Motor nicht mehr ausreichend. Dieses Problem kann man wie folgt vermeiden:

→ Montage eines Sägeblattes mit geringerem Durchmesser.
→ Einstellung der Drehzahl auf Maximalwert.

Der Motor wird jetzt durch die hohe Drehzahl ausreichend gekühlt, gleichzeitig ergibt sich durch den geringeren Umfang des kleineren Sägeblattes die gewünschte niedrigere Schnittgeschwindigkeit.

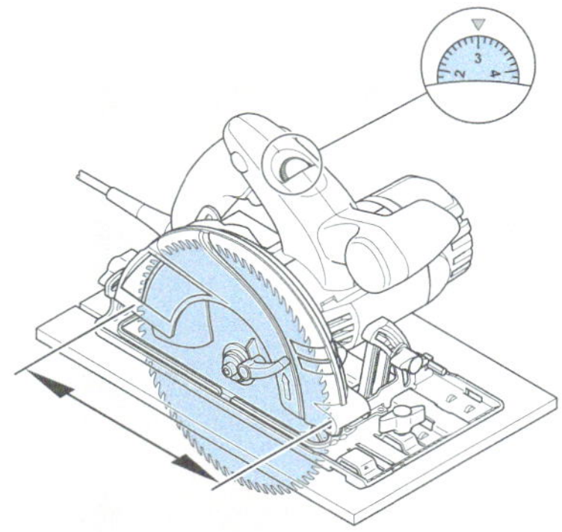

niedrige Drehzahl
= schlechte Motorkühlung

großer Sägeblattdurchmesser
= richtige Schnittgeschwindigkeit

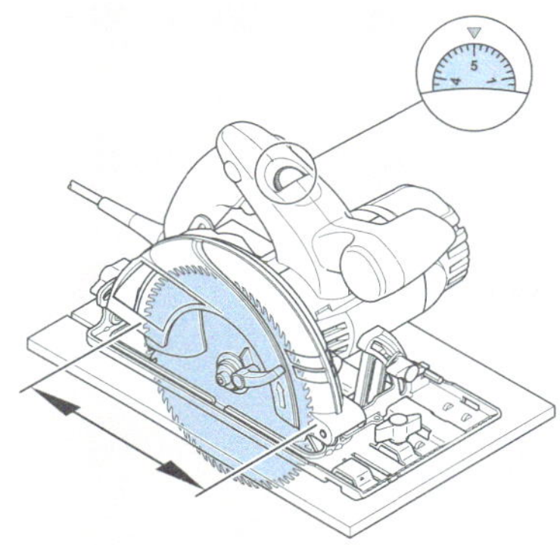

hohe Drehzahl
= gute Motorkühlung

kleiner Sägeblattdurchmesser
= richtige Schnittgeschwindigkeit

Ein kleineres Sägeblatt verhindert die Überlastung der Kreissäge

Neues Sägeblatt

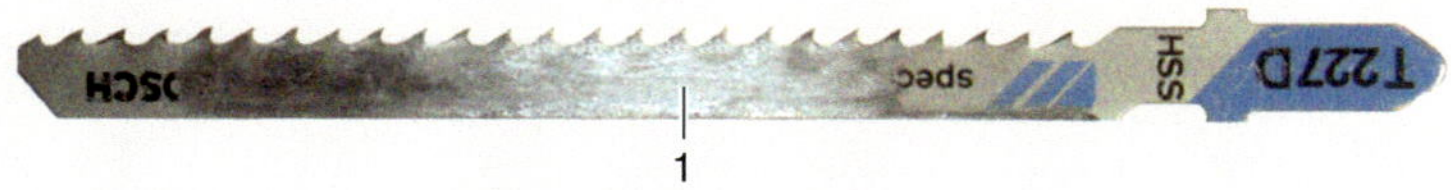

ca. 0,3m Sägeschnitt in 5mm Aluminium, ungeschmiert

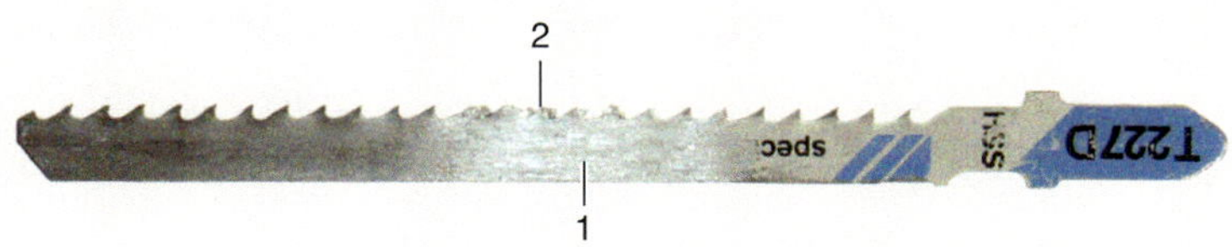

ca. 0,5m Sägeschnitt in 5mm Aluminium, ungeschmiert

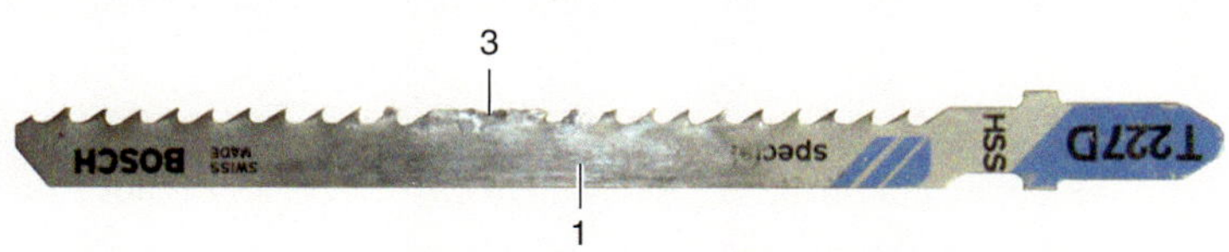

ca. 0,75m Sägeschnitt in 5mm Aluminium, ungeschmiert

ca 5m Sägeschnitt in 5mm Aluminium, geschmiert

1 Aluminiumablagerungen durch Stammblattreibung im Werkstoff: verstärkte Reibung
2 Beginnende Aufbauschneide durch Aluminiumablagerungen an den Zahnflanken
3 Komplett verstopfte Zahnung durch Aluminiumablagerungen

Sägen von Aluminium

Sägen von dünnen Blechen mit der Stichsäge

Bleche mit einer Dicke von 1 mm oder weniger stellen beim Sägen ein Problem dar: hier reicht selbst die kleinste Zahnteilung des Sägeblattes nicht aus, um einen ratterfreien Schnitt zu ermöglichen. Als Folge davon kann sich das Blech an den Schnitträndern verformen. Wenn

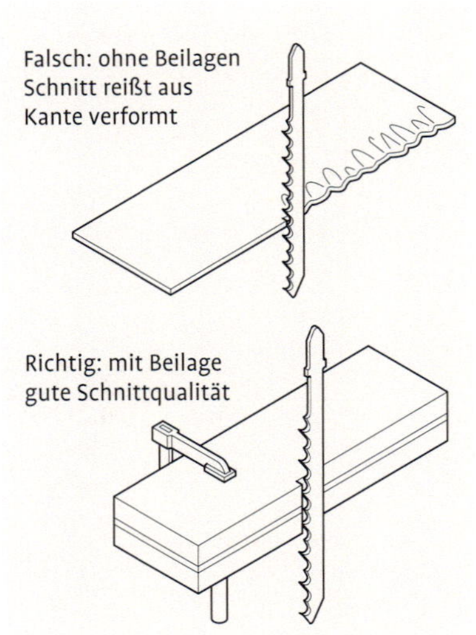

Sägen von dünnen Blechen

man in diesen Fällen einen einwandfreien Schnitt haben möchte, sollte man das „Sandwichverfahren" anwenden und das dünne Blech zwischen zwei Beilagen packen und das Ganze gemeinsam durchsägen.

Aluminium „Special"
Aluminiumlegierungen lassen sich sehr gut sägen, allerdings lagert sich das Aluminium an den Sägezähnen und den Sägeblattflanken ab. Dies erzeugt letztendlich soviel Reibung, dass das Sägen unmöglich wird. Die einzig helfende Maßnahme ist, das Sägeblatt regelmäßig mit einer Stearinkerze oder besser mit Fett zu bestreichen. Auch ein Gemisch aus Wasser und Spiritus hat sich bewährt. Der Aufbau von Aluminium wird dadurch vermindert und das Sägeblatt hat eine längere Standzeit.

Sägen von Kunststoffen

Bei Kunststoffen gibt es die drei Grundtypen
→ Elastomere
→ Thermomere
→ Duromere
Wenn man diese Kunststoffe sägen will, ergeben sich daraus drei generelle Empfehlungen, die aber wegen der fast unendlichen Vielfalt der Eigenschaften von Kunststoffen nur als Ansatzpunkte gedacht sind. Im Zweifelsfall lohnt sich immer ein Versuch an einem Probestück.

Elastomere
Hierunter versteht man dauerelastische Kunststoffe, als Beispiel seinen hier Schaumstoffe, Polyethylene und Polyurethane genannt. Für sehr dicht geschäumte Elastomere lassen sich Sägeblätter mit feiner Zahnung verwenden, grobporige Elastomere sägt man besser mit scharf geschliffenen Messerklingen, die für Stichsägen und Fuchsschwanzsägen erhältlich sind.
Alternativ eignet sich auch die oszillierende Säge recht gut, um dünnere Elastomere zu trennen. Das mit hoher Geschwindigkeit oszillierende Sägeblatt verhindert, dass der Werkstoff ausweichen kann.

Thermomere (Thermoplaste)
Diese Kunststoffe werden bei höheren Temperaturen plastisch und schmelzen im Extremfall. Nach der Abkühlung verfestigen sie sich wieder. Typische Vertreter dieser Gruppe sind PVC, Acrylglas und Polycarbonate. Sie lassen sich mit den für Holz geeigneten Sägeblättern hervorragend schneiden. Allerdings sollte unbedingt auf eine richtige (meist langsamere) Schnittgeschwindigkeit geachtet werden. Die Hubzahl oder Drehzahl ist also zu verringern. Auch sollten die Sägeblätter unbedingt neu und scharf sein. Trotzdem wird es entlang des Sägeschnittes zu Anschmelzungen des „Sägemehls" kommen, wodurch die Schnittkante meist einer Nachbearbeitung bedarf.

Duromere (Duroplaste)
Die Kunststoffe dieser Gruppe verändern ihre Eigenschaften durch Wärme nicht mehr. Zu dieser Gruppe gehören Polyamide, Phenolharze und auch die Reaktionsharze wie Polyester- und Epoxidharze. Duromere, und davon besonders die Reaktionsharze,

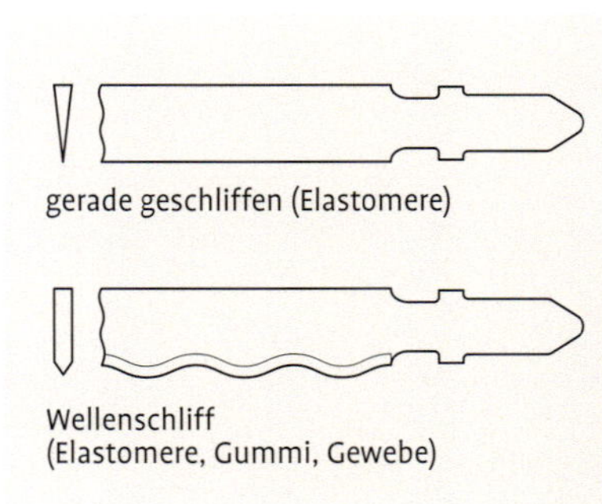

Messerprofile für Stichsäge und Fuchsschwanzsäge

Schneiden von Isolierstoffen mit der oszillierenden Säge

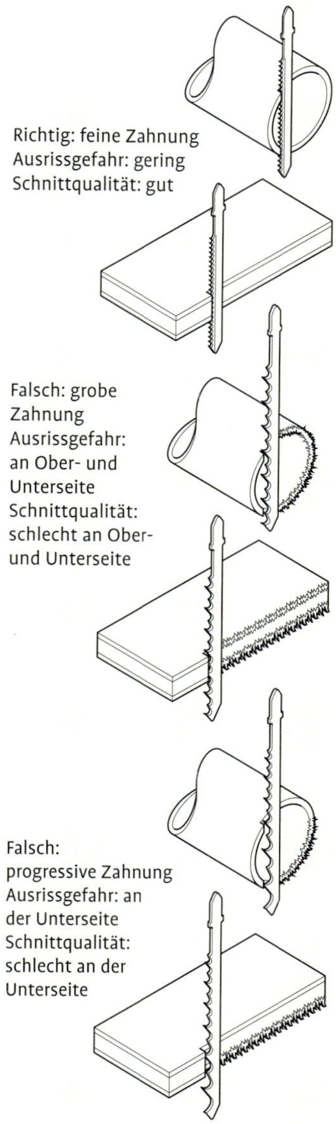

Sägen von Hohlprofilen und Verbundwerkstoffen

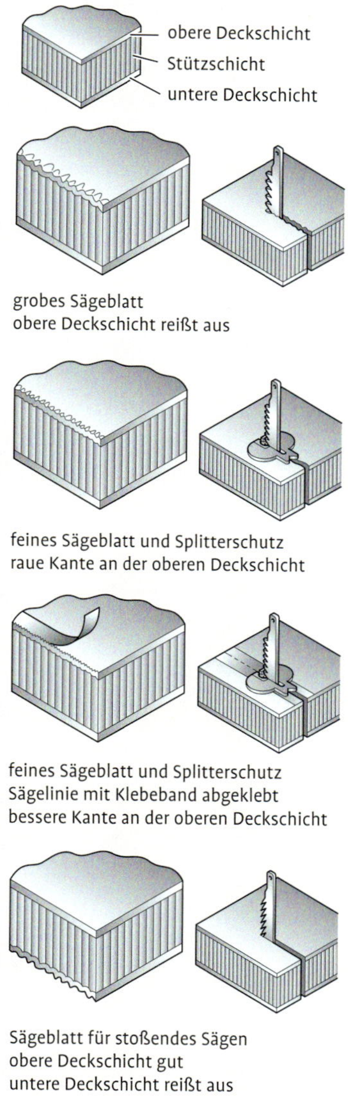

Sägen von Sandwichplatten

sind häufig mit Glas- oder Kohlefasern verstärkt.
Duromere schneidet man am besten mit den selben Sägeblättern, die man für die Metallbearbeitung benutzt. Bei glasfaserverstärkten Kunststoffen wirkt der Faseranteil sehr stark abnützend auf die Schneiden, wodurch deren Standzeit und auch die Schnittqualität stark zurückgehen. Für diese Kunststoffe sollten deshalb auch bei Stichsägen ausschließlich Sägeblätter mit Hartmetallzähnen verwendet werden.

Sägen von Hohlprofilen und Verbundplatten

Verbundplatten und Hohlprofile dürfen nicht mit progressiv gezahnten oder grob gezahnten Sägeblättern gesägt werden. Durch die grobe Zahnform kann es bei Verbundplatten zu Ausrissen an den Oberflächen kommen, bei dünnen Hohlprofilen können durch die grobe Zahnform Verformungen eintreten.

Sägen von Hohlprofilen

Grundsätzlich sollte man Hohlprofile vor dem Sägen fixieren. Nur dann gelingen qualitativ gute Schnitte. Das Sägeblatt muss stets wesentlich länger sein als der Querschnitt

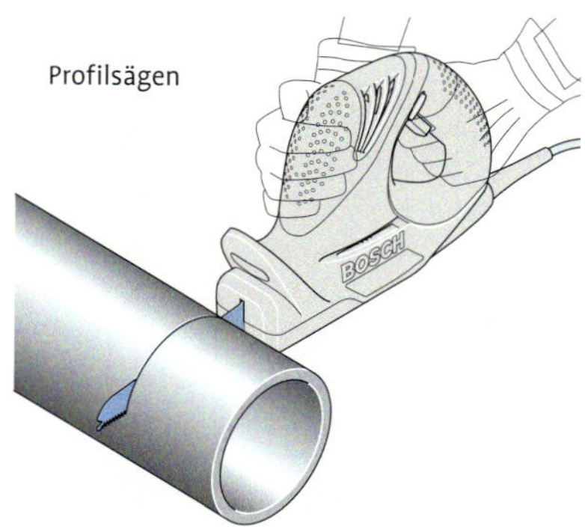

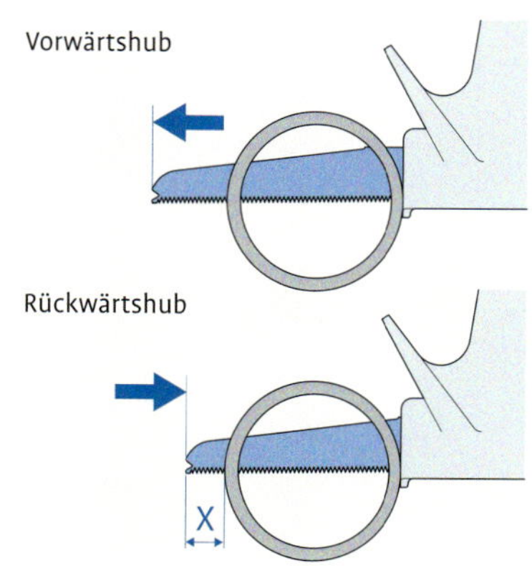

Der Überstand X sollte beim Einwärtshub aus Sicherheitsgründen noch mindestens 5 cm betragen

des Profils, damit das Sägeblatt beim Einwärtshub noch sicher außerhalb des Profils bleibt.

Sägen von mineralischen Baustoffen

Einfach gebrannte Kacheln und Fliesen können mit Hubsägen bearbeit werden, wobei allerdings die Bruchgefahr immer gegeben ist. Wegen der sehr spröden Struktur und der geringen Dicke dieser Baustoffe sind normale, gezahnte Sägeblätter nicht geeignet. Die Zahnung würde Vibrationen verursachen, die letztlich Risse verursachen. Anstelle der „normalen“ Sägeblätter verwendet man statt dessen Sägeblätter mit einer Granulatbeschichtung aus Hartmetall. Diese Beschichtung gleicht Schleifkörnern, statt „gesägt“ wird also eigentlich beim Hin- und Hergehen des Sägeblattes der Sägespalt geschliffen.

TIPP

Die Pendelung bei der Stichsäge ist in jedem Fall abzuschalten.

Stationäre „Benchtop“-Sägen

Aus dem Englischen übersetzt bedeutet Benchtop „on top of the (work) bench“, also „auf der Werkbank“. Es handelt sich um Geräte, die normalerweise auf der Werkbank oder einem Untergestell betrieben werden. Handgeführte Elektrowerkzeuge sind zwar klein, handlich und universell einsetzbar. Ihr großer Vorteil besteht in der Ortsunabhängigkeit. Nachteilig ist, dass die Arbeitsqualität zu einem guten Teil von der Fertigkeit des Anwenders abhängt. Hält er beispielsweise die Handkreissäge schief, wird auch der Sägeschnitt nicht besonders gut ausfallen.
Eine Alternative für ein präziseres Arbeitsergebnis und einen schnelleren Arbeitsfortschritt wäre die Verwendung einer stationären Kreissäge. Fixe Anschläge sorgen für eine hochgenaue Schnittführung, ein starker Motor für einen hohen Arbeitsfortschritt. Aber auch die stationäre Kreissäge hat Nachteile: Sie ist groß, schwer und muss fest installiert werden, ein Nachteil für den meist nicht sehr großen Hobbyraum. Wenn man ein Werkzeug sucht, das die Forderung nach Mobilität mit der Präzision des Stationärgerätes verbindet, heißt die Antwort „Benchtop“. Nur dieser Werkzeugtyp erfüllt die Voraussetzungen für die oben genannten Forderungen:

- → Hohe Genauigkeit durch ein solides, formstabiles Maschinengehäuse mit integrierten Arbeitsplatten.
- → Transportabel und kompakte Außenmaße.
- → Schneller Arbeitsfortschritt durch leistungsfähigen, fest eingebauten Antriebsmotor.
- → Ermüdungsarmes Arbeiten und hohe Arbeitssicherheit.

Typische Benchtopgeräte sind:

- → Tischkreissägen
- → Unterflur-Zugsägen
- → Kapp- und Gehrungssägen
- → Paneelsägen

Tischkreissägen

Bei Tischkreissägen ist der Sägeblattantrieb schwenk- und höhenverstellbar. Die Oberfläche des Maschinengehäuses bildet den so genannten

Tischkreissäge

Unterflur-Zugsäge

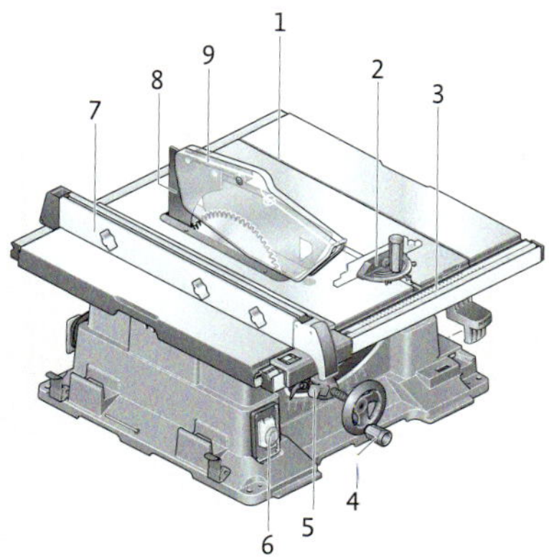

1 Sägetisch
2 Winkelanschlag
3 skalierte Schiene für Parallelanschlag
4 Höhenverstellung Sägeblatt
5 Kippverstellung Sägeblatt
6 Ein / Aus- Stoppschalter
7 Parallelanschlag
8 Spaltkeil
9 Schutzhaube

Aufbau der Tischkreissäge.

Sägetisch. Der Sägetisch hat Längs- und Quernuten, in denen Längs- und Queranschläge verstellbar geführt werden. Das Sägeblatt ist durch eine flexible Schutzhaube abgedeckt. Sie weicht beim Durchschieben des Werkstückes nach oben aus und deckt den über das Werkstück hinausragenden Teil des Sägeblattes ab. Ein Spaltkeil (der auch die Abdeckung hält) verhindert ein Klemmen des Werkstückes am Sägeblatt. Die beim Sägen entstehenden Späne können abgesaugt werden. Tischkreissägen werden mit Dauereinschaltung betrieben. Sie sind deshalb mit einem Maschinen-Schutzschalter ausgerüstet. Dieser hat gleichzeitig eine Not-Aus-Funktion und einen Wiederanlaufschutz nach Stromunterbrechung.

Unterflur-Zugsägen

Die Unterflur-Zugsäge ist eine Variante der Tischkreissäge und besitzt alle ihre Funktionen. Während jedoch bei der Tischkreissäge das Werkstück zum Sägeblatt geschoben wird, gestattet die Zugfunktion, dass das Sägeblatt in das auf dem Sägetisch fixierte Werkstück bewegt wird. Durch diese Funktion sind hochpräzise Schnitte möglich, beispielsweise Quer- und Gehrungsschnitte an Paneelen. Die Bewegung des Sägeblattes erfolgt durch eine mit der Höhenverstellung kombinierte Zugstange an der Frontseite der Säge. Die ziehende Hand ist somit nicht im Bereich des Sägeblattes.

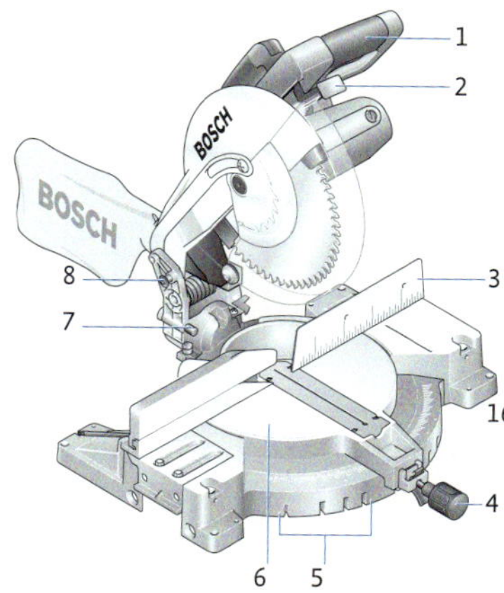

1 Schwenkgriff
2 Auslösesperre
3 Längsanschlag
4 Feststellknopf Feineinstellung
5 Standard-Rastwinkelnuten
6 Drehtisch
7 Kipplager
8 Schwenklager

Aufbau der Kapp- und Gehrungssäge

Kapp- und Gehrungssäge

Paneelsäge (Zugsäge)

Benchtop-Praxis

Kapp- und Gehrungssägen

Kapp- und Gehrungssägen haben einen Drehtisch in der Grundplatte. Der Antriebsmotor mit dem Sägeblatt befindet sich an einem Schwenkarm. Der Drehtisch ist nach rechts und links verstellbar. Der Verstellbereich liegt bei ca. 100°, wodurch Gehrungsschnitte nach links und rechts bis jeweils über 45° hinaus möglich sind. Der Schwenkarm ist in einem Doppelgelenk gelagert. Dies erlaubt einerseits die Kappfunktion im Winkel von 90° zur Grundplattenebene, andererseits kann ein Neigungswinkel zwischen 0° und 45° nach links von der Senkrechten eingestellt werden.

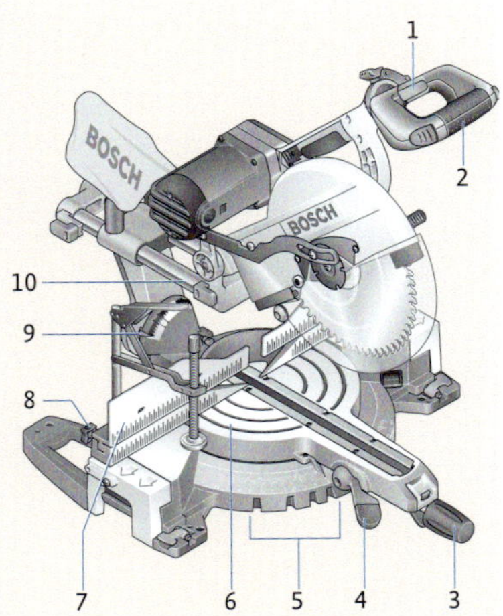

1 Auslösesperre
2 Schwenk- und Zugriff
3 Feststellknopf Feinabstimmung
4 Schnellarretierung
5 Standard- Rastwinkelnuten
6 Drehtisch
7 Längsanschlag
8 Anschlagverstelllung
9 Kipplager
10 Zugsäulen

Aufbau der Paneelsäge (Zugsäge)

Paneelsägen (Zugsägen)

Paneelsägen haben dieselben Grundfunktionen wie Kapp- und Gehrungssägen. Sie unterscheiden sich durch den Schwenkarm. Er ist mittels eines Doppelzuges neben der Schwenkfunktion auch horizontal verschiebbar, wodurch eine wesentlich größere Schnittbreite als bei der Kapp- und Gehrungssäge erreicht wird.
Typisches Anwendungsgebiet ist das Ablängen von Paneelen, Parkettdielen, Laminat und Brettern.

Arbeitssicherheit bei Benchtop-Geräten
Beim Sägen entstehen Späne und Staub. Man sollte deshalb stets mit einer Absaugeinrichtung arbeiten. Eine Schutzbrille sollte immer verwendet werden. Beim Sägen entstehen teilweise sehr laute Arbeitsgeräusche, die bei Dauereinwirkung langfristig zur Taubheit führen können. Das Tragen von Gehörschutz ist deshalb auch bei kurzen Maschineneinsätzen wichtig. Schutzhandschuhe sind beim Umgang mit Sägen nicht empfehlenswert. Wird das zähe Handschuhmaterial von den Sägezähnen erfasst, so wird unweigerlich die ganze Hand in das Werkzeug eingezogen.

Die wichtigsten Anwendungen für Tischkreissägen, Kapp / Gehrungssägen und Paneelsägen sind:
→ Kappschnitte
→ Zugschnitte
→ Schwenkschnitte
→ Kappschnitte mit Anschlag
→ Kappschnitte Kanthölzer / Bretter
→ Kappschnitte Paneele
→ Kappschnitte Rohre und Profile
→ Zuschnitt Bodenleisten / Deckenleisten
→ Nuten von Brettern
→ Abblatten von Brettern
→ Längsschnitte

Sicherheitshinweis
Aus Gründen der Übersichtlichkeit ist in einigen Abbildungen der Sägeblattschutz nicht eingezeichnet. In der Praxis darf der Sägeblattschutz aus Sicherheitsgründen niemals entfernt werden!

Kappschnitte

Als Kappschnitt bezeichnet man das Ablängen von Leisten, Kanthölzern, Bohlen, Brettern und Profilen. Der Kappschnitt kann gerade, winklig, geneigt oder als Kombination gleichzeitig winklig und geneigt ausgeführt werden. Der Kappschnitt kann mit der Kapp- und Gehrungssäge oder mit der Zugsäge (Paneelsäge) erfolgen.

Einfacher Kappschnitt, senkrecht und im Winkel von 90°.
Beim einfachen Kappschnitt geht es darum, ein Werkstück zu kürzen, auf ein genaues Maß zu bringen

oder eine saubere und winkelgenaue Stirnkante zu bekommen. Geeignete Sägetypen:

→ Kapp/Gehrungssäge
→ Zugsäge (Paneelsäge)
→ Tischkreissäge

Kappschnitte mit der Kappsäge oder Paneelsäge

Das Sägeblatt steht im rechten Winkel zum Werkstück und zum Drehtisch. Durch eine Schwenkbewegung (Kappsäge) oder eine Zug- bzw. Schubbewegung (Zugsäge) wird das Werkstück getrennt.

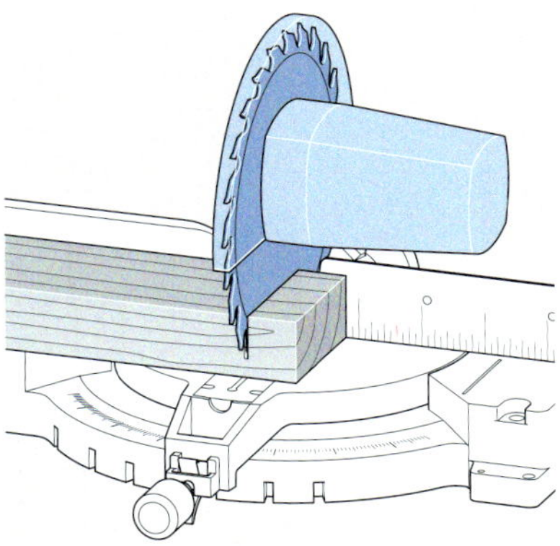

Gerader Kappschnitt im Winkel von 90°

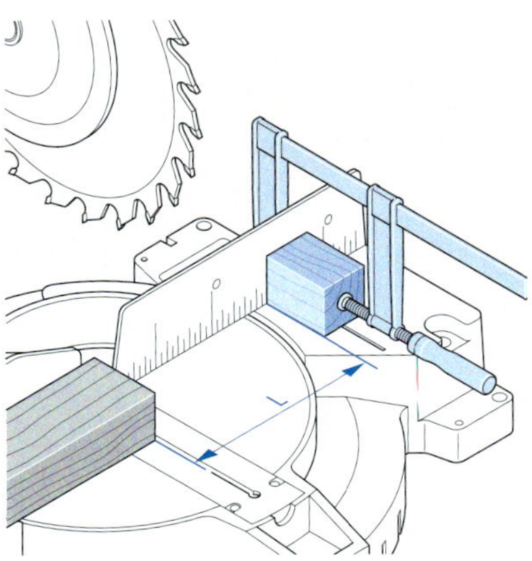

Improvisierter Anschlag mit Hilfe eines festgespannten Holzklotzes

Kappen mit Anschlag

Sollen mehrere Werkstücke auf gleiche Länge gesägt werden, ist es sinnvoll, einen Queranschlag zu verwenden. Im einfachsten Fall kann dies ein Stück Holz sein, das im entsprechenden Abstand zur Schnittlinie auf dem Sägetisch oder am Längsanschlag befestigt wird.
Das Werkstück wird bis zum Queranschlag geschoben und dann getrennt. Entsprechend der Anzahl der benötigten Werkstücke wird dieser Vorgang dann wiederholt.

TIPP

Bei Sägen gegen Queranschlag kann es beim Schnitt durch das Werkstück eventuell zum Verkanten des abgeschnittenen Werkstückteils zwischen Sägeblatt und Queranschlag kommen, wodurch nicht nur kein sauberes Ergebnis erzielt wird, sondern auch das abgeschnittene Teil herumgeschleudert werden kann. Hier kann man sich mit einem einfachen Trick behelfen: Man stellt den Queranschlag um 10 mm weiter ein. Dann hält man ein 10 mm starkes Brettchen vor den Anschlag und schiebt das Werkstück dagegen. Wenn man nun das Werkstück in dieser Position festhält und das „Distanzbrettchen" wieder herauszieht, entsteht zwischen Werkstück und Queranschlag ein 10 mm breiter Spalt. Beim Durchtrennen des Werkstückes kann dieses sich nun nicht mehr zwischen Sägeblatt und Anschlag verkanten. Der Schnitt bleibt dadurch längengenau und sauber.

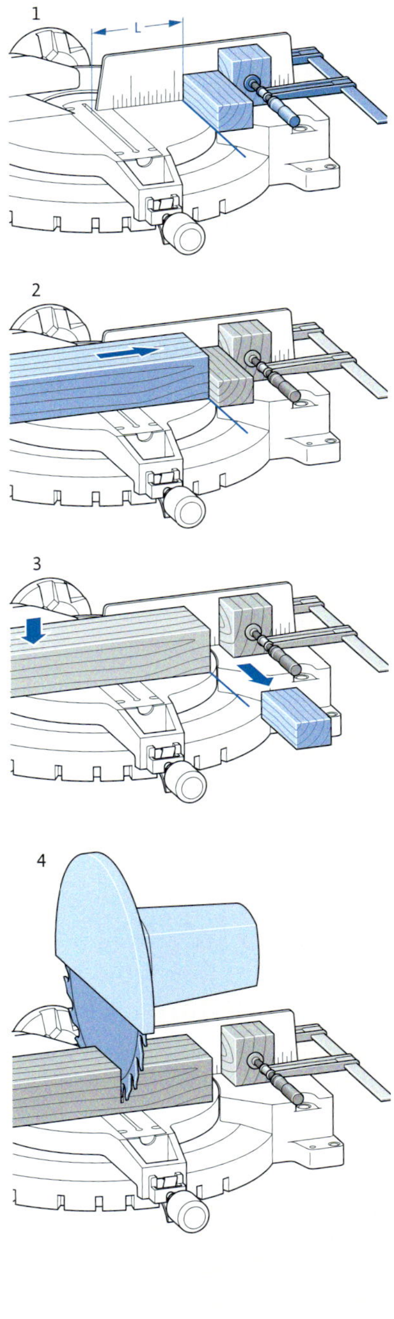

Wenn man den „Hilfsanschlag" vor dem Trennschnitt entfernt, kann das abgesägte Werkstück nicht verkanten!

Kappschnitte mit der Tischkreissäge

Zum winkelgenauen Kappen mit der Tischkreissäge benützt man den Winkelanschlag. Er wird auf 90° eingestellt. Das Werkstück wird an den Winkelanschlag angelegt und mittels des Winkelanschlages zum Sägeblatt geführt.

TIPP

Beim Sägen mit der Tischkreissäge gegen den Anschlag kann es beim Schnitt durch das Werkstück eventuell zum Verkanten des abgeschnittenen Werkstückteils zwischen Sägeblatt und Anschlag kommen, wodurch nicht nur kein sauberes Ergebnis erzielt wird, sondern auch das abgeschnittene Teil herumgeschleudert werden kann. Hier kann man sich mit einem einfachen Trick behelfen: Man stellt den Anschlag um 10 mm weiter ein. Dann hält man ein 10 mm starkes Brettchen vor den Anschlag und schiebt das Werkstück dagegen. Wenn man nun das Werkstück in dieser Position festhält und das „Distanzbrettchen“ wieder herauszieht, entsteht zwischen Werkstück und Anschlag ein 10 mm breiter Spalt. Beim Durchtrennen des Werkstückes kann dieses sich nun nicht mehr zwischen Sägeblatt und Anschlag verkanten. Der Schnitt bleibt dadurch längengenau und sauber.

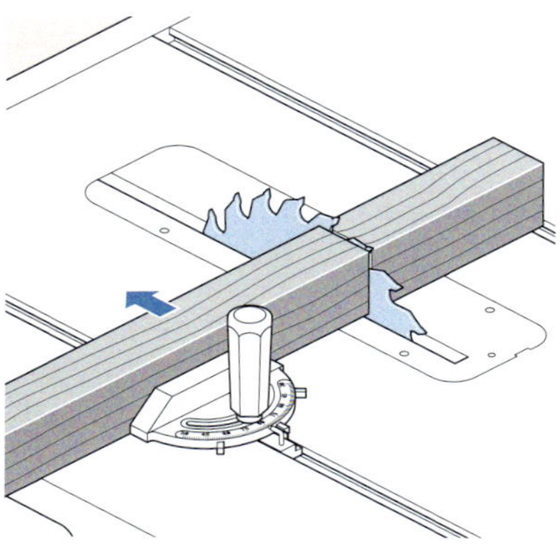

Gerader Kappschnitt 90° mit der Tischkreissäge.

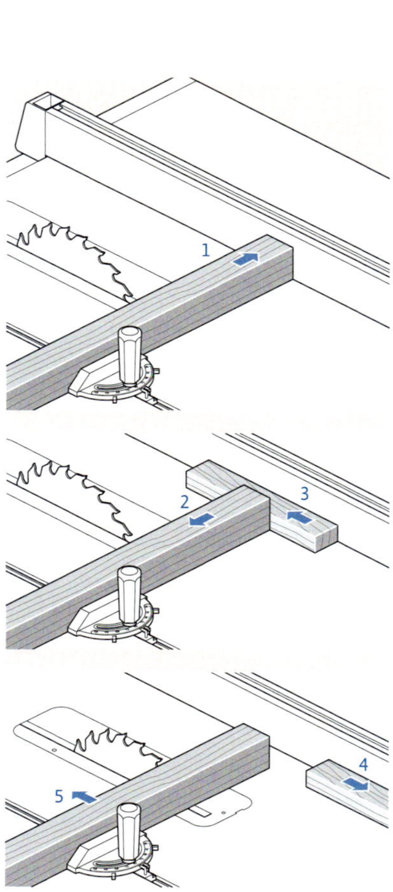

Ein Hilfsanschlag verhindert das Verkanten von Werkstücken im Spalt zwischen Sägeblatt und Parallelanschlag

Schnitte in breiten Brettern und Paneelen

Die sägbare Breite der Kappsäge ist durch den Sägeblattdurchmesser begrenzt. Die geeigneten Sägetypen sind deshalb:

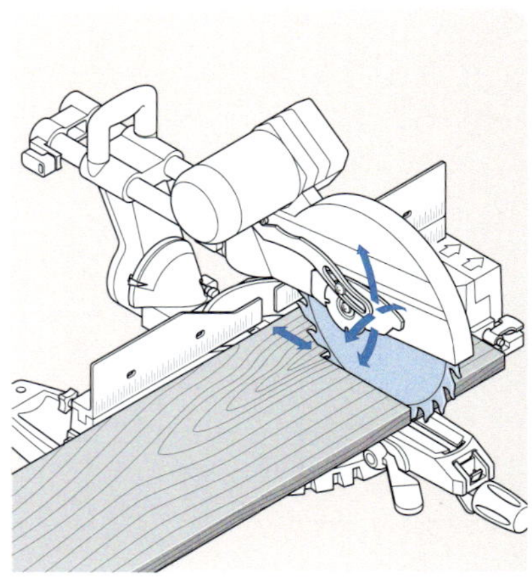

Kappschnitt 90° mit der Paneelsäge

→ Zugsäge (Paneelsäge)
→ Tischkreissäge
→ Unterflur-Zugsäge

Querschnitte in langen Werkstücken

Beim Zuschnitt von sehr langen Werkstücken ist es schwierig bis unmöglich, die Werkstücke exakt waagerecht zur Grundplatte der Säge auszurichten. Das Ergebnis sind dann oft unpräzise Schnitte. Anstelle von provisorischen Unterlagen verwendet man in diesen Fällen zweckmäßigerweise einen speziellen Sägetisch, auf welchem die Kapp-/Gehrungssäge, die Zugsäge oder die Kombinationssäge fixiert wird. Dieser Sägetisch ermöglicht die genaue Ausrichtung und Lage des Werkstückes. Mittels verschiebbarer Anschläge ist dadurch auch ein genaues Ablängen möglich.

Längsschnitte

Für Längsschnitte sind die Kappsäge und die Paneelsäge nicht geeignet. Man verwendet deshalb die
→ Tischkreissäge

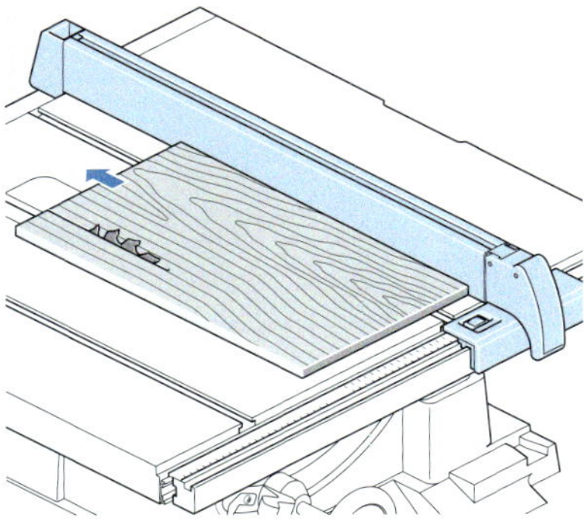

Längsschnitte auf der Tischkreissäge

Der Parallelanschlag wird auf das gewünschte Maß eingestellt und das Werkstück am Anschlag entlang gegen das Sägeblatt geschoben. Bei Abständen unter 120 mm zwischen Sägeblatt und Anschlag nicht mit der Hand schieben, sondern unbedingt Schiebstock benützen.

Gehrungsschnitte

Gehrungsschnitte sind Kappschnitte mit anderen Winkeleinstellungen als 90°. Sie kommen häufig bei Eckverbindungen und Einpassungen vor und sind grundsätzlich Kappschnitte. Abweichend von der 90°-Einstellung des Sägeblattes zur Werkstückachse werden sie durch entsprechende Winkelstellung des Sägeblattes durchgeführt. Geeignete Sägetypen:

→ Kapp/Gehrungssäge
→ Zugsäge (Paneelsäge)
→ Tischkreissäge

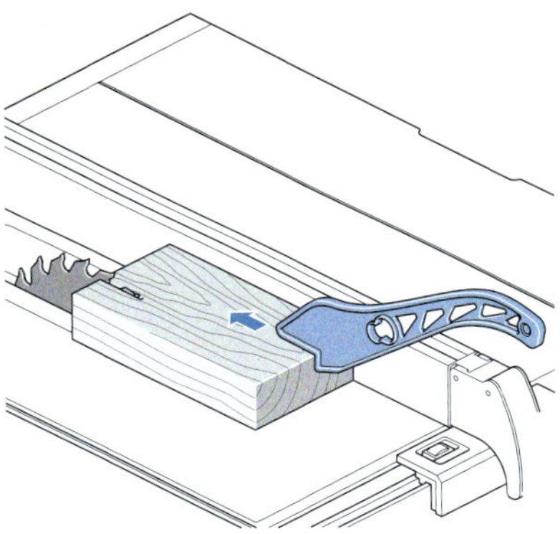

Längsschnitte mit dem Schiebestock

Gehrungsschnitte mit Kappsägen und Zugsägen

Die Säge wird mittels des Drehtisches in die gewünschte Winkelposition gedreht und in dieser Stellung fixiert. Anschließend wird das Werkstück wie beim einfachen Kappschnitt durch eine Schwenkbewegung (Kappsäge) oder eine Zug- bzw. Schubbewegung (Zugsäge) getrennt.

Gehrungsschnitte mit Tischkreissägen

Für Gehrungsschnitte mit der Tischkreissäge bestehen zwei Möglichkeiten:

→ Gehrungsschnitt
→ Winkelschnitt

Gehrungsschnitt

Beim Gehrungsschnitt steht das Sägeblatt in einem Winkel zwischen 90°und 45° zur Sägetischoberfläche. Die Vorschubrichtung des Werkstückes ist 90° zum Sägeblatt. Das Werkstück wird dabei mittels Winkelanschlag oder Freihand gegen das Sägeblatt geschoben.

Zuschnitt von Brettern mit der Paneelsäge

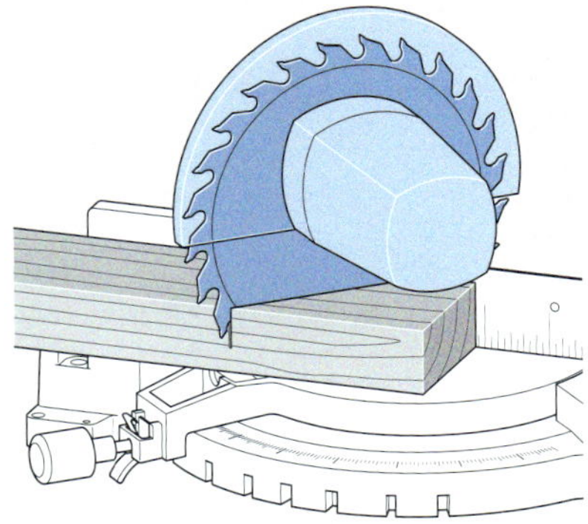

Gehrungsschnitt am flachliegenden Werkstück.

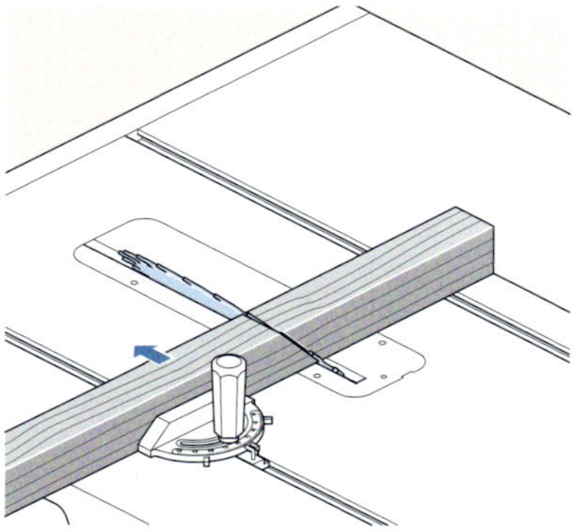

Gehrungsschnitt mit der Tischkreissäge. Das Sägeblatt ist geneigt.

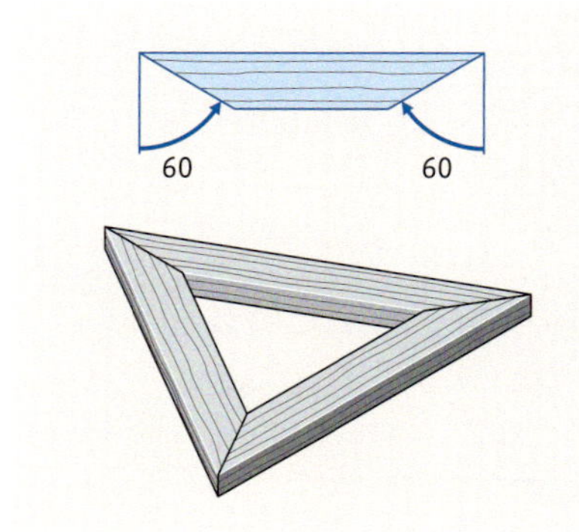

Standardanwendungen des Gehrungsschnittes

Winkelschnitt

Beim Winkelschnitt werden Werkstücke in einem Winkel bis über 45° hinaus geschnitten. Das Werkstück wird dabei mit dem entsprechend eingestellten Winkelanschlag gegen das Sägeblatt geschoben.

TIPP

In der Praxis kommen häufig bestimmte Winkeleinstellungen vor. Diese Winkeleinstellungen werden beispielsweise für Rahmen- und Eckkonstruktionen benötigt. Damit bei solchen Anwendungsfällen der Drehtisch nicht jedes Mal mühsam gesucht und eingestellt werden muss, sind die oft gebrauchten Winkeleinstellungen am Drehtisch gerastert. Mit diesen Rastungen kann man beispielsweise mühelos und vor allem präzise folgende Rahmenkonstruktionen mit 4, 6, 8, oder 12 Ecken herstellen. Die folgenden Winkeleinstellungen ergeben die entsprechende Eckenzahl:
Gehrungsschnitt 60° = 3 Ecken
Gehrungsschnitt 45° = 4 Ecken
Gehrungsschnitt 30° = 6 Ecken
Gehrungsschnitt 22,5° = 8 Ecken
Gehrungsschnitt 15° = 12 Ecken

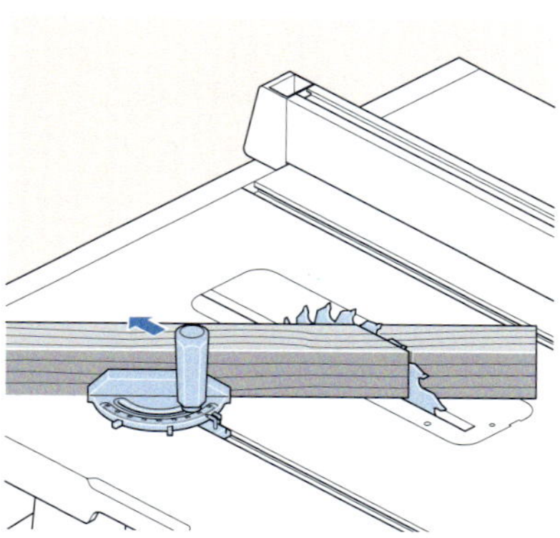

Winkelschnitt mit der Tischkreissäge. Das Sägeblatt steht gerade, es wird der Winkelanschlag verwendet.

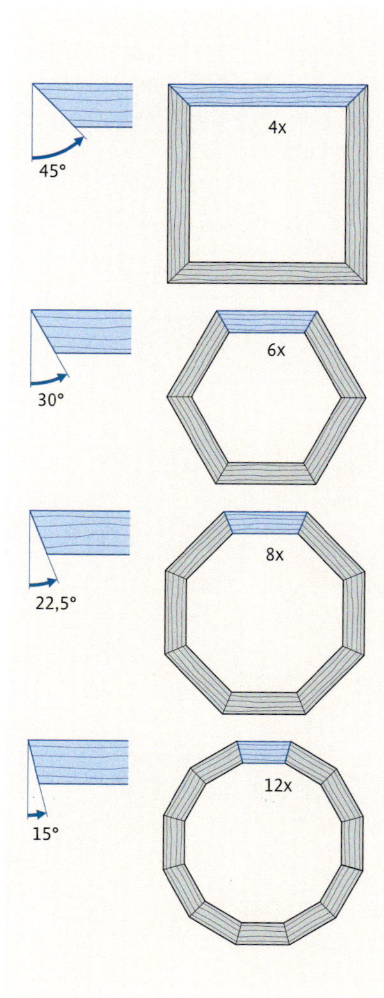

Standardanwendungen des Gehrungsschnittes

Gehrungsschnitte für Einpassarbeiten

Beim Innenausbau, aber auch bei Altbausanierungen, wird man feststellen dass der „rechte“ Winkel am Bau nicht immer exakt 90° beträgt. Um Werkstücke in diesen Situationen anpassen zu können sind oft Gehrungsschnitte über 45° hinaus notwendig. Für diese Arbeitsaufgaben kann der Drehtisch über die üblichen 45° hinaus je nach Sägentyp bis auf 52° verstellt werden.

Neigungsschnitt

Beim Neigungsschnitt steht das Sägeblatt in einem anderen Winkel als 90° zum Sägetisch geneigt. Neigungsschnitte kommen beispielsweise beim Schäften von Werkstücken vor, können aber auch an Stelle von waagerechten Gehrungsschnitten angewendet werden.
Geeignete Sägetypen:
→ Kapp/Gehrungssäge
→ Zugsäge (Paneelsäge)
→ Tischkreissäge / Unterflursäge

Beim Neigungsschnitt wird der Sägekopf und damit das Sägeblatt zur Werkstückachse geneigt und in der gewünschten Winkelstellung fixiert.

Neigungsschnitt mit der Tischkreissäge

Bei der Tischkreissäge wird das Sägeblatt ist dem gewünschten Winkel entsprechend geneigt.

TIPP

Bei breiten Boden- oder Deckenleisten in senkrechter Anordnung wird vorzugsweise ebenfalls der Neigungsschnitt angelegt. Weil das Werkstück dabei flach auf dem Sägetisch aufliegt, kann es sicherer positioniert werden und ist weniger ausrissgefährdet.

Kombinierter Gehrungs/ Neigungsschnitt (Shifterschnitt)

Kombinierte Gehrungs- und Neigungsschnitte werden bei komplexen Stoßübergängen an Eckverbindungen angewendet. Typische Beispiele sind dabei schräge Fußboden- und Deckenleisten. Geeignete Sägetypen:

→ Kapp/Gehrungssäge
→ Zugsäge (Paneelsäge)
→ Tischkreissäge

Das Sägeblatt wird sowohl in der Senkrechten als auch in der Waagrechten geneigt. Das Resultat ist dann ein mit Neigung versehener Gehrungsschnitt.

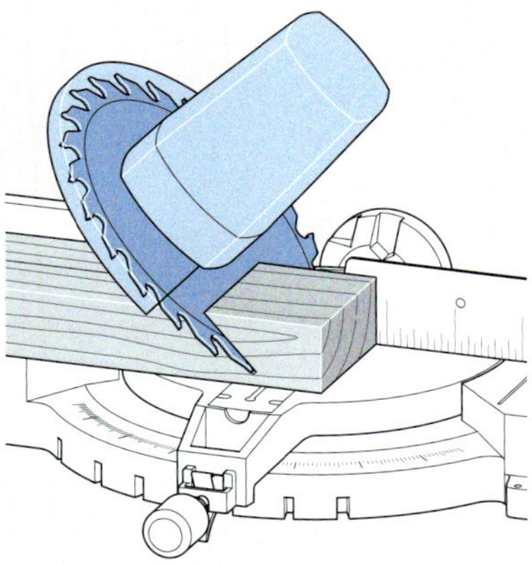

Neigungsschnitt mit der Kappsäge am flachliegenden Werkstück.

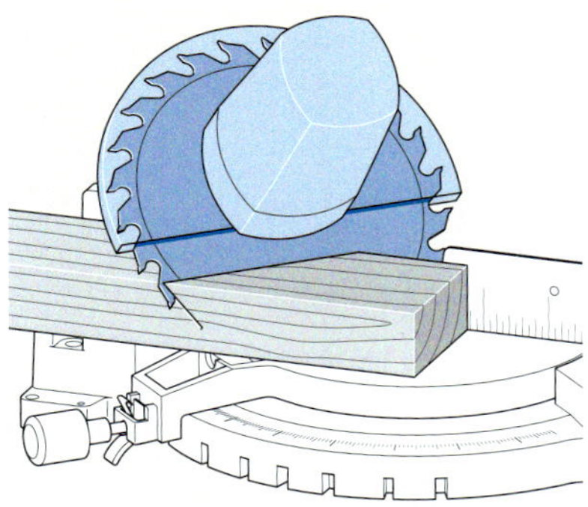

Kombinierter Gehrungs-/Neigungsschnitt am flachliegenden Werkstück.

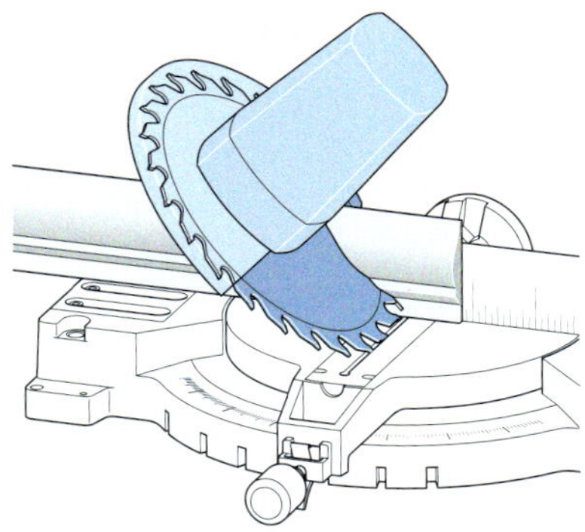

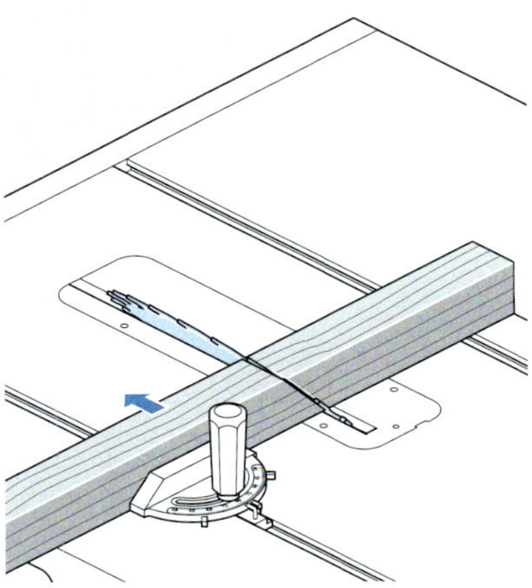

Neigungsschnitt mit der Tischkreissäge

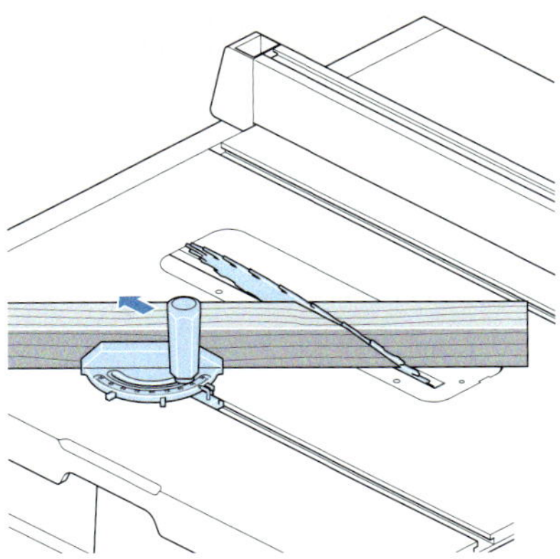

Beim kombinierten Gehrungs-/Neigungsschnitt der Tischkreissäge ist das Sägeblatt auf Gehrung gestellt, zusätzlich wird der Winkelanschlag verwendet

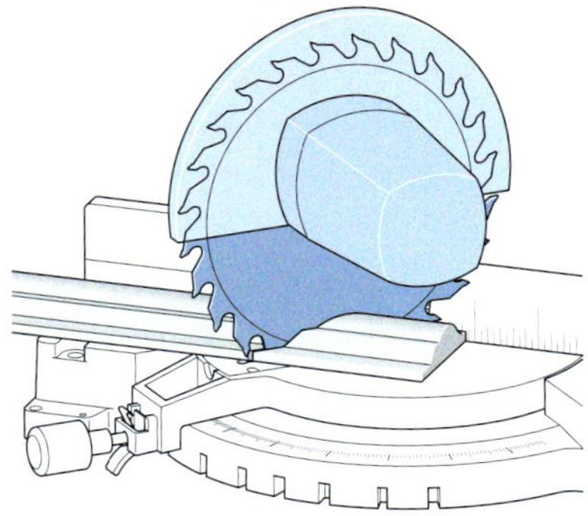

Der Zuschnitt von Boden- und Deckenleisten kann sowohl durch Neigungsschnitt als auch durch Gehrungsschnitt erfolgen.

Zuschnitt von Decken- und Bodenleisten

Fußboden- und Deckenleisten werden meist auf Gehrung zugeschnitten. Üblicherweise haben die Ecken einen Winkel von 90°, der Gehrungsschnitt erfolgt deshalb unter einem Winkel von 45°.
Typisch ist die Hochkantanordnung der Leisten. Die Gehrung kann prinzipiell zwar mittels Gehrungsschnitt erzeugt werden, wegen der vertikalen Stellung der Leisten ergibt sich allerdings eine beschränkte Schnitthöhe. Besser ist die Erzeugung der Gehrung mittels Neigungsschnitt. Die Leiste liegt dann waagrecht auf dem Sägetisch, kann einfacher festgespannt werden, die Schnittbreite ist größer und die Schnittqualität ist etwas besser.

Nuten von Werkstücken

Nuten stellt eine wichtige Holzbearbeitungsart dar. Speziell in der Holzverbindungstechnik ist diese Anwendung wichtig, sei es zum Schäften von Brettern oder bei Eckverbindungen. Geeigneter Sägetyp:
→ Zugsäge (Paneelsäge)
Zum Nuten wird die Einschwenktiefe durch eine Anschlageinstellung auf das gewünschte Maß eingestellt. Beim Durchschieben des Sägeblattes durch das Werkstück entsteht eine Nut gleichmäßiger Tiefe. Durch wiederholtes Längsverschieben des Werkstückes und anschließendes Nuten können breitere oder mehrfache Nuten erzeugt werden.

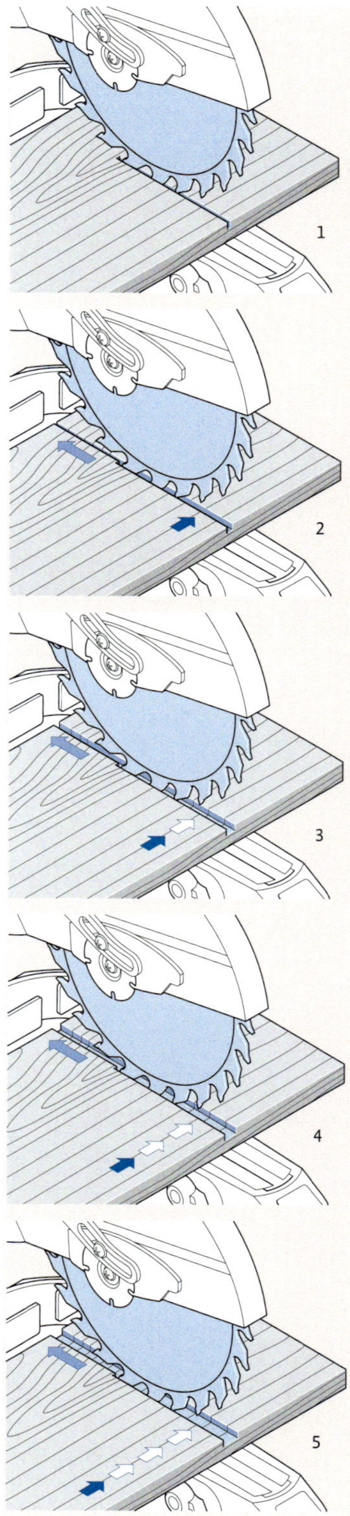

Nuten mit der Paneelsäge

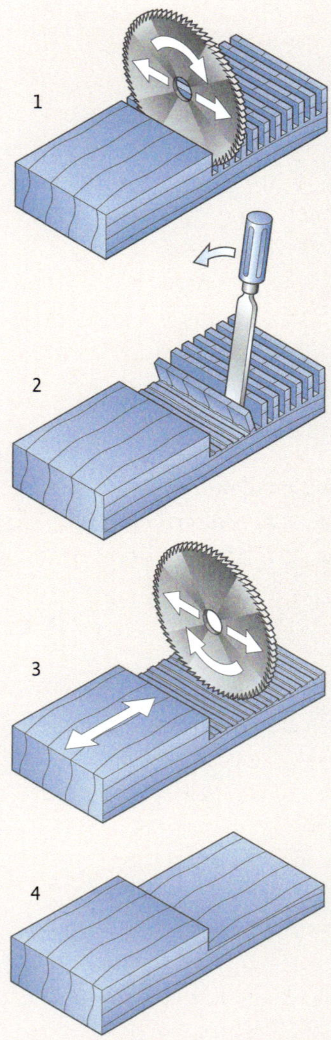

1 Über die vorgesehene Nutbreite oder Falzbreite werden in gleichmäßigen geringen Abständen Nuten gesägt.
2 Die verbleibenden Stege werden mit einem Stemmeisen (Stechbeitel) herausgebrochen. Hierbei ist so vorzugehen, dass bei schrägem Faserverlauf so herausgebrochen wird, dass die Bruchlinie nicht in das Werkstück hineinläuft sondern heraus.
3 Das Werkstück wird nun bei laufender Säge hin- und hergeschoben, wobei die Position des Sägeblattes ebenfalls bei jedem Einzelschritt verändert wird. Als Ergebnis erhält man die gewünschte Nut bzw. den gewünschten Falz.
4 Fertige Überblattung.

Überblatten mit der Paneelsäge

Überblatten

Das Herstellen von sehr breiten Nuten oder Falzen ist sehr zeitaufwändig, wenn man nach jedem Durchgang das Werkstück um eine Sägeblattbreite verschiebt. Schneller geht es mit der Technik des Überblattens. Geeigneter Sägetyp:
→ Zugsäge (Paneelsäge)
Die Vorgehensweise erfolgt am besten in den dargestellten Schritten.

TIPP

Damit die gewünschte Falzbreite genau eingehalten wird, sollte man einen Queranschlag verwenden.

Einkerben von Kanthölzern

T-Verbindungen werden oftmals durch eine V-förmige Einkerbung des Längsbalkens und Anspitzung des Querbalkens realisiert. Geeigneter Sägetyp:
→ Zugsäge (Paneelsäge)
Die Einkerbung wird durch zwei gegeneinander gerichtete Neigungsschnitte hergestellt, wobei die Tiefe der Einkerbung an der Schnitttiefeneinstellung fixiert wird. Die Anspitzung des Querbalkens wird durch zwei gegeneinandergerichtete Gehrungsschnitte hergestellt.

TIPP

Das wechselweise Einstellen des Gehrungswinkels links und rechts kann vermieden werden. Man belässt es bei der Gehrungseinstellung links und dreht das Werkstück statt dessen um.

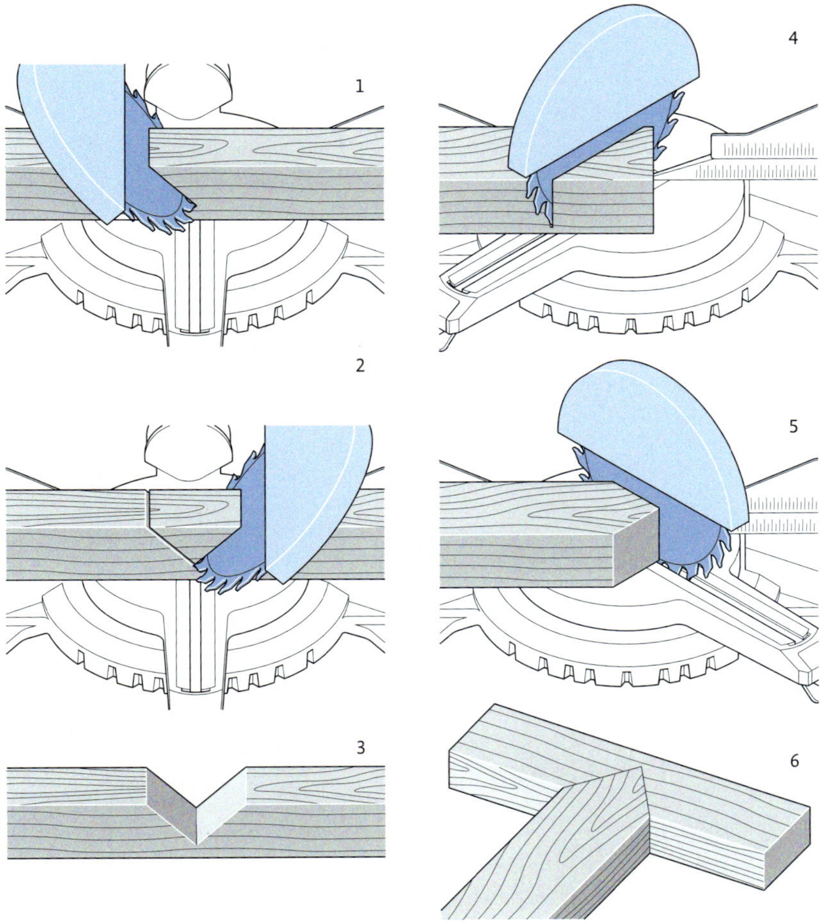

Beispiel zur Durchführung der Schnittfolge beim Herstellen eines T-Stoßes von Kanthölzern mit der Zugsäge.

Plattenzuschnitt und Längsschnitte in Brettern und Leisten

Für den Zuschnitt von Platten und für Längsschnitte in Brettern und Bohlen eignet sich die
→ Tischkreissäge
Die Schnitte können sowohl Freihand als auch mit Hilfe des Parallelanschlags durchgeführt werden. Wenn immer möglich sollte jedoch der Parallelanschlag verwendet werden, weil nur mit seiner Hilfe ein maßgenauer Zuschnitt möglich ist.
Für grobe Zuschnitte oder das Trennen großer Platten kann freihändig gesägt werden, indem der Längsanschlag entfernt wird. Eine Hilfsperson ist beim Zuschnitt großer Platten zweckmäßig.

Sägen von Winkel- und Hohlprofilen

Winkel, Massiv- und Hohlprofile aus Kunststoff oder Metall können mit den entsprechenden Sägeblättern abgelängt werden. Geeignete Sägetypen:

- → Kapp/Gehrungssäge
- → Zugsäge (Paneelsäge)

Das Sägen von Profilen erfordert besondere Aufmerksamkeit. Winkelprofile müssen stets mit der größtmöglichen Fläche an den Anschlag gepresst oder in umgekehrter Lage (Dachkantlage) gesägt werden. Andernfalls kann das Profil verkantet und weggeschleudert werden.

- → Beim Trennen von Winkelprofilen kommt es auf ein sicheres Spannen bzw. auf eine sichere Auflageposition an, um Unfälle und eine Beschädigung von Werkstück und Sägeblatt zu vermeiden.
- → Rundstäbe und Rohre sollten niemals nur mit der Hand gehalten werden. Beim Eingriff der Sägezähne entsteht ein Drehmoment auf das Rundmaterial, das mit der Hand nicht mehr kontrolliert werden kann. Grundsätzlich sollte mit einem Hilfsprisma gespannt werden. Nur dann kann man sicher Sägen.

TIPP

Beim Anschnitt, Durchschnitt und Endschnitt, speziell bei Hohlprofilen, wechselt der Leistungsbedarf während des Schnittes. Entsprechend gefühlvoll muss die Zustellbewegung erfolgen.

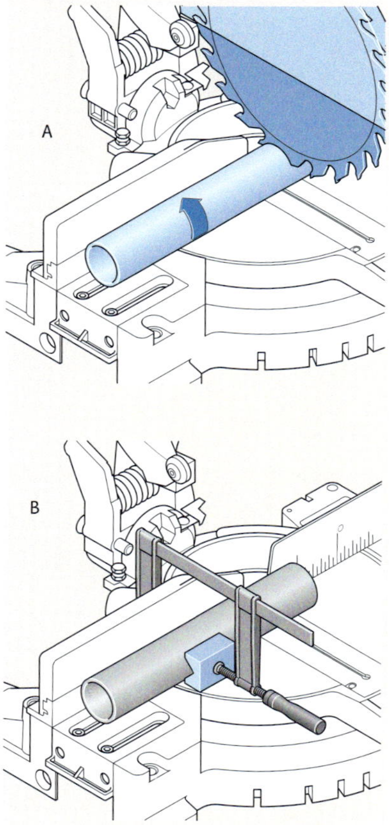

A Trennen nicht möglich. Rundprofil dreht sich mit: Unfallgefahr

B Sicheres Trennen

Trennen von Rundprofilen.

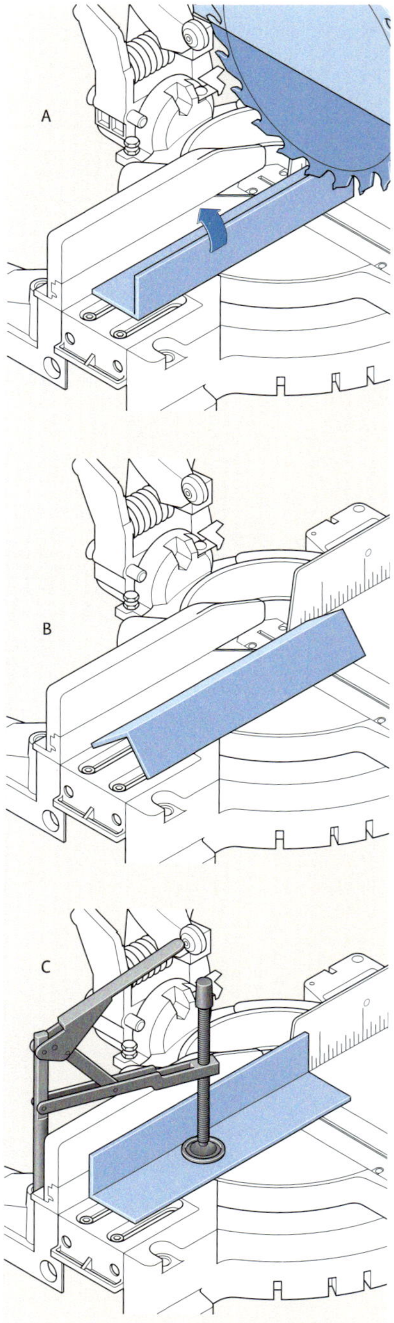

A Profil kippt beim Trennen: Unfallgefahr

B Trennen unsicher wenn Profil nicht festgespannt ist.

C Sicheres Trennen

Trennen von Winkelprofilen

Der logische Weg zur passenden Säge

Werkstoff	Typ	Werkstück	Arbeitsgang	Stationärsägen	Handsägen	Alternativen
Holz		Bretter	Geradschnitte	Tischkreissäge	Kreissäge	
			Kurvenschnitte		Stichsäge	
		Balken	Trenn- und Kappschnitte	Kapp/Gehrungssäge, Paneelsäge	Fuchsschwanzsäge	Stichsäge
		Kanthölzer	Trenn- und Kappschnitte	Kapp/Gehrungssäge, Paneelsäge	Stichsäge	Fuchs-schwanzsäge
		Leisten	Trenn- und Kappschnitte	Kapp/Gehrungssäge, Paneelsäge	oszillierende Säge	Stichsäge
Holzwerk-stoffe	Sperrhölzer	Platten	Geradschnitt	Tischkreissäge	Kreissäge	
	Karrosserie-sperrholz		Kurvenschnitt		Stichsäge	
	Multiplex		Taschenschnitt dünne Platten		oszillierende Säge	
	Spanplatten, leicht		Taschenschnitt dicke Platten		Stichsäge	Fuchs-schwanzsäge
	Spanplatten, schwer		Bündigschnitte		oszillierende Säge	
	MDF					
Kunststoffe	Thermomere, Duromere, GFK	Platten	Geradschnitt	Tischkreissäge	Kreissäge	
		Platten	Kurvenschnitt		Stichsäge	
		Profile		Kapp/Gehrungssäge, Paneelsäge	oszillierende Säge, Stichsäge	
Metalle	NE-Metalle	Platten	Geradschnitt	Tischkreissäge	Kreissäge	
		Platten	Kurvenschnitt		Stichsäge	
		Profile		Kapp/Gehrungssäge, Paneelsäge	Fuchsschwanz-säge, Stichsäge	
	Baustähle, Edelstähle				Fuchsschwanz-säge, Stichsäge	
Steinwerk-stoffe	Gasbeton				Fuchsschwanzsäge	
	Leichtziegel				Fuchsschwanzsäge	
	Kacheln, leicht				Stichsäge	

Kettensägen

Kettensägen sind nicht mit anderen Sägen zu vergleichen. Sie zeichnen sich gegenüber den anderen Sägetypen durch ihren sehr hohen Arbeitsfortschritt aus. Im Gegensatz zu Hubsägen werden die Sägespäne stetig aus dem Sägespalt gefördert, der spezifische Leistungsaufwand ist im Vergleich zu anderen Sägen wesentlich geringer. Die hohe Schnittleistung bei gleichzeitig großer Schnittlänge ist in idealer Weise für schnelle Trennschnitte an dicken Werkstücken geeignet. In der Praxis kommen solche Schnitte vor bei

→ Zuschnitt von Brennholz
→ Ablängen dicker Balken
→ Ablängen von Baumholz
→ Fällen von Bäumen

Neben diesen Hauptanwendungsgebieten werden Kettensägen auch im künstlerischen Bereich, zum Beispiel in der Holzbildhauerei eingesetzt. Elektrische Kettensägen verfügen als Arbeitswerkzeug über eine endlos umlaufende Kette, an deren Kettengliedern sich Hobelzähne befinden. Die Kette wird über eine schwertförmige Metallplatte geführt und durch einen Elektromotor angetrieben, dessen Gehäuse gleichzeitig das Werkzeuggehäuse bildet. Alle Bedienungselemente und Sicherheitseinrichtungen sind im oder am Gehäuse angebaut. Eine integrierte Schmiereinrichtung versorgt die Führungselemente von Sägekette und Schwert mit der notwenigen Schmiermittelmenge. Kettensägen gibt es als

→ Motorsäge mit Verbrennungsmotor
→ Elektrosäge für Netzbetrieb
→ Elektrosäge für Akkubetrieb

Die Motorsäge mit Verbrennungsmotor ist die klassische Kettensäge für die Forstwirtschaft. Sehr hohe Leistungen möglich. Nachteilig ist die hohe Geräusch- und Abgasentwicklung und die hohen Betriebsstoffkosten. Nicht für den Betrieb in geschlossenen Räumen geeignet.
Die Elektrosäge für Netzbetrieb ist dort die ideale Kettensäge, wo Netzbetrieb oder der Betrieb mit mobilen Stromerzeugern möglich ist. Hohe Leistung und Dauerbetrieb möglich, bequemes, sicheres Betriebsverhalten und geringes Arbeitsgeräusch.
Die Elektrosäge für Akkubetrieb ist netzunabhängig und deshalb nicht ortsgebunden. Dank fortschrittlicher Lithium-Akkutechnik vergleichsweise gute Schnittleistung. Wegen begrenzter Akkukapazität für leichte, kurze Sägearbeiten geeignet.

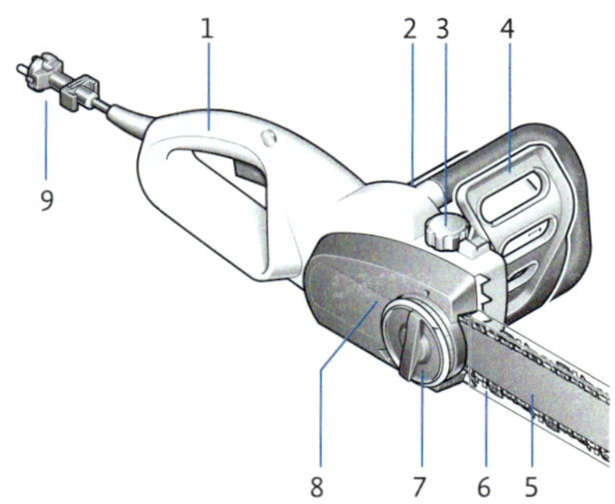

1 Handgriff mit Schalter
2 Maschinengehäuse mit Zusatzhandgriff
3 Öl-Einfüllstutzen
4 Handschutz mit Auslöser für Kettenbremse
5 Führungsschwert
6 Sägekette
7 Kettenspannvorrichtung
8 Abdeckhaube des Kettenantriebs
9 Anschlußstecker

Aufbau einer Kettensäge

Kettensäge für Netzbetrieb

Kettensäge mit Akkubetrieb

Kettensägen gelten als potentielle Gefahrenquelle, denn funktionsbedingt erfolgt der Vorlauf der Kette ungeschützt an der Oberseite des Führungsschwertes. Um im Notfall die Kettensäge sofort stoppen zu können gehört eine

→ Kettenbremse

zu den sicherheitsrelevanten Features. Die Auslösung kann bewusst oder unbewusst durch die Reflexbewegung des Anwenders erfolgen.

Kettenbremse

Wesentliches Sicherheitsbestandteil einer Marken-Kettensägen ist die Kettenbremse oder Rückschlagbremse. Sie ist bei Bosch-Kettensägen als besonders schnell wirkende Bandbremse mit elektrischer Zwangsabschaltung ausgeführt.

Die Funktion der Bandbremse erfolgt durch ein sogenanntes Bremsband, das in einer Schlinge um eine auf der Abtriebsachse befindlichen Bremstrommel geführt ist. In gelöster Stellung berührt das Bremsband die Bremstrommel nicht, ist aber durch eine starke Feder vorgespannt. In dieser Stellung wird es durch einen Nocken gehalten. Beim Auslösen wird durch das Zurückgleiten des Nockens das Bremsband freigegeben und gleichzeitig durch einen internen Schalter der Stromfluss zum Motor unterbrochen. Die Feder zieht das Bremsband straff über die Bremstrommel, durch Reibschluss wird die Bremstrommel und damit der Antrieb schlagartig abgebremst. Zum Lösen der Bremse muss die Feder manuell vorgespannt und der Nocken zum Eingriff gebracht werden.

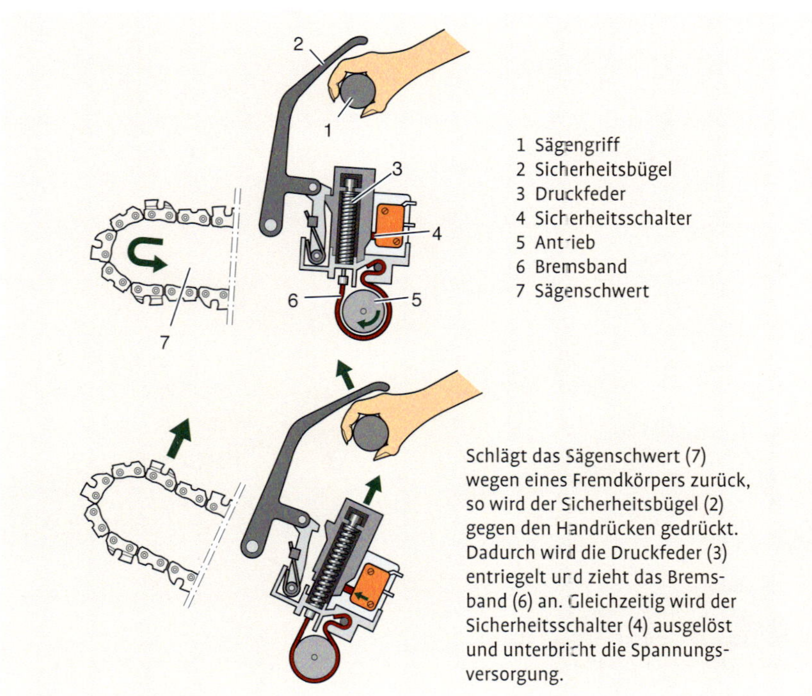

Sicherheitsbremse der Kettensäge

Sägeketten

Die Sägekette ist das Einsatzwerkzeug der Kettensäge. Von ihren Eigenschaften hängen in entscheidendem Maße

→ Arbeitsfortschritt
→ Schnittqualität
→ Standzeit
→ Arbeitssicherheit

ab. Der prinzipielle Aufbau einer Sägekette gleicht der Antriebskette eines Fahrrades. Die Kettenglieder sind durch Hülsen und Bolzen gelenkig so miteinander verbunden, dass ein endloses Kettenband entsteht. Die einzelnen Kettenglieder unterscheiden sich in

→ Treibglieder
→ Verbindungsglieder
→ Schneidezahnglieder
→ Tiefenbegrenzer
→ Sicherheitsglieder

Treibglieder

Die Treibglieder erfüllen zwei Funktionen. Sie übertragen die Rotation des Antriebszahnrades auf die Kette. Gleichzeitig übernehmen die Treibglieder die Führung der Kette im Schwert, indem ein Spornfortsatz in der Nut des Schwertes entlang gleitet. Während der Gleitbewegung in der Nut und durch den Eingriff des Antriebszahnrades nützen sich die Treibglieder mit der Zeit ab. Aus diesem Grunde ist eine wirksame Kettenschmierung wichtig. Ihre Effizienz bestimmt die Lebensdauer einer Kette entscheidend.

Schneidezahnglied

Die Schneidezähne erbringen die eigentliche Abtragsarbeit. Die Zähne selbst sind als sogenannte Hobelzähne ausgeführt. Bei ihrem Weg durch das Werkstück wird dieser in Form eines Spanes abgehobelt und

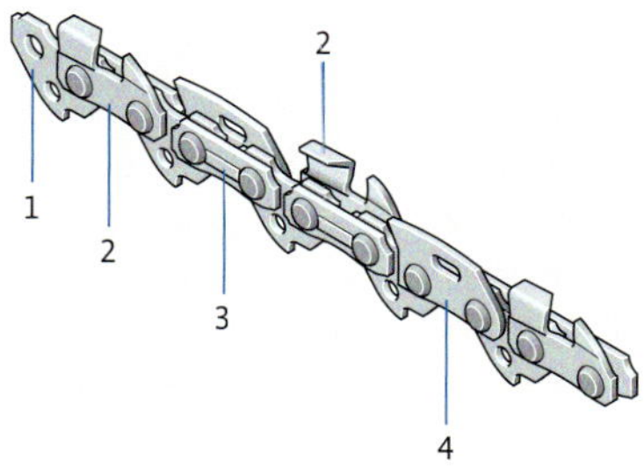

1 Treibglied
2 Schneidglied mit Spantiefenbegrenzung
3 Verbindungsglied
4 Sicherheitsglied

Sägekette

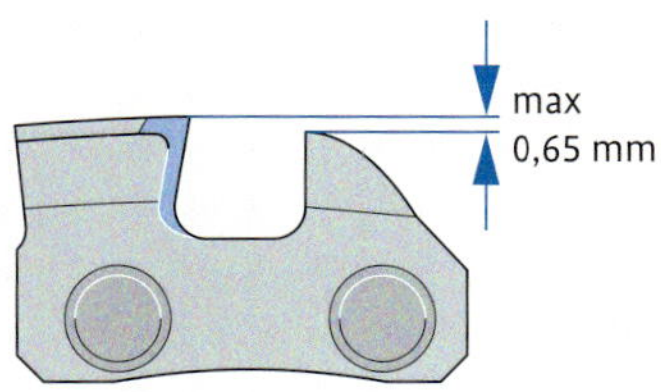

Tiefenbegrenzer am Schneidezahnglied, Höhendifferenz zwischen Schneidezahn und Tiefenbegrenzer

durch die Längsbewegung der Kette aus dem Sägespalt herausgefördert. In das Schneidezahnglied ist der Tiefenbegrenzer integriert. Er hat die Form eines Spornes und befindet sich auf dem Schneidezahnglied vor der Schneide. Die Höhendifferenz zwischen Oberkante des Tiefenbegrenzers und der Zahnschneide bestimmt die maximal mögliche Spandicke bzw. Schnittiefe.

Sicherheitsglieder

Durch Sicherheitsglieder zwischen den Schneidezahngliedern wird der Rückschlageffekt bei stirnseitiger oder auflaufender Berührung der Kette mit dem Werkstück gedämpft und trägt damit zur Arbeitssicherheit bei.

Verbindungsglieder

Die Verbindungsglieder halten die verschiedenen Bauteile der Kette zusammen. Sie bilden stets mit den Schneidegliedern und den Sicherheitsgliedern einen Verbund und übertragen zusammen mit diesen die Zugkräfte auf die gesamte Kette.

Kettenspannung

Die Kettenspannung ist einstellbar und entscheidet über die Lebensdauer der Kette. Daneben ist die Kettenspannung auch ein Sicherheitskriterium.
Zu starke Kettenspannung erhöht die Reibung der Treibglieder in der Führungsnut des Schwertes. Erhöhter Verschleiß von Nut und Treibgliedern verringern die Lebensdauer, auch der Antriebsstrang, bestehend aus Motor und Antriebszahnrad, wird unnötig belastet.
Zu lose Kettenspannung gefährdet die Sicherheit, weil die Kette ins Schwingen kommen kann. Die Schwingungen belasten die Verbindung zwischen den Kettengliedern sehr stark, außerdem wird die Kette gegen Verkanten im Sägespalt empfindlicher, Die Treibglieder können aus der Führungsnut springen.
Jede neue Kette dehnt sich während der ersten Benützung etwas. Deshalb nach etwa einer Stunde Betriebszeit die Kettenspannung kontrollieren. Eine betriebswarme Kette ist etwas länger als eine kalte Kette. Deshalb die Kettenspannung nur in kaltem Zustand einstellen. Wird die Kette in heißem Zustand gespannt, dann sitzt sie in kaltem Zustand zu stramm und hat bei der folgenden Benützung einen zu hohen Verschleiß

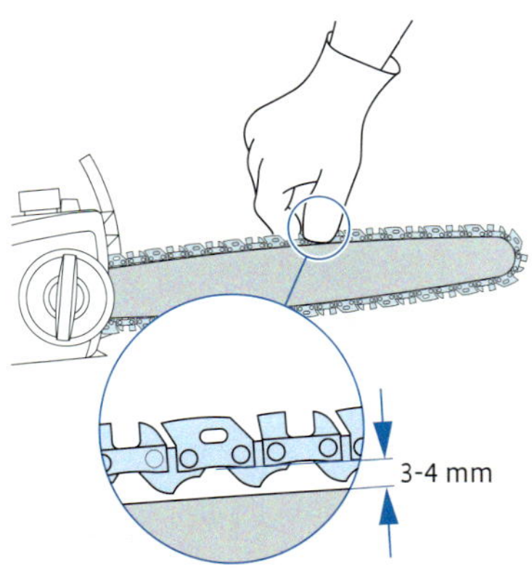

So wird die richtige Kettenspannung geprüft. Wegen der scharfen Schneidezähne dabei unbedingt Schutzhandschuhe tragen!

Kettenspannung

Was kann gesägt werden?

Die Hobelzähne der Sägekette sind sehr empfindlich. Es darf nur Holz gesägt werden. Jede Berührung mit Fremdkörpern wie beispielsweise im Holz verborgene Nägel, Schrauben oder mit Beton- oder Putzresten auf Bauhölzern führt unweigerlich zur Zerstörung der Hobelzähne. Bei Arbeiten im Außenbereich muss der Bodenkontakt mit der Sägekette unter allen Umständen vermieden werden. Jede Berührung mit dem Erdreich führt sofort zum Abstumpfen der Hobelzähne.
Das Sägen von Kunststoffschäumen auf Styrolbasis hat ebenfalls nachteilige Folgen. Der Kunststoffstaub wird durch das Sägen erhitzt, gelangt in die Schwertführung und die

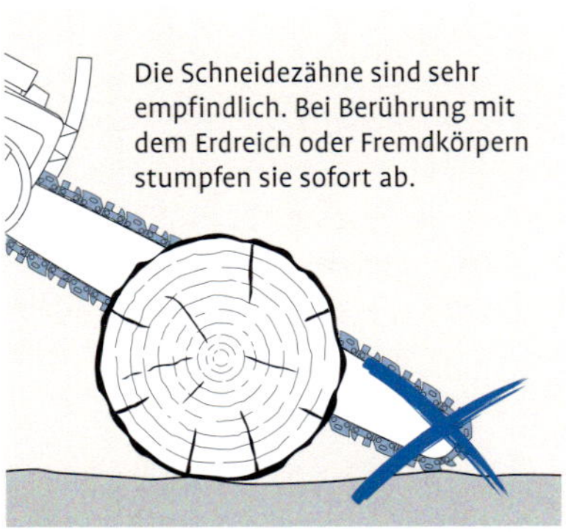

Anwendungsfehler

Schärfwerkzeuge zum manuellen Schärfen

Kettengelenke und erstarrt dort nach Abschalten der Säge. Die verklebte Sägekette kann nur mit Mühe vom Schwert gelöst werden. Eine Reinigung ist, wenn überhaupt, nur mittels Aceton möglich.

Schärfen von Sägeketten

Nur scharfe Sägeketten bringen einen hohen Arbeitsfortschritt und eine lange Lebensdauer. Stumpfe Schneiden erhöhen die Kettenreibung extrem, die Schneiden erhitzen sich („glühen aus“), wodurch die Sägekette unbrauchbar wird.
Bei sonst einwandfreier Kette können abgestumpfte Schneiden durch Nachschärfen wieder in einen gebrauchsfähigen Zustand zurückversetzt werden.
Beim Nachschärfen von Sägeketten müssen die vom Kettenhersteller vorgegebenen Winkel und Schneidenformen erhalten bleiben. Das Schärfen ist vom Prinzip her mit einer einfachen Rundfeile geringen Durchmessers möglich, ohne professionelle Erfahrung wird das Ergebnis allerdings nicht zufriedenstellend sein. Bessere Ergebnisse liefern auf alle Fälle spezielle Schärfwerkzeuge und Schärfvorrichtungen. Wenn durch den Schärfvorgang die Spandicke verändert wird, muss durch entsprechendes Zurücksetzen der Tiefenbegrenzer der Spandickenverlust ausgeglichen werden. Hierbei muss genau nach Tiefenlehre vorgegangen werden. Zu starkes Zurücksetzen des Tiefenbegrenzers macht die Kette gefährlich unkontrollierbar. Grundsätzlich sollte die Sägekette vor dem Nachschärfen auf weiteren Verschleiß geprüft werden. Besonders die Treibglieder und die Nietverbindungen müssen dabei kontrolliert werden. Beschädigte Sägeketten stellen ein Sicherheitsrisiko dar und dürfen nicht weiter verwendet werden.

Kettenschmierung

Die Kettenschmierung ist entscheidet über die Lebensdauer der Sägekette. Mangelschmierung durch

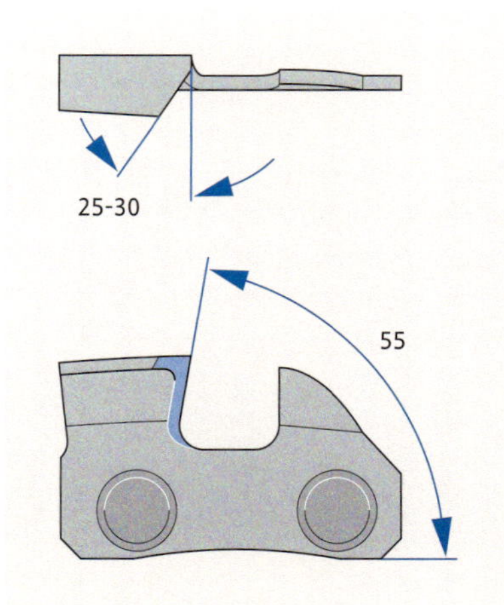

Die richtigen Winkel der Schneide müssen beim Schärfen unbedingt eingehalten werden.

Winkel am Schneidezahn

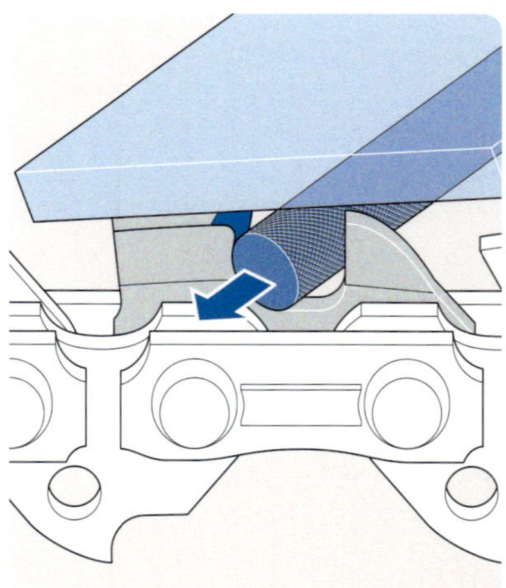

So wird beim manuellen Schärfen die Führungsschiene der Rundfeile angesetzt.

Schärfen der Sägekette.

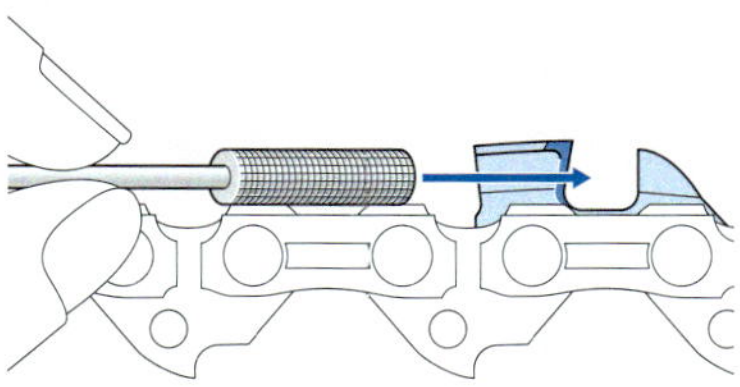

Auswahl der Schleifstiftgröße entsprechend dem Schneidezahn

Anpassen Schleifstift

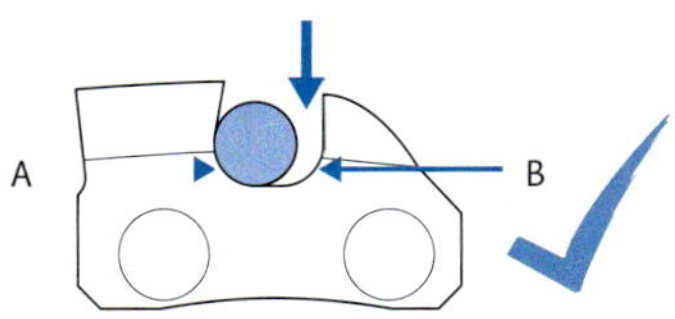

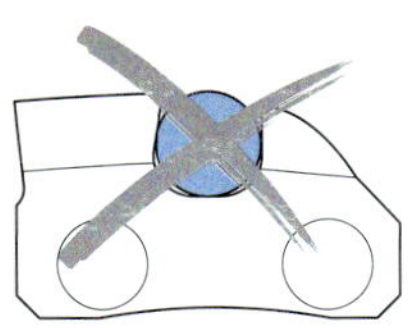

So ist es richtig: Der Schleifstiftdurchmesser A muss kleiner sein als die Aussparung B

Auswahl Schleifstift

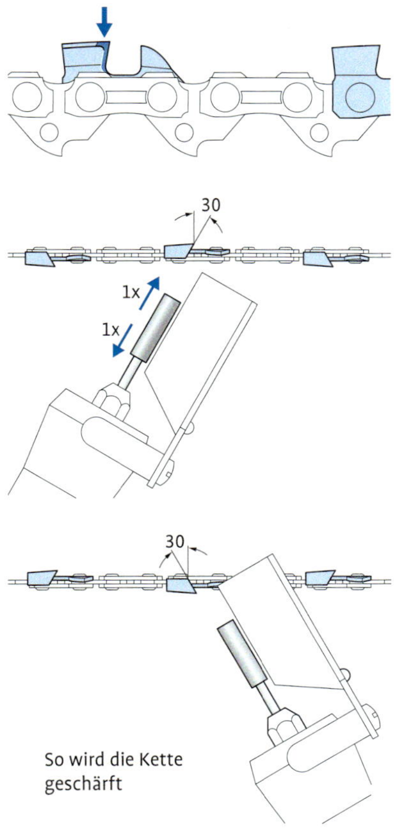

So wird die Kette geschärft

Dremel-Schleifvorrichtung.

falsche Mengeneinstellung oder Schmierungsausfall durch versäumtes Nachfüllen von Schmierstoff zerstört die Sägekette innerhalb weniger Minuten. Moderne Kettensägen verfügen über ein automatisches Schmiersystem, welches bei jedem Umlauf eine bestimmte Schmiermittelmenge in die Führungsnut des Schwertes fördert. Innerhalb dieser Nut wird das Schmiermittel durch die Treibglieder weiterbefördert. Durch die Fliehkrafteinwirkung beim Umlenken der Sägekette am Schwertkopf dringt das Schmiermittel in die Gelenke der Kettenglieder.

Beim Sägen von stark harzhaltigen Hölzern, beispielsweise beim Fällen oder Entasten von Nadelhölzern, kann es durch Harzansammlung zu Ablagerungen in den Kettengelenken kommen. Die Kette sollte in solchen Fällen regelmäßig gereinigt werden. Dies erfolgt am Besten durch das Einlegen der Kette für einige Zeit in eine Terpentin- oder Brennspirituslösung. Nachdem sich die Rückstände gelöst haben, sollte die Kette anschließend mit einem Korrosionsschutzöl (Kettenspray) behandelt werden, bevor sie wieder auf die Säge montiert wird.

Lagerung

Beim Lagern der Kettensäge sollte in jedem Fälle die Kette durch den Kettenköcher geschützt werden. Hierdurch wird die Verletzungsgefahr durch die Schneidezähne verhindert, gleichzeitig nimmt der Köcher eventuell austretendes Schmiermittel auf. Es hat sich bewährt, am Arbeitsende die Säge für wenige Sekunden ohne Belastung laufen zu lassen, damit Sägespäne aus der Kette weggeschleudert werden. Vor längeren Arbeitspausen bzw. am Saisonende sollte dünnflüssiges Mineralöl eingefüllt werden, weil das biologische Kettenöl mit der Zeit verharzt. Etwa eine halbe Minute sollte dann die Kettensäge im Leerlauf laufen, damit sich das Mineralöl gut verteilt. Die Kette und das Schwert sollten anschließend mit Korrosionsschutzmittel eingesprüht werden. Zu Beginn der neuen Saison sollte das Mineralöl wieder durch biologisches Kettenöl ersetzt werden.

Sägepraxis

Wie bei jedem Elektrowerkzeug ist auch bei der Anwendung der Kettensäge eine gewisse Praxiserfahrung nötig, um gute Arbeitsergebnisse zu erzielen. Anfänger sind deshalb gut beraten, wenn sie sich den Umgang mit der Kettensäge durch eine erfahrene Person zeigen lassen. Unter erfahrener Anleitung lernt sich der Umgang leichter, insbesondere der sichere Umgang mit der Kettensäge kann dadurch besser vermittelt werden. Es darf niemals vergessen werden, dass bei der Kettensäge im Gegensatz zu anderen Sägen ein großer Teil der mit hoher Geschwindigkeit umlaufenden Sägekette aus funktionellen Gründen nicht geschützt werden kann. Die weitaus meisten Anwendungsfälle der Kettensäge sind
- → Ablängen
- → Brennholzzuschnitt
- → Entasten

Das Fällen von Bäumen und Gehölzen ist eine komplexe Angelegenheit mit hohem Sicherheitsrisiko. Ohne erfahrene Anleitung oder den Besuch eines speziellen Lehrgangs sollte man es nicht versuchen.

Praxislehrgänge

Das sichere Sägen mit der Kettensäge setzt Kenntnisse in deren Handhabung voraus. Besonders das Fällen und Entasten von Bäumen birgt für den ungeübten Anwender erhebliche Gefahren. Es ist deshalb dringend zu empfehlen, an einem Praxislehrgang teilzunehmen. Diese Lehrgänge werden saisonal durch Berufsgenossenschaften, Forstorganisationen und Handelsketten vermittelt. Auskunft erfolgt auch über das Landesamt für Arbeitsschutz, Gesundheitsschutz und Technische Sicherheit, Alt-Friedrichsfelde 60, 10315 Berlin.

Die persönliche Sicherheitsausrüstung

Persönliche Schutzausrüstung (PSA)

Die persönliche Schutzausrüstung soll verhindern, dass es bei einem Anwendungsmissgeschick zu folgenschweren Verletzungen kommt. Die Basisausrüstung für die persönliche Sicherheit besteht aus
- → Helm
- → Gesichtsschutz
- → Schnittschutzschuhe
- → Schnittschutzhose
- → Arbeitshandschuhe
- → Schnittschutzjacke

Arbeiten mit der Kettensäge finden hauptsächlich im Freien statt. Der Helm ist hierbei der UV-Strahlung ausgesetzt, was mit der Zeit zu einer Versprödung des Materials führen kann. Ein sicherer Schutz ist dann nicht mehr gewährleistet. Aus diesem Grunde muss bei Schutzhelmen auf das „Verfalldatum" geachtet werden.

Kettensägen haben einen sehr raschen Arbeitsfortschritt und fördern deshalb eine große Spanmenge mit hoher Geschwindigkeit aus dem Sägespalt. Vor diesen Spänen, aber auch vor wegschnellenden Ästen müssen nicht nur die Augen, sondern das ganze Gesicht geschützt werden. Ein Gesichtsschutz durch ein Vollvisier ist deshalb unerlässlich.

Bei Bedienungsfehlern kann die umlaufende Sägekette mit dem Körper, hier insbesondere mit den Beinen und Füßen, in Berührung kommen. Die Berufsgenossenschaft schreibt deshalb im gewerblichen Anwendungsbereich eine persönliche Schutzausrüstung, die sogenannte PSA-Forst vor. Sie besteht aus dem bereits erwähnten Helm und

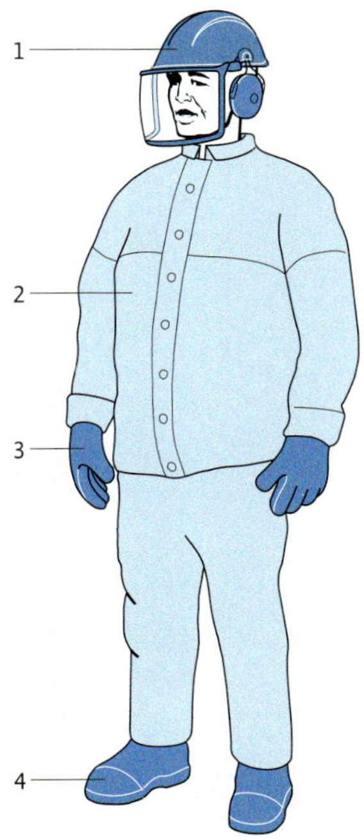

1 Helm mit Vollvisier
2 Schnittschutzkleidung
3 Handschuhe
4 Sicherheitsschuhe

Persönliche Sicherheitsausrüstung (PSA)

Vollvisier sowie Schnittschutzkleidung bestehend aus Hose und Jacke sowie Sicherheitsschuhen und Handschuhen. Die Schnittschutzkleidung besteht aus einem Gewebe, in welches spezielle Kunststofffasern eingearbeitet sind. Bei Berührung mit der umlaufenden Kette werden diese Fasern blitzartig aus dem Gewebe gezogen und verheddern sich so intensiv mit der Sägekette, dass diese mitsamt der Antriebsmaschine sofort blockiert wird. Beschädigte Kleidung muss sofort ersetzt werden, weil sonst eine Schutzwirkung nicht mehr gewährleistet ist.

Sicherer Stand

Sicheres Stehen beim Arbeiten hört sich selbstverständlich an, ist es aber meistens nicht. Beim Arbeiten mit Kettensägen ist unbedingt auf einen sicheren Stand zu achten, da ein plötzlicher Rückschlag des Gerätes zum Verlust des Gleichgewichtes und zum Stürzen führen kann. Beim Fällen von Bäumen, Ausdünnen von Hecken oder beim Entasten steht man durchaus nicht immer so sicher wie man eigentlich sollte. Beispielsweise sollte man nicht auf bereits geschnittenen Ästen oder Holzresten stehen. Da Zweige und Äste beim Trennen plötzlich wegschnellen können muss man stets außerhalb des möglichen Gefährdungsbereiches stehen. Bei Arbeiten am Hang oder auf feuchten Untergrund, wenn also hohe Rutschgefahr besteht, ist ganz besonders auf einen sicheren Stand zu achten. Die Benützung der Kettensäge auf Leitern ist nicht zulässig.

Niemals auf einer Leiter stehend sägen!
Niemals über Schulterhöhe sägen!

Sicheres Sägen.

Sichere Arbeitshöhe

Arbeiten über Schulterhöhe ist aus mehreren Gründen sehr gefährlich und sollte deswegen beim Arbeiten mit Kettensägen auf jeden Fall vermieden werden. Beim Hantieren oberhalb des Schulterbereiches hat man wegen der ungünstigen Hebelverhältnisse weniger Kraft und Präzision, um die Säge kontrolliert zu halten und zu führen. Eventuelle Rückschläge können um ein vielfaches schlechter kompensiert werden als beim Arbeiten unterhalb der Schulterhöhe. Neben diesen Fakten ist die Säge beim Arbeiten auf oder über Schulterhöhe im direkten Nahbereich des Kopfes, was unbedingt vermieden werden muss, nicht nur wegen des Spänefluges. Im gewerblichen Bereich ist nicht ohne Grund das Arbeiten über Schulterhöhe verboten.

Zweihandbetrieb

Die Kettensägen sind sehr leistungsstark. Sie werden stets beidhändig gehalten und geführt. Einhandbetrieb ist wegen der hohen Unfallgefahr lebensgefährlich.

Rückschläge vermeiden

Eine der wichtigsten Voraussetzungen für störungsfreies und sicheres Arbeiten mit der Kettensäge ist das Vermeiden von Rückschlägen der Säge. Rückschlag kann auftreten, wenn die Spitze des Führungsschwertes einen Gegenstand berührt oder wenn das Holz sich biegt und die Sägekette im Schnitt festklemmt. Eine Berührung mit der Schwertspitze kann in manchen Fällen zu

einer unerwarteten nach hinten gerichteten Reaktion führen, bei der das Führungsschwert nach oben und in Richtung der Bedienperson geschlagen wird. Das Verklemmen der Sägekette an der Oberkante des Führungsschwertes kann die Säge rasch in Bedienerrichtung zurückstoßen.
Ein Rückschlag ist stets die Folge eines fehlerhaften Gebrauchs der Kettensäge. Er kann durch die folgend beschriebenen Vorsichtsmaßnahmen verhindert werden:
Säge mit beiden Händen festhalten, wobei Daumen und Finger die Griffe der Kettensäge umschließen. Körper und die Arme in eine Stellung bringen, in der man den Rückschlagkräften standhalten kann. Wenn geeignete Maßnahmen getroffen werden, kann die Bedienperson die Rückschlagkräfte beherrschen.
Niemals die Kettensäge loslassen!
Abnormale Körperhaltung vermeiden und nicht über Schulterhöhe sägen.

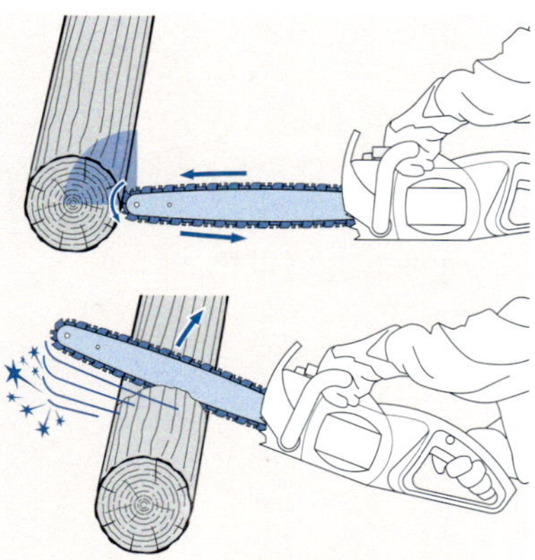

Rückschläge vermeiden. Einstechen möglichst vermeiden. Immer zuerst die Anschlagkrallen fest an das Werkstück drücken und erst dann die Säge einschwenken

Rückschlaggefahr beim Ansetzen

Dadurch wird ein unbeabsichtigtes Berühren mit der Schwertspitze vermieden und eine bessere Kontrolle der Kettensäge in unerwarteten Situationen ermöglicht.
Stets die vom Hersteller vorgeschriebenen Sägeketten beziehungsweise Ersatzschwerter verwenden. Falsche Ersatzschwerter und Sägeketten können zum Reißen der Kette oder zu Rückschlag führen.
An die Anweisungen des Herstellers für das Schärfen und die Wartung der Sägekette halten.
Zu niedrige Tiefenbegrenzer erhöhen die Neigung zum Rückschlag.

Säge laufend ansetzen

Die Kettensäge muss vor dem Kontakt mit dem Holz in voller Geschwindigkeit laufen. Wenn die Säge erst nach dem Aufsetzen eingeschaltet wird zieht sich die Sägekette mit einem starken Ruck ein. Dabei kann man die Kontrolle über die Säge verlieren und die Sägekette kann brechen. In jedem Fall wird die Antriebsmechanik überbelastet.

Krallenanschlag benützen

Der Krallenanschlag wird zum Abstützen der Kettensäge auf dem Holz benutzt. Er muss an das Holz angelegt werden bevor die Sägekette das Holz berührt. Während des Sägens wird der Krallenanschlag als Hebel verwendet. Beim Sägen stärkerer Äste oder Stämme den Krallenanschlag an einem tieferen Punkt nachsetzen. Dazu die Kettensäge zurückziehen, um den Krallenanschlag zu lösen und ihn erneut tiefer ansetzen. Die Säge dabei nicht aus dem Schnitt entfernen.

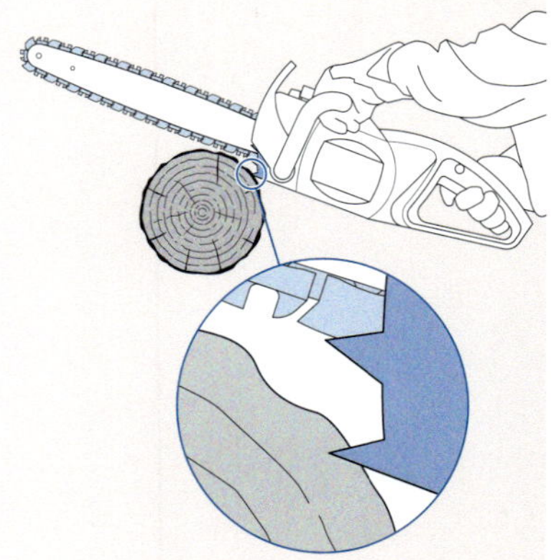

Vor dem Einschwenken der Säge stets die Anschlagkrallen gegen das Werkstück drücken.

Ansetzen der Anschlagkrallen

Andruckkraft

Die Kettensäge wird während des Betriebs nicht mit Kraft angedrückt. Die Sägekette soll sich alleine in das Holz arbeiten. Es soll über den Krallenanschlag nur ein so leichter Hebeldruck erzeugt werden, dass die Kettengeschwindigkeit nicht zu stark absinkt. Je schneller die Kette läuft, umso schneller der Arbeitsfortschritt.
Die Säge nur mit laufender Sägekette aus dem Schnitt entfernen.

Brennholzzuschnitt

Beim Zuschnitt von Brennholz handelt es sich meist um relativ kurze Äste, Stämme oder Balken. Wegen ihrer relativ geringen Masse geraten diese Stücke beim Sägen in Bewegung. Sie können dann zum Verkanten der Sägekette und damit zu Rückschlägen führen. Diese Bewegungsmöglichkeit muss auf alle Fälle

Sägebock für Arbeiten mit der Kettensäge

Sicheres Ablängen von mittellangen Stücken Rundholz auf dem Sägebock

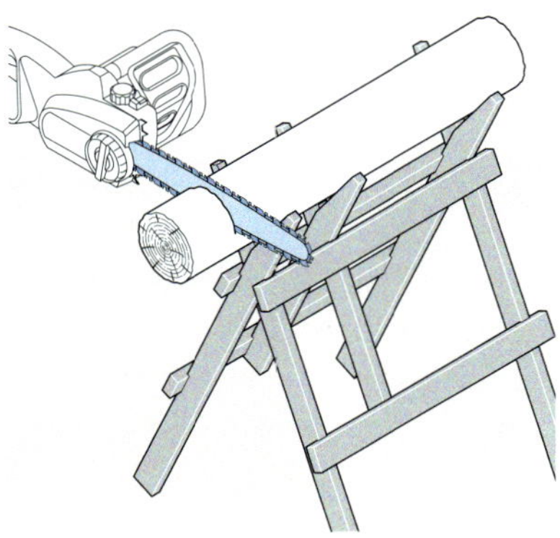

Sicheres Ablängen von kurzen Stücken Rundholz auf dem Sägebock

unterbunden werden. Der Zuschnitt soll deshalb nie erfolgen, wenn die Stücke frei auf dem Boden liegen. Auch das „freihändige" Schneiden von Holzstücken welche auf einem Holzstoß liegen ist aus diesem Grunde sehr gefährlich.
Die richtige Arbeitsweise besteht darin, für den Brennholzzuschnitt einen geeigneten Sägebock zu verwenden. Die Holzstücke liegen darin sehr fest und können mit großer Sicherheit abgelängt werden.

Trimmen von Gehölzen

Beim Trimmen und Kappen von Hecken und Büschen aus stark wachsenden Gehölzen wird sehr gerne die Kettensäge eingesetzt, weil es eben schneller geht. Dabei wird eine für Sträucher und Büsche typische Gefahr sehr oft übersehen.
Die Stämme und Triebe sind sehr oft ineinander verschlungen. Hierdurch stehen sie unter Spannungen, die dann in dem Moment frei werden, wenn die Säge sie kappt. Die dann losschnellenden Äste, Triebe und Stämme können enorme Kräfte entwickeln und die Kettensäge in Richtung der Person schleudern. Aber nicht nur die Kettensäge ist in diesen Fällen gefährlich, es können auch die Gehölzteile in das Gesicht schnellen. Wehe wenn man dann keine Schutzausrüstung trägt!
Wesentlich sicherer ist für solche Arbeiten die Verwendung des Elektrofuchsschwanzes. Das Sägen geschieht langsamer und kann besser kontrolliert werden. Daneben ist die Verletzungsgefahr im Falle eines Falles wesentlich geringer, da man es nicht mit einer schnell umlaufenden Sägekette zu tun hat.

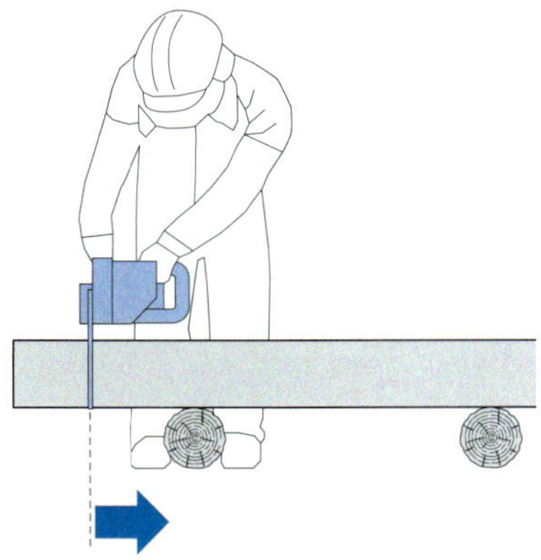

Sicheres Sägen. Stets am Körper vorbei Sägen. Sägegut vorher sicher ablegen. Auf herabfallende Teile achten.

Sichere Arbeitshaltung

Kettensägen sind asymmetrisch aufgebaut, die Sägekette ist seitlich nach rechts zur Gerätemitte angeordnet. Aus diesem Grunde ist die sicherste Arbeitshaltung wie folgt:

- → Kettensäge mit der rechten Hand am hinteren Stielgriff halten.
- → Die linke Hand führt die Säge am vorderen Handgriff.

Durch diese Anwendungsweise kann beim Sägen die Sägekette rechts am Körper vorbei geführt werden.
Eine andere Arbeitshaltung erhöht das Verletzungsrisiko erheblich und sollte nicht angewendet werden.

Schleifen

Schleifgeräte

Schleifen ist eine spanabhebende Bearbeitungsart. Die Schneidkanten des Schleifkornes sind sehr klein, die „Späne“ sind deshalb staubförmig, weshalb sie auch als Schleifstaub bezeichnet werden. Durch Schleifen können sowohl Oberflächen bearbeitet als auch Werkstoffe getrennt werden. Die entsprechenden Schleifverfahren nennt man

→ Oberflächenschliff
→ Trennschliff

Die typischen Schleifgeräte für die Verwendung im Heimwerkerbereich sind

→ Schwingschleifer
→ Exzenterschleifer
→ Winkelschleifer
→ Bandschleifer

Kein Schleifgerät eignet sich gleich gut für verschiedene Arbeitsaufgaben. Innerhalb dieser Gruppen gibt es unterschiedliche Typen, die sich in ihren Eigenschaften ergänzen und für bestimmte Anwendungen optimiert sind.
Fast alle festen Materialien können geschliffen werden. Lediglich elastische Werkstoffe können nicht oder nur mit hohem Aufwand geschliffen werden. Die Schleifgüte (Schleifqualität) und der Arbeitsfortschritt hängen von folgenden Faktoren ab:

→ Vom gewählten Schleifgerät,
→ vom gewählten Schleifmittel,
→ von der Praxiserfahrung des Anwenders.

Schwingschleifer

Schwingschleifer arbeiten mittels Schwingungen der Schleifplatte. Die Schwingbewegung beträgt nur wenige Millimeter, dafür ist die Schwingungszahl sehr hoch. Die Schleifplatte ist starr und kann rechteckig oder dreieckförmig sein. Schwingschleifer haben folgende Eigenschaften:

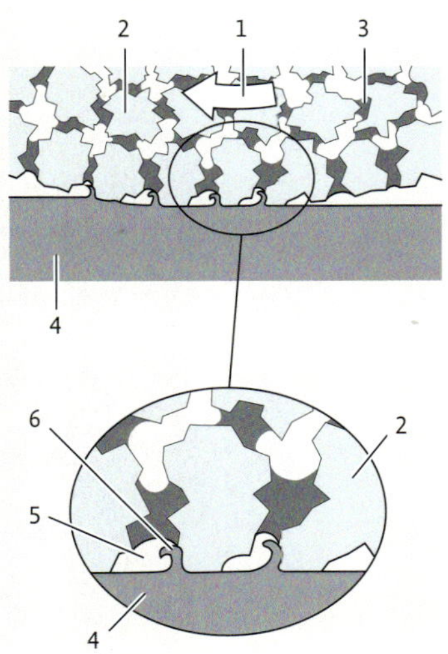

1 Vorschub (Rotation) des Schleifmittels
2 Schleifkorn
3 Bindung
4 Werkstoff (Werkstück)
5 Hohlräume
6 Spanbildung

Materialabtrag durch Schleifen

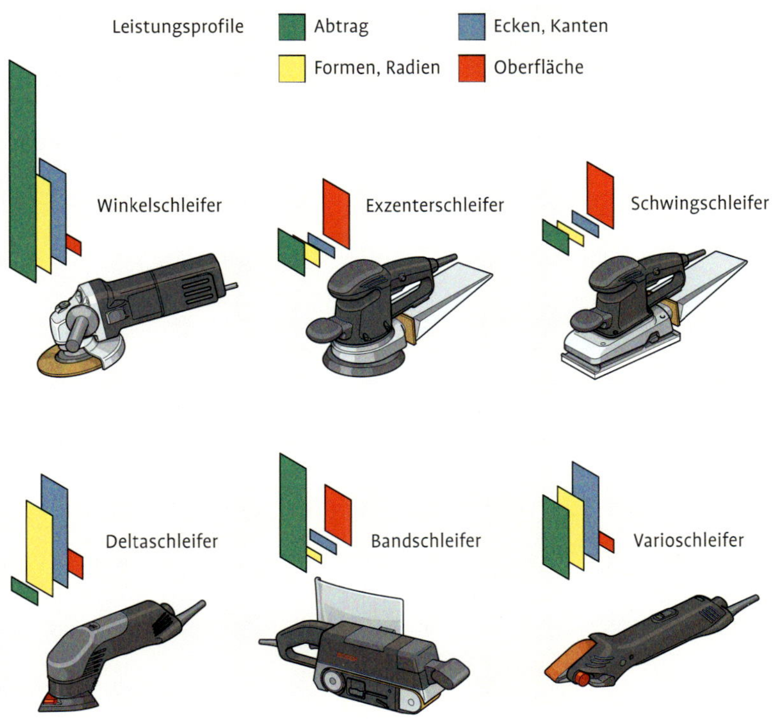

Schleifgeräte und ihr Einsatzbereich

Schwingschleifer

Multischleifer

Deltaschleifer

- → Schleifqualität: sehr fein
- → Abtragsleistung: gering
- → Werkstücke: nur für ebene Werkstücke
- → Werkstoffe: vorzugsweise Holzwerkstoffe, Beschichtungen

Bei scharfen Ecken und Kanten, konvex oder konkav gewölbten Flächen besteht wegen der ebenen und starren Schleifplatte die Gefahr des punktuellen Durchschleifens. Auch kann hierbei die Schleifplatte beschädigt werden.

TIPP

Schwingschleifer werden auf das Werkstück aufgesetzt und dann erst eingeschaltet. Wenn der laufende Schwingschleifer auf die Oberfläche gesetzt wird, berührt oft eine Kante zuerst die Oberfläche, wodurch Dellen entstehen.

Arbeitssicherheit
Schwingschleifer sind durch die geringe Bewegung der Schleifplatte sehr sicher. Die Verletzungsgefahr ist dadurch gering.

Multischleifer

Multischleifer sind eine Variante des Schwingschleifers mit dreieckig angespitzter Schleifplatte. Dadurch kann man bis in die Ecken schleifen.

Deltaschleifer

Deltaschleifer sind die kleinste Variante der Schwingschleifer. Wegen ihrer Stabform sind sie besonders handlich. Die kleine dreiecksförmige Schleifplatte ermöglicht die punktuelle Bearbeitung von komplex geformten Werkstücken.

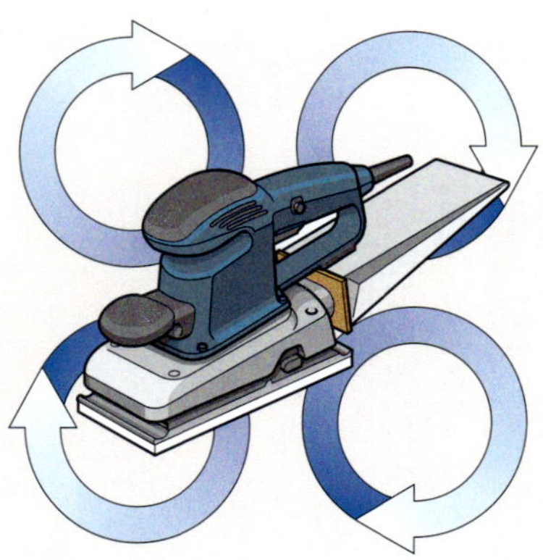
Schwingende Schleifbewegung des Schwingschleifers

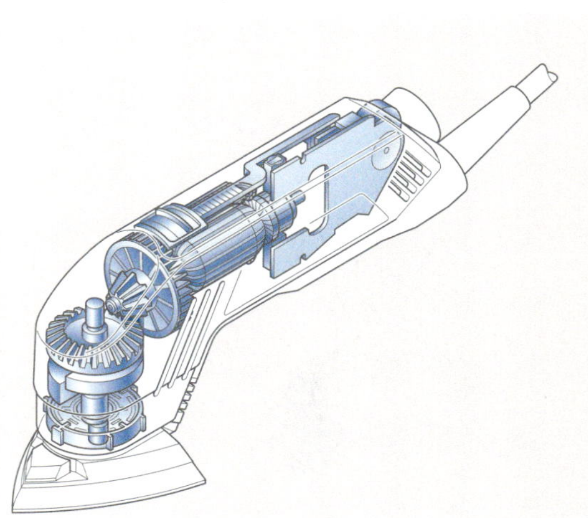
Aufbau des Deltaschleifers

Exzenterschleifer

Arbeitssicherheit
Im Leerlauf kann der Schleifteller des Exzenterschleifers eine hohe Drehzahl erreichen. Berührungen am Umfang des rotierenden Schleiftellers können zu Verletzungen führen. Man sollte deshalb Schutzhandschuhe tragen.

Exzenterschleifer

Exzenterschleifer arbeiten mit Schwingungen und einer überlagerten Rotation. Die Schwingbewegung des Exzenterschleifers entspricht dem Schwingschleifer, zusätzlich rotiert die runde Schleifplatte. Exzenterschleifer haben folgende Eigenschaften:

- → Schleifqualität: sehr fein
- → Abtragsleistung: hoch
- → Werkstücke: ebene und leicht geformte Werkstücke
- → Werkstoffe: vorzugsweise Holzwerkstoffe
- → Weitere Anwendungen: Polieren

Bei scharfen Ecken und Kanten besteht die Gefahr des punktuellen Durchschleifens. Auch kann hierbei die Schleifplatte beschädigt werden.

TIPP

Exzenterschleifer werden auf das Werkstück aufgesetzt und dann erst eingeschaltet. Wenn der laufende Exzenterschleifer auf die Oberfläche gesetzt wird, berührt meistens der Rand zuerst die Oberfläche, wodurch tiefe Riefen entstehen.

Schleifmittel für Schwing- und Exzenterschleifer

Die Schleifmittel für Schwingschleifer und Exzenterschleifer sind die selben, sie unterscheiden sich nur in der Form. Basis der Schleifmittel ist eine Papierunterlage, auf die das Schleifmittel mit einer Leimbindung aufgebracht ist. Die Qualität der Schleifmittel ist preisbestimmend. Billige Schleifmittel verstopfen und verschleißen schnell, hochwertige Schleifmittel haben eine längere Standzeit und verstopfen weniger. Im Endeffekt sind sie preiswerter.

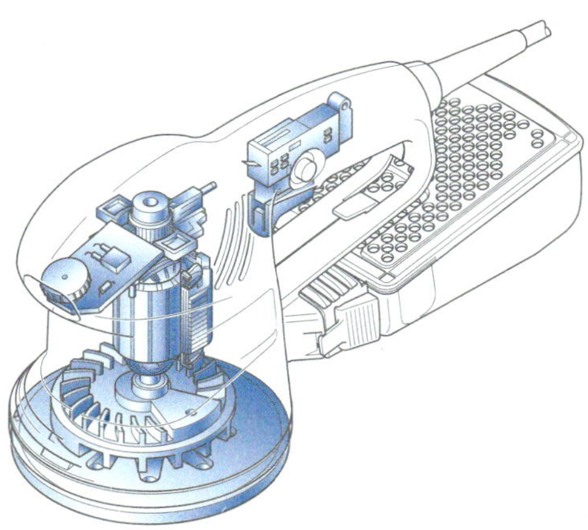

Aufbau des Exzenterschleifers

Schwingende und rotierende Bewegung des Exzenterschleifers

Kleiner Winkelschleifer

Großer Winkelschleifer

Die besten Schleifergebnisse erzielt man, wenn man das für den betreffenden Werkstoff bestgeeignete Schleifmittel verwendet.

- → Siliziumkarbid: Gestein, Lack, Kunststoff
- → Edelkorund: Metall, Holz
- → Zirkonkorund: Edelstahl, Aluminium
- → Beschichtete Schleifmittel: Lackierte Oberflächen

Markenhersteller geben die Art des Schleifmittels auf der Verpackung und in den Katalogen an. Bei No-Name Herstellern fehlen diese Angaben meist.

Winkelschleifer

Winkelschleifer arbeiten ausschließlich mittels Rotation. Die Drehzahlen sind sehr hoch, wodurch sich eine sehr hohe Abtragsleistung ergibt. Der Antriebsmotor ist im Winkel zur Schleifspindelachse angeordnet, wodurch sich die gerätetypisch hohen Leistungen sicher handhaben lassen. Winkelschleifer haben folgende Eigenschaften:

- → Schleifqualität: grob
- → Abtragsleistung: sehr hoch
- → Werkstoffe: vorzugsweise Metallwerkstoffe

Wegen der hohen Umfangsgeschwindigkeiten findet am Schleifort eine hohe Wärmeentwicklung statt. Für Holzwerkstoffe und Kunststoffe ist der Winkelschleifer deshalb weniger gut geeignet.
Für Werkstücke, die eine absolut ebene Oberfläche bekommen sollen, eignet sich der Winkelschleifer ebenfalls weniger gut, weil durch die hohe Abtragsleistung bei Anwendungsfehlern ungewollt tiefe Einschliffe entstehen.
Als einziges Schleifgerät eignet sich der Winkelschleifer auch zum Trennen von Werkstücken.

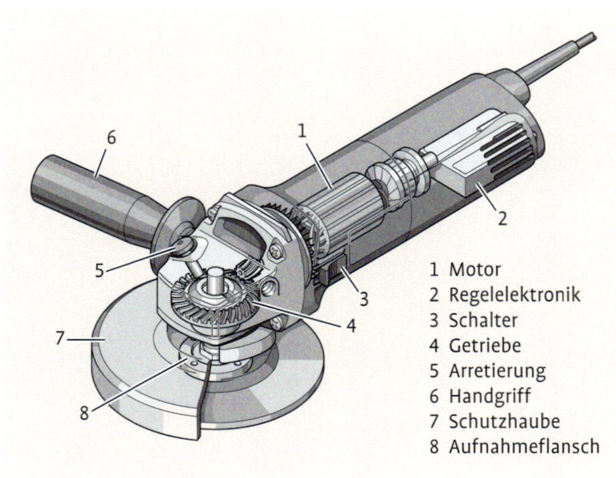

Aufbau des kleinen Winkelschleifers

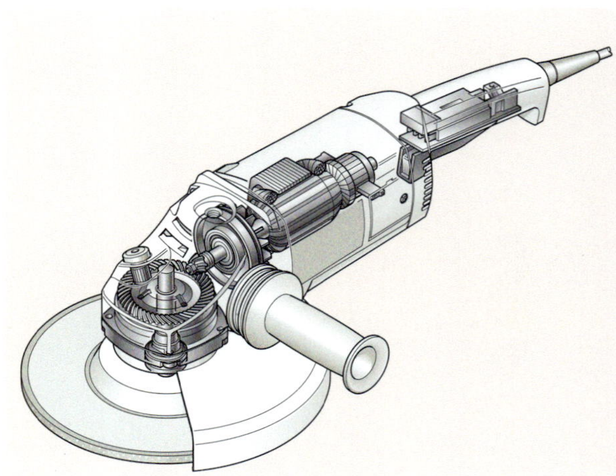
Aufbau des großen Winkelschleifers

Typvarianten

Winkelschleifer sind entsprechend ihrer Größe und Leistungsfähigkeit in zwei Gruppen eingeteilt:

- → Kleine Winkelschleifer mit Leistungen bis etwa 1.500 Watt.
- → Große Winkelschleifer mit Leistungen ab etwa 1.800 Watt.

Die alten Bezeichnungen „Einhand-Winkelschleifer" und „Zweihand-Winkelschleifer" sind nicht mehr zutreffend. Wegen der hohen Leistungen müssen auch kleine Winkelschleifer stets mit beiden Händen geführt werden.

TIPP

Winkelschleifer werden stets erst eingeschaltet und dann an das Werkstück angesetzt.

Arbeitssicherheit beim Arbeiten mit dem Winkelschleifer
Die sehr hohe Umfangsgeschwindigkeit am Winkelschleifer kann bei unbeabsichtigter Berührung der Schleifscheibe zu extrem schweren Verletzungen führen. Es sollte deshalb grundsätzlich nur mit Schutzhandschuhen gearbeitet werden. Aus dem selben Grund sollten Winkelschleifer stets beidhändig bedient werden und das Werkstück festgespannt sein.
Durch die hohe Abtragsleistung entsteht ein intensiver Späne- und Staubflug. Das Tragen einer Schutzbrille ist zwingend, Atem- und Gehörschutz sind empfehlenswert.

Schleifmittel für Winkelschleifer

Die große Auswahl an Schleifmitteln macht den Winkelschleifer universell anwendbar. Folgende Typen von Schleifmitteln werden am Winkelschleifer verwendet:

- → Schleif- oder Schruppscheiben
- → Trennscheiben
- → Fiberscheiben
- → Fächerscheiben
- → HM-Granulatscheiben
- → Diamant-Trennscheiben
- → Rotierende Bürsten

Rotierende Schleifbewegung

Schleif- oder Schruppscheiben

Schleifscheiben zur groben Oberflächenbearbeitung. Handelsüblich für Stahl, Edelstahl, Alu und Gestein. Nicht für Holz- und Kunststoffbearbeitung geeignet.

Trennscheiben

Scheiben mit einer Dicke unter 3 mm werden als Trennscheiben bezeichnet. Sie dienen zum Trennen von Werkstücken. Handelsüblich für Stahl, Edelstahl, Alu und Gestein.

Dünne Scheiben mit 1 mm Dicke haben am kleinen Winkelschleifer einen extrem schnellen Schnitt, nutzen sich aber stärker ab. Mit gekröpften Scheiben kann randnah entlang von Kanten getrennt werden. Nicht für Holz- und Kunststoffbearbeitung geeignet.

Fiberscheiben

Fiberscheiben sind dünne Schleifblätter mit Schleifmittelauflage. Sie müssen zusammen mit einem Stützteller („Gummiteller") verwendet werden. Durch ihre Elastizität eigen sie sich eher für einen feineren Schliff. Sie können auch für Holz und Kunststoffe verwendet werden, wenn man die sehr hohe Abtragsleistung beachtet.

Schruppscheibe für Stahl

Trennscheibe für Edelstahl

Fächerscheiben

Fächerscheiben, auch Schleifmop genannt, sind starr, das Schleifmittel ist lamellenförmig auf der Scheibe befestigt. Hohe Abtragsleistung bei relativ kühlem Schliff und hohe Schleifqualität. Handelsüblich für Stahl, Edelstahl, Alu.

HM-Granulatscheiben

Starre Stahlscheibe mit aufgetragenem Hartmetallgranulat. Anwendung bei grobem Schliff von Holz, Holzbildhauerei, faserverstärkten Kunstharzen, Beschichtungen und weichem Verputz, Gasbeton. Nicht geeignet für Metalle und hartes Gestein.

Diamant- Schleif- und Trennscheiben

Stahlscheiben mit diamantbestücktem Rand oder Segmenten am Umfang oder der Stirnfläche. Verwendung ausschließlich zur Bearbeitung von Steinwerkstoffen. Je nach dem zu bearbeitenden Steinwerkstoff werden unterschiedliche

Gummiteller für Fiberscheiben

Hartmetallgranulat-Scheibe

Trennscheibe für Keramik und Kacheln

Fiberscheibe

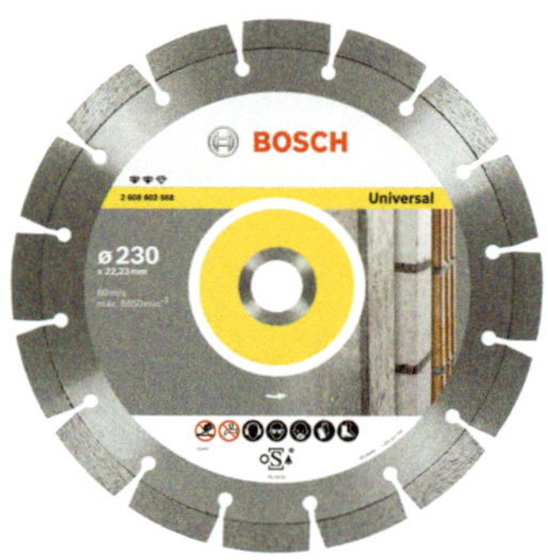

Trennscheibe für universelle Anwendung

Topfscheibe für Beton

Fächerscheibe

Trennscheibe für Beton

Topfscheibe für universelle Anwendung

Segmentformen und Diamantbestückungen verwendet, um bei hoher Abtragsleistung eine lange Standzeit zu erreichen.

Rotierende Bürsten

Rotierende Bürsten werden zum Säubern und Entrosten von Metallen verwendet. Üblich sind Topfbürsten und Scheibenbürsten. Es gibt sie für Stahl und Edelstahl/Alu. Für feine Arbeiten werden gewellte, für grobe Arbeiten gezopfte Bürsten verwendet. Die Anwendung rotierender Bürsten wird in einem separaten Kapitel beschrieben.

Bandschleifer

Bandschleifer arbeiten nach dem Umlaufprinzip des Endlosbandes. Das bandförmige Schleifmittel wird mit hoher Umlaufgeschwindigkeit über zwei Rollen geführt, von denen eine als Antriebsrolle für das Schleifband dient. Die andere Rolle ist einstellbar gelagert, um die Bandlage exakt justieren zu können. Zwischen den Rollen wird das Schleifband über eine starre Andruckplatte geführt.

- → Schleifqualität: mittel bis grob
- → Abtragsleistung: hoch
- → Werkstücke: ebene und leicht konvex geformte Werkstücke
- → Werkstoffe: vorzugsweise Holzwerkstoffe

Die lineare Schleifbewegung ist ideal für Werkstoffe mit Vorzugsrichtung, z. B. Faserverlauf bei Naturhölzern.

- → Beim Schleifen längs der Faser ist die Schleifqualität hoch, die Abtragsleistung weniger hoch.
- → Beim Schleifen quer zur Faser ist die Schleifqualität sehr rau, die Abtragsleistung sehr hoch.

Bandschleifer

Bei Metalloberflächen wird der Materialabtrag über die gesamte Schleifflächenlänge gezogen, wodurch eine Riefenbildung stattfindet. Bei Kunststoffen und lackierten Oberflächen kann der Schleifstaub durch die Reibungswärme wieder anschmelzen und dadurch die Oberflächengüte verschlechtern. Bei scharfen Ecken und Kanten besteht die Gefahr des punktuellen Durchschleifens.

Arbeitssicherheit beim Schleifen mit dem Bandschleifer
Bandschleifer werden unterschätzt. Wenn lose Kleidungsstücke, Halstücher, Krawatten oder Handschuhe in den Spalt zwischen Gehäuse und Antriebsrolle geraten werden diese blitzschnell eingezogen.

TIPP

Bandschleifer werden auf das Werkstück aufgesetzt und erst dann eingeschaltet. Wenn der laufende Bandschleifer auf die Oberfläche gesetzt wird, können tiefe Mulden entstehen.

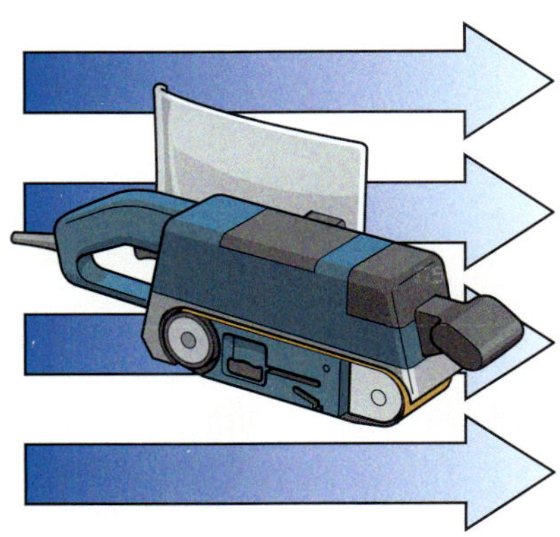
Lineare, umlaufende Schleifbewegung des Bandschleifers

Varioschleifer

Varioschleifer

Der Varioschleifer ist vom Prinzip her ein Bandschleifer, dessen Schleifband über eine keilförmige Schleifplatte abläuft. Hierdurch kann auf beiden Seiten geschliffen werden: einmal in ziehender, einmal in drückender Weise. Varioschleifer sind sehr handlich und eignen sich für schnelle Schleifarbeiten an schlecht zugänglichen Werkstückflächen wie Ecken oder Kanten.

Schleifmittel für Bandschleifer

Das Schleifband besteht aus einer Gewebebasis mit aufgebrachtem Schleifmittel. Die Schleifbänder sind beim Bandschleifer überlappend verklebt, weshalb sie nur in einer Umlaufrichtung verwendet werden können. Die Schleifbänder des Varioschleifers sind filmverleimt und können in beiden Laufrichtungen verwendet werden.

Der logische Weg zum passenden Schleifgerät

Werkstoff	Werkstück	Oberfläche	Schliffgüte	Schleifer, Schleifverfahren
Holz	eben	natur	sehr fein	Schwingschleifer
			fein	Exzenterschleifer
			mittel	Bandschleifer
			sehr grob	Winkelschleifer
		beschichtet	sehr fein	Schwingschleifer
			fein	Exzenterschleifer
	gewölbt		fein, mittel	Exzenterschleifer
			sehr grob	Winkelschleifer
	Balken, Bretter		fein, mittel	Bandschleifer
	komplex geformt			Deltaschleifer
				Varioschleifer
Lackierte Flächen	eben		sehr fein	Schwingschleifer
	gewölbt		sehr fein	Exzenterschleifer
Kunststoffe	eben		sehr fein	Schwingschleifer
			fein	Exzenterschleifer
	gewöbt		sehr fein	Exzenterschleifer
			sehr grob	Winkelschleifer
Metall			sehr fein	Exzenterschleifer
			mittel, grob	Winkelschleifer
Steinwerkstoffe			sehr fein	Exzenterschleifer
			mittel, grob	Winkelschleifer

Der logische Weg zum passenden Schleifmittel

Schleifgerät	Werkstoff	Schleifmittel	Schliffgüte
Schwingschleifer Exzenterschleifer Deltaschleifer Multischleifer	Holz	Schleifpapier, Korund	sehr fein...grob
	lackierte Flächen	Schleifpapier, beschichtet	sehr fein...grob
	Kunststoffe	Schleifpapier, beschichtet	sehr fein...grob
	Metalle	Schleifpapier, Aluminiumoxid	sehr fein...grob
	Steinwerkstoffe	Schleifpapier, Siliziumkarbid	sehr fein...grob
	alle Werkstoffe	Schleifvlies	sehr fein... mittel
Bandschleifer	Holz	Schleifband, Korund	mittel...grob
Varioschleifer	Holz	Schleifband, Korund	fein...mittel
	Kunststoffe	Schleifband, Aluminiumoxid	fein...mittel
	Metall	Schleifband, Aluminiumoxid	fein
Winkelschleifer	Holz	Fiberschleifblatt, Aluminiumoxid	mittel...grob
		HM-Granulatscheibe	grob...sehr grob
	Kunststoffe	Fiberschleifblatt, Aluminiumoxid	mittel...grob
		HM-Granulatscheibe	grob...sehr grob
	Stahl	Fiberscheibe, Aluminiumoxid	fein...mittel
		Fächerscheibe, Aluminiumoxid	fein...mittel
		Schruppscheibe	grob
	Edelstahl	Fiberscheibe, Zirkonkorund	fein...mittel
		Fächerscheibe, Zirkonkorund	fein...mittel
		Schruppscheibe für Edelstahl	grob
	NE-Metalle	Fiberscheibe, Zirkonkorund	fein...mittel
		Fächerscheibe, Zirkonkorund	fein...mittel
		Schruppscheibe für Aluminium	grob
	Gasbeton	HM-Granulatscheibe	grob
	Ziegel	Diamant-Topfscheibe	mittel
	Beton	Diamant-Topfscheibe	mittel

Schleifband

→ Schleifbänder für Bandschleifer können nur in der bezeichneten Umlaufrichtung verwendet werden! Die Umlaufrichtung ist auf der Innenseite des Schleifbandes aufgedruckt.

Schleifpraxis

Schleifen von Holz

Mit der Ausnahme von Span- und Faserplatten haben Hölzer immer eine gerichtete Struktur (Faserrichtung). Wenn quer zur Faserrichtung geschliffen wird, hat man eine hohe Abtragsleistung, aber eine raue Oberflächenqualität. Beim Schleifen längs der Faserrichtung erreicht man die beste Oberflächengüte.

TIPP

Als Faustregel beim Schleifen wählt man mit jedem folgenden Arbeitsgang eine doppelt so feine Körnung. Beispiel: Körnungsfolge 80–180–360 oder 60–120–240

Flächenschliff mit dem Bandschleifer

Bandschleifer haben eine geradlinige Schleifrichtung. Damit kann man quer oder längs zur Holzfaser schleifen.

- → Beim Querschliff hat man eine hohe Abtragsleistung, aber eine raue Oberfläche.
- → Beim Längsschliff ist die Abtragsleistung geringer, aber die Oberfläche glatter.

Wegen der hohen Abtragsleistung besteht beim Bandschleifer die Gefahr der Wannenbildung in der Oberfläche, wenn man nicht gleichmäßig auf der Flache verfährt.

Zum Schleifen ebener Oberflächen Schleifrahmen verwenden.

Der Schleifrahmen wird am Bandschleifer angebracht und wirkt ähnlich einem Tiefenanschlag, wodurch die Wannenbildung verhindert werden kann.

Schleifrichtung und Oberflächengüte bei Schliff quer zur Holzfaser

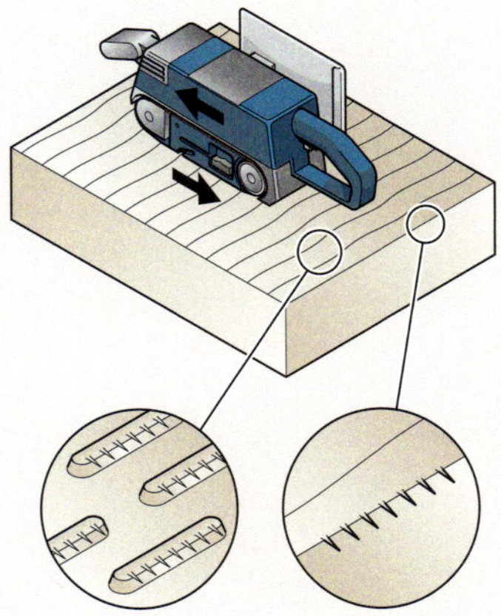

Die Holzfasern werden in Querrichtung „abgerissen“, dadurch grobes Schliffbild. Tiefe Riefenbildung quer zur Holzfaser, ausgerissene Kante. Sehr hoher Abtrag.

Querschliff mit dem Bandschleifer

Schleifrichtung und Oberflächengüte bei Schliff längs der Holzfaser

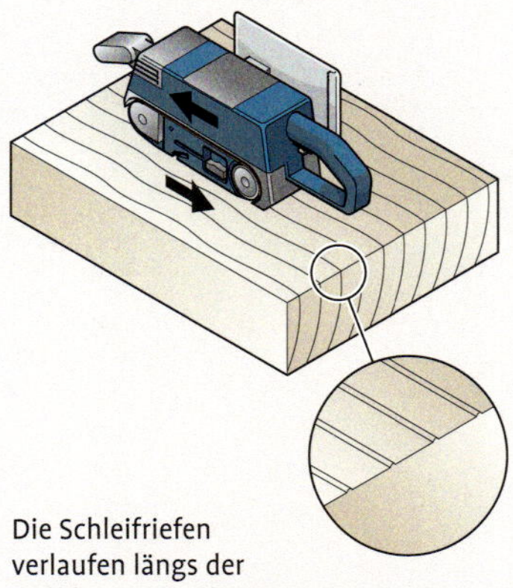

Die Schleifriefen verlaufen längs der Holzfaser. Die „harten“ Fasern „tragen“ den Schleifer, wodurch die „weichen“ Faseranteile nicht wesentlich tiefer geschliffen werden. Hierdurch entsteht ein gleichmäßiges Schliffbild mit höherer Oberflächengüte. Die Holzfasern werden nicht herausgerissen, wodurch der Kantenbereich nicht beschädigt wird.

Längsschliff mit dem Bandschleifer

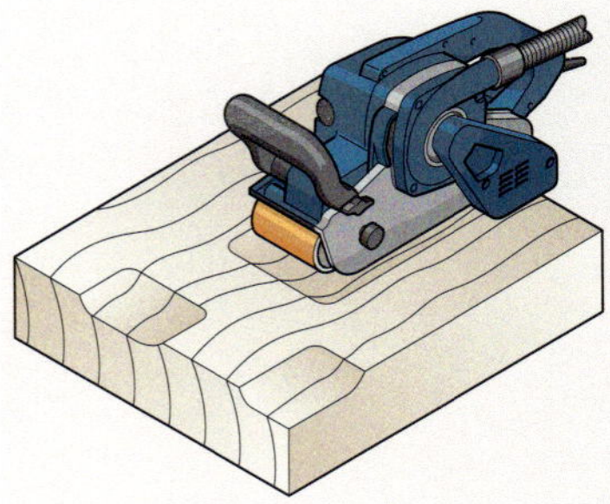

Anwendungsproblematik:
Hohe Abtragsleistung,
ungleichmäßiger Andruck,
ungleichmäßige Verfahrenswege.

Ergebnis:
Ungleichmäßige Oberfläche,
„Wannenbildung“.

Wannenbildung beim Schleifen

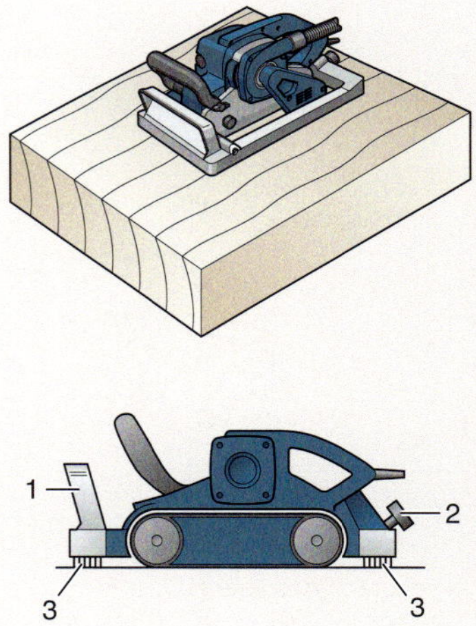

1 Schleifrahmen
2 Einstellschraube
3 umlaufender Bürstenrahmen

Wirkung: Der Schleifrahmen gestattet eine einstellbare Schleiftiefe.

Ergebnis: Die Oberfläche wird eben geschliffen ohne tiefere Unregelmäßigkeiten (keine „Wannenbildung“).

Achtung! Der Bandschleifer darf nicht zusätzlich angedrückt werden.
Er muss gleichmäßig über die Fläche gefahren werden.

Mit dem Schleifrahmen wird die Wannenbildung verhindert

Flächenschliff mit dem Exzenterschleifer

Exzenterschleifer eignen sich durch ihre hohe Schleifqualität bei gleichzeitig schnellem Arbeitsfortschritt hervorragend zum Feinschliff großer Oberflächen. Dabei sollte der Schleifer vor dem Einschalten auf das Werkstück aufgesetzt werden, um Riefen und Dellen zu vermeiden. Durch den Andruck kann man das Schliffbild und die Abtragsleistung beeinflussen. Die höchste Abtragsleistung erreicht man mit sehr geringem Andruck, weil dann die Rotationsdrehzahl am höchsten ist.

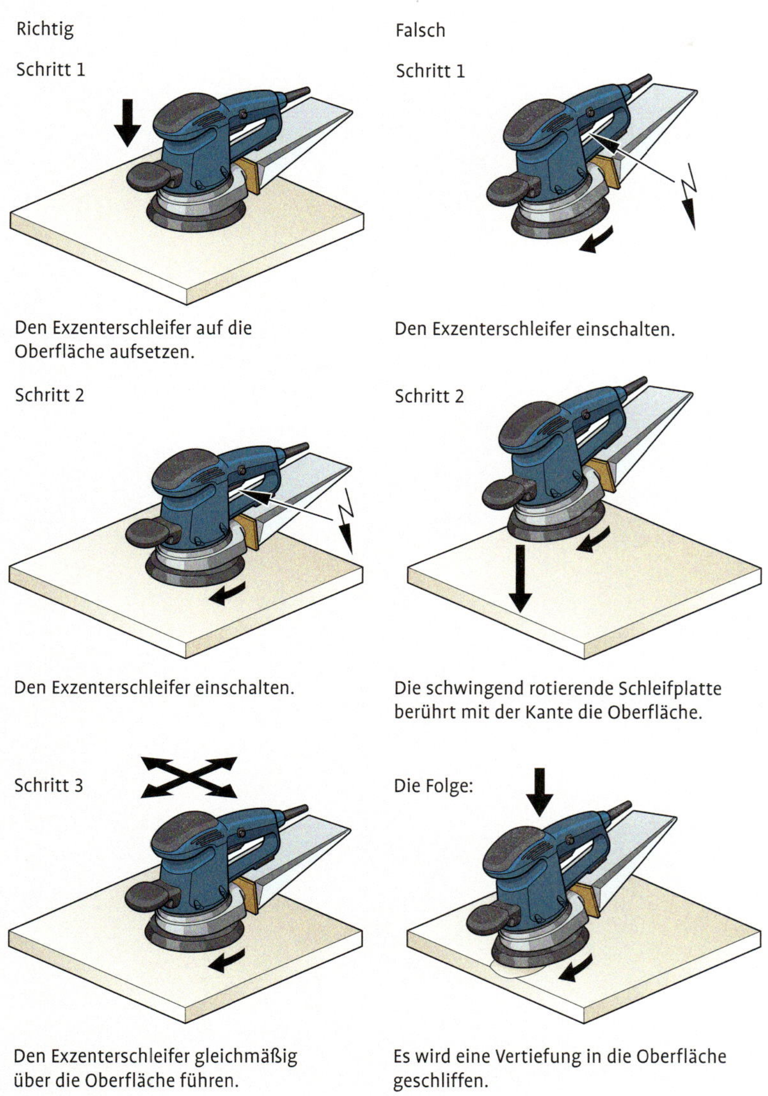

Flächenschliff mit dem Exzenterschleifer

Schleifen mit dem Schleifrahmen

Schleifen eines Ausschnitts mit dem Varioschleifer

Schleifen von Ausschnitten

Zum Schleifen von Ausschnitten oder dem Innenschliff an Rahmen eignen sich Varioschleifer und Deltaschleifer. Der Deltaschleifer ist dabei eher für komplex geformte Werkstücke geeignet, der Varioschleifer für etwas größere Flächen und höhere Abtragsleistung.

TIPP

Beim Schleifen mit dem Varioschleifer kann es je nach Form des Werkstückes günstiger sein, mit vorlaufendem oder mit rücklaufendem Band zu schleifen. Vorher an einem Materialrest testen!

Anschleifen einer lackierten Tischplatte

Eckenschliff mit dem Multischleifer oder Deltaschleifer

Anschleifen von lackierten Oberflächen

Lackierte Oberflächen müssen vor einer Neulackierung angeschliffen („stumpfgeschliffen") werden, weil sonst der neue Farbauftrag nicht hält. Weil die Oberfläche schon eben ist, muss nur ganz gering abgetragen werden. Hierfür eignet sich am besten der Schwingschleifer.

Schleifen von eingerahmten Flächen

Wenn Flächen von Rahmen oder Wänden umgeben sind, kann nicht mit jedem Schleifgerät randnah

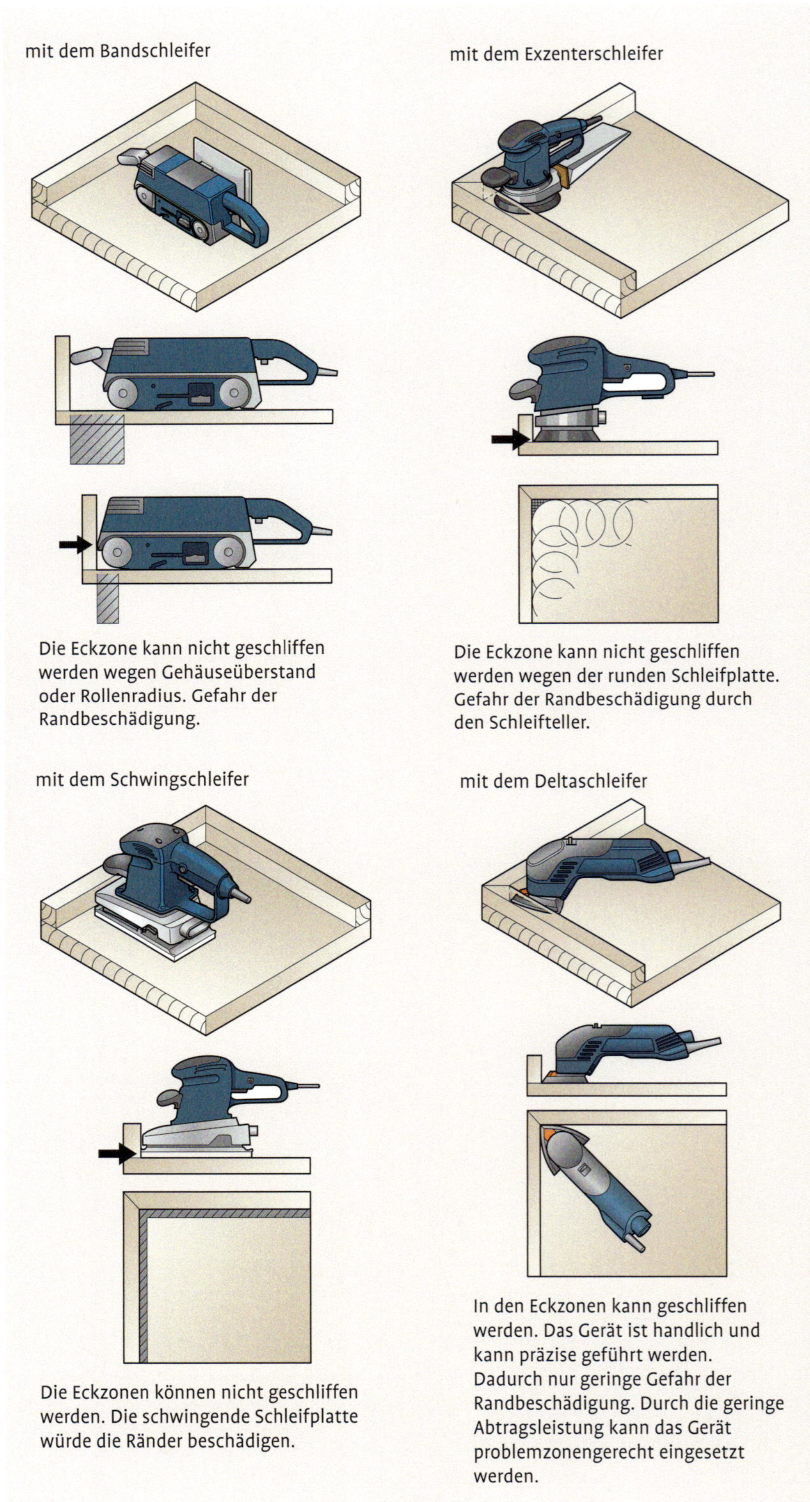

Schleifen eingerahmter Flächen

geschliffen werden. Die selbe Problematik besteht in den Ecken. Die folgenden Beispiele zeigen die Einsatzgrenzen der einzelnen Schleifgeräte.

TIPP

Zuerst entlang der Ränder und in den Ecken schleifen. Erst dann die Fläche bearbeiten. So wird das Schliffbild gleichmäßiger.

Schleifen von gewölbten Werkstücken

Konkav geformte Werkstücke können nicht mit Schleifgeräten geschliffen werden, die eine starre Schleifplatte haben. Diese würde nur mit den Kanten aufliegen und in diesem Bereich schleifen, wodurch es zur Riefenbildung im Werkstück und zur Beschädigung der Schleifplatte kommt.

Schleifen von konvexen Werkstücken

Bei konvex geformten Werkstücken würde eine starre Schleifplatte nur in der Mitte schleifen. Dies würde zu ebenen Flächen auf der Oberfläche führen. Beim Schleifen gewölbter Werkstücke mit dem Exzenterschleifer unbedingt eine weiche Schleifplatte verwenden, eventuell mit einer Schaumstoffzwischenlage.

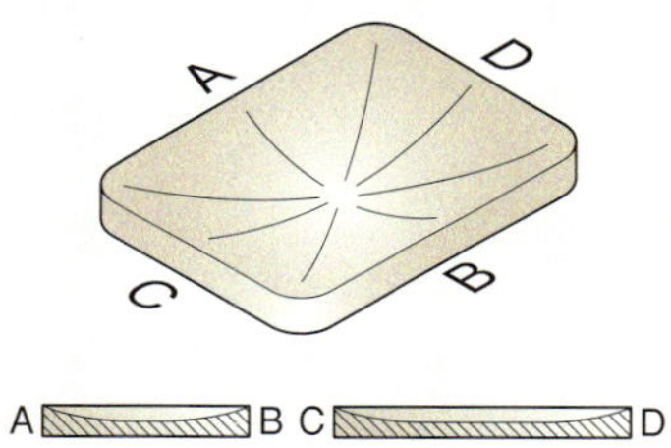

Anwendungsproblematik:
Die zu schleifende Oberfläche ist gewölbt.

Anwendung:

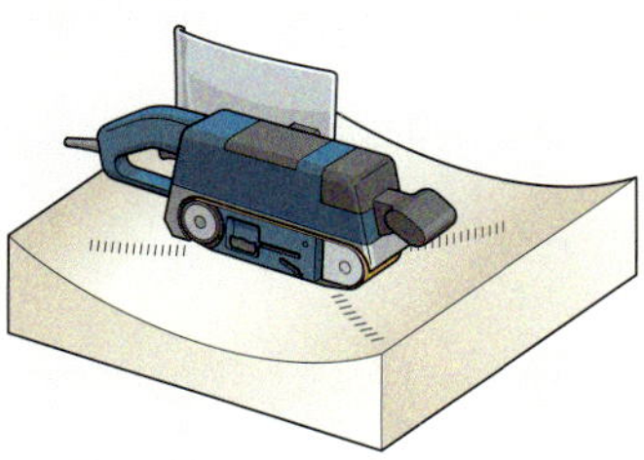

Bandschleifer:
Schleift nur im äußeren Rollenbereich, unkontrollierbarer Abtrag, keine gleichmäßige Oberfläche erzielbar.

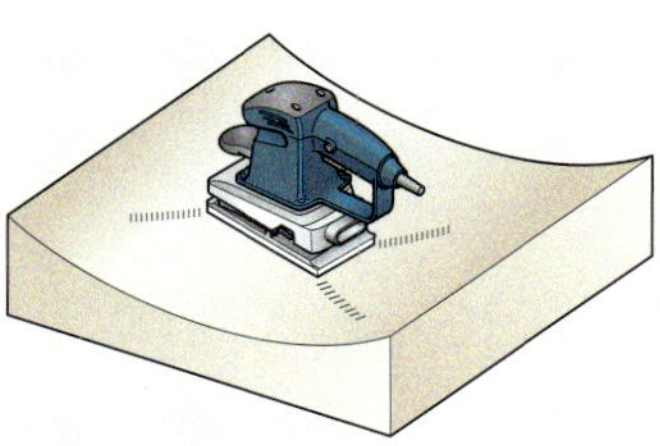

Schwingschleifer:
Schleift nur an den Ecken der Schleifplatte. Unkontrollierter Abtrag, keine gleichmäßige Oberfläche erzielbar. Schleifmittel und Schleifplatte werden an den Ecken beschädigt.

Anwendung:

Exzenterschleifer:
Wegen der runden Schleifplatte prinzipiell besser geeignet als Bandschleifer oder Schwingschleifer. Bei geschickter Führung durch den Anwender können gute Resultate erzielt werden. Voraussetzung: Eine weiche Schleifplatte.

Eine harte Schleifplatte ist nicht geeignet.

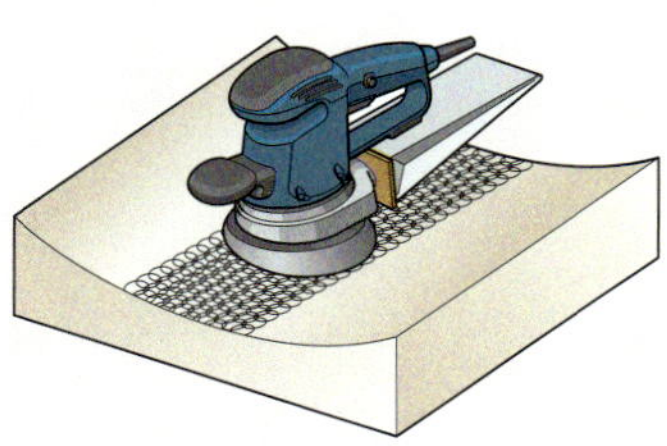

Eine weiche Schleifplatte passt sich der Oberfläche an.

Schleifen mehrdimensionaler Werkstücke

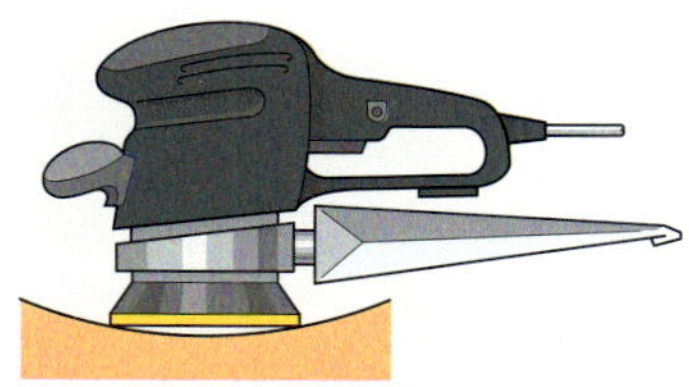

Harte Schleifplatte

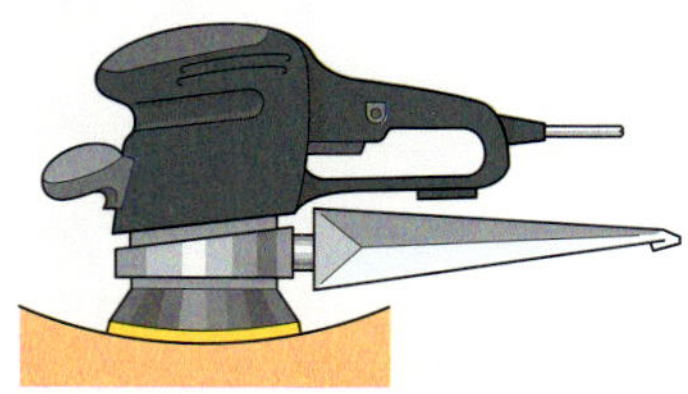

Extrem weiche Schleifplatte

Bei gewölbten Werkstücken weiche Schleifplatte verwenden

Schleifen einer gewölbten Fläche

Schleifen von unregelmäßig geformten Werkstücken

Bei Werkstücken mit vielen kleinen Unregelmäßigkeiten kann eine weiche Schleifplatte nicht genügend nachgeben, wodurch die gewünschten Konturen verschliffen werden. In diesen Fällen sollte statt des Schleifpapiers ein Schleifvlies mit einer Zwischenplatte aus weichem Schaumstoff auf die Schleifplatte gesetzt werden. Durch den elastischen Schaumstoff und das lose Gewirk des Schleifvlieses kann sich dieses hervorragend an die Konturen des Werkstückes anpassen.

Randnaher Schliff

Beim randnahen Schliff besteht die Gefahr, dass die Kante durch Verkanten des Schleifgerätes schräg oder abgerundet wird.

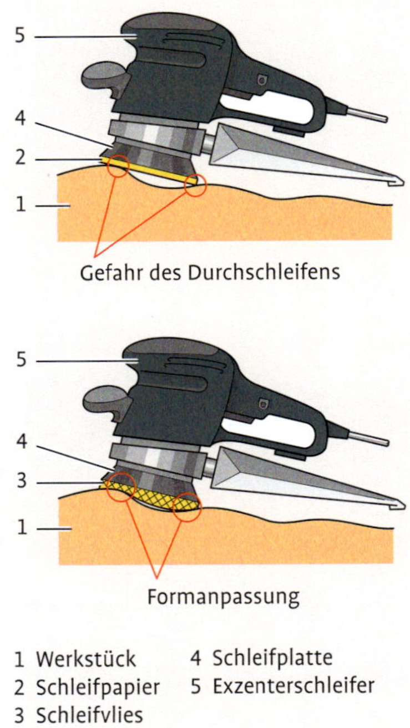

Das Schleifvlies passt sich der Oberfläche an

TIPP

Schleifgerät mit starrer (harter) Schleifplatte verwenden, Schleifplatte nicht zu weit über die Werkstückkante ragen lassen, Schleifgerät nur gering andrücken.

Schaumstoffzwischenlage für den Exzenterschleifer

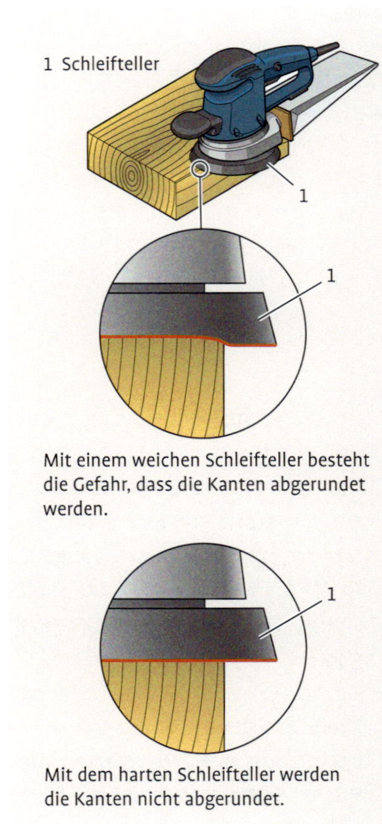

Die harte Schleifplatte gibt weniger nach

Schleifen mit Schaumstoffzwischenlage

Schleifen von Lamellen

Mit dem Varioschleifer können auch Ausschnitte geschliffen werden

Stationäres Schleifen mit dem Bandschleifer

Schleifen von Lamellen

Lamellentüren und historische Fensterläden können auch zwischen den Lamellen geschliffen werden, wenn man einen Lamellenvorsatz auf dem Deltaschleifer oder Schwingschleifer anbringt.

Stationäres Schleifen

Bandschleifer und Varioschleifer können auch Stationär betrieben werden. Mit Hilfe von Parallel- und Winkelanschlägen lassen sich Kanthölzer, Leisten und Brettchen abrichten, anwinkeln und formen.

Arbeitssicherheit beim Schleifen von Holz

Holz ist ein leichter Werkstoff. Der Feinstaub von Holz ist fast unsichtbar und hält sich lange in der Schwebe. Er kann dadurch sehr leicht in die Atemwege gelangen.

Besonders gefährlich und zum Teil Krebs erregend sind die Stäube verschiedener Hartholzarten wie Buche, Eiche, und tropische Harthölzer.

Bei ausgiebigen Schleifarbeiten in kleinen geschlossenen Räumen (Hobbykeller!) kann eine hohe Konzentration von Feinstaub in der Raumluft entstehen. Dieser Staub kann sich bei Funkenbildung entzünden (beispielsweise durch elektrische Schalter) und eine Staubexplosion verursachen. Beim Schleifen stets mit Absaugung arbeiten oder Schleifgeräte mit integriertem Staubfilter verwenden.

Holzstaub „Special“

Moderne Schleifgeräte haben eine integrierte Absaugung und einen Staubbehälter. Statt den Staub zu entsorgen kann man die Holzstäube nach Holzsorten getrennt auch in Marmeladegläsern aufbewahren. Mit einer Zelluloselösung (beispielsweise Bindan-Fu®) bei Bedarf angemischt, erhält man einen erstklassigen Holzkitt.

Schleifen von Kunststoffen

Kunststoffe werden meist als Plattenmaterial geliefert oder befinden sich als Beschichtungen auf Holzwerkstoffen und haben bereits eine sehr glatte Oberfläche. Meist ist dann eine Oberflächenbearbeitung nicht mehr nötig.
Bei Werkstücken die aus Kunstharzen wie Polyester und Epoxid hergestellt werden, ist dagegen oft eine Oberflächenbearbeitung nötig. Bei faserverstärkten Kunststoffen wirkt der Faseranteil stark abstumpfend auf das Schleifmittel. Für ein gutes Schleifergebnis müssen deshalb qualitativ hochwertige Schleifmittel verwendet werden.
Für grobe Schleifarbeiten an glasfaserverstärkten Kunststoffen, beispielsweise bei der Reparatur von Bootsrümpfen, eignen sich nur Topfscheiben mit Hartmetallbeschichtung. Die Scheiben gibt es in unterschiedlichen Körnungen.
Wenn sie verstopft sind, was beim Bearbeiten von weichen und zähen Kunstoffen und auch bei Kunstharzen häufig vorkommt, können sie auf einfache Weise wieder gereinigt werden. Man legt sie in einen flachen Dosendeckel und gießt etwas Aceton dazu. Nach kurzer Einwirkungszeit kann dann die Scheibe mit einem Pinsel oder einer Bürste vollständig gereinigt werden.

Topfscheibe mit Hartmetallbeschichtung

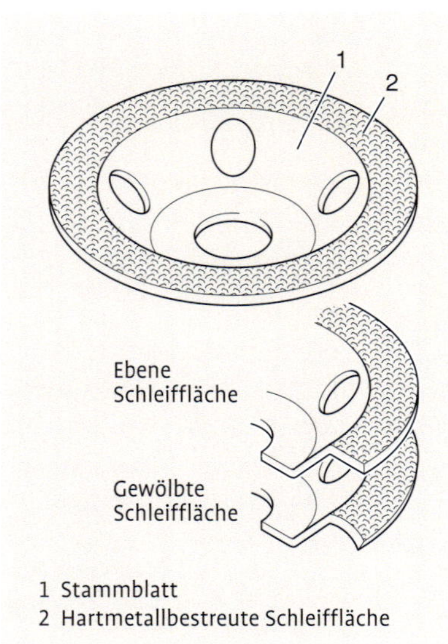

Topfscheibe mit Hartmetall-Granulat

TIPP

Beim Schleifen von faserverstärkten Kunststoffen hat es sich bewährt, über der Kleidung Einweg-Overalls mit Kapuze zu tragen.

Arbeitssicherheit beim Schleifen von Kunststoffen
Kunststoffstäube sind gefährlich, wenn sie Faseranteile enthalten, beispielsweise Glasfasern. Von ihnen kann eine starke Reizung der Haut und der Atemwege ausgehen. Geräte mit Staubfilter sowie Augen- und Atemschutz ist deshalb unerlässlich.

Schleifen von Lackierungen

Lackierungen bestehen meist aus einem mehrschichtigen Auftrag, wobei zwischen den einzelnen Arbeitsgängen geschliffen wird. Dazu werden Schleifmittel mit sehr feiner Körnung verwendet. Beim Schleifen darf nur mit sehr geringem Andruck gearbeitet werden, damit der Lackstaub nicht erhitzt wird und an das Schleifmittel oder die Werkstückoberfläche anklebt.
Zum Schleifen von lackierten Oberflächen nur beschichtete Schleifpapiere verwenden. Sie verstopfen weniger schnell und bleiben länger aggressiv.

Arbeitssicherheit beim Schleifen von Lacken
Lacke enthalten Kunststoffe, deren Bestandteile gesundheitsgefährdend sein können. Deshalb auch hier Geräte mit Staubfilter sowie Augen- und Atemschutz verwenden.

Anwendungsfehler und wie man sie vermeidet

Neben der passenden Auswahl der Schleifpapiere hängt die Abtragsleistung und die Standzeit (Lebensdauer) entscheidend davon ab, wie man sie benützt. Die nebenstehenden Beispiele zeigen, wie man Fehler vermeiden kann.

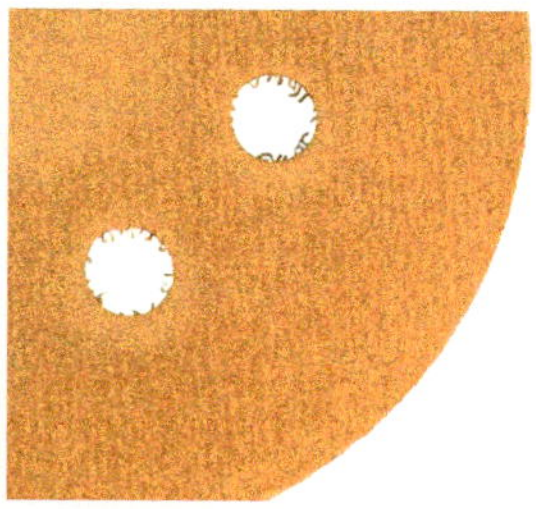

Typ: antihaftbeschichtet
Körnung: 180
Anwendung: Schliff von Klarlack
Absaugung: ja
Andruck: gering
Zustand: optimal

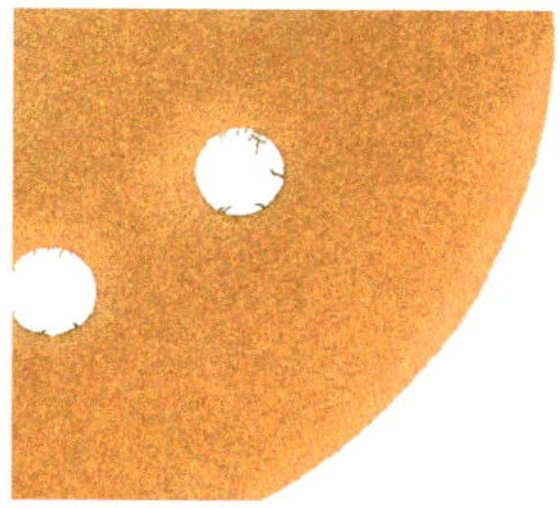

Typ: antihaftbeschichtet
Körnung: 180
Anwendung: Schliff von Massivholz
Absaugung: ja
Andruck: gering
Zustand: optimal

Typ: antihaftbeschichtet
Körnung: 180
Anwendung: Schliff von Massivholz
Absaugung: ja
Andruck: zu stark, durch Schrägstellung starke Randbelastung
Zustand: Holzpartikel eingelagert, Scheibenrand zerstört
Empfehlung: geringeren Andruck wählen, Maschine waagrecht aufsetzen

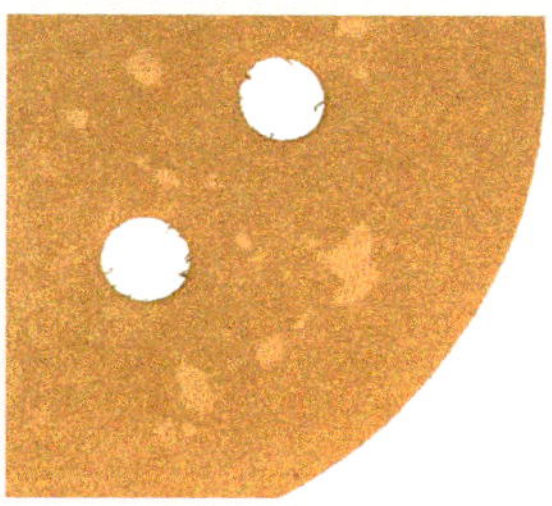

Typ: antihaftbeschichtet
Körnung: 180
Anwendung: Schliff von Weißlack
Absaugung: ja
Andruck: zu stark
Zustand: beginnende Einlagerung von Lackpartikeln
Empfehlung: geringeren Andruck wählen

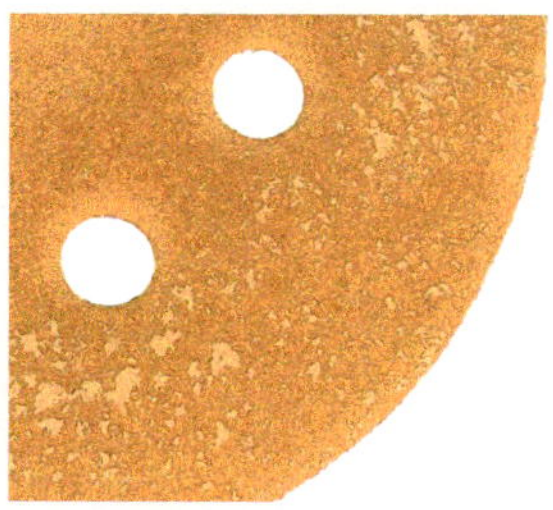

Typ: antihaftbeschichtet
Körnung: 180
Anwendung: Schliff von Weißlack
Absaugung: nein
Andruck: gering
Zustand: starke Enlagerungen von Lack-partikeln, Scheibe unbrauchbar
Empfehlung: Absaugung verwenden

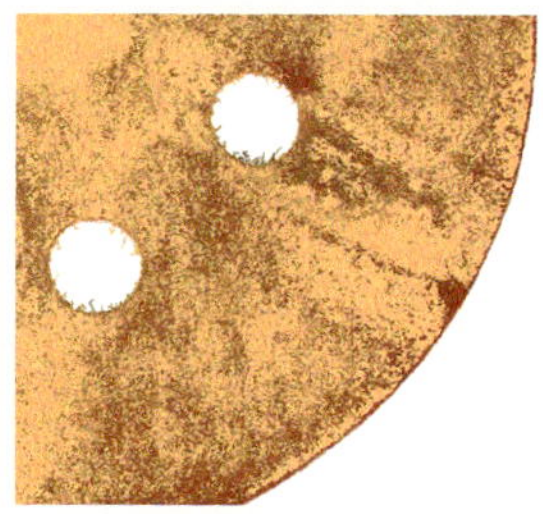

Typ: Normalschleifpapier
Körnung: 320
Anwendung: Schliff von Schliff von Weißlack
Absaugung: nein
Andruck: normal
Zustand: Scheibe mit Lackstaub zugesetzt
Empfehlung: antihaftbeschichtetes Schleif-papier und Absaugung verwenden

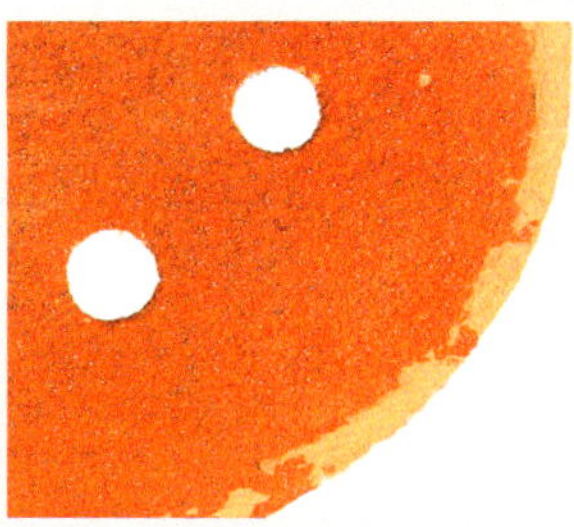

Typ: Normalschleifpapier
Körnung: 80
Ansendung: Schliff von Massivholz
Absaugung: ja
Andruck: normal, durch Schrägstellung starke Randbeschädigung
Zustand: normal, aber Scheibe durch Randbelastung beschädigt
Empfehlung: Maschine waagrecht aufsetzen

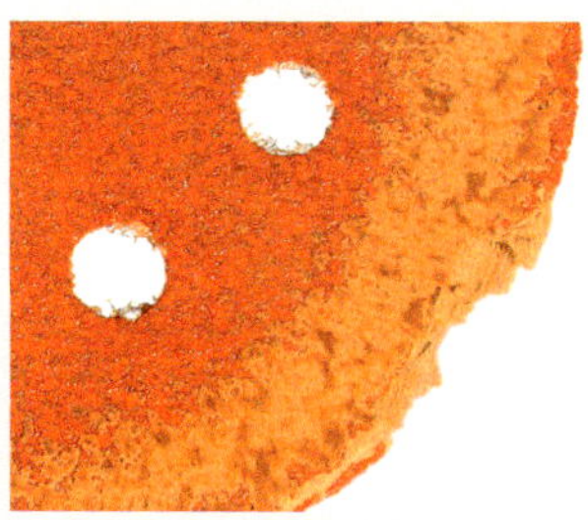

Typ: Normalschleifpapier
Körnung: 80
Ansendung: Schliff von Massivholz
Absaugung: ja
Andruck: zu starker Andruck, zu starke Schrägstellung
Zustand: starke Holzeinlagerung im Randbereich, Scheibe zerstört
Empfehlung: geringeren Andruck wählen, Maschine waagrecht aufsetzen

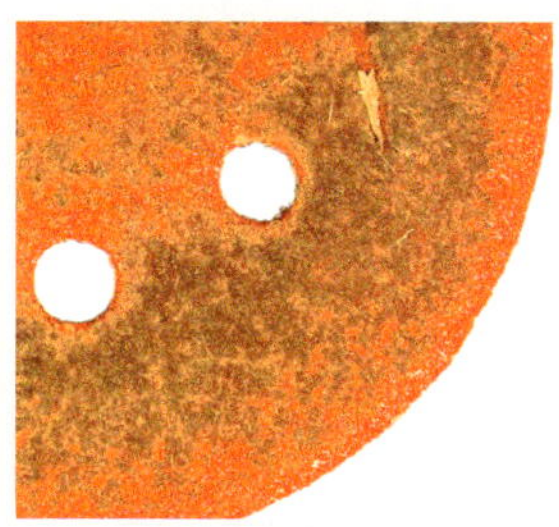

Typ: Normalschleifpapier
Körnung: 80
Ansendung: Schliff von Massivholz, harzhaltig (Kiefer)
Absaugung: ja
Andruck: normal
Zustand: Harzeinlagerungen verstopfen die Scheibe. Scheibe unbrauchbar
Empfehlung: Holz vor dem Schleifen entharzen, geringen Andruck wählen

Schleifen stark geformter Werkstücke mit dem Exzenterschleifer

Beispiel: Kunstgegenstand

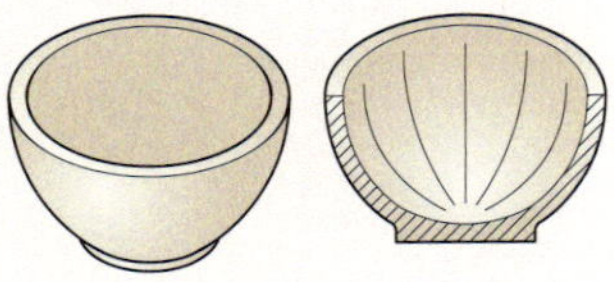

Anwendungsproblematik:

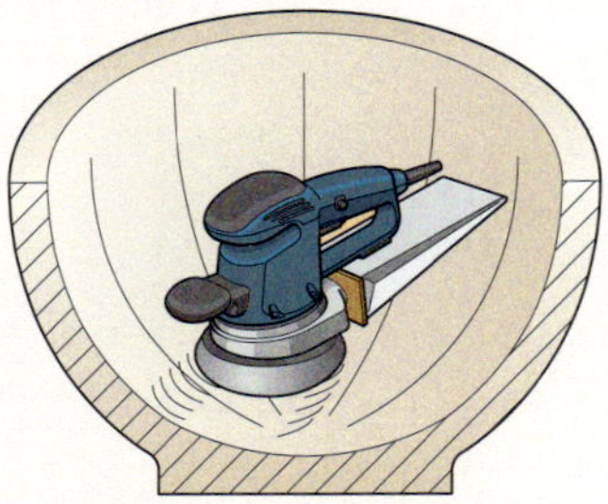

Selbst die weiche Schleiplatte des Exzenterschleifers kann sich nicht genügend an die Oberflächenkontur anpassen.

Anwendung:

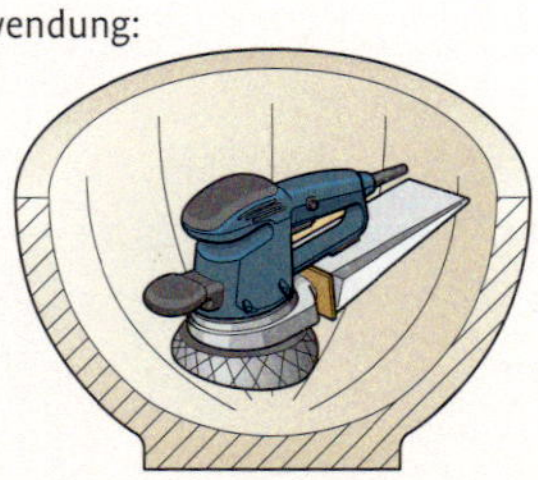

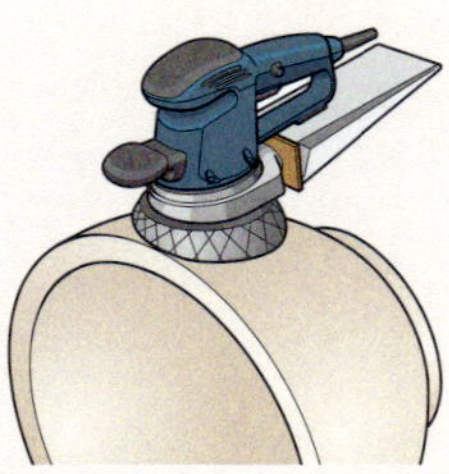

Zusätzlich zur weichen Schleifplatte wird an Stelle des Schleifpapiers ein Schleifvlies verwendet. Das Schleifvlies ist sehr flexibel und kann sich auch stark geformten Konturen anpassen.

Schleifen konkaver und konvexer Werkstücke

Schleifen von Metallen

Typische Schleifarbeiten an Metallen dienen meist der Säuberung der Oberfläche, dem Verputzen von Schweißnähten, der Kantenbearbeitung und dem Trennen.
Beim Schleifen von Unebenheiten, beispielsweise Schweißnähten, werden den Winkelschleifer mit Schruppscheiben eingesetzt, für feine Bearbeitung sollten dazu Fächerscheiben oder Fiberscheiben verwendet werden. Für die Bearbeitung unterschiedlicher Metalle gibt es ganz spezielle Schleifmittel, die unbedingt verwendet werden sollten.

TIPP

Die „normalen“ Schrupp- und Trennscheiben für Stahl verstopfen, wenn man damit Edelstahl oder Alu bearbeitet. Wenn man keine speziellen Scheiben für diese Werkstoffe bekommt, kann man ersatzweise Scheiben für die Steinbearbeitung verwenden. Diese sind zwar nicht optimal, aber deutlich besser als die Scheiben für Stahl.

Schleifen mit der Schruppscheibe

Mit der Schruppscheibe werden Schweißnähte und Kanten bearbeitet. Auch Innenkanten können

Verputzen einer Schweißnaht

gut geschliffen werden. Den besten Kompromiss aus Schleifqualität, Arbeitsfortschritt und Scheibenlebensdauer erreicht man, wenn die Schruppscheibe in einem Winkel von etwa 30–35° zur Oberfläche angesetzt wird.

Schleifen mit der Fächerscheibe

Die Fächerscheibe kann in vielen Fällen die Schruppscheibe ersetzen und hat folgende Vorteile:

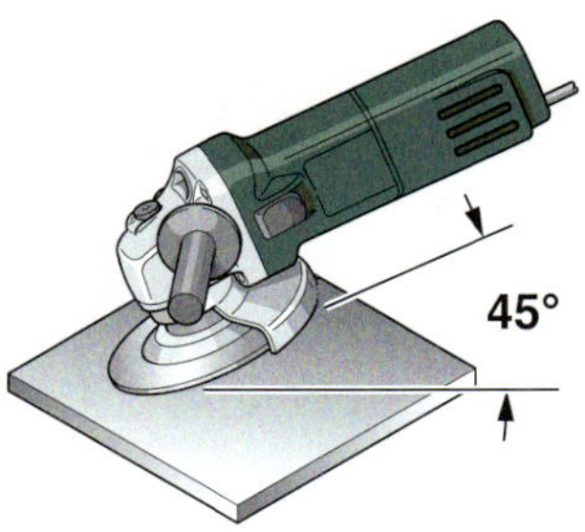

zu steil
- geringer Arbeitsfortschritt
- schlechte Schliffqualität

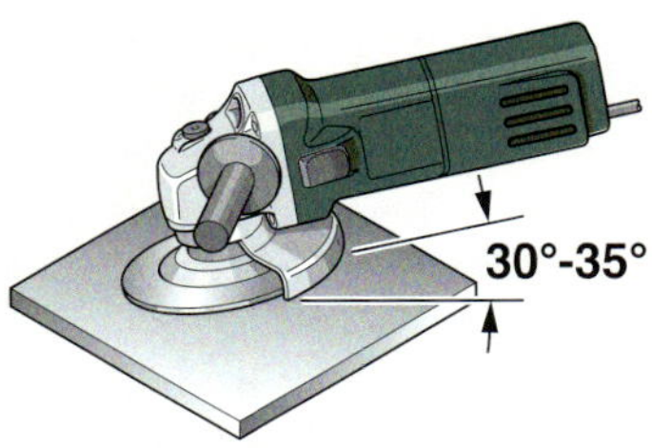

richtig
- hoher Arbeitsfortschritt
- gute Schliffqualität

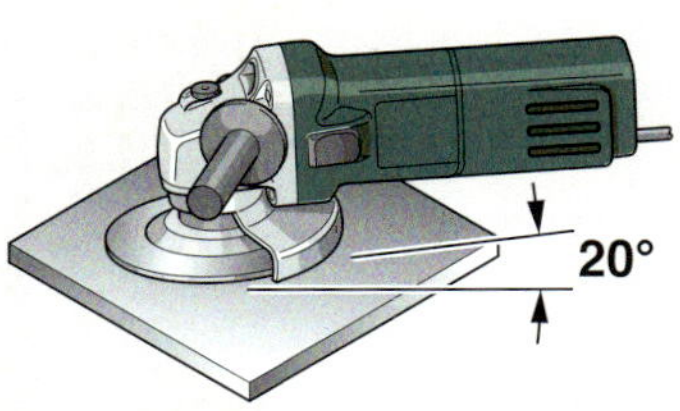

zu flach
- geringer Arbeitsfortschritt

Auf den richtigen Schleifwinkel kommt es an

→ „weicherer" Schliff ergibt eine wesentlich bessere Oberfläche
→ weniger Riefen beim Schleifen ebener Platten
→ kühlerer Schliff erhitzt das Werkstück weniger

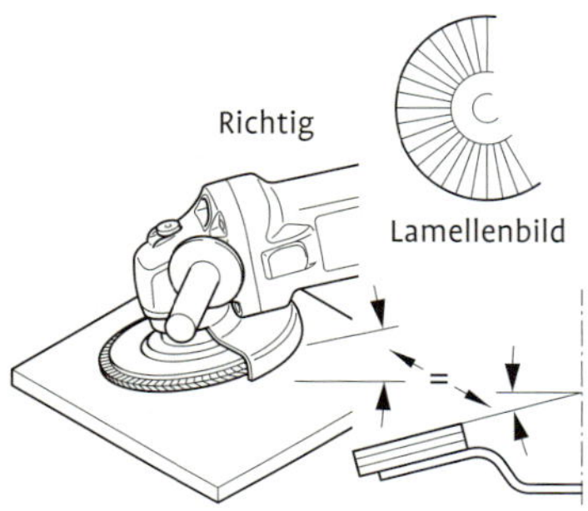

Anstellwinkel = Schleifmittelwinkel: Optimale Standzeit, optimaler Arbeitsfortschritt.

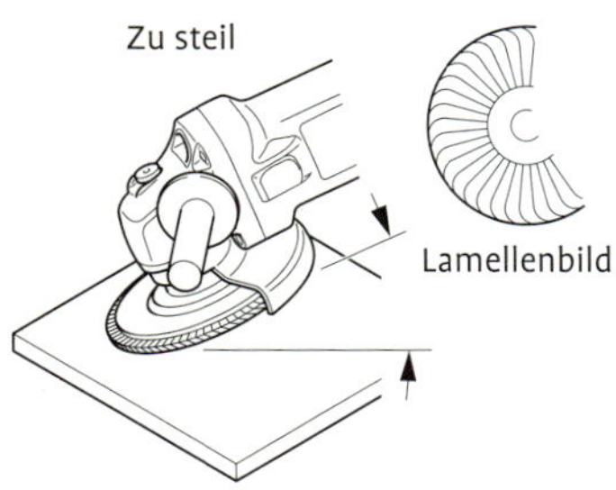

Scheibe nützt sich zu stark am Aussenrand ab: Geringe Standzeit, geringer Arbeitsfortschritt.

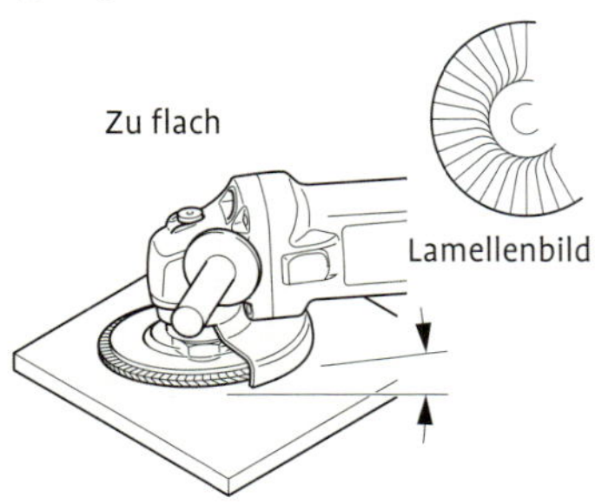

Scheibe nützt sich zu stark am Innenrand ab: Geringe Standzeit, geringer Arbeitsfortschritt. Spindelmutter berührt Werkstück.

Bei falscher Winkelstellung ist der Verschleiss der Fächerscheibe höher

→ oft schnellerer Arbeitsfortschritt

Den Vorteilen steht der etwas höhere Preis gegenüber.

Zum Schleifen von Edelstahl oder Alu Fächerscheiben mit Zirkonkorund verwenden. Andere Schleifmittel verstopfen.

TIPP

Schruppscheiben für Aluminium sind meist nur im Fachhandel erhältlich. Als Notlösung kann man Schruppscheiben für Stein zum Schleifen von Alu verwenden. Den etwas höheren Verschleiß muss man aber in Kauf nehmen.

Schleifen von Kanten

Kanten können quer zur Kante oder längs zur Kante geschliffen werden.

Schliff quer zur Kante:

→ Hohe Abtragsleistung,
→ Werkstück kann vibrieren,
→ Oberfläche wird meist wellig,
→ starke Gratbildung an der Kante.

Schliff quer zur Kante nur anwenden bei konkaven oder konvexen Werkstückkonturen.

Schliff längs der Kante:

→ Geringere Abtragsleistung,
→ keine Werkstückvibrationen,
→ ebene Oberfläche,
→ fast keine Gratbildung.

Trennen von Rohren und Profilen

Profile und Rohre sollten beim Trennen stets festgespannt sein. Beim so genannten Freihandtrennen (Winkelschleifer in einer Hand, Werkstück in der anderen Hand) verkantet man fast immer. Hierdurch kann es zu Scheibenbrüchen, Rückdrehmomenten und Unfallverletzungen kommen.

Trennen von Blechen und Blechstreifen

Dünne Bleche neigen beim Trennen zum Schwingen. Dies führt zur verstärkten Abnützung der Trennscheibe. Dickere Bleche neigen sich durch ihr Gewicht bei zunehmender Schnittlänge nach unten. Die Trennscheibe kann dadurch verkanten und brechen.

Trennen von Rohren

Schleifen von Kanten und Schmalseiten

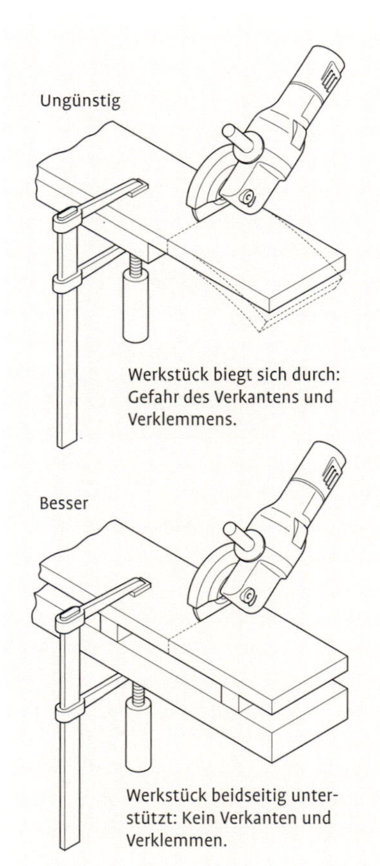

Trennen mit Unterlage

TIPP

Beim Schleifen und Trennen darauf achten, dass der Funkenflug stets im Blickfeld bleibt und damit kontrolliert werden kann. Wird der Funkenflug nach hinten abgelenkt, können die Kleidung oder Gegenstände unbemerkt Feuer fangen.

Arbeitssicherheit beim Schleifen von Metallen
Metallstäube sinken auf Grund ihres hohen Gewichtes relativ schnell zu Boden. Trotzdem können sie in bestimmten Arbeitspositionen in die Atemwege gelangen.
Beim Schleifen von Edelstählen, die Chrom, Vanadium, Nickel oder Molybdän enthalten, entstehen krebserregende Stäube.
Atemschutz ist daher obligatorisch.

Eine Besonderheit beim Schleifen von Metallen mit dem Winkelschleifer ist der Funkenflug. Er wird mit hoher Geschwindigkeit und weit geschleudert und kann auch von Gegenständen in eine andere Richtung abgelenkt werden. Deshalb ist das Tragen einer Schutzbrille zwingend notwendig. Ebenfalls muss darauf geachtet werden, dass der Funkenflug nicht auf brennbares Material trifft.

Rotierende Bürsten

Mit Topfbürsten und Scheibenbürsten am Winkelschleifer kann man Werkstücke entrosten und Farbaufträge abtragen. Der Drahtbesatz der Bürsten unterscheidet sich im Werkstoff und der Besatzform, wodurch sich unterschiedliche Anwendungsgebiete und Eigenschaften ergeben.
→ Gewellter Drahtbesatz für feine Bearbeitung.
→ Gezopfter Drahtbesatz für grobe Bearbeitung.
→ HSS-Drahtbesatz für Arbeiten an Baustählen.

Trennschnitte
Funkenflug in Abhängigkeit von der Werkzeughaltung

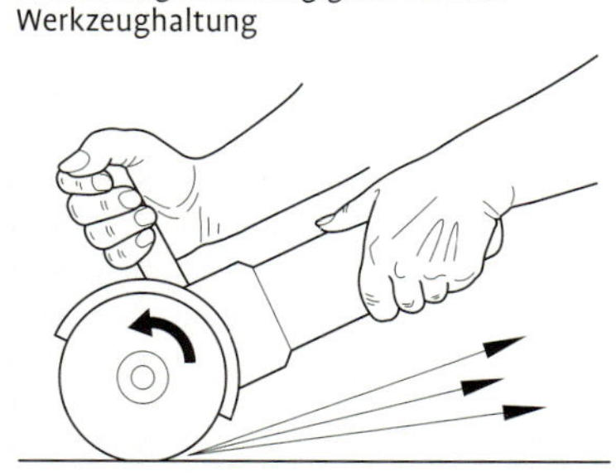

Funkenflug zum Anwender hin:
keine Sichtkontrolle

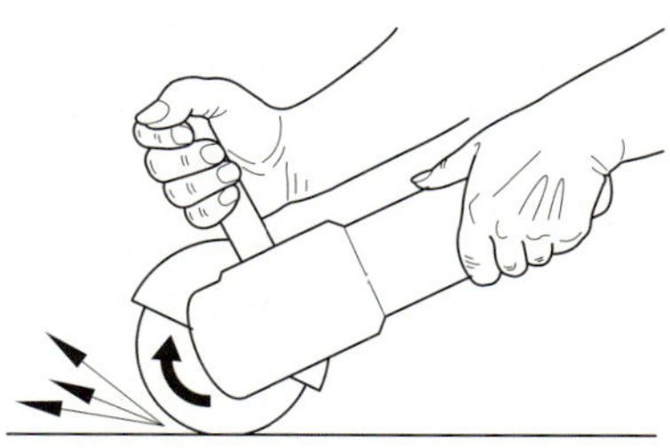

Funkenflug vom Anwender weg:
Sichtkontrolle

Trennschnitte, Maschinenführung
Gefahr des Funkenfluges

Funkenflug zum Anwender:
Brandgefahr

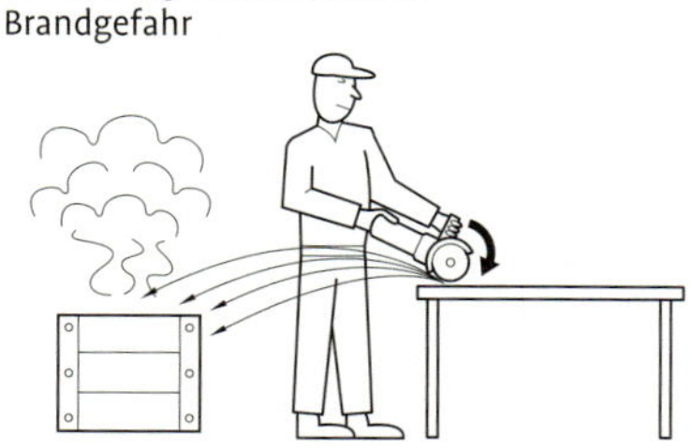

Funkenflug am Anwender vorbei:
Brandgefahr unbemerkt

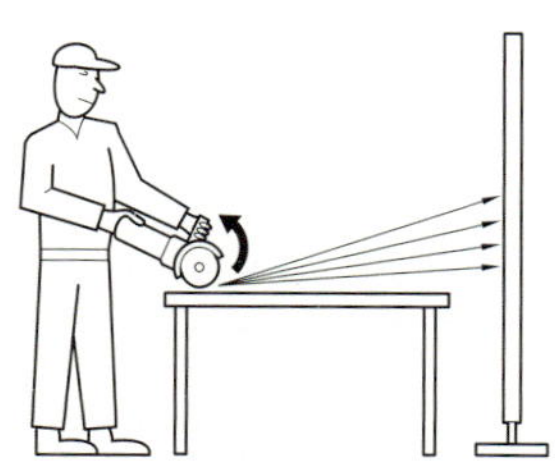

Funkenflug in Sichtrichtung des Anwenders:
Stellwand stoppt Funkenflug

Tellerbürste, gezopft, für Stahl

Topfbürste, gezopft, für Stahl

Topfbürste, gewellt, für Edelstahl, Alu und Buntmetalle

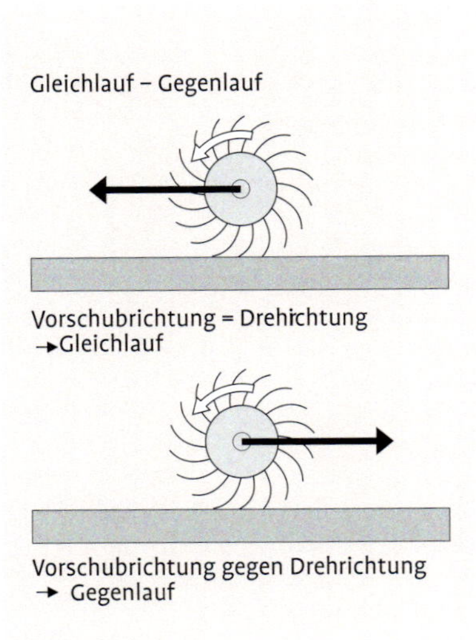

Gleichlauf und Gegenlauf

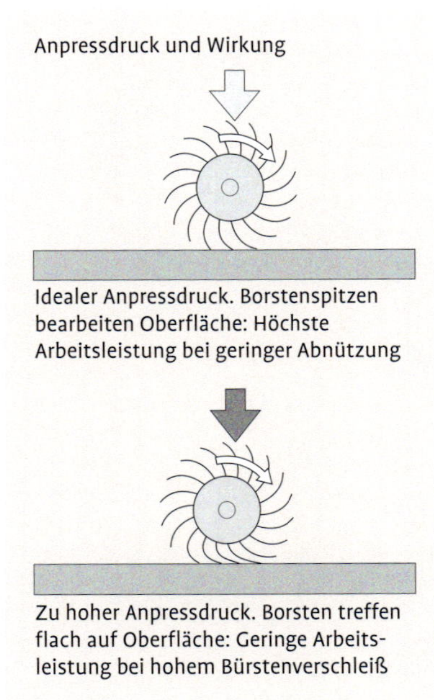

Zu starker Anpressdruck fördert nur den Verschleiß

- → HSS-Drahtbesatz, vermessingt, für Arbeiten in feuchter Umgebung (Drahtbesatz rostet nicht).
- → Edelstahl-Drahtbesatz für Arbeiten an Edelstahl, Aluminiumlegierungen und Kupferlegierungen.

Arbeitsrichtung

Beim Bearbeiten von Flächen ist die Arbeitsrichtung unkritisch. Beim Bearbeiten von Ecken und Kanten ist es dagegen wichtig, eine bestimmte Arbeitsrichtung (Vorschubrichtung) einzuhalten. Während die Werkzeugführung im Gegenlauf unproblematisch ist, kann es beim Gleichlauf an Werkstückkanten zum so genannten „Einhaken" kommen. Das Einhaken passiert typischerweise, wenn man im Gleichlauf um eine Werkstückkante bürstet. Beim Einhaken werden sehr hohe Rückdrehmomente frei, die das Werkstück bzw. Werkzeug wegschleudern können. Deshalb:

- → Werkzeug stets mit beiden Händen führen,
- → Werkstück in geeigneter Weise festspannen.

Arbeitssicherheit

Bei der Verwendung von rotierenden Bürsten besteht immer die Gefahr, dass abgetragenes Material und Teile der Borsten durch die Fliehkraft in Richtung des Anwenders geschleudert werden können.

Das Tragen einer Schutzbrille ist zwingend notwendig.

Durch Schutzhandschuhe können Handverletzungen vermieden werden.

Rotierende Bürsten haben ein sehr aggressives „Fangvermögen". Pullover, lose T-Shirts und Hemden können von der Bürste blitzschnell erfasst und aufgewickelt werden. Bei der Anwendung von Bürsten sollte deshalb unbedingt eng anliegende, robuste Kleidung getragen werden, die nicht von der rotierenden Bürste erfasst werden kann. Am besten wäre eine Lederschürze.

An den Werkstückkanten ist besondere Vorsicht geboten, damit die Bürste nicht einhakt.

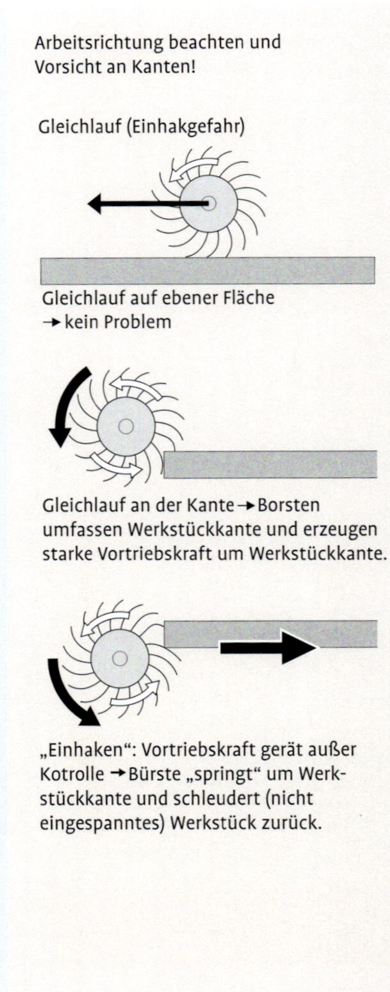

Anpressdruck

Der Anpressdruck soll nur so stark sein, dass die Borstenspitzen gerade die Werkstückoberfläche berühren. Ist der Anpressdruck zu stark, biegen sich die Borsten um und berühren mit ihrer Längsseite die Oberfläche. Die Bürste verschleißt dadurch schneller, ohne den gewünschten Arbeitsfortschritt zu erbringen.

TIPP

Bürste nur ganz schwach andrücken und bei hoher Drehzahl von selbst arbeiten lassen. Zu starker Andruck beschleunigt nicht den Arbeitsfortschritt sondern nur den Bürstenverschleiß.

Der logische Weg zum passenden Bürstentyp

Werkstoff	Bearbeitung	Bürstentyp	Bürstendraht
Weichholz	grob	gewellt	Messing, Stahl vermessinkt
	fein		Kunststoff*
Hartholz		gewellt	Stahl, vermessingt
Eichenholz		gewellt	Edelstahl
Edelholz		gewellt	Edelstahl
Stahl	grob	gezopft	Stahl
	fein	gewellt	Stahl
Edelstahl	grob	gezopft	Edelstahl
	mittel	gewellt	Edelstahl
	fein		Kunststoff*
Messing, Kupfer	grob	gezopft	Edelstahl
	mittel	gewellt	Edelstahl
	fein		Kunststoff*
Aluminium	grob	gezopft	Edelstahl
	mittel	gewellt	Edelstahl
	fein		Kunststoff

* Schleifmittel in Kunststoff eingelagert

Entrosten mit der Topfbürste

Schleifen von Steinwerkstoffen

Die Bearbeitung von Steinwerkstoffen beschränkt sich im Heimwerkerbereich im Wesentlichen auf Trennschliffe und das Überschleifen und Abtragen von Mörtelresten und Verputz.

Trennen von Steinplatten

Die Verwendung von „normalen" Trennscheiben ist wegen der schnellen Abnützung nicht zu empfehlen. Durch die Abnützung verringert sich der Durchmesser stetig, wodurch die Schnitttiefe geringer wird. Wegen der wesentlich längeren Standzeit sind diamantbestückte Trennscheiben wirtschaftlicher.
Für dicke Platten werden Trennscheiben mit Einzelsegmenten verwendet. Dünne Kacheln schneidet man mit Scheiben, die ein Ringsegment haben.

Dicke Steinplatten können mit zwei Methoden getrennt werden:

→ Komplettes Trennen
Nur möglich mit großen Winkelschleifern. Langsamer Arbeitsfortschritt, aber saubere Trennkante.

→ Anritzen und Brechen
Auch mit kleinen Winkelschleifern möglich. In die Platte wird einseitig oder beidseitig ein Schlitz von etwa ¼ der Plattendicke geschliffen. Anschließend wird die Platte gebrochen. Die Bruchkante ist rau.

Trennschlitten

TIPP

Unbedingt Trennschlitten mit Staubabsaugung verwenden. Der Trennschlitten ermöglicht durch sichere Führung exakte und winkelgenaue Schnitte und verhindert ein Verkanten der Trennscheibe.

Trennen von Fliesen und Kacheln

Fliesen, Kacheln und dünne Platten können mit dem kleinen Winkelschleifer getrennt werden. Wegen der

Absaughaube für Steinschliff

Trennen von Steinplatten

Trennen von Fliesen

geringen Dicke werden sie komplett durchgetrennt. Auch hier sind exakte Schnitte nur mit dem Trennschlitten möglich.

Schleifen von Steinwerkstoffen
Unebene Platten, Mauerwerk und Mörtelüberstände können mit diamantbestückten Topfscheiben geschliffen werden. Je nach Härte des Steinwerkstoffes gibt es verschieden Typen von Topfscheiben im Fachhandel.
Beim Schleifen von Steinwerkstoffen entsteht eine sehr große Staubmenge. Es sollten deshalb unbedingt besondere Staubschutzhauben verwendet werden.

TIPP

Alte asbesthaltige Bauteile (Asbestzementplatten) niemals selbst bearbeiten, sondern fachgerecht entsorgen lassen!

Arbeitssicherheit beim Trennen und Schleifen von Steinwerkstoffen
Mineralstäube werden als sehr gefährlich eingestuft, wenn sie in die Atemwege gelangen. Der Gesteinsstaub ist scharfkantig und durch die Erhitzung beim Abtragen sehr aggressiv wenn er in die Augen oder die Lungen gerät. Deshalb ist
- → Augenschutz
- → Atemschutz

zwingend notwendig.
Asbest ist krebserregend und so gefährlich, dass asbesthaltige Werkstoffe mit handgeführten Maschinen nicht bearbeitet werden dürfen.

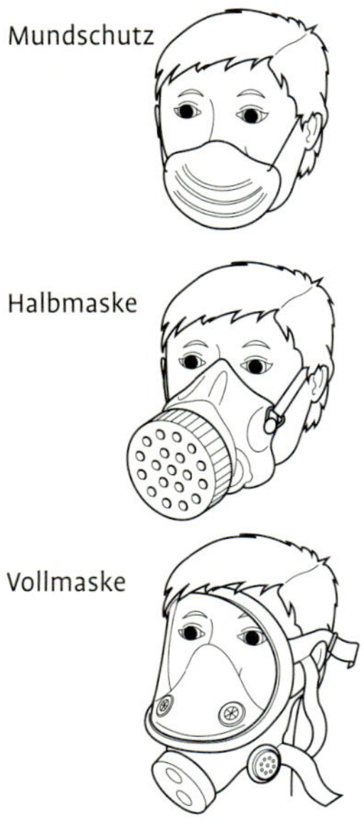

Schleifen und Entrosten mit der Bohrmaschine

Bei der Bohrmaschine verwendet man Bürsten, Fächerscheiben und Schleifhülsen. Sie eignen sich hervorragend zum Schleifen von engen Radien beim Außenschliff und beim Innenschliff, beispielsweise in Bohrungen und Ausschnitten.

Als Einsatzwerkzeuge verwendet man
- → Bürsten
- → Lamellenschleifer
- → Schleifhülsen

Die Einsatzwerkzeuge haben einen 6 mm Rundschaft und werden in das Bohrfutter eingespannt.

Bürsten
Es werden Tellerbürsten und Topfbürsten verwendet:
- → Stahlbürsten für die Bearbeitung von Stahl.

Entrosten mit Bohrmaschine und der Tellerbürste

- → Messingbürsten für die Bearbeitung von Messing und Holz.
- → Kunststoffbürsten für die Bearbeitung von Nichteisenmetallen und Holz.

Bei den Kunststoffbürsten ist das Schleifmittel in den Kunststoffborsten eingelagert.

Lamellenschleifer
Lamellenschleifer bestehen aus einem lamellierten Schleifkörper. Die einzelnen Lamellen bestehen aus Schleifpapier- oder Vliesstreifen. Vorteile der Lamellenschleifer sind:
- → Flexibilität,
- → gutes Anpassungsvermögen an das Werkstück.

Lamellenschleifer mit Vliesbesatz ergeben eine sehr hohe Oberflächenqualität. Sie sind aber sehr empfindlich und sollten deshalb nur für den Feinstschliff verwendet werden.

Schleifhülsen

Schleifhülsen bestehen aus einem geschlitzten Schleifmittelträger mit Spannschaft und einem hülsenförmigen Schleifkörper. Die Schleifhülse wird auf den Schleifmittelträger aufgeschoben und spannt sich dort durch die Rotation und den Andruck von selbst fest. Schleifhülsen eignen sich besonders zur Metallbearbeitung, beispielsweise zum Entgraten von Kanten.
Für die Bearbeitung von Blechkanten sind sie nicht geeignet. Die Kante schneidet das Vlies sofort durch.

TIPP

Am besten lässt sich mit der Bohrmaschine schleifen, wenn man die Bohrmaschine in einen Halter einspannt und eine biegsame Welle verwendet.

Topfbürste für Stahl

Tellerbürste mit Messingborsten

Tellerbürste mit Kunststoffborsten

Lamellenschleifer mit Schleifpapierlamellen

Lamellenschleifer mit Vliesbesatz

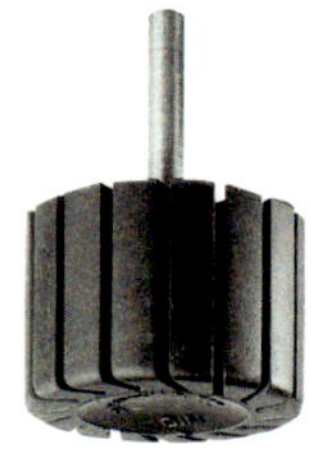

Spannschaft für Schleifhülsen

Schleifhülse

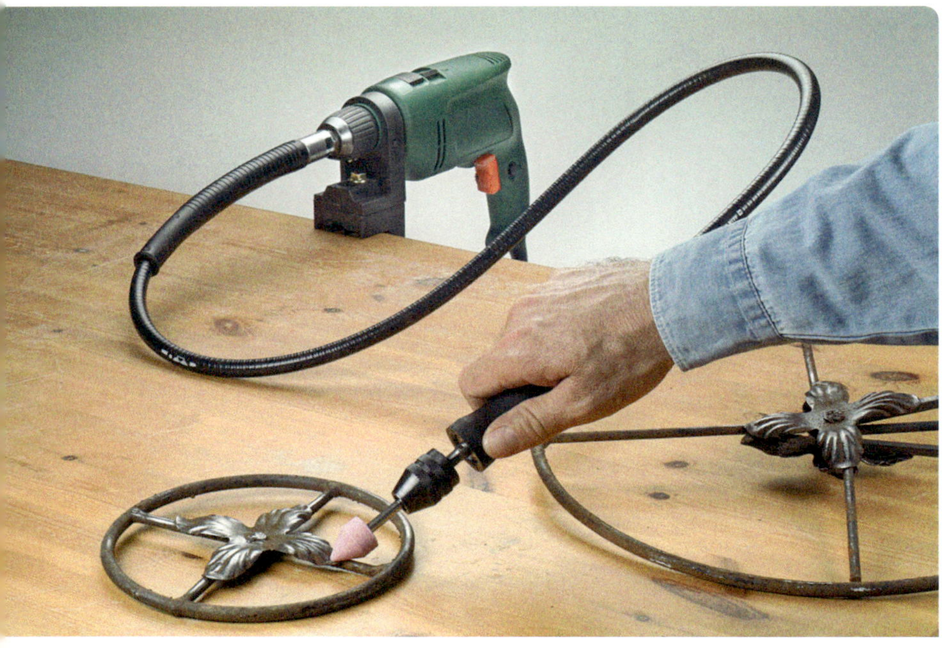

Arbeiten mit der biegsamen Welle

Hobeln

Elektrohobel

Beim Hobel wird durch eine waagerecht und parallel zur Werkstückoberfläche rotierende Schneide ein Span abgenommen. Die Schneide wird als Hobelmesser bezeichnet und ist am Umfang der trommelförmigen Hobelwelle befestigt. Die Hobelwelle rotiert mit hoher Drehzahl und wird gegen die Drehrichtung über das Werkstück oder entlang der Werkstückkante bewegt. Der Hobel verfügt über zwei Hobelsohlen. Die vordere Hobelsohle ist in der Höhe einstellbar. Durch entsprechende Einstellung kann die Spandicke vorgewählt werden.
Hobel arbeiten mit fest eingestellter Drehzahl. Die Höhe der Drehzahl hängt vom Typ der Hobelwelle ab, ist damit konstruktiv vorgegeben und kann nicht verändert werden. Hobel mit einer 1-Messer-Hobelwelle haben eine höhere Drehzahl als Hobel mit einer 2-Messer-Hobelwelle. Je nach Typ ist diese Drehzahl elektronisch geregelt und wird dann auch bei unterschiedlicher Belastung konstant gehalten. Die Maschinenleistung wird dadurch besser ausgenützt, die Überlastungsgefahr ist geringer, die Arbeitsqualität höher und der Arbeitsfortschritt schneller.

Sind zwei Hobelmesser besser als nur ein Einziges?

Nein. Hobelwellen mit zwei Messern haben einen größeren Durchmesser und eine niedrigere Drehzahl als Hobelwellen mit nur einem Messer. Dadurch ist aber die

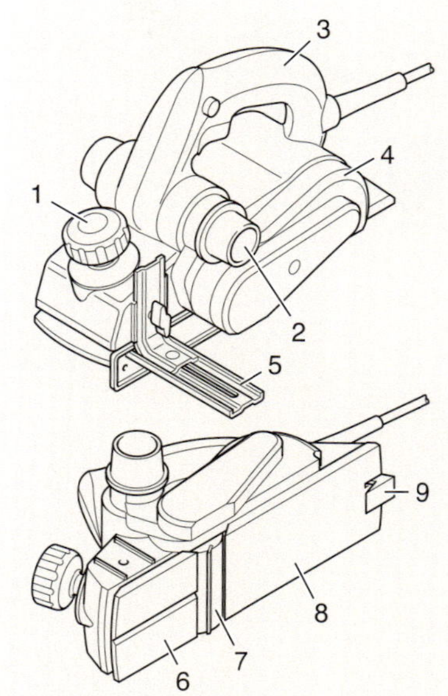

1 Spandickeneinstellung
2 Spanauswurf
3 Handgriff
4 Maschinengehäuse
5 Parallelanschlag
6 vordere Hobelsohle (einstellbar)
7 Hobelwelle mit Hobelmesser
8 hintere Hobelsohle (fest)
9 Parkschuh

Aufbau des Elektrohobels

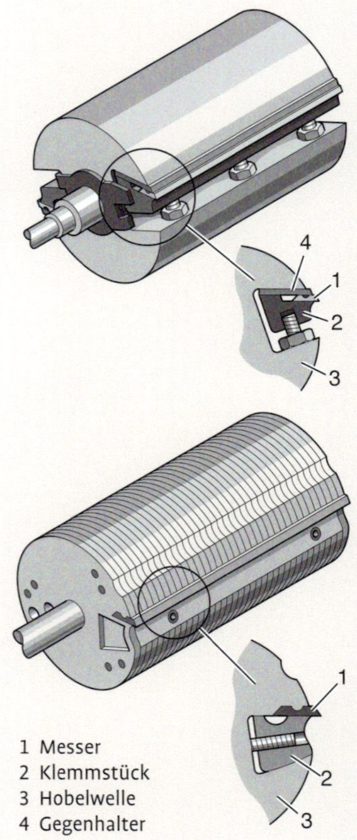

1 Messer
2 Klemmstück
3 Hobelwelle
4 Gegenhalter

Spannsysteme bei Hobelwellen mit 1 oder 2 Messern

Umfangsgeschwindigkeit gleich groß, die Arbeitsqualität und der Arbeitsfortschritt also gleich gut. Hobel mit nur einem Messer kann man aber kleiner und handlicher bauen.

Bearbeitbare Werkstoffe

Der elektrische Handhobel ist ein Gerät zur Holzbearbeitung. Die Bearbeitungsmöglichkeit von Kunststoffen hängt sehr stark vom Kunststofftyp ab und erfordert Versuche an Materialresten. Die Bearbeitung von Metallen führt zur Zerstörung der Hobelmesser und zur Beschädigung des Gerätes.

Erreichbare Bearbeitungsgüte

Bei sachgemäßer Anwendung und bei einwandfreiem und scharfem Schneidwerkzeug kann eine sehr hohe Oberflächengüte erreicht werden, die nicht mehr nachbearbeitet werden muss.

Hobelmesser

Im Gegensatz zu anderen Elektrowerkzeugen sind die Hobelmesser ein fester Bestandteil des Gerätes. Sie sind fest montiert und werden nur ausgewechselt, wenn sie stumpf geworden sind oder Beschädigungen aufweisen.
Die Standardausrüstung sind Hobelmesser aus Hartmetall. Es sind die so genannten „Wendemesser“. Wenn eine Schneide abgestumpft oder beschädigt ist, wird sie aus der Hobelwelle gelöst, umgedreht („gewendet“) und wieder eingesetzt. Wendemesser sind nicht nachschärfbar. Wenn beide Schneiden abgestumpft sind, wird das Messer ersetzt. Es gibt bei Hartmetallmessern zwei Messerprofile

→ rechteckige Hobelmesser,
→ Hobelmesser mit abgerundeten Kanten.

Gerade Hobelmesser

Man verwendet sie, wenn die Breite des zu hobelnden Werkstückes kleiner ist als die Hobelbreite des Hobels. Man verwendet sie ebenso, wenn Falze gehobelt werden.

Hobelmesser mit abgerundeten Kanten

Sie sind günstiger für das Hobeln von Werkstücken die breiter sind als die Hobelbreite des Hobels. Die abgerundeten Kanten ergeben weniger ausgeprägte Übergänge zwischen den nebeneinander liegenden Hobelgängen.

Hobeln breiter Flächen

Einfluss der Messergeometrie auf das Hobelergebnis, wenn die zu bearbeitende Fläche breiter als das Messer ist. (Unterschiede zwischen den Hobelbahnen überhöht dargestellt!)

Gerade Hobelmesser

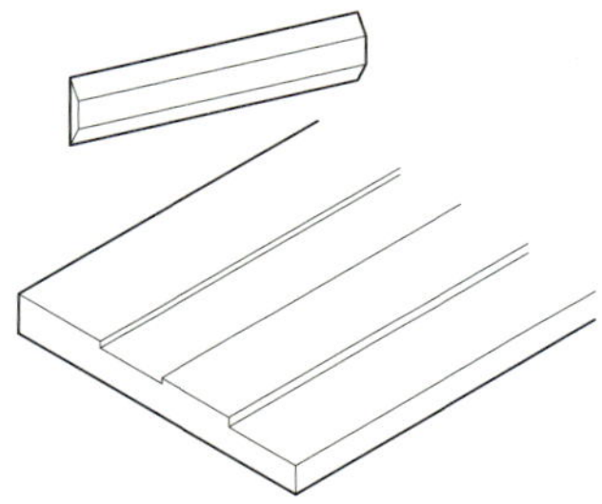

Stufen zwischen den einzelnen Hobelbahnen, schwierig zu überschleifen.

Hobelmesser mit gerundeten Ecken

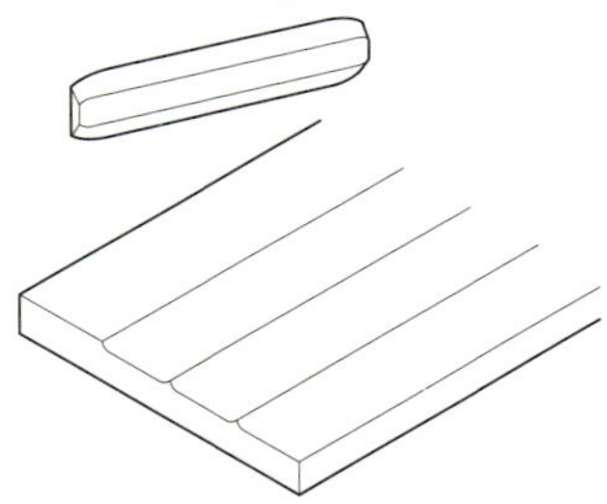

Die Übergänge zwischen den einzelnen Hobelbahnen können einfach überschliffen werden.

Form der Hobelmesser

Arbeitssicherheit beim Hobeln

Der Hobel muss mit beiden Händen geführt werden und das Werkstück muss sicher festgespannt sein. Der Einhandbetrieb, bei dem der Hobel mit der einen Hand und das Werkstück mit der anderen Hand gehalten wird, kann zum Abrutschen des Hobels und damit zur Verletzung durch die rotierende Hobelwelle führen.

Hobelpraxis

Wechseln oder Wenden der Hobelmesser

Der genaue Sitz der Hobelmesser in der Hobelwelle ist durch entsprechende Profilierung vorgegeben. Beim Lösen und Spannen müssen die entsprechenden Anweisungen der Bedienungsanleitung genau befolgt werden.

Ablage des Hobels

Ablage erst wenn der Motor zum Stillstand gekommen ist. Dies kann wegen der hohen Drehzahl mehrere Sekunden dauern. Andernfalls kann die rotierende Hobelwelle bei versehentlicher Berührung zu schwersten Verletzungen führen. Vor der Ablage die Spantiefeneinstellung auf Null zurückdrehen, damit das Hobelmesser bei der Ablage nicht beschädigt wird.

Persönliche Schutzmaßnahmen

Die Schutzbrille sollte grundsätzlich immer getragen werden. Beim Hobeln entsteht meist ein sehr lautes Arbeitsgeräusch. Ein Gehörschutz ist vorteilhaft.

- → Beim Hobeln entstehen, getreu dem Sprichwort, eine Menge großer Späne. Es ist deshalb zweckmäßig, die Späne abzusaugen.

Grundregel

Wie die Oberfräse muss der Hobel stets mit laufendem Motor an das Werkstück angesetzt werden. Setzt man den Hobel im Stillstand an das Werkstück an und schaltet dann erst ein, erfolgen starke Rückschläge. Das Werkstück und der Hobel werden beschädigt.

Hobelrichtung

Beim Hobeln gibt es nur eine Hobelrichtung, den

- → Gegenlauf

Der Hobel wird also stets gegen die Drehrichtung über das Werkstück geführt. Hobeln mit der Drehrichtung funktioniert nicht. Man beschädigt das Werkstück und verliert die Kontrolle über den Hobel.

Hobelgeschwindigkeit

Man führt den Hobel so über das Werkstück, dass die Drehzahl nicht merklich zurückgeht. Zu langsames Führen oder gar ein „Anhalten" während des Hobelns kann zu Brandspuren auf der Werkstückoberfläche führen.

„Sauberes" Werkstück

Die Hobelmesser sind sehr empfindlich gegen Fremdkörper im Werkstück. Schrauben, Nägel, Steinchen oder Zementreste, aber auch Heftklammern im Holz beschädigen sofort das Hobelmesser!

Wie setzt man den Hobel an?

Beim Ansetzen des Hobels muss die Andruckkraft auf der vorderen Hobelsohle liegen, sonst ergibt sich am Anfang des Werkstücks eine Delle.

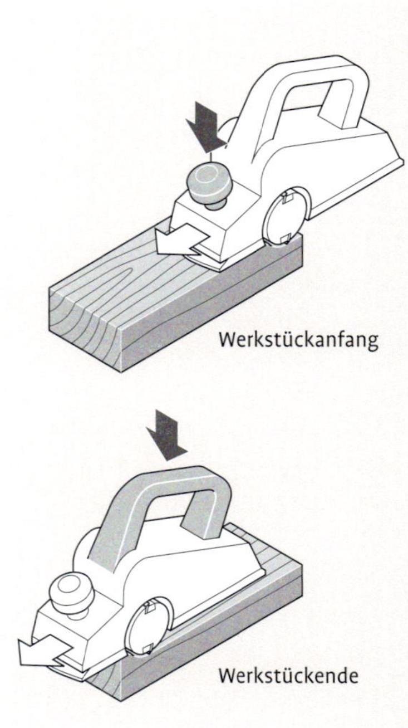

Richtige Hobelführung

Wie setzt man den Hobel ab?

Beim Absetzen des Hobels muss die Andruckkraft auf der hinteren Hobelsohle liegen, sonst ergibt sich am Ende des Werkstücks eine Delle.

Hobeln breiter Werkstücke

Die gängigen Handhobel haben eine Hobelbreite von 82 mm. Wenn man breitere Werkstücke hobeln will, muss man mit mehreren parallel versetzten Hobelbahnen arbeiten. Durch Unebenheiten im Holz ist es nahezu unvermeidlich, dass an den Übergängen zwischen den Hobelbahnen Stufen entstehen. Diese Stufen kann man durch zwei Maßnahmen mindern:

- → Hobel mit sehr geringer Spandicke.
- → Verwenden von Hobelmessern mit gerundeten Ecken.

Am günstigsten ist es, beide Maßnahmen zu kombinieren. Bei der Verwendung gerundeter Hobelmesser ergeben sich statt der Stufen Stege, die anschließend leichter überschliffen werden können.

Hobelrichtung und Faserrichtung

Die Lage der Faserrichtung zur Hobelrichtung entscheidet, ob die Oberfläche rau oder glatt wird. Beim Hobeln mit der Faserrichtung wird die Oberfläche glatt, beim Hobeln gegen die Faserrichtung reißen die Fasern aus und die Oberfläche wird rau. Bei ungleichmäßiger Faserrichtung hilft nur das Hobeln mit geringer Spandicke.

Widerspänige Hölzer

Bei einigen Edelhölzern, beispielsweise Sapeli-Mahagoni, laufen die Fasern in ein und demselben Stück Holz in parallelen Bahnen gegeneinander. Diese Eigenschaft wird als „widerspänig“ bezeichnet. Egal in welche Richtung man hobelt, es wird gleichzeitig raue und glatte Streifen auf der Oberfläche geben. Die einzige Möglichkeit für eine einigermaßen glatte Oberfläche ist das Hobeln mit geringster Spandicke und anschließendes großflächiges Überschleifen.

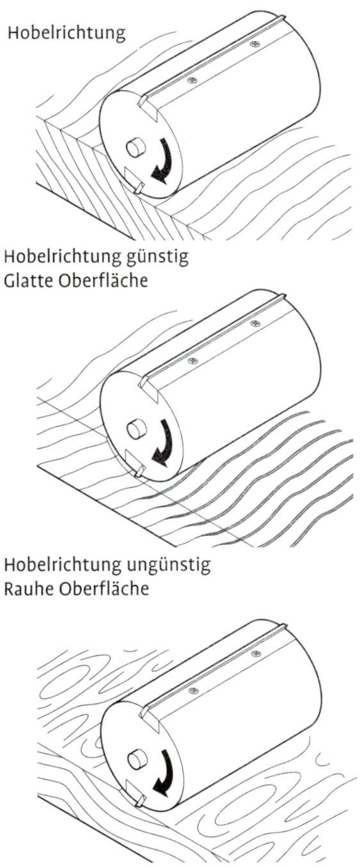

Beim Hobeln Faserrichtung beachten

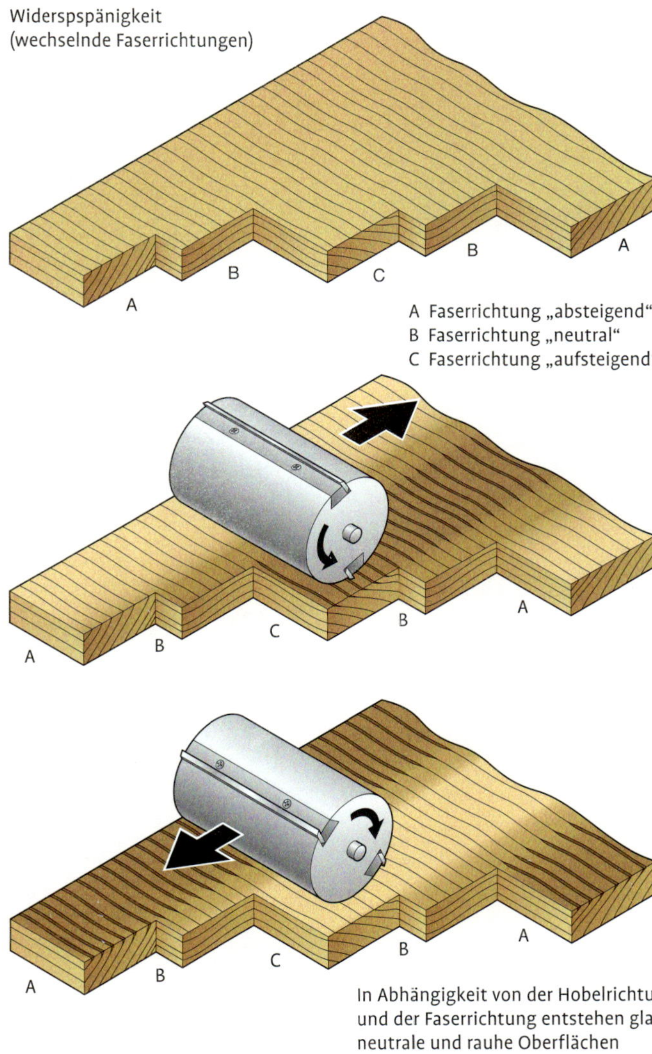

Widerspänigkeit bei Edelhölzern

Typische Stirnholzsituation an den Kanten

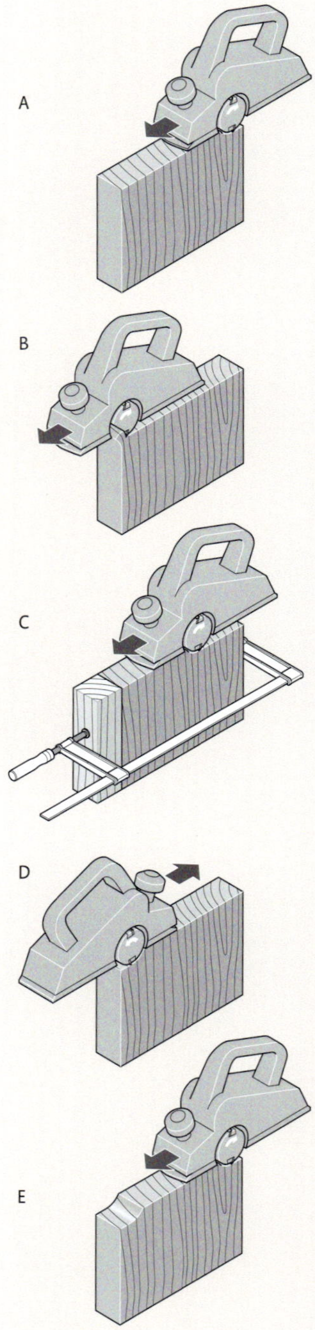

A Hobeln von Stirnseiten
B Ausriss am Ende
C Hilfslatte verhindert Ausriss
D Erst Hobeln von Endseite
E Dann Hobeln von Anfang

Hobeln von Stirnholz

Stirnholz

Wenn man Stirnhölzer, beispielsweise beim Einpassen einer Türe hobelt, wird es am Werkstückende stets zu Ausrissen kommen. Durch zwei Maßnahmen kann man dies verhindern:

→ Eine Beilage an das Werkstückende klemmen. Beim Hobeln entsteht dann der Ausriss an der Beilage.
→ Erst von der Endseite her ein paar Zentimeter hobeln, dann Hobel umsetzen und von der Anfangsseite hobeln.

Hobeln von Schmalseiten

Beim Hobeln von Schmalseiten besteht die Gefahr des Abkippens, wodurch die Oberfläche ungewollt schräg wird. Durch Anklemmen z. B. einer Dachlatte kann man die Schmalseite soweit verbreitern, dass man eine sichere Auflagefläche für den Hobel bekommt. Die Schmalseite wird dann zusammen mit der Dachlatte gehobelt.

Ziehender Schnitt

Beim Hobeln kann es vorkommen dass wegen der Faserrichtung an den Kanten des Werkstückes die Fasern ausreißen. Wenn man den Hobel etwas schräg zur Hobelrichtung führt, wirkt das Messer nach innen, es entsteht ein „ziehender" Schnitt, wodurch das Ausreißen verhindert wird.

Abschrägen

Konische Werkstücke kann man durch Hobeln herstellen, indem man Hilfsleisten an das Werkstück klemmt, wobei die Hilfsleisten in der gewünschten Schräge befestigt werden. Wenn man nun diese Hilfsleisten als Führung verwendet und zusammen mit dem Werkstück abhobelt, erhält man eine präzise Schräge.

Kanten Fasen

Zum präzisen Fasen von Kanten hat der Hobel an der vorderen Laufsohle eine Nut. Wenn diese Nut auf die Kante gesetzt wird, hat man eine Führung entlang des Werkstücks.

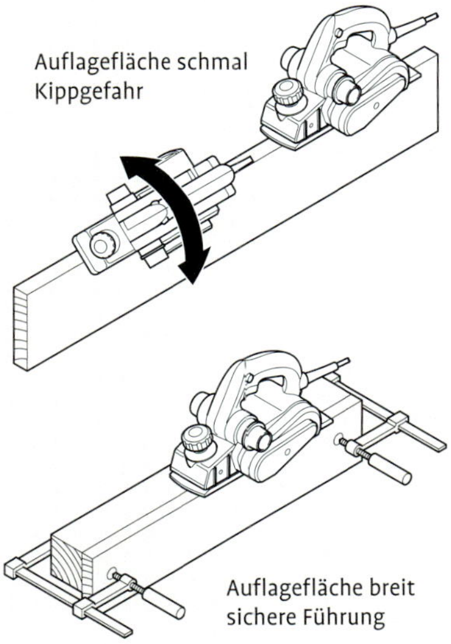

Hobeln von Schmalseiten und Kanten

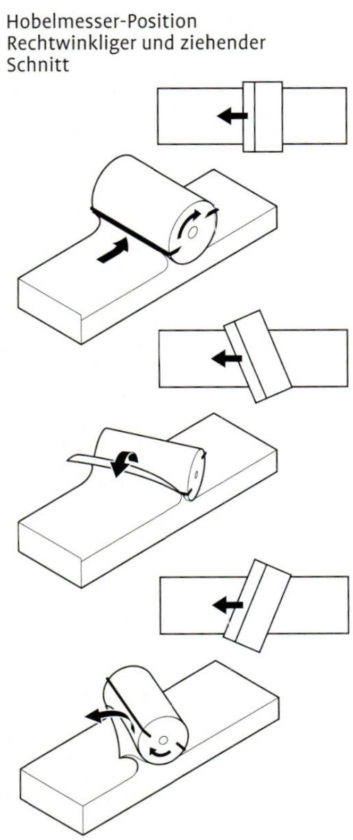

So erzielt man einen „ziehenden“ Schnitt

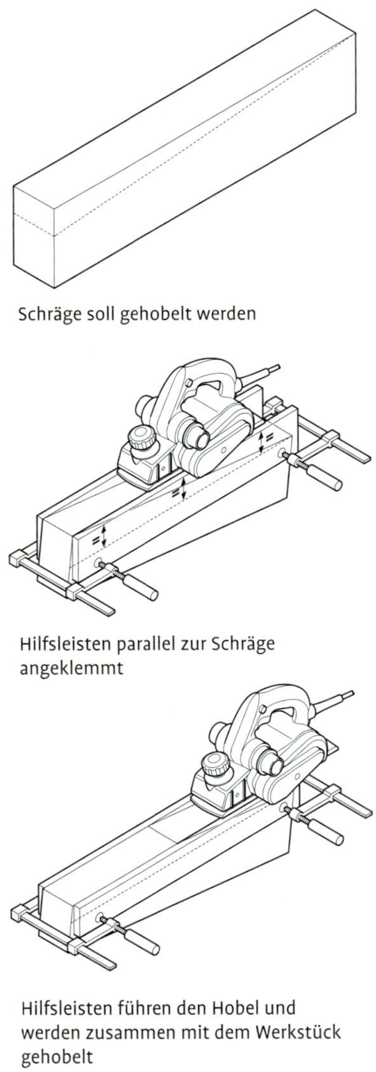

Mit Hilfsleisten Schrägen hobeln

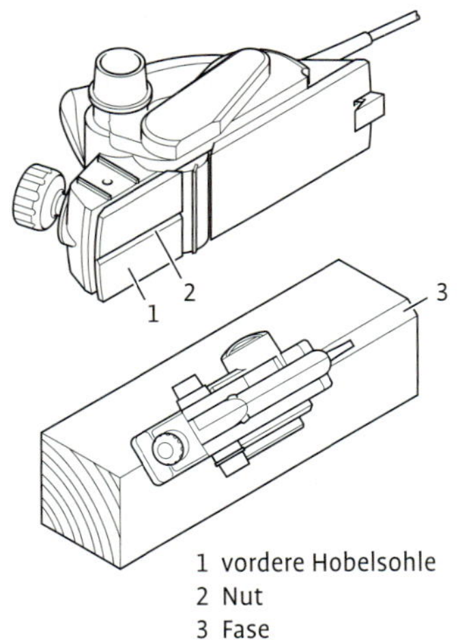

Fasen von Kanten

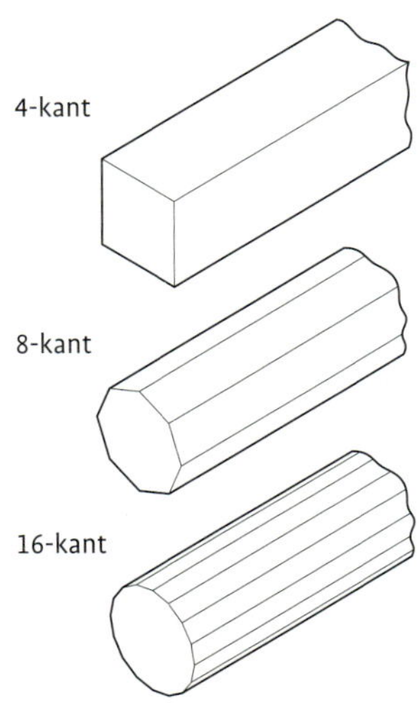

So fertigt man ein Rundholz

TIPP

Durch die Nut wird auch dann schon ein Span abgehobelt, wenn die Spandickeneinstellung auf 0 steht. Deshalb zunächst einmal mit der Einstellung 0 Fasen und erst im zweiten Hobelgang die endgültige Fasenbreite einstellen.

Ein Kantholz wird zum Rundholz

Aus Kanthölzern kann man mit dem Hobel relativ genaue Rundhölzer herstellen. Zunächst hobelt man aus dem Vierkant ein Achtkant, dann ein Sechzehnkant. Meist ist das Werkstück dann schon so rund, dass ein leichtes Überschleifen der Kanten genügt.

Oberfläche „Special“

Die Oberfläche ist nach dem Hobeln sehr glatt. Beim nachträglichen Lasieren oder Beizen wird man feststellen, dass manche Stellen die Farbe oder Beize gut annehmen, andere Stellen sie aber fast gar nicht aufnehmen, weil dort die Fasern parallel zur Oberfläche liegen. Statt gleichmäßig ist die Oberfläche fleckig eingefärbt. Die einzige Möglichkeit, eine einheitliche Färbung zu bekommen, ist das Anschleifen der gehobelten Oberfläche mit feinstem Schleifpapier oder Schleifvlies. Durch das Anschleifen werden die glatten Stellen etwas aufgeraut, wodurch der Farbauftrag eindringen kann.

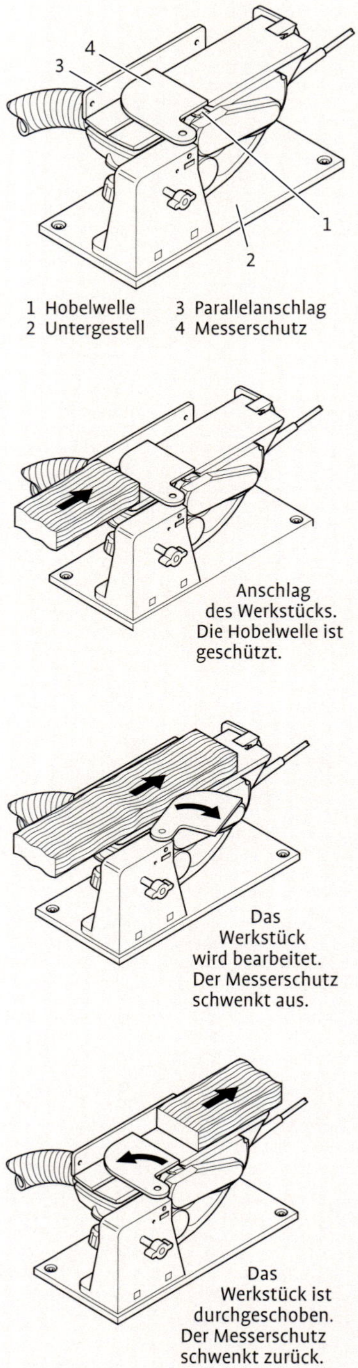

Stationäres Arbeiten mit dem Hobel

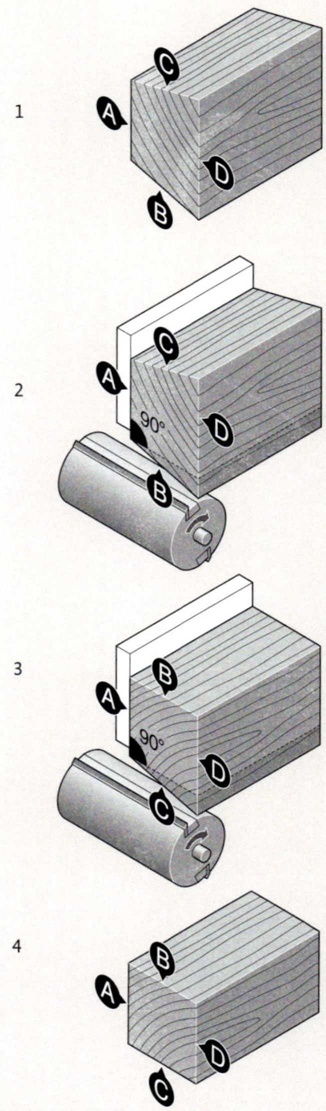

1 Leiste mit ungleichmäßigem Querschnitt
2 Seite A an den Anschlag andrücken und Seite B rechtwinklig abrichten
3 Leiste der Länge nach umdrehen und wieder mir der Seite A an den Anschlag andrücken und Seite C rechtwinklig abrichten.
4 Fertiges Werkstück, rechtwinklig abgerichtet.

Abrichten einer Leiste. Die Leiste wird mit der Seite A am Anschlag angelegt.

Hobeln mit Parallelanschlag

Abrichten

Für Abrichtarbeiten spannt man den Hobel in ein Untergestell und führt das Werkstück am Parallelanschlag entlang über den Hobel. Bei der Verwendung im Untergestell muss unbedingt der Messerschutz am Hobel angebracht werden, um Handverletzungen zu vermeiden.

Abrichten einer Leiste

Beim Abrichten einer Leiste mit unregelmäßigem Querschnitt ist unbedingt zu beachten, dass immer dieselbe Seite als Bezugskante am Anschlag anliegt. Nur dann ist gewährleistet, dass sich Winkelfehler während des Abrichtens nicht addieren.

Hobeln mit Parallelanschlag

Zur Begrenzung der Hobelbreite, beispielsweise beim Hobeln von Falzen, kann mit dem Parallelanschlag gearbeitet werden. Ebenso kann der Hobel mit dem Anschlag in einer parallelen Distanz zur Werkstückkante geführt werden.

Parallelanschlag für den Hobel

Fräsen

Oberfräse

Fräsen ist eine spanabhebende Bearbeitungsart durch die Rotationsbewegung des Fräsers. Dieser steht senkrecht zur Werkstückoberfläche und wird quer zu seiner Rotationsbewegung über das Werkstück oder entlang der Werkstückkante bewegt. Die handgeführten Elektrowerkzeuge zum Fräsen werden mit dem Sammelbegriff Oberfräsen bezeichnet. Der Begriff „Oberfräse“ umschreibt, dass sich die Fräse beim Betrieb oberhalb des Werkstückes befindet. Die Einsatzwerkzeuge werden als Fräser bezeichnet.

Oberfräsen sind Einzweckgeräte, die konstruktiv und ergonomisch auf ihre Anwendung hin optimiert sind. Die Leistungsbereiche gehen von ca. 800 – 2.000 Watt. Als Werkzeugaufnahme dienen Spannzangen; es kann also nur ein bestimmter Schaftdurchmesser gespannt werden. Der Motor mit der Antriebsspindel kann an zwei Säulen in der Höhe zur Grundplatte verschoben werden, wodurch die Frästiefe einstellbar ist.

Drehzahlen

Oberfräsen arbeiten mit sehr hohen Drehzahlen von ca. 12.000 – 27.000 U/min, wobei Zwischendrehzahlen eingestellt werden können. Mit der Drehzahleinstellung wird die Umfangsgeschwindigkeit des Fräsers entsprechend seinem Durchmesser und dem zu fräsenden Werkstoff angepasst. Generell gilt:

→ Kleine Fräserdurchmesser brauchen hohe Drehzahlen.
→ Große Fräserdurchmesser brauchen niedrigere Drehzahlen.

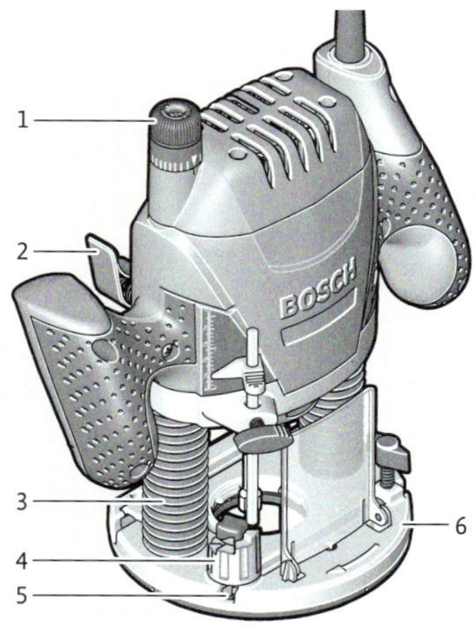

1 Feineinstellung Frästiefe
2 Entriegelungshebel
3 Führungssäule
4 Tiefenanschlag
5 Führung Parallelanschlag
6 Grundplatte

Aufbau der Oberfräse.

→ Hohe Drehzahlen für weiche Hölzer.
→ Niedrige Drehzahlen für harte Hölzer.

Die Drehzahleinstellung fängt im Gegensatz zu Bohrmaschinen nicht bei Null an, denn der Fräser braucht eine gewisse Mindestdrehzahl, meist über 10.000 U/min, um ratterfrei arbeiten zu können. Wenn die Drehzahl zu klein wäre, würden Fräser, Oberfräse und Werkstück beschädigt. Die Drehzahl darf deshalb auch bei starker Belastung nicht zurückgehen. Man sollte Oberfräsen deshalb mit einer so genannten Konstantelektronik verwenden. Die Konstantelektronik hält auch dann die Drehzahl konstant auf dem voreingestellten Wert, wenn die Belastung steigt oder fällt. Sie nützt dadurch die Maschinenleistung besser aus, verringert die Überlastungsgefahr und ergibt eine höhere Arbeitsqualität.

Oberfräse

Bearbeitbare Werkstoffe

Es können fast alle spanbaren Werkstoffe gefräst werden. Handgeführte Oberfräsen werden aber hauptsächlich zur Bearbeitung von Holz und Holzwerkstoffen eingesetzt.

Erreichbare Bearbeitungsgüte

Bei sachgemäßer Anwendung und bei einwandfreiem und scharfem Schneidwerkzeug kann bei den meisten Werkstoffen eine Oberflächenqualität erreicht werden, die keinerlei Nachbearbeitung wie beispielsweise durch Schleifen erforderlich macht.

Fräser

Die Einsatzwerkzeuge der Oberfräse bezeichnet man als Fräser. Fräser bestehen aus dem Schaft und den Schneiden. Der gebräuchlichste Schaftdurchmesser beträgt 8 mm, Fräser mit einem Schaftdurchmesser von 6 mm sind bei leistungsschwachen Heimwerkergeräten möglich, im professionellen Bereich werden auch Fräser mit 12 mm Schaftdurchmesser verwendet. Die Spannzange im Schaft der Oberfräse ist jeweils nur für einen dieser Durchmesser geeignet. Die Schneiden des Fräsers bestehen entweder wie der Schaft aus HSS oder sind als Hartmetall-Schneidplatten in den Fräser eingesetzt. Bei großen Formfräsern ist zusätzlich noch eine Spantiefenbegrenzung vorhanden. Sie verhindert Rückschläge beim Fräsen und vermindert damit die Unfallgefahr.

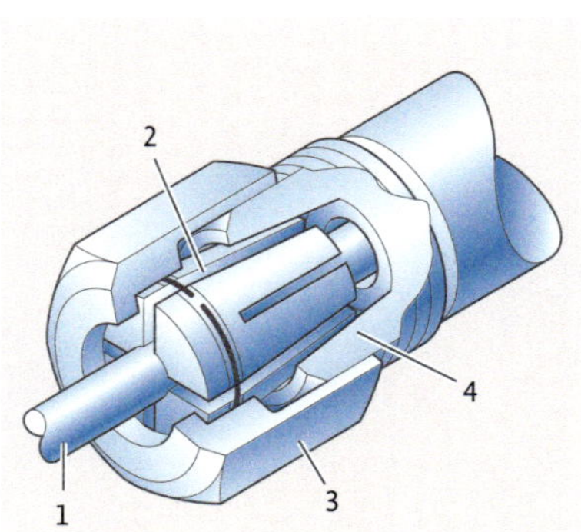

1 Einsatzwerkzeug (z.B.Fräser)
2 Spannsange mit Außenkonus geschlitzt
3 Überwurfmutter (Spannmutter)
4 Innenkonus (in Antriebsspindel)

Spannzange einer Oberfräse

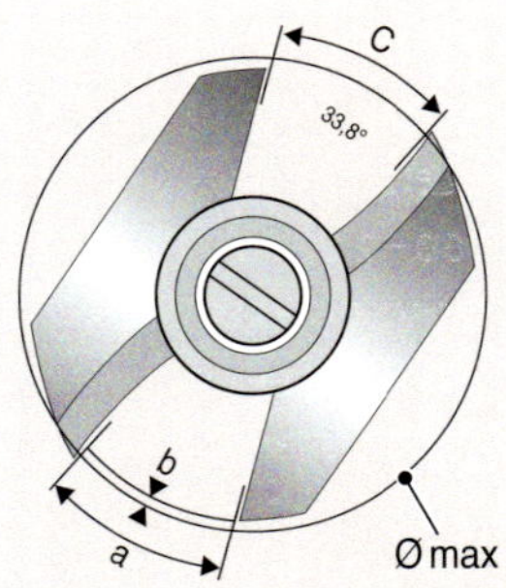

Die Vorschriften der deutschen Holz-Berufsgenossenschaft: Begrenzung der Spanlückenweite a (abhängig vom Werkzeugdurchmesser), Begrenzung der Spandicke b max. 1,1mm und „weitgehend kreisrunde Form" (C = 0,6 x Ø max) für sicheres rückschlagarmes Arbeiten.

Spantiefenbegrenzung am Profilfräser

HSS oder Hartmetall?

Fräser aus HSS können extrem scharf geschliffen werden und ergeben deshalb besonders in Weichholz eine ausgezeichnete Schnittqualität, stumpfen aber auch wesentlich schneller ab. Für Hartholz, Sperrholz und Spanplatten sind sie deshalb nicht geeignet.

Fräser mit HM-Schneiden sind robust und haben auch bei der Bearbeitung von harten Hölzern und Kunststoffen eine lange Standzeit. Obwohl kostenintensiver als HSS-Fräser, haben sie auf Dauer das günstigere Preis-Leistungs-Verhältnis.

Anlaufrolle oder Anlaufzapfen?

Profilfräser zur Kantenbearbeitung und Bündigfräser haben zusätzlich am unteren Schaftende einen Zapfen oder eine kugelgelagerte Rolle, mit der sie an der Werkstückkante entlang geführt werden können. Generell ist die kugelgelagerte Anlaufrolle günstiger, weil sie nicht mitrotiert und deshalb auf dem Werkstück keine Brand- und Reibspuren hinterlässt. Allerdings haben Fräser mit Anlaufrolle einen höheren Preis. Günstiger sind Fräser mit Anlaufzapfen, die allerdings an der Anlauffläche auf dem Werkstück eine Brandspur hinterlassen.

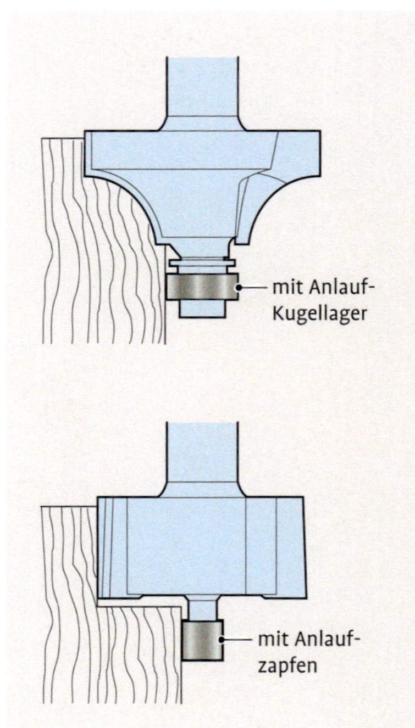

Anlaufrolle und Anlaufzapfen am Fräser

TIPP

Bei sehr engen Winkeln und Innenkanten ist eine Profilierung bis ins Eck nicht möglich, weil der Durchmesser der Anlaufrolle ein Fräsen bis ins Eck verhindert. In solchen Fällen ist ein Profilfräser mit Anlaufzapfen günstiger. Wegen des kleineren Durchmessers kommt man mit diesem Fräser tiefer in die Ecken.

Zweihandbedienung

Die Oberfräse muss grundsätzlich mit beiden Händen geführt werden und das Werkstück muss sicher festgespannt sein. Ein Einhandbetrieb, bei dem die Oberfräse mit der einen Hand und das Werkstück mit der anderen Hand gehalten wird, führt unweigerlich zum Unfall.

Oberfräse stets zweihändig führen!

Arbeitssicherheit beim Fräsen

Einspannen des Fräsers: Der Fräser muss grundsätzlich so tief wie möglich, mindestens aber mit 2/3 der Schaftlänge gespannt werden. Je tiefer der Fräserschaft in der Spannzange sitzt, umso präziser und sicherer ist auch der Rundlauf.

Ablage der Oberfräse

Man legt die Oberfräse nach Arbeitsende erst ab, wenn der Motor zum Stillstand gekommen ist. Dies kann wegen der hohen Drehzahl mehrere Sekunden dauern. Wenn man das nicht macht, kann der noch laufende Fräser beim Ablegen bei versehentlicher Berührung zu schwersten Verletzungen führen.

Aufbewahrung der Oberfräse

Die Fräserschneiden sind sehr scharf. Wegen der Verletzungsgefahr sollte nach Gebrauch der Fräser ausgespannt werden und nicht in der Maschine verbleiben.

Persönliche Schutzmaßnahmen

Die Schutzbrille sollte grundsätzlich immer getragen werden, bei längerem Arbeiten ist ein Gehörschutz zweckmäßig. Da der Staub

Fräspraxis

von Harthölzern und auch von Holzwerkstoffen aus Recyclingmaterial zu Erkrankungen der Atemwege führen kann, ist ein Atemschutz und die Absaugung der Späne zu empfehlen. Beim Fräsen von Kunststoffen, wie beispielsweise Polyamid, PVC, Acrylglas oder Polycarbonatglas, tritt ein besonderes Phänomen auf. Die Kunststoffspäne laden sich durch die Reibung des mit hoher Drehzahl rotierenden Fräsers elektrostatisch auf und haften praktisch überall: An der Oberfräse, am Werkstück und an der Kleidung. Sie anschließend zu entfernen ist eine extrem lästige Angelegenheit.
Verhindert werden kann die elektrostatische Aufladung leider nicht, sie ist physikalisch bedingt. Die einzige Abhilfe ist die Spanabsaugung mittels eines Absaugadapters direkt an der Oberfräse. Wegen des relativ großen Spanaufkommens sind die speziellen Staubsauger der Elektrowerkzeughersteller besonders geeignet. Sie verfügen nicht nur über ein großes Speichervolumen, sondern es sind auch spezielle antistatische Absaugschläuche lieferbar, mit denen eine zufriedenstellende Absaugung möglich ist.

Grundregel

Im Gegensatz zu Bohrmaschinen oder Stichsägen muss die Oberfräse stets mit laufendem Motor an das Werkstück angesetzt werden. Setzt man die Oberfräse im Stillstand an das Werkstück an und schaltet dann erst ein, erfolgen starke Rückschläge, das Werkstück wird beschädigt und es droht Unfallgefahr, weil man die Kontrolle über die Oberfräse verliert.

Fräsrichtung

Beim Fräsen gibt es bei der Kantenbearbeitung zwei Richtungen, in denen der Vorschub erfolgen kann. Man nennt sie
→ Gleichlauffräsen
→ Gegenlauffräsen
Die richtige Fräsrichtung entscheidet maßgeblich über die sichere Maschinenführung und die Arbeitsqualität

Gegenlauffräsen

Beim Gegenlauffräsen ist die Vorschubrichtung entgegen der Drehrichtung des Fräsers. Hierdurch wird die Fräserschneide in das Material gezogen. Zusammen mit Anschlägen oder Führungsrollen ergibt sich dadurch eine sehr sichere Maschinenführung. Je nach Spandicke können die Vorschubkräfte hoch sein, sie sind aber gut kontrollierbar.

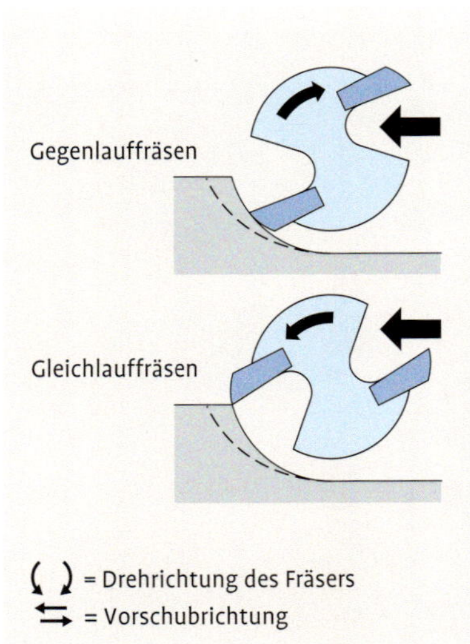

Fräsrichtung

Gleichlauffräsen

Beim Gleichlauffräsen (Mitlauffräsen) entspricht die Vorschubrichtung der Drehrichtung des Fräsers. Der Radeffekt des Fräsers bewirkt ein „Fortlaufen" des Fräsers auf der Werkstückoberfläche, wodurch die Oberfräse schwierig zu führen und zu kontrollieren ist. Wenn überhaupt, darf man das Gleichlauffräsen nur bei ganz geringen Spandicken anwenden, bei größeren Spandicken ist das Gleichlauffräsen gefährlich.

Fräsen von Massivholz

Massivhölzer wie Bretter, Balken und Leisten verfügen anders als Sperrhölzer und Spanplatten über eine ausgeprägte Faserrichtung. Diese Faserrichtung muss beim Fräsen berücksichtigt werden, damit ein gutes Arbeitsergebnis erreicht wird.

Fräsen längs der Faserrichtung

Fräsen entlang der Faserrichtung ergibt eine hohe Schnittgüte. Beim Fräsen von Kanten kann die Schnittgüte noch etwas verbessert werden, wenn man zunächst wie üblich im Gegenlauf fräst, allerdings noch nicht auf Fertigmaß. Man lässt etwa 1/10 – 1/20 mm stehen und fräst diesen Rest im letzten Frägang im Gleichlauf auf Maß.

Fräsen quer zur Faserrichtung

Bei allen Stirnflächen („Hirnholz“) hat man austretende Fasern, die quer zur Fräsrichtung stehen. Die Schnittgüte ist deshalb weniger gut als beim Fräsen in Längsrichtung, die Oberfläche ist rauer. Verbesserungsmöglichkeiten bietet hier das Fräsen in mehreren Stufen, wobei zum Schluss nur noch ein sehr dünner Span genommen werden sollte.

TIPP

Bewährt hat sich ein kurzes Anfeuchten der gefrästen Kante nach dem letzten Durchgang. Nach dem Abtrocknen richten sich die Fasern etwas auf. Wenn man dann nochmals mit gleicher Einstellung überfräst, erreicht man eine Verbesserung der Oberflächenqualität. Grundvoraussetzung ist in jedem Falle ein scharfer Fräser. Schon geringfügig abgenützte Fräser beeinträchtigen deutlich das Ergebnis.

Fräsen schräg zur Faserrichtung

Beim Fräsen schräg zur Faserrichtung entscheidet die Drehrichtung des Fräsers zur Faserrichtung die Schnittqualität. Hierbei sind zwei Fälle möglich:

- → Schnitt schräg gegen die Faserrichtung.
- → Schnitt schräg mit der Faserrichtung.

Schnitt schräg gegen die Faserrichtung

Bei diesem Schnittverlauf löst sich der Faserverbund durch die Spaltwirkung der eindringenden Schneide etwas, wodurch die Schnittgüte sehr rau wird. An den Endkanten kann es sogar zu Ausrissen kommen. Da die Drehrichtung der Oberfräse und damit des Fräsers nicht geändert werden kann, sollte man diese Fräsrichtung möglichst vermeiden.

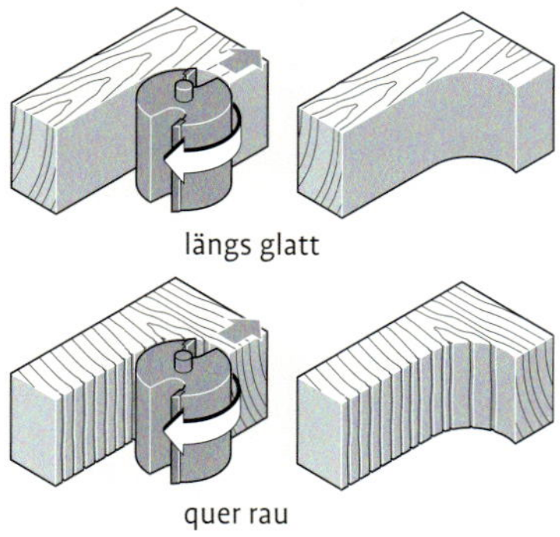

Fräsen längs und Quer zur Faser

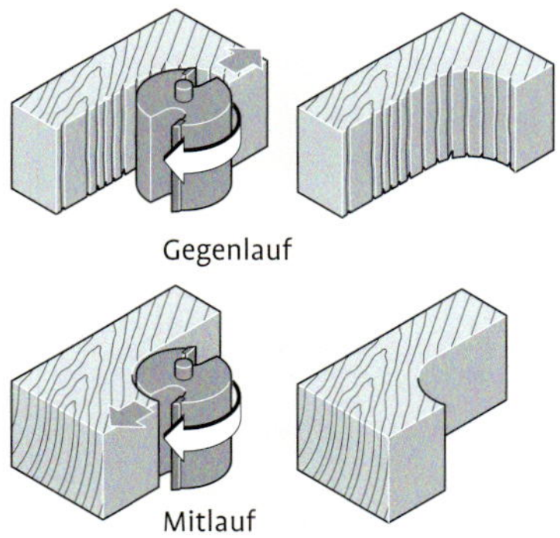

Ausrisse beim Fräsen schräg zur Faser

Schnitt schräg mit der Faserrichtung

Bei diesem Schnittverlauf werden beim Fräsvorgang die Fasern aneinandergepresst, wodurch Ausrisse vermieden werden. Die erreichbare Schnittqualität ist deshalb sehr hoch. Wenn man die Wahl hat, sollten Fräsarbeiten stets schräg mit der Faserrichtung erfolgen.

Harte Hölzer ergeben meist eine bessere Oberflächengüte als weiche Hölzer. Bei widerspänigen Hölzern, z. B. Mahagoni und Sapeli, laufen die Fasern in Schichten gegeneinander. Diese Schichten verlaufen meist streifig parallel. Wenn man längs dieser Streifen fräst, muss die Faserrichtung beachtet werden.
Fräst man schräg zu den Schichten, kann man keine Vorzugsrichtung einhalten. Egal wie man fräst, man trifft meist eine ungünstige Zone an der Oberfläche. Hier fräst man am besten in mehreren Durchgängen mit nur geringer Spandicke. Dies vermindert tiefere Ausrisse.

Fräsen mit Anschlägen

Maßhaltige Fräsarbeiten sind ohne Anschläge nicht möglich. Außer bei der Verwendung von spitzen Schriftfräsern kleinen Durchmessers sind die Kräfte an den Fräserschneiden so groß, dass sie „freihändig“ nicht mehr beherrscht werden können. Man benötigt also zum Fräsen Anschläge.
Den Parallelanschlag verwendet man für Fräsarbeiten, die längs zu den Werkstückkanten erfolgen. Für Fräsarbeiten, die nicht Parallel zu den Werkstückkanten erfolgen oder die zu weit von den Werkstückkanten entfernt sind, verwendet man Führungsschienen oder man fixiert an entsprechender Position Leisten, an denen die Oberfräse entlang geführt wird.

TIPP

Beim Fräsen mit Anschlägen muss die Fräse fest gegen den Anschlag gedrückt werden, beim Fräsen mit dem Parallelanschlag muss dieser fest an die Werkstückkante gezogen werden, damit der Fräser in der gewünschten Spur bleibt und nicht durch Abweichen das Werkstück beschädigt. Die Andruck- bzw. Anzugskräfte werden verstärkt, wenn man die Fräsrichtung so wählt, dass sich die Fräserschneiden in der gewünschten Richtung in das Werkstück hineinziehen

Fräsen von Kanten

Der weitaus häufigste Einsatz der Oberfräse betrifft die Bearbeitung von Kanten. Dazu zählen Falzen, Profilieren und Bündigfräsen.

Falzen

Beim Falzen wird in die Werkstückkante ein rechtwinkliger Absatz gefräst, der Falz. Hierzu gibt es zwei Methoden:

→ mit dem Falzfräser
→ mit dem Nutfräser

Falzen mit dem Falzfräser

Falzfräser verfügen über eine Führungsrolle oder einen Führungszapfen, mit dem sie entlang der Werkstückkante geführt werden. Die Falzbreite wird durch die Abmessungen des Fräsers bestimmt und kann nicht verändert werden. Die Falztiefe kann an der Oberfräse eingestellt werden.

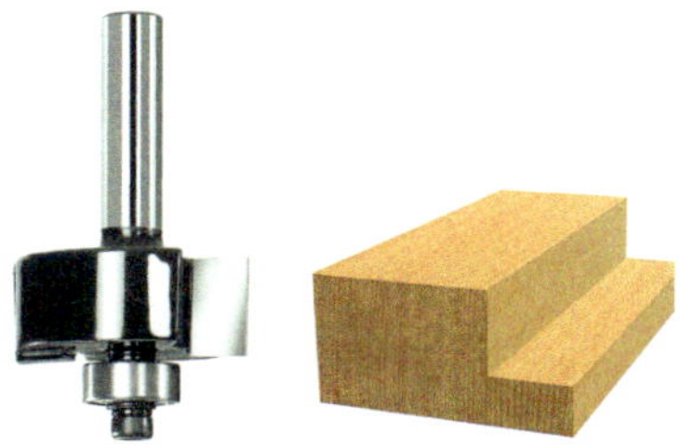

Falzfräser

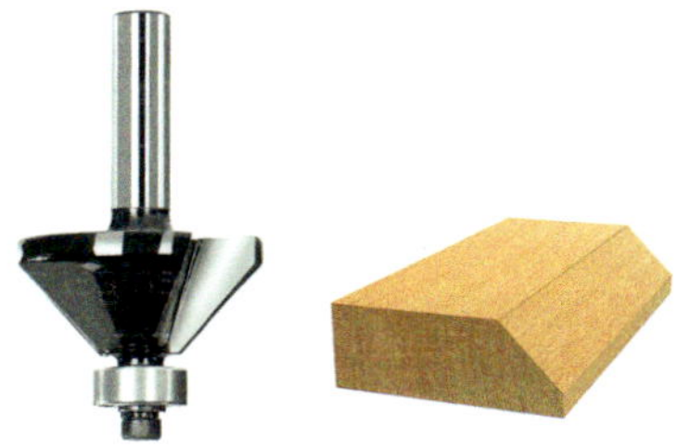

Fasenfräser

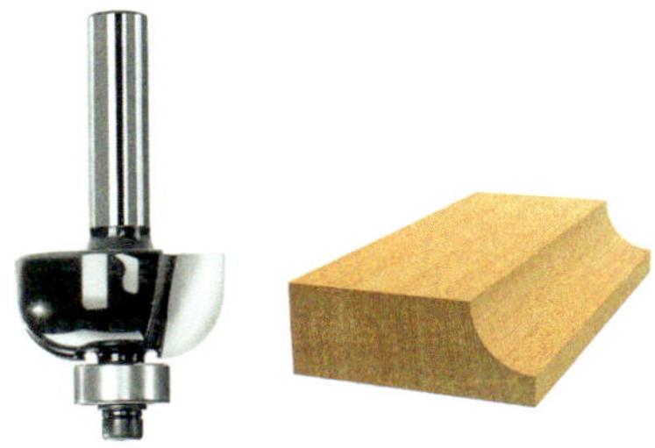

Hohlkehlfräser

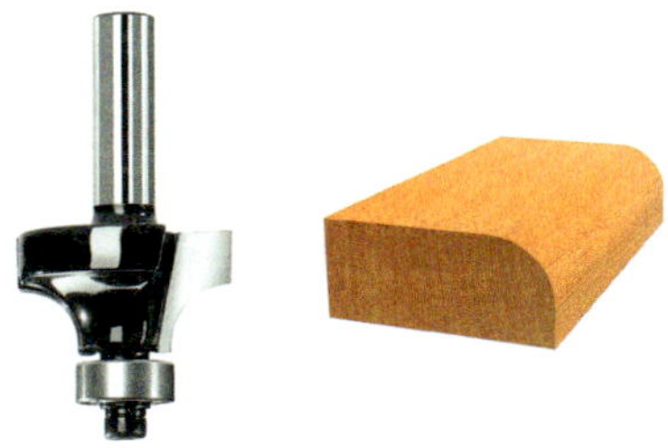

Abrundfräser

Falzen mit dem Nutfräser

Falze mit größerer Breite als dem vom Falzfräser vorgegebenen Maß kann man mit dem Nutfräser herstellen. Allerdings verfügt der Nutfräser über keine Anlaufrolle. Die Oberfräse muss deshalb durch einen parallel zur Werkzeugkante fixierten Anschlag oder durch den Parallelanschlag geführt werden. Meist kann die gewünschte Falzbreite nicht in einem Durchgang erreicht werden. Es sind dann oft mehrere Durchgänge erforderlich, zwischen denen der Anschlag versetzt bzw. die Einstellung des Parallelanschlages verändert wird.

Profilieren von Kanten

Die häufigsten Anwendungen zur Profilierung von Kanten sind

→ Fasen
→ Hohlkehlen
→ Abrunden

Außer diesen Standardprofilen gibt es eine Vielzahl von Sonderprofilen, für die es entsprechend geformte Profilfräser gibt. Die Arbeitsgänge ähneln sich, weshalb nur die drei wichtigsten Profilierungen beschrieben werden. Profilfräser haben in der Regel einen Anlaufzapfen oder eine Anlaufrolle, mit welcher der Fräser entlang der Werkstückkante geführt wird. Neben geraden Kanten kann man natürlich auch gebogene Kanten profilieren, weil die Anlaufrolle oder der Anlaufzapfen genau der Kontur der Kante folgt.

Fasen

Unter Fasen versteht man das Abschrägen von Kanten. Winkel von 45° oder andere Winkel sind dabei durch den Fräser vorgegeben. Die Breite der Fase wird durch die Frästiefeneinstellung an der Oberfräse eingestellt.

Hohlkehlen und Abrunden

Der Radius der Hohlkehle oder der Rundung wird durch die Form des Fräsers vorgegeben. Eine komplette Hohlkehle oder Abrundung wird nur durch die exakte Tiefeneinstellung an der Oberfräse erreicht und ergibt als Profil einen ¼-Kreis.

Die Profilierung von Kanten wird meist aus dekorativen Gründen durchgeführt. Je nach dem wie die Jahresringe an der Bearbeitungskante verlaufen, erreicht man bei Massivholz einen besonders ausdrucksvollen Faserverlauf, dessen Aussehen von der Form der Profilierung abhängt.

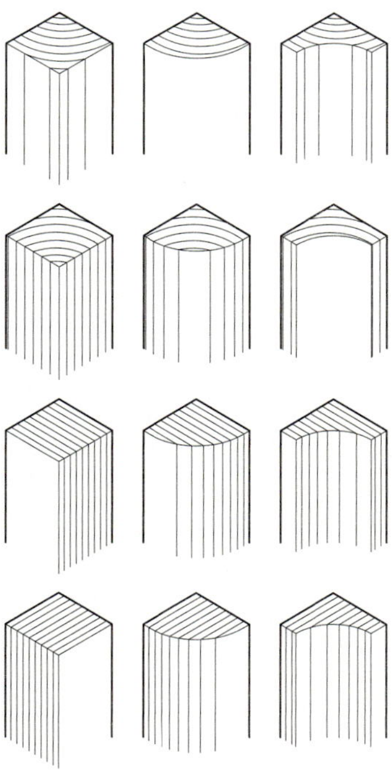

Einfluss der Jahresringe auf das Aussehen

TIPP

Das beste Ergebnis erreicht man dann, wenn man das Profil nicht in einem Arbeitsgang fräst. Es hat sich bewährt, in mehreren Durchgängen zu fräsen, wobei man beim letzten Durchgang nur noch eine geringe Spandicke von etwa 1/10 mm einstellt. Wenn man den letzten Durchgang so wählt, dass die Fräsrichtung nicht in die vielleicht schräge Faserrichtung hineinläuft, bekommt man eine besonders gute Oberflächenqualität. Je nach Faserichtung kann es dabei erforderlich sein, den letzten Durchgang im Gleichlauf zu fräsen.

Fräsen von Nuten

Das Nuten kann mittels verschiedener Methoden erfolgen

- → Nuten mit Nutbreite gleich dem Durchmesser des Nutfräsers.
- → Nuten mit Nutbreite größer als der Durchmesser des Nutfräsers.

Beim Fräsen von tiefen Nuten kann es dazu kommen, dass die Späne nicht zügig aus der Nut heraus gefördert werden. Dies führt dann durch Verstopfen zu höherer Reibung und damit zu Brandmalen in der Nut, aber auch zu rauen Schnittkanten. Die Spanabfuhr kann wesentlich verbessert werden, wenn man Nutfräser mit schrägen Spannuten verwendet. Das beste Ergebnis ist mit spiralgenuteten Fräsern zu erreichen. Diese Fräser sind allerdings nur in HSS-Ausführung erhältlich und nützen sich in harten Hölzern und Spanplatten relativ schnell ab.

Nutfräser

Nuten mit Nutbreite = Durchmesser Nutfräser

Dies ist die einfachste Art des Nutfräsens. Die Nutbreite entspricht dem Durchmesser des Nutfräser. Die Nut wird in einem Durchgang gefräst, wenn die Nuttiefe gering ist. **Faustregel:** Nuttiefe gleich oder geringer als der Fräserdurchmesser. Wenn die Nut tiefer ist, empfiehlt sich das Fräsen in mehreren Durchgängen. Die Spanabfuhr wird dadurch besser und damit auch die Schnittqualität.

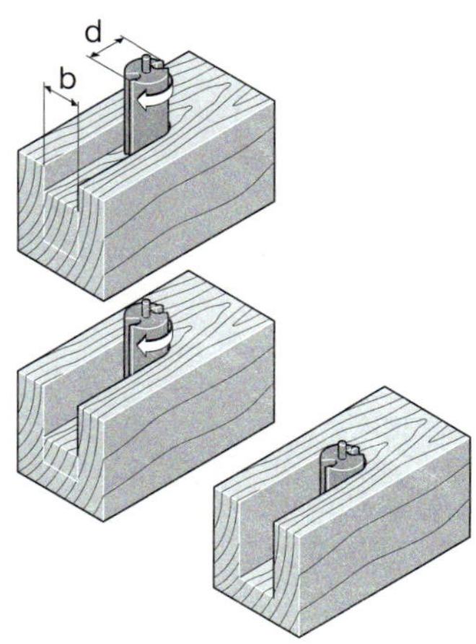

Fräsen von tiefen Nuten in mehreren Durchgängen

Fräsen breiter Nuten

Wenn die Nut breiter ist als der Fräserdurchmesser, muss in mehreren Durchgängen gefräst werden, wobei die Fräse parallel zur Nutkante versetzt wird. Dieser Versatz kann bei kantenparallelen Nuten mit dem Parallelanschlag eingestellt werden. In anderen Fällen ist der Anschlag entsprechend zu versetzen.

Nutfräsen und Faserrichtung

Auch beim Nuten gibt es Situationen, bei denen man längs der Faser, quer zur Faser oder schräg zur Faser fräsen muss. Dies bedeutet, dass die Schnittqualität nicht einheitlich ist, sondern je nach Faserlage zur Drehrichtung des Fräsers glatt oder rau wird. Durch die entsprechende Wahl der Werkstücklage zur Drehrichtung kann das Schnittergebnis verbessert werden.

Beim Fräsen tiefer Nuten kann man die Spanabfuhr dadurch verbessern, dass man statt Fräsern mit gerader Spannut solche mit Schrägnut oder Spiralnut benützt. Letztere sind allerdings nur mit HSS-Schneiden erhätlich und eignen sich deshalb nur für weiche Hölzer.

Bündig Fräsen

Unter bündig Fräsen versteht man das Abfräsen überstehender Beschichtungen oder Auflagen auf das Grundmaß des Werkstückes. Eine typische Arbeitsaufgabe ist beispielsweise, an einer furnierten oder laminierten Oberfläche das überstehende Furnier in einem Arbeitsgang exakt bündig abzufräsen, damit es zusammen mit dem Werkstück eine

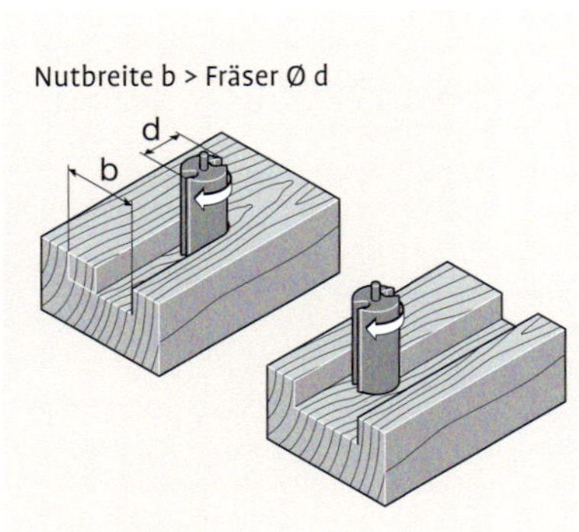

Fräsen von breiten Nuten

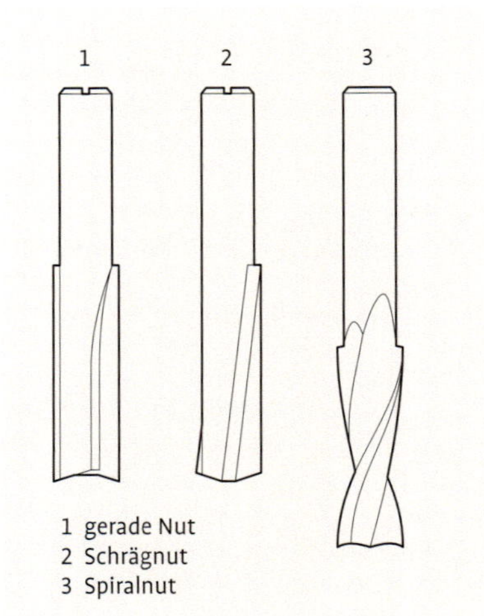

Spannut-Formen von Fräsern

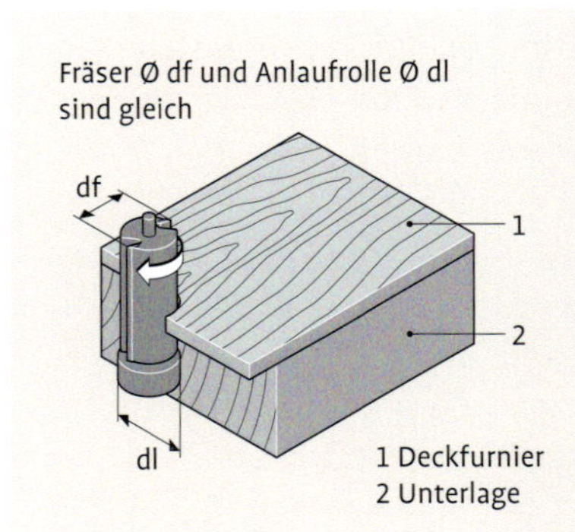

Bündigfräsen von Überständen

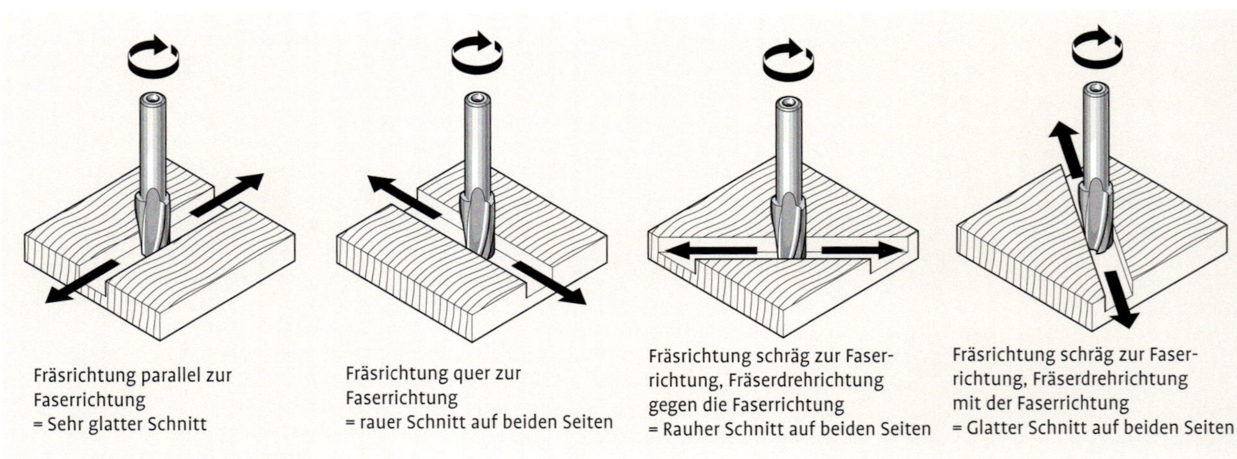

Schnittqualität entsprechend Fräs- und Faserrichtung

Bündigfräser

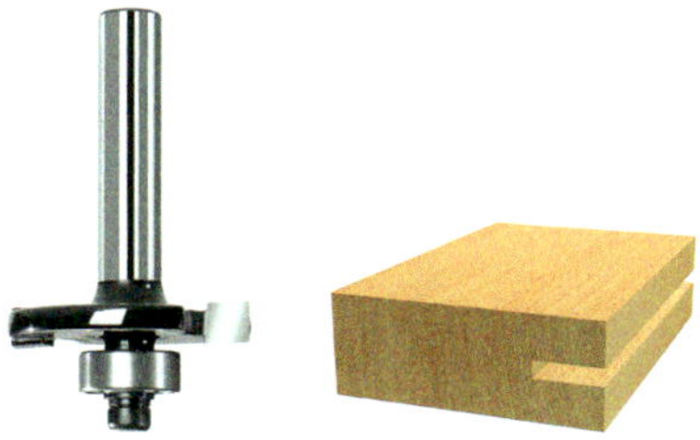

Scheibennutfräser

Federfräser / Nut und Feder

gemeinsame Kante bildet. Bündigfräser haben stets Laufrollen zur Führung entlang der Werkstückkante.

TIPP

Beim Bündigfräsen überstehenden Furniers stets Fräser mit geraden Schneidkanten verwenden. Fräser mit schrägen oder spiralförmigen Schneidkanten neigen dazu, das Furnier nach oben hin auszureißen. Fräsen im Gleichlauf verhindert bei ungünstiger Faserlage ebenfalls den Ausriss des Furniers.

Fräsen von Nut- und Feder-Verbindungen

Für die Nut- und Feder-Verbindungen von zwei Brettern gibt es zwei Methoden der Herstellung:

→ Nuten beider Bretter und externe Feder.
→ Nuten und Fräsen der Feder an den Brettern.

Nuten beider Bretter

In die Längsseite der Bretter wird eine Nut gefräst, in die später eine passende Leiste als Feder eingesetzt oder eingeleimt wird. Diese Methode ist wirtschaftlich, weil nur ein Scheibennutfräser zum Nuten verwendet und für beide Bretter dieselbe Höheneinstellung verwendet wird. Der Fräser wird mit seinem Schaft bzw. den Beilagscheiben oder Anlaufrollen entlang der Brettkante geführt, wodurch sich eine gleichmäßige Nuttiefe ergibt.
Vorteile:

→ Man benötigt nur einen Scheibennutfräser.
→ Man fräst beide Bretter mit derselben Einstellung.

Nuten und „Federn" der Bretter

Hierzu verwendet man zusätzlich zum Scheibennutfräser einen Federfräser für das Gegenstück. Der Arbeitsgang des Nutens erfolgt wie oben beschrieben. Das Erzeugen der Feder erfolgt am Gegenbrett mit dem Federfräser. Dieser muss exakt auf Höhe eingestellt werden, damit sich später beim Zusammenfügen der Bretter kein Versatz ergibt.
Statt eines Federfräsers kann auch der Scheibennutfräser verwendet werden, in dem man die Feder in zwei Arbeitsgängen fräst, bei denen die Fräserscheibe jeweils auf die betreffende Höhe eingestellt wird.
Als weitere Alternative kann man zwei Fräserscheiben mit Hilfe der Beilagscheiben im gewünschten Abstand auf dem Fräserschaft befestigen.

TIPP

Die einfachste, schnellste und problemloseste Lösung ist das Nuten beider Bretter und die Verwendung eines passenden Holzstreifens oder einer Leiste als Feder.

Fräsen von Wiederholteilen

Wenn man mehrere gleichförmige Werkstücke oder Ausschnitte zu Fräsen hat, lohnt es sich unter Umständen, eine Schablone anzufertigen. Diese Schablone wird dann auf den Werkstoff aufgelegt und festgespannt. Mit einer an der Grundplatte der Oberfräse angebrachten Kopierhülse wird dann die Oberfräse

Kopierhülse

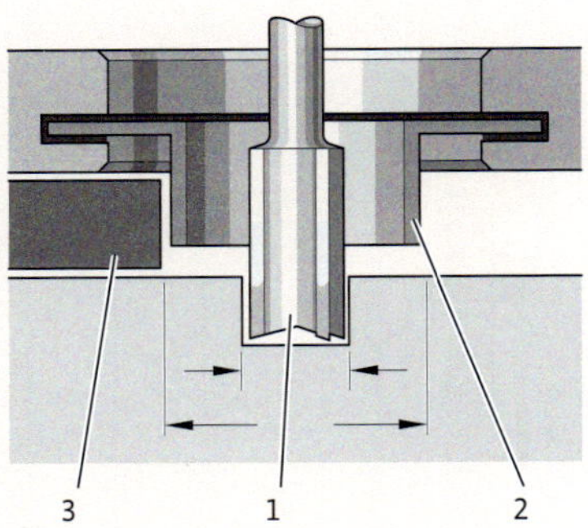

1 Fräser
2 Kopierhülse
3 Schablone

Beim Herstellen von Schablonen sind die Maße des Fräsers und der Kopierhülse zu berücksichtigen

entlang der Schablone geführt. Als Resultat erhält man ein Werkstück mit exakt den selben Konturen oder Ausschnitten wie die Schablone.

Kopierschablonen

Wenn man eine Kopierschablone selbst herstellt, muss man den Durchmesser der Kopierhülse und den Fräserdurchmesser berücksichtigen, denn der Fräsermittelpunkt ist um den halben Außendurchmesser der Kopierhülse vom Schablonenrand entfernt. Die Berechnungsformel für die Entfernung der Fräserschneide von der Schablonenkante lautet also:

→ Halber Außendurchmesser der Kopierhülse minus halber Fräserdurchmesser.

Wenn man Ausschnitte für serienmäßige Beschläge fräsen will, kann man sich nach den dafür erhältlichen Schablonen oder Zeichnungen richten. Hierzu wird meist der Kopierhülsenabstand und der Fräserdurchmesser angegeben.

TIPP

Weil die Führung der Kopierhülse an der Schablone nur einseitig ist, muss die Oberfräse für sicheres und präzises Fräsen mit der Kopierhülse fest gegen die Schablone gedrückt werden.

Schablonenherstellung

Bei der Anfertigung der Schablone sollte man diese so anfertigen, dass sie später bei der Anwendung das Werkstück schützt. Wenn man dann durch zu geringen Andruck mit der Kopierhülse von der Schablonenkante abweicht, geht die Fräsung in das Abfallstück und nicht in das künftige Werkstück.

Fräsen von Radien und Ronden

Zum Abrunden von Ecken oder zum Herstellen von runden Platten oder ringförmig verlaufenden Nuten verwendet man am besten einen so genannten Fräszirkel. Die für Oberfräsen erhältlichen Parallelanschläge sind meist so geformt, dass sie auch als Fräszirkel verwendet werden können. Im Mittelpunkt des Radius oder Kreises wird der Fräszirkel mit einer Spitze im Werkstück fixiert.

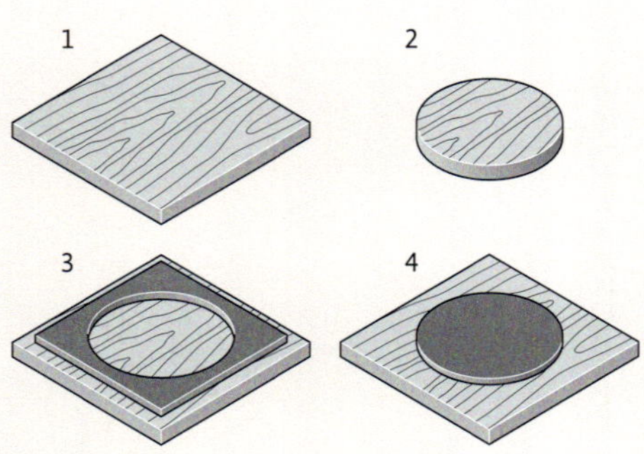

1 Brett
2 Gewünschtes Werkstück
3 Falsch, Schablone schützt nicht das spätere Werkstück
4 Richtig, Schablone schützt das spätere Werkstück

Schablone zur Herstellung einer Ronde

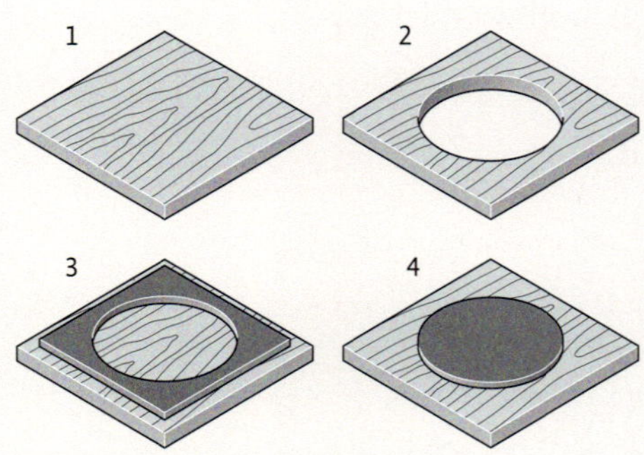

1 Brett
2 Gewünschtes Werkstück
3 Richtig: Schablone schützt das spätere Werkstück
4 Falsch: Schablone schützt das spätere Werkstück nicht

Schablone zur Herstellung eines Ausschnitts

Arbeiten mit der Schablone

Arbeiten mit dem Fräszirkel

TIPP

Durch das Einstechen der Zirkelspitze in das Werkstück entsteht dort eine Vertiefung. Diese Vertiefung kann man mit einem Trick vermeiden: Man klebt mit einem doppelseitig klebenden Klebeband (Teppichband) ein Stückchen Sperrholz auf die Werkstückmitte und sticht die Zirkelspitze dort ein. Nach dem Fräsvorgang entfernt man dieses Hilfsmittel wieder.

Zinken- und Gratverbindungen fräsen

Wer kennt nicht die klassische Holzverbindungstechnik der Fingerzinken- und „Schwalbenschwanz"- Verbindungen: Man findet sie heute meist nur noch bei alten Möbeln oder bei Einzelanfertigungen vom Schreiner. Mit Zinkenfrässchablonen kann heute aber auch der geschickte Heimwerker diese Holzverbindungstechnik präzise und mühelos herstellen. Diese Zinkenfrässchablonen ermöglichen bei der Verwendung von Nutfräsern die Herstellung von Fingerzinken, bei der Verwendung von Gratfräsern („Schwalbenschwanzfräsern") auch die Herstellung von halbverdeckten Zinken.
Je nach dem, welches Verfahren angewendet wird, ergibt sich eine bestimmte dekorative Wirkung.

- Bei Holzverbindung mittels Fingerzinken sind die Hirnholzflächen im Wechsel sichtbar.
- Bei Holzverbindung mittels halbverdeckter Gratverbindung (Schwalbenschwanz) ist eine Hirnholzfläche sichtbar.

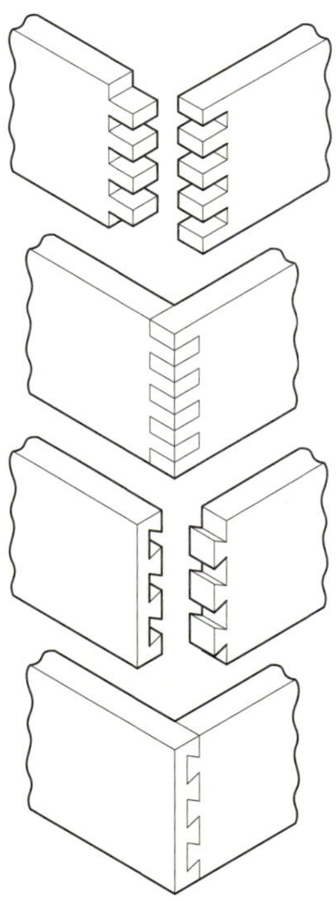

Zinken- und Gratverbindungen

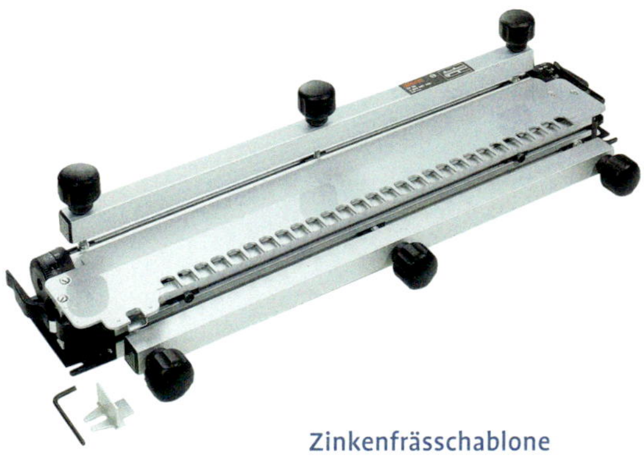

Zinkenfrässchablone

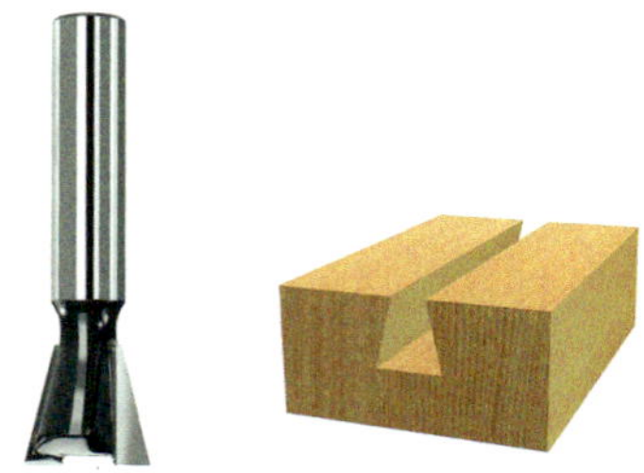

Gratfräser

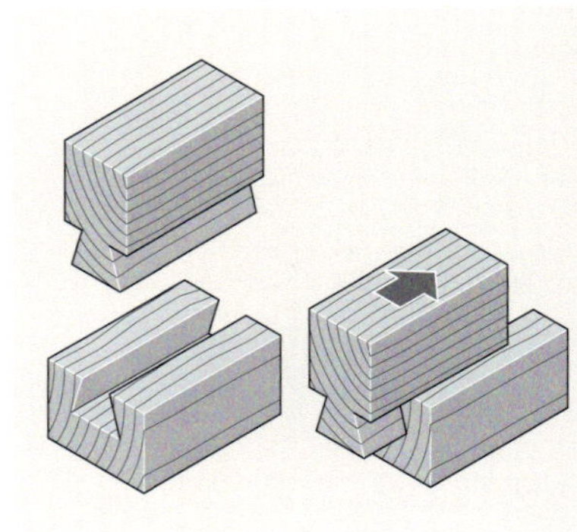

Gratverbindung

Den Zinkenfrässchablonen liegen ausführliche und präzise Einstellanleitungen bei. Trotzdem sollte man bei den ersten Versuchen stets vorab ein Muster aus Materialresten anfertigen, um noch eventuelle Feinjustierungen der Einstellung vornehmen zu können.

Gratverbindung von Brettern

Bei diesen Verbindungen werden zwei entsprechend gefräste Bretter mit ihren Profilen ineinander geschoben. Die minimale Nutbreite ist dabei durch das Fräserprofil vorgegeben. Das Gegenstück, Grat genannt,

Arbeiten mit der Zinkenfrässchablone

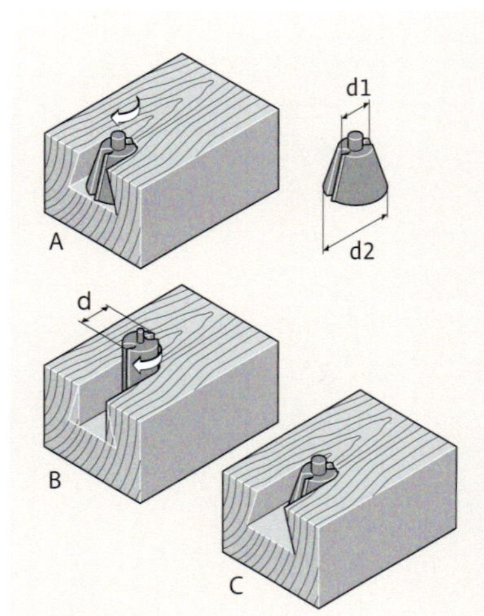

Fräsen einer Schwalbenschwanznut.

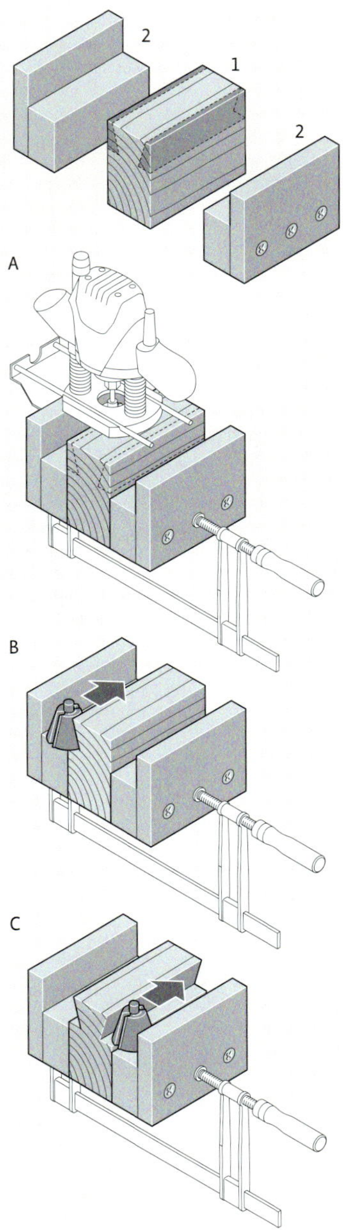

1 Gewünschter Grat
2 Beilagebretter
A Spannen der Beilagebretter
B+C Fräsen des Profiles

Fräsen eines Schwalbenschwanzes

muss in zwei Arbeitsgängen mit demselben Fräser gefräst werden. Da die Brettkante nur wenig Auflagefläche bietet, muss sie durch Anklemmen eines Kantholzes soweit vergrößert werden, dass die Oberfläche eine sichere Auflage hat.
Gratfräser sind unten breiter als oben. Sie erzeugen deshalb unten auch mehr Späne als oben. In langen Nuten kommt es deshalb leicht zur Verstopfung durch Späne. In diesem Fall ist es vernünftig, zunächst die Nut mit einem Nutfräser kleineren Durchmessers zu fräsen und erst im zweiten Durchgang mit dem Gratfräser das endgültige Nutprofil zu fräsen.

TIPP

Es gibt Gratfräser mit einem sogenannten „Ritzer“. Sie sind zwar etwas teurer als die normalen Gratfräser, erzeugen aber eine Nut mit etwas Freiraum an den Kanten. Dadurch lässt sich das gegenseitige Werkstückprofil besser einführen, klemmt nicht und es wird außerdem das Ausbrechen des Nutsteges verhindert.

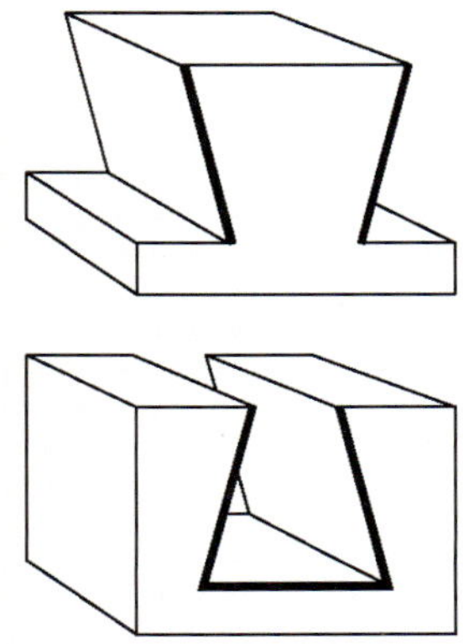

Grat ohne Ritzer gefräst

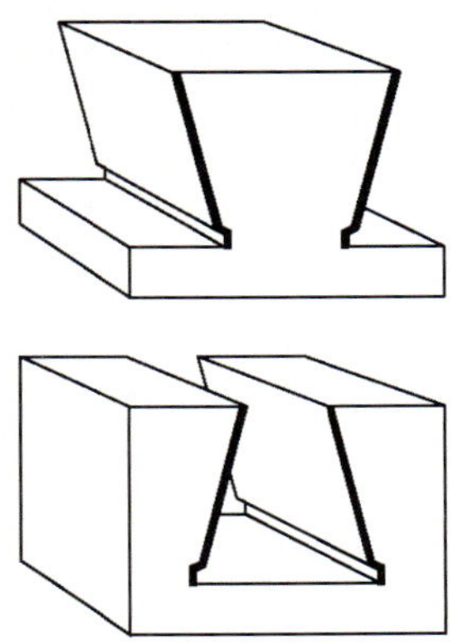

Der Gratfräser mit Ritzer verhindert Klemmen bzw. Risse an den Ecken

Fräsen von Metall

Leichtmetalllegierungen können mit der handgeführten Oberfräse bearbeitet werden. Es muss allerdings beachtet werden, dass dies für die Oberfräse eine sehr hohe Beanspruchung für die Lagerung der Motorwelle darstellt, die möglicherweise die Lebensdauer der Oberfräse verringert.
Zum Fräsen von Aluminium gibt es spezielle Fräser, mit denen dünne Bleche gefräst werden können. Sie haben eine Spiralschneide mit einer zusätzlichen Hobelschneide zum Eintauchen in dünne Bleche und Profile. Die Spannut ist gewendelt, wodurch die langen Aluminiumspäne gut nach oben abgeführt werden. Zum Nutfräsen in Vollmaterial sind sie allerdings nicht geeignet.
Profilfräser mit Hartmetallschneiden können zur Kantenbearbeitung, beispielsweise zum Formen von Schweißkanten nur dann verwendet werden, wenn sie über schräge Spannuten verfügen. Fräser mit parallel zum Schaft verlaufenden Spannuten transportieren die Späne nicht aus dem Fräser heraus, er verstopft dadurch sofort. Die Schnittgeschwindigkeit ist gegenüber der Anwendung in Holz zu reduzieren. Die günstigste Drehzahl ist durch Versuch zu ermitteln. Der Vorschub muss sehr langsam und gefühlvoll erfolgen. Damit sich keine Späne an der Schneide aufbauen, muss der Fräser regelmäßig eingefettet werden.
Entsprechende Schneidfette sind im Werkzeugfachhandel erhältlich und haben sich bewährt, weil sie auch bei hohen Drehzahlen sehr gut am Fräser haften bleiben. Öl hat sich nicht bewährt, es wird durch die Rotation in alle Richtungen weggeschleudert.
Die Spezialfräser für Aluminium haben oberhalb der Schneide einen glatten Schaft. Dieser Schaft kann bei Hohlprofilen als Führung in einer Schablone benützt werden (siehe Abbildung).
Die Geräuschentwicklung beim Fräsen von Aluminium ist erheblich, weshalb ein Gehörschutz notwendig ist. Die Schutzbrille ist wegen der scharfen Metallspäne obligatorisch.

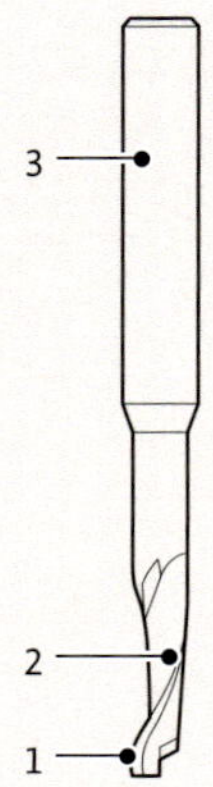

1 Schneidezahn zum Eintauchen
2 Spiralschneide mit Spannut
3 Schaft

Fräser für Aluminium

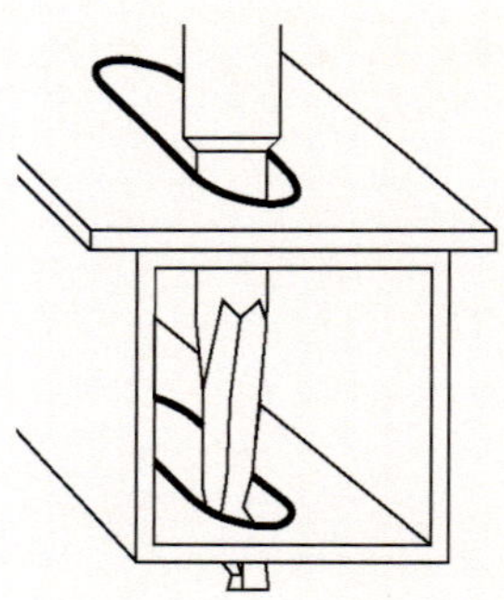

Fräsen von Alu-Hohlprofilen

Fräsen von Kunststoff

Kunststoffe können problemlos mit der Oberfräse bearbeitet werden, wenn man einige Besonderheiten beachtet. Bei Thermomeren (Thermoplasten) darf die Erwärmung nicht zu hoch sein, weil die beim Fräsen entstehenden Späne wieder mit dem Werkstoff verschmelzen können.
Bei Duromeren (Duroplasten) ist das Fräsen normalerweise problemlos möglich. Eine Ausnahme bilden faserverstärkte Kunststoffe wie Phenolharz-Hartgewebe und GFK-Werkstoffe. Diese haben eine stark abstumpfende Wirkung auf die Fräserschneiden. In diesen Fällen müssen unbedingt Fräser mit Hartmetallschneiden verwendet werden.
Wie bereits erwähnt laden sich Kunststoffspäne beim Fräsen elektrostatisch auf und haften dann an Werkzeug, Werkstück und Kleidung. Abhilfe: Späneabsaugung verwenden.

TIPP

Kunststoffe sind in ihren Eigenschaften so unterschiedlich, dass man keine pauschalen Empfehlungen bezüglich Drehzahl und Vorschub geben kann. Es hat sich deshalb bewährt, zunächst eine Probefräsung an einem Reststück des verwendeten Kunststoffes vorzunehmen.

Fräsarbeiten an Möbelstücken

Oberfräsen eignen sich wie kein anderes Werkzeug zur Gestaltung von Möbelstücken. Ob es sich um die Verrundung oder die Profilierung von Kanten, die Herstellung von Kassetten oder das Einbringen von Gravuren in Oberflächen handelt: die Vielzahl der Formfräser macht's möglich. Die nebenstehenden Bilder geben einen Eindruck, was man damit machen kann.
Natürlich setzt die Herstellung solch hochwertiger Möbel einiges an Praxisfertigkeiten voraus. Mangelnde Praxis sollte allerdings kein Hinderungsgrund sein. Es gibt genügend Wochenendkurse, in denen die notwendigen Fertigkeiten praxisnah vermittelt werden. Über die im Serviceteil des Buches genannten Webportale findet man den passenden Kurs in der näheren Umgebung.

Gefräste Kassetten an einem Schrank

Truhe mit Kassetten

Gefräste Profilierung einer Türe

Profile

Die Vielzahl der Formfräser würde den Rahmen dieses Buches sprengen, wenn man sie alle abbilden würde. Eine komplette Auswahl findet man in den Herstellerkatalogen. Einige der häufigsten Profilierungen haben wir abgebildet.
Bei der Auswahl der Profilfräser, speziell bei Sonderprofilen, sind die Profilabmessungen zu beachten. Sie sind neben einer Musterabbildung des Profils auf der Verpackung angegeben, man kann deshalb bei der Auswahl des Profils gezielt vorgehen.

Kennzeichnung der Fräsereigenschaften auf der Verpackung

TIPP

Mit ein- und demselben Profilfräser sind unterschiedliche Profilformen möglich, wenn man mit unterschiedlicher Einstellung der Frästiefe arbeitet.

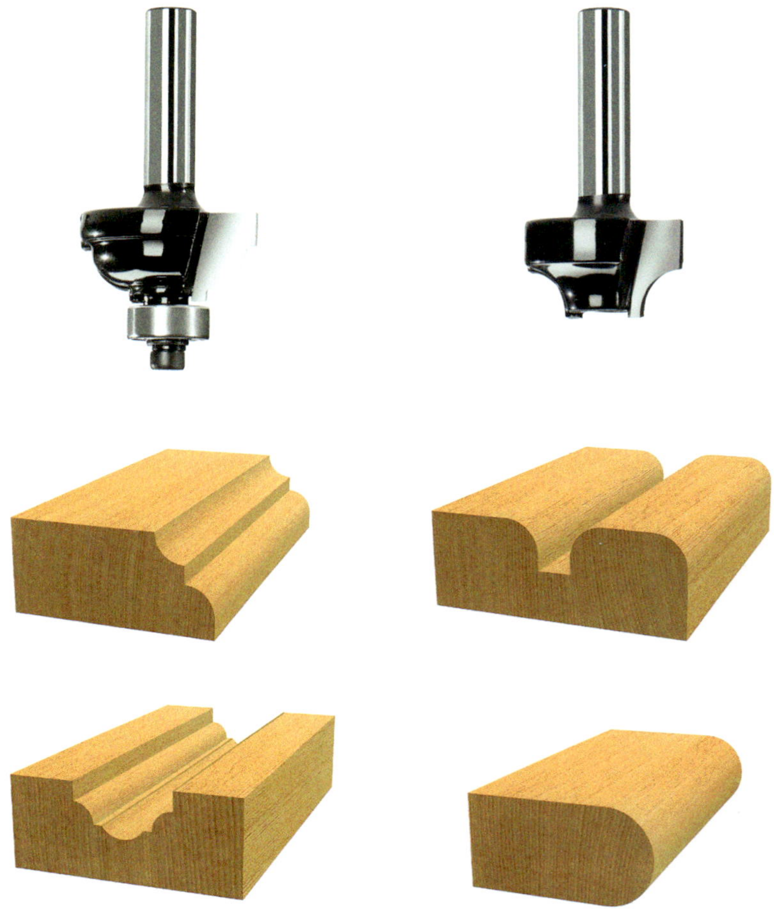

Kanten- und Profilfräser für den Möbelbau

Meißeln

Meißel

Unter Meißeln versteht man, je nach dem zu bearbeitenden Werkstoff, das Trennen, Spanabheben oder Zertrümmern mittels Schlagwirkung. Die für das Meißeln nötigen Schlagkräfte können nicht wie bei Schlagbohrmaschinen mit einfachen Rastenschlagwerken erzeugt werden. Es werden also in jedem Fall Hammerschlagwerke eingesetzt. Beim Meißeln benötigt man keine Drehbewegung. Typisches Elektrowerkzeug zum Meißeln ist also der

→ Bohrhammer mit Drehstopmöglichkeit

In der Drehstopschaltung ist der Bohrhammer dann als Schlag- und Meißelhammer einsetzbar.

Je nach dem zu bearbeitenden Material und der gewünschten Anwendung bestehen Unterschiede in Schneidengeometrie und Schneidenmaterial des Meißels.

Schneidengeometrie

Die Werkzeugschneide ist grundsätzlich keilförmig, wobei bei Meißeln zur Holzbearbeitung ein einseitiger Anschliff angewendet wird. Bei Meißeln zur Metallbearbeitung und zur Steinbearbeitung ist die Spitze beidseitig doppelt keilförmig geschliffen, wobei bei der Metallbearbeitung meist kleinere Keilwinkel als bei der Steinbearbeitung verwendet werden. Bei Meißeln zur Strukturierung von Oberflächen werden spezielle Schneidenprofile (z. B. „Zahneisen") verwendet.

Schneidenmaterial

Typische Meißel bestehen vom Einsteckende bis zur Schneide aus ein und dem selben Material, meist werden hochlegierte Werkzeugstähle verwendet, welche einer Wärmebehandlung unterzogen werden, um sie im Schneidenbereich oder durchgehend zu härten. Bei Spezialmeißeln werden mitunter die Schneiden hartmetallbestückt.

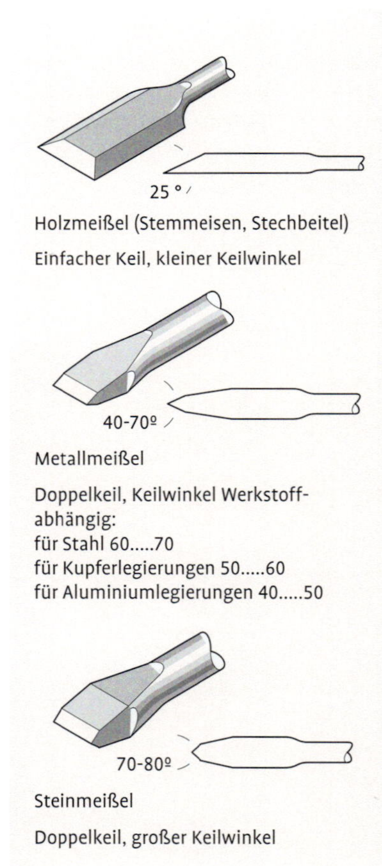

Schneidengeometrie von Meißeln

Meißel mit SDS-Schaft einstecken

Meißelpraxis

Typische Einsatzbereiche des Meißelns mit dem Bohrhammer sind die Bearbeitung von Holz und Steinwerkstoffen, wobei die Steinbearbeitung den häufigsten Einsatzbereich darstellt.

Holzbearbeitung

Meißeln in Holz wird typischerweise bei der Herstellung von rechteckigen Aussparungen, der Herstellung von Zapfen und bei der Herstellung von Kunstgegenständen eingesetzt. Die hierbei verwendeten Einsatzwerkzeuge werden als Holzmeißel, Stecheisen oder „Stechbeitel“ bezeichnet. Bei der Arbeitsrichtung ist auf den Faserverlauf des Werkstoffes zu achten. Vor Arbeitsbeginn sollte die Schneide stets nachgeschärft werden, um eine hohe Arbeitsqualität zu erreichen.

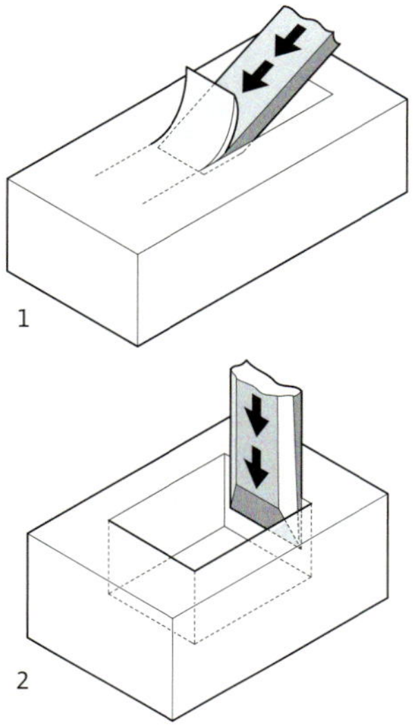

1 Nuten
2 Kanten säubern

Holzbearbeitung mit dem Stecheisen

Steinbearbeitung

Durch die Schlageinwirkung wird der spröde Gefügeverbund gelockert (Rissbildung) und durch Keilwirkung aufgesprengt. Der Materialabtrag findet in Form von Staub und Materialsplittern unterschiedlicher Größe bei jedem einzelnen Schlag statt. Neben breiten Meißelschneiden zum Abheben von Platten, Belägen und Fliesen kommen angespitzte Schneiden („Spitzmeißel“) zum Einsatz. Sie werden vorwiegend für Abbrucharbeiten eingesetzt. Zum Nuten von Mauerwerk, beispielsweise zum Verlegen von Rohren und Leitungen, gibt es Hohl- und Kanalmeißel. Eine besondere Form des Kanalmeißels hat seitliche Flügel. Sie dienen als Anschlag und ermöglichen das Einhalten einer gleichmäßigen Nuttiefe. Zahneisen und Stokerplatten dienen

Stecheisen

1 SDS-Aufnahmeschaft
2 Stecheisenklinge

Stecheisen für den Bohrhammer

Freilegen von Mauerwerk

zur Strukturierung von Oberflächen. Mit Stampferplatten kann Magerbeton verdichtet werden, aber auch Betonsteine können damit verlegt werden. Eine weitere Anwendung ist das Rütteln von Gussbeton. In diesem Falle setzt man den Stampfer auf die Schalung auf und rüttelt in kurzen Abständen entlang der Schalung. Zum Spalten kann man Keile verwenden. Hierzu werden mit dem Bohrhammer Löcher in den Steinblock gebohrt, dann das Spaltwerkzeug eingesetzt und der Keil mit Schlag eingetrieben.

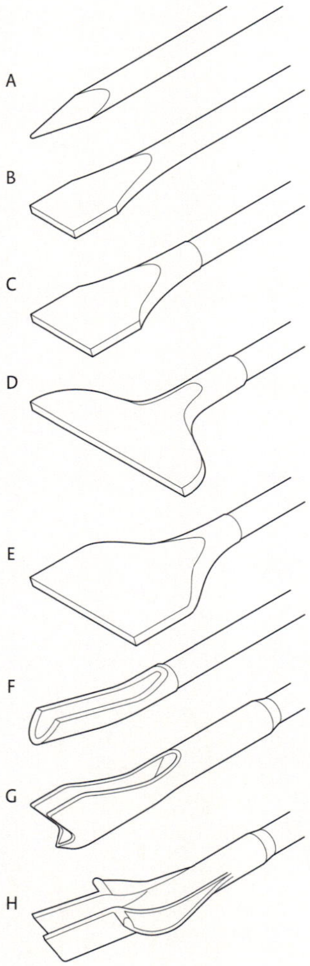

A Spitzmeißel
B Flachmeißel
C Spatmeißel
D Breitspatmeißel
E Asphaltmeißel
F Hohlmeißel
G Kanalmeißel
H Flügelmeißel

Meißeltypen

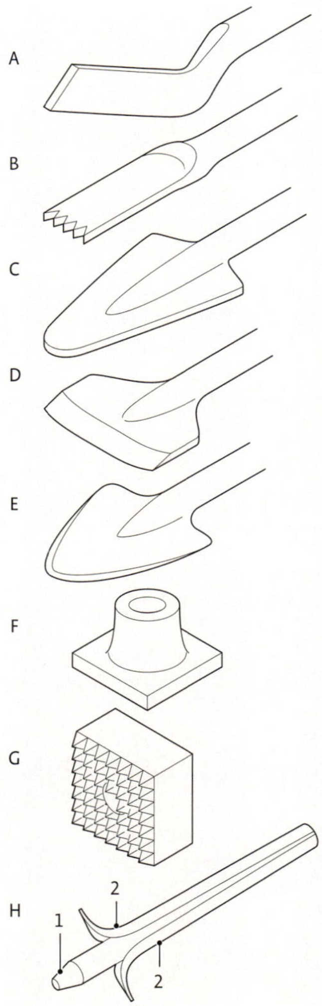

A Mörtelmeißel
B Zahneisen
C Spaten mit Spitzblatt
D Hohlspaten
E Schaufelmeißel
F Stampferplatten
G Stockerplatten
H Spaltwerkzeug

1 Keil
2 Keilbacken

Spezialmeißel

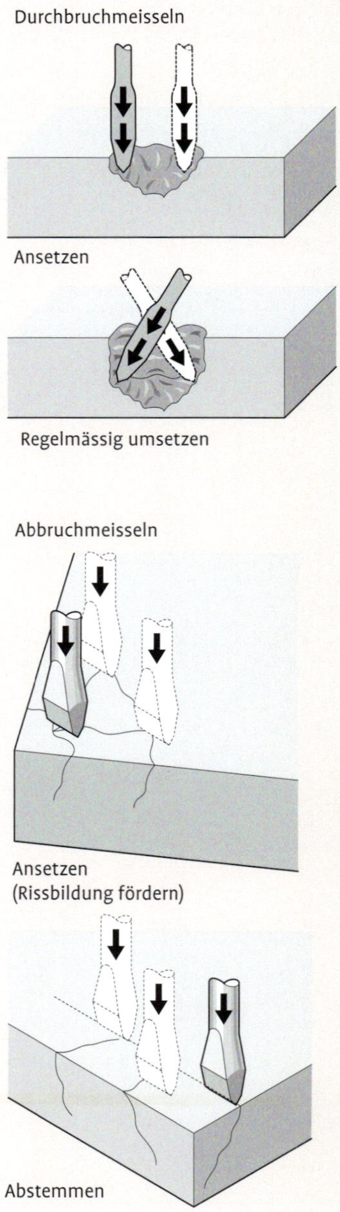

Durchbruch- und Abbruchmeißeln

Feilen und Raspeln

Das mühselige Feilen und Raspeln mit Handwerkzeugen kann in vielen Fällen erleichtert werden, indem man Stichsägen, Fuchsschwanzsägen oder Bohrmaschinen mit entsprechenden Einsatzwerkzeugen verwendet.

Feilen mit der Fuchsschwanzsäge

Arbeiten mit Raspeln und der biegsamen Welle

Feilen und Raspeln mit Stichsägen und Elektrofuchsschwanz

Anstelle des Sägeblattes werden Feilen oder Raspeln eingesetzt. Bei der Anwendung ist die Pendelung auszuschalten, damit eine präzise Maschinenführung möglich ist.

TIPP

Maschine ansetzen und dann langsam die Hubzahl steigern, damit man ein Gefühl für die Maschinenführung und den richtigen Anpressdruck bekommt.

Feilen und Raspeln mit der Bohrmaschine

Bei der Bohrmaschine verwendet man rotierende Feilen und Raspeln. Sie gleichen einem Fräser, sind aber wesentlich feiner gezahnt und haben mehr Schneiden, wodurch ein ruhiger Lauf auch bei den vergleichsweise geringen Drehzahlen der Bohrmaschine möglich ist.

- → Feingezahnte Feilen verwendet man für Metall und Holz.
- → Grobgezahnte Raspeln verwendet man ausschließlich für Holz.

Am besten lässt sich mit rotierenden Feilen und Raspeln arbeiten, wenn man die Bohrmaschine in einen Halter einspannt und eine biegsame Welle verwendet.

Feilen für die Metallbearbeitung

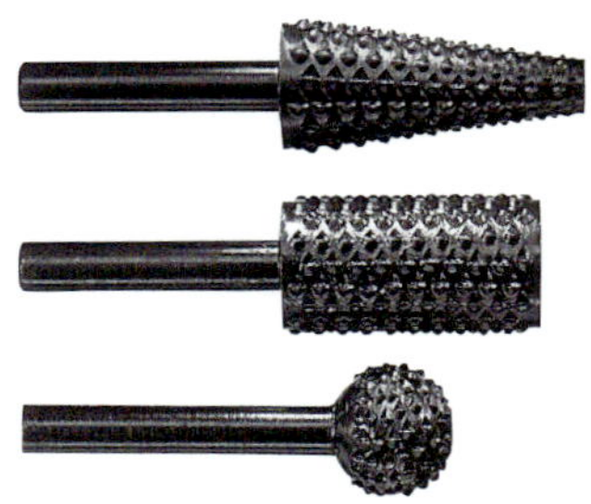

Raspeln für die Holzbearbeitung

Drechseln

Drechselstähle

Drechseln ist eine spanabhebende Oberflächenbearbeitung und ermöglicht das Herstellen rotationssymmetrischer Werkstücke aus Holz und Holzwerkstoffen. Das zum Drechseln verwendete Gerät wird als „Drechselbank“ oder Holzdrehmaschine bezeichnet. Im Gegensatz zu anderen Bearbeitungsarten rotiert beim Drechseln das Werkstück, während das Bearbeitungswerkzeug, der Drechselstahl, mit der Hand in Längsrichtung oder Querrichtung oder einer Kombination aus beiden Richtungen am Werkstück entlang geführt wird. Der Vorgang des Drechselns entspricht also prinzipiell dem Drehen von Metall auf der Drehmaschine („Drehbank“).
Drechseln ist außerordentlich kreativ. Man kann damit kunstgewerbliche Gegenstände oder auch Werkstücke für die allgemeine Verwendung herstellen. Befriedigende Arbeitsergebnisse setzen allerdings handwerkliches Geschick und Praxiskenntnisse voraus, die man sich aber in entsprechenden Heimwerkerseminaren aneignen kann.

Die Schneidwerkzeuge zum Drechseln werden als Drechselstähle oder Handdrehstähle bezeichnet. Ihr Anschliff und die Schneidenform richten sich nach der zu bearbeitenden Holzart und der Bearbeitungsweise des Werkstücks. Die Preisspanne bei Drechselstählen ist sehr weit gefächert. Wie üblich entsprechen die Kosten der Qualität. Auf lange Sicht sind die besseren Qualitäten auch die „preiswertesten“.

TIPP

Man kann Drechselstähle auch selbst herstellen. Hierzu eignen sich hervorragend alte, bereits abgenützte Feilen. Man schleift sie entsprechend zu, muss aber darauf achten, dass sie beim Schleifen gekühlt werden, damit sie nicht ausglühen und ihre Härte verlieren.

Schneidenanschliff

Die herstellerseitige Schliffform ist eine Empfehlung, die der Anwender im Regelfall entsprechend seiner Arbeitsaufgabe und -methodik modifiziert. Spätestens wenn die Schneide abgestumpft ist, muss nachgeschärft werden, wobei es zum Erzielen einer hohen Schärfe grundsätzlich notwendig ist, die Schneide nach dem Schärfen nochmals auf einem Abziehstein „abzuziehen“. Das „Abziehen“ erfolgt auf einem feinen Abziehstein unter Zugabe von Wasser. Hierbei hat man die Wahl zwischen Abziehsteinen mit harter und weicher Bindung. Abziehsteine mit weicher Bindung und einer Körnung von 6000, wie zum Beispiel „Belgische Brocken“, ergeben eine

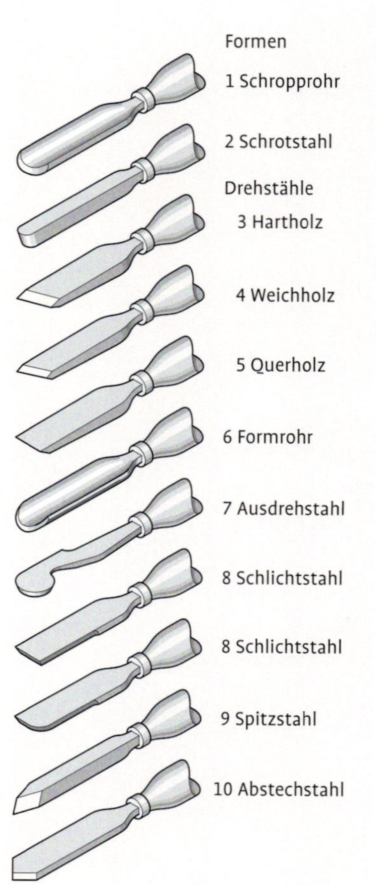

Handdrehstähle zum Drechseln

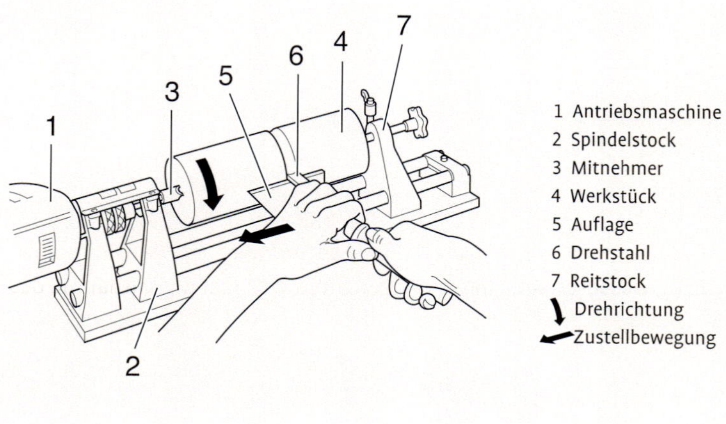

Drechseln

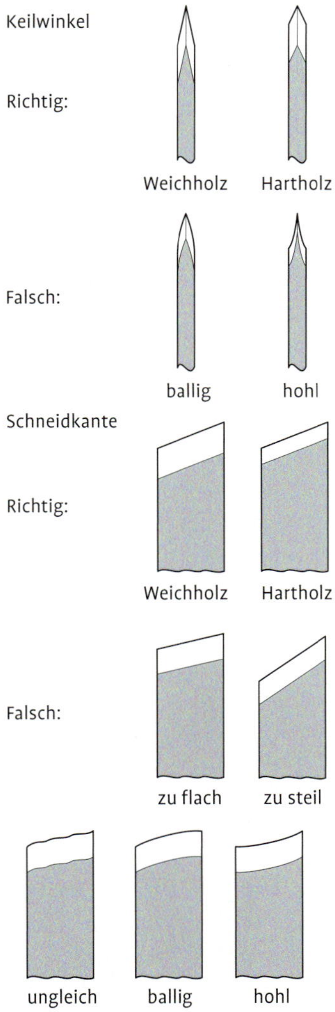

Schleifen und Schärfen der Handdrehstähle

sehr hochwertige Schärfe, nützen sich aber schneller ab. Beim Abziehen entsteht mit der Zeit auf dem Abziehstein eine Delle. Flache Drechselstähle können dann nicht mehr abgezogen werden, deshalb muss der Abziehstein mit einem anderen Abziehstein härterer Bindung wieder „plangeschliffen" werden.

Drechselpraxis

Grundsätzlich sollten die ersten Drechselversuche nur unter Anleitung erfolgen. Nur dadurch kann die richtige Haltung der Handdrehstähle und das Einstellen der passenden Drehzahl erlernt werden. Enge Kleidung ist wichtig, ebenso sollten keine Handschuhe getragen werden, weil auch diese vom rotierenden Werkstück erfasst werden könnten. Eine Schutzbrille ist absolut notwendig. Die Stahlauflage muss so dicht wie möglich an das Werkstück eingestellt werden.

Holzvorbereitung

Vor Arbeitsbeginn muss das zu drechselnde Holz ausgewählt und vorbereitet werden. Holz das bereits Trockenrisse hat, kann nicht mehr bearbeitet werden. Bereits abgelagertes Holz hat den Vorteil, dass keine nachträglichen Trocknungsrisse mehr entstehen. Nachteilig ist, dass das Drechseln von trockenem Holz eine etwas geringere Oberflächengüte ergibt, wodurch die nachträgliche Feinbearbeitung aufwendiger ist.
Feuchtes (frisches) Holz lässt sich leichter drechseln und ergibt eine bessere Oberflächengüte. Nachteilig ist, dass bei der anschließenden Trocknung Risse im fertigen Werkstück auftreten können.

TIPP

Wenn man trockenes Holz kurz vor der Bearbeitung wässert, ist es besser bearbeitbar. Da es aber im Kern trocken ist, besteht keine Gefahr von Trockenrissen.

Arbeitsgänge beim Drechseln

Die typischen Arbeitsgänge beim Drechseln sind:
→ Schruppen (Schroppen)
→ Schlichten
→ Ausdrehen
→ Stechen

Schruppen
Schruppen ist eine grobe Bearbeitungsform, mit der das Werkstück vorbearbeitet wird. Hierzu werden röhrenförmige oder abgerundete Werkzeuge verwendet.

Schlichten
Unter Schlichten versteht man die Feinbearbeitung. Die Werkzeugschneide ist hierzu gerade, schräg oder gerundet und oft beidseitig geschliffen.

Ausdrehen
Durch Ausdrehen erzeugt man konkave Wölbungen und Aushöhlungen im Werkstück, wobei die Formgebung des Handdrehstahls meist individuell erfolgt.

Stechen
Mit Einstechstählen werden Werkstücke genutet, mit Abstechstählen werden Werkstücke auf ihre vorgesehene Länge „abgestochen", d. h. abgedreht.

Vorschubrichtung
Die Vorschubrichtung ist stets gegen die Antriebsseite der Drechselbank gerichtet, weil hier die Mitnahme des Werkstückes erfolgt. Gegen sie muss der Anpressdruck gerichtet sein.

Stellung des Drechselstahls

Die richtige Stellung des Stahls richtet sich nach dem zu bearbeitenden Holztyp. Bei weichen Hölzern kann eine positivere Stahlstellung günstiger sein, bei härteren Hölzern eine weniger positive bis neutrale Stahlstellung.

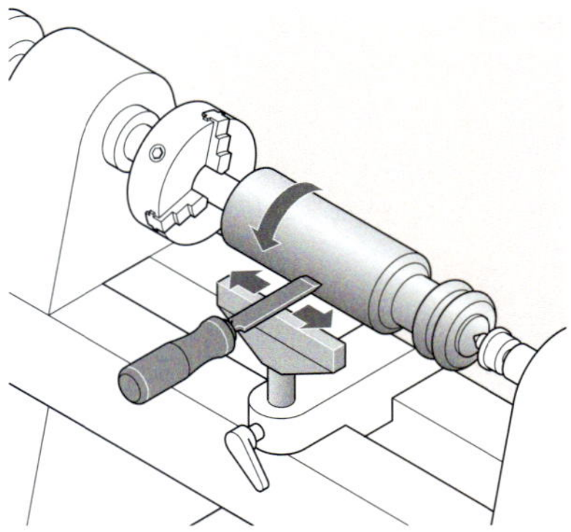

Längsdrechseln

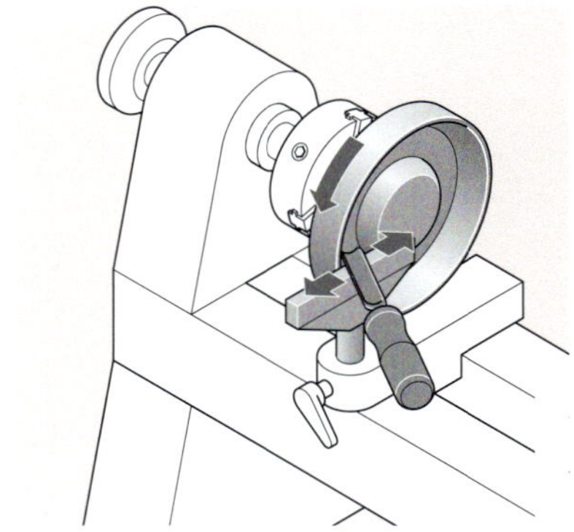

Querdrechseln

Längsdrechseln

Beim Längsdrechseln liegen die Fasern parallel zur Drehachse. Am Umfang des Werkstücks zeigt sich Langholz (bei Rundlingen wie beispielsweise Astabschnitten) oder wechselweise Lang- und Querholz (bei Kanthölzern), an der Stirnseite dagegen immer Hirnholz. Rundlinge aus Stamm- und Astabschnitten können direkt bearbeitet werden. Bei Kanthölzern ab ca. 40 mm Kantenlänge müssen die Kanten vor dem Drechseln gebrochen werden (z. B. durch Hobeln).

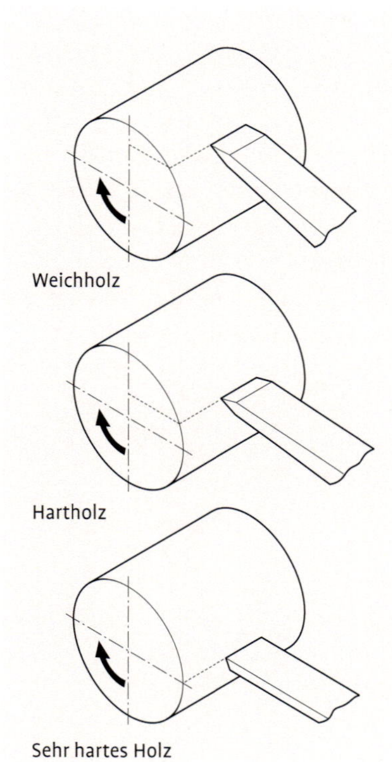

Ansetzen des Handdrehstahls

Querdrechseln

Beim Querdrechseln liegen die Fasern quer zur Längsachse. Am Umfang des Werkstückes zeigt sich im Wechsel Hirnholz und Langholz, an der Flachseite dagegen immer Querholz. Am günstigsten für das Querdrechseln eignen sich Seitenbretter, weil sie bei großflächigen Werkstücken durch ihre lebhafte Maserung sehr dekorativ wirken.

„Fliegendes“ Drechseln

Beim Querdrechseln wird das Werkstück meist nur einseitig gespannt. Beim Bearbeiten der gegenüberliegenden Seite muss deshalb das Werkstück auf der bereits bearbeiteten Seite gespannt werden. Dies ist bei komplex geformten Werkstücken oft nicht ohne weiteres möglich. Hier bewährt es sich, das Werkstück auf ein Hilfsteil aufzukleben, das dann seinerseits auf die Drechselmaschine gespannt wird.

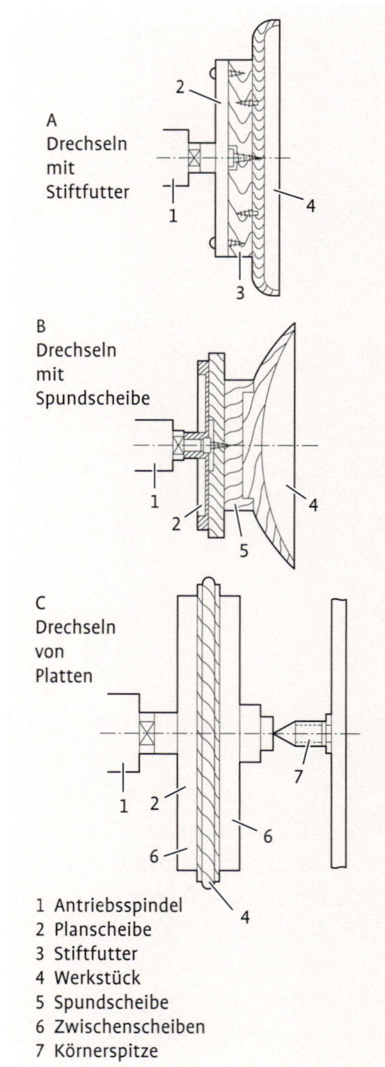

Drechseln von Schalen und Platten

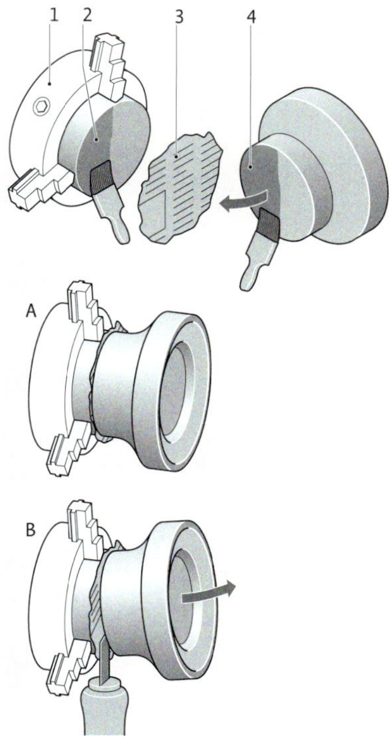

1 Drechselfutter oder Planscheibe
2 Hilfsscheibe aus Holz
3 Zeitungspapier
4 Werkstück

A Aufgeklebtes Werkstück wird bearbeitet
B Nach der Bearbeitung wird die Klebestelle aufgetrennt

„Fliegendes“ Drechseln

TIPP

Die Klebestelle ist leicht lösbar, wenn man beide Klebestellen hauchdünn mit Weißleim bestreicht und als Zwischenlage ein Stück normales Tageszeitungspapier (kein Illustriertenpapier!) verwendet. Nach dem Fertigdrechseln kann man die Zeitungspapierlage mühelos mit einem Federmesser spalten und das Werkstück abnehmen.

Feinbearbeitung

Die Feinbearbeitung der gedrechselten Oberflächen erfolgt meist durch eine Nachbearbeitung mit Schleifpapier feinster Körnung am rotierenden Werkstück. Eine eventuelle Politur erfolgt ebenfalls am rotierenden Werkstück.

Trocknen von frischem Holz

Risse durch Trocknen entstehen am Rand bzw. Umfang, weil die Verdunstung der Restfeuchte stets von der Oberfläche her stattfindet. Das Holz schwindet deshalb in diesem Bereich stärker als im Innern. Der Spannungsausgleich erfolgt durch das Reißen des Holzes. Das fertige, aus feuchtem oder frischem Holz gedrechselte Werkstück sollte deshalb in einer Klimakammer langsam und kontrolliert getrocknet werden. Für den Heimwerker hat sich ein weniger aufwendiges Trocknungsverfahren bewährt. Hierzu sammelt man die frischen bzw. feuchten Drechselspäne in einer Kiste. Nach dem Drechseln wird das Werkstück in diese Späne bedeckt eingelagert. Im Abstand von mehreren Tagen werden die Späne neu aufgemischt und das Werkstück wieder eingelagert. Diese Art von Lagerung wird bis zur endgültigen Trocknung fortgesetzt. Durch das Einlagern in die Späne entsteht um das Werkstück ein Mikroklima mit sehr geringem Feuchtigkeitsunterschied, wodurch die Trocknung langsam und rissfrei erfolgen kann. Der Vorgang ist zwar zeitaufwendig, verhindert aber Trocknungsschäden am Werkstück.

Drechselvorsatz

Eine kostengünstige Möglichkeit, sich im Drechseln zu üben, bieten Vorsatzgeräte, die eine Schlagbohrmaschine als Antriebsmotor benützen. In das Bohrfutter wird ein Mitnehmer gespannt, das Gegenstück im Reitstock ist eine fixe oder mitlaufende Körnerspitze. Der Reitstock und die Stahlauflage können an den Führungssäulen auf die Werkstückdimensionen eingestellt werden.
Als Antriebsmaschine muss unbedingt eine Schlagbohrmaschine mit mechanischem 2-Ganggetriebe und Konstantdrehzahlregelung gewählt werden. Eine Drehmomentkontrolle ist in jedem Falle vorteilhaft. Man kann sie so einstellen, dass die Maschine stehen bleibt, wenn man versehentlich zu tief mit dem Drechselstahl in das Werkstück fährt.
Wenn man mit niedriger Maschinendrehzahl drechselt, muss auf jeden Fall darauf geachtet werden, dass die Bohrmaschine nicht überhitzt. Zur Kontrolle hält man die Hand in die Nähe der Kühlluftauslässe. Bei zu heisser Kühlluft lässt man die Bohrmaschine eine oder zwei Muten ohne Last laufen damit sie sich wieder abkühlen kann.
Bei der Verwendung eines Drechselvorsatzes muss man sich aber darüber im Klaren sein, dass man nicht dieselbe Arbeitsqualität wie mit einer stationären Drechselmaschine erreicht!

Schaben und Schnitzen

Beschichtungen, Farb- und Klebstoffreste sowie alte Teppichbeläge lassen sich mit der Handspachtel oft nur mit viel Mühe entfernen. Mit dem Elektroschaber lassen sich diese Arbeiten schnell, sauber und mühelos durchführen. Die hin- und hergehende Bewegung des Schabewerkzeugs lässt fein dosiertes Arbeiten zu und der Untergrund wird geschont. Zur Bearbeitung von Flächen auf Steinwerkstoffen, beispielsweise dem Entfernen von Mörtelresten oder Kleberresten an Fliesen oder Mauerfugen, verwendet man Schabereinsätze mit Hartmetallschneide. Einsätze mit HSS-Schneiden stumpfen bei solchen Anwendungen zu schnell ab. Bei Kleberresten hat es sich bewährt, diese zunächst mit einer auf niedrige Temperatur eingestellten Heißluftpistole weicher zu machen.
Neben den Schabereinsätzen können auch Messer und Stecheisen eingesetzt werden. Der Elektroschaber kann damit hervorragend als Schnitzwerkzeug für Gravuren und Bildhauerarbeiten in Holzwerkstoffen verwendet werden.

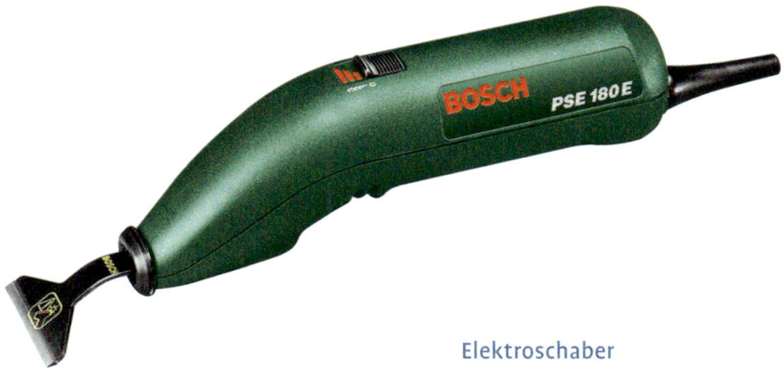

Elektroschaber

Entfernen von Kleberresten

Entfernen von Mörtelresten

Säubern von Mörtelfugen

Heißluftanwendungen

Heißluftgebläse

Erhitzte Luft kann sehr vielseitig verwendet werden. Thermoplastische Kunststoffe werden unter Hitzeeinwirkung verformbar, Beschichtungen, Klebstoffe und Farbreste können erweicht und damit entfernt werden. Auch zum Abbinden von Verleimungen oder Aushärten von Kunstharzlaminaten kann Heißluft verwendet werden, speziell wenn man bei niedrigen Umgebungstemperaturen arbeitet. In diesen Fällen arbeitet man vorsichtig mit relativ geringen Heißlufttemperaturen und vermeidet punktuelles Erhitzen. Heiße Luft kann auch zum Strukturieren von Massivholz verwendet werden. Durch die Heißluft wird die Holzoberfläche gebräunt. Bearbeitet man anschließend das Holz mit einer Stahlbürste, bleiben die gebräunten harten Holzfasern etwas erhaben stehen, während die weichen Fasern abgetragen werden, wodurch man dem Holz einen antiken Touch verleihen kann.

Die Komponenten eines Heißluftgebläses sind:

→ das Heizelement,
→ das Luftgebläse und der
→ Temperaturregler.

Das Luftgebläse fördert einen kontinuierlichen Luftstrom durch das Heizelement, wodurch die Luft erhitzt wird. Sie tritt dann als gerichteter Heißluftstrom aus der Düse aus. Bei geregelten Heißluftgebläsen steuert ein Temperaturregler die Stromzufuhr zum Heizelement, wodurch die vom Anwender an einem Stellrad vorgewählte Temperatur konstant gehalten wird. Die Temperatur der Heißluft wird auf einem Display angezeigt. Der Temperaturbereich reicht von ca. 100 – 650° C.

TIPP

Wenn man das Gerät vor dem Abschalten einige Sekunden in der Kaltluftschaltung laufen lässt verkürzt sich die Abkühlphase.

Gefahrlos und wirkungsvoll: Grillanzünden mit dem Heißluftgebläse

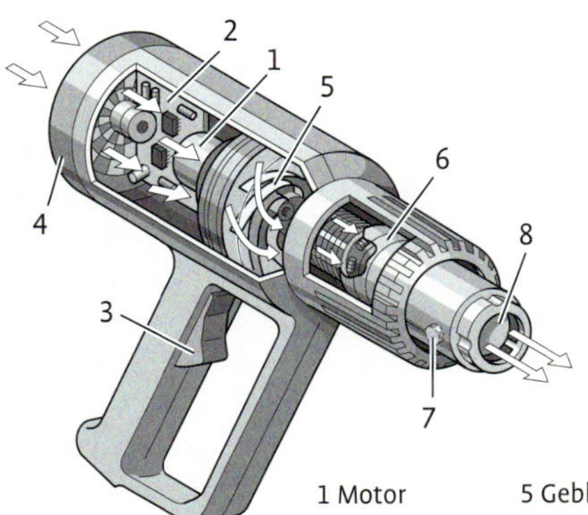

1 Motor
2 Regelplatine
3 Schalter
4 Regler
5 Gebläse
6 Heizung
7 Temperatursensor
8 Blende

Aufbau des Heißluftgebläses

Heißluftgebläse

Heissluft-Praxis

Entfernen von Beschichtungen

Die Temperatureinstellung sollte stufenweise so weit gesteigert werden, bis sich die Beschichtung mit einem Spachtel oder einer Drahtbürste leicht entfernen lässt. Es ist dabei besser, mit niedrigerer Temperatur und längerer Einwirkzeit zu arbeiten. Bei hoher Temperatur ist die Zeitspanne zwischen dem Weichwerden und dem Schmelzen oder Verbrennen der Beschichtung oft sehr gering, wodurch das Werkstück beschädigt werden kann. Mit Flächendüsen kann gleichmäßiger gearbeitet werden als mit Runddüsen.

Verformen von Kunststoffen

Auch hier gilt es, sich mit der Temperatureinstellung langsam an den idealen Wert heranzutesten. Beim Verformen von Rundprofilen wird die Erwärmung gleichmäßiger, wenn man Reflektordüsen verwendet.

Arbeitssicherheit bei Heißluftgebläsen
Die aus dem Heißluftgebläse austretende Luft kann so heiß sein, dass Papier, Pappe, Stoffe, Holz und andere brennbare Materialien entzündet werden können. Die Entzündung kann innerhalb von Sekunden erfolgen. Ein Heißluftgebläse darf deshalb niemals ohne Aufsicht betrieben werden! Beim Verlassen des Arbeitsplatzes oder beim Ablegen des Gerätes in einer Arbeitspause muss das Gerät abgeschaltet werden.

Flächendüse

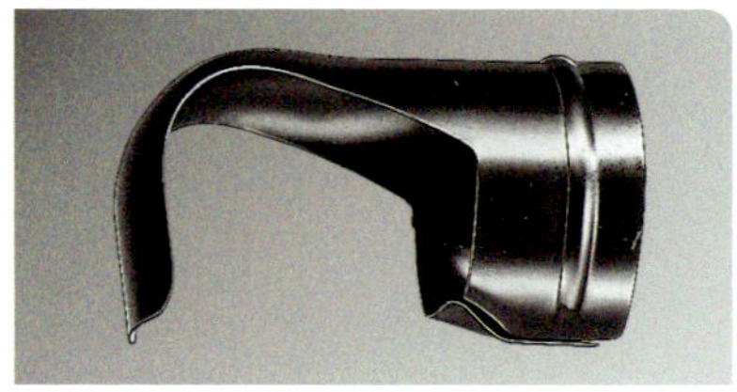

Reflektordüse

Entfernen von Beschichtungen

Biegen von Kunststoffteilen

Scheren

Beim Scheren wird ein bewegliches Obermesser an einem feststehenden Untermesser vorbeigeführt. Auf das dazwischen befindliche Material wird eine Scherkraft ausgeübt, die das Material trennt. Im Gegensatz zur manuellen Schere, wo die Scherbewegung durch eine wiederholte Hubbewegung erfolgt, wird der Schneidvorgang bei der Akkuschere durch ein rotierendes Messer bewirkt. Das rotierende Messer gleitet an einem Untermesser aus Hartmetall entlang, wodurch eine gewisse Selbstschärfung erfolgt.
Der typische Anwendungsbereich ist das Schneiden von Papier- und Pappmaterial, Gewebe, Leder und dünne, flexible Kunststoffe.
Ein spezieller Winkelanschlag erlaubt das passgerechte Besäumen von Teppichen an der Bodenleiste ohne vorheriges Ausmessen.

Akkuschere mit rotierendem Messer

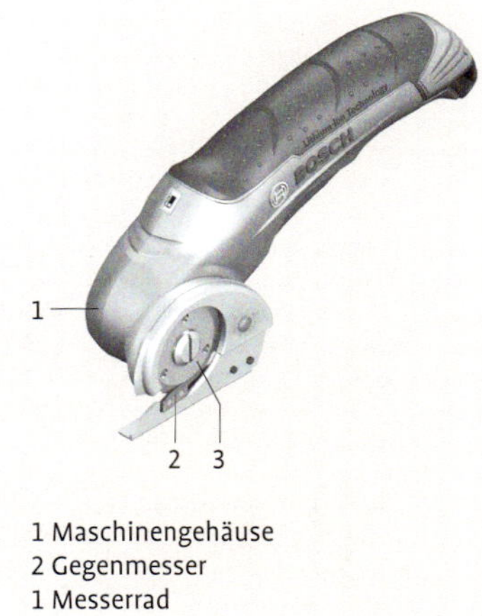

Aufbau der Akkuschere

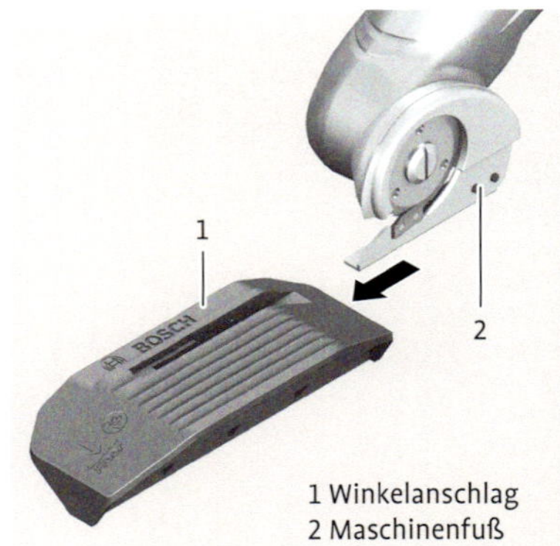

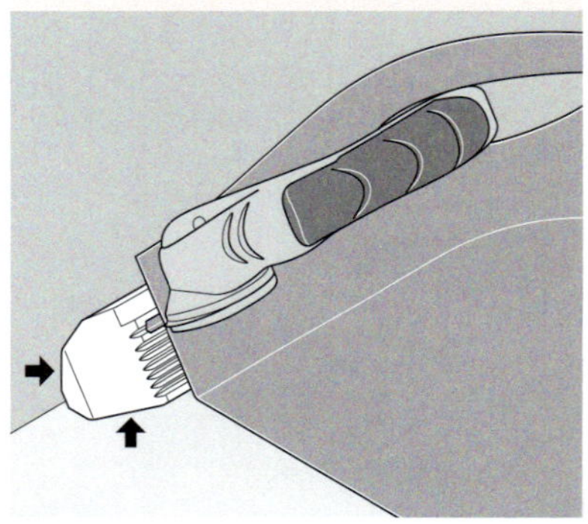
Winkelanschlag für die Universalschere

Kantengenaues Teppischzuschneiden mit dem Winkelanschlag

Tapetenlösen

Tapezieren sieht einfach aus, ist es aber nicht. Kein Wunder dass Tapezieren einen großen Teil des Lehrplans bei der Malerausbildung einnimmt. Trotzdem ist tapezieren ein häufiger aber meist ungeliebter Teil der Heimwerkertätigkeit. Das stellt man spätestens dann fest, wenn man die alte Tapete entfernen muss. Besonders hartgesottene Heimwerker befeuchten die alte Tapete mit Schwamm und Bürste, dann wird zu Messer und Spachtel gegriffen. Der Erfolg zeigt sich dann auch bald in tiefen Kratzspuren im Verputz, die modernen Kleister halten eben zu gut!

Ein Ausweg aus dem Dilemma bietet der Tapetenlöser. Er arbeitet mit heißem Dampf und löst den Leim schon nach kurzer Einwirkungszeit. Abwaschbare Vinyltapeten bearbeitet man vorher mit der Stachelwalze, damit der Dampf zwischen Tapete und Wand dringen kann.

Tapetenlöser

Der Tapetenlöser besteht aus einem Dampfentwickler, der mit einem hitzebeständigen, isolierten Schlauch mit einem Dampfschild oder einer Dampfdüse verbunden ist.

Das Dampfschild ist für die großflächige Bedampfung vorgesehen. Nachdem die Dampfentwicklung eingesetzt hat verfährt man mit ihm von oben nach unten jeweils über eine Bahnenbreite. Für schlecht zugängliche Stellen, beispielsweise hinter Heizkörpern, benützt man eine gerade Dampfdüse.

Dämpfen von Holz

Der Tapetenlöser eignet sich auch hervorragend zum Dämpfen von Holzleisten, die man biegen möchte. Man legt hierzu die Leisten in ein Kunststoffrohr und leitet mit der Dampfdüse den Dampf hindurch. Nach genügender Einwirkungsdauer sind die Leisten dann biegbar.

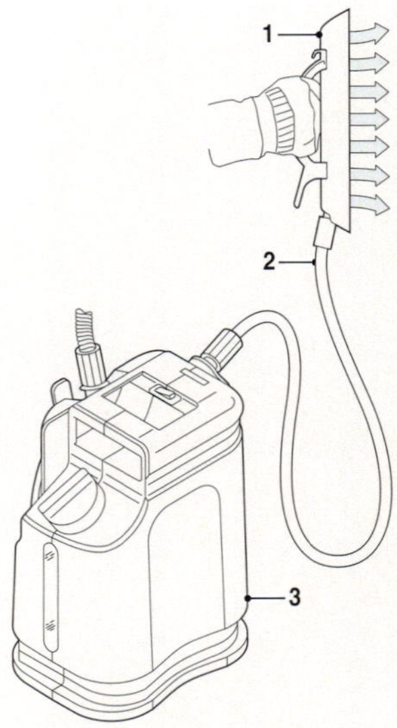

1 Dampfschild
2 Hitzebeständiger Dampfschlauch
3 Wasserbehälter mit Dampferzeuger

Tapetenlöser mit Zubehör

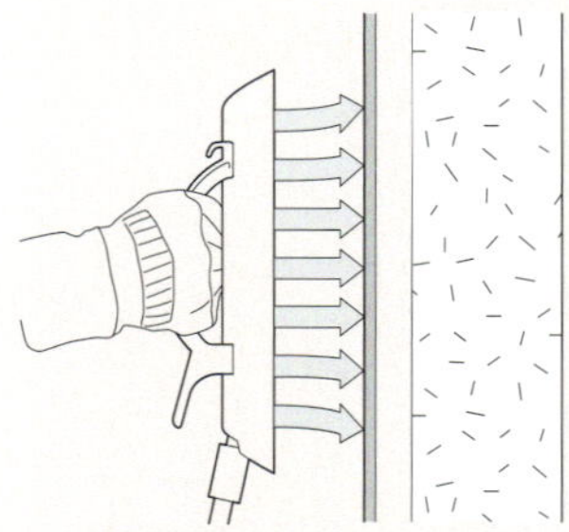

1 Schild kurz andrücken
2 Wasserdampf einwirken lassen
3 Tapete abziehen

Wirkung des Dampfschildes

Ablösen mit dem Dampfschild

Farbspritzen

Spritzen mit der elektromagnetischen Spritzpistole

Beim Farbspritzen werden flüssige Farbstoffe in fein zerstäubter Form auf die Werkstückoberfläche gesprüht. Durch die feine Zerstäubung der Farbpartikel ergibt sich gegenüber dem Anstrich mit dem Pinsel eine sehr gleichmäßige Beschichtung. Die zum Farbspritzen verwendeten Geräte unterscheidet man in:

- → Elektromagnetische Farbspritzpistolen
- → Niederdruck-Farbspritzpistolen
- → Hochdruck-Farbspritzpistolen

Elektromagnetische Spritzpistolen

Elektromagnetisch angetriebene Spritzpistolen sind luftlose Druckpistolen. Der Farbnebel ist an den Rändern weniger dicht als in der Mitte des Strahles und nicht scharf begrenzt. Ein schwingender Magnetanker treibt eine kleine Kolbenpumpe an. Durch das Schwingen des Magnetankers entsteht der für diesen Spritzpistolentyp typische Brummton. Im Saughub wird die Farbe aus dem unter der Pistole hängenden Vorratsbehälter angesaugt und im Druckhub unter hohem Druck durch die Spritzdüse ausgestoßen. Der Hub des Pumpenmagneten kann durch einen Einstellknopf verändert werden, wodurch sich auch die abgespritzte Farbmenge pro Zeiteinheit verändert. Die Düse ist so geformt, dass sich entsprechend der Farbmenge auch der Zerstäubungsgrad ändert und damit auf die Viskosität der Farbe eingestellt werden kann. Der Mengendurchsatz beträgt je nach Größe der Spritzpistolen zwischen etwa 80 g / min bis etwa 350 g / min.

Niederdruck-Farbspritzpistolen

Bei Niederdruck-Farbspritzpistolen befindet sich der Vorratsbehälter unter der Pistole. Die Farbe wird durch Überdruck zur Düse gefördert. Nach Verlassen der Düse wird die Farbe durch zwei oder mehr gerichtete Druckluftstrahlen in feinste Tröpfchen zerrissen und ein Sprühnebel erzeugt. Niederdruck-Farbspritzpistolen nutzen meist ein in den Pistolenkörper integriertes und geräuscharmes Turbinengebläse, um den nötigen Druck von ca. 0,1 – 0,7 bar zu erzeugen. Der Mengendurchsatz beträgt je nach Spritzgut und Pistolengestaltung bis ca. 500 g / min.

Ein Vorteil der Niederdruck- und der Hochdruckspritzpistolen ist die Möglichkeit, durch Verstellen der Luftdüsen die Form des Sprühstrahles zwischen Flach- und Rundstrahl waagrecht oder senkrecht einzustellen.

Elektromagnetische Spritzpistole

Niederdruck-Spritzpistole

Hochdruck-Farbspritzpistolen

Die Funktionsweise entspricht dem Niederdrucktyp, der Luftdruck ist aber wesentlich höher und beträgt ca. 2–6 bar.
Die Druckluft wird über einen externen Kompressor erzeugt und über eine Schlauchleitung zur Spritzpistole gefördert. Der Mengendurchsatz beträgt je nach Spritzgut bis zu 150 g/min.

Welche Farben und Lacke können verspritzt werden?

Es können alle Farben und Lacke verspritzt werden, die laut Betriebsanleitung für den jeweiligen Pistolentyp zugelassen sind. Die Viskosität des Spritzgutes muss vorher so eingestellt werden, dass es sich verspritzen lässt. Farbstoffe und Imprägnierflüssigkeiten, die Giftstoffe enthalten, dürfen wegen der Ausbreitung und der Atemgefährdung nicht verspritzt werden.

Farbspritzpraxis

Das praktische Farbspritzen setzt sich aus mehreren aufeinander folgenden Arbeitsgängen zusammen:
→ Vorbereitung des Werkstücks.
→ Einstellen der Viskosität der Farbe.
→ Der eigentliche Spritzvorgang.
→ Reinigen der Arbeitsgeräte.

Vorbereiten des Werkstückes

Je höher die Oberflächengüte des Werkstückes vor dem Spritzen ist, umso besser wird das spätere Ergebnis. Die Oberfläche muss absolut staubfrei, trocken und fettfrei sein. Zur Sicherheit deshalb mit sauberen Handschuhen arbeiten und das Werkstück mit einem nicht fasernden und mit etwas Verdünner befeuchteten Tuch abreiben und gut ablüften lassen.

Einstellen der Farbe

So wie die Farbe aus dem Topf kommt, ist sie in der Regel nicht spritzfähig. Sie muss auf die richtige Viskosität verdünnt werden. Die Viskosität ist ein Maß für die Fließfähigkeit von Flüssigkeiten. Dünnflüssige Stoffe (z. B. Wasser) haben beispielsweise eine geringe Viskosität, dickflüssige Stoffe (z. B. Latexfarbe) haben eine hohe Viskosität.
Eine übliche Methode im professionellen Bereich ist das Ermitteln der Viskosität mit dem DIN-Messbecher: Die Auslaufzeit ist das Maß für die Viskosität. Zunächst wird die Auslaufzeit der unverdünnten Farbe gemessen. Dann wird auf den jeweiligen Zielwert der betreffenden Farbe oder Spritzpistole entsprechend der Betriebsanleitung verdünnt.
Bei Niederdruck-Farbspritzsystemen wird mit generellen Verdünnungsangaben gearbeitet, die mit den meisten im Heimwerkerbereich verwendeten Farben gut funktionieren. Die Richtwerte sind in den Bedienungsanleitungen der Farbspritzsysteme angegeben.

Spritzen mit der Niederdruck-Spritzpistole

Einstellen der Strahlform

Spritzen mit der Hochdruck-Spritzpistole

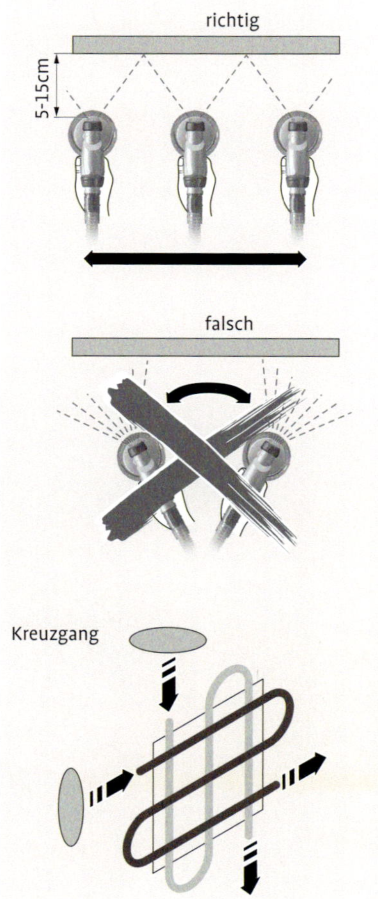

Spritztechnik

Spritzvorgang

In der Spritztechnik ist es sehr wichtig, dass der Farbfilm hauchdünn und gleichmäßig aufgetragen wird. Durch das flächenparallele Führen der Spritzpistole mit gleich bleibender Geschwindigkeit kann man die besten Ergebnisse erzielen. Dabei sollten die einzelnen Spritzgänge im so genannten „Kreuzgang" erfolgen. Gespritzte Flächen benötigen kurze Trockenpausen, bevor die zweite oder dritte Schicht aufgetragen wird, damit eine Tropfen- und Schlierenbildung, besonders an geneigten oder senkrechten Flächen, vermieden wird.

Arbeitsschutz

Der Farbnebel besteht aus feinstverteilten Farbtröpfchen, die wegen ihres Anteils an Lösungsmitteln hochentzündlich sein können. Im Umfeld von Feuer oder Funken bildenden Gegenständen darf deshalb niemals gespritzt werden.

Da die meisten Lösungsmittel und unter Umständen auch die Farbpigmente gesundheitsschädlich sein können, darf der Farbnebel nicht in die Atemwege gelangen.

Das Tragen von geeigneten Atemschutzmasken ist unverzichtbar. Auch sollte niemals in kleinen Räumen (Hobbykeller!) gespritzt werden, da der Farbnebel hier eine sehr hohe Konzentration erreichen kann. Zum Schutz der Augen vor dem Farbnebel sollte eine geschlossene Schutzbrille getragen werden.

TIPP

Für alle Farbspritzsysteme gilt: Gute Funktion und optimales Spritzergebnis ist nur mit gut gereingten Spritzpistolen möglich. Kleinste Verunreinigungen können deshalb Störungen verursachen und das Spritzergebnis verschlechtern. Betriebsstörungen werden so gut wie immer durch mangelnde Reinlichkeit verursacht. Saubere gesiebte Farbe (Nylonstrumpf als Filter!) und eine sorgfältige Reinigung des Spritzgerätes nach Gebrauch sind deshalb außerordentlich wichtig.

Reinigung

Zur Reinigung verwendet man den für die verspritzte Farbe geeigneten Verdünner. Nach der kompletten Reinigung füllt man den Vorratsbehälter mit Verdünner und verspritzt den Inhalt mit der Spritzpistole in ein Sammelgefäß. Hierdurch werden die Pumpe und die Düse gründlich gereinigt. Die im Sammelgefäß anfallenden Farb- und Verdünnerreste sind Sondermüll und müssen bei den entsprechenden Sammelstellen entsorgt werden. Farben und Lacke auf Wasserbasis haben den Vorteil, dass sie mit Wasser gereinigt werden können und deshalb weniger umweltbelastend sind.

Verbindungstechnik

Bei der Herstellung von Werkstücken und Bauteilen spielt die Verbindungstechnik eine herausragende Rolle. Die Werkstoffeigenschaften und die Anforderungen an die Verbindungsstelle bestimmen die Wahl der geeigneten Verbindungstechnik. Die am häufigsten eingesetzten Verbindungstechniken sind:

- → Nicht lösbare Verbindungen.
- → Lösbare Verbindungen.

Wobei auch Kombinationen verschiedener Techniken möglich sind und angewendet werden.

Nicht lösbare Verbindungen

Nicht lösbare Verbindungen können nur durch die Zerstörung des Verbindungselementes oder mechanisches Trennen der Verbindungsstelle rückgängig gemacht werden. Normalerweise wird dadurch das Werkstück beschädigt oder unbrauchbar. Zu den nicht lösbaren Verbindungstechniken im Heimwerkerbereich zählen:

- → Kleben und Leimen,
- → Nageln und Tackern,
- → Löten
- → Schweißen.

Lösbare Verbindungen

Lösbare Verbindungen können im Idealfall beliebig oft gelöst und fixiert werden, ohne dass dadurch die Güte der Befestigung leidet.
Bei Wechselbeanspruchung, wie bei Schwingungen oder Vibrationen, muss allerdings dafür gesorgt werden, dass die Verbindung durch geeignete Maßnahmen gesichert wird. Bei der Verbindung von Werkstoffen, die sich im Laufe der Zeit verändern (z. B. Schwund bei Holz), müssen die Verbindungen gegebenenfalls nachfixiert werden. Die typische lösbare Verbindung im Heimwerkerbereich ist die Verschraubung.
Bei der Auswahl der nicht lösbaren Verbindungen muss man zunächst auf den Werkstoff der zu verbindenden Bauteile Rücksicht nehmen. Nicht jede nicht lösbare Verbindung eignet sich für jeden Werkstoff. Ein weiteres Entscheidungskriterium ist die Belastungsart, die später auf die Werkstücke einwirkt.
Hierzu ein paar Beispiele:
Nagel- und Tackerverbindungen sind für statische Belastung gut geeignet, bei wechselnder Beanspruchung wie Vibrationen, Schwingungen oder Zugbeanspruchung neigen sie auf Dauer dazu, sich zu lockern. Bei Wechselbeanspruchung ist also die Klebe- oder Leimverbindung unter Umständen günstiger.
Lötverbindungen, insbesondere Hartlötverbindungen, sind bei sorgfältiger Ausführung keinen Einschränkungen unterworfen, können aber nur bei bestimmten Metallen angewendet werden.
Schweißverbindungen sind im Idealfall homogene Verbindungen, bei denen die Schweißnaht dieselben Eigenschaften wie der Grundwerkstoff hat. Sie sind unabhängig von der Beanspruchungsart die ideale Metallverbindungstechnik, aber gleichzeitig auch mit dem größten Aufwand von Geräten und Hilfsmitteln verbunden. Die Ausführung selbst ist dagegen sehr schnell und die Beanspruchung kann sofort nach Beendigung der Arbeit erfolgen. Voraussetzung ist allerdings, dass die zu verbindenden Werkstücke aus Metallen derselben Gruppe bestehen und schweißbar sind.

Systemvergleich Verbindungstechnik

Werkstoff	Schrauben	Kleben	Nageln	Löten
Metall	sehr gut	möglich	nein	Werkstoffabhängig schlecht bis sehr gut
Kunststoff	möglich, aber Fließverhalten unter Belastung	sehr gut...nicht möglich (werkstoffspezifisch)	nein	nein
Holz	möglich, aber Setzverhalten unter Belastung	sehr gut	sehr gut	nein
Steinwerkstoffe	nur mittels Befestigungszusätzen (Dübel)	möglich (Kleber, Zemente)	nein	nein

Eigenschaften	Schrauben	Kleben	Nageln	Löten
Lösbarkeit	ja	nein	nein	nein
Verbindung	Kraft- u. Reibschluss	Adhäsion und Kohäsion	Kraft- u. Reibschluss	Legierungsübergang
Festigkeit	hoch, dimensionierungsabhängig	sehr hoch, werkstoff- und klebeflächenabhängig	bei Wechselbeanspruchung gering	sehr hoch
Korrosionsverhalten	kritsch wenn Werkstoff des Befestigungsmittels vom Werkstoff des Bauteils abweicht	sehr gut	hängt vom Korrosionsverhalten des Nagelwerkstoffes ab	kritisch in feuchtem oder agressiven Medium
Temperaturverhalten	gut, Dehnung bzw Schrumpfung bei sehr hohen und sehr tiefen Temperaturen beachten	bei normalen Umgebungstemperaturen gut, bei Kälte oder Wärme Versprödung bzw. Erweichung	vom Temperatiurverhalten des Bauteilwerkstoffes abhängig	gut, vom Erweichungs- bzw. Schmelzpunkt des Lotes abhängig
Elastizitätsverhalten	gut	sehr gut	gering	gut
Dichtfähigkeit	Dichtung erforderlich	sehr gut	nein	sehr gut
Isolationsfähigkeit	Isoliermaßnahmen erforderlich	ja	nein	nein
Verbinden unterschiedlicher Werkstoffe	ja, Wärmedehnungskoeffizient muss beachtet werden	ja, wenn Werkstoffe zum Kleben geeignet	ja	nur innerhalb bestimmter Metallgruppen
Kombination mit anderen Verbindungstechniken	mit Kleben	mit Nageln, Schrauben und Nieten	mit Kleben	nein
Demontage	ohne Zerstörung des Verbindungsmitels möglich	großflächig nicht möglich, Bauteil wird zerstört	durch Zerstörung des Verbindungsmittels	in begrenztem Umfang durch Wärmeapplikation
Recycling des Verbindungsmittels	ja	nein	nein	nein
Verarbeitung	**Schrauben**	**Kleben**	**Nageln**	**Löten**
Arbeitsvorbereitung	Bohren, event. Gewindeschneiden	Oberfläche vorbereiten, Kleber auftragen	in der Regel keine	Oberfläche vorbereiten
Geräteaufwand	gering	gering	sehr gering	gering (beim handwerklichen Löten)
Hilfsmittel	keine	je nach Verfahren (Klammern, Pressen)	keine	event. Haltevorrichtungen, hitzebeständige Unterlagen
Endfestigkeit	sofort	nach Aushärtung (oft mehr als 24 Stunden)	sofort	sofort nach Abkühlung
Anwenderqualifikation	gering	mittel	gering	mittel
Arbeitsaufwand	gering	gering… mäßig	sehr gering	hoch
Energieaufwand	gering	sehr gering	sehr gering	hoch
Nachbearbeitung	keine	keine	keine	gering
besondere Sicherheitsmaßnahmen	Schutzmaßnahmen beim Bohren	Atemschutz und Hautschutz bei bestimmten Klebern und großen Klebermengen	keine	Atemschutz und Hitzeschutz, Schutzbrillen beim Hochtemperaturlöten

Klebetechnik

Kleber und ihre Eigenschaften

Kleben ist ein unverzichtbarer Bestandteil der Füge- und Befestigungstechnik, der durch neuartige Kleber und Leime zunehmend an Bedeutung gewinnt. Bei Kenntnis der Eigenschaften von Klebstoffen und Leimen können Festigkeit und Eigenschaften der Klebung im Voraus bestimmt werden.

Kleben ist eine nichtlösbare Verbindung von Bauteilen durch eine Klebstoffschicht, die durch Verdunsten des Lösungsmittels, Trocknung, Erstarrung oder chemische Reaktion aushärtet und damit die Klebung zusammenhält.

Vorteile

- → Keine Gefügeänderung des Werkstoffes.
- → Nahezu beliebige Werkstoffkombinationen möglich.
- → Wenig Passarbeit erforderlich.
- → Verbinden von sehr dünnen Bauteilen möglich.

Nachteile

- → Hohe Temperaturbeständigkeit nur mit Spezialklebern.
- → Je nach Klebertyp zeitaufwändig.
- → Vorbehandlung der Fügeteile meist nötig.

Klebstoffgruppen

Man unterscheidet zwei Klebstoffgruppen

- → Physikalisch abbindende Klebstoffe.
- → Chemisch abbindende Klebstoffe (Reaktionsklebstoffe).

Physikalisch abbindende Klebstoffe

Das Abbinden wird durch die physikalischen Vorgänge Trocknen, Druck oder Erstarren ausgelöst. Die Kleber ändern sich während des Abbindens nicht. Man unterscheidet die Kleber in:

- → Nasskleber
- → Kontaktkleber
- → Haftkleber
- → Schmelzkleber

Reaktionsklebstoffe

Das Aushärten erfolgt durch eine chemische Reaktion, entweder bei Raumtemperatur (kalthärtend) oder durch Erwärmung über einen bestimmten Zeitraum (warmhärtend). Die chemische Reaktion setzt ein, wenn der Klebeprozess beginnt oder wenn zwei oder mehrere Komponenten des Klebstoffes zusammengebracht werden. Man unterscheidet die Reaktionskleber deshalb in

- → Einkomponentenkleber
- → Zwei- oder Mehrkomponentenkleber

Nasskleber

Nasskleber binden durch Verdunsten des Wassers oder des Lösungsmittels ab. Es können also nur poröse Werkstoffe wie Holz, Pappe, Papier oder Gewebe verklebt werden, welche die Verdunstung ermöglichen. Typische Nasskleber sind:

- → Dispersionsklebstoffe
- → Lösungsmittelklebstoffe

Verarbeitung:

Nasskleber werden meist nur auf ein Fügeteil aufgetragen, die Fügeteile werden sofort miteinander verklebt. Eine Haftung tritt erst dann ein, wenn das Lösungsmittel oder Wasser (meist als Trägersubstanz des Klebstoffes) verdunstet ist.

Dispersionsklebstoffe

Die Klebeharze sind als Partikel fein in Wasser verteilt (Dispersion). Metalle korrodieren bei der Berührung mit Dispersionsklebstoffen. Typische Handelsformen: Weißleime.

Lösungsmittel-Nasskleber

Diese Nasskleber basieren meist auf Polyvinylacetat, Polyacrylat, Polychlorproprene, Styrol-Butadien, Cellulosenitrat. Die Lösungsmittel werden nicht von jedem Werkstoff vertragen; sie können Anlösungen und/oder Verfärbungen bewirken. Typische Handelsformen: Alleskleber, Hartkleber

Dispersionsklebstoffe (Weißleime)

Typ		Standard	Express	Wasserfest	Spezial	Parkett	Universal
Basis		Polyvinyl-ester	Polyvinyl-ester	Polyviny-lester	Polyvinylester / Ethylen	Polyvinyl-ester	Polyacrylsäureester
Verarbeitungs-zeit	bei 20°C	10...15 min	5...10 min	10...15 min	10...15 min	5...10 min	10...15 min Naß, 15...40 min Kontakt
Abbinden	Handfest	20 min	10 min	20 min	30 min	20 min	30 min
Aushärten	Endfest	12 h	12 h	12 h	12 h	12 h	12 h
Temperaturbe-ständigkeit	ca. °C	80	80	80	100...130	100...200	90...130
Beständigkeit in ausgehärtetem Zustand	Wasser	B2, EN 204 nein	B2, EN 204 nein	B3, EN 204 begrenzt	B2, EN 204 nein	B3, EN 204 begrenzt	beschränkt
Nicht geeignet für		Metall, Keramik, Kunststoffe	Metall, Keramik, Kunststoffe	Metall, Keramik, Kunststoffe	Metall, Keramik, Kunststoffe	Metall, Keramik, Kunststoffe	Metall, Keramik, Kunststoffe

Lösungsmittelklebstoffe

Typ		Alleskleber	Alleskleber	Alleskleber	Hartkleber	Kontakt-kleber	Polystyrol-schaum-kleber	Plastik-kleber
Basis		Polyvinil-ester	Styrol-Buta-dien-Rubber	Polyure-than-Elasto-mere	Cellulose-nitrat	Polychloro-prene	Kunstkaut-schuk	Polyacrylat
Verarbei-tungszeit	bei 20°C	max. 1 min	3...15 min	10 min	sofort fügen	7...12 min	5...20 min	sofort fügen
Abbinden	Handfest	30 min	sofort	15 min	5 min	15 min	5...10 min	5...10 min
Aushärten	Endfest	24 h	12 h	24 h	12 h	24 h	12 h	24 h
Temperatur-beständigkeit	ca. O°C	70	60	70...90	80...110	-20...+ 125	-30...+ 90	60
Beständigkeit in ausge-härtetem Zustand	Wasser	weitgehend beständig	nein	Unter-wasser-verklebung möglich	beständig	bedingt beständig	beständig	beständig
	Lösungs-mittel	gut	nein	nein	nein	nein	nein	nein
Nicht geeig-net für		Kunststoffe	PE, PTFE, PP, Silikone	PE, PTFE, PP, Silikone	PA, PE, PP, PTFE, PS, Silikone	PE, PP, PTFE, PS, PVC-weich, Silikone	PE, PP, PTFE, Silikone	PA, PE, PP, PTFE, PS, Silikone

Schmelzkleber (Klebesticks)

Typ	Heißkleber	
Verarbeitungszeit	bei 120°C	ca. 30 sec
Abbinden	Funktionsfest	wenige Minuten
Aushärten,	Endfest	nach Abkühlung
Temperaturbeständigkeit	°C	max. 40...50
	Wasser	schlecht
Beständigkeit in ausgehärtetem Zustand	Lösungsmittel	gut
	Alterung	gut
Nicht geeignet für		PP

Kontaktkleber

Kontaktkleber sind lösungsmittelhaltig. Sie werden auf beide Fügeteile aufgetragen. Nach einer kurzen Ablüftzeit verdunstet das Lösungsmittel. Die Fügeteile müssen deshalb nicht porös sein. Dann werden die Fügeteile kurzzeitig mit hohem Druck zusammengepresst. Es tritt eine Soforthaftung ein, die eine schnelle Weiterbearbeitung des Werkstückes erlaubt.
Typische Handelsformen: Kraftkleber, Kontaktkleber.

Haftkleber

Haftkleber bestehen aus dauerhaft klebrigen, d. h. ständig klebfähigen Stoffen. Hauptanwendungsgebiet dieser Kleber sind lösbare Verbindungen, die immer wieder verwendet werden können, wenn die Klebefläche nicht austrocknet oder verschmutzt.
Typische Handelsformen:
Sprühkleber.

Schmelzkleber

Schmelzkleber sind lösungsmittelfrei. Durch Erwärmung (z. B. Bügeleisen, Heißklebepistole) werden die Schmelzkleber verflüssigt und verbinden sich mit den Fügeteilen. Die Endfestigkeit wird nach dem Erkalten auf Raumtemperatur erreicht. Durch erneutes Erwärmen kann die Klebestelle wieder getrennt werden. Die Fügeteile müssen Hitzebeständig sein.
Typische Handelsformen:
Folien, Heißklebesticks

Reaktionskleber

Reaktionskleber verfestigen sich durch eine chemische Reaktion, sie enthalten keine Lösungsmittel. Es gibt Reaktionskleber, die durch Luftfeuchtigkeit, Sauerstoff oder durch Luftabschluss aushärten, also keine weiteren Komponenten benötigen.
Typische Handelsformen: Einkomponentenkleber
Reaktionskleber, die zum Aushärten zusätzliche Komponenten wie beispielsweise Härter und Beschleuniger benötigen, werden als Zwei- oder Mehrkomponentenkleber bezeichnet. Je nach den Kleberkomponenten kann die Klebestelle hart, elastisch oder flexibel eingestellt werden.
Die typischen Anwendungsbereiche der Reaktionskleber sind hochbeanspruchte Klebestellen in fast allen Werkstoffen. Hierzu gehören hochfeste Kleber für Metall-Metall-Verbindungen und Kunststoff-Kunststoff-Verbindungen.
Kleb-Dichtstoffe sind ebenfalls in den meisten Fällen Reaktionskleber. Neben der Klebekraft verfügen sie über elastische Eigenschaften zum Überbrücken und Abdichten von Fugen. Hierdurch können auch Bauteile mit unterschiedlichen Wärmeausdehnungsfaktoren miteinander verbunden werden. Typisches Beispiel hierfür sind Front- und Heckscheiben von Automobilen, die mit dem Metallrahmen verklebt werden.
Eine Sonderstellung nehmen Reaktionskleber auf Silikonbasis ein. Je nach Zusammensetzung eignen sie sich für dauerelastische Verklebungen bis in den Tieftemperaturbereich. Ebenso können Spezialkleber auch für Hochtemperaturverklebungen bis fast an die 1000-Grad-Grenze verwendet werden.

Einkomponentenkleber

Einkomponentenkleber bestehen aus einer Klebstoffsubstanz, die inaktiv bleibt, solange sie sich in ihrem Gebinde befindet. Die Aushärtung beginnt, wenn sie aktiviert werden. Die Aktivierung wird meist durch die Luftfeuchtigkeit ausgelöst. Die typischen Einkomponentenkleber sind

- → Cyanacrylate
- → Acrylate
- → Polyurethane
- → Silikone

Cyanacrylate

Cyanacrylate reagieren mit basischen Feuchtigkeitsspuren auf der Oberfläche. Die Aushärtung erfolgt spontan innerhalb von wenigen Sekunden.

Typische Handelsformen: Sekundenkleber

TIPP

Stets mit Handschuhen arbeiten. Die natürliche Feuchtigkeit der Hautoberfläche reicht beispielsweise aus, um mit Klebstoff benetzte Finger dauerhaft zu verkleben.

Acrylate

Einkomponenten- Acrylate benötigen zur Reaktion Feuchtigkeit, die sie aus der Luft beziehen. Die normale Luftfeuchtigkeit reicht aus. Der Aushärtvorgang beginnt von der Außenseite (Hautbildung) her und setzt sich in die Tiefe fort.
Typische Handelsformen: Fugenfüller

Polyurethane (PU)

Einkomponenten-PU-Klebstoffe benötigen zur Reaktion Feuchtigkeit, die sie aus der Luft beziehen. Die normale Luftfeuchtigkeit reicht aus. Der Aushärtvorgang beginnt von der Außenseite (Hautbildung) her und setzt sich (bei dicken Klebefugen langsamer) in die Tiefe fort. Die Reaktionszeit kann deshalb bei porösen Bauteilen in Stunden, bei nicht porösen Bauteilen mehrere Tage betragen. PU-Kleber und Dichtstoffe sind nicht auf Dauer UV-beständig.

Einkomponenten- Reaktionskleber

Typ		Cyanacrylat, Sekundenkleber	PU-1-Komponente für Holz	Montagekleber	Montagekleber	Montagekleber	Montagekleber	Montagekleber
Basis		Cyanacrylsäureester	Polyurethan-Vorpolymerisat	CR-Kautschuk	SBR-Kautschuk	MS-Polymer	Acrylatpolymer	Chloropren-Kautschuk
Verarbeitungszeit	bei 20°C	keine, sofort fügen	30 min	5...20 min (Kontaktkleben)	5...10 min (Kontaktkleben)	10 min	10...15 min	5...20 min (Kontaktkleben)
Abbinden	Handfest	30...60 sec	2 h	–	–	4 h berührtrocken	–	4 h berührtrocken
Aushärten,	Endfest	12 h	24 h	24 h	24 h	24 h	24 h	24 h
Temperaturbeständigkeit	ca. °C	80...100	- 30...+125	-20...+100	-40...+80	-40...+100	-20...+90	-20...+100
Beständigkeit in ausgehärtetem Zustand	Wasser	kurzzeitig	seewasserfest	ja	ja	ja	nein	ja
	Lösungsmittel	kurzzeitig	gut (EN 204 D4)	bedingt	nein	bedingt	nein	nein
	UV	begrenzt	gut	begrenzt	nein	ja	nein	begrenzt
Alterungsbeständig	Alterung	gut	gut	gut	gut	gut	ja	gut
Nicht geeignet für		Thermoplaste: PE, PP, PVC-weich, PTFE, PS, PS, Silikone, Glas	Thermoplaste: PE, PP, PVC-weich, PTFE, PS, Silikone, Glas	Thermoplaste: PE, PP, PTFE, Silikone				

Sie können lackiert werden.
Typische Handelsformen: PU-Kleber, Montagekleber, Kleb-Dichtstoffe, Montageschäume

Silikone

Einkomponenten- Silikone benötigen zur Reaktion Feuchtigkeit, die sie aus der Luft beziehen. Die normale Luftfeuchtigkeit reicht aus. Der Aushärtvorgang beginnt von der Außenseite (Hautbildung) her und setzt sich (bei dicken Klebefugen langsamer) in die Tiefe fort. Die Reaktionszeit kann deshalb bei porösen Bauteilen in Stunden, bei nicht porösen Bauteilen mehrere Tage betragen. Silikone sind Wärme- und UV-beständig. Sie können nicht lackiert werden.
Typische Handelsformen: Dichtstoffe, Fugenfüller
Silikone haben gegenüber Polyurethanen einen Nachteil: Auf Silikonen haftet nämlich später nichts mehr. Das gilt für andere Klebstoffe, besonders aber für Farben und Lacke. Wo einmal eine Benetzung mit Silikonen erfolgt ist hält nichts mehr. Dies bedeutet in der Praxis dass man die später zu lackierenden Oberflächen sorgfältigst vor einer Silikon„verseuchung“ schützen muss. Die Werkstückoberflächen in der Nähe von Silikonanwendungen wie beispielsweise Dichtfugen oder Verklebungen müssen deshalb sorgfältig abgeklebt werden. In jedem Fall sollten dann die zu lackierenden Flächen vor dem Farbauftrag mit einem Silikonentferner gereinigt werden.

Zwei- oder Mehrkomponentenkleber

Die Kleber bestehen aus zwei oder mehr flüssigen oder pastösen Komponenten, die in einem bestimmten Verhältnis vor dem Klebeprozess innig miteinander gemischt werden müssen. Der Aushärtevorgang beginnt während des Mischens und ist temperaturabhängig. Die Anwendung des Klebstoffes kann deshalb nur innerhalb einer temperaturabhängigen Verarbeitungszeit („Topfzeit“) erfolgen, danach wird der Kleber unbrauchbar. Für das Aushärten sind keine äußeren Einflüsse nötig. Es können also auch Metalle miteinander verklebt werden.
Während der Verarbeitungszeit besitzt der Kleber keine Klebkraft, die Fügeteile müssen deshalb bis zum völligen Aushärten fixiert werden. Mehrkomponentenkleber gibt es sowohl kalt- als auch warm aushärtend. Typische Mehrkomponentenkleber sind

- → Epoxidharze
- → Acrylharze
- → Polyurethane
- → Silikonkautschuk

Polyesterharze werden nicht als Klebstoffe sondern für Laminate verwendet. Für die genannten Kleber können keine allgemeinen Verarbeitungshinweise gegeben werden. Die Kleber sind hoch spezialisiert und müssen streng nach Herstelleranweisung verarbeitet werden, um die angegebenen Eigenschaften zu erhalten. Insbesondere die Mischungsverhältnisse sind genau einzuhalten.
Typische Handelsformen: Flüssigkeiten, Pasten, Knetmassen.

TIPP

Zweikomponenten-Kleber können auch mit Holzstaub, Metallpulver, Gesteinsstaub und mit Mineralfaserflocken vermischt werden. Damit können Spalten gefüllt und Fugen geformt werden. Auch lässt sich dadurch die Druckfestigkeit verbessern. Vorversuche sind in jedem Falle zweckmäßig.

Zweikomponenten- Reaktionskleber

Typ		langsam härtend	schnell härtend
Basis		Epoxidharz	Epoxidharz
Verarbeitungszeit	bei 20°C	2...3 h	2...8 min
Abbinden	Handfest	3 h	10 min
Aushärten	Endfest	24 h	12 h
Temperaturbeständigkeit	°C	180 kurzzeitig	180 kurzzeitig
Beständigkeit in ausgehärtetem Zustand	Wasser	gut	gut
	Lösungsmittel	gut	gut
Alterungsbeständig	Alterung	gut	gut
Nicht geeignet für		Thermoplaste: PE, PP, PVC-weich, PTFE, PS	Thermoplaste: PE, PP, PVC-weich, PTFE, PS

Klebe- und Verleimungspraxis

Neben dem geeigneten Kleber hängt die Qualität einer Verklebung von der Klebetechnik ab. Hierzu zählen vor allem:

- → Vorrichten der Fügeteile.
- → Vorbehandlung der Klebefläche.
- → Entfetten der Fügeteile.
- → Richtiger Klebstoffauftrag.
- → Richtiges Zusammenfügen.

Vorrichten der Fügeteile

Die Klebeflächen der Fügeteile müssen eben sein, damit die Klebstoffschicht so dünn wie möglich ist. Grate an Bauteilrändern müssen vollständig beseitigt werden. Bauteile, die eine Eigenspannung aufweisen, müssen vor der Verklebung entspannt werden. Die Klebefläche sollte so groß wie möglich sein, denn je größer die Klebefläche, desto größer die Festigkeit. Bewährte Methoden zu Vergrößerung der Klebfläche sind

- → Schäften
- → Überlappen
- → Laschen

Kleber auf PU-, Epoxidbasis und Schmelzkleber eignen sich auch zum Füllen von Fugen.

Vorbehandlung der Klebefläche

Die Vorbehandlung kann durch Schleifen, Bürsten, oder Entfetten erfolgen. Mechanische Verfahren bewirken bei Metallen ein Aufrauen, das zu einer besseren Verzahnung des Klebstoffes führt.

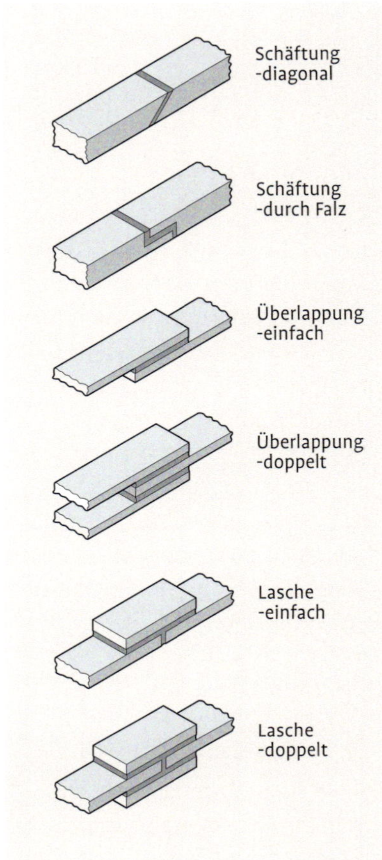

So können Klebeflächen vergrößert werden

„Reparaturarbeiten" mit der Heißklebepistole

Entfetten der Fügeteile

Das Entfetten der Fügeteile ist die wichtigste Vorbereitung. Es muss deshalb mit besonderer Sorgfalt erfolgen. Am wirkungsvollsten ist es, den Entfettungsvorgang am Ende der Klebevorbereitungen kurz vor dem Kleberauftrag durchzuführen. Zum Entfetten kann man je nach Werkstoff auch Spiritus, Aceton o.ä. verwenden.

Klebstoffauftrag

Von Schmelzklebern und Klebern auf Pu-, Silikon- und Epoxidbasis abgesehen wird die höchste Klebekraft erreicht, wenn der Klebefilm so dünn wie möglich ist. Er sollte nach Möglichkeit 0,3 mm nicht überschreiten. Bei zu dicken Klebeschichten nimmt die Bindefestigkeit ab. Wenn für den verwendeten Kleber keine besonderen Angaben vorliegen, ist eine Schichtdicke von ca. 0,1 mm anzustreben. Die Klebeschicht muss gleichmäßig aufgetragen werden. Man erkennt hieraus, wie wichtig eine sorgfältige Vorbereitung ist, um eine optimale Klebeverbindung zu erreichen.

Zusammenfügen

Beim Zusammenfügen wird zwischen Nassverklebung, Kontaktverklebung und Schmelzklebung unterschieden.

Nassverklebung

Die Fügeteile werden nach dem Klebstoffauftrag fixiert. Man verwendet hierzu Klammern, Zwingen oder Pressen. Der Druck muss gleichmäßig sein. Nach der Anfangshaftung ist es bei verschiedenen Klebstoffen möglich, die Fixierung zu entfernen. Die Klebenaht darf erst nach dem endgültigen Abbinden oder Aushärten belastet werden. Durch Wärmezufuhr kann die Abbinde- oder Aushärtezeit verkürzt werden.

Kontaktverklebung

Eine Fixierung ist nicht erforderlich. Nach der Ablüftzeit werden die Fügeteile durch einen kurzen aber möglichst hohen Anpressdruck zusammengefügt. Dabei ist nicht die Dauer sondern die Höhe des Anpressdruckes entscheidend. Der Anpressdruck bewirkt eine Soforthaftung. Die endgültige Belastung ist jedoch auch bei der Kontaktverklebung entsprechend der Herstellerangaben erst nach Erreichen der Endfestigkeit möglich.

Arbeitssicherheit beim Kleben
Um die Hände sauber zu halten sollte man bei Klebearbeiten Schutzhandschuhe tragen. In Klebern enthaltene Lösungsmittel sind hautreizend und können zu Allergien führen. Teilweise sind die Dämpfe der Lösungsmittel gefährlich für die Atemorgane, weshalb es sinnvoll ist, eine geeignete Atemschutzmaske zu tragen. Daneben entwickeln viele Lösungsmittel beim Verdunsten Gase, die sich durch offene Flammen oder Funken (elektrische Schalter, Elektrowerkzeuge) entzünden können.
Die gefährdenden Stoffe in Klebern sind durch die so genannten R-Sätze und S-Sätze gekennzeichnet. Man findet diese Bezeichnungen auf den Gebinden der Kleber.
Heißklebepistolen erhitzen den Klebstoff auf etwa 150 – 180° C. Beim unbeabsichtigten Berühren des flüssigen Klebers (Tropfen!) oder der Austrittsdüse kann es zu schweren Verbrennungen kommen. Schutzhandschuhe sind deshalb zweckmäßig.

Schmelzkleben

Nach dem Zusammenfügen der Klebeflächen in heißem Kleberzustand muss die Klebestelle bis zum Erkalten des Klebers fixiert sein. Erst dann hat der Kleber seine Endfestigkeit. Erneute Wärmezufuhr kann den Kleber wieder verflüssigen, wodurch die Klebekraft wieder aufgehoben wird und die Verbindung korrigiert werden kann.
Zum Heißkleben werden so genannte Heißklebepistolen verwendet. Mittels des manuell betätigten Vorschubsystems wird der stabförmige Klebstoff durch die Heizpatrone gedrückt, wodurch er sich erhitzt und dann flüssig durch eine Düse austritt.
Konventionelle Heißklebepistolen arbeiten mit Netzbetrieb. Durch die hohe Leistungsfähigkeit von Lithium-Akkus sind nun auch Heißklebepistolen mit Akkubetrieb möglich. Sie haben der Vorteil der netzunabhängigkeit und sind deshalb universell einsetzbar.

TIPP

Großflächige Klebearbeiten mit lösungsmittelhaltigen Klebern sollte man nur in gut durchlüfteten Räumen oder im Freien durchführen.

Tacker

Tacker sind Schlagwerkzeuge, mit denen Nägel oder Klammern in Holzwerkstoffe eingeschlagen werden können. Elektrotacker enthalten ein Schlagwerk, bei dem ein Elektromagnet über einen Schlagbolzen Nägel oder Klammern in den Werkstoff schlägt. Die Schlagstärke lässt sich elektronisch auf den Werkstoff des Werkstückes und auf die Größe der Nägel oder Klammern einstellen. Im Tacker befindet sich ein Magazin, in dem Klammern oder Nägel untergebracht werden.

Welche Werkstoffe können getackert werden?
Holz und Holzwerkstoffe können getackert werden, wenn das Holz nicht zu hart ist. Auf Äste ist zu achten, weil sie meist sehr hart sind. Naturhölzer und Sperrhölzer sind besser zu tackern, weil die Fasern eine zusätzliche Klemmkraft ausüben. Andere Holzwerkstoffe mit lockerem Gefüge, wie z. B. Spanplatten, sind nur mit geharzten Klammern einigermaßen gut zu tackern.

Welche Werkstoffe können nicht getackert werden?
Alle harten Werkstoffe wie beispielsweise Metalle, Steinwerkstoffe, Glas und harte Kunststoffe.

Verbindungsmittel für Tacker

Tackernägel
Tackernägel haben einen viereckigen Querschnitt mit angestauchtem Kopf. Sie sind in Streifen aneinandergefügt, um sie magazinfähig zu machen. Es gibt sie in unterschiedlichen Längen.

Tackerklammern
Tackerklammern gleichen den Heftklammern für Papier, sind aber wesentlich stärker dimensioniert. Sie haben einen viereckigen Querschnitt und eine rechteckige U-Form. Abgesehen von den unterschiedlichen Abmessungen gibt es sie in den folgenden Ausführungen:
- → ungeharzte Klammern
- → geharzte Klammern
- → Klammern mit angeschrägten Spitzen („D"-Spitzen)

Ungeharzte Klammern brauchen nur geringe Einschlagkräfte. Man verwendet sie dort, wo nur geringe Haltekräfte benötigt werden. Beispiel: Stoffbezüge auf Holz
Geharzte Klammern sind am Schaft mit einem Klebeharz beschichtet. Beim Einschlagen in das Werkstück erhitzt sich das Klebeharz örtlich durch die Reibung und wirkt wie ein Schmelzkleber, wodurch die Klammer besser im Werkstück haftet. Verwendung dort wo große Haltekräfte benötigt werden oder sehr kleine Klammern verwendet werden sollen. Beispiel: Befestigen von Holzvertäfelungen, Nut- und Federbretter an Deckenkonstruktionen.
Klammern mit gegensinnig schräg angespitzten Enden spreizen sich beim Einschlagen im Werkstoff auf und verstärken dadurch erheblich die Haltekraft. Verwendung dort, wo große Haltekräfte benötigt werden oder sehr kleine Klammern verwendet werden sollen.

Leerschlagsperre

Weil beim Auslösen des Tackers die Klammern weggeschleudert werden könnten, besitzen Bosch-Tacker eine „Push & Release" genannte Leerschlagsperre. Der Schlag kann nur ausgelöst werden, wenn der Tacker fest auf das Werkstück aufgesetzt wird.

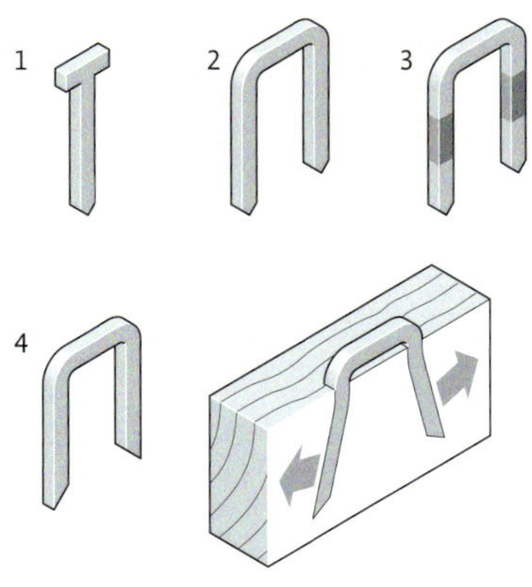

1 Tackernägel
2 ungeharzte Klammern
3 geharzte Klammern
4 Klammern mit angeschrägten Spitzen

Tackernägel- und Klammern

Akku-Tacker können überall eingesetzt werden

Schraubverbindungen

Schrauben

Schraubverbindungen sind lösbare Verbindungen. Die verbundenen Werkstücke können im Gegensatz zu Klebeverbindungen wieder zerstörungsfrei getrennt werden. Nagelverbindungen zählen zu den nicht lösbaren Verbindungen, weil bei der Demontage zumindest das Verbindungselement, meist aber auch die Werkstückoberfläche beschädigt wird.
Bei Holzwerkstücken ist mindestens eine Bohrung in einem der Werkstücke nötig, bei Verbindungen von metallischen Werkstücken werden stets zwei Bohrungen benötigt, von denen eine ein Gewinde haben kann.

Hart oder Weich, welcher Schraubfall?

Fast alle Schraubfälle lassen sich auf die zwei Grundformen
- → harter Schraubfall
- → weicher Schraubfall

zurückführen. Die Kenntnis des Schraubfalles ist wichtig, um später bei der Auswahl der geeigneten Maschine und des Bits die richtige Wahl zu treffen.
Als **harten Schraubfall** bezeichnet man alle Anwendungen, bei denen sich direkt unter der Schraube ein hartes Material (typischerweise Metall) befindet.
Als **weichen Schraubfall** bezeichnet man alle Anwendungen, bei denen sich direkt unter der Schraube ein nachgiebiges (weiches) Material (typischerweise Holz) befindet bzw. die Schraube in weiches Material eingedreht wird.

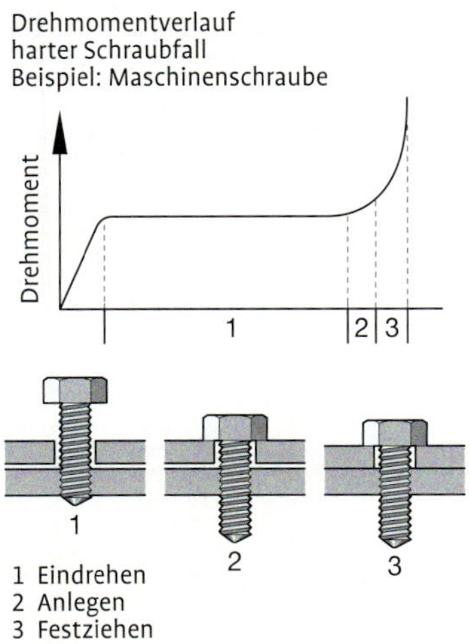

Harter Schraubfall

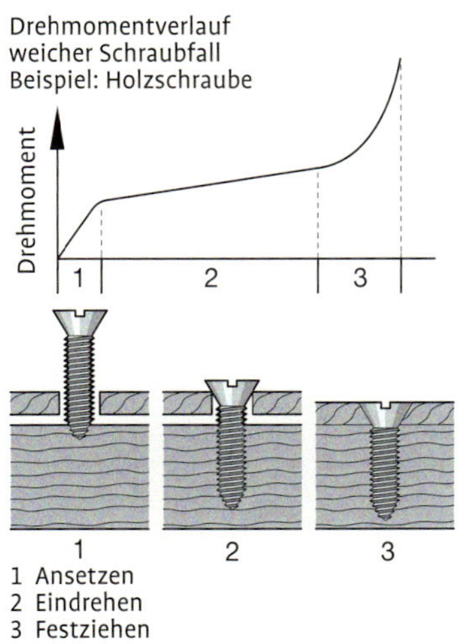

Weicher Schraubfall

Das Verbindungselement ist die Schraube. Als Einzelelement wird sie bei Holzverbindungen verwendet. Im Metallbau dagegen oft in Kombination mit Unterlegscheiben, Muttern und Sicherungselementen.
Die Formen der Schrauben richten sich nach dem Verwendungszweck. Es gibt für jede Art von Schraubverbindungen spezielle Formen. Bis auf wenige Ausnahmen sind alle Schrauben und ihre Zubehörteile genormt. Schrauben unterscheiden sich neben ihrer Größe durch:
- → Form,
- → Gewinde,
- → Werkstoff und Festigkeit,
- → Oberflächenbeschichtung.

Form

Unter der Form versteht man in der Regel die Kopfform der Schraube. Sie bestimmt auch den Typ des zum Festziehen und Lösen verwendeten Werkzeugs.

Gewinde

Grundsätzlich wird in Gewindeformen für Holz und Metall unterschieden. Bei den „Holz"-schrauben finden konische und zylindrische Gewinde mit großer Steigung, scharfkantigen und spitzen Flankenwinkeln Verwendung. Sie formen beim Eindrehen ihr Gegengewinde selbst in den Werkstoff.
Schrauben für Metallverbindungen werden auch als „Maschinen"-schrauben bezeichnet. Sie haben stets ein zylindrisches Gewinde. Zum Befestigen benötigt die Maschinenschraube ein Gegengewinde gleicher Größe im Werkstück oder als zusätzliches Bauteil eine Mutter.
Neben dem Standardgewinde gibt es auch so genannte Feingewinde mit

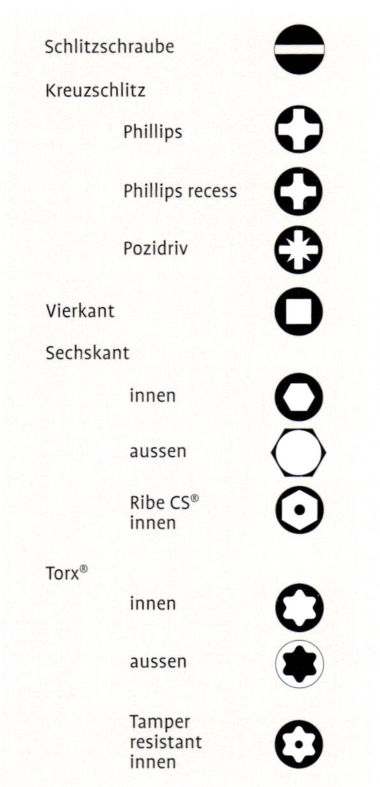

Kopfprofile von Schrauben

geringerer Gewindetiefe und Steigung. Weltweit wird in metrische Gewinde und Zollgewinde unterschieden. Sie können nicht miteinander kombiniert werden.
Bei der Verwendung an Blechen werden auch selbstschneidende Schrauben verwendet. Ihr besonders geformtes Gewinde schneidet oder formt sich bei Eindrehen das Gegengewinde selbst.

Werkstoff und Festigkeit

Die typische Schraube besteht aus Metall, meist aus Stahl, Edelstahl oder Messing. Für besondere Anwendungsfälle gibt es auch Schrauben aus Polyamid, deren Festigkeit aber wesentlich geringer ist.

Die Festigkeit von Schrauben ist in Klassen unterteilt und genormt, wobei die Elastizität mit zunehmender Festigkeit abnimmt. Da diese Elastizität die Vorspannkraft und damit das Haltevermögen der Schrauben bestimmt, ergibt sich je nach Festigkeitsklasse und Durchmesser der Schraube ein bestimmtes Festziehmoment, das nicht überschritten werden darf.

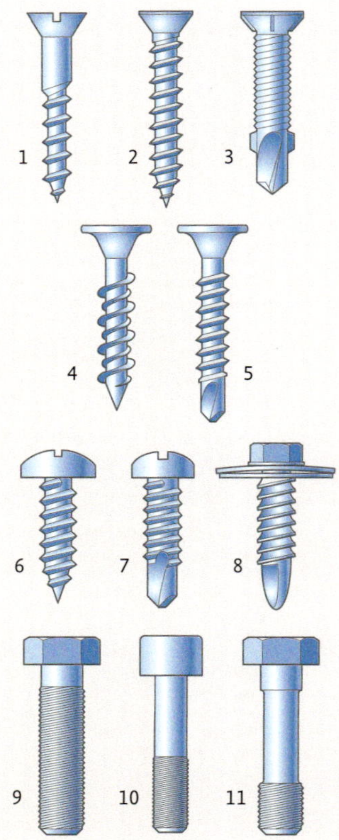

1 Holzschraube, Senkkopf
2 Spanplattenschraube
3 Flügelbohrschraube
4 Schnellbauschraube Hi-low-Gewinde
5 Schnellbauschraube Bohrspitze
6 Blechschraube
7 Bohrschraube
8 Fassadenschraube
9 Maschinenschraube sechskant
10 Maschinenschraube innensechskant
11 Dehnschraube

Gewindeformen von Schrauben

Oberfläche

Schrauben aus Stahl sind meist auf der Oberfläche beschichtet. Die Beschichtung dient dabei als Korrosionschutz oder für dekorativeres Aussehen. Die üblichen Beschichtungen sind Zink, Chrom und Messing, bei Schrauben für Gipskartonplatten kann es aber auch eine Oxidschicht oder eine Phosphatierung sein. Alle Beschichtungen dürfen beim Festziehen der Schraube nicht beschädigt werden, weil die Schraube sonst an dieser Stelle nach einiger Zeit zu rosten anfängt.

Maschinenschrauben

Maschinenschrauben haben ein metrisches (oder Zoll-) Gewinde und einen zylindrischen Schaft. Sie werden in vorhandene Gewinde eingeschraubt oder zusammen mit Muttern verwendet.

Holzschrauben

Holzschrauben haben ein Gewinde mit großer Steigung und eine ausgeprägte Spitze. Der Schaft ist zylindrisch oder konisch.

Schnellbauschrauben

Schnellbauschrauben ähneln den Holzschrauben. Ihr Schaft ist zylindrisch und sie haben meist besonders scharfe Gewindegänge und eine gehärtete Spitze.

Gipskartonschrauben

Gipskartonschrauben für die Befestigung von Gipskarton haben einen so genannten Trompetenkopf. Durch

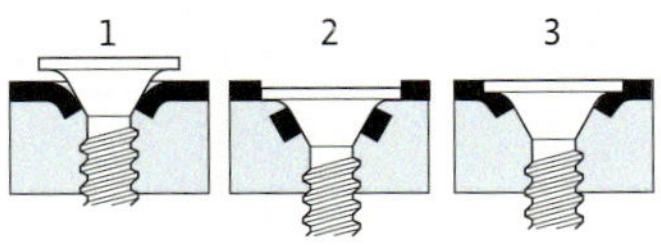

Verschrauben von Gipskartonblatten

1 Schraubenkkopf zu hoch: kein Halt
2 Schraubenkopf zu tief: Karton reißt ein, kein Halt
3 Einschraubtiefe richtig: Karton nimmt Schraubkraft auf, Verschraubung hält.

Gipskartonschrauben

die sanft verlaufende Wölbung des Trompetenkopfes wird die Pappeschicht der Gipskartonoberfläche nicht zerrissen, sondern unter den Schraubenkopf gezogen und wirkt hierdurch wie eine Unterlegscheibe gegenüber dem weichen Gips, wodurch eine hohe Haltekraft erreicht wird. Entscheidend ist aber, dass die Einschraubtiefe genau eingehalten wird. Wenn die Pappschicht einreißt, hält die Schraube nicht mehr.

Blechschrauben

Blechschrauben werden beim Verschrauben dünner Bleche verwendet. Das Loch wird mit dem Kerndurchmesser der Schraube vorgebohrt. Beim Eindrehen formen sich die Schrauben ihr Gegengewinde selbst.

Bohrschrauben

Bohrschrauben sind an der Spitze wie ein Bohrer geformt und gehärtet. Sie bohren sich ihr Loch und schneiden sich auch ihr Gegengewinde selbst in den Werkstoff. Sie eignen sich für Bleche, deren Dicke aber nicht größer als die Länge des Bohreranschliffs der Schraube sein darf.

Bohrschrauben mit Flügeln

Diese Schrauben werden zum Befestigen von Holzwerkstoffen auf Blechen verwendet. Die zusätzlichen Flügel vergrößern die Bohrung im weichen Material so weit, dass das Gewinde der Schrauben darin keinen Halt findet und das zu befestigende Material nicht wegdrückt bzw. hochzieht. Beim Eindringen in das Blech brechen die Flügel weg, und die Schraube schneidet sich ihr Gewinde in das Blech.

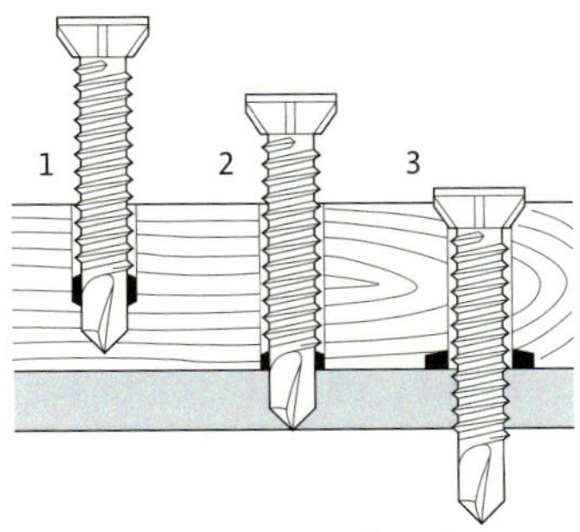

1 Flügel erzeugen eine große Bohrung im Holz
2 Flügel stoßen auf Metall und werden abgeschert.
3 Schraube schneidet Gewinde im Metall Fräsrippen erzeugen Einsenkung

Bohrschrauben mit Flügeln

Elektrowerkzeuge zum Schrauben

Vier Typen von Elektrowerkzeugen werden zum Schrauben verwendet:

→ Schrauber
→ Bohrschrauber
→ Schlagschrauber
→ Bohrmaschinen

Ihre Eigenschaften sind unterschiedlich, weshalb die Auswahl und Verwendung sich nach dem Schraubfall richtet.

Schrauber

Schrauber sind Einzweckgeräte und deshalb auf die Funktion Schrauben optimiert. Der Schrauberbit wird direkt in den Werkzeughalter eingesetzt. Deswegen und durch die Verwendung von Lithium-Akkus sind die Schrauber sehr klein und kompakt. Sie eignen sich also sehr gut für beengte Arbeitsverhältnisse. In beschränktem Umfang kann man

Akkuschrauber für leichte Schraubarbeiten

Akkuschrauber mit Drehmomenteinstellung

einige Schrauber auch zum Bohren verwenden. Die Bohrer müssen aber einen ¼" Sechskantschaft haben oder es muss ein Bohrfutteradapter verwendet werden.
Schrauber sind eine ideale Ergänzung zum größeren Bohrschrauber.

Bohrschrauber

Bohrschrauber vereinigen die Funktionen Bohren und Schrauben in einem Werkzeug. Die universelle Verwendungsmöglichkeit macht den Bohrschrauber zum unentbehrlichen Basiswerkzeug des Heimwerkers. Bohrschrauber haben ein Bohrfutter als Werkzeugaufnahme, sie können deswegen Rundschaftbohrer und Einsatzwerkzeuge mit Sechskantschaft aufnehmen.
Durch das einstellbare Drehmoment mit mechanischer Überrastkupplung kann das Drehmoment sehr exakt auf den Schraubfall eingestellt werden. Beim Erreichen des eingestellten Drehmomentes überrastet die Kupplung. Im Heimwerkerbereich sind Bohrschrauber stets Akkugeräte. Es gibt sie in verschiedenen Größen und Leistungsklassen. Die Auswahl richtet sich nach dem Verwendungszweck.

Schlagbohrschrauber

Schlagbohrschrauber haben alle Funktionen der Bohrschrauber mit einer zusätzlichen Schaltstufe für den Schlagbohrbetrieb. Sie verfügen durch die Funktionen
→ Bohren
→ Schrauben
→ Schlagbohren
über universelle Anwendungsmöglichkeiten. Neben der Schlagbohrmöglichkeit unterscheiden sie sich durch etwas höhere Maximaldrehzahlen, weil sich dies beim Schlagbohrbetrieb vorteilhaft auswirkt.

Drehmomente

Die maximal erreichbaren Drehmomente werden in Newtonmeter (Nm) angegeben. Kleine und kompakte Schrauber wie beispielsweise der IXO erreichen Drehmomente bis ca. 3 Nm. Dieses Drehmoment reicht für kleine Schraubarbeiten mit Holzschrauben, z.B. zum Verschrauben von Klavierbändern oder Baukastenmöbeln völlig aus.
Bei größeren Bohrschraubern werden je nach Typ Drehmomente bis ca. 48 Nm erreicht. Dies ermöglicht Verschraubungen von Balken und Brettern mit Schrauben bis ca. 8mm Durchmesser.
Bei Zweigang-Bohrschraubern und Schlagbohrschraubern werden zwei maximale Drehmomente angegeben. Steht beispielsweise in der Betriebsanleitung oder im Katalog die Angabe 23/40 Nm, dann bedeutet dies, dass das betreffende Gerät im langsamen Getriebegang ein maximales Drehmoment von 40 Nm erreicht, im schnellen Getriebegang dagegen maximal 23 Nm.
Weil das benötigte Drehmoment für die unterschiedlichen Schraubfälle von vielen Faktoren wie beispielsweise
→ Schraubenform
→ Schraubendurchmesser
→ Schraubenlänge
→ Werkstoff des Werkstückes
abhängt, muss das passende Drehmoment für den Schraubvorgang einstellbar sein. Die Einstellmöglichkeiten des Drehmomentes bestehen deshalb je nach Typ aus 5–30 Stufen.

Rückdrehmomente

Das vorne auf die Schraube einwirkende Drehmoment wird in gleicher Höhe über das Werkzeug auf den Anwender übertragen. Durch das Überrasten der Kupplung tritt dieses Rückdrehmoment nur in Form kurzer

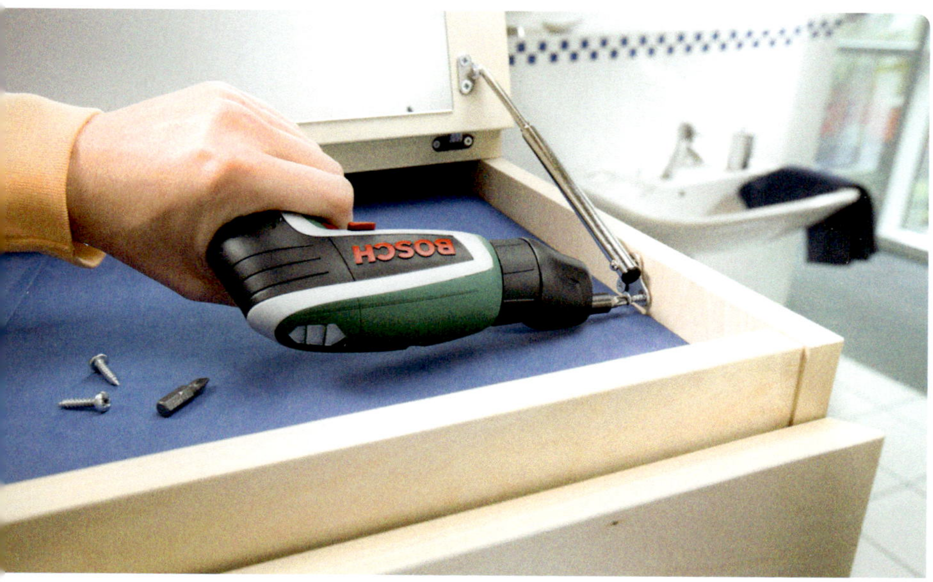

Schrauben mit Vorsatzfutter für randnahes Schrauben

Eingang-Bohrschrauber

Zweigang-Bohrschrauber

Zweigang-Schlagbohrschrauber

Impulse auf und kann vom Anwender gut beherrscht werden. Trotzdem sollte man das Werkzeug stets fest in der Hand halten und bei hohen Drehmomenteinstellungen unbedingt beide Händen benützen. Bei Bohrschraubern bzw. Schlagbohrschraubern mit Zusatzhandgriff sollte dieser benützt werden.

Sicherheitshinweis
In der Bohrstellung bzw. Schlagbohrstellung bei Schlagbohrschraubern werden höhere Drehmomente erreicht als in der Schraubstellung. Diese technisch begründete Eigenschaft darf nicht dazu verwendet werden noch größere Schrauben einzudrehen. Durch die dabei entstehenden Rückdrehmomente kann man die Führung über die Maschine verlieren. Deshalb gilt die Regel: Beim Schrauben nur die Schraubstellung benützen!

TIPP

Auch beim Bohren erweist sich die Schraubstellung als vorteilhaft: sollte der Bohrer aus irgend einem Grunde im Werkstück blockieren, dann wird das dabei entstehende Rückdrehmoment soweit begrenzt, dass die Maschine beherrschbar bleibt.

Schlagbohrmaschinen als Schrauber?

Moderne netzgespeiste Schlagbohrmaschinen verfügen über eine variable Drehzahl und eine elektronisch wirkende Drehmomentbegrenzung. Dadurch können sie prinzipiell auch zum Schrauben verwendet werden. Allerdings muss man beim Schrauben mit der Schlagbohrmaschine stets beachten, dass sie nicht für die Schraubfunktion optimiert ist. Es darf nur mit sehr geringer Drehzahl geschraubt werden. Der Grund hierfür liegt in der elektronischen Drehmomentbegrenzung. Die schaltet nämlich nur den Motor ab, aber unterbricht den Kraftfluss zum Bohrfutter nicht wie beim Bohrschrauber. Die Schwungmasse des Motors wirkt also noch bis zum Stillstand auf den Schrauberbit und damit auf die Schraube ein. Das Festdrehmoment ist ungenau und auf den Anwender wirkt ein hohes Rückdrehmoment ein.

TIPP

Bohrschrauber niemals in der Bohrstellung zum Schrauben verwenden. Beim Schrauben mit Schlagbohrmaschinen stets mit ganz geringer Drehzahl arbeiten und niemals bei harten Schraubfällen einsetzen.

Drehmomenteinstellung an der Schlagbohrmaschine

„Bits“ und „Nüsse“

Arbeitssicherheit beim Schrauben

Das Schrauben in Holz ist unkritisch. Beim Festziehen nimmt das Drehmoment stetig zu und kann gut beherrscht werden. Beim Festziehen von Maschinenschrauben und Muttern ist das Drehmoment zunächst sehr gering. In dem Moment, in dem sich der Schraubenkopf oder die Mutter an das Werkstück anlegt, steigt das Drehmoment aber sehr plötzlich auf einen hohen Wert an. Dies wirkt sich als plötzliches Rückdrehmoment auf den Anwender aus und kann zum Verlust der Kontrolle über die Maschine und sogar zu Verletzungen führen. Diese Auswirkungen vermeidet man durch exakte Drehmomenteinstellung, beidhändige Maschinenführung, Verwendung von Schlagschraubern bei sehr hohen Drehmomenten.

Niemals darf die Schlagbohrmaschine für Metallverschraubungen verwendet werden. Bei zu hoher Drehzahl entstehen beim Festgehen der Schraube plötzlich unerwartet ein hohes Rückdrehmoment, das zum Verlust der Kontrolle über das Werkzeug und zu Verletzungen führen kann

Der Begriff „Bit“ stammt aus der englischen Sprache und bezeichnet in der Schraubtechnik den Schraubereinsatz, also die Klinge bzw. die Nuss.
Der Begriff „Nuss“ ist deutschen Ursprungs und bezeichnet in der Schraubtechnik einen Steckschlüsseleinsatz. Die Nuss wird oft auch als Stecknuss bezeichnet. Die Schaftform der im Heimwerkerbereich üblichen Bits ist der ¼“ Sechskant. Er wird im Werkzeughalter von Schraubern durch Sprengring oder Kugelrastung gehalten. Die Halterung ist durch den Schraubertyp vorgegeben. In Bohrschraubern wird der Schaft über das Bohrfutter gespannt.

TIPP

Bits für Sprengring- bzw. Kugelrastung dürfen nicht miteinander vertauscht werden. Wird ein Bit für Kugelrastung in einen Sprengringhalter eingesetzt, kann sich der Sprengring so in der Kugelrastnut verkeilen, dass beim gewaltsamen Lösen die Halterung beschädigt wird. In der Kugelrastung dagegen hält der Bit für Sprengringrastung nicht.

Bithalter

Wenn bei der Verwendung im Bohrschrauber öfters die Bitgröße gewechselt werden muss, ist die

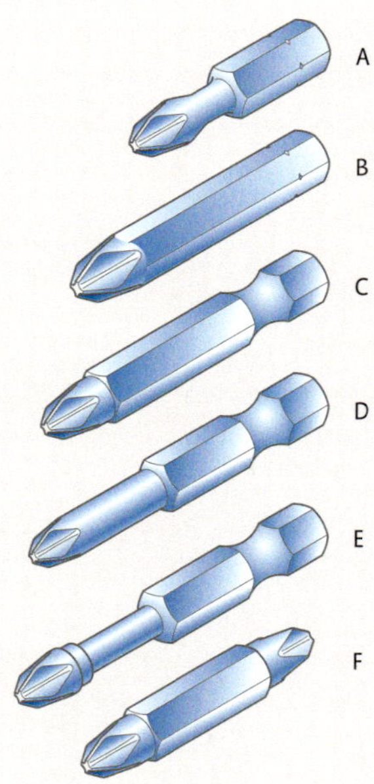

A kurze Form, Sprengringrastung
B Normalform, Sprengringrastung
C Normalform, Kugelrastung
D mit normalem Schaft
E mit Torsionsschaft
F Doppelbit

Ausführungen von Schrauberbits

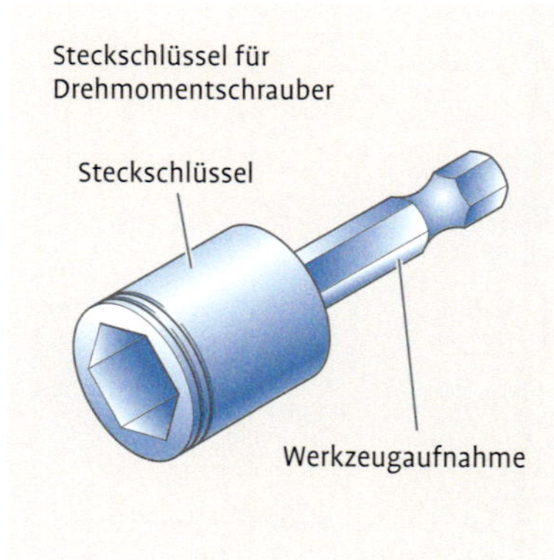

Steckschlüssel

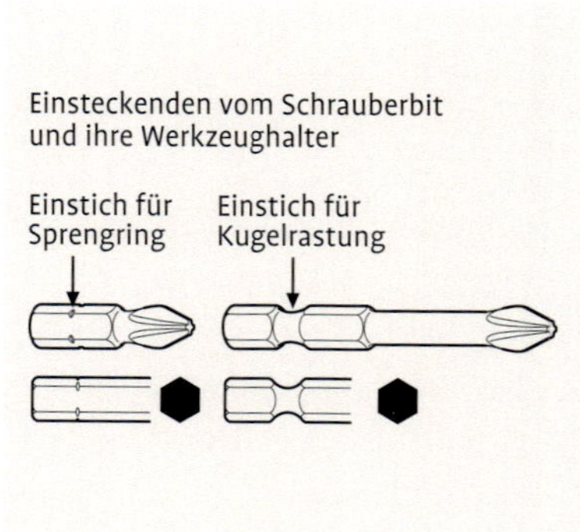

Sprengring- und Kugelrastung

Verwendung eines Bithalters zweckmäßig. Einmal in das Bohrfutter eingespannt, ermöglicht er den schnellen Wechsel der Bits. Bithalter gibt es mit oder ohne Magnet. Magnetische Bithalter magnetisieren den Bit. Dadurch halten Schrauben aus magnetischen Werkstoffen (Stahl) am Bit fest. Die Schraube hält beim Ansetzen und muss nicht mit den Fingern festgehalten werden. Nachteilig ist aber, dass Späne und Abrieb von Stahlschrauben am Bit hängen bleiben.

TIPP

Beim Eindrehen von Gipskartonschrauben keine magnetischen Bithalter verwenden, Späne und Abrieb am Bit können den Rostschutz der Schraube beschädigen und Rostflecken im Gipskarton verursachen.

Bitformen

Die Bitformen entsprechen den Kopfprofilen der Schrauben. Die üblichen Formen sind

→ Schlitz
→ Kreuzschlitz
→ Sechskant
→ Sechsrund

Daneben gibt es noch eine Anzahl von speziellen Profilen für Sonderschrauben.

Schlitz

Immer noch die gebräuchlichste Form, vor Allem bei Holzschrauben. Weil der Bit nicht selbstzentrierend im Schraubenschlitz ist, besteht die Gefahr, dass der Bit aus der Schraube rutscht und das Werkstück beschädigt. Historisch bedingt gibt es ein große Zahl von Schlitzbreiten, von denen etwa ein Dutzend genormt sind.

TIPP

Schlitzschrauben besser mit der Hand eindrehen oder ein passendes Rohrstückchen über Bit und Schraube schieben, damit der Bit nicht abrutscht.

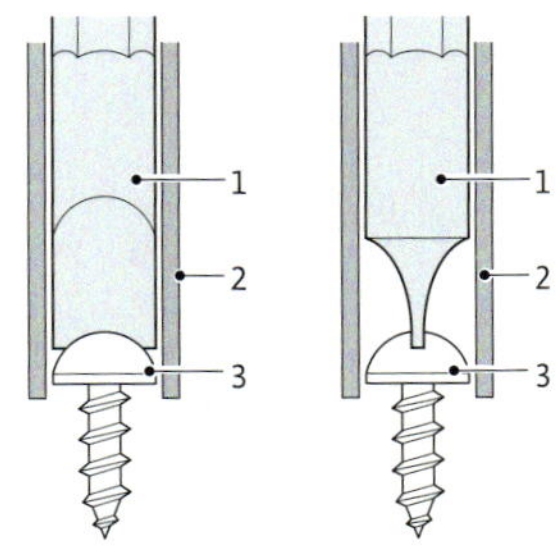

1 Schrauberbit
2 Führungshülse
3 Schraubenkopf

Führungshülsen erleichtern das Einschrauben von Schlitzschrauben

Bitgrößen von Schlitzschrauben

Schneidenmaß DIN 5264	Schraubenkopfdurchmesser mm	Metrische Schrauben				Blechschrauben		
		DIN 84 ISO 647 M	DIN 85 ISO 648 M	DIN 963 ISO 649 M	DIN 964 ISO 650 M	DIN 7971 ISO 656 mm	DIN 7972 ISO 657 mm	DIN 7973 ISO 658 mm
0,4 x 2	3	–	1,6	1,6	1,6	–	–	–
0,4 x 2,5	3,2	1,6	1,6	1,8	–	–	–	–
0,5 x 3	4	2	2	2	2	2,2	2,2	2,2
0,6 x 3,5	5	2,5	2,5	2,5	2,5	2,2	–	–
0,8 x 4	5,6	3	3	3	3	2,9	2,9	2,9
1 x 5,5	6	3,5	3,5	4	4	3,5...3,9	3,5...3,10	3,5...3,11
1,2 x 6,5	9,5	4	4...5	4...5	4...5	4,8	4,2...4,8	4,2...4,8
1,2 x 8	10,2	5	4...5	4...5	–	4,2...4,8	–	4,8
1,6 x 8	11,3	–	–	6	6	–	5,5...6,3	5,5...6,3
1,6 x 10	12	6	6	–	–	5,5...6,3	–	6,3
2 x 12	16	8	8	8	8	8	8	8
2,5 x 14	20	10	10	10	10	9,5	9,5	9,5

Bitgrößen von Kreuzschlitzschrauben

	Metrische Schrauben			Blechschrauben			Holzschrauben			Sonderschrauben
Kreuz schlitz größe	**DIN 965**	**DIN 966**	**DIN 7985**	**DIN 7981**	**DIN 7982**	**DIN 7983**	**DIN 7995**	**DIN 7996**	**DIN 7997**	**Schnellbauschrauben, Spanplattenschrauben, Bohrschrauben**
	M	M	M	mm	mm	mm	mm	mm	mm	mm
0	1,6	1,6	1,6	2,2	2,2	2,2	–	2	–	–
1	2,5	2,5	2	2,9	2,9	2,9	2,5	2,5	2,5	2,1...3
	3	3	2,5	–	–	–	3	3	3	
	–	–	3	–	–	–	–	–	–	
2	3,5	3,5	3,5	3,5	3,5	3,5	3,5	3,5	3,5	3,1...5,2
	4	4	4	–	3,9	4	4	4	4	
	5	5	5	4,2	4,2	4,2	4,5	4,5	4,5	
	–	–	–	4,8	4,8	4,8	5	5	5	
3	6	6	6	5,5	5,5	5,5	5,5	5,5	5,5	5,3...7,2
	–	–	–	6,3	6,3	6,3	6	6	6	
	–	–	–	–	–	–	7	7	7	
4	8	8	8	8	8	8	–	–	–	7,3...12,7
	10	10	10	9,5	9,5	9,5	–	–	–	

Kreuzschlitz.
Für die maschinelle Schraubtechnik benötigt man einen selbstzentrierenden Bit. Die Entwicklung führte zu den bekannten Kreuzschlitzformen:

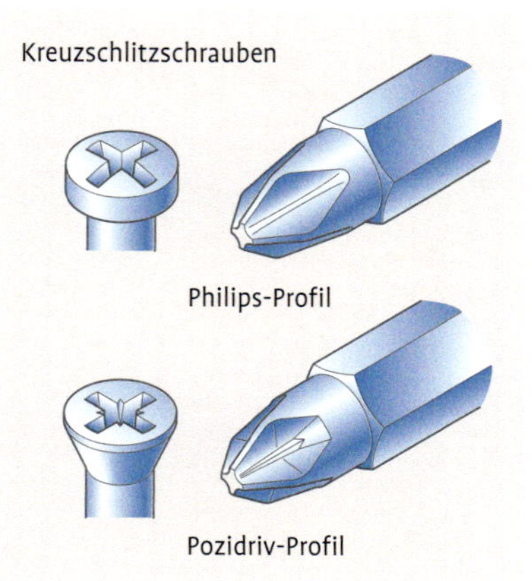

Kreuzschlitzprofile

Philips® Kreuzschlitz.
Erstes Kreuzschlitzprofil. Die Profilflanken sind leicht konisch, wodurch der Bit zwar sehr gut zentriert, aber bei geringem Andruck auch leicht aus dem Schraubenkopf rutschen kann.

Pozidriv® Kreuzschlitz.
Weiterentwicklung des Philips-Profils. Es besteht aus einem Haupt- und einem Nebenprofil. Die Profilkanten des Hauptprofiles sind parallel, wodurch der Bit weniger zum Abrutschen neigt. Zusammen mit dem Nebenprofil ergibt sich eine größere Eingriffsfläche für bessere Drehmomentübertragung.

TIPP

Philips® und Pozidrive® Bits dürfen nicht miteinander verwechselt werden. Eine Verwechslung führt zur Beschädigung des Schraubenprofils, der Bit kann abrutschen.

Sechskant.
Typisches Profil für Maschinenschrauben. Es wird sowohl als Außensechskant und Innensechskant verwendet. Das Maß des Sechskants wird als so genannte „Schlüsselweite“ in mm angegeben. Die Schlüsselweite ist dem Schraubendurchmesser zugeordnet und genormt.
Bei Innensechskantschrauben (auch Inbus® genannt) sind die Profilflanken parallel. Zusammen mit der

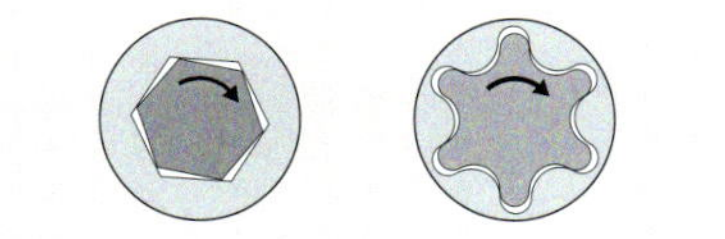

Lastverteilung Sechskant und Sechsrund

großen Übertragungsfläche können bei relativ kleinen Schlüsselweiten hohe Drehmomente übertragen werden.
Außensechskant wird neben Schrauben auch für Muttern verwendet. Zum Lösen und Festziehen werden Steckschlüssel („Nüsse“) verwendet.

Innensechsrund.
Das Innensechsrund-Profil (auch „Torx“® genannt) ist eine Weiterentwicklung des Innensechskantprofiles. Die Drehmomentübertragung erfolgt nicht durch die Profilkanten sondern flächig, wodurch höhere Drehmomente als beim Außen- und Innensechskant übertragen werden können. Bei gleicher Schraubengröße sind deshalb die Schlüsselweiten kleiner.
Eine Variante der Innensechsrunds sind Schrauben mit Sicherheitsstift. Sie sollen Verhindern, dass Geräte unbefugt geöffnet werden können.

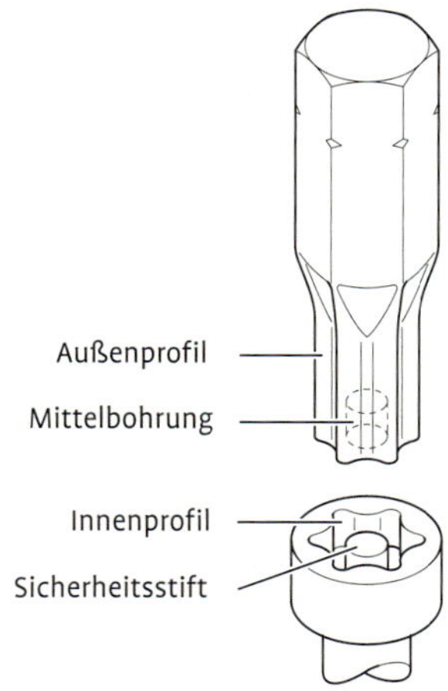

Innensechsrund mit Sicherheitsstift

Schlüsselweiten von Maschinenschrauben

Kopfform	Sechskant, metrisch					Sechsrund, metrisch (Torx®)			
	Außen	Außen	Innen	Innen	Innen	Außen	Außen	Innen	Innen
	DIN 931	DIN / ISO 272	DIN 912	Senkkopf DIN 7991	Gewindestift DIN 913-915	DIN 931 EN 24017	DIN 6921	DIN 912; 6912; 7948	EN ISO 2009; 2010; 7045; 7046; 7047
Gewinde M...	mm	mm	mm	mm	mm	Größe	Größe	Größe	Größe
2	–	–	1,6	–	0,9	–	–	T 6 / T 7*	–
2,5	–	–	2	–	1,3	–	–	T 8	T 8
3	–	–	2,5	2	1,5	E 4	–	T 10	T 10
3,5	–	–	–	–	–	–	–	–	T 15
4	7	7	3	2,5	2	E 5	E 6	T 20	T 20
5	8	8	4	3	2,5	E 6	E 8	T 25	T 25
6	10	10	5	4	3	E 8	E 10	T 30	T 30
7	11	11	–	–	–	–	–	–	–
8	13	13	6	5	4	E 10	E 12	T 40	T 40
10	17	16	8	6	5	E 12	E 14	T 50	T 50
12	19	18	10	8	6	E 14	E 18	T 55	T 55
14	22	21	12	10	6	E 18	E 20	T 60	–
16	24	24	14	10	8	E 20	–	–	–
18	27	27	14	12	10	–	–	–	–
20	30	30	17	12	10	–	–	–	–

* für Hartmetall-Wendeplatten

Anzugsmomente von Schrauben / Eigenschaften einiger ausgewählter Schraubengüten

Werkstoff	Stahl											Edelstahl DIN-ISO 3506		
Güteklassen neu	3,6	4,6	5,6	4,8	5,8	6,6	6,8	8,8	10,9	12,9	14,9	50	70	80
Schrauben alt	4A	4D	5D	4S	5S	6D	6S	8G	10K	12K	--	A1, A2	A2, A3, A4	A5
Güteklasse Muttern	5	5	5	5	5	6	6	8	10	12	14	A...50	A...70	A...80
Zugfestigkeit N/mm² (Rm)	300	400	500	400	500	–	600	800	1000	1200	–	500	700	800
Bruchdehnung (A5)	25%	22%	20%	–	–	–	–	12%	9%	8%	–	0,6 x d	0,4 x d	0,3 x d
Durchmesser	Anzugsmomente Nm													
M2	–	–	–	–	–	–	0,3	0,4	0,5	0,6	–	–	–	–
M3	–	–	0,6	–	–	–	0,9	1,3	1,9	2,2	–	–	–	–
M4	–	1	1,3	–	–	–	2,3	2,9	4,1	4,9	–	–	1,7	–
M5	–	2	2,7	–	–	–	4,5	5,9	8,7	10	–	1,7	3,5	4,7
M6	2,7	3,6	4,5	4,8	6	5,4	7,2	9,7	13,6	17	18,9	3	6	8
M8	6,6	8,7	11	11,6	14,6	13,1	17,5	23	35	41	46	7,1	16	22
M10	13	17,5	22	23	29	26	35	47	65	80	92	14	32	43
M12	22,6	30	37,6	40	50	45	60	80	113	135	158	24	56	75
M14	36	48	60	65	79	72	95	130	180	215	250	–	–	–
M16	55	73	92	98	122	110	147	196	275	330	386	59	1365	180
M18	75	101	126	135	168	151	202	270	380	450	530	–	–	–
M20	107	143	178	190	238	214	286	385	540	635	750	114	280	370
M24	185	245	310	325	410	370	490	650	910	1100	1290	189	455	605
M30	370	495	615	650	820	740	990	1300	1830	2200	2600	393	1050	1400

Handelsformen von Bits

Bits sind in unterschiedlichen Qualitäten und Ausführungen im Handel erhältlich. Grundsätzlich gilt auch hier, dass die billigsten Bits auch mit Abstand die schlechtesten sind. Obwohl die höherwertigen Bits mehr kosten, sind sie durch die längere Lebensdauer am Ende preiswerter. Außerdem beschädigen billige Bits durch ihre Verformung auch leichter die Schrauben. Auswahlkriterien für Bits sind das Herstellverfahren und die Bithärte.

Herstellverfahren

Man unterscheidet in

→ gefräste Bits,

→ geschmiedete Bits.

Bei gefrästen Bits wird der Gefügeverlauf des Materials bei der Bitherstellung unterbrochen. Bei geschmiedeten Bits wird der Gefügeverlauf nicht unterbrochen, da das Material spanlos verformt wird. Geschmiedete Bits sind deshalb widerstandfähiger.

Bithärte

Im Fachhandel gibt es Bits unterschiedlicher Härte. Harte Bits nützen sich weniger schnell ab, sind aber relativ spröde. Harte Bits werden bei weichen Schraubfällen (Holz) eingesetzt und erreichen hierbei eine hohe Standzeit (Lebensdauer). Bei harten

Sichern von Schraubverbindungen

Schraubverbindungen können sich durch Vibrationen und wechselnde Belastungen lösen. Damit eine Schraubverbindung „ewig“ hält und dennoch bei Bedarf gelöst werden kann, gibt es verschiedene Möglichkeiten, Schrauben zu sichern. Die wichtigsten Maßnahmen sind

→ Federscheiben
→ Federringe
→ Zahnscheiben
→ Fächerscheiben
→ Kontermuttern
→ Kunststoffeinlagen

Außerdem kann man Schraubverbindungen auch mit flüssigen Schraubensicherungen versehen. Diese werden auf den Gewindegang einer Schraube aufgetragen, trocknen dort ab und verhindern so ein unbeabsichtigtes Aufdrehen. Durch Erwärmung können solche Schraubensicherungen wieder verflüssigt und die Verbindung gelöst werden. Sie können also nur dort eingesetzt werden, wo die Verbindung keiner größeren Wärme ausgesetzt ist.

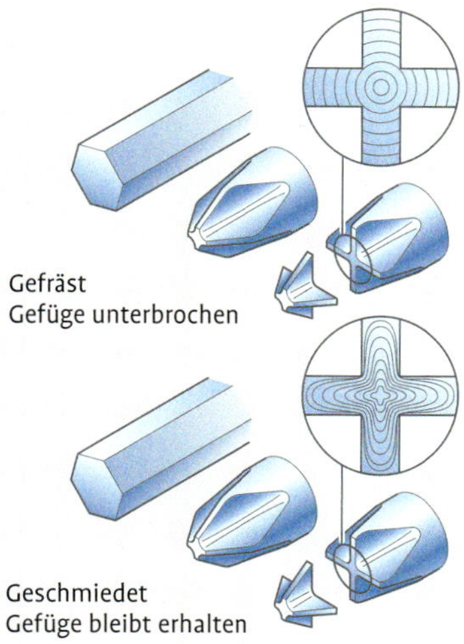

Geschmiedete und gefräste Bits

Schraubfällen (Metall) sind sie durch den schlagartigen Drehmomentanstieg am Ende des Schraubvorganges erhöhter Bruchgefahr ausgesetzt. Weiche Bits nützen sich schneller ab, sind aber relativ zäh. Weiche Bits setzt man bei harten Schraubfällen ein. Die erhöhte Abnützung wird durch die bessere Bruchfestigkeit und die Schonung des Schraubenprofils ausgeglichen.

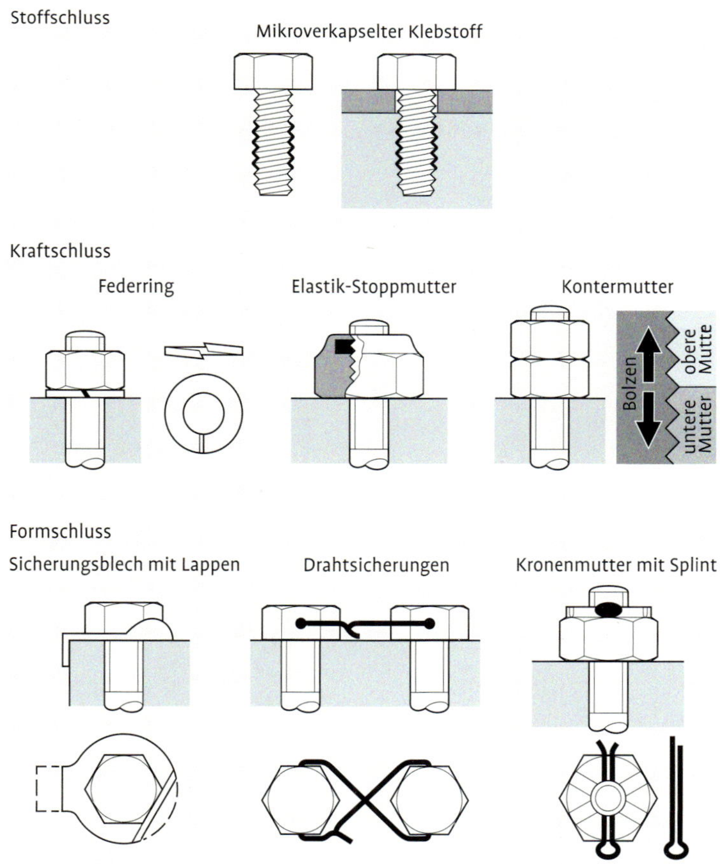

Sicherung von Schraubverbindungen

Anzugsmomente von Schrauben

Eigenschaften einiger ausgewählter Schraubengüten														
Werkstoff	**Stahl**											**Edelstahl DIN-ISO 3506**		
Güteklassen Schrauben neu	3,6	4,6	5,6	4,8	5,8	6,6	6,8	8,8	10,9	12,9	14,9	50	70	80
Güteklassen Schrauben alt	4A	4D	5D	4S	5S	6D	6S	8G	10K	12K	–	A1, A2	A2, A3, A4	A5
Güteklasse Muttern	5	5	5	5	5	6	6	8	10	12	14	A...50	A...70	A...80
Zugfestigkeit N/mm² (Rm)	300	400	500	400	500	–	600	800	1000	1200	–	500	700	800
Bruchdehnung (A5)	25%	22%	20%	–	–	–	–	12%	9%	8%	–	0,6 x d	0,4 x d	0,3 x d
Durchmesser	**Anzugsmomente Nm**													
M2	–	–	–	–	–	–	0,3	0,4	0,5	0,6	–	–	–	–
M3	–	–	0,6	–	–	–	0,9	1,3	1,9	2,2	–	–	–	–
M4	–	1	1,3	–	–	–	2,3	2,9	4,1	4,9	–	–	1,7	–
M5	–	2	2,7	–	–	–	4,5	5,9	8,7	10	–	1,7	3,5	4,7
M6	2,7	3,6	4,5	4,8	6	5,4	7,2	9,7	13,6	17	18,9	3	6	8
M8	6,6	8,7	11	11,6	14,6	13,1	17,5	23	35	41	46	7,1	16	22
M10	13	17,5	22	23	29	26	35	47	65	80	92	14	32	43
M12	22,6	30	37,6	40	50	45	60	80	113	135	158	24	56	75
M14	36	48	60	65	79	72	95	130	180	215	250	–	–	–
M16	55	73	92	98	122	110	147	196	275	330	386	59	1365	180
M18	75	101	126	135	168	151	202	270	380	450	530	–	–	–
M20	107	143	178	190	238	214	286	385	540	635	750	114	280	370
M24	185	245	310	325	410	370	490	650	910	1100	1290	189	455	605
M30	370	495	615	650	820	740	990	1300	1830	2200	2600	393	1050	1400

Bitgrößen von Schlitzschrauben

Schneiden-maß	Schrauben-Kopfdurch-messer	Metrische Schrauben				Blechschrauben		
		DIN 84 ISO 647	DIN 85 ISO 648	DIN 963 ISO 649	DIN 964 ISO 650	DIN 7971 ISO 656	DIN 7972 ISO 657	DIN 7973 ISO 658
DIN 5264	mm	M	M	M	M	mm	mm	mm
0,4 x 2	3	–	1,6	1,6	1,6	–	–	–
0,4 x 2,5	3,2	1,6	1,6	1,8	–	–	–	–
0,5 x 3	4	2	2	2	2	2,2	2,2	2,2
0,6 x 3,5	5	2,5	2,5	2,5	2,5	2,2	–	–
0,8 x 4	5,6	3	3	3	3	2,9	2,9	2,9
1 x 5,5	6	3,5	3,5	4	4	3,5...3,9	3,5...3,10	3,5...3,11
1,2 x 6,5	9,5	4	4...5	4...5	4...5	4,8	4,2...4,8	4,2...4,8
1,2 x 8	10,2	5	4...5	4...5	–	4,2...4,8	–	4,8
1,6 x 8	11,3	–	–	6	6	–	5,5...6,3	5,5...6,3
1,6 x 10	12	6	6	–	–	5,5...6,3	–	6,3
2 x 12	16	8	8	8	8	8	8	8
2,5 x 14	20	10	10	10	10	9,5	9,5	9,5

Bitgrößen von Kreuzschlitzschrauben

	Metrische Schrauben			Blechschrauben			Holzschrauben			Sonderschrauben
Kreuz-schlitz-größe	DIN 965	DIN 966	DIN 7985	DIN 7981	DIN 7982	DIN 7983	DIN 7995	DIN 7996	DIN 7997	Schnellbauschrauben, Spanplattenschrauben, Bohrschrauben
	M	M	M	mm	mm	mm	mm	mm	mm	mm
0	1,6	1,6	1,6	2,2	2,2	2,2	–	2	–	–
1	2,5	2,5	2	2,9	2,9	2,9	2,5	2,5	2,5	2,1...3
	3	3	2,5	–	–	–	3	3	3	
	–	–	3	–	–	–	–	–	–	
2	3,5	3,5	3,5	3,5	3,5	3,5	3,5	3,5	3,5	3,1...5,2
	4	4	4	–	3,9	4	4	4	4	
	5	5	5	4,2	4,2	4,2	4,5	4,5	4,5	
	–	–	–	4,8	4,8	4,8	5	5	5	
3	6	6	6	5,5	5,5	5,5	5,5	5,5	5,5	5,3...7,2
	–	–	–	6,3	6,3	6,3	6	6	6	
	–	–	–	–	–	–	7	7	7	
4	8	8	8	8	8	8	–	–	–	7,3...12,7
	10	10	10	9,5	9,5	9,5	–	–	–	

Schlüsselweiten von Maschinenschrauben

Kopfform	Sechskant, metrisch					Sechsrund, metrisch (Torx®)			
	Außen	Außen	Innen	Innen	Innen	Außen	Außen	Innen	Innen
	DIN 931	DIN / ISO 272	DIN 912	Senkkopf DIN 7991	Gewindestift DIN 913-915	DIN 931 EN 24017	DIN 6921	DIN 912; 6912; 7948	EN ISO 2009; 2010; 7045; 7046; 7047
Gewinde M	mm	mm	mm	mm	mm	Größe	Größe	Größe	Größe
2	–	–	1,6	–	0,9	–	–	T 6 / T 7*	–
2,5	–	–	2	–	1,3	–	–	T 8	T 8
3	–	–	2,5	2	1,5	E 4	–	T 10	T 10
3,5	–	–	–	–	–	–	–	–	T 15
4	7	7	3	2,5	2	E 5	E 6	T 20	T 20
5	8	8	4	3	2,5	E 6	E 8	T 25	T 25
6	10	10	5	4	3	E 8	E 10	T 30	T 30
7	11	11	–	–	–	–	–	–	–
8	13	13	6	5	4	E 10	E 12	T 40	T 40
10	17	16	8	6	5	E 12	E 14	T 50	T 50
12	19	18	10	8	6	E 14	E 18	T 55	T 55
14	22	21	12	10	6	E 18	E 20	T 60	–
16	24	24	14	10	8	E 20	–	–	–
18	27	27	14	12	10	–	–	–	–
20	30	30	17	12	10	–	–	–	–

* für Hartmetall-Wendeplatten

Handarbeit ergänzt den Bohrschrauber! Der Schraubendreher verwendet die selben Schrauberbits

Nietverbindungen

Nieten ist eine geschichtlich sehr alte Verbindungstechnik. Hinsichtlich ihrer Verwendung und konstruktiven Ausführung unterteilen sich Nietverbindungen in

→ feste Verbindungen
→ feste und dichte Verbindungen

Feste Nietverbindungen werden im allgemeinen Maschinenbau, im Fahrzeugbau, im Stahlhochbau und im Anlagenbau angewendet.
Feste und dichte Nietverbindungen findet man üblicherweise im Behälter und Kesselbau. In der Luftfahrt sind feste und dichte Nietungen die häufigste Anwendung. Mit durchschnittlich 0,8 – 1mm Dicke sind die Rumpfbleche eines Verkehrsflugzeuges zu dünn, um geschweißt werden zu können. In diesem Zusammenhang ist es interessant zu wissen, dass in einem modernen Mittelstrecken-Verkehrsflugzeug etwa 3.000.000 Niete verarbeitet werden.
Durch Nieten wird der Werkstoff der zu fügenden Bauteile nicht beeinflusst. Es können unterschiedliche Werkstoffe miteinander verbunden werden. Die Neigung zu Kontaktkorrosion bei unterschiedlichen Werkstoffen und Spaltkorrosion muss aber beachtet werden. Die Nietung erfordert Überlappung der Bauteile, welche durch die für das Nieten erforderliche Lochung geschwächt werden. Nieten ist je nach Verfahren ein handwerklicher oder maschineller Vorgang. Bei sachgemäßer Anwendung verziehen sich die Werkstücke nicht. Beim handwerklichen Nieten kommt

→ konventionelle Niettechnik
→ Blindniettechnik

zum Einsatz. Mit einiger Übung an Probestücken ist sie auch vom Heimwerker leicht zu beherrschen.

Konventionelle Niettechnik

Bei der konventionellen Niettechnik ist das Verbindungselement, der Niet, ein eigenständiges Bauteil. Die zu verbindenden Konstruktionsteile müssen an der zu verbindenden Stelle passgenau vorgebohrt werden. Der durch die Bohrung gesteckte Niet wird eingezogen und,

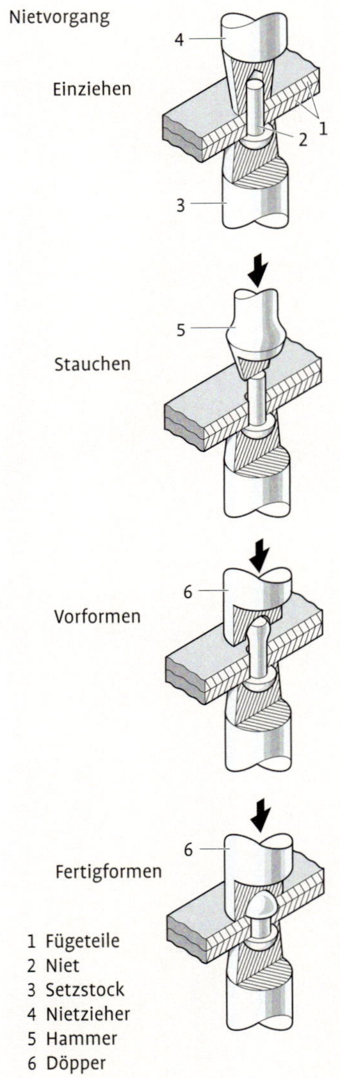

Nietvorgang bei konventioneller Niettechnik

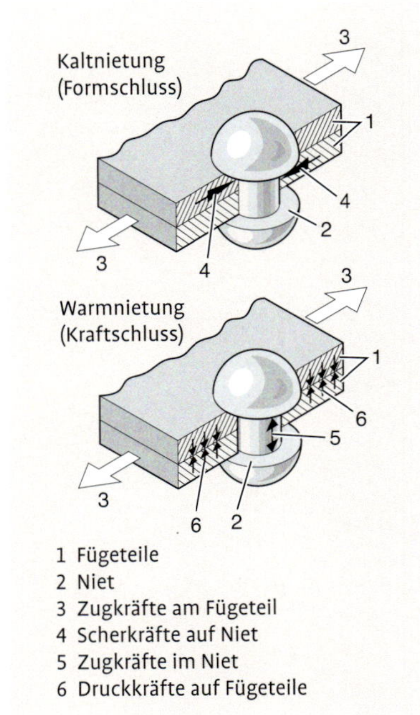

Kräfte am Niet beim Kaltnieten und Warmnieten

je nach Form, gestaucht und mit einem Schließkopf versehen. Man unterscheidet zwischen Kalt- und Warmnietung. Kaltgenietet wird bis zu einem Nietdurchmesser von 10 mm, Niete über 10 mm werden warm geschlagen.
Beim Kaltnieten wirken im Nietschaft keine Zugkräfte. Der Niet wird daher auf Scherung beansprucht. Beim Warmnieten müssen die Bohrungen in den Fügeteilen um die Wärmeausdehnung des Niets größer gebohrt werden. Der Niet wird auf Weißglut erhitzt, in die Fügeteile gesteckt und sofort verformt. Da der Niet beim Abkühlen kürzer (und dünner) wird, treten bei der Warmnietung keine Scherkräfte auf, die Fügeteile werden durch die Zugspannung im Nietschaft zusammengehalten. Typische Anwendung des

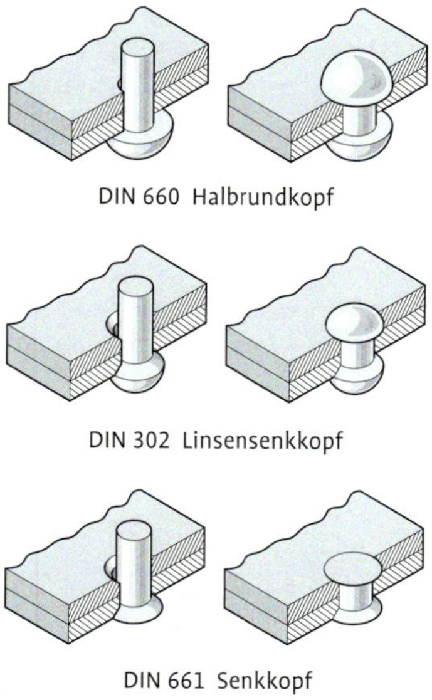

Kopfformen von Vollnieten

Warmnietens sind Behälter, Schiffe und Stahlhochbau. Die gebräuchlichsten Nietformen sind Vollnieten mit Halbrund-, Senk- oder Linsenkopfform.
Bei der konventionellen Niettechnik ist es erforderlich, dass die Werkstücke von beiden Seiten zugänglich sind, da beim Stauch- und Formprozess der Niet gegengehalten werden muss.

Blindnieten

Ist das Werkstück nur von einer Seite zugänglich, dann muss im Blindnietverfahren gearbeitet werden. Vorläufer war der sogenannte Sprengniet, der auf ein Patent des Flugzeugherstellers Heinkel in den 30er Jahren zurückgeht. Eine im hohlen Schaft des Niets befindliche Treibladung wird durch Wärmeeinwirkung gezündet und formt hierdurch den Setzkopf. Heute werden als Blindniete hauptsächlich
→ Hohlnieten
→ Bechernieten
verwendet, die durch Dorne oder Stifte aufgetrieben werden. Der Stift wird mittels der Nietzange durch den Niet gezogen und bricht nach dem Setzen des Niets an seiner Sollbruchstelle ab. Eine Variante der Blindniete ist die
→ Nietmutter

Hohlniet

Hohlnieten sind die gebräuchlichste Form der Blindnieten. Der Niet ist

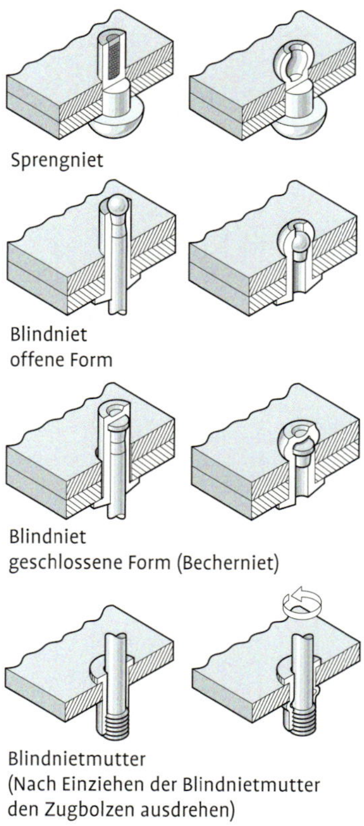

Blindnieten und Nietmuttern

Blindnieten mit der Nietzange

Eingezogener Blindniet

offen. Beim Einziehen reißt der Setzkopf ab und verbleibt wie ein Stopfen im Niet. Er ist allerdings nicht wasser- und luftdicht. Wenn man solche Nieten aus Aluminium im Außenbereich oder gar in einer Seewasseratmosphäre einsetzt, werden schon nach kurzer Zeit Korrosionserscheinungen eintreten. Der Stahl des Einzugdorns reagiert mit dem Aluminium des Niets und führt im Laufe der Zeit zur Zerstörung des Niets.

Becherniet

Der Becherniet ist einseitig geschlossen. Der Setzkopf des Einzugdorns ist am Ende des Niets in den Schaft eingewalzt. Wie beim Hohlniet reißt der Setzkopf ab und bleibt im Niet eingebettet. Da der Niet aber einseitig geschlossen bleibt, kann zumindest von einer Seite her keine Korrosion eintreten, auch ist der Niet dadurch wasser- und luftdicht. Wenn man auch von der offenen Gegenseite keine Korrosionseinflüsse wünscht kann die Nietöffnung mit einem Tröpfchen PU-Dichtkleber versiegeln.

Nietloch bohren

Ein eigentlich einfacher Vorgang, doch er hat in diesem Fall seine Tücken. Voraussetzung für eine dauerhafte und feste Nietverbindung ist ein präzises Bohrloch. Es muss genau dem Durchmesser des Niets entsprechen. Wenn das Bohrloch zu groß ist, der Niet also im Bohrloch „schlackert",wird beim Einziehen nicht die ganze Zugkraft in das Formen des Kopfes, sondern in das Aufweiten des Nietschaftes eingeleitet. Durch die unvollständige Ausformung des Nietkopfes wird dann nicht die maximal mögliche Festigkeit erreicht.

Die Nietlöcher werden sehr oft statt an der Tisch- oder Säulenbohrmaschine mit dem Bohrschrauber oder der Schlagbohrmaschine gebohrt. Weil die Führung mit der Hand, besonders in dünnem Blech, niemals 100%ig präzise ist, wird das Bohrloch immer etwas größer als der Bohrdurchmesser. Dies ist bekannt und deshalb setzt man im Handwerk zum Bohren von Blindnietlöchern spezielle Bohrer ein, deren Durchmesser beispielsweise 3,4mm, 3,9mm oder 4,3mm beträgt. In der

Ansetzen der Nietmutter

Eingezogene Nietmutter

Festigkeit von Blindnieten (Pop-Nieten)

Nietwerkstoff	Durchmesser mm	max. Scherkraft ca. N	max Zugkraft ca. N
Aluminium (AlMg 3)	2,4	340	450
	3	800	900
	4	1400	2000
	4 (ab 12mm Länge)	850	1000
	5	2100	2800
	6	3100	3500
Kupfer	3	800	1000
	4	1600	2200
Stahl	3	1100	1200
	4	2000	2300
	5	3400	4000
rostfreier Stahl 1.4301 / 1.4541	3	2200	2300
	4	4700	4750
	5	6300	7500

Festigkeit von Blindnietmuttern

(Richtwerte, verarbeitungs- u. herstellerabhängig)
Klemmbereich : Abhängig von der Schaftlänge
Lochdurchmesser: Schaftdurchmesser + 0,1 mm

Nietmutter-Werkstoff	Durch messer M	Anzugs moment kN	max. Scherkraft ca. N	max Zugkraft ca. N
Aluminium (AlMg 3)	3	0,6	1	2,8
	4	2	1,4	4,8
	5	4	1,8	6,5
	6	6.0	2,6	8,3
	8	15	4,3	13
	10	27	6,6	20
	12	45	9	28
Stahl	3	1,2	2,5	5
	4	3,1	3	8
	5	6,2	3,3	11
	6	10,2	4,4	15
	8	24,2	6,5	28
	10	48,5	8	38
	12	86	11,6	56
rostfreier Stahl 1.4305 1.4404	3	1,2	2,8	6
	4	3,1	3,3	9
	5	6,2	3,6	12
	6	10,2	5	16
	8	24,2	7,3	30
	10	48,5	8,6	40
	12	86	12	60

Praxis ergeben dann diese Bohrer Löcher mit 3,5mm, 4mm, 4,5mm, also genau passend für die Blindnieten. Wer auf eine gute Nietverbindung Wert legt, sollte sich der Praxis des Handwerks anschließen.
Nicht nur der Bohrlochdurchmesser ist wichtig, auch dem Entgraten der Bohrlöcher kommt die selbe Bedeutung zu. Wenn die Bohrlöcher einen Grat aufweisen, ist eine optimale Verformung des Niets nicht möglich.

Ein Grat am Bohrloch zwischen den Blechen führt dazu, dass sich die Bleche nicht dicht aneinander legen können und ist deshalb in jedem Fall zu vermeiden.

Nietmuttern

Die Nietmutter wird bei Bauteilen angewendet, in welche wegen der Werkstoffeigenschaften oder wegen zu geringer Werkstoffdicke kein tragfähiges Gewinde eingeschnitten werden kann.
Nietmuttern werden durch ein zangenförmiges Spezialwerkzeug mittels eines eingeschraubten Gewindebolzens gestaucht. Da die Zugkräfte je nach Nietwerkstoff erheblich sind, ist das manuelle Setzen mühsam.
Bei häufiger Anwendung lohnt sich der Einsatz eines mechanisch-hydraulischen Setzgerätes.

Korrosion bei Nietverbindungen

Um Korrosionswirkungen zu vermeiden sollte der Niet aus demselben Werkstoff wie die zu fügenden Bauteile bestehen. Es gilt also die Regel für folgende Kombinationen:

→ Stahlniete und Baustähle
→ Edelstahlniete und Edelstahl gleicher Werkstoffklasse (A2 nur mit A2, A4 nur mit A4 nieten)
→ Edelstahlniete und Alu im Innenbereich
→ Aluniete und Alu im Innenbereich
→ Aluniete AlMg3 und AlMg4 zum entsprechenden Alublech im Außenbereich
→ Monel® – Niete und Alublech im Außenbereich wenn hohe Festigkeit erforderlich ist

Holzverbindungstechnik

In der Holzverbindungstechnik gibt es lösbare und nicht lösbare Verbindungstechniken. Die lösbaren Verbindungstechniken sind meist Schraubverbindungen. Wegen des Setzverhaltens von Holzwerkstoffen ist die Haltbarkeit von Schraubverbindungen teilweise problematisch, weil sich die Schrauben lockern können. Die weitaus meisten Holzverbindungen sind deshalb nicht lösbare Verbindungen. Neben Nagelverbindungen wird meist verleimt. Die klassische Verleimung wird hierbei durch traditionelle Holzverbindungstechniken unterstützt. In Kombination miteinander ergeben sich hochwertige und auch sehr dekorative Holzverbindungen. Aus der Vielzahl der möglichen Verbindungstechniken sind im Folgenden solche ausgewählt, die vom Heimwerker mit vertretbarem Aufwand hergestellt werden können.

Anlängen

Beim Anlängen werden die Bauteile in Richtung ihrer Fasern miteinander verbunden. Weil hierbei die Stirnseiten (Hirnholz) aneinander stoßen und die Verbindungsfläche klein ist, sind Längsverbindungen grundsätzlich kritisch. Für eine sichere Verbindung muss die Klebefläche vergrößert werden, wobei es günstig ist, wenn die Holzfasern der zu verbindenden Bauteile auf einer gewisse Länge parallel verlaufen. Hierzu gibt es eine Reihe bewährter Techniken.

Breitenverbindungen

Bei Breitenverbindungen, z. B. von Brettern, verlaufen die Fasern an den zu verleimenden Längsseiten parallel, wodurch sich zusammen mit der relativ großen Klebefläche eine sichere Verbindung ergibt. Bei Breitenverbindungen ist eine Berücksichtigung der Jahresringe und des Holztyps (Splintholz, Kernholz) wichtig, um später eine möglichst ebene und verzugsarme Oberfläche zu erreichen.

Rahmenverbindungen

Rahmenverbindungen, Gestellverbindungen und Sprossenverbindungen werden verwendet, wenn Kanthölzer, Latten oder Leisten über Eck, über Kreuz oder als T-Stoß miteinander verbunden werden sollen. Meist stoßen hierbei Stirnseiten (Hirnholz) und Längsseiten aneinander. Für eine sichere Verbindung muss deshalb meist die Klebefläche vergrößert werden.

Eckverbindungen von Kanthölzern, T-Verbindungen von Leisten, Rahmen und Kanthölzern, T-Verbindungen von Brettern

T-Verbindungen von Brettern werden im Möbelbau verwendet. Hierbei stoßen meist die Schmalseiten von Brettern oder Platten aneinander.

Eckverbindungen

Typische Verbindungen im Möbelbau. Neben den üblichen Nagel-, Schraub- und Leimverbindungen sind die „gezinkten“ Eckverbindungen eine „klassische“ Holzverbindung, von der neben hoher Festigkeit auch eine sehr hohe dekorative Wirkung ausgeht.

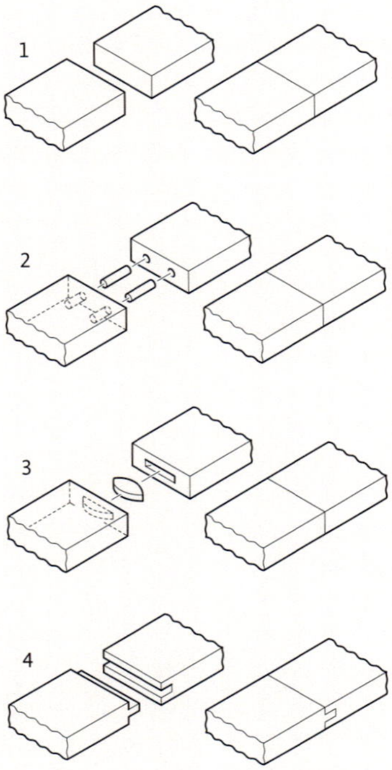

1 Hirnholzverleimung
Klebefläche gering.
Haltbarkeit gering.

2 Hirnholzverleimung mit Runddübel
Klebefläche und Haltbarkeit vergrößert.
Positionierung der Dübellöcher nur mit Hilfsvorrichtung sicher herzustellen.
Positionsfixierung nach dem Leimauftrag eindeutig.

3 Hirnholzverleimung mit Flachdübel
Klebefläche und Haltbarkeit vergrößert.
Positionierung der Dübelschlitze mit Flachdübelfräse relativ einfach.
Positionsfixierung nach Leimauftrag einfach.

4 Verleimung mit Nut und Feder
Klebefläche und Haltbarkeit vergrößert.
Herstellung einfach.
Positionsfixierung nach dem Leimauftrag einfach.

Anlängen

1 Längsseitenverleimung
Klebefläche gering.
Haltbarkeit gering.

2 Längsseitenverleimung mit V-Profil
Klebefläche gering.
Haltbarkeit gering.
Herstellung aufwändig.

3 Längsseitenverleimung mit Überlappung (Falz)
Klebefläche groß.
Haltbarkeit groß.
Herstellung einfach.

4 Längsseitenverleimung mit Nut und Feder
Klebefläche groß.
Haltbarkeit groß.
Herstellung einfach.

5 Längsseitenverleimung mit Runddübel
Klebefläche relativ klein.
Haltbarkeit durch Querdübel groß.
Positionierung der Dübellöcher nur mit Hilfsvorrichtung sicher herstellbar.

6 Längsseitenverleimung mit Flachdübel:
Klebeflächenvergrößerung entspricht Zahl der Flachdübel.
Haltbarkeit hoch.
Positionierung der Dübelschlitze mit Flachdübelfräse relativ einfach.

7 Längsseitenverleimung durch Falz in den Brettern und eingelegte Federn
Klebefläche groß.
Haltbarkeit hoch.
Herstellung einfach.

8 Längsseitenverleimung mit Nuten in den Brettern und separater Feder:
Klebefläche groß.
Haltbarkeit hoch.
Herstellung einfach.

Breitenverbindungen

Rahmenverbindungen

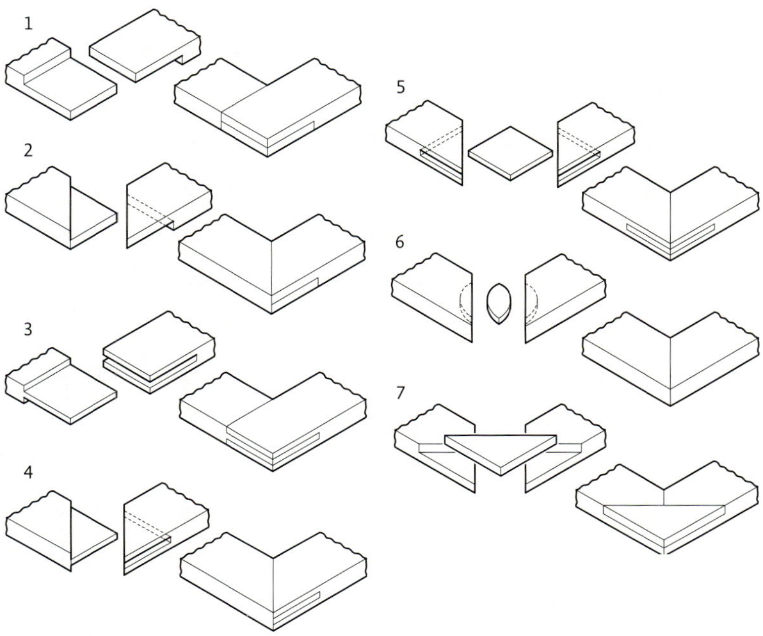

1 Leimverbindung mit einfacher Überlappung
Klebefläche und Festigkeit hoch.
Herstellung einfach.
Hirnholzflächen halbseitig versetzt sichtbar.

2 Leimverbindung mit einfacher, auf Gehrung geschnittener Überlappung
Klebefläche und Festigkeit hoch.
Herstellung einfach.
Die Hälfte einer Hirnholzfläche sichtbar.

3 Leimverbindung mit doppelter Überlappung
Klebefläche und Festigkeit sehr hoch.
Herstellung aufwändig.
Hirnholzflächen halbseitig versetzt sichtbar.

4 Leimverbindung mit doppelter, auf Gehrung geschnittener Überlappung
Klebefläche und Festigkeit sehr hoch.
Herstellung aufwändig.
Ein Drittel der Stirnholzfläche einseitig sichtbar.

5 Leimverbindung mit auf Gehrung geschnittener Überlappung und Feder
Klebefläche und Festigkeit sehr hoch.
Herstellung einfach.
Die Hälfte einer Hirnholzfläche der Feder sichtbar.
Dekorative Wirkung.

6 Leimverbindung mit auf Gehrung geschnittenen Stirnseiten und Flachdübel
Klebefläche und Festigkeit mäßig hoch.
Herstellung mittels Flachdübelfräse sehr einfach. Positionierung einfach.
Keine Hirnholzflächen sichtbar.

7 Leimverbindung mit auf Gehrung geschnittenen Rahmen und Überlappung durch aufgesetzte Feder
Klebefläche und Festigkeit hoch.
Herstellung einfach.
Je nach Schnitt der Feder Hirnholzflächen sichtbar.

T-Verbindungen

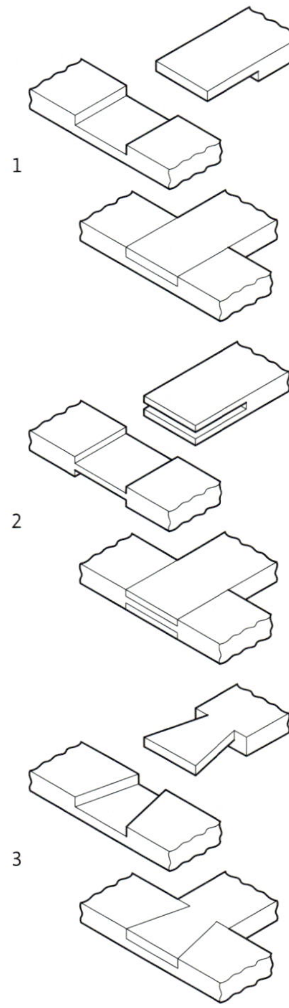

1 Verleimung mit halbseitiger, durchgehender Überlappung
Klebefläche und Haltbarkeit groß.
Herstellung einfach.
Hirnholz des Querholzes zur Hälfte sichtbar.

2 Verleimung mit doppelter, durchgehender Überlappung
Klebefläche und Haltbarkeit sehr groß.
Herstellung einfach.
Hirnholz des Querholzes zur Hälfte sichtbar.

3 Verleimung mit halbseitiger, durchgehender Schwalbenschwanzüberlappung
Klebefläche und Haltbarkeit groß.
Herstellung aufwändig.
Hirnholz des Querholzes zur Hälfte sichtbar.
Zugbelastungen werden gut aufgenommen.

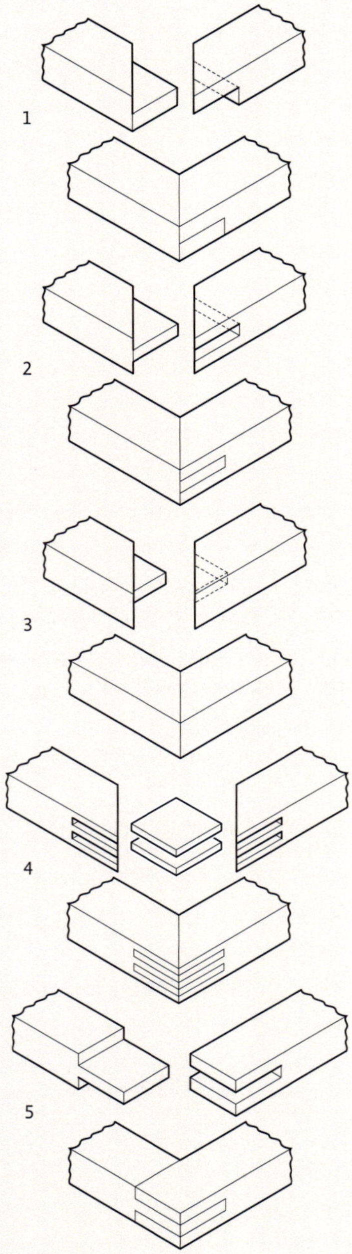

1 Leimverbindung mit einfacher, auf Gehrung geschnittener Überlappung
Klebefläche und Festigkeit mäßig hoch.
Herstellung einfach.
Die Hälfte einer Hirnholzfläche sichtbar.

2 Leimverbindung mit doppelter, auf Gehrung geschnittener Überlappung mit Zapfen
Klebefläche und Festigkeit hoch.
Herstellung aufwändig.
Hirnholzflächen des Zapfens sichtbar.

3 Leimverbindung mit doppelter, auf Gehrung geschnittener Überlappung und verdecktem Zapfen
Klebefläche und Festigkeit hoch.
Herstellung aufwändig.
Keine Hirnholzfläche sichtbar.

4 Leimverbindung mit auf Gehrung geschnittener Überlappung und doppelten Federn
Klebefläche und Festigkeit sehr hoch.
Herstellung einfach.
Die Hälfte einer Hirnholzfläche der Federn sichtbar.
Dekorative Wirkung.

5 Leimverbindung mit doppelter Überlappung
Klebefläche und Festigkeit sehr hoch.
Herstellung aufwändig.
Hirnholzflächen halbseitig versetzt sichtbar.

Eckverbindung von Kanthölzern

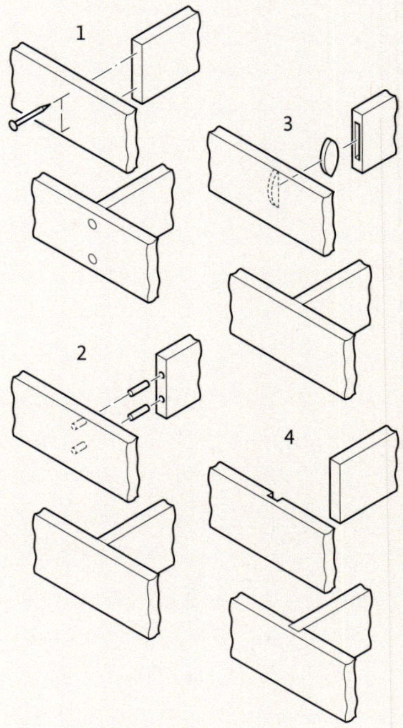

1 Nagel- oder Schraubverbindung auf Stumpfstoß
Herstellung einfach.
Haltbarkeit gering, da Nagel oder Schraube im Hirnholz halten muss.
Festigkeit kann durch zusätzliche Verleimung gesteigert werden.

2 Leimverbindung mittels Runddübel
Positionierung der Dübellöcher nur mit Hilfsvorrichtung sicher herzustellen.
Klebefläche und Festigkeit höher.
Verdeckte Dübellöcher möglich.

3 Leimverbindung mittels Flachdübel
Positionierung der Dübelschlitze mittels Flachdübelfräse einfach herzustellen.
Klebefläche und Festigkeit hoch.

4 Leimverbindung mittels Nut im Längsbrett
Herstellung einfach.
Klebefläche und Festigkeit relativ gering.

T-Verbindungen von Brettern

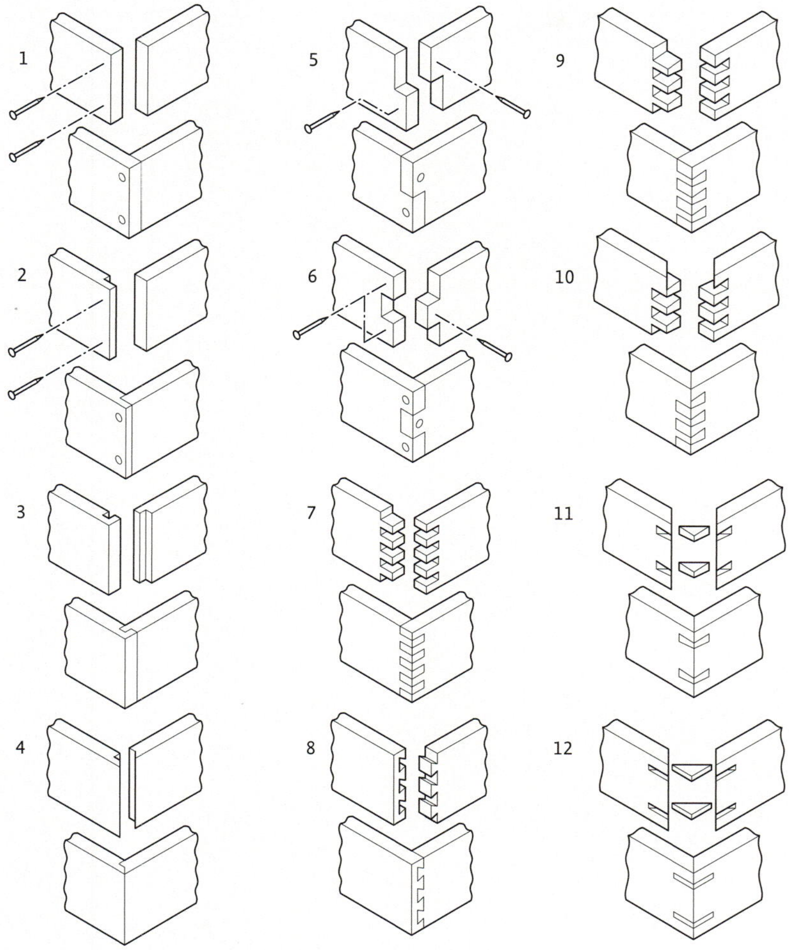

1 **Nagel- oder Schraubverbindung von Quer und Längsseite**
Haltbarkeit gering, kann durch zusätzliche Verleimung erhöht werden.
Herstellung einfach.
Eine Hirnholzfläche sichtbar.

2 **Nagel- oder Schraubverbindung von Quer- und Längsseite, einseitig gefalzt**
Haltbarkeit gering, kann durch zusätzliche Verleimung erhöht werden.
Herstellung einfach.
Ein Teil der Hirnholzfläche sichtbar.

3 **Leimverbindung von Quer- und Längsseite mittels Falz und Nut**
Klebefläche und Haltbarkeit mäßig groß.
Herstellung einfach.
Eine Hirnholzfläche sichtbar.

4 **Leimverbindung von Quer- und Längsseite mittels Gehrung und Schrägfalz**
Klebefläche und Haltbarkeit gering, aber deutlich höher als bei einfacher Gehrung.
Herstellung aufwändig.
Hirnholzflächen verdeckt.

5 **Nagel- oder Schraubverbindung von Quer- und Längsseite mit einfacher Überlappung**
Haltbarkeit gering, kann durch zusätzliche Verleimung erhöht werden.
Herstellung einfach.
Je eine Hirnholzfläche im Wechsel sichtbar.

6 **Nagel- oder Schraubverbindung von Quer- und Längsseite mit einfach gezinkter Überlappung**
Haltbarkeit etwas günstiger, kann durch zusätzliche Verleimung erhöht werden.
Herstellung einfach.
Je eine Hirnholzfläche im Wechsel sichtbar.

7 **Leimverbindung mittels hoher Anzahl von Fingerzinken**
Klebefläche und Haltbarkeit sehr hoch.
Herstellung handwerklich aufwändig, mit Zinkenfräsgerät jedoch sehr einfach.
Hirnholzflächen im Wechsel sichtbar.
Sehr dekorative Wirkung.

8 **Leimverbindung mittels halbverdeckter Gratverbindung (Schwalbenschwanz)**
Klebefläche und Haltbarkeit sehr hoch.
Herstellung handwerklich extrem aufwändig, mit Zinkenfräsgerät jedoch sehr einfach.
Eine Hirnholzfläche sichtbar.
Sehr dekorative Wirkung.

9 **Leimverbindung mittels Schwalbenschwanz-Fingerzinken**
Klebefläche und Haltbarkeit sehr hoch.
Herstellung handwerklich sehr aufwändig.
Hält auch ohne Leimung.
Hirnholzflächen im Wechsel sichtbar.
Sehr dekorative Wirkung.

10 **Leimverbindung mittels Schwalbenschwanz-Fingerzinken und Gehrung an der Stirnseite**
Klebefläche und Haltbarkeit sehr hoch.
Herstellung handwerklich sehr aufwändig.
Hält auch ohne Leimung.
Hirnholzflächen im Wechsel sichtbar.
Sehr dekorative Wirkung.

11 **Leimverbindung mittels konischer Federn und Gehrung**
Klebefläche und Haltbarkeit gegenüber reiner Gehrung verbessert.
Herstellung handwerklich einfacher als Fingerzinken.
Nur jeweils eine Hirnholzfläche der Federn sichtbar.
Dekorative Wirkung.

12 **Leimverbindung mittels einfacher Federn und Gehrung**
Klebefläche und Haltbarkeit gegenüber einfacher Gehrung verbessert.
Herstellung sehr einfach.
Nur jeweils eine Hirnholzfläche der Federn sichtbar.
Dekorative Wirkung.

Bohren und Befestigen in Steinwerkstoffen

Bohrverfahren für Steinwerkstoffe

Gesteinswerkstoffe müssen grundsätzlich anders bearbeitet werden als spanende Werkstoffe wie Holz oder Metall. Steinwerkstoffe haben ein sprödes Gefüge und sind hart. Das Bohren erfolgt durch Zertrümmern und anschließenden Transport der Gesteinstrümmer aus dem Bohrloch.

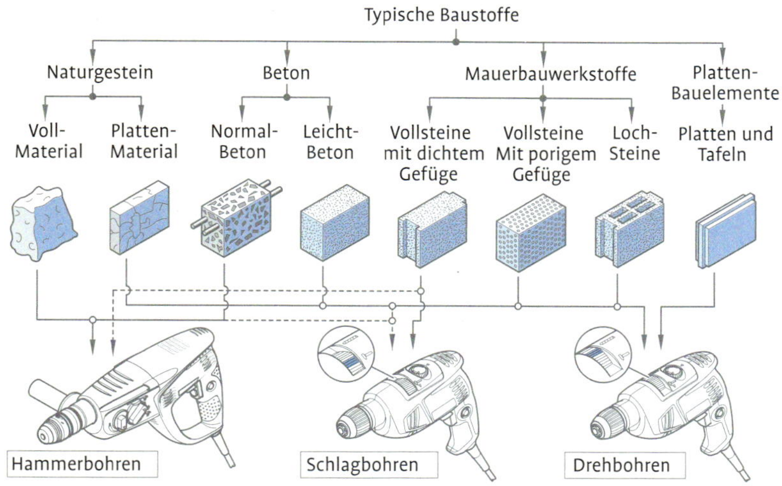

Bohrverfahren für Steinwerkstoffe

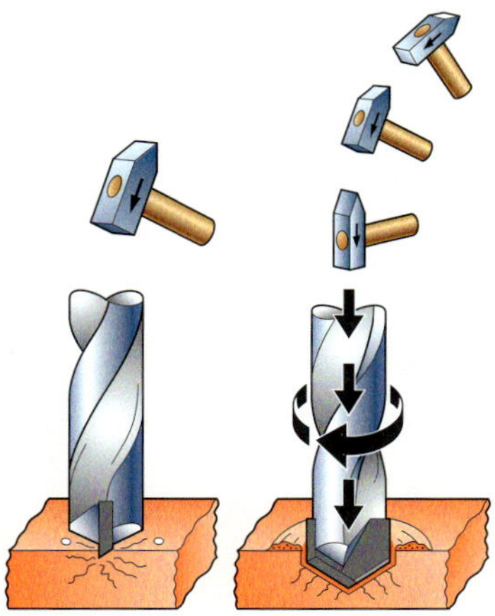

A Durch Schlageinwirkung wird das Gestein zertrümmert

B Durch gleichzeitige Dreh- und Schlagbewegung wird ein Loch erzeugt und das Bohrmehl aus dem Bohrloch gefördert

Bohren durch Schlagen und Drehen

Man kann Steinwerkstoffe mit drei Methoden Bohren:

- → durch Drehbohren
- → durch Schlagbohren
- → durch Hammerbohren

Welches Verfahren das beste Ergebnis erzielt, hängt vom zu bohrenden Material ab.

Drehbohren

Spezialbohrer mit scharf geschliffenen Hartmetallschneiden eignen sich für „weiche“ Werkstoffe wie Leichtbeton, einfach gebrannte Ziegel und Hohlziegel.

Typische Elektrowerkzeuge:

- → Bohrmaschinen
- → Schlagbohrmaschinen im Bohrmodus
- → Bohrschrauber

Schlagbohren

Bei härterem Mauerwerk, wie beispielsweise Kalksandstein, ist

Schlagbohrmaschine

Schlagbohrschrauber

Schlagbohrmaschine

Akku-Schlagbohrmaschine

Leichter Akku-Bohrhammer

Schlagbohren die günstigste Bohrtechnik.
Typisches Elektrowerkzeug:
→ Schlagbohrmaschine im Schlagbohrmodus

Hammerbohren

In Beton und hartem Naturgestein, wie Granit oder Sandstein, ist der Bohrfortschritt beim Schlagbohren langsam und mühsam. Hier erzielt man mit Hammerbohren die besten Ergebnisse.
Typisches Elektrowerkzeug:
→ Bohrhammer

Schlagbohrmaschinen

Schlagbohrmaschinen können universell zum Bohren mit Schlag und zum Drehbohren ohne Schlag verwendet werden. Es gibt sie in den Varianten als Netzgerät, als Akku-Schlagbohrmaschine und als Akku-Schlagbohrschrauber.
Die Schlagerzeugung in der Schlagbohrmaschine erfolgt durch eine Rastenscheibe. Die Schlagbewegung beträgt nur wenige Millimeter und ist nicht sehr stark. Deshalb ist eine hohe Anzahl von Schlägen nötig, um eine Wirkung zu erzielen. In der Praxis arbeitet man mit etwa 20000 Schlägen pro Minute. Das Schlaggeräusch ist durch dieses Prinzip unvermeidbar laut und unangenehm. Eine Schlagwirkung findet nur statt, wenn man die Maschine stark andrückt. Bei vielen Bohrungen oder beim Bohren in Beton ermüdet man dadurch sehr schnell.

Steinbohrer zum Schlagbohren

Grundsätzlich benötigen Steinbohrer eine Hartmetallschneide. Zum Schlagbohren ist diese Schneide meißelförmig angeschliffen. Die Auswahl ist groß, es gibt für jede Gesteinsart den passenden Bohrertyp.

Steinbohrer zum Schlagbohren

Steinbohrer zum Drehbohren

Auch diese Steinbohrer haben eine Hartmetallschneide. Sie ist jedoch scharf geschliffen und hat statt der schlagenden eine schabende Wirkung. Die Bohrer werden für einfach gebrannte Ziegel und Hohlziegel sowie für Gasbeton verwendet.

TIPP

Die billigsten Bohrer sind qualitativ die schlechtesten. Sie stumpfen schnell ab und die Schneiden sind nicht widerstandsfähig. „Teure“ Bohrer sind wegen der längeren Lebensdauer am Ende preiswerter.

Steinbohrer zum Drehbohren

Eingang-Bohrhammer

Zweigang-Bohrhammer

Bohrhämmer

Bohrhämmer haben ein Schlagwerk, das sehr starke Schläge erzeugt. Im Gegensatz zur Schlagbohrmaschine ist deshalb die Schlagzahl gering. Dadurch ist das Arbeitsgeräusch wesentlich weniger störend. Das Hammerschlagwerk bildet ein eigenständiges Element; die Schlagstärke ist deshalb nicht vom Andruck durch den Anwender abhängig. Durch die geringeren Vibrationen ist das Bohren mit dem Bohrhammer weniger ermüdend.
Bohrhämmer gibt es sowohl für Netz- als auch für Akkubetrieb. Leichte Bohrhämmer haben ähnlich der Schlagbohrmaschine eine Pistolenform. Mittlere bis schwere Bohrhämmer haben die charakteristische L-Form. Je nach Ausstattung eigenen sich Bohrhämmer zum Drehbohren, Hammerbohren und zum Meißeln.

Hammerbohrer

Wegen der hohen Schlagenergie benötigt man für Bohrhämmer so genannte Hammerbohrer. Sie sind aus besonders hochwertigem Stahl und haben eine Hartmetallschneide mit einer besonderen

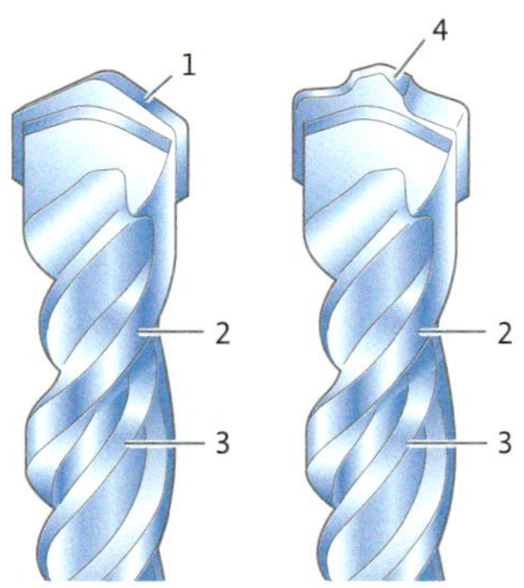

1 Schneidkopf
2 Hauptwendel
3 Nebenwendel
4 Zentrierspitze

Dübelbohrer

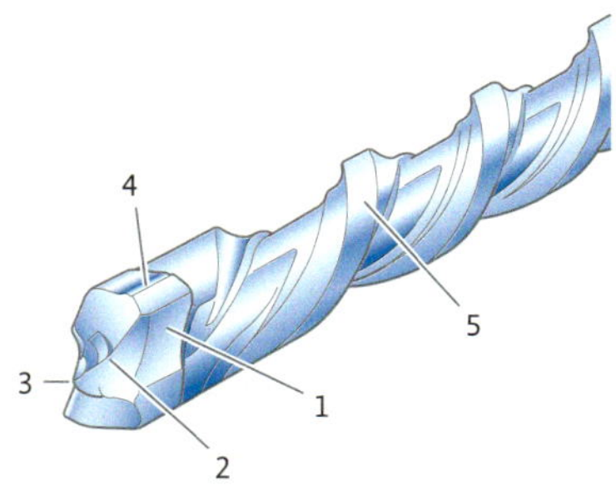

1 Vollhartmetallkopf mit Vierschneidengeometrie
2 Schneidkante
3 Zentrierspitze
4 Abnutzungsmarkierung
5 Optimierte Spiralgeometrie

Hammerbohrer mit Vollhartmetallkopf

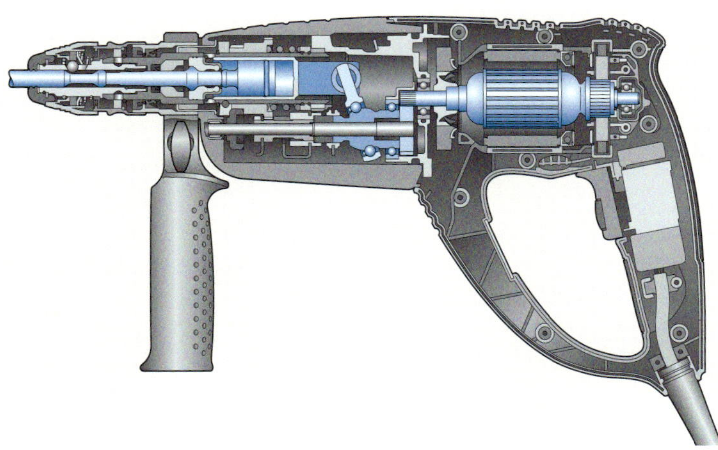

Aufbau eines Bohrhammers

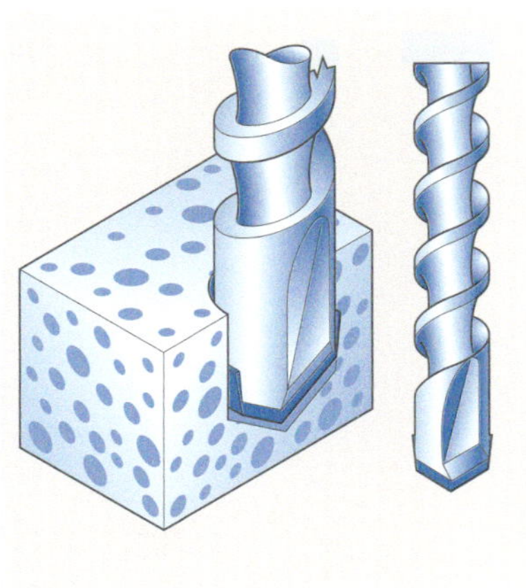

Hammerbohrer für tiefe Bohrungen

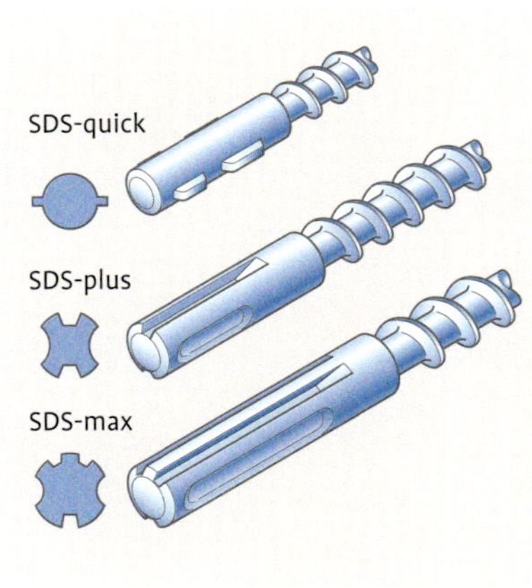

SDS-Spannschäfte für Hammerbohrer

Schneidengeometrie. Der Bohrerschaft hat im Gegensatz zum normalen Rundschaft des Steinbohrers einen SDS-Schaft mit standardisiertem Schaftdurchmesser.

Schlagbohrmaschine oder Bohrhammer?

Das Bohren von Löchern in Steinwerkstoffe ist normalerweise eine eher seltene Anwendung. Beim Bau, Umbau oder bei der Sanierung des Eigenheims ist dagegen häufig das Bohren in Wände und Decken nötig. In diesem Falle sollte ein Bohrhammer zur Grundausstattung gehören. Wegen des schnelleren Arbeitsfortschritts, der bequemeren Anwendung und des weniger störenden Geräusches ist dabei der Bohrhammer eine sinnvolle Ergänzung der Schlagbohrmaschine.
Zusätzlich besteht bei einem Bohrhammer mit Drehstopp die Möglichkeit zum Meißeln.

Bohrhammer für Netz- oder Akkubetrieb?

Bohrhämmer für Akkubetrieb verfügen über ausreichend Leistung, um Dübellöcher schnell und unabhängig von einem Kabel zu bohren. Wenn jedoch neben der Bohrhammerfunktion auch eine Meißelfunktion gewünscht wird und bei der Sanierung von Wohnungen und Altbauten längere Bohr- und Meißelarbeiten anfallen, ist es günstiger, einen Bohrhammer für Netzbetrieb zu wählen.

Arbeitssicherheit beim Steinbohren

Die Gefahr einer Bohrerblockade ist beim Bohren in Gestein höher als in anderen Werkstoffen. Speziell beim Betonbohren können einzelne Kiesel oder eingebettete Stahlarmierungen zu einer schlagartigen Blockade führen. Durch das dabei auftretende Rückdrehmoment werden sehr große Kräfte frei. Man darf deshalb die Schlagbohrmaschine nie im Einhandbetrieb verwenden. Nur bei beidhändigem Führen der Maschine kann man die Kräfte auffangen. Bohrhämmer haben zur Sicherheit eine eingebaute Überrastkupplung. Blockiert der Bohrer, überrastet diese Kupplung und begrenzt das Drehmoment. Allerdings wirkt diese Kupplung nur dann sicher, wenn man die Maschine beidhändig führt. Bei Schlagbohrmaschinen mit Drehmomentkontrolle kann man die Einstellung so wählen, dass die Maschine bei einer Bohrerblockade sofort stehen bleibt.

Trotz dieser Sicherheitseinstellungen gilt:

- **→ Beim Bohren in Steinwerkstoffen Maschine stets zweihändig führen!**
- **→ Staub ist eine weitere Gefahrenquelle bei der Steinbearbeitung. Besonders sind hier die Augen und die Atemorgane gefährdet. Deswegen muss man stets eine Schutzbrille verwenden!**
- **→ Gegen den Staub schützt man sich am besten dadurch, dass man eine Bohrmaschine oder einen Bohrhammer mit integrierter oder anbaubarer Staubabsaugung verwendet.**

TIPP

Wände sind nicht durchsichtig. Besonders bei Umbauten besteht deshalb die Gefahr, dass man Strom- oder Wasserleitungen anbohrt. Die Folgeschäden können erheblich sein. Es ist sinnvoll, die Bohrposition vorher mit einem Metalldetektor zu prüfen (siehe Kapitel Messtechnik).

Bohren von Ziegelmauerwerk

Einfach gebrannte Ziegel sind relativ weich und können deshalb schnell und präzise mit Drehbohren bearbeitet werden. Schlagbohren bringt keine nennenswerte Verkürzung der Bohrzeit.

Bohren von Hohlziegeln

Beim Schlagbohren oder Hammerbohren von Hohlziegeln werden die Kammerstege zertrümmert und der Dübel hält dadurch nicht. Hohlziegel sollten deswegen stets ohne Schlag und nur mit Drehbohren gebohrt werden.

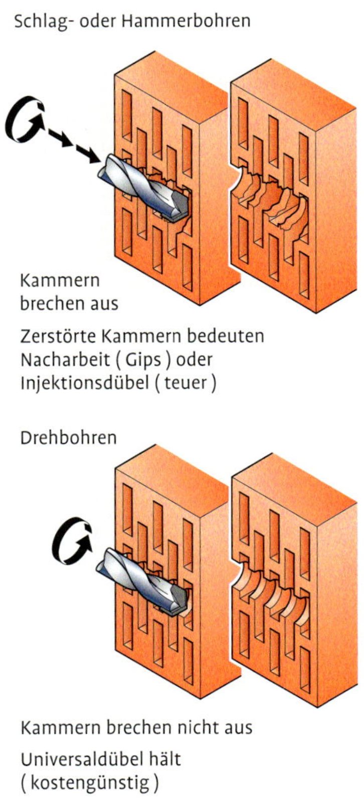

Bohren in Lochziegel nur ohne Schlag

Bohren von dünnen Platten und Kacheln.

Wie bei Hohlziegeln auch hier nur Drehbohren. Beim Schlag- oder Hammerbohren bricht das Bohrloch beim Durchgang aus.

TIPP

Auch Marmorplatten sollten wegen der Bruchgefahr ohne Schlag gebohrt werden. Wenn man die Kachel zum Bohren auf eine ebene halbelastische Unterlage (z. B. Gummimatte) legt, ist die Bruchgefahr geringer als auf einer harten Unterlage.

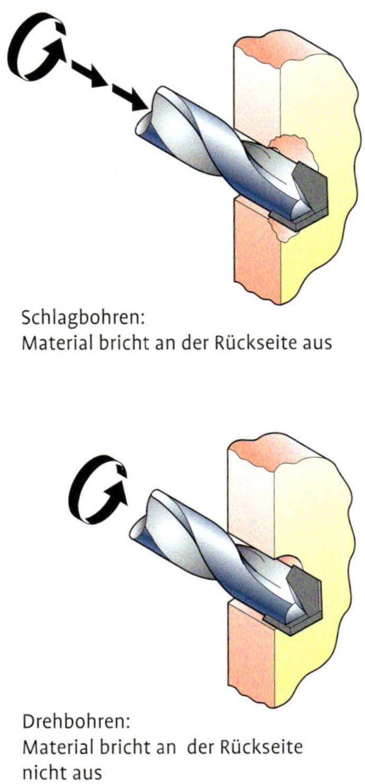

Bohren in dünne Platten nur ohne Schlag

Bohren von Beton

Grundsätzlich sollte man vor dem Bohren mit einem Metalldetektor prüfen, wo die Stahlarmierung verläuft. Sollte dies aus irgend einem Grunde nicht möglich sein, sollte man zumindest Hammerbohrer mit Schneidkopf verwenden.

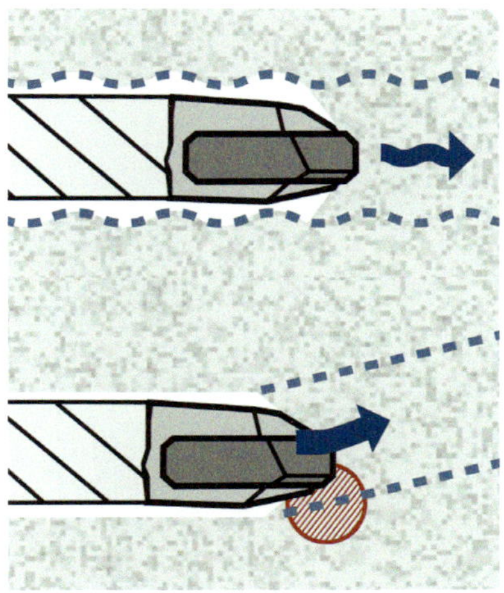

Normale Hammerbohrer bohren nicht präzise. Beim Auftreffen auf Armierung wird der Bohrer abgelenkt und klemmt

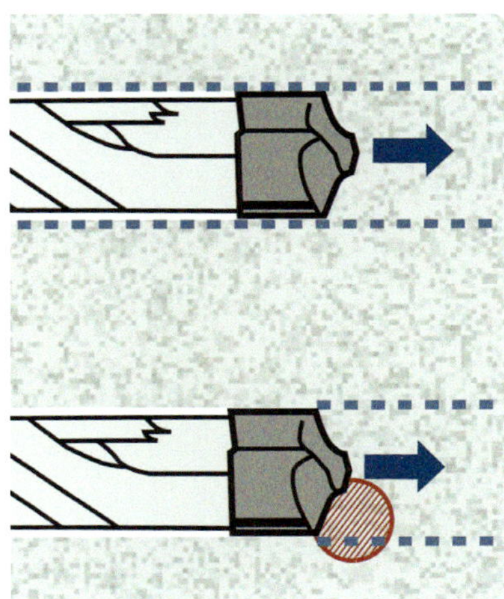

Hammerbohrer mit Voll-Hartmetallkopf bohren präzise. Der Bohrer wird bei Armierungstreffern nicht abgelenkt

Im Gegensatz zum Hammerbohrer mit eingesetzter Schneidplatte ist der Vollhartmetall-Kopf stabiler, wird durch die Armierung nicht abgelenkt und bricht nicht so leicht aus.

TIPP

Hammerbohrer mit Vollhartmetall-Kopf haben auch einen besseren Rundlauf. Der Dübel hält durch das präzise Bohrloch besser.

Sicherheitshinweis
Bei Last tragenden Betonbauteilen darf die Armierung nicht beschädigt werden. Im Zweifelsfall ist eine Rücksprache mit dem Statiker oder dem Architekten nötig. Man sollte deshalb vor Bohrbeginn die Lage der Armierung mit einem Ortungsgerät feststellen.

Bohren von Steckdosenlöchern.

Zum Bohren dieser großen Löcher benützt man Hohlbohrkronen. Mit ihnen wird ein ringförmiger Spalt bis zur gewünschten Tiefe gebohrt. Anschließend wird der stehen gebliebene Kern heraus gebrochen. In Mauerwerk wird nur drehend gebohrt, die spezielle Bohrkrone dafür hat scharf geschliffene Hartmetallzähne.

Bohren von Steckdosenlöchern

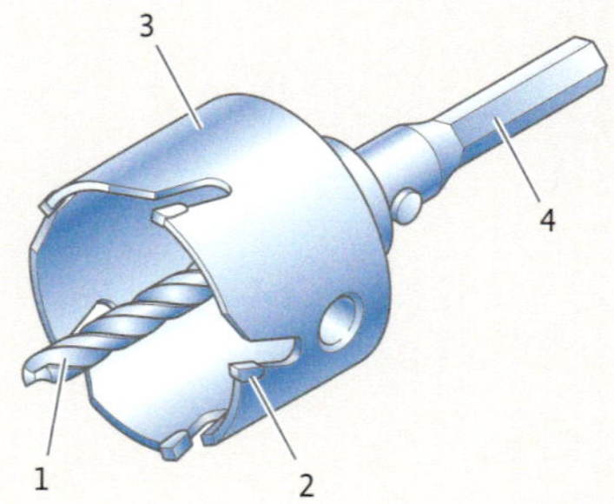

1 Zentrierbohrer
2 scharfe HM-Zähne
3 Bohrkrone
4 Aufnahmeschaft

Bohrkrone für Drehbohrbetrieb

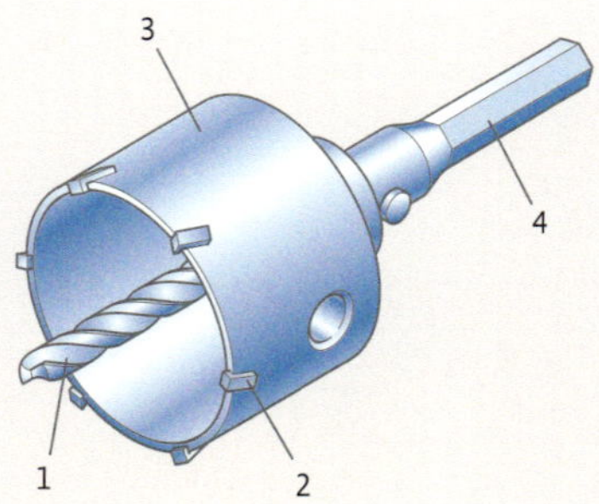

1 Zentrierbohrer
2 HM-Meißelzähne
3 Bohrkrone
4 Aufnahmeschaft

Bohrkrone für Schlagbohrbetrieb

In Beton kann nur schlagend gebohrt werden. Die Zähne der Bohrkrone sind deshalb meißelförmig angeschliffen. Die Bohrkronen gibt es mit 6-kant-Schaft für Schlagbohrmaschinen und mit SDS-Schaft für Bohrhämmer.

TIPP

Der Bohrfortschritt mit der Schlagbohrmaschine ist sehr langsam. Schlagende Bohrkronen sind deshalb nur für Bohrhämmer empfehlenswert.

Der logische Weg zum richtigen Bohrverfahren

Bei der Befestigungstechnik in Steinwerkstoffen ist stets der Baustoff das wichtigste Kriterium. Der Baustoff bestimmt die Bohrtechnik und daraus folgend den entsprechenden Bohrer und das Elektrowerkzeug. Dabei ist auch die Form des Baukörpers zu berücksichtigen. Dünne Plattenwerkstoffe sind, auch wenn sie aus sehr hartem Material bestehen, meist bruchempfindlich und dürfen deshalb nicht mit Schlag gebohrt werden, auch wenn die Anwendung Drehbohren wesentlich länger dauert. Grundsätzlich müssen stets Bohrer mit Hartmetallschneiden verwendet werden.
Beim Schlagbohren ist zu beachten, dass es für fast jeden Baustoff einen speziell geeigneten Steinbohrer gibt. Mit ihnen ist in jedem Fall ein schnellerer Arbeitsfortschritt und eine längere Standzeit möglich als mit den billigen Allerwelts-Steinbohrern vom Discounter.

Der logische Weg zum richtigen Bohrer und Bohrwerkzeug für Steinwerkstoffe

Baustoff	Handelsform	Bauteil	Bohrvorgang	Bohrertyp	Elektrowerkzeug
Naturgestein	Granit	Vollmaterial	hämmernd	Hammerbohrer	Bohrhammer
		Tafeln	drehend	Drehbohrer	Schlagbohrmaschine in Bohrstellung
	Marmor	Vollmaterial	hämmernd	Hammerbohrer	Bohrhammer
		Tafeln	drehend	Drehbohrer	Schlagbohrmaschine in Bohrstellung
	Travertin	Vollmaterial	drehend	Drehbohrer	Schlagbohrmaschine in Bohrstellung
		Tafeln	drehend	Drehbohrer	Schlagbohrmaschine in Bohrstellung
	Sandstein	Vollmaterial	drehend	Drehbohrer	Schlagbohrmaschine in Bohrstellung
Beton	Normalbeton	Vollmaterial	hämmernd	Hammerbohrer	Bohrhammer
		Tafeln	drehend	Drehbohrer	Schlagbohrmaschine in Bohrstellung
	Fertigbeton	Vollmaterial	hämmernd	Hammerbohrer	Bohrhammer
		Tafeln	drehend	Drehbohrer	Schlagbohrmaschine in Bohrstellung
	Leichtbeton	Vollmaterial	drehend	Drehbohrer	Schlagbohrmaschine in Bohrstellung
Vollbausteine mit dichtem Gefüge	Vollziegel		drehend	Drehbohrer	Schlagbohrmaschine in Bohrstellung
	Kalksandstein	leicht	drehend	Drehbohrer	Schlagbohrmaschine in Bohrstellung
		schwer	schlagend	Schlagbohrer	Schlagbohrmaschine in Schlagstellung
Vollbausteine mit porigem Gefüge	Schwemmstein		drehend	Drehbohrer	Schlagbohrmaschine in Bohrstellung
Lochbausteine	Hohlblocksteine		drehend	Drehbohrer	Schlagbohrmaschine in Bohrstellung
	Hohlziegel				
	Leichtbeton				
Plattenbaustoffe	Gipskarton		drehend	Drehbohrer	Schlagbohrmaschine in Bohrstellung
	Leichtbauplatten				

Dübeltechnik

Die meisten Löcher werden zum Einsetzen von Dübeln gebohrt. Erfahrungsgemäß erfolgen im Heimwerkerbereich 90% aller Bohrungen mit den Durchmessern 5; 6; 8 und 10 mm. Man benötigt als Grundausrüstung also zunächst nur Bohrer mit diesen Durchmessern, wobei man auf gute Qualität achten sollte. Für den guten Sitz und die Belastbarkeit des Dübels sind entscheidend:

→ die Bohrlochqualität
→ die Bohrlochtiefe

Bohrlochqualität

Die Bohrlochqualität hängt ab von dem für den Baustoff geeigneten Bohrverfahren:

→ Drehend bei weichen Steinwerkstoffen und Mauerwerk.
→ Schlagend bei harten Steinwerkstoffen und Beton.

Vor allem aber hängt sie von ruhiger, winkelgenauer Maschinenführung ab. Ein winkelgenaues Bohrloch erreicht man beispielsweise, wenn man mit einer aufsteckbaren Staubabsaugung bohrt. Durch die breite Grundfläche der Absaugeinrichtung kann die Maschine genau im Winkel von 90° zur Bauteiloberfläche angesetzt werden.

Winkelgenaues Ansetzen ist wichtig!

Bohrlochtiefe, Dübel- und Schraubenlänge

Wie tief gebohrt werden muss, hängt vom Dübel ab. Aus der Dübellänge und dem zu befestigenden Bauteil ergibt sich auch die notwendige Schraubenlänge. Die Schraube muss in festgezogenem Zustand den Dübel mindestens in seiner ganzen Länge ausfüllen.
Die Wahl des passenden Dübels hängt vom Baustoff und von der Last ab. Detaillierte Anweisung erhält man in den Katalogen der Dübelhersteller. Deshalb werden hier nur die wichtigsten Befestigungsarten und Montagetechniken dargestellt.

Befestigungsarten

Die Befestigungsarten werden nach der Art der Krafteinleitung in den Baukörper unterschieden in

→ Reibschluss
→ Formschluss
→ Stoffschluss

Reibschlussbefestigung

Befestigung durch Aufspreizen des Dübels im Baustoff. Die dabei entstehende Reibungskraft muss höher sein als die auf den Dübel wirkende Auszugskraft, damit die Befestigung hält. In weichen Baustoffen benötigt man eine größere Aufspreizung als in harten Baustoffen.

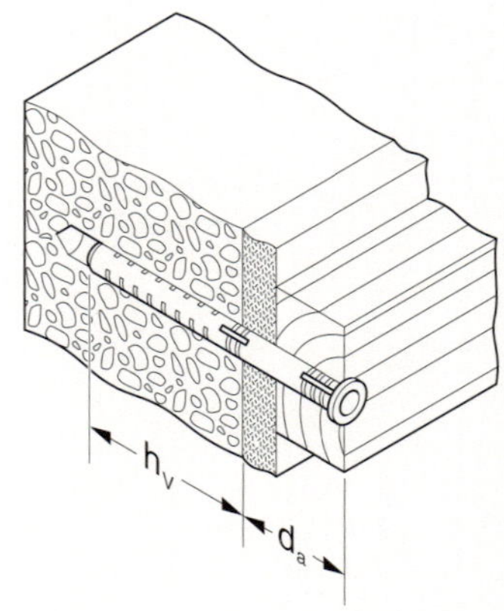

h_v = Verankerungstiefe
d_a = Nutzlänge (Klemmdicke)

$h_v + d_a$ = Dübellänge

Dübellänge

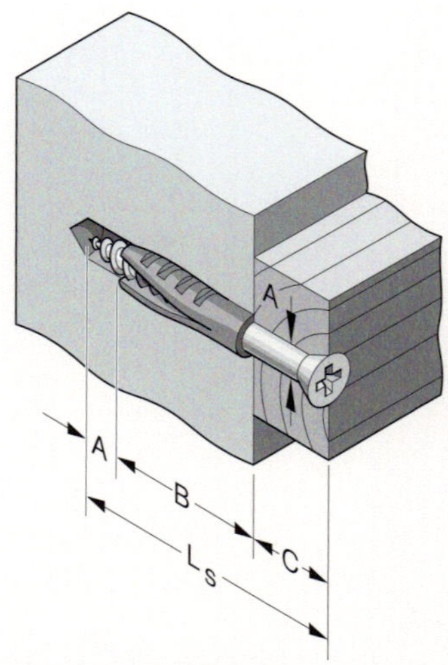

Formel zur Ermittlung der Mindestschraubenlänge L_s:
$L_s = A + B + C$
A = Schraubendurchmesser

Beispiel:

Schraubendurchmesser A:	= 6 mm
+ Dübellänge B:	= 50 mm
+ Dicke des Bauteils C:	= 20 mm
= Gesamtlänge der Schraube:	= 76 mm

Bei der Wahl der Schraubenlänge ist auf die passende Standardlänge aufzurunden. Da wäre in diesem Beispiel = 80mm

Schraubenlänge

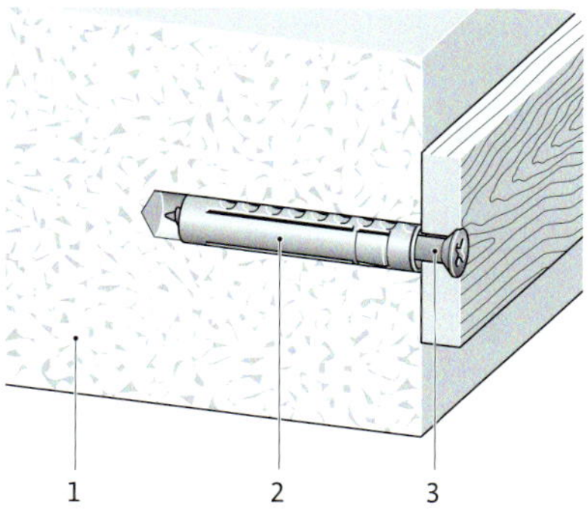

1 Baukörper
2 Dübel klemmt durch Spreizung
3 Schraube

Reibschluss

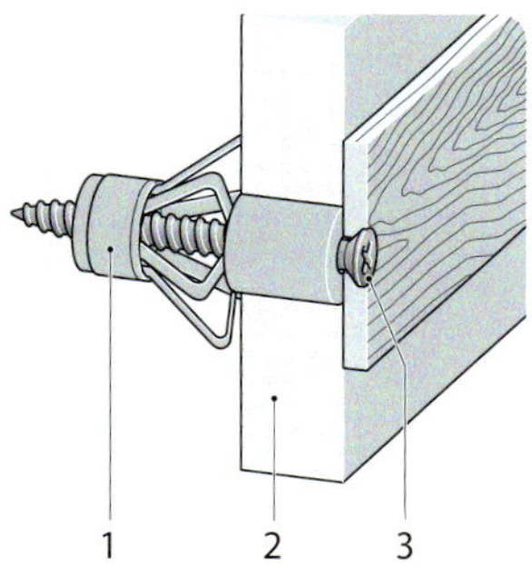

1 Baukörper
2 Dübel klemmt durch Formanpassung
3 Schraube

Formschluss

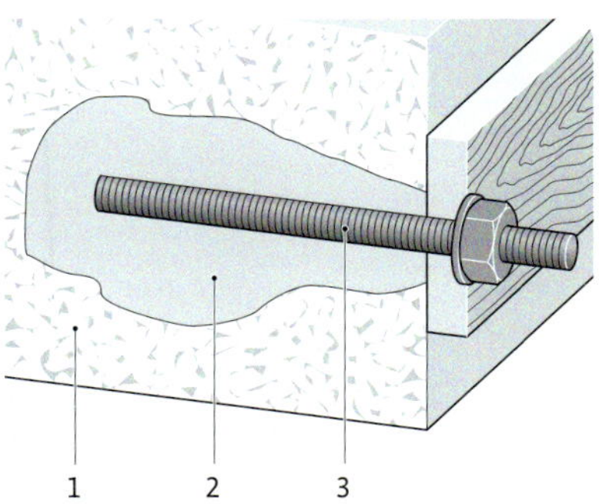

1 Baukörper
2 Dübel ist in Kleber oder Mörtel eingebettet
3 Gewindebolzen

Stoffschluss

Formschlussbefestigung

Beim Formschluss verändert der Dübel seine Form so, dass er sich an den Hohlraum im Baustoff anpasst. Die Haltekräfte hängen von der Festigkeit des Dübels und des Baustoffes ab.

Stoffschlussbefestigung

Beim Stoffschluss werden Dübel und Baustoff durch geeignete Kleber, Mörtel oder Kunstharze miteinander verbunden. Die Haltekräfte hängen von der Festigkeit der Klebeverbindung und der Festigkeit des Baustoffes ab.

Dübel für Beton

Bohrlöcher in Beton können präzise und maßhaltig ausgeführt werden. Der Werkstoff besitzt eine hohe Festigkeit und kann deshalb hohe Kräfte aufnehmen. Zur Anwendung kommen Dübel und Anker mit Reibschluss, Formschluss und Stoffschluss.

Dübel für Mauerwerk

Mauerwerk gibt es in vielen Varianten. Meist verwendet man Dübel mit Reibschluss, bei weichen Baustoffen Dübel mit Stoffschluss. In Hohlsteinen werden unter Umständen Dübel mit Formschluss eingesetzt.

Dübel für Plattenwerkstoffe

Plattenwerkstoffe sind meist von geringer Festigkeit und Dicke. Man verwendet deshalb Dübel mit Formschluss.

Montagearten

Die Art der Montage hängt davon ab, was man wie befestigen will. Die häufigsten Montagearten sind
→ Vorsteckmontage
→ Durchsteckmontage
→ Abstandsmontage

Vorsteckmontage

Die Vorsteckmontage ist die häufigste Montageart. Sie wird universell angewendet. Bei der Vorsteckmontage wird das Dübelloch gebohrt und dann der Dübel bündig zum Baukörper eingesteckt. Dann wird das zu befestigende Bauteil aufgesetzt und festgeschraubt.
Die Durchsteckmontage wendet man an, wenn der zu befestigende Gegenstand nur mit einem Dübel befestigt werden muss.

Durchsteckmontage

Die Durchsteckmontage ist zweckmäßig, wenn das zu montierende Bauteil mit mehreren Schrauben befestigt werden muss. Die Dübel

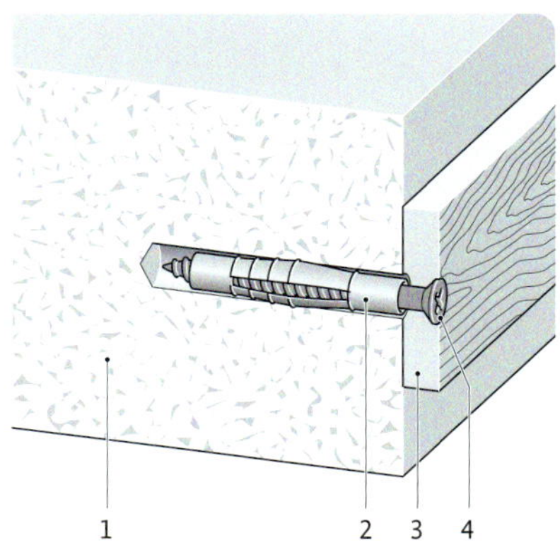

1 Baukörper
2 Dübel
3 Bauteil
4 Schraube

Vorsteckmontage

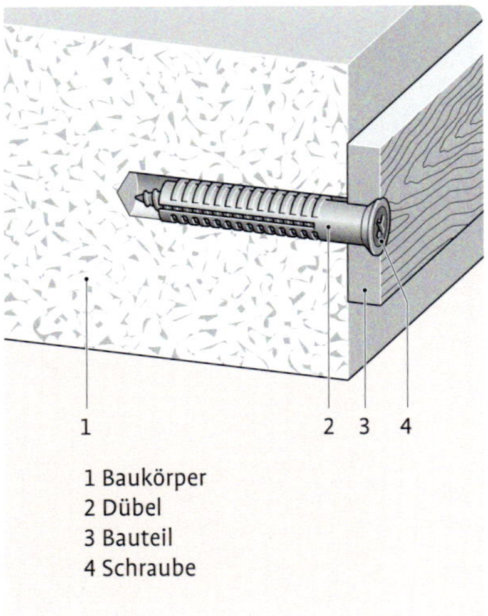

Durchsteckmontage

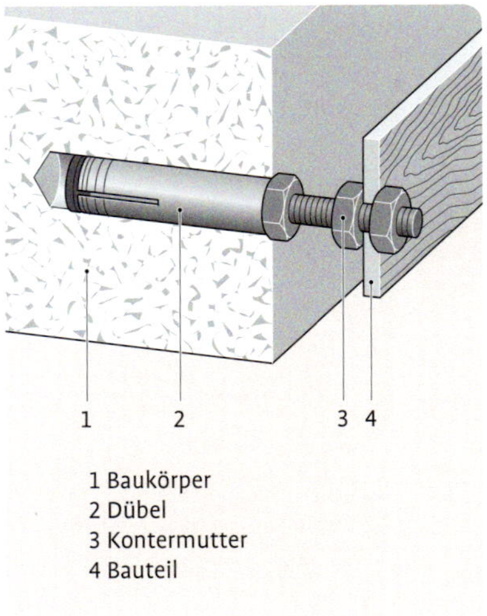

Abstandsmontage

werden durch das zu befestigende Bauteil hindurch in das vorgebohrte Loch im Baukörper gesteckt. Es schließt dabei meist bündig mit dem zu befestigenden Bauteil ab.
Die Durchsteckmontage eignet sich hervorragend für Befestigungen, die mehr als einen Dübel erfordern. Man befestigt das Bauteil zunächst mit einem Dübel und bohrt dann die verbleibenden Dübellöcher durch das Bauteil hindurch. Man hat dann die Gewissheit, dass alle Bohrungen passen

Abstandsmontage
Die Abstandsmontage verwendet man, wenn das zu befestigende Bauteil in einem bestimmten Abstand zum Baukörper befestigt werden muss. Die Anwendung erfolgt meist bei abgehängten Decken und bei Fassaden und Verkleidungen.

Der logische Weg zum passenden Dübel

Die Auswahl des geeigneten Dübels oder Ankers erfolgt stets nach dem folgenden Schema, das am Ende zur richtigen Auswahl des geeigneten Dübels aus dem Produktkatalog eines Dübelherstellers führt.

Der logische Weg zum passenden Dübel

Baustoff	Anwendung	Spreizkraft	Wirkungsweise	Dübelart
Gasbeton	leichte Belastung	ja	Reibschluß	Normaldübel
		ja	Reib / Formschluß	Spreizdübel
	schwere Belastung	nein	Stoffschluß	Klebeanker
Lochsteine	leichte Belastung	ja	Reib / Formschluß	Spreizdübel
	schwere Belastung	nein	Formschluß	Injektionsdübel
Mauerwerk	leichte bis mittlere Belastung	Ja	Reibschluß	Normaldübel
Dünne Baustoffe	leichte Belastung	nein	Formschluß	Spreizdübel
		nein	Formschluß	Kippdübel
Beton	leichte Belastung	ja	Reibschluß	Normaldübel
	schwere Belastung hängend	ja	Reibschluß	Metalldübel
	schwere Belastung	ja	Reibschluß	Metalldübel
		nein	Stoffschluß	Klebeanker

Die Auswahl beschreibt einfache Befestigungsaufgaben. Bei speziellen und sicherheitrelevanten Befestigungsaufgaben richte man sich stets nach den Empfehlungen der Dübelhersteller !

Festgestellter Schaden
- a Beschädigte / zertrümmerte Hartmetallschneideplatte, umlaufende Fressspuren am Bohrerkopf.
- b Schlag-/Druckspuren und Kerben am Wendelschaft.

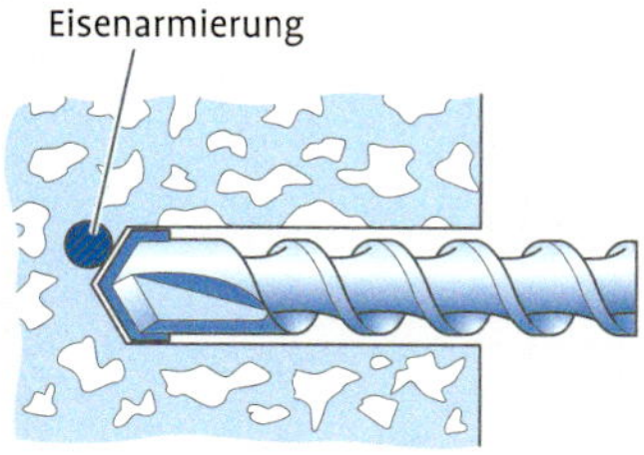

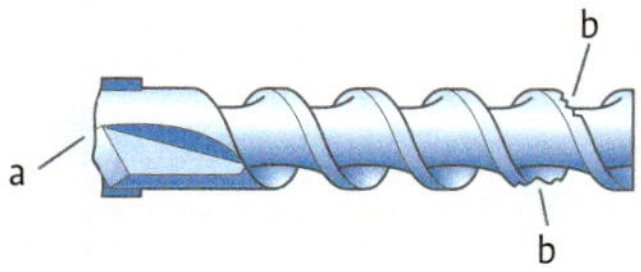

Ursachen
- a Mit dem Bohrer wurde auf Eisenarmierung oder ähnlichem gebohrt und die Schneide dabei überlastet.
- b Steckengebliebener Bohrer wurde mit Hammer oder Rohrzange befreit.

Festgestellter Schaden
- a Spiralschaft ist über die Wendelnutlänge hinaus blank und verschlissen. Dadurch evtl. auch Bohrerkopf oder Schaft gebrochen.
- b Wendelnuten mit Schmutz, Teer oder ähnlichem gefüllt. Dadurch evtl. auch Bohrerkopf oder Schaft gebrochen.

z.B. Holz bei Durchsteckmontagen

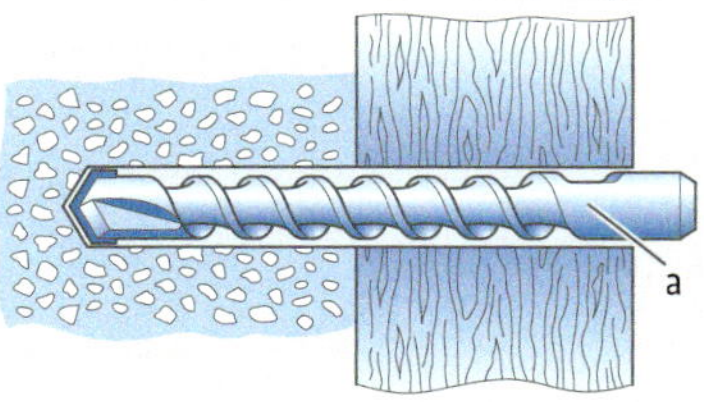

z.B. Bitumen

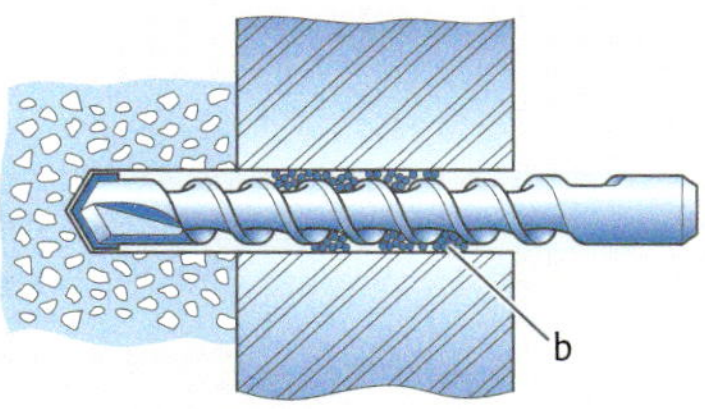

Ursachen
- a Mit dem Bohrer wurde über die Wendelnutlänge hinaus gebohrt. Bohrmehlabfuhr ist verhindert. Der Bohrmehlstau führt zu Überlastung/Überhitzung und auch zum Bruch des Bohrers.
- b Beim Durchbohren von weichen oder zähen Baustoffen verschmieren und verkleben die Wendelnuten. Der Bohrmehlstau führt zu Überlastung/Überhitzung und auch zum Bruch des Bohrers.

Festgestellter Schaden
- a Hartmetallschneideplatte seitlich stark verschlissen.
- b Hartmetallschneideplatte stumpf mit runden Ecken. Verschleiß gleich oder größer als 2/3 der Plattendicke.

Ursachen
- a/b Normaler Verschleiß, Schneidplatte nicht nachgeschliffen (dadurch evtl. auch Bruch des Bohrers).

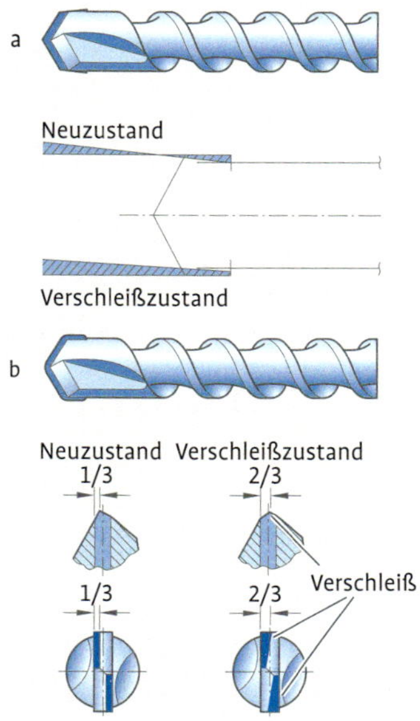

Festgestellter Schaden
- a Hartmetallschneideplatte hat sich einseitig oder durchgehend gelöst, ist herausgefallen.
- b Bohrergrund ist bis Plattengrund ausgebrochen (keine unsachgemäße Verwendung/Behandlung feststellbar).

Ursachen
- a/b Fehlerhafte Lötung; Materialfehler.

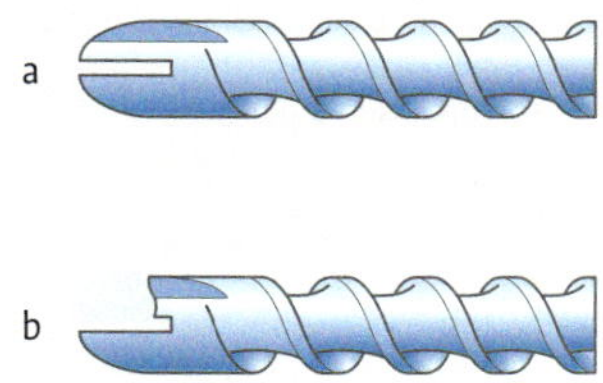

Typische Schadensfälle an Bohrern mit Hartmetallschneiden

Löten

Löten ist eine Verbindungstechnik für Werkstücke aus gleichen oder verschiedenen Metallen, die sich zum Löten eignen. Als Verbindungsmittel dient ein Zusatzwerkstoff (Lot). Zum Löten benötigt man Hitze. Der Schmelzpunkt des Lotes muss unter dem Schmelzpunkt der zu verbindenden Metalle liegen. Zusätzlich kommen Flussmittel zur Anwendung, um eine Oxidbildung an der Lötstelle zu verhindern. Die Lötverbindung entsteht durch feste Benetzung des Lotes an den Fügeflächen, wobei es sich an den Übergangszonen in das Metall einlegiert. Der Vorteil einer Lötverbindung ist, dass sich das Lot durch Kapillarwirkung in enge Spalten von ca. 0,05-0,2 mm zieht und dadurch eine sehr innige Verbindung eingeht. Selbst großflächige Verbindungen sind durch Löten möglich, wenn die Fläche gleichmäßig auf Löttemperatur erhitzt werden kann.
Man unterscheidet die Lötverfahren nach der Arbeitstemperatur in
→ Weichlöten
→ Hartlöten

A

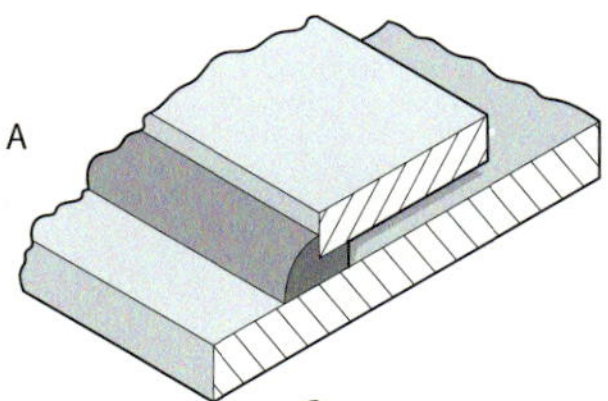

B

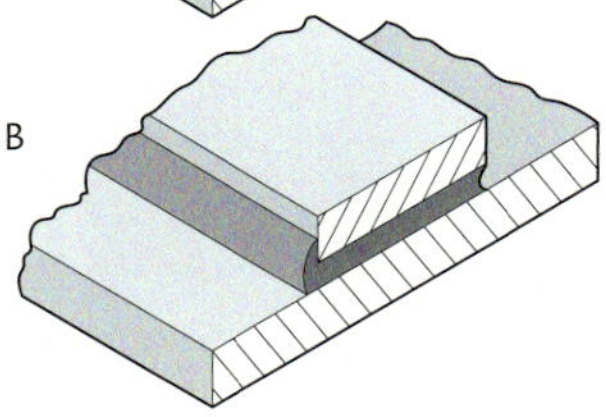

A

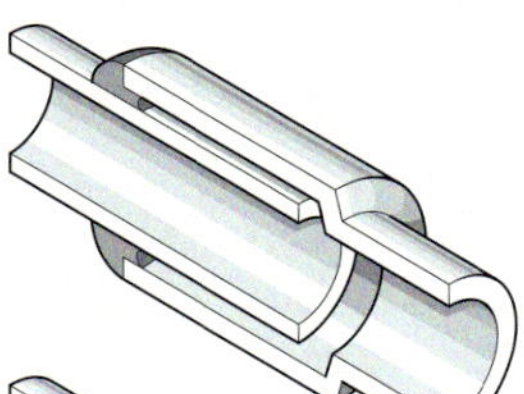

B

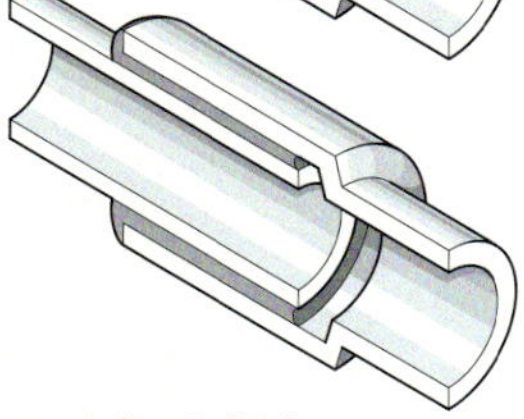

A Benetzen der Lötfläche
B Kappilarwirkung zieht das Lot in den Spalt

Weichlöten

Weichlöten findet bei Temperaturen unterhalb von 450 °C statt. Als Lot werden im Heimwerkerbereich meist Zinnlote mit Schmelztemperaturen von ca. 180-300° C verwendet. Die Wärmezufuhr erfolgt bei kleinen Werkstücken durch elektrische Lötkolben oder Lötpistolen. Großflächige Werkstücke kann man auch mit elektrischen Heißluftgebläsen oder gasbetriebenen Lötbrennern erhitzen.

Hartlöten

Hartlötungen sind Verbindungen mit Loten, deren Schmelzpunkt über 450 °C liegt. Hierzu werden Lote aus Kupfer/Zink (Messinglote) oder Kupfer/Zink/Silber (Silberlote) verwendet. Hartlötungen erfolgen durchweg mit Gasbrennern.

Flussmittel

Flussmittel sind nötig, um nach vorhergegangener Reinigung der Lötstelle die Bildung einer Oxidschicht beim Erhitzen zu vermeiden, damit das Lot die Fügeflächen vollständig benetzen kann. Mit Ausnahme von Kolophonium (Harz), das bei Weichlötungen in der Elektrotechnik verwendet wird, sind Flussmittel aggressiv (säurehaltig). Nach Beendigung des Lötvorganges müssen grundsätzlich alle Flussmittelreste durch abwaschen neutralisiert und entfernt werden.

Lötbare Werkstoffe

Alle Edelmetalle, Kupfer und Kupferlegierungen (Messing, Bronze) können sehr gut gelötet werden, Eisenmetalle und Leichtmetalle teilweise nur mit umfangreichen Vorbereitungen oder gar nicht. Alle nichtmetallischen Werkstoffe können nicht gelötet werden.
Aluminium ist beim Löten ein Sonderfall. Mit einem Speziallot, das durch einen sehr hohen Siliziumgehalt sehr schnell dünnflüssig und damit benetzend wirkt, können Bauteile aus Alulegierungen miteinander verlötet werden. Hierzu muss die Oxidschicht an der Lötstelle mit einem Stahlstichel (notfalls Schraubendreherklinge!) angekratzt werden. Das Lot fließt dann unter die Oxidschicht und verbindet die Bauteile. Diese Aluminium-Basislote werden auch als Aluminium-Reibelote bezeichnet und bieten die einzige Möglichkeit, an komplexen Aluminiumteilen Reparaturen durchzuführen.
Eine interessante Information zum Thema Aluminiumlote findet man auf der Website http://www.alu-loeten.de

Weichlote

Typ	Bezeichnung	Schmelzbereich °C	Werkstücktemeperatur mindestens °C	Typische Verwendung
Blei-Zinn-Lote	L-PbSn 20 Sb 3	186...270	270	Karosseriebau, Kupfer
	L-PbSn 12 Sb	250...295	295	Karosseriebau, Kupfer
	L-PbSn 40 (Sb)	183...235	235	Verzinnen, Bleche
	L-PbSn 8 (Sb)	280...305	305	Verzinnen, Bleche
Zinn-Blei Lote	L-Sn 63 Pb	183	183	Elektrotechnik
	L-Sn 60 Pb	183...190	190	Elektrotechnik
Zinn-Blei Lote mit Zusatz	L-Sn 63 PbAg	178	178	Elektrotechnik
	L-Sn 60 PbCu2	183...190	190	Elektrotechnik
	L-Sn 60 PbCuP	183...190	190	Elektrotechnik
Sonderlote	L-SnIn 50	117...125	125	Glas-Metall-Lötungen
	L-SnAg 5	221...240	240	Elektotechnik, Kupfer
	L-SnSb 5	230...240	240	Kältetechnik, Kupfer
	L-SnCu 3	230...250	250	Kupfer, Installation

Geräte zum Weichlöten

Bei der Geräteauswahl kommt es darauf an, ob es sich um punktuelle Lötstellen wie beispielsweise in der Elektrotechnik oder um großflächige Lötverbindungen handelt. Zur Auswahl stehen

→ Lötkolben
→ Lötpistolen
→ Heißluftgebläse

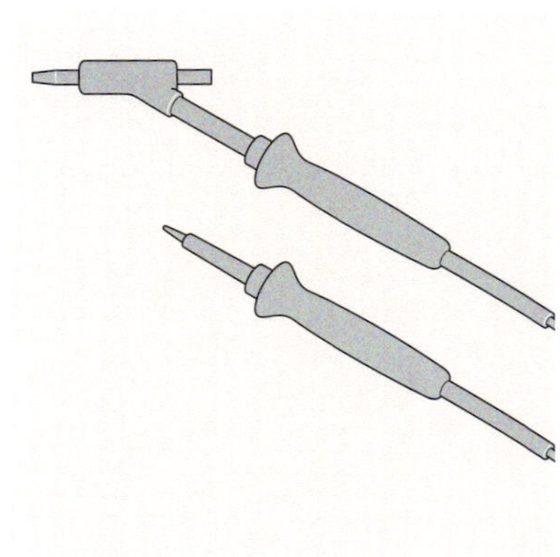

Lötkolben

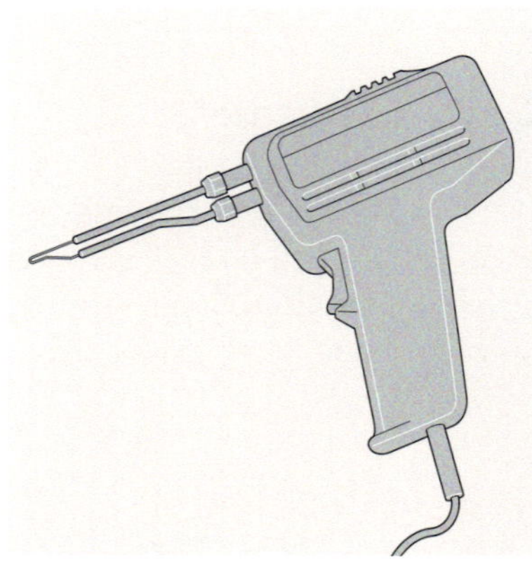

Lötpistole

Elektrische Lötkolben

Die Heizleistung von elektrischen Lötkolben reichen von ca. 5–500 Watt. Die Typen niedriger Leistung werden für Lötungen im Elektronikbereich, die Typen hoher Leistung im Installationsbereich angewendet. Nachteilig ist die ständige Leistungsaufnahme und die bei großen Lötkolben lange Aufheiz- und Abkühlzeit.

Elektrische Lötpistolen

Lötpistolen sind nur für den Kurzzeitbetrieb geeignet. Die Lötspitze heizt sich beim Einschalten innerhalb von 1–2 Sekunden auf. Lötpistolen sind deshalb ideal für Lötarbeiten mit langen Arbeitspausen zwischen den Lötungen. Nachteilig ist das höhere Gewicht der Lötpistolen durch den eingebauten Transformator.

Heißluftgebläse

Heißluftgebläse eignen sich nur dann zum Löten, wenn die zu lötenden Werkstücke durch den Heißluftstrom genügend schnell auf Löttemperatur gebracht werden können. Weil der Heißluftstrom auch die Umgebung der Lötstelle erwärmt, sind sie für Lötungen im Elektronik-Elektrobereich nicht geeignet. Ein

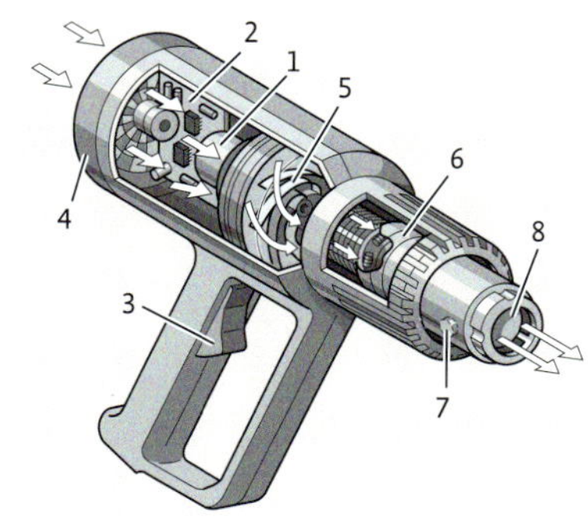

1 Motor
2 Regelplatine
3 Schalter
4 Regler
5 Gebläse
6 Heizung
7 Temperatursensor
8 Blende

Heißluftgebläse

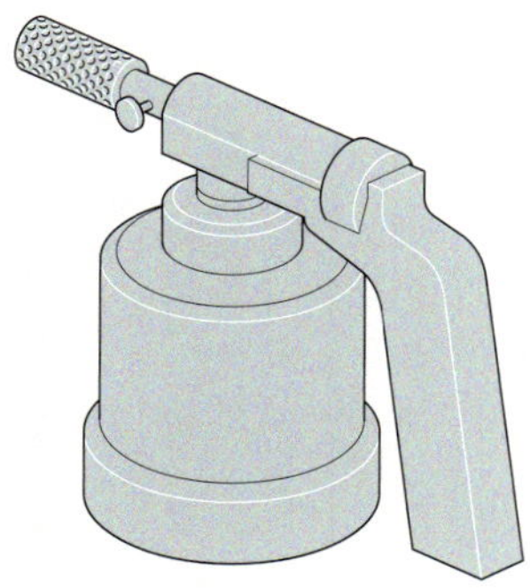

Lötbrenner

bevorzugtes Einsatzgebiet ist das Verlöten von dünnwandigen Kupferrohren, beispielsweise im Installationsbereich.

Geräte zum Hartlöten

Die Temperaturen beim Hartlöten betragen zwischen ca. 650° C (Silberlot) und ca. 950 °C (Kupfer- und Messinglot). Hartlötungen werden deshalb nur mit Löt- oder Schweißbrennern als so genannte Flammlötungen durchgeführt.

Lötpraxis

Die Qualität einer Lötstelle hängt entscheidend von der Vorbereitung der Lötstelle ab. Sie muss sauber und fettfrei sein. Oxidschichten müssen entfernt werden. Je besser die Fügeflächen aneinander passen und je geringer der Zwischenraum ist, umso besser hält die Lötstelle. Bei Abständen oder Zwischenräumen über 0,2 mm geht die Festigkeit der Lötstelle drastisch zurück.

TIPP

Mit einem Schleifvlies können dünne Oxidschichten auf Metallen sehr gut entfernt werden, weil sich das Vlies auch an komplexen Werkstücken sehr gut an die Oberflächenform anpasst.

Kalte Lötstellen

Wenn das Lot wegen mangelnder Hitze nicht dünnflüssig wird sondern nur einen breiigen Zustand erreicht, hält die Lötstelle nicht. Man spricht dann von einer „kalten Lötstelle". Speziell bei Lötungen in der Elektrotechnik kann es zu

Hartlote

Typ	Bezeichnung	Schmelzbereich °C	Werkstücktemeperatur mindestens °C	Typische Verwendung
Aluminium-Basislote	L-AlSi 12	575...590	590	Al-Legierungen mit hohem Schmelzpunkt
	L-AlSi 10	575...595	595	Al-Legierungen mit hohem Schmelzpunkt
	L-AlSi7,5	575...615	615	Al-Legierungen mit hohem Schmelzpunkt
Silberlote	L-Ag 5	820...870	870	Stahl, Kupfer, Nickel
	L-Ag 55 Sn	620...660	660	Stahl, Kupferlegierungen, Nickellegierungen
	L-Ag 44	675...735	735	Stahl, Kupferlegierungen, Nickellegierungen
Kupfer-Basislote	L-CuP 8	710...740	710	Kupfer, Kupferlegierungen
	L-CuZn 40	890...900	900	Stahl, Kupfer, Nickel
	L-CuSn 6	910...1040	1040	Stahl

Löten mit der Lötpistole

Kontaktstörungen kommen, die auf den ersten Blick oft nicht erklärbar sind, aber meist auf kalte Lötstellen zurückzuführen sind. Kalte Lötstellen entstehen oft auch dadurch, dass die zu verbindenden Teile während der Abkühlung des flüssigen Lotes nochmals bewegt wurden!

TIPP

Kalte Lötstellen erkennt man an der rauen und matten Oberfläche. Gute Lötungen haben eine glatte und glänzende Oberfläche.

Arbeitssicherheit beim Löten
Gefährdung besteht bei Berührung mit den erhitzten Teilen der Lötgeräte und dem erhitzten Werkstück. Von Kolophonium abgesehen enthalten Flussmittel sehr oft ätzende Bestandteile. Der Kontakt damit muss vermieden werden. Die beim Löten entstehenden Dämpfe können die Atemwege schädigen. Die Dämpfe müssen deshalb abgesaugt werden, bzw. es sind entsprechende Atemschutzmasken zu verwenden.

Kunststoffschweißen

Heißluftpistolen verwendet man auch zum verschweißen thermoplastischer Kunststoffe wie beispielsweise PVC oder PE. Zum Schweißen verwendet man spezielle Düsen, die den Heißluftstrom auf die Schweißstelle konzentrieren und eine Öffnung zur Zufuhr des Schweißzusatzes haben. Als Schweißzusatz werden Kunststoffstäbe oder Kunststoffdrähte aus demselben Werkstoff verwendet. Wegen der Gefahr des Überhitzens von Werkstück und Schweißzusatz muss die ideale Heißlufttemperatur sehr genau ausgetestet werden. Deshalb unbedingt erst an Materialproben üben!

Verschweißen von Kunststoffbahnen

Schweißtechnik

Gasschmelzschweißen

Die Schweißtechnik ist neben der Verschraubungstechnik eine der wichtigsten Verbindungstechniken in der Metallbearbeitung. Schweißverbindungen sind unlösbare Verbindungen. Die Schweißverbindung (Schweißnaht) hat, je nach gewähltem Schweißverfahren, ähnliche oder gleiche Eigenschaften wie der Grundwerkstoff. Schweißen von Metallen ist stets Hochtemperaturschweißen, wobei der Grundwerkstoff an der Schweißstelle auf Schmelztemperatur erhitzt werden muss. Die Schweißung kann bei bestimmten Schweißverfahren und Schweißnahtformen ohne Zusatzwerkstoff (Schweißzusatz) erfolgen, meist jedoch wird ein Schweißwerkstoff zugeführt. Zu den handwerklich am häufigsten eingesetzten Schweißtechniken gehören

→ Gasschmelzschweißen (autogenes Schweißen) und
→ Lichtbogenschmelzschweißen.

Im gewerblichen Bereich setzen alle Schweißverfahren eine umfassende Ausbildung und Erfahrung voraus, die durch regelmäßige Prüfung vor den verantwortlichen Organisationen bestätigt werden muss. Dies gilt insbesondere dann, wenn die Schweißnähte sicherheitsrelevante Funktionen haben.

Dem an der Schweißtechnik interessierten Heimwerker sei deshalb dringend empfohlen an Schweißlehrgängen teilzunehmen. Informationen darüber erteilen die örtlichen Handwerkskammern und Schweißgerätehersteller.

Die in diesem Kapitel vorgestellten Schweißtechniken dienen zur Information über die unterschiedlichen Verfahren und ihre Eigenschaften.

Beim Gasschmelzschweißen (autogenes Schweißen) wird die Schweißstelle durch die Flamme eines Sauerstoff-Brenngas-Gemisches erhitzt. Als Brenngas dient in der Regel Acetylen, mit dem eine Flammentemperatur von 3200 °C erreicht wird. Die Gase werden in der Mischdüse des Brenners gemischt und verbrennen außerhalb der Schweißdüse, deren Größe den Gasdurchsatz und damit die erzeugte Wärmemenge pro Zeiteinheit bestimmt. Innerhalb der Schweißflamme herrschen verschiedene Temperaturen, was beim Schweißvorgang zu beachten ist. Durch die Schweißflamme wird der Luftsauerstoff von der Schweißnaht ferngehalten. Je nach dem (einstellbaren) Mischungsverhältnis von Sauerstoff und Brenngas erhält man eine neutrale Flamme oder eine Verbrennung mit Gasüberschuss (grünliche Flamme) oder Sauerstoffüberschuss (bläuliche Flamme). Ersterer bewirkt durch Aufkohlung der Schweißnaht eine Härtung, letztere eine Versprödung durch Sauerstoffaufnahme.

Der Zusatzwerkstoff wird in Form eines Drahtes oder Stabes zugeführt. Mit dem Gasschmelzschweißverfahren können fast alle Metalle miteinander verbunden werden, Leichtmetalle und ihre Legierungen jedoch nur unter Einschränkungen oder gar nicht.

Der Umgang mit Sauerstoff und Brenngas sowie der offenen, stetig brennenden Schweißflamme erfordert besondere persönliche und räumliche Schutzmaßnahmen. Vorteilhaft ist die Möglichkeit, durch entsprechende Wahl der Flammengröße auch dünnste Materialien und kleinste Werkstücke (Goldschmied!) kontrolliert schweißen zu können. Gasschmelzschweißverfahren sind unabhängig von der Elektrizität und eignen sich deshalb auch für Schweißungen im Außenbereich.

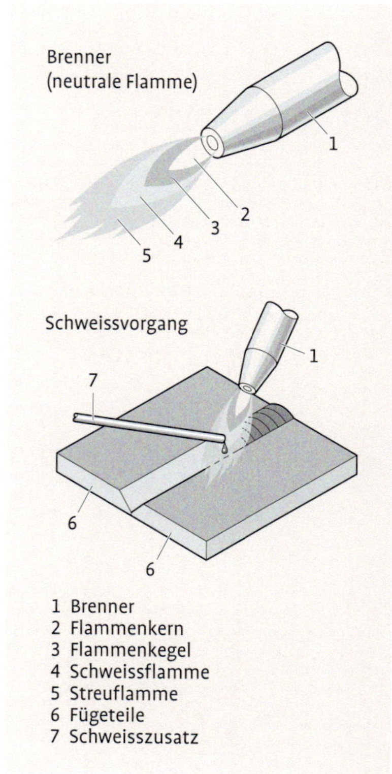

Gasschmelzschweißen (Autogenes Schweißen)

Lichtbogenschmelz-schweißen

Bei diesem Verfahren, populär auch „Elektroschweißen“ genannt, wird die zum Schweißen nötige Wärme durch einen elektrischen Lichtbogen erzeugt. Die wichtigsten Verfahren sind:

- → „Elektrodenschweißen“ (Lichtbogen-Handschweißen)
- → Schutzgasschweißen (MAG, MIG)

Elektrodenschweißen

Unter dieser populären Bezeichnung versteht man die einfachste Art des Lichtbogenschmelzschweißens.
Der Schweißzusatz hat die Form einer Stabelektrode, die Gegenelektrode wird durch das Werkstück gebildet.
Durch Aufsetzen der Elektrode auf das Werkstück entsteht zwischen Elektrode und Werkstück zunächst ein Kurzschluss mit hoher Temperatur welcher die Elektrodenspitze zum Schmelzen bringt. Beim Abheben der Elektrode bildet sich zwischen Werkstück und Elektrodenspitze der Lichtbogen. Beim Gleichstromschweißen entstehen am Pluspol (Werkstück) Temperaturen von ca. 4200 °C, am Minuspol (Elektrode) ca. 3600 °C.
Der zwischen Elektrode und Werkstück brennende Lichtbogen schmilzt das Werkstück an der Schweißstelle auf. Gleichzeitig schmilzt die Elektrode ab und tropft in die Schweißstelle, wodurch die Schweißnaht gebildet wird.
Um den Luftsauerstoff von der Schweißstelle abzuhalten, ist die Elektrode mit einer Umhüllung versehen. Sie verflüssigt sich im Lichtbogen, „schwimmt“ auf der Schweißnaht auf und erkaltet zur „Schlacke“, wodurch die Schweißnaht vor zu schnellem Auskühlen und dem Luftsauerstoff geschützt wird.
Zum Elektrodenschweißen wird nur minimale Ausrüstung

- → Schweißtransformator oder Inverter
- → Elektrodenzange
- → Persönliche Schutzausrüstung

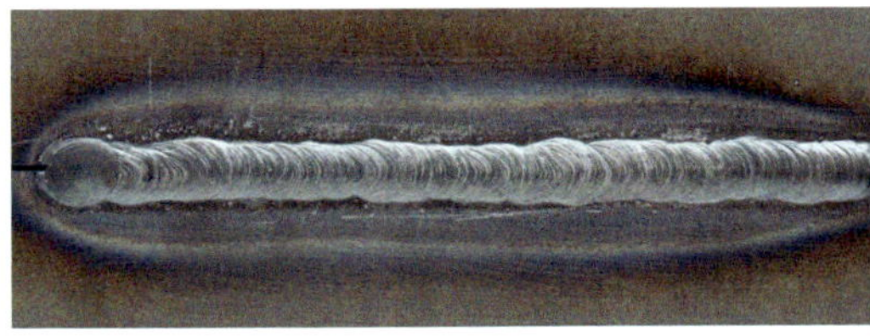

Nahtbild. Mit der Elektrode geschweißt, Schlacke entfernt.

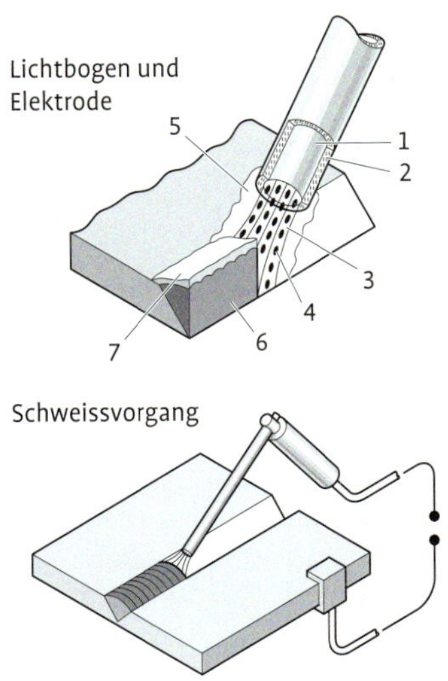

1 Elektrode
2 Gaserzeugende Hülle
3 Lichtbogen
4 Tropfenübergang
5 Schützender Gasmantel
6 Schweissnaht
7 Schlacke

Schutzgasschweißen

Schweißen mit Elektrode

benötigt wird, wodurch das Elektrodenschweißen besonders für kleinere Arbeiten im Baustellenbereich ein wirtschaftliches Verfahren darstellt. Vor- und Nachteile:

- → am Lichtnetz für Elektroden bis ca. 3 mm verwendbar
- → schneller Arbeitsfortschritt
- → für Nichteisenmetalle nur eingeschränkt oder nicht verwendbar
- → weil die Elektrode durch Abbrand kürzer wird muss die Vorschubbewegung gleichzeitig sowohl horizontal als auch vertikal erfolgen, was erhebliche Übung erfordert
- → das Schweißen von Blechen <2 mm ist problematisch

MAG-MIG-Schweißen

Schutzgasschweißen

Unter der populären Bezeichnung „Schutzgasschweißen“ versteht man Lichtbogenschmelzschweißen mit separat zugeführtem Schutzgas. Das Schutzgas umhüllt den Lichtbogen und legt sich über die Schweißstelle, wodurch der Luftsauerstoff an der Reaktion mit der Schweißstelle gehindert wird. Der Schweißzusatz wird entweder manuell oder automatisch durch den Brenner zugeführt. Die zwei wichtigsten Schutzgasschweißverfahren sind

- → MAG / MIG
- → WIG

Die Ausrüstung ist wesentlich umfangreicher als beim Elektrodenschweißen und besteht aus

- → Schweißgerät
- → Brenner
- → Schutzgasflasche und Armatur
- → persönlicher Schutzausrüstung

Auf der Schweißnaht bildet sich keine Schlacke. Bei guter Schweißpraxis erübrigt sich in vielen Fällen eine Nachbearbeitung der Schweißnaht.

MAG / MIG

Beim Metall-Schutzgasschweißen brennt der Lichtbogen zwischen einer abschmelzenden Drahtelektrode und dem Werkstück. Der Schweißstrom fließt über Schleifkontakte innerhalb des Brenners zur Drahtelektrode, welche von einem Vorschubgerät im Schweißgerät durch das hohle Brennerkabel zur Schweißdüse geführt wird. Das Schutzgas wird durch den Brenner geführt, kühlt diesen und umgibt den Lichtbogen und die Schweißstelle. Das Metall-

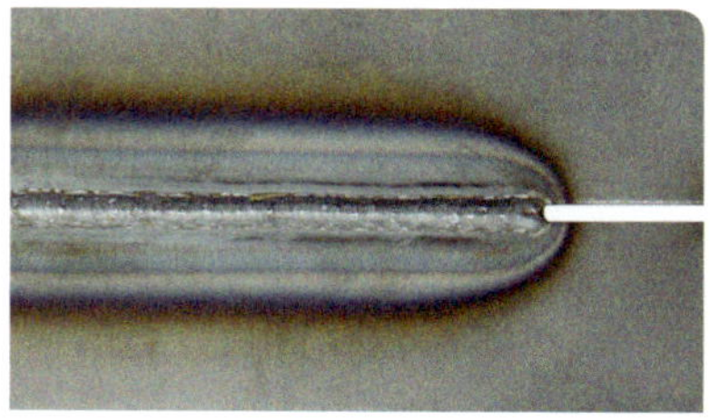

Nahtbild. Stahl, MAG geschweißt.

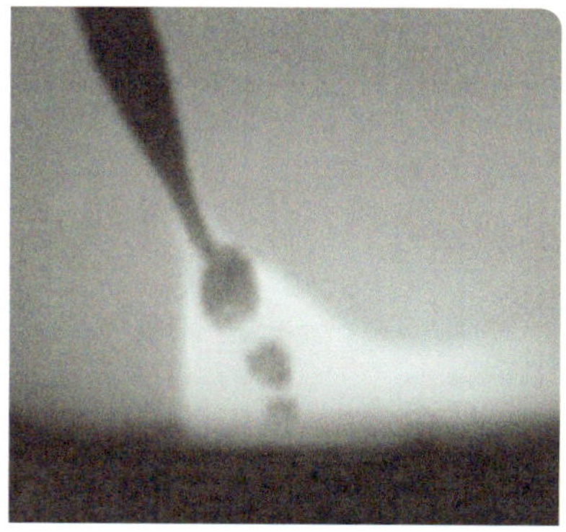

Mit der High-Speed-Kamera aufgenommen: MAG-MIG-Schweißen. Tropfenübergang des Schweißdrahtes im Lichtbogen auf das Werkstück

Schutzgasschweißen gestattet schnelles Schweißen sowohl dünner als auch dicker Schweißnähte und hat sich zu einem wirtschaftlichen Standard-Schweißverfahren entwickelt. Vor- und Nachteile:

- → sehr hohe Schweißgeschwindigkeit
- → Taktschweißen für Dünnblech möglich
- → stetige Drahtzufuhr ermöglicht stetiges Schweißen
- → alle Schweißlagen möglich
- → einfache Handhabung

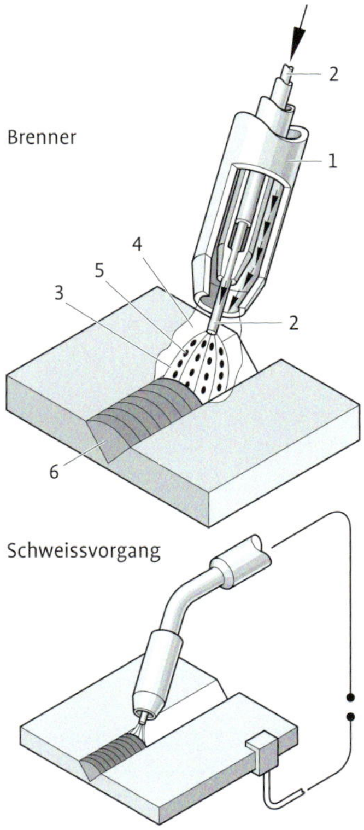

1 Brennerkopf
2 Drahtelektrode
= Schweisszusatz, wird automatisch nachgeführt
3 Lichtbogen
4 Schutzgas
5 Tropfenübergang
6 Schweissnaht

MAG, MIG-Schweißen

MAG

Die Bezeichnung steht für Metall-Aktiv-Gasschweißen. Als Schutzgas wird ein „aktives“ (reaktionsfreudiges) Gas verwendet. Aktive Gase sind Kohlendioxid (CO2) oder Gemische aus CO2 und Argon (Corgon). MAG wird zum Schweißen von niedrig- und hochlegierten Eisenmetallen sowie einigen korrosionsbeständigen Stählen verwendet. Je nach Werkstoff ist bei Mischgasen der CO2-Gehalt entsprechend zu wählen.

MIG

Die Bezeichnung steht für Metall-Inert-Gasschweißen. Als Schutzgas wird ein „inertes“ (reaktionsträges) Gas verwendet. Inerte Gase sind die Edelgase Argon, Helium oder Gemische daraus. Das Verfahren wird zum Schweißen von Aluminiumlegierungen und Edelstählen verwendet.

WIG

WIG ist die Kurzform für Wolfram-Inert-Gasschweißen. Bei diesem Verfahren brennt der Lichtbogen zwischen einer nicht abschmelzenden Wolframelektrode und dem Werkstück. Als Schutzgas dienen Argon oder Helium bzw. Mischgase. Sie werden durch einen Schlauch zum Brenner geführt und kühlen gleichzeitig diesen und die Elektrode. Der Schweißzusatz wird in Stabform wird wie beim Gasschmelzschweißen

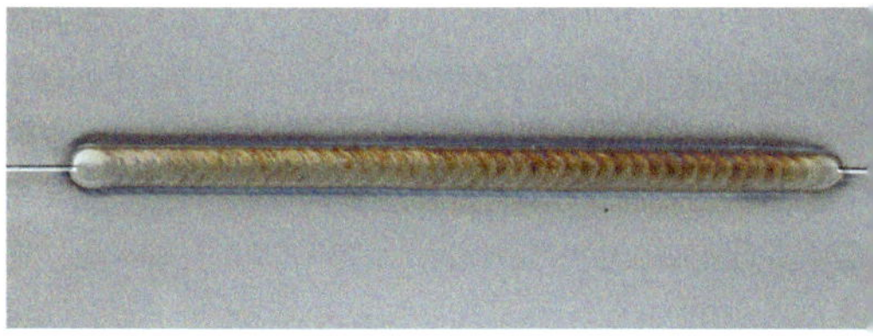

Nahtbild. Stahl, WIG-DC, Gleichstrom gepulst

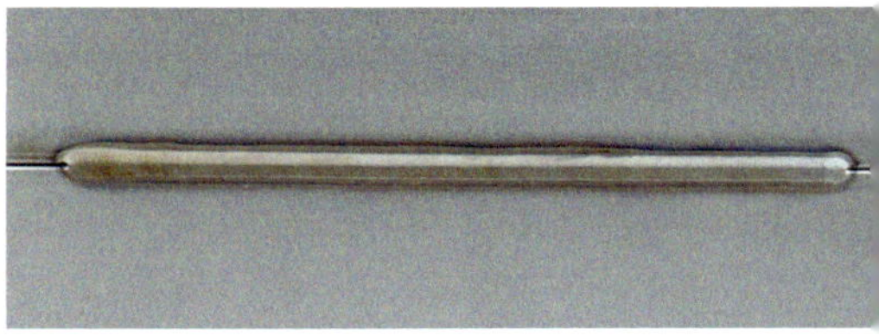

Nahtbild. Stahl, WIG-DC, reiner Gleichstrom

Nahtbild. Alu, WIG-AC, Wechselstrom

WIG-Schweißen

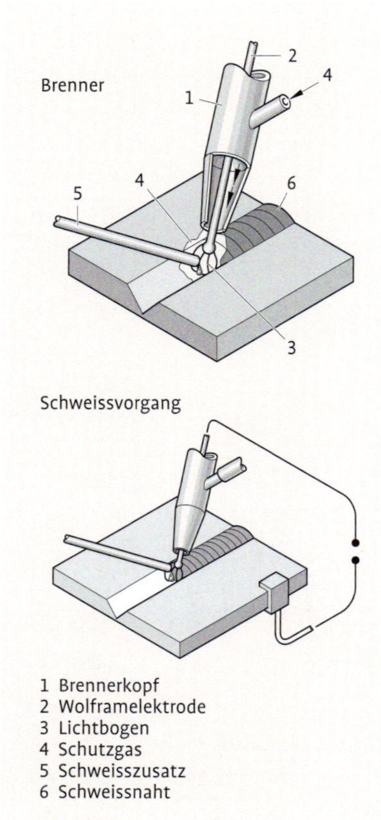

WIG-Schweißen

Edelstahl-Schweißung. Die Anlauffarben an der Schweißnaht müssen abgetragen werden, sonst entsteht später Rost.

seitlich zugeführt. Die Zündung erfolgt berührungslos mit überlagerter Hochfrequenz. Die Schweißung erfolgt

- bei Eisenmetallen mit Gleichspannung
- bei Aluminium mit Wechselspannung

Die Brennerführung erfordert Übung und eine ruhige Hand. Die Elektrodenspitze darf niemals in das Schmelzbad eintauchen. Vor- und Nachteile

- beste Nahtqualität
- für dünnste Bleche geeignet
- hervorragend für Alu und Edelstahl
- sehr gute Nahtkontrolle beim Schweißen
- langsamer Arbeitsfortschritt
- hoher Schutzgasverbrauch

WIG-Schweißen von Eisenmetallen

Schweißen mit Gleichspannung und angespitzter Elektrode. Beim Schweißen von Edelstahl müssen die im Nahtbereich entstehenden Anlauffarben durch Schleifen, Bürsten oder Polieren entfernt werden. Sie kennzeichnen eine Entchromung der Oberfläche und führen unbehandelt später zu Rost.

WIG-Schweißen von Aluminiumlegierungen

Schweißen mit Wechselspannung. Wegen der wesentlich höheren Wärmeleitfähigkeit benötigt man höhere Stromstärken als beim Schweißen von Eisenmetallen, weil sonst die Schweißstelle nicht genügend heiß wird. Die höhere Wärmeeinbringung bringt leider auch eine höhere Verzugsgefahr mit sich. Die unterschiedlichen Aluminiumlegierungen haben eine unterschiedliche Schweißcharakteristik. Je höher der Siliziumgehalt der Legierung ist, umso höher ist die Gefahr des Durchschmelzens, weil Silizium die Legierung dünnflüssiger macht. Profile enthalten meist 0,5 – 1% Silizium und sind noch gut zu Schweißen, Gussteile aus Aluminium haben einen sehr hohen Siliziumgehalt und sind deshalb wesentlich schwieriger oder gar nicht zu Schweißen.

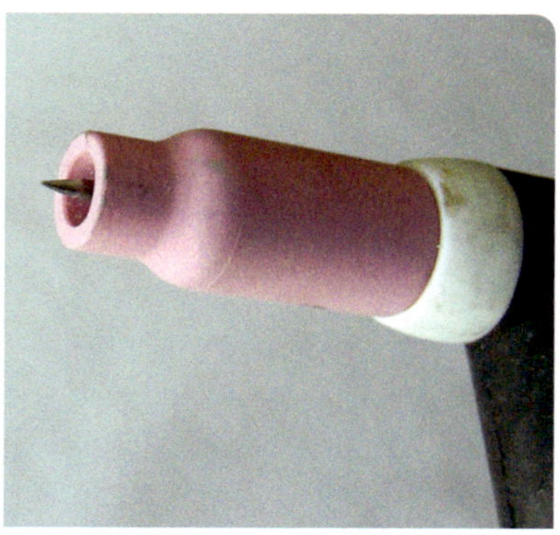

WIG-Schweißen von Eisenmetallen. Die Elektrode ist spitz in Längsrichtung angeschliffen

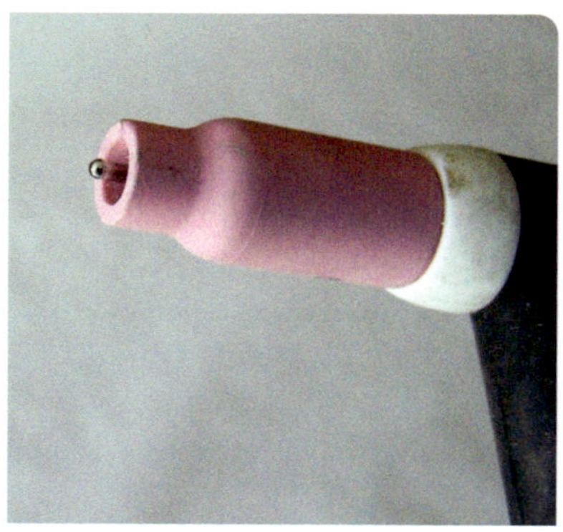

WIG- Schweißen von Alu. Die Elektrode wird durch den Wechselstrom automatisch rund.

Schweißpraxis

Die hier beschriebenen Praxishinweise ersetzen keinen Schweißkurs. Sie sind als Informationen zu betrachten.
Die Güte (und das Aussehen) einer Schweißnaht hängt entscheidend von der für den Anwendungsfall gewählten Nahtform, der Nahtvorbereitung, dem gewählten Schweißverfahren, der Qualität des Schweißgerätes und vor allem von den praktischen Kenntnissen des Schweißers ab (Schweißer ist ein hochqualifizierter Fachberuf!). Wegen der Komplexität des Themas kann in diesem Rahmen nicht darauf eingegangen werden. Zum Thema Schweißen gibt es entsprechende Fachliteratur und Lehrgänge. Die folgenden Abbildungen über Brennerhaltung, Schweißnähte und deren Gestaltung dienen nur der groben Übersicht.

Brennerhaltung

Durch die Brennerhaltung hat man Einfluss auf die Form der Schweißnaht. Dabei ist die Brennerneigung und der Brennerabstand zu berücksichtigen. Durch die Brennerhaltung und den Brennerabstand kann die Nahtbreite und die Nahttiefe beeinflusst werden.

Schutzgasmenge

Der Volumenstrom der Schutzgasmenge kann an der Flaschenarmatur eingestellt werden. Dabei ist zu beachten, dass das Manometer zwei Skalen hat, denn durch die unterschiedliche Dichte zwischen Argon und CO2 ergeben sich unterschiedliche Durchflussmengen.
Die Gasmenge muss richtig eingestellt werden. Bei zuviel Gasströmung gelangen Gasbläschen in die Schmelze und verbleiben dort, wodurch die Schweißnaht (besonders bei Alu) porös wird. Bei zu geringer Gasmenge gelangt Luftsauerstoff an die Schmelze.

Schweißnahtformen

Die Form, wie Schweißnähte anzulegen sind und wie sie bezeichnet werden, ist in der Norm DIN 1912 festgelegt.
Bei der Gestaltung der Schweißnähte gibt es günstige und ungünstige Varianten, wobei die Gestaltung Einfluss auf den Schweißverzug hat. Der Verzug entsteht durch die Schrumpfung der heißen Schweißzone bei der Abkühlung und kann im ungünstigsten Falle zur Unbrauchbarkeit des Werkstücks führen. Der Verzug kann durch vorherige Ausrichtung der Werkstücke gegen die Verzugsrichtung teilweise ausgeglichen bzw. durch entsprechende Schweißfolgen gemindert werden. Hierzu ist allerdings eine entsprechende Schweißpraxis erforderlich. Ein Grund mehr, um an dieser Stelle nochmals auf die Notwendigkeit zum Besuch eines Schweißkurses hinzuweisen.

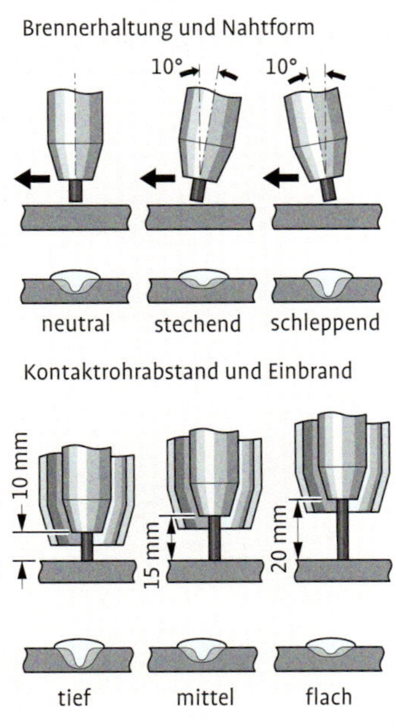

Einfluss von Brennerhaltung und Brennerabstand auf die Schweißnaht

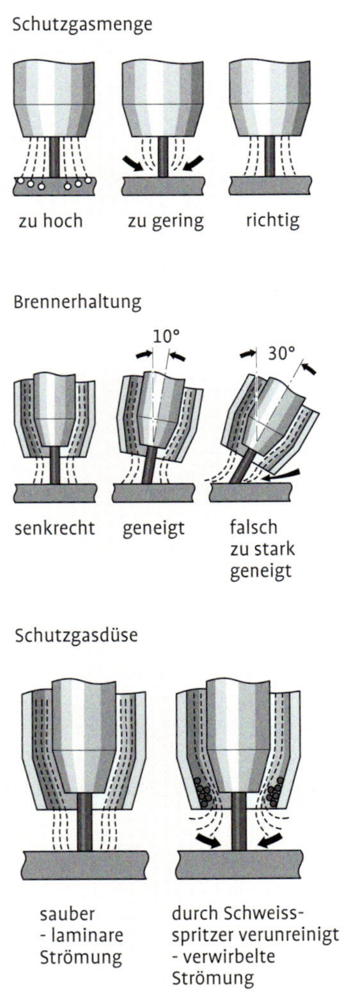

Einfluss der Schutzgasmenge

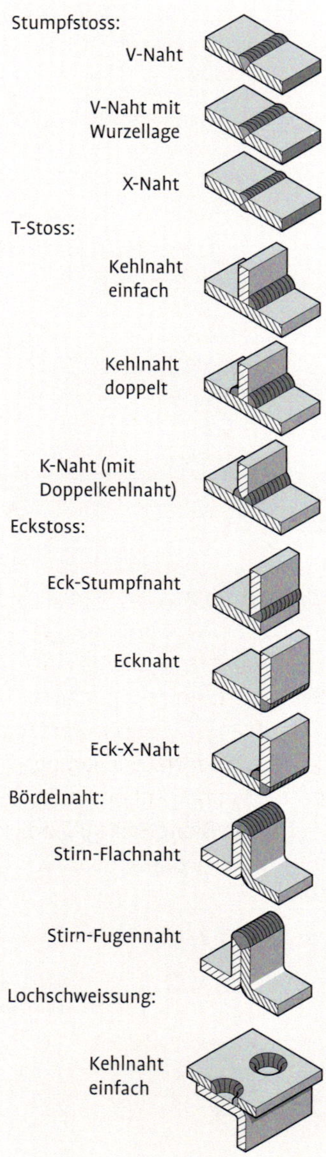

Die häufigsten Schweißnahtformen

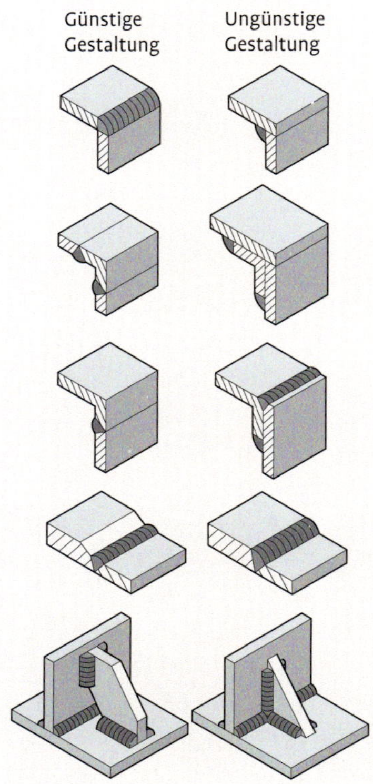

Günstige und ungünstige Schweißnahtformen

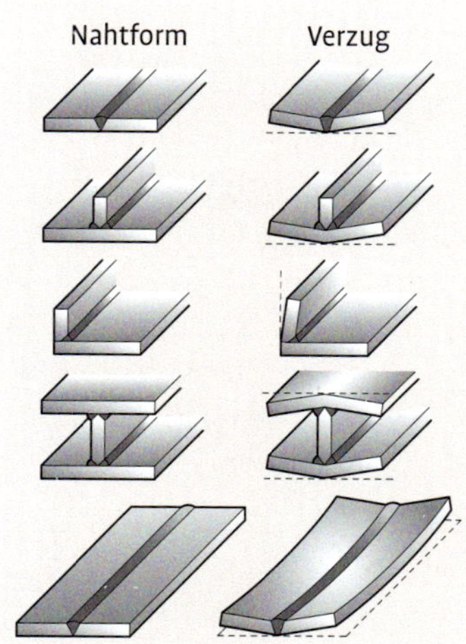

Der typischer Schweißverzug hängt von der Nahtform ab

Sicherheitshinweis

Beim Schweißen arbeitet man mit Elektrizität, brennbaren Gasen, Hochdruckgasflaschen und last but not least mit sehr hohen Temperaturen. Dies bedeutet vor allem keine brennbaren Gegenstände in der Umgebung des Schweißplatzes lagern, Einhalten der von den Geräteherstellern und Gaslieferanten angegebenen Sicherheitshinweise und Vorschriften.
Niemals ohne persönliche Schutzausrüstung arbeiten.

Persönliche Schutzausrüstung

In erster Linie besteht eine Gefährdung durch hohe Temperaturen und IR-Strahlung sowie beim Elektroschweissen durch die extrem starke UV-Strahlung des Lichtbogens. Beide Strahlungsarten führen auf ungeschützter Haut zu Verbrennungen, besonders gefährdet sind die Augen. Deshalb ist ein Augenschutz und Schutzkleidung unerlässlich.
Als Schutzkleidung werden im professionellen Bereich dicke Lederschürzen- Handschuhe und Jacken verwendet. Daran sollte man sich auch als Heimwerker halten. Die Augen müssen durch Schutzschilde oder Schweißschutzhelme vor der Strahlung geschützt werden. Die Problematik dabei ist, dass die Schutzgläser so dunkel sind, dass man das Werkstück nicht mehr sieht. Die Schutzschilde verfügen deshalb über einen Schieber, mit welchem man die Sichtscheibe freigeben kann. Dazu benötigt man aber eine Hand, was umständlich ist und beim WIG-Schweißen, wo man beide Hände

benötigt, sogar unmöglich. Die beste Lösung ist in jedem Falle ein automatisch abblendender Schutzhelm. Hier ist die Schutzscheibe im Ruhezustand gut durchsichtig, beim Zünden des Lichtbogens dunkelt sie aber sofort ab. Hierdurch kann man sich voll auf das Schweißen konzentrieren. Die etwas höheren Kosten werden dadurch mehr als Wett gemacht.

Schutzschild. Man benötigt eine Hand zum Halten

Automatic-Schweißhelm.
Vorteil: Man hat beide Hände frei

Welche Schweißausrüstung?

Auf Grund eigener Erfahrung kann beim Kauf eines Schweißgerätes nur der Gang zum Fachhändler empfohlen werden. Dort hat man nicht nur die Garantie einer wirklich guten Beratung, sondern bekommt auf Wunsch auch eine Einweisung zur Bedienung des Gerätes vom Servicepersonal, alles Dinge die wichtig sind und die man beim Kauf eines No-Name-Gerätes nicht bekommt. Dazu bieten die Schweißfachhändler Beratung bezüglich des Elektrodenwerkstoffes und der Schweißdrähte. Unverzichtbar wenn man nicht gleich am Anfang seiner Schweißkarriere kostspielige Misserfolge haben will.

Ein wichtiges Qualitätsmerkmal ist die Einschaltdauer bei Höchstleistung. Sie muss auf dem Typschild angegeben sein. Am Beispiel eines Schweißgerätes mit einem Maximalstrom von 200 A sei erklärt, um was es geht:

200 A / 50% bedeutet, dass man mit diesem Strom innerhalb von 60 Minuten mit Pausen zwischen den Schweißungen für insgesamt 30 Minuten Schweißen kann. Bei einem Gerät mit 200 A / 30% aber nur insgesamt 18 Minuten! Besonders trickreiche No-Name-Hersteller geben die Einschaltdauer erst gar nicht an. In der Praxis schaltet dann der Überlastschutz das Gerät schon nach kurzer Zeit zum Abkühlen aus und der Schweißer muss warten! Aber auch für den Heimwerker ist Zeit kostbar. Auf lange Sicht wird man mit dem Qualitäsgerät zufriedener und preiswerter bedient sein. Hier eine kurze Empfehlung welche Geräte für welche Arbeitsaufgaben in Frage kommen können.

Elektroden-Schweißgeräte

Obwohl diese Geräte zu den einfachsten Schweißgeräten gehören, haben sie folgende für den Heimwerker interessante Eigenschaften

- → robust
- → kostengünstig
- → großes Elektrodenangebot für alle Eisenmetalle

Früher waren Elektroden-Schweißgeräte die klassische Domäne des Schweißtransformators. Deshalb waren diese Geräte entsprechend schwer. Durch den hohen Einschaltstrom des Transformators löste oft die Netzsicherung aus. Heute verwendet man moderne Inverter-Technik, die ohne den schweren Schweißtransformator auskommt. Durch die elektronische Regelung kann der Schweißstrom sehr gut an die Arbeitsaufgabe angepasst werden, das Auslösen der Netzsicherung gehört der Vergangenheit an. Maximal verschweißbare Elektrodendicke bis ca. 4 mm bei Schweißströmen bis ca. 200 A wenn der Betrieb aus dem Lichtnetz erfolgt.

Inverterschweißgerät zum Elektrodenschweißen

MIG-MAG-Schweißgeräte

Schutzgasschweißgerät mit Schweißdrahtvorschub durch den Brennerschlauch. Die Geräteausrüstung ist umfangreicher

- → kontinuierliches Schweißen möglich, Elektrodenwechsel entfällt
- → für Eisenmetalle und Aluminiumlegierungen geeignet
- → schneller Arbeitsfortschritt

MAG-MIG-Schweißgeräte sind die Universalisten. Durch Einstellmöglichkeiten der Gasmenge, des Schweißstromes und des Drahtvorschubs können diese Geräte optimal angepasst werden. Geräte bis zu Schweißströmen von ca. 200 A können noch aus dem Lichtnetz betrieben werden. Für Heimwerker, die einen Drehstromanschluss zur Verfügung haben, lohnt sich die Anschaffung eines Gerätes, das von 1-Phasen Netzstrom auf Drehstrom umgeschaltet werden kann, was wesentlich höhere Schweißströme ermöglicht.

MAG-MIG-Schweißgeräte sind durch die Lagerung der Schweißdrahtrolle und die Vorschubeinrichtung größer und Schwerer. Sie haben deshalb Räder. An der Rückseite des Gerätes befindet sich meist eine Halterung für die Schutzgasflasche. Die Schutzgaszufuhr und die Schweißdrahtzufuhr zum Brenner erfolgt durch den Brennerschlauch.

WIG-Schweißgeräte

Schutzgasschweißgerät mit Wolframelektrode. Das Schutzgas wird durch die Schlauchleitung dem Brenner zugeführt. Der Schweißzusatz (Schweißdraht, Schweißstab) wird ähnlich wie beim Löten von Hand zugeführt. WIG-Geräte gibt es für Gleichstromschweißung (DC) und als Kombigerät für Gleich- und Wechselstromschweißung (AC/DC). Der Brenner kann auch gegen einen Elektrodenhalter ausgetauscht werden. Damit kann dann ohne Schutzgas mit der Elektrode geschweißt werden.

- → mit AC/DC-Geräten für Eisenmetalle und Nichteisenmetalle geeignet
- → für dünnste Bleche geeignet
- → beste Schweißnähte

Die heutigen WIG-Schweißgeräte basieren auf der Inverter-Technik. Sie sind leicht und mit vielen Einstellmöglichkeiten exakt an die Arbeitsaufgabe anpassbar. WIG-Schweißgeräte gibt es in den Versionen DC und AC/DC. DC-Geräte schweißen mit Gleichstrom und können nur für Eisenmetalle verwendet werden. Da der Aufpreis relativ gering ist sollte man sich jedoch für ein AC/DC- Gerät entscheiden. Sie können auf Wechselstromschweißen umgeschaltet werden, wodurch auch Nichteisenmetalle geschweißt werden können. Beim Kauf sollte man eher ein AC/DC-Gerät wählen, erfahrungsgemäß wird man früher oder später auch Alu schweißen wollen. Vorteilhaft ist auch, dass man Markengeräte auch auf Elektrodenschweißen ohne Schutzgas umschalten kann!

MAG-MIG-Schweißgerät

MAG-MIG Brenner

WIG- Kombigerät für Elektroden- und WIG-Schweißen

→ Damit hat man ein wirklich universelles Schweißgerät
Invertergeräte welche aus dem Haushaltsnetz betrieben werden können, ermöglichen Schweißströme bis ca. 200 A, womit auch dickere Bleche sicher geschweißt werden können.

WIG-Schweißen, Schutzgasbedarf in l / min

Schweißstrom Ampère	Edelstahl	Nickel	Aluminium	Magnesium	Titan	Kupfer
70...80	5	7	6	6	-	-
90...110	5	8	7	7	7	-
110...130	5	9	8	8	7	8
130...150	6	10	8	8	7	8
150...170	7	10	9	9	7	8
170...190	7	10	10	10	7	8
190...210	7	-	12	12	8	14*
210...250	8	-	14	14	10	14*

Schutzgas: Argon, *Helium

Schutzbrillen und Schutzgläser in der Schweißtechnik

Schweißverfahren	Schweißströme in Ampère						
Elektroden-Handschweißen	< 40	40...80	80...175	175...300	300...500	> 500	-
MIG Stahl	-	< 100	100..175	175...300	300...500	> 500	-
MIG Aluminium	-	< 100	100...175	175...250	250...350	350...500	> 500
MAG Stahl	-	40...80	80...125	125...175	175...300	300...450	> 450
WIG	5...20	20...40	40...100	1000...175	175...250	250...400	-
Plasmaschneiden	-	-	< 150	150...250	250...400	-	-
Schutzstufe	**9**	**10**	**11**	**12**	**13**	**14**	**15**

WIG-Schweißen

Werkstoff	Stromart	Schutzgas
Edelstahl	Gleichstrom	Argon
Nickel	Gleichstrom	Argon
Aluminium	Wechselstrom	Argon
Magnesium	Wechselstrom	Argon
Titan	Wechselstrom	Argon
Kupfer	Gleichstrom	Argon / Helium

WIG-Schweißelektroden

Elektrode	Elektrodentyp	Kennfarbe	bevorzugte Verwendung
Wolfram, rein	W	grün	Alu, Magnesium
1% ceriert	WC 10	rosa	universal
2% ceriert	WC 20	grau	universal
1% lanthanisiert	WL 10	schwarz	Kupfer, Titan, Nickel
2% lanthanisiert	WL 20	blau	Kupfer, Titan, Nickel
0,8% zirkonisiert	WZ 8	weiss	Alu, Magnesium

Sonderaufgaben – und wie man sie löst

Nicht immer gibt es einfache Arbeitsaufgaben, die man routinemäßig erledigt. Der Teufel steckt bekanntlich im Detail! Aber auch solche Sonderaufgaben sind lösbar, wenn man sie vor der Arbeit analysiert. Das bedeutet, dass man nicht einfach anfängt, um zu sehen was dabei herauskommt, sondern erst überlegt, was passiert, wenn man dieses oder jenes Werkzeug einsetzt. An ein paar Beispielen wird gezeigt, wie man dabei vorgeht.

Der Weg zur perfekten Oberfläche

Ob Kinderspielzeug, Möbel oder Sportgerät: Am Ende soll das fertige Werkstück eine perfekte Oberfläche haben. Da am Anfang meist mehr oder weniger gut bearbeitete Baustoffe stehen, wird in dem folgenden Beispiel gezeigt, wie aus einem sägerauen Brett ein Werkstück mit perfekt lackierter Oberfläche entsteht.

Schleifen

Schleifen ist die Grundlage einer guten Oberfläche. Es ist allerdings nicht ratsam, eine raue Oberfläche gleich mit einem feinen Schleifpapier zu schleifen, um mehrere Arbeitsgänge einzusparen. Der Zeitaufwand wäre zu hoch und ein Schleifpapier mit feiner Körnung würde sich sehr schnell zusetzen und verbrauchen. Man schleift deshalb zweckmäßiger Weise in mehreren Arbeitsgängen, die man als

→ Grobschliff
→ Mittelschliff
→ Feinschliff

bezeichnet. Im Regelfall genügen diese drei Arbeitsgänge. Wenn das Werkstück jedoch sehr rau ist, kann noch ein Vorschliff mit gröberem Schleifpapier erforderlich sein.

Grobschliff

Der Grobschliff dient dazu, die Oberfläche gleichmäßig zu glätten (egalisieren), also grobe Unebenheiten zu beseitigen und lose Faseranteile, die vom Sägen übrig sind, zu entfernen.

Zwischenschliff

Nach dem Grobschliff bestehen die Unebenheiten aus Faserspitzen, die durch den Grobschliff aus der Oberfläche herausgezogen wurden. Sie werden durch den Zwischenschliff mit einer feineren Schleifpapierkörnung verringert.

Wässern

Nach dem Zwischenschliff fühlt sich die Oberfläche schon sehr glatt an. Das kommt davon, dass die feinen Faserspitzen beim Zwischenschliff

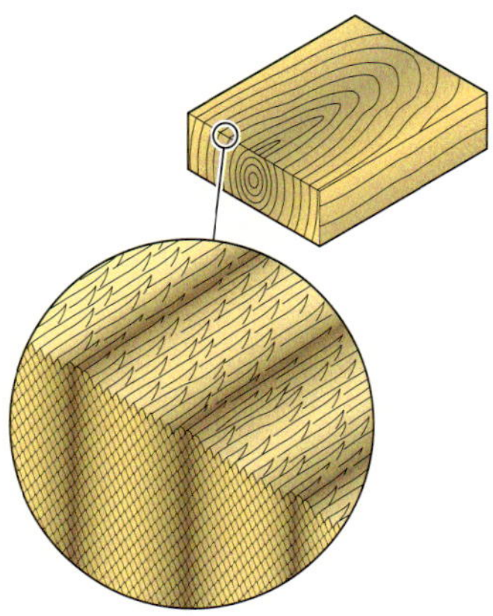

Grobe Faserstruktur mit aufstehenden Faserenden. Im Bereich des Spätholzes noch deutlich höher.

Grobschliff

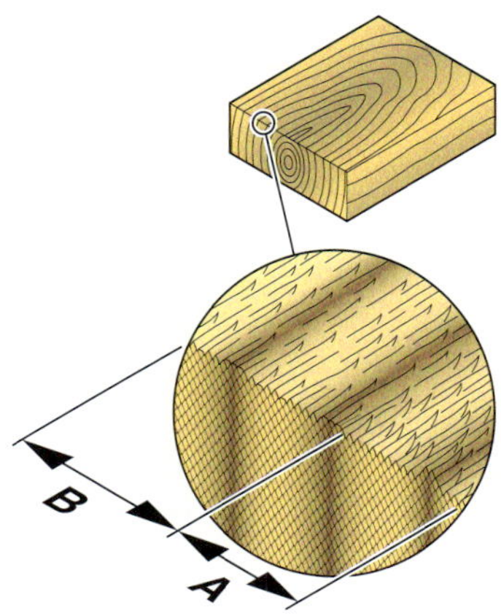

A vor dem Zwischenschliff
B nach dem Zwischenschliff

Zwischenschliff

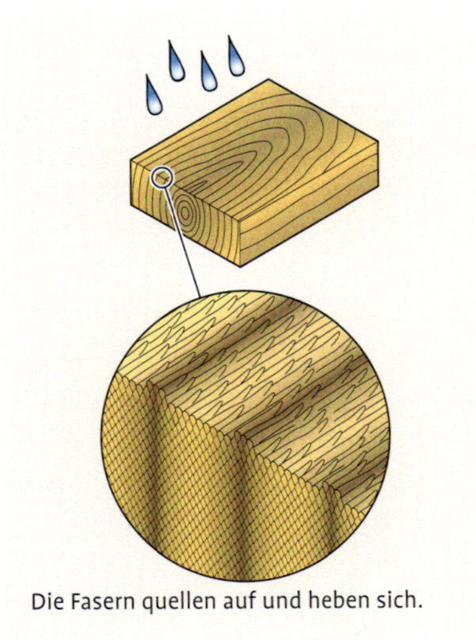

Wässern

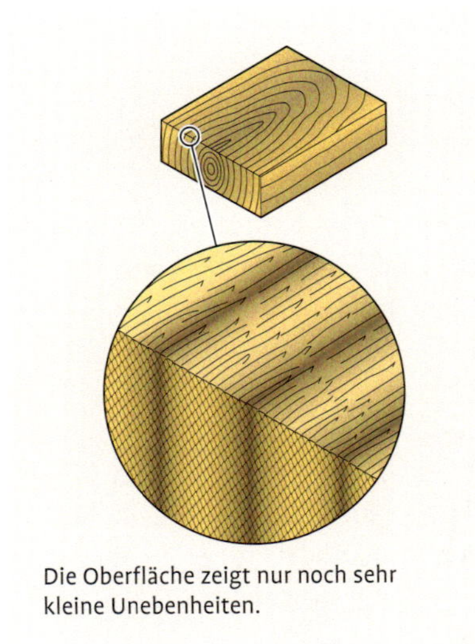

Feinschliff

teilweise in die Oberfläche eingedrückt wurden. Durch das Wässern mit einem Schwamm quellen diese feinen Faserspitzen und stellen sich auf, ähnlich der Bartstoppeln bei der Nassrasur. Nach dem Wässern muss die Oberfläche vollkommen abtrocknen, bevor mit dem Feinschliff begonnen wird.

Feinschliff

Mit dem Feinschliff werden die durch das Wässern und anschließende Trocknen aufgestellten Faserspitzen abgeschliffen. Damit ist die Oberfläche für die nun folgende Lackierung vorbereitet.

Lackieren

Die Lackierung soll das Werkstück so schützen, dass es seine glatte Oberfläche behält und/oder durch einen Farbauftrag dekorativer gestaltet wird. Wie beim Schleifen kann eine perfekte Lackierung nicht in einem einzigen Arbeitsgang aufgetragen werden. Eine bewährte Vorgehensweise erfolgt durch:

→ Grundieren
→ Füllen
→ Decklackieren

Dabei ist es zunächst unwesentlich, ob die Grundierung oder der Füller mit Walze, Pinsel oder mit der Spritzpistole aufgetragen werden. Unebenheiten wie Pinselstriche können durch den Zwischenschliff egalisiert werden. Erst beim Decklack ergibt sich durch den Spritzauftrag die gleichmäßigere Oberfläche.

Grundieren

Die Grundierung soll die Holzoberfläche versiegeln und für die folgenden Beschichtungen vorbereiten. Die Grundierung wird dünn aufgetragen und dringt in dass Holz ein. Der anschließende Zwischenschliff soll die Grundierung an der Oberfläche etwas aufrauen, damit der Fülllerauftrag besser haftet. Der Zwischenschliff muss mit sehr feiner Schleifpapierkörnung erfolgen. Falls die Grundierung bis auf das Holz durchgeschliffen wird, muss der Vorgang wiederholt werden.

Füllen

Der Füller soll, wie seine Bezeichnung schon sagt, die nach dem Grundieren noch vorhandenen feinen Vertiefungen zwischen den Fasern auffüllen, damit die Oberfläche absolut eben wird. Auch hier muss vor der Decklackierung ein Zwischenschliff mit sehr feiner Schleifpapierkörnung erfolgen.

Decklackierung

Die Decklackierung ist der letzte Auftrag. Es kann aber erforderlich sein, dass bei Farblackierungen die Decklackierung mehrmals aufgetragen

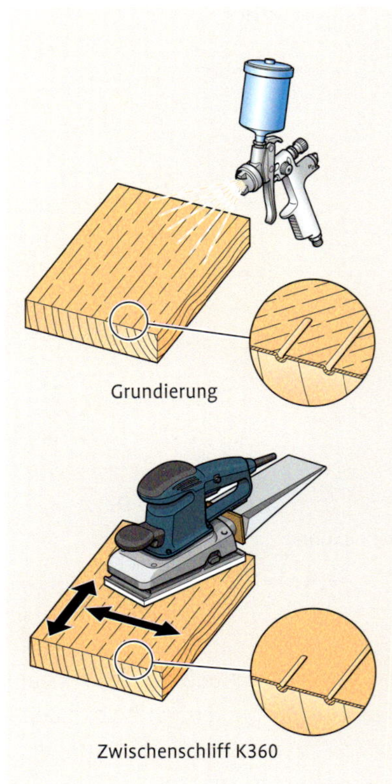

Grundieren und Zwischenschliff

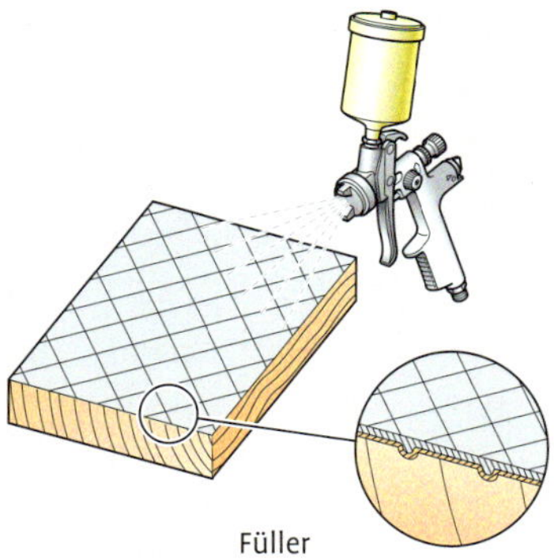

Füller

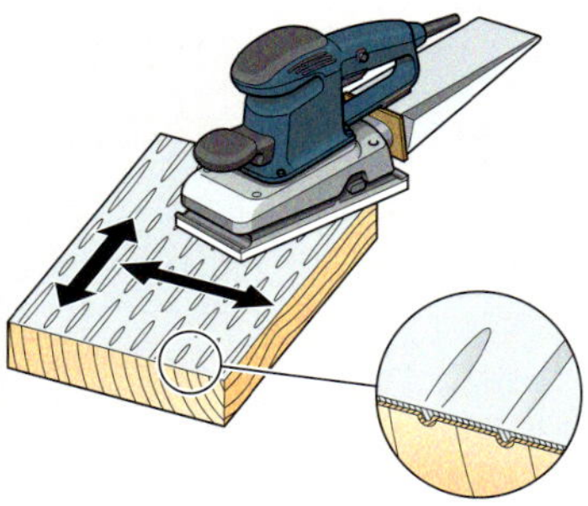

Zwischenschliff K360

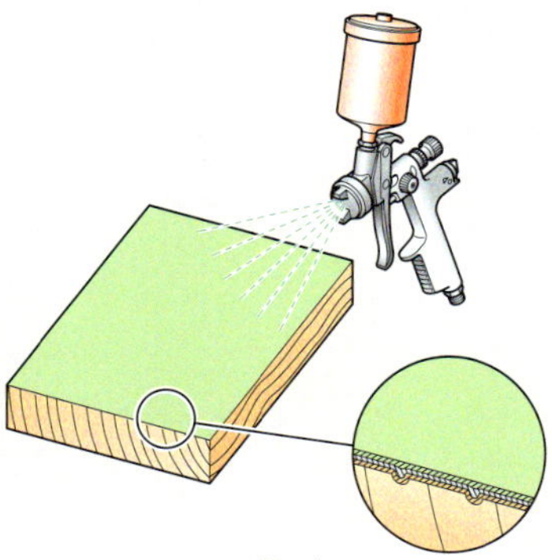

Decklack

Füller, Zwischenschliff und Decklackierung

werden muss, damit sich eine gleichmäßige Farbdichte ergibt. Die Anzahl der Schichten und ob dieselben beim Farbspritzen „nass in nass" erfolgen können, hängt vom Lacktyp ab und ist auf dem Gebinde aufgedruckt.

TIPP

Vor der Decklackierung muss die Oberfläche komplett staubfrei sein. Es hat sich bewährt, ein nicht faserndes Tuch mit etwas Verdünner anzufeuchten und damit die Oberfläche abzuwischen.

Wie schleife ich Was?

In der Praxis wird man oft mit Oberflächen konfrontiert, die nicht nach den Standardmethoden bearbeitet werden können. Typische Beispiele hierfür findet man an Möbelstücken. Hölzer mit unterschiedlich verlaufender Maserung treffen aufeinander, wobei feine Intarsien besonders schwierig zu bearbeiten sind. Mit der falschen Schleifmethode hat man schnell einen Defekt im Werkstück, bei Restaurierung alter und wertvoller Gegenstände wird oft das Original unwiederbringlich beschädigt. Dann gibt es die gefürchteten Verbindungen wo Längshölzer, Querhölzer und Stirnhölzer aufeinandertreffen, beispielsweise an rustikalen Tischen oder Stühlen. Auch hier führt die falsche Schleifmethode zum Schaden. Auch bei der Oberflächenbearbeitung von Kunststoffen kann es Probleme geben. Zu starker Andruck oder zu schnelle Schleifbewegung kann zum Einschmelzen von Kunststoffstaub in die Oberfläche führen. Man muss also überlegen, ob nicht eine andere Bearbeitungsart bessere Ergebnisse bringt. Versuche stehen daher stets im Vordergrund.
Die abgebildeten Beispiele zeigen, wie man das Für und Wider der unterschiedlichen Bearbeitungsmethoden gegeneinander abwägt und analisiert.

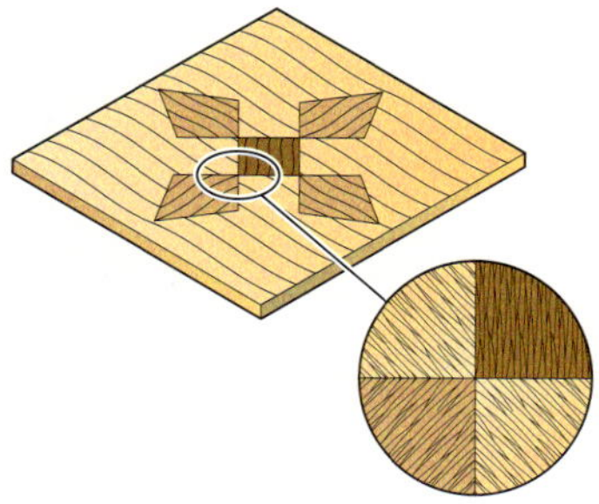

Einlegearbeit mit unterschiedlichen Faserrichtungen

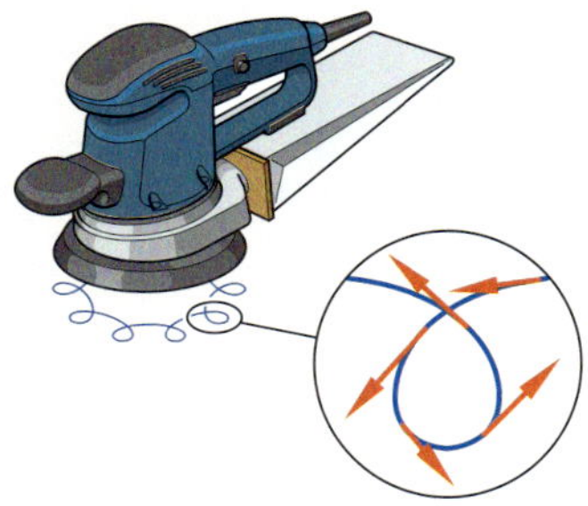

Beim Exzenterschleifer durchlaufen die Schleifkörner exzentrische Bahnen. Dadurch schleifen die Schleifkörner in alle Richtungen.

Deshalb kann mit dem Exzenterschleifer eine Oberfläche mit unterschiedlichen Faserrichtungen geschliffen werden, ohne dass es zu ungleichmäßigen Flächen kommt.

Schleifen von Oberflächen mit unterschiedlichen Faserrichtungen.

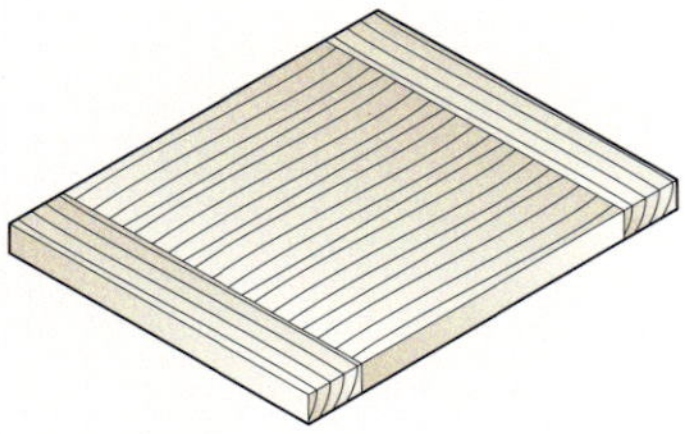

Anwendungsproblematik:
Aufeinandertreffen von Längs- und Querfasern.

Anwendung:

1. Es kann nicht gehobelt werden, weil dabei die Querbretter beschädigt würden.
2. Es kann kein richtungsorientierter Schleifer (Bandschleifer) verwendet werden, da es sonst zu Faserausrissen am den Querbrettern kommen würde.
3. Grobschliff und Vorschliff mit Exzenterschleifer wegen hoher Abtragsleistung.
4. Feinschliff und Fertigschliff mit Schwingschleifer. Wegen geringer Abtragsleistung hat die Faserrichtung keine Auswirkungen.

Alternative:
Längs- und Querbretter bereits vor dem Zusammenbau soweit wie möglich vorschleifen.

Schleifen einer Tischplatte mit Längs- und Querbrettern – optimales Schleifgerät: Exzenterschleifer.

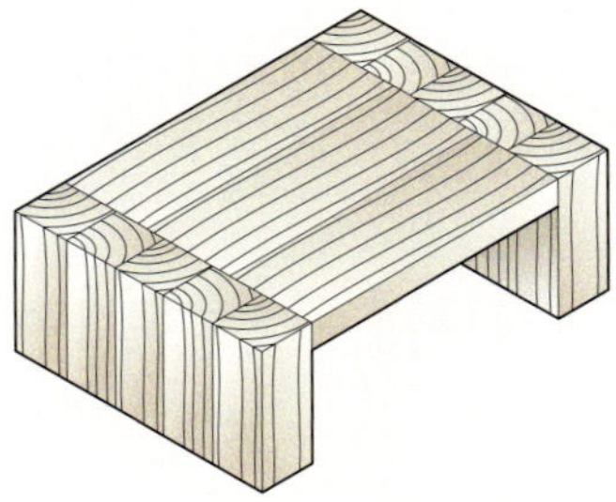

Anwendungsproblematik:
Aufeinandertreffen von Längsfasern und Stirnhölzern.

Anwendung:

1. Es kann nicht gehobelt werden. Die Stirnholzseiten würden ausreißen.
2. Es kann kein richtungsorientierter Schleifer (Bandschleifer) verwendet werden. Die Stirnholzseiten würden ausreißen.
3. Grobschliff und Vorschliff mit Exzenterschleifer wegen hoher Abtragsleistung.
4. Feinschliff und Fertigschliff mit Schwingschleifer. Wegen geringer Abtragsleistung haben die Oberflächenstrukturen keinen Einfluss.

Alternative:
Längsbretter und Stirnhölzer bereits vor dem Zusammenbau soweit wie möglich vorschleifen.

Schleifen einer Tischplatte mit Längs- und Stirnholzbrettern – optimales Schleifgerät: Exzenterschleifer.

Bearbeiten von Acrylglas und Polycarbonatglas

Acrylglas und Polycarbonatglas sind gerne verwendete Baustoffe. Sie sind unter den Handelsnamen Plexiglas® und Lexan® bekannt. Die Werkstoffe haben allerdings ihre Tücken, die man kennen muss, damit das Arbeitsergebnis zufriedenstellend ausfällt:

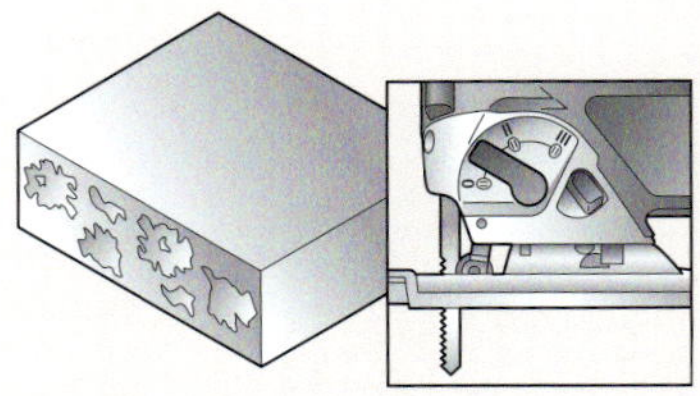

mit Pendelstufe 1: Material wird nicht ausgetragen und verklebt

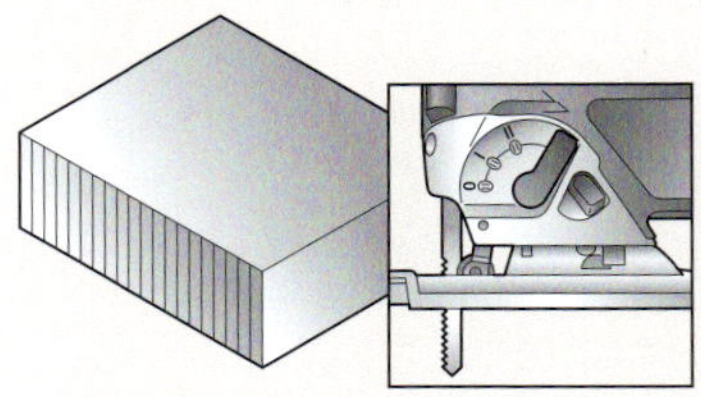

mit Pendelstufe 3: Material wird ausgetragen, saubere Schnittfläche

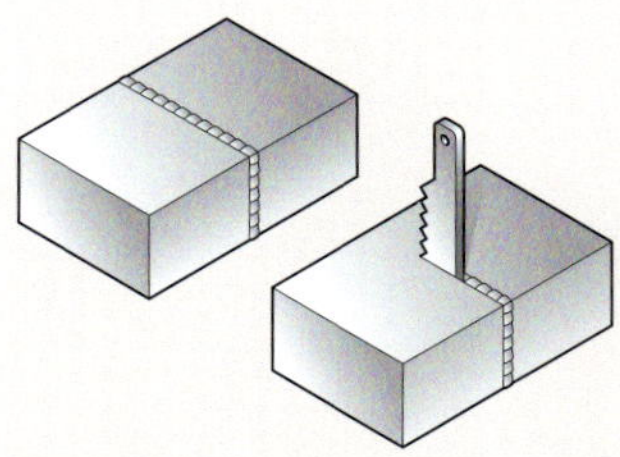

ohne Kühlung, Sägespalt verschmilzt

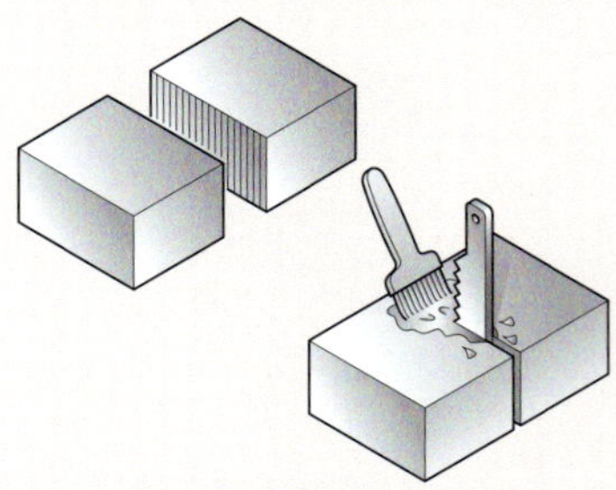

mit Kühlung (Spiritus-Wassergemisch) Sägespalt verschmilzt nicht

Sägen von Acrylglas

- → Splitterneigung an den Sägekanten.
- → Schmilzt bei zu hoher Hubzahl beim Sägen.
- → Späne schmelzen bei mangelnder Kühlung fest.

Für die Bearbeitung gibt es für die Stichsäge spezielle Sägeblätter. Um ein Anschmelzen der Späne zu vermeiden, hat sich ein großer Pendelhub und die Kühlung mittels eines Wasser-Spiritus-Gemisches bewährt. Die passende Hubzahl muss durch Versuche an einer Materialprobe ermittelt werden. Bei Kreissägen nur neue, scharfe Sägeblätter verwenden. Eventuell mit niedrigster Drehzahl und geringem Vorschub sägen. Beim Fräsen zügig verfahren, damit keine lokalen Schmelzspuren entstehen.

Die bearbeiteten Oberflächen sind matt. Transparenz erreicht man durch Polieren oder Wärmebehandlung. Die Wärmebehandlung ist weniger Aufwendig als Polieren, die Anwendungszeit, Temperatur und der Abstand muss durch Versuche ermittelt werden. In der Regel zeigen sich dann noch kleine Blasen an der Oberfläche, die man vorsichtig mit feinstem Schleifpapier entfernt. Dann die Wärmebehandlung an dieser Stelle nochmals wiederholen.

Verschrauben von Acrylglasteilen

Wenn Acrylglasteile unter Spannung verschraubt werden, ist es nur eine Frage der Zeit, bis sich von den Bohrlöchern aus Risse bilden. Bei Verschraubungen muss deshalb genügend Spiel in den Bohrlöchern vorhanden sein, um eventuell unterschiedliche Wärmeausdehnungen ohne Spannungen auszugleichen. Die Schraubenköpfe oder die Muttern dürfen nicht direkt auf dem Material aufliegen. Man sollte stets Unterlegscheiben aus einem elastischen Kunststoff verwenden und die Verschraubungen nicht zu fest anziehen.

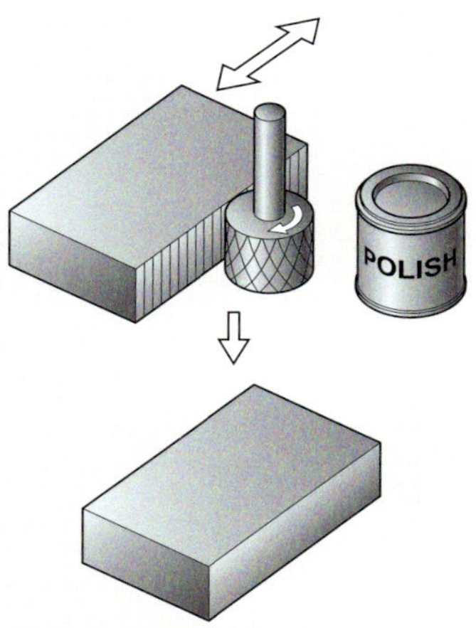

Mit Polierfilz und Polierpaste
Klare durchsichtige Oberfläche

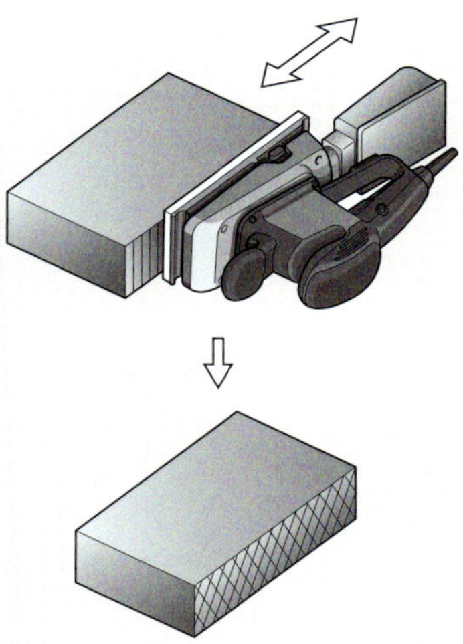

Mit Schwingschleifer
Matte Oberfläche

Mechanische Kantenbearbeitung

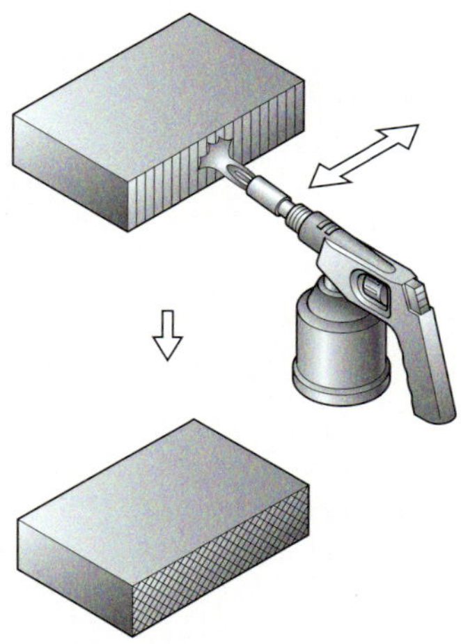

Mit Gasbrenner / Lötlampe
Zeit: 15 Sekunden
Oberfläche glatt, aber leicht matt

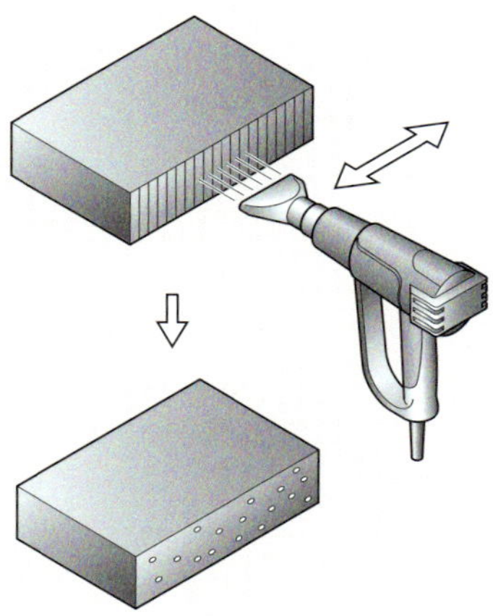

Mit Heißluftgebläse
Temperatur: 500° C
Zeit: 30 Sekunden
Oberfläche glatt und klar mit einzelnen Blasen

Thermische Kantenbearbeitung

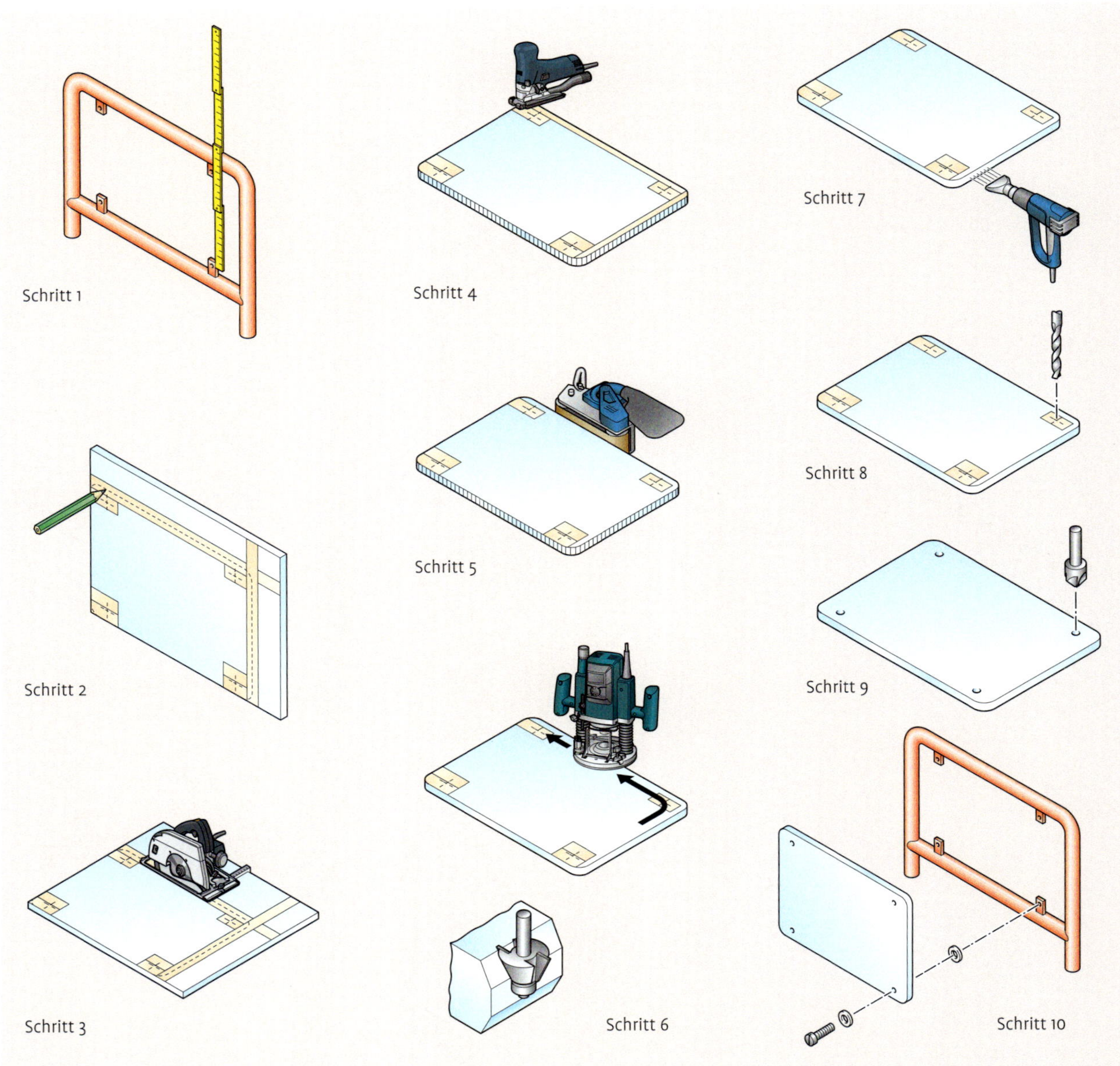

Arbeitsbeispiel

Es soll eine Acrylglas-Blende für ein Geländer angefertigt werden. Die Arbeitsschritte und der Einsatz der Werkzeuge sind in logischer Folge dargestellt. Grundsätzlich gilt die Vorgehensweise auch bei ähnlichen Werkstücken aus anderen Werkstoffen, beispielsweise Tischplatten, Regalbretter, Schranktüren.

1 Messen
2 Schnittlinien auf Klebeband zeichnen
3 Zuschneiden mit Kreissäge
4 Ecken mit Stichsäge abrunden
5 Kantenschliff mit dem Bandschleifer
6 Anfasen der Kanten mit der Oberfräse
7 Glätten und Klären der Kanten mit der Heißluftpistole
8 Bohren der Löcher
9 Ansenken der Löcher
10 Montage der Platte

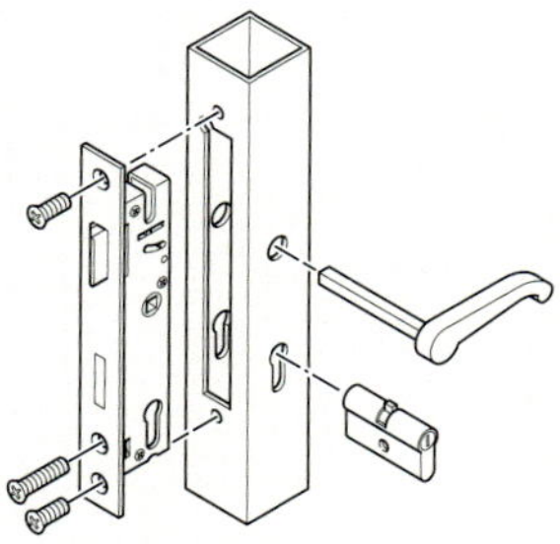

1. So soll der Schloßstab später aussehen

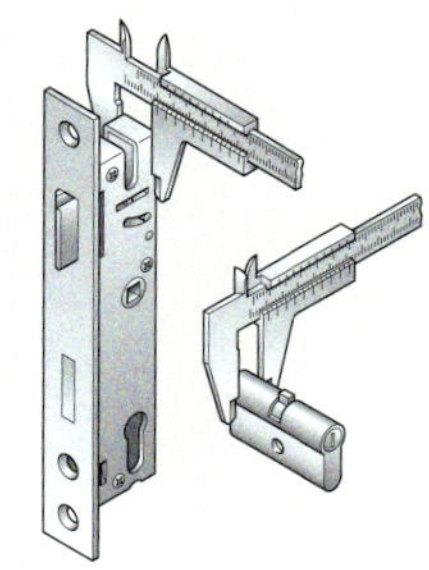

2. Das Schloss wird ausgemessen

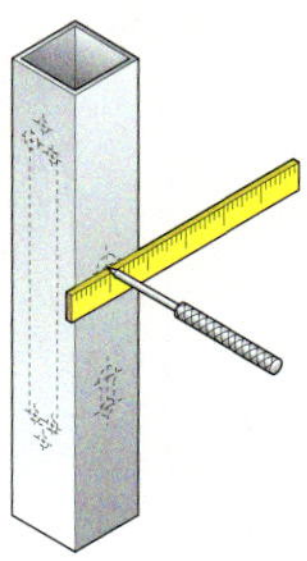

3. Dann werden die Schlossmaße übertragen

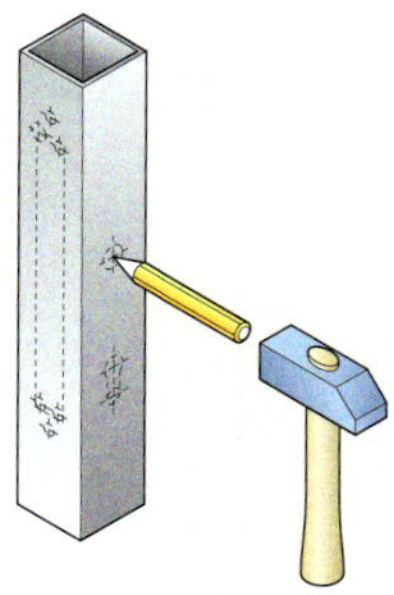

4. Die Bohrungen werden angekörnt

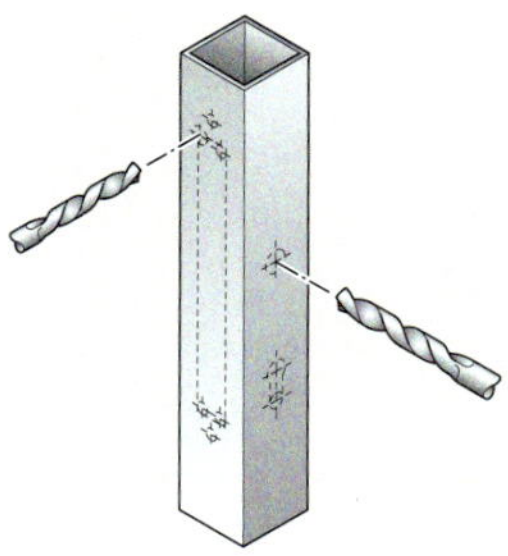

5. Auf das Ankörnen folgt das Bohren

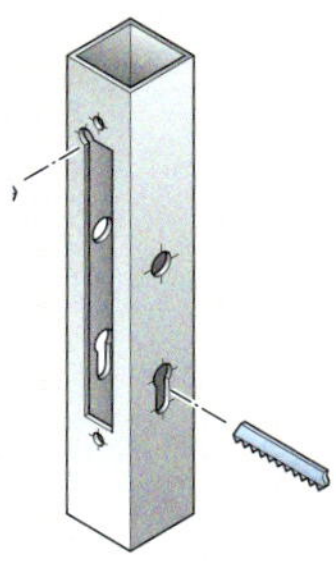

6. Die Ausschnitte für das Schloss werden ausgesägt

7. Sorgfältiges Entgraten ist wichtig damit man sich nicht verletzt

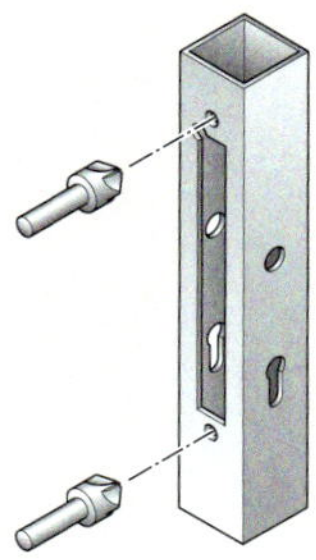

8. Die Bohrungen für die Schrauben werden angesenkt

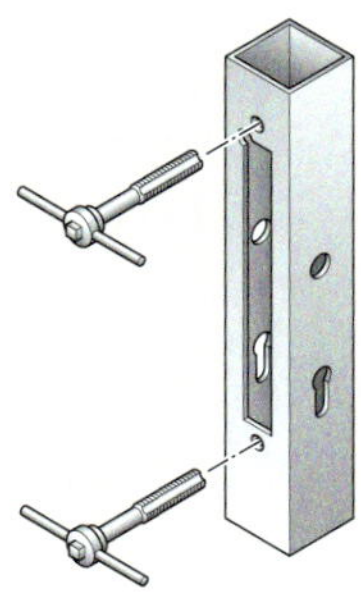

9. Die Gewinde für die Befestigungsschrauben werden geschnitten

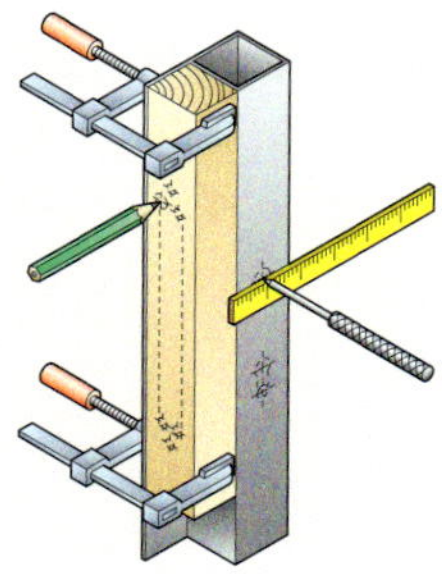

3.1 Das Übertragen der Ausschnittmaße erfolgt auf der Holzbeilage

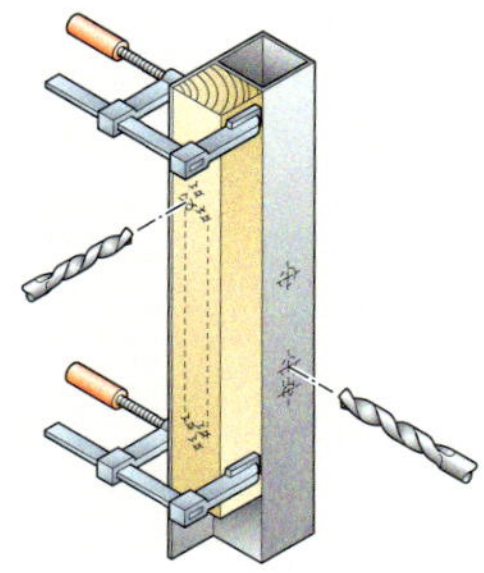

5.1 Gebohrt wird durch die Holzbeilage

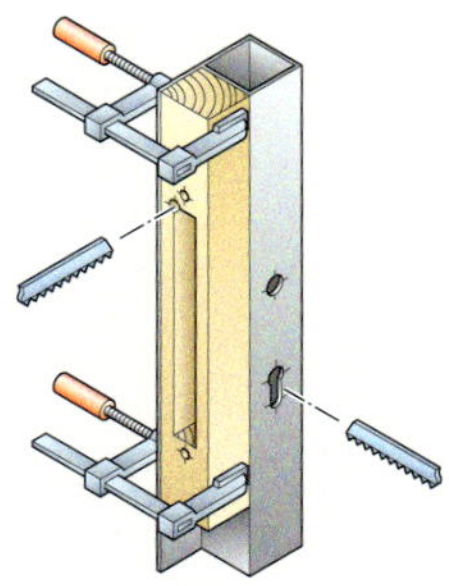

6.1 Die Holzbeilage bietet eine sichere Auflagefläche für die Stichsäge

Herstellen eines Schloßstabes
Schloßstäbe können durchaus einmal eine Arbeitsaufgabe für Heimwerker sein. Schloßstäbe benötigt man für Tore und Türchen am Gartengrundstück, am Wochenendhaus, im Vorgarten oder an der Garageneinfahrt. Sie eignen sich hervorragend als Beispiel wie man eine solche Arbeitsaufgabe angeht und welche methodischen Arbeitsschritte letztlich zum Ergebnis führen.

Wenn der Schloßstab über einen Falz verfügt, ist eine exakte Bearbeitung nur möglich, wenn man eine Holzlatte passend zusägt und in den Falz einlegt. Hierdurch wird gewährleistet, dass der Ausschnitt exakt gesägt werden kann.

Verleimen von Brettern und Leisten

Beim Verleimen von Bretter, Kanthölzern oder Leisten muss der Verlauf der Jahresringe berücksichtig werden, damit sich das „Arbeiten“ der einzelnen Teile gegeneinander abstützt. Nur so behält das zusammengeleimte Werkstück später seine Form.

Beim Anlängen von Brettern reicht die Stirnfläche für eine belastbare Leimung nicht aus. Die Leimfläche muss vergrößert werden. Dies kann durch Falzen, Schäften oder durch eine Verzahnung der Leimfläche erfolgen. Die Verzahnung erfolgt mit der Oberfräse und dem Verleimfräser.

Für das Schäften hat sich die folgende Methode bewährt. Sie benötigt nur wenig Zeitaufwand und ist mit einiger Übung sehr präzise ausführbar.

Man spannt die beiden zu verbindenden Bretter Rücken an Rücken um mindestens die Brettstärke versetzt aufeinander. Die sich dabei ergebenden treppenförmigen Kanten benützt man als Führung für den Hobel. In mehreren Durchgängen hobelt man nun die Kanten zusammen soweit ab, bis aus der „Treppe“ eine Schräge geworden ist. Dann klappt man das obere Brett um und schiebt die beiden Schrägen gegeneinander. Wenn man sauber gearbeitet hat passt die entstandene Schäftung hundertprozentig.

Bewährte Verleimungsarten

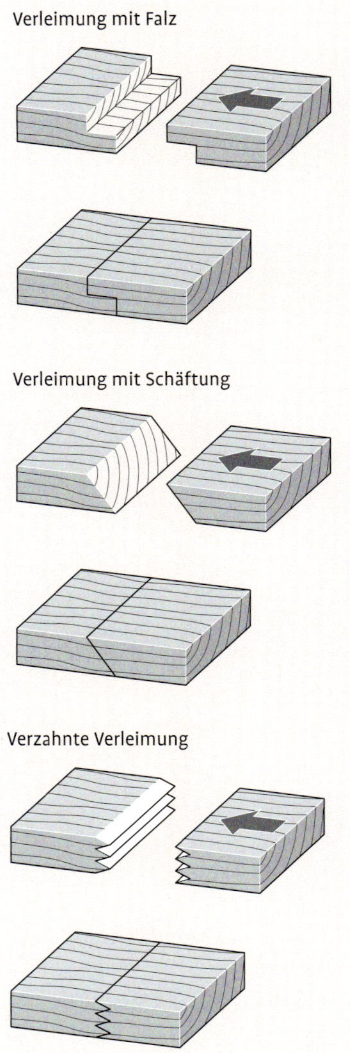

Verleimung von Brettern

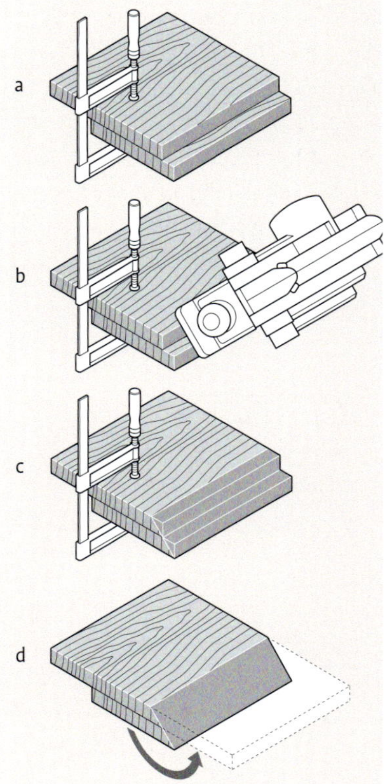

a Bretter mit den Oberflächen zueinander und parallel versetzt aufeinander Klemmen. Je breiter der Versatz, umso breiter die Schäftung

b Hobel aufsetzen. Die Brettkanten dienen als Führung für die Hobelsohle

c Kanten hobeln bis sich eine glatte Fläche ergibt

d Brett umklappen und zusammenfügen

Schäften von Brettern

Lamellieren

Im Möbelbau, bei Sportgeräten oder im Modellbau ist es oft notwendig, gebogene Werkstücke herzustellen, Beispiele hierfür sind Rückenlehnen für Stühle, Runde oder elliptische Rahmen und Einfassungen für Tischplatten. Wenn man diese Bauteile aus Massivholz heraussägt, hat man einen hohen Verschnitt und die Maserung verläuft nicht parallel zur Biegung, was neben dem Aussehen auch die Festigkeit beeinträchtigt. Eine Lösung für diese Arbeitsaufgabe bietet das Lamellieren. Unter Lamellieren versteht man das Verleimen vieler dünner Leisten zu einem Formteil. Der Vorteil des Lamellierens besteht darin, dass man dünne Leisten mit wenig Kraftaufwand in sehr viel engeren Radien biegen kann, ohne dass sie dabei zerbrechen. Ein dickes Kantholz lässt sich dagegen nicht so stark biegen. Es würde zerbrechen. Nach dem Verleimen der gebogenen Lamellen erhält man ein formverleimtes Bauteil von sehr hoher Festigkeit.

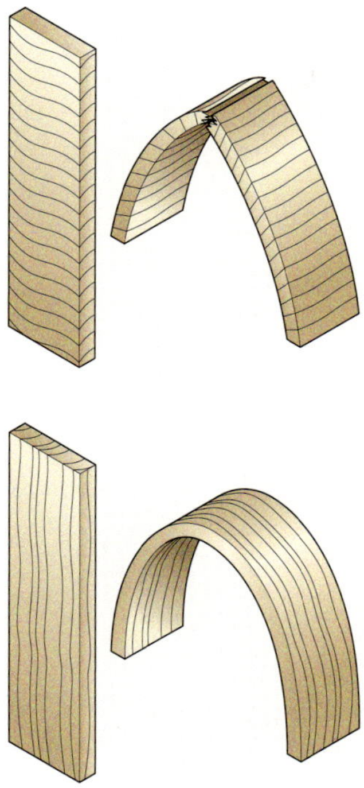

Quer verlaufende Fasern brechen bei engen Radien. Längs verlaufende Fasern sind weniger bruchgefährdet.

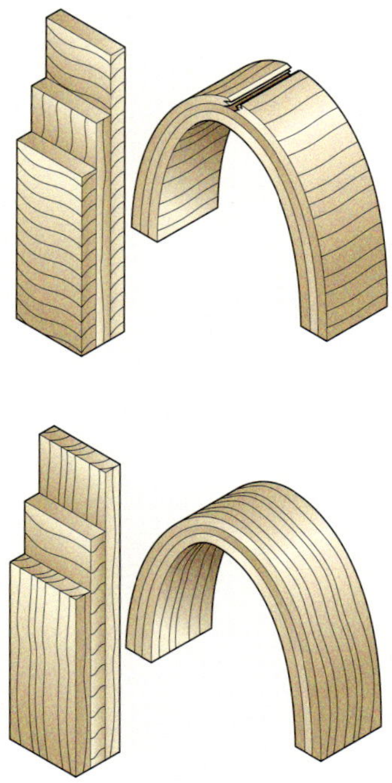

Quer verlaufende Deckschichtfasern brechen. Längs verlaufende Deckschichtfasern sind weniger bruchgefährdet.

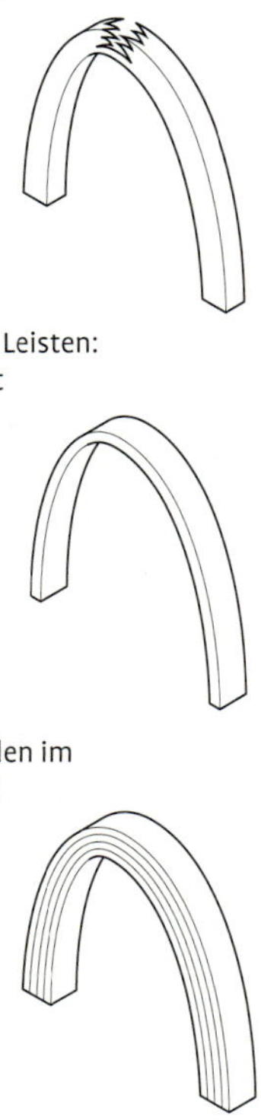

Formverleimung durch Lamellieren

Vorgehensweise

Beim Lamellieren gelten folgende Regeln

- → je dünner die Lamellen, desto enger kann gebogen werden
- → beim Lamellieren muss die Faserrichtung beachtet werden

Lamellenzahl

Theoretisch lassen sich Formteile aus vielen dünnen Furnierschichten lamellieren. Sie lassen sich leicht von Hand und ohne viel Kraftanstrengung über eine Form biegen. Allerdings hat man dann eine hohe Anzahl von Leimschichten. Hierdurch können sich die einzelnen Lamellen beim Spannen leicht gegeneinander verschieben. Deshalb ist es günstiger, die Lamellen so dick zu wählen, dass sie sich gerade noch in den gewünschten Radius biegen lassen.

Faserrichtung bei Furnierstreifen und Leisten

Lamellen mit quer verlaufender Faser lassen sich sehr leicht biegen, aber nur wenn sie sehr dünn sind (< 1 mm). Dickere Lamellen mit Querfaser brechen bei engen Radien aber meist entlang der Faser durch und können deswegen nicht verarbeitet werden. Außerdem wäre dann an den Außenseiten des Formstücks Hirnholz, das nicht in jedem Fall dekorativ wirkt. Die beiden vorgenannten Probleme umgeht man dadurch, dass die Faser längs der Lamelle verläuft.

Arbeitsbeispiel

Ein gebogener Rahmen soll hergestellt werden, beispielsweise eine Zarge oder Verblendung.

1. **Kantholz mit der gewünschten Lamellenbreite in dünne Leisten sägen (lassen) oder entsprechende Leisten oder Sperrholzstreifen verwenden.**
2. **Die Lamellen wässern, wenn dies auf Grund des Biegeradius nötig ist.**
3. **Biegeform anfertigen, dabei Ausschnitte zum Ansetzen der Schraubzwingen nicht vergessen. Achtung: Die Form entspricht dem Innenradius. Wenn der Außenradius maßbestimmend ist, muss die Dicke der Lamellierung berücksichtigt werden.**
4. **Die Lamellen mit Leim einstreichen, um die Form legen und bis zum Aushärten des Leims festspannen. Wenn die Lamellen gewässert wurden, werden sie ohne Leimzugabe auf die Form gespannt. Man lässt sie nun in gespanntem Zustand trocknen (z. B. über Nacht). Dann die getrockneten und vorgebogenen Lamellen mit Leim bestreichen und wieder auf die Form spannen.**
5. **Nach vollständigem Aushärten des Leims (über Nacht) kann man den Rahmen von der Form nehmen.**

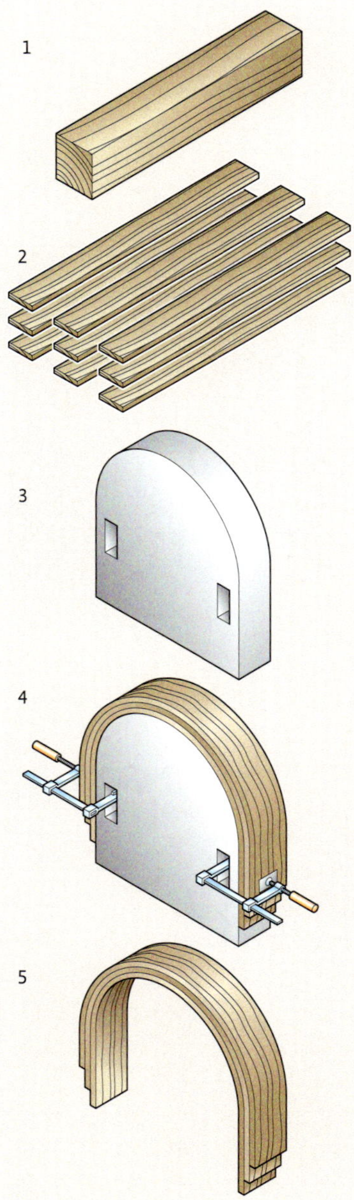

Faserrichtung bei Sperrholzstreifen

Wenn die Lamellen aus Sperrholz geschnitten werden, ist der Faserverlauf in den Deckschichten entscheidend. Wenn die Deckschichtfaser quer verläuft, wird die Lamelle beim Biegen brechen. Die Deckschichtfaser sollte also stets längs verlaufen.

Wässern

Der mögliche Biegeradius hängt nicht nur von der Dicke der Lamellen ab. Wenn man die einzelnen Leisten oder Brettchen vor dem Biegen wässert, sind engere Radien möglich als in trockenem Zustand. Durch das Wässern werden die Zellen des Holzes elastisch und können sich gegeneinander etwas verschieben. Lässt man sie in gebogenem Zustand auf einer Form trocknen, behalten sie später fast dieselbe Biegung bei. Das Wässern kann in einer Wanne (Stück einer Dachrinne) oder durch Einpinseln mit Wasser erfolgen. Heißes Wasser wirkt schneller als kaltes Wasser. Wie lange gewässert werden muss, testet man am besten mit einem Probestück. Statt wässern kann man auch mit dem Tapetenlöser dämpfen (siehe dort).

TIPP

Ölhaltige Hölzer (z. B. Teak) nehmen meist nicht genug Wasser auf. Diese Hölzer müssen vorher mit Spezialmitteln entölt werden. Es ist deshalb günstiger, auf andere Hölzer auszuweichen oder aber sehr dünne Lamellen zu verwenden und auf das Wässern verzichten.

Zuschnitt von Decken- und Bodenleisten

Bodenleisten bilden den Übergang vom Boden zur Wand. Die Leisten werden meist an der Wand befestigt. Damit die Bodenleisten an der Stoßkante zueinander passen, werden sie meist auf Gehrung zugeschnitten. Üblicherweise haben die Ecken einen Winkel von 90°, der Gehrungsschnitt erfolgt deshalb unter einem Winkel von 45°.
Typisch ist die Hochkantanordnung der Leisten an der Wand. Die Gehrung kann zwar prinzipiell mittels Gehrungsschnitt erzeugt werden, wegen der vertikalen Stellung der Leisten ergibt sich allerdings eine beschränkte Schnitthöhe. Besser ist die Herstellung der Gehrung mittels Neigungsschnitt. Die Leiste liegt dann waagrecht auf dem Sägetisch, kann einfacher festgespannt werden, die Schnittbreite ist größer und die Schnittqualität ist etwas besser.

Zuschnitt von schrägen Decken- und Bodenleisten

In Altbauten findet man oft Decken- und Bodenleisten, die schräg zum Wand / Decken- oder Wand / Boden-Übergang angeordnet sind. In diesen Fällen ist für die Kantengestaltung ein kombinierter Gehrungs / Neigungsschnitt erforderlich. In Nordamerika und den angelsächsischen Ländern beträgt dabei der Übergangswinkel Leiste / Decke 52° und der Übergangswinkel Leiste / Wand 38°. In Kontinentaleuropa geht man dagegen einfacher vor und wählt einen Übergangswinkel von 45°, wodurch der Zuschnitt schon mal um die Hälfte einfacher wird. Trotzdem ist ein passgenauer Zuschnitt noch komplex genug. Man sollte deshalb in der nun beschriebenen Folge arbeiten. Geeignete Sägetypen für den Zuschnitt sind:

- → Kapp/Gehrungssäge
- → Paneelsäge (Zugsäge)
- → Tischkreissäge

Vorgehensweise:

Schritt 1
Wahl des Leistenwinkels
Basismaß für den exakten Zuschnitt geneigt angebrachter Deckenleisten und Bodenleisten sind die Leistenwinkel. Die Leistenwinkel definieren den Übergang von der Leiste zur Wand und zur Decke (bzw. zum Boden).

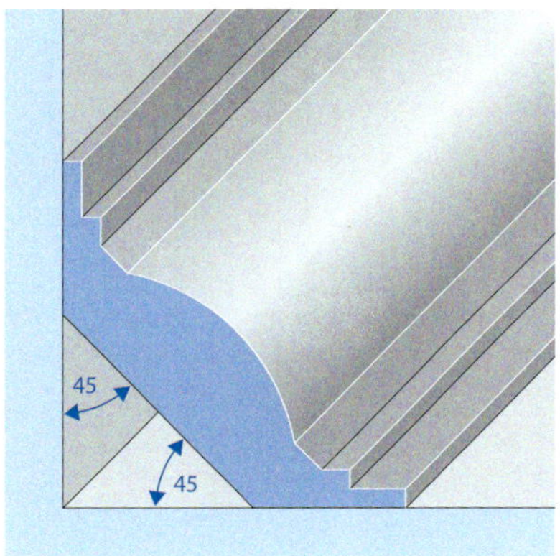

In Kontinentaleuropa ist der Leistenwinkel am Übergang zur Wand und zur Decke stets gleich und beträgt 45°.

Schritt 2
Messen des Eckenwinkels
Das nächste wichtige Maß ist der Eckenwinkel. Hierbei kann es sich sowohl um einen Innenwinkel als auch um einen Außenwinkel handeln. Erfahrene Bauherren behaupten dass der „rechte" Winkel auf dem Bau zwischen 80° und 100° betragen kann! Man muss deshalb stets damit rechnen dass Eckenwinkel durchaus von 90° abweichen können. Es sollte also in jedem Falle vorher gemessen werden!
Neben den „rechten" Eckenwinkeln kann es auch alle anderen möglichen Eckenwinkel geben, beispielsweise an Einbaumöbeln, Alkoven, Balkonvorsprüngen und dekorativen Wandverkleidungen. Der Zuschnitt von Dekorationsleisten an Möbelstücken entspricht also der selben Vorgehensweise.
Das Messen erfolgt vorzugsweise mit einem digitalen Winkelmesser. Dieser liefert die genauesten Werte und vermeidet Ablesefehler.
In unserem Beispiel haben wir uns an der Praxis orientiert und einen Eckenwinkel von **92°** gewählt!

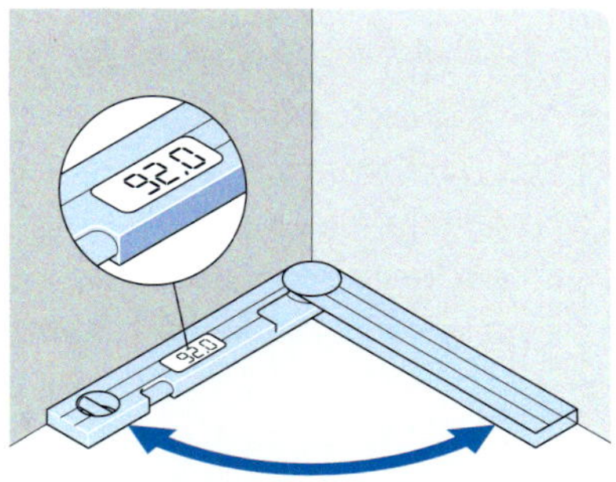

Messen des Eckenwinkels, Innenwinkels

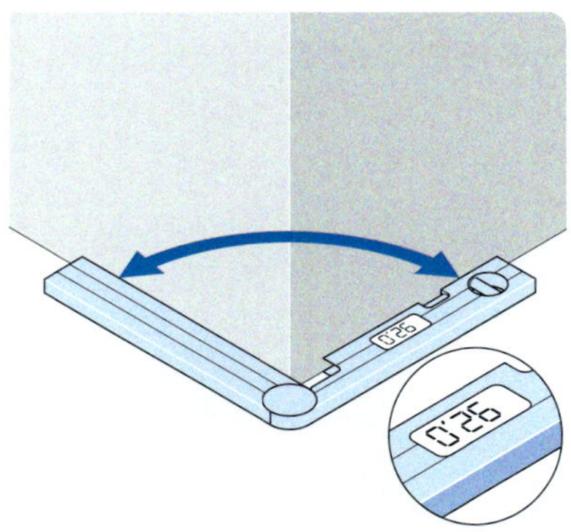

Messen des Eckenwinkels, Außenwinkels

Schritt 3
Ermitteln des Gehrungswinkels und des Neigungswinkels

Um an den Schnittkanten profiltreue Übergänge zu bekommen, müssen die Leisten sowohl auf Gehrung als auch auf Neigung geschnitten werden. Die Ermittlung von Gehrungswinkel und Neigungswinkel erfolgt rechnerisch. Dies ist allerdings mit einem so hohen Aufwand verbunden, dass es bequemer ist, statt dessen eine Tabelle zu benützen.

Am besten benützt man den professionellen Winkelmesser von Bosch. In seinen Prozessor sind die Gehrungs- und Neigungswinkel eingespeichert. Nach Messen des Eckenwinkels sind die entsprechenden Werte auf Knopfdruck automatisch abrufbar.

Für unser Beispiel mit einem gemessenen Eckenwinkel von 92° ergibt sich aus der Tabelle bei einem Leistenwinkel von 45° / 45° ein Gehrungswinkel von 34,3° und ein Neigungswinkel von 29,4°.

Mit der Kenntnis des Gehrungswinkel und des Neigungswinkels können wir nun arbeiten. Dabei muss man unterscheiden, ob der Zuschnitt mit der Kapp- und Paneelsäge oder mit der Tischkreissäge erfolgt.

Zuschnitt mit Paneelsäge (Zugsäge) oder Kapp / Gehrungssäge

Schritt 4

Nach dem Ermitteln des Gehrungswinkels und des Neigungswinkels werden diese beiden Werte mittels der Skalierung des Drehtisches und der Skalierung der Neigungseinstellung jeweils nach links eingestellt und fixiert. Weil von der präzisen Einstellung die Profiltreue des Übergangs abhängt, muss hier mit großer Sorgfalt vorgegangen werden. Erfahrungsgemäß sind Einstellungen mit der Stelle hinter dem Komma sehr schwierig. Man sollte einfach so genau wie möglich vorgehen, dann aber auf jeden Fall vor dem endgültigen Leistenzuschnitt mit einem Probestück einige Schnittversuche machen um gegebenenfalls noch Korrekturen vornehmen zu können.

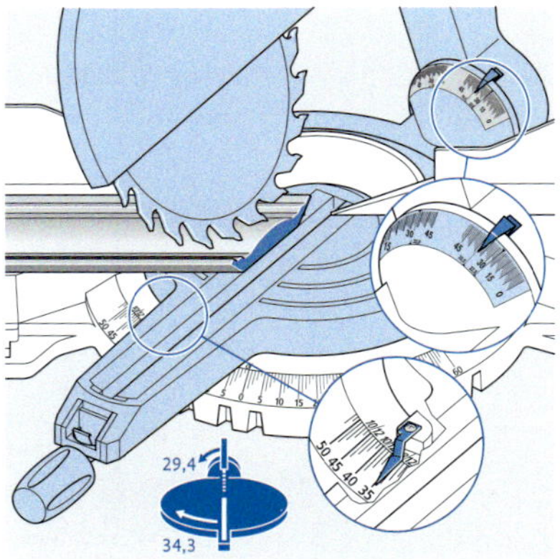

Einstellen von Gehrungswinkel und Neigungswinkel nach links, Schnitt mit Dekorseite oben

Schritt 5

Man schneidet zuerst eine Leiste zu, in dem man sie von Links und mit der Dekorseite nach oben auf den Sägetisch anlegt und dann kappt. Anschließend macht man dieselben Einstellungen wie im Schritt 4 beschrieben, allerdings mit Gehrung und Neigung nach Rechts. Dann legt man die zweite Leiste von rechts und mit der Dekorseite nach oben auf den Sägetisch und kappt.

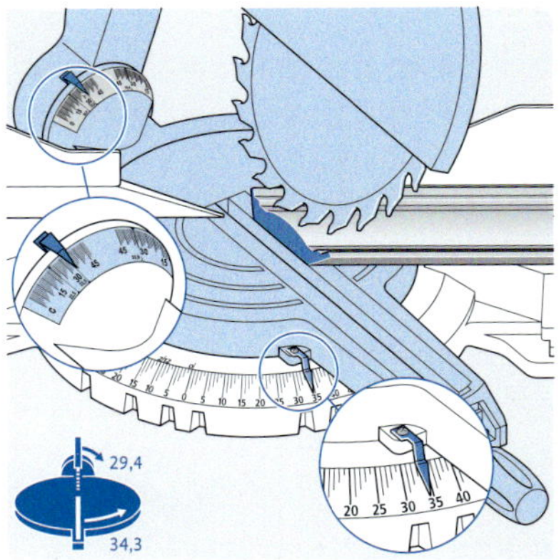

Einstellen von Gehrungswinkel und Neigungswinkel nach rechts, Schnitt mit Dekorseite oben

TIPP

Die Einstellung von Gehrungswinkel und Neigung ist wegen der erforderlichen Genauigkeit sehr aufwendig, und jede neue Einstellung erfordert ein paar Kontrollschnitte zur Probe. Man kann sich den Aufwand sparen indem man die Linkseinstellung entsprechend Schritt 4 beibehält und die zweite Leiste wieder von Links anlegt, diesmal aber mit der Dekorseite nach unten!

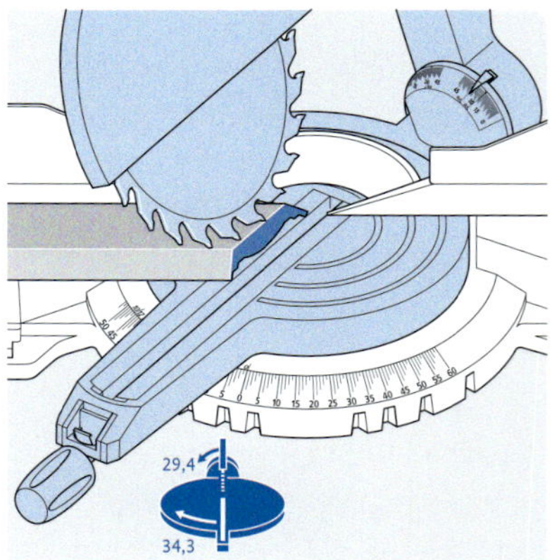

Einstellen von Gehrungswinkel und Neigungswinkel nach links, Schnitt mit Dekorseite unten

Zuschnitt mit der Tischkreissäge

Die Schritte 1 bis 3 erfolgen wie bereits bei der Zugsäge beschrieben.

Schritt 4

Nach dem Ermitteln des Gehrungswinkels wird dieser am Winkelanschlag eingestellt.

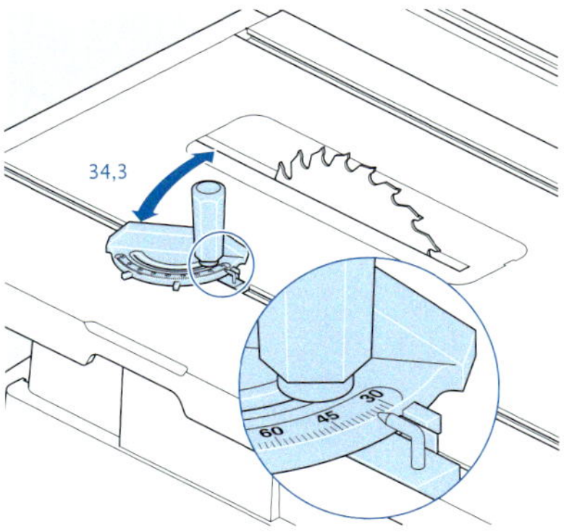

Einstellen des Gehrungswinkels am Winkelanschlag

Schritt 5

Anschließend wird das Sägeblatt entsprechend dem ermittelten Neigungswinkel mit der Handkurbel eingestellt und auf der Neigungsskala kontrolliert.

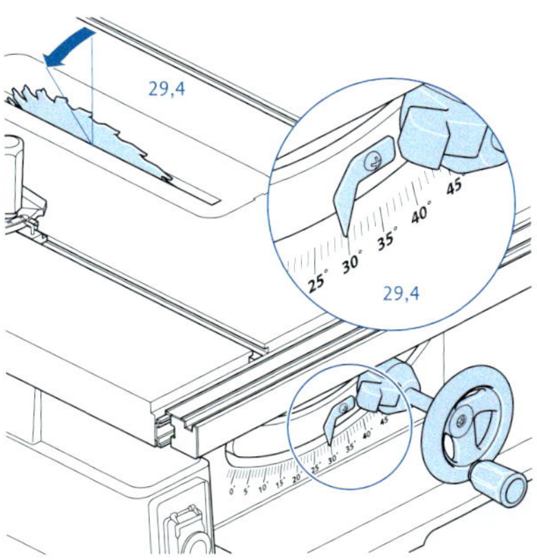

Einstellen des Neigungswinkel

Schritt 6

Man schneidet zuerst eine Leiste zu, in dem man sie mit der Dekorseite nach oben auf den Sägetisch anlegt und dann kappt.

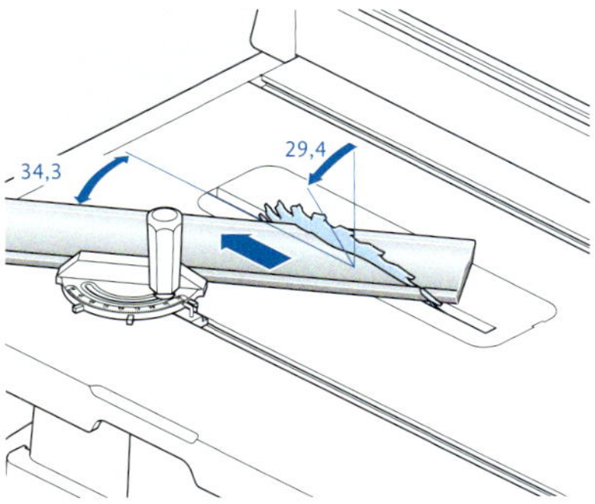

Zuschnitt mit Dekorseite oben

Schritt 7

Weil die Neigung des Sägeblattes bei der Tischkreissäge nur nach einer Seite möglich ist, werden die Einstellungen von Gehrungswinkel und Neigung beibehalten. Die zweite Leiste wird nun mit der Dekorseite nach unten zugeschnitten.

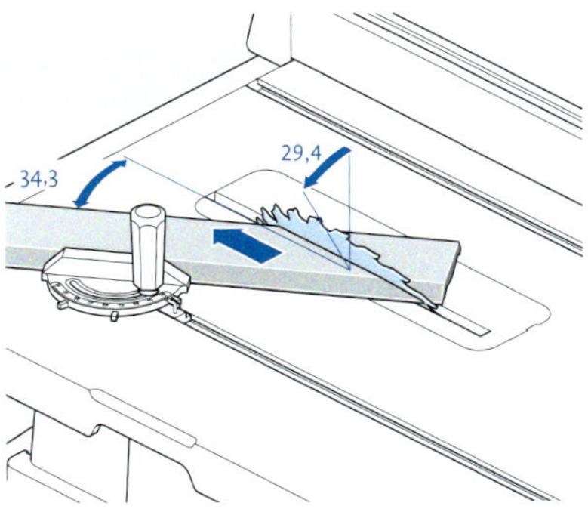

Zuschnitt mit Dekorseite unten

TIPP

Die Einstellung der exakten Winkel für Gehrung und Neigung ist aufwendig und in der Praxis nicht immer auf Anhieb exakt. Deshalb sollte vor dem endgültigen Zuschnitt stets ein oder mehrere Probezuschnitte mit Materialresten erfolgen.

Zuschnitt von Decken- und Bodenleisten

Eckenwinkel Grad	Gehrungswinkel Grad	Neigungswinkel Grad
70	45,3	35,4
71	44.75	35,2
72	44,2	34,9
73	43,7	34,6
74	43,2	34,4
75	42,7	34,1
76	42,2	33,9
77	41,6	33,6
78	41,1	33,3
79	40,6	33,1
80	40,1	32,8
81	39,6	32,5
82	39,1	32,3
83	36,6	32,0
84	38,1	31,7
85	37,7	31,4
86	37,2	31,1
87	36,7	30,9
88	36,2	30,6
89	35,7	30,3
90	35,3	30,0
91	34,8	29,7
92	**34,3**	**29,4**
93	33,9	29,1
94	33,4	28,8
95	32,9	28,5
96	32,5	28,2
97	32,0	27,9
98	31,6	27,6
99	31,1	27,0
100	30,7	26,7
101	30,2	26,4
102	29,8	26,1
103	29,4	25,8
104	28,9	25,5
105	28,5	25,2
106	28,1	24,9
107	27,6	24,2
108	27,2	23,9
109	26,8	23,6
110	26,3	23,3
111	25,9	23,0
112	25,5	22,7
113	25,1	22,3
114	24,7	22,0
115	24,3	21,7
116	23,8	21,4
117	23,4	21,0
118	23,0	20,7
119	22,6	20,4
120	22,2	20,1
121	21,8	19,7
122	21,4	19,4
123	21,0	19,1
124	20,6	18,7
125	20,2	18,4
126	19,8	18,1
127	19,4	17,7
128	19,0	17,4
129	18,6	17,1
130	18,3	16,7
131	17,9	16,4
132	1,5	16,0
133	17,1	15,7
134	16,7	15,4
135	16,3	15,0
136	15,9	14,7
137	15,6	14,3
138	15,2	14,0
139	14,8	13,7
140	14,4	13,3
141	14,1	13,0
142	13,7	12,6
143	13,3	12,3
144	12,9	11,9
145	12,6	12,0
146	12,2	11,2
147	11,8	10,9
148	11,5	10,6
149	11,1	10,2
150	10,7	9,9
151	10,4	9,5
152	10,0	9,2
153	9,6	8,8
154	9,3	8,5
155	8,9	8,1
156	8,6	7,8
157	8,2	7,4
158	7,8	7,1
159	7,5	6,7
160	7,1	6,4
161	6,8	6,0
162	6,4	5,7
163	6,0	3,3
164	5,7	4,9
165	5,3	4,6
166	5,0	4,2
167	4,6	3,9
168	4,3	5,4
169	3,9	3,2
170	3,5	2,8
171	3,2	2,5
172	2,8	2,1
173	2,5	1,8
174	2,1	1,4
175	1,8	1,1

Biegen von Blechen

Biegen von Blechteilen ist eine unerwartet häufige Arbeitsaufgabe im Hobbybereich. Meist handelt es sich dabei um das Anfertigen von 90° -Winkeln. Wenn die Bleche nicht zu stark sind, kann das Biegen im Schraubstock erfolgen. Da die Schraubstockbacken meist geriffelt sind, müssen Beilagen oder Schutzbacken verwendet werden, um das Blech nicht zu beschädigen. Für Blechstreifen die breiter als die Schraubstockbacken sind, legt man in die Schraubstockbacken stabile Winkelprofile ein.

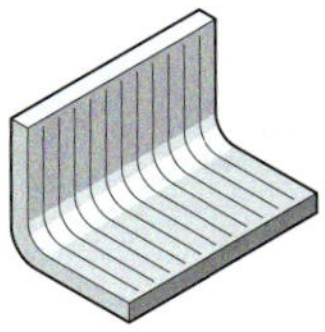

Biegen quer zur Walzrichtung

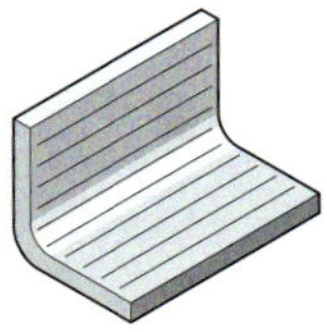

Biegen parallel zur Walzrichtung

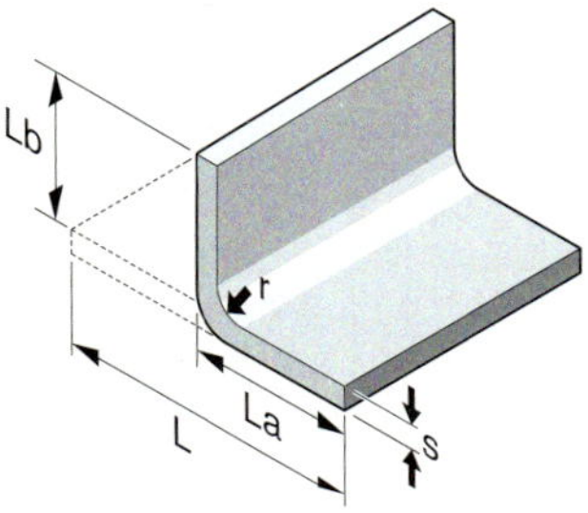

L = Gesamtlänge (Zuschnittlänge)
La, LB = Schenkellängen
s = Materialstärke
r = Biegeradius (aus Tabelle)
v = Ausgleichswert (abhängig vom Biegeradius, aus Tabelle
n = Anzahl der Biegestellen

Ermittlung der Zuschnittlänge:
L = La + Lb - (n x v)

Beispiel: 90-Winkel aus AlMg3, kleinster Biegeradius
La = 40 mm
Lb = 30 mm
s = 3 mm
r = 6 mm (aus Tabelle)
n = 1
v = 6,7 (aus Tabelle)
gesucht: Zuschnittlänge L

L = 40 mm+30 mm –(1 x 6,7)
L = 70mm – 6,7
L = 63,3 mm

Die Walzrichtung erkennt man oft an einer feinen Strukturierung der Oberfläche.

Biegeradius

Beim Biegen muss ein Mindest-Biegeradius eingehalten werden. Unterschreitet man diesen Mindestradius, wird das Blech an der Biegestelle Risse bekommen oder brechen. Der Biegeradius ist vom Blechwerkstoff und der Blechdicke abhängig. Die Angaben in der Tabelle sind Richtwerte, die sich in der Praxis bewährt haben.

→ Stahl ca. 1–3 x Blechdicke
→ Aluminiumlegierungen ca. 0,9–3 x Blechdicke
→ Messing ca. 1–2 x Blechdicke
→ Kupfer ca. 0,8–1,5 x Blechdicke

Der niedrigere Wert gilt für weiche, der höhere Wert für harte Bleche.

Biegen von Blechen

Zur Berechnung der Zuschnittslänge beim Abkanten und Biegen von Blechen muss ein Ausgleichsfaktor berücksichtigt werden. Der Ausgleichsfaktor gilt für eine Biegestelle. Weist das Werkstück mehrere Biegestellen auf, dann ist der Ausgleichswert mit der Anzahl der Biegestellen zu multiplizieren. Der Ausgleichswert gilt für Biegewinkel von 90° und ist vom Biegeradius und der Blechstärke abhängig.

	Ausgleichswert v für eine Biegestelle bei einer Materialstärke s (in mm)										
Biegeradius r (mm)	**0,8**	**1**	**1,5**	**2**	**2,5**	**3**	**4**	**5**	**6**	**8**	**10**
1	1,7	1,9	–	–	–	–	–	–	–	–	–
1,6	1,8	2,1	2,9	–	–	–	–	–	–	–	–
2,5	2,2	2,4	3,2	4	4,8	–	–	–	–	–	–
4	2,8	3	3,7	4,5	5,2	6	–	–	–	–	–
6	3,4	3,8	4,5	5,2	5,9	6,7	8,3	9,9	–	–	–
10	–	5,5	6,1	6,7	7,4	8,1	9,6	11,2	12,7	–	–
16	–	8,1	8,7	9,3	9,9	10,5	11,9	13,3	14,8	17,8	21
20	–	9,8	10,4	11	11,6	12,2	13,4	14,9	16,3	19,3	22,3
40	–	18,4	19	19,6	20,2	20,8	22	23,2	24,5	26,9	29,7
50	–	22,7	23,3	23,9	24,5	25,1	26,3	27,5	28,8	31,2	33,6

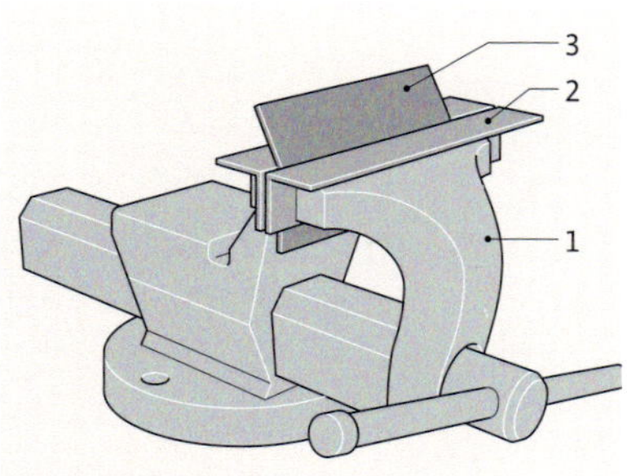

1 Schraubstock
2 Stabiles, glattes Winkelprofil
3 Blech

Biegen im Schraubstock

Walzrichtung

Bleche werden gewalzt. Hierdurch richtet sich während der Herstellung das Gefüge im Blech aus. Beim Biegen parallel zur Walzrichtung ist besonders bei Alu die Riss- bzw. Bruchgefahr größer; es müssen unter Umständen größere Biegeradien gewählt werden. Beim Biegen quer zur Walzrichtung ist die Bruchgefahr deutlich geringer; es können kleinere Biegeradien gewählt werden.

Biegen im Schraubstock

Die Schraubstockbacken sind rau und oft nicht so breit wie das zu biegende Blech. Es hat sich bewährt, die Schraubstockbacken mit zwei stabilen Winkelprofilen zu verbreitern. Für das Umschlagen des Bleches Holzhammer oder Kunststoffhammer verwenden!

TIPP

Vor allem bei Aluminiumblechen die Biegestelle nicht mit der Reißnadel anzeichnen. Dort könnte das Blech beim Biegen Risse bekommen. Bleistift oder Filzstift benützen.

Gewinde schneiden

Gewinde sind die Voraussetzung für Schraubverbindungen in der Metallbearbeitung. Man unterscheidet in

- → Innengewinde (Mutterngewinde)
- → Außengewinde (Schrauben, Bolzengewinde)

Zur Herstellung werden Gewindebohrer und Schneideisen verwendet.

Innengewinde

Innengewinde werden in Bohrungen eingeschnitten. Die Bohrung muss im Durchmesser kleiner sein als das spätere Gewinde. Der Durchmesser des „Kernloches“ wird als Kernlochdurchmesser bezeichnet. Sein Durchmesser hängt davon ab, ob 3-teilige Handgewindebohrer oder die so genannten „Maschinengewindebohrer“ verwendet werden.

Handgewindebohrer

Ein Handgewindebohrersatz ist 3-teilig und besteht aus

- → Vorschneider
- → Mittelschneider
- → Fertigschneider

Die Bohrer werden nacheinander verwendet. Weil jeder Bohrer nur einen Teil des Gewindes schneidet, sind die Drehkräfte relativ gering. Der Kernlochdurchmesser für Handgewindebohrer beträgt nach der Faustformel

→ Gewindedurchmesser x 0,8

Beispielsweise also für M6 = 6 x 0,8 = 4,8 mm.

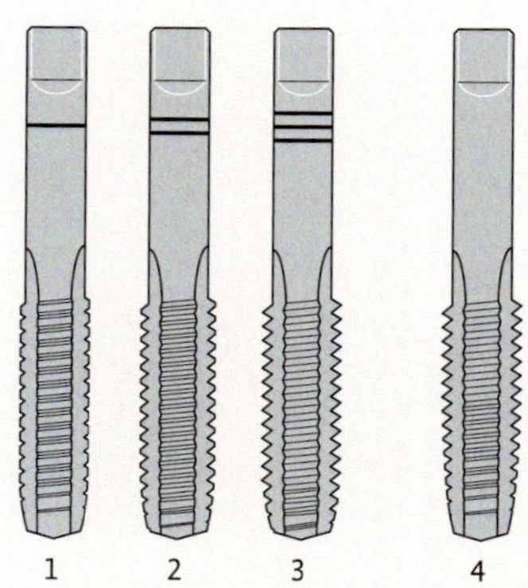

1 Handgewindebohrer, Vorschneider
2 Handgewindebohrer, Mittelschneider
3 Handgewindebohrer, Fertigschneider (3 oder keine Ringe am Schaft)
4 Maschinengewindebohrer

Gewindebohrer

Metrisches ISO Gewinde DIN 13

Gewinde M	Steigung mm	Kernloch DIN 336 mm
1	0,25	0,75
2	0,4	1,60
2,5	0,45	2,05
3	0,5	2,50
3,5	0,6	2,90
4	0,7	3,30
4,5	0,75	3,70
5	0,8	4,20
6	1	5,00
7	1	6,00
8	1,25	6,80
9	1,25	7,80
10	1,5	8,50
11	1,5	9,50
12	1,75	10,20
14	2	12,00
16	2	14,00
18	2,5	15,50
20	2,5	17,50

Maschinengewindebohrer
Maschinengewindebohrer bestehen nur aus einem einzigen Bohrer, der durch seinen besonderen Anschliff an der Spitze Vor-, Mittel- und Fertigschneider in sich vereinigt. Die Eindrehkräfte sind etwas höher, sie können aber ohne weiteres auch mit der Hand eingedreht werden.
Achtung: Da Maschinengewindebohrer einen anderen Anschliff als Handgewindebohrer haben, gilt die Faustformel mit dem Faktor 0,8 für den Kernlochdurchmesser nicht! Bei der Verwendung von Maschinengewindebohrern muss streng nach Tabelle vorgegangen werden, denn es gilt die Regel

→ Gewindedurchmesser minus Gewindesteigung = Kernlochdurchmesser

Beispielsweise also für M6 = 6 minus Steigung 1 mm = 5,0 mm.
Die Steigung für jeden Gewindedurchmesser ist in Tabellen hinterlegt.

Praxis Innengewinde

Gewindebohrer sind glashart. Jedes Verkanten oder Verbiegen führt, besonders bei kleinen Gewindedurchmessern, unweigerlich zum Bruch. Die Bohrung sollte deutlich angesenkt sein, damit der Bohrer zügig in das Material eindringen kann. Es ist mit viel Gefühl und ruhiger Hand vorzugehen. Grundsätzlich sollte niemals trocken geschnitten werden. Als Schmiermittel eignen sich Öl, Fett, aber auch Bienenwachs. Wenn der Gewindebohrer beim Eindrehen schwergängig wird, sollte man nicht mit Gewalt weiter drehen, sondern mit leichten Vor-Rückwärts-Drehungen die Späne brechen und

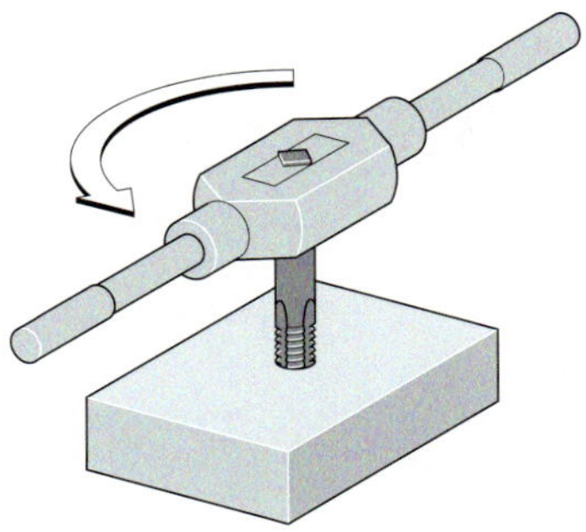

Schneiden von Innengewinden

den Bohrer damit wieder freigängig machen. Das kann mühsam sein, aber Gewalt führt stets zum Bruch. Bei tiefen Gewinden hat es sich bewährt, den Bohrer von Zeit zu Zeit auszudrehen und ihn und auch das Bohrloch von Spänen zu säubern. Im Fachhandel gibt es für jeden Werkstoff und für jede Gewindeart den passenden Gewindebohrer. Wenn viele Gewinde geschnitten werden müssen, lohnt sich die Anschaffung dieser Spezial-Gewindebohrer auch für den Heimwerker.

Praxis Außengewinde

Außengewinde benötigt man beim Herstellen von Schrauben und Gewindebolzen. Das Gewinde wird mittels Schneideisen auf den Schraubenschaft oder den Bolzen aufgeschnitten. Hierzu gilt die Formel

→ Bolzendurchmesser = Gewindedurchmesser

TIPP

Beschädigte Außengewinde können mit dem Schneideisen wieder gangbar gemacht werden, wenn sich die Beschädigungen in Grenzen halten.

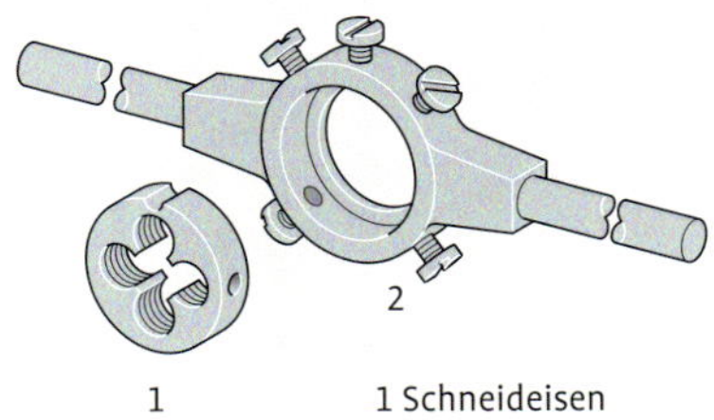

Schneideisen

Das Schneiden von Außengewinden scheint wesentlich einfacher als das von Innengewinden zu sein, weil die verwendeten Schneideisen nur eine sehr geringe Bruchgefahr aufweisen. Trotzdem sind viele Außengewinde bei näherer Betrachtung schräg aufgeschnitten. Die Ursache hierfür ist das Verkanten beim Ansetzen des Schneideisens. Daran ändert auch ein langer schräger Anschliff des Bolzens wenig. Eine sichere Maßnahme gegen schräge Gewinde ist die Verwendung von Führungshülsen. Sie werden zusammen mit dem Schneideisen in den Halter eingesetzt und sorgen für eine rechtwinklige Führung beim Aufsetzen auf den Bolzen.

Toleranzeinstellung
Manchmal kann es erforderlich sein, die Toleranz eines Außengewindes etwas zu ändern. Wenn das Bolzengewinde etwas geringer ist, dreht er sich im Gewinde leichter, mit etwas größerem Durchmesser wird er schwergängiger. Man kann die Toleranz dadurch ändern, dass man das Schneideisen an seiner gekerbten Stelle mit einer Trennscheibe vorsichtig und ohne viel

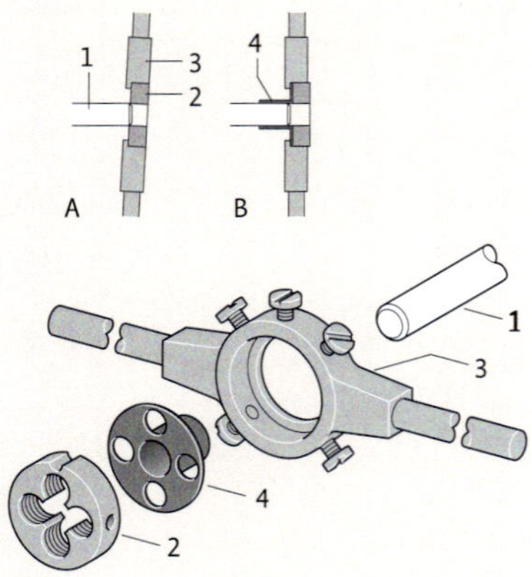

A Fast immer erfolgt das Ansetzen schräg, das Gewinde ist unbrauchbar.
B Mit der Führungshülse wird das Gewinde exakt zentrisch.

1 Bolzen
2 Schneideisen
3 Schneideisenhalter
4 Führungshülse

Außengewinde

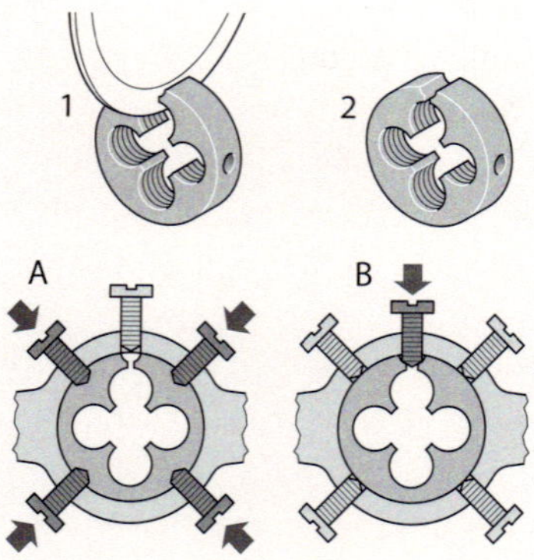

1 Auftrennen des Schneideisens an der dafür vorgesehenen Kerbe mit einer Trennscheibe. Wärmeeinwirkung vermeiden!
2 Geschlitztes Schneideisen

A Schneideisen wird etwas zusammengedrückt, der Gewinde-Kerndurchmesser wird etwas größer.
B Schneideisen wird etwas auseinandergedrückt, der Gewinde-Außendurchmesser wird etwas kleiner.

Einstellen des Schneideisens

Wärmeentwicklung (Kühlung mit Wasser) auftrennt. Beim Spannen des Schneideisens im Halter kann man nun das Schneideisen (im Hundertstel Millimeterbereich) etwas zusammendrücken oder etwas aufweiten.

TIPP

Das Schneiden von Außengewinden bei Edelstählen ist wegen der höheren Festigkeit des Werkstoffes sehr mühsam. Es bewährt sich, zunächst mit höher eingestellter Toleranz vorzuschneiden und dann in einem zweiten Arbeitsgang mit exakt eingestellter Toleranz fertig zu schneiden.

Guss- und Laminiertechnik

Die Guss- und Laminiertechnik mit Reaktionsharzen im Heimwerkerbereich nimmt speziell im Modellbau einen hohen Stellenwert ein. Sie gestattet es, nahezu beliebig geformte Bauteile in fast allen Dimensionen herzustellen. Hierzu werden Reaktionsharze verwendet, deren Komponenten bei der Verarbeitung gemischt und zusammen mit verstärkenden Stoffen auf oder in Formen eingebracht werden und dort bis zum vollständigen Aushärten verbleiben. Dann erfolgt die Entformung. Die Qualität und die Eigenschaften des Bauteils hängen ab vom:

→ Gießharztyp
→ Laminatwerkstoff
→ Füllmaterial
→ Laminierverfahren
→ Formgestaltung und Güte

Praktischer Umgang mit Reaktionsharzen

Reaktionsharze ermöglichen die Herstellung von Bauteilen mit vergleichsweise geringem handwerklichem Aufwand. Die Arbeitsschritte sind einfach und die notwendige Praxiserfahrung ist schnell erlernbar. Dennoch werden bei keinem anderen Arbeitsverfahren so viele Fehler gemacht und Lehrgeld bezahlt wie beim Umgang mit Gießharzen. Fast immer sind diese Fehler und die damit verbundenen Qualitätsmängel der Bauteile auf die Nichtbefolgung der Arbeitsanweisungen zurückzuführen. Die wichtigsten Regeln werden im Folgenden kurz beschrieben. Wer sein Wissen vertiefen möchte, sei an dieser Stelle auf das vorzügliche, praxisorientierte Handbuch der Firma R&G Faserverbundwerkstoffe

GmbH, Im Meißel 7, D-71111 Waldenbuch, www.r-g.de verwiesen. Die Firma vertreibt neben den Reaktionsharzen und Faserwerkstoffen alle zum Laminieren notwendigen Werkzeuge und Zubehöre.

Reaktionsharztypen

Die wichtigsten Eigenschaften der Harztypen wurde im Kapitel Werkstoffkunde beschrieben. Auf die wichtigsten Unterschiede der beiden im Heimwerkerbereich am häufigsten verwendeten Harztypen

→ Polyesterharz
→ Epoxidharz

wird nochmals hingewiesen.

UP-Polyesterharze

Die Harze benötigen zur Kalthärtung (18 – 25 °C) die Zugabe eines Peroxid-Härters und die Zugabe eines Cobalt-Beschleunigers.
Der Mischungsvorgang erfolgt zweckmässigerweise so, dass dem Harz zunächst der Beschleuniger beigemischt wird. Harz mit eingemischtem Beschleuniger ist über längere Zeit lagerfähig, es findet keine Reaktion statt. Der jeweils benötigten Verarbeitungsmenge wird dann der Härter zugesetzt. Das direkte Mischen von Härter und Beschleuniger bewirkt eine explosionsartige Reaktion und ist deshalb nicht zulässig.
Für einfachere Verarbeitung werden aber auch vorbeschleunigte Harze geliefert, die dann zur Reaktion lediglich eine Härterzugabe benötigen. Während der Härtungsreaktion wird Wärme freigesetzt. Bei dicken Wandstärken und Harzkonzentrationen kann es zu örtlicher Überhitzung kommen, welche zur Zerstörung des Bauteils führen. Da die Härtungsreaktion durch den Mischungsanteil des Härters in gewissen Grenzen beeinflusst werden kann, ist in diesen Fällen weniger Härteranteil zu wählen bzw. ein langsamhärtendes Harz zu verwenden. Umgekehrt können dünne Bauteile mit großer Oberfläche eine größere Härtermenge nötig machen bzw. es ist ein schnellhärtendes Harz zu verwenden. Es können Aushärtzeiten zwischen einer und mehreren Stunden eingestellt werden. Beim Aushärten von UP-Harzen tritt eine Schrumpfung bis ca. 8% auf, was bei der Bauteil- und Formdimensionierung berücksichtigt werden muss.

Epoxidharz

EP-Harze härten duch die Zugabe eines Diamin- oder Polyamin-Härters aus, der im Gegensatz zu den UP-Harzen in einem festen, unveränderlichen Mischungsverhältnis zum Harz steht. Schnelleres oder langsameres Aushärten kann also nicht durch mehr oder weniger Härterzugabe erfolgen. Die Beeinflussung der Reaktionszeit ist ausschließlich durch unterschiedliche Härtertypen und niedrigere oder höhere Temperatur zu erreichen.
Das vorgegebene Mischungsverhältnis ist genau (+/-2% !) einzuhalten. Werden dem Harz Füllstoffe beigemischt, so muss erst Harz und Härter miteinander gemischt werden. Erst dann dürfen die Füllstoffe zugesetzt werden, weil sonst das Mischungsverhältnis (Gewichtsbasis) nicht mehr stimmt.
EP-Harze härten langsam aus. Kalthärtende Harze benötigen ca. 24 Stunden zur Aushärtung, danach könnend die Bauteile entformt werden. Da die Reaktion jedoch erst nach ca. 7 Tagen völlig abgeschlossen ist, findet innerhalb dieser Zeit noch eine gewisse Nachverfestigung statt. Bauteile sollten also erst nach dieser Zeit voll belastet werden.
Beim Aushärten des EP-Harzes tritt praktisch kein Schwund auf.

Laminatwerkstoffe

Die Laminatwerkstoffe (Verstärkungsstoffe) bestimmen maßgeblich die mechanischen Eigenschaften des späteren Bauteils. Hier besteht eine Analogie zur Stahlarmierung von Beton. Entsprechend ihrer Struktur

→ Fasern
→ Gewirk
→ Gewebe

und dem Werkstoff, aus dem sie bestehen

→ Glas
→ Kohle (Carbon)
→ Aramid

haben sie großen Einfluss auf die Gestaltungsmöglichkeiten, die Festigkeit, Elastizität und die Kosten.

Fasern

Fasern werden gesponnen und zu sogenannten Rovings zusammengefasst. Sie haben nur längs der Fasern Festigkeit, man kann hierdurch Bauteilen in einer Vorzugsrichtung eine sehr hohe Festigkeit verleihen. Die Anwendung ist aufwendig.

Gewirk

Wenn Fasern kurzer Länge in den unterschiedlichsten Richtungen miteinander „verwirkt“ werden, entstehen Matten. Sie sind das kostengünstigste Standardmaterial für die Verstärkung von Laminierharzen.

Matten weisen in allen Richtungen dieselbe Festigkeit auf. Matten aus Gewirk sind einfach in der Anwendung und werden vorzugsweise für manuelle Verfahren angewendet. Bei der Überlappung von Matten kann das Gewirk an den Rändern zerfasert werden, wodurch sich glatte Übergänge ergeben.
Die Einteilung der Gewirkmatten erfolgt nach Gewicht. Üblich sind Matten von 50 – 600 g/m².

Gewebe

Gewebe werden ähnlich Textilfasern aus Rovingsträngen gewoben. Durch unterschiedliche Webarten (Leinwand, Köper, Atlas) können entsprechend niedrigere oder höhere Gewebefestigkeiten in einer bestimmten Richtung erzielt werden. Durch unterschiedliche Rovingstärken in Kette und Schuss (webtechnische Begriffe) können Vorzugsrichtungen im Gewebe erzeugt werden, in denen sie entweder dehnbarer oder steifer sind.
Gewebematten sind etwas aufwendiger in der Verarbeitung. Bei gleichem Gewichtsanteil lassen sich aber gegenüber Gewirkmatten höhere Festigkeiten erreichen. Die Einteilung der Gewebematten erfolgt nach Gewicht. Üblich sind Matten von 20 – 1.200 g/m².

Glas

Glas ist kostengünstig und deshalb der am meisten verwendete Faserwerkstoff. Glas ist Namensgeber für GFK (GlasFaserverstärkter Kunststoff).
Die typische Zugfestigkeit liegt bei ca. 1.000 – 1.800N/mm², die Bruchdehnung bei ca. 2 – 3 %.

Kohle (Carbon)

Mit Kohlefasern sind erheblich höhere Steifigkeiten der Bauteile möglich als mit Glasfasern. Sie sind aufwendiger in der Herstellung und deshalb kostenintensiver. Die Dehnfähigkeit der Kohlefaser ist geringer, ihre Sprödigkeit muss bei der Verarbeitung berücksichtigt werden. Die Farbe ist Schwarz. Kohlefasern leiten die Elektrizität und sind brennbar
Die typische Zugfestigkeit liegt bei ca. 2.400 – 7.000 N/mm², die Bruchdehnung bei ca. 0,5 – 2,3 %.

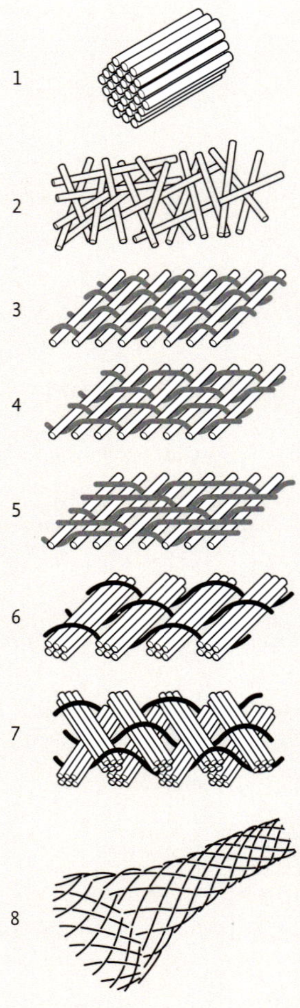

1 Rovingstrang
2 Fasermatte
3 Leinwandgewebe
4 Köpergewebe
5 Atlasgewebe
6 Unidirektionales Gewebe
7 Biaxiales Gewebe
8 Schlauchgewebe

Faser- und Gewebetypen

Aramid

Aramidfasern bestehen aus Polyamiden. Sie sind unter dem Markennamen Kevlar® bekannt und werden auch für hochbeanspruchte Gewebe verwendet. Aramidfasern sind leicht und elastisch, neigen aber unter Lichteinfluss zur Alterung. Die Laminate müssen deshalb lichtschützend eingefärbt werden. Ihre Verarbeitung ist aufwendig. Wegen ihres geringen Gewichts werden sie bei leichten Konstruktionen eingesetzt.
Die typische Zugfestigkeit liegt bei ca. 2.500 – 3.500 N/mm², die Bruchdehnung bei ca. 2 – 4%.

Füllmaterial

Füllmaterialien dienen bei Kunststoffen dazu, Bauteilen ein leichteres spezifisches Gewicht, eine höhere Steifigkeit, bessere Verarbeitbarkeit und/oder ein dekoratives Aussehen zu verleihen. Typische Füllmaterialien sind:

- → Thixotropiemittel
- → Quarzmehl
- → Glasballons
- → Metallpulver
- → Mineralien

Thixotropiemittel

Thixotropiemittel dienen dazu, das flüssige Kunstharz während der Topfzeit so einzudicken, dass es an senkrechten oder schrägen Arbeitsflächen nicht abläuft. Hierdurch können auch komplexe Bauteile rationell erstellt werden. Harze für Reparaturen (Spachtelharze) sind meist thixotrop eingestellt, damit sie in allen Arbeitspositionen verwendet werden können. Thixotropiemittel sind z. B. unter dem Markennamen Aerosil® im Handel.

Quarzmehl
Quarzmehl als Füllmaterial erhöht die Abriebfestigkeit und die Druckfestigkeit. Bei der spanenden Bearbeitung müssen hartmetallbestückte Einsatzwerkzeuge verwendet werden. Mit Quarzmehl versetzte Harze werden meist als Vergussmassen eingesetzt.

Glasballon
Glasballons, auch Microballons® genannt, sind Hohlkugeln, welche aus Glas, aber auch aus Kunststoffen bestehen können. Die Durchmesser betragen Bruchteile eines Millimeters. Da sie hohl sind, erhöhen sie den thermischen Isolierfaktor des Laminats. Als Füllstoff verwendet erhöhen sie die Druckfestigkeit und machen Harze als Spachtelmassen geeignet.

Metallpulver
In Harze eingelagerte Metallpulver gestatten die Herstellung von Bauteilen mit dekorativem Aussehen. Die Wärmeleitfähigkeit des Laminats wird verbessert. In die Bauteile lassen sich später Gewinde schneiden.

Mineralien
Neben Quarz können auch andere Mineralien und Metall-Mineralverbindungen verwendet werden. Auch hier steht die dekorative Wirkung im Vordergrund, die Abriebfestigkeit und die Druckfestigkeit werden erhöht, die nachträgliche Bearbeitbarkeit schwieriger.

Laminierverfahren

Die Laminierverfahren richten sich nach der Anzahl der zu erstellenden Bauteile, der geforderten Qualität und der möglichen Kosten. Übliche Verfahren sind

→ Laminieren in Negativformen
→ Laminieren auf Positivformen
→ Laminieren auf verlorenen Formen

Laminieren in Negativformen
Die Form ist ein negatives Abbild des späteren Bauteils. Die Innenabmessungen der Form sind die späteren Aussenabmessungen des Bauteils. Die Aussenseite des Bauteils entspricht der Oberflächenqualität der Form, ist also im Regelfall die saubere, glatte Seite. Die Herstellung von hochwertigen Negativformen ist aufwendig.

Laminieren auf Positivform
Die Form ist ein positives Abbild des späteren Bauteils. Die Aussenabmessungen der Form sind die späteren Innenabmessungen des Bauteils. Die Aussenseite des Laminates ist rau. Wenn sie die spätere Oberfläche des Bauteils sein soll, sind erhebliche Nachbearbeitungen wie Schleifen, Spachteln und Lackieren notwendig. Die Herstellung der Positivform ist vergleichsweise einfach.

Laminieren auf verlorene Form
Verfahren entspricht der Positivform. Im Gegensatz zu dieser wird aber das Bauteil nicht von der Form genommen (entformt), sonder die Form bleibt ein Bestandteil des Bauteils.

Beispiel: Im Bootsbau wird ein Spantengerüst mit leichten Holz- oder Schaumstoffstreifen beplankt. Die Beplankung wird aussen laminiert. Nach Aushärtung wird das innere Spantgerüst entfernt und dann die Form von innen laminiert. Auf diese Weise ist ein Verbundbauteil entstanden, dessen Innen- und Außenseiten aus Laminat bestehen.

Praxistipps Faserverbundwerkstoffe

Zur optimalen Konstruktion müssen die künftigen Belastungen und Restriktionen des Bauteils bekannt sein. Hinweise und Beispielrechnungen für werkstoffgerechte Konstruktion und Gestaltung von Bauteilen aus Faserverbundwerkstoffen sind in Fachpublikationen und den Praxishandbüchern der Werkstofflieferanten enthalten. An dieser Stelle sei nochmals auf das hervorragende Handbuch von R&G verwiesen (www.r-g.de)

Wanddicken
Die Wanddicke und der Laminataufbau sollte möglichst gleichmäßig sein. Harzanreicherungen in

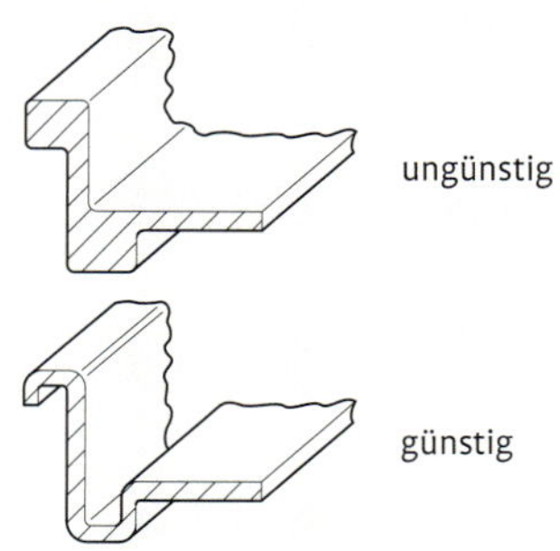

Wanddickengestaltung

Vertiefungen und an Kanten führen zu Eigenspannungen, Verzug und Rissbildung.

Entformungsschrägen

Die Seitenflächen der Form müssen ausreichende Schräge aufweisen, um ein gewaltfreies Entformen nach dem Aushärtvorgang zu ermöglichen. Dies gilt besonders für räumliche Bauteile. Hinterschneidungen müssen vermieden werden.

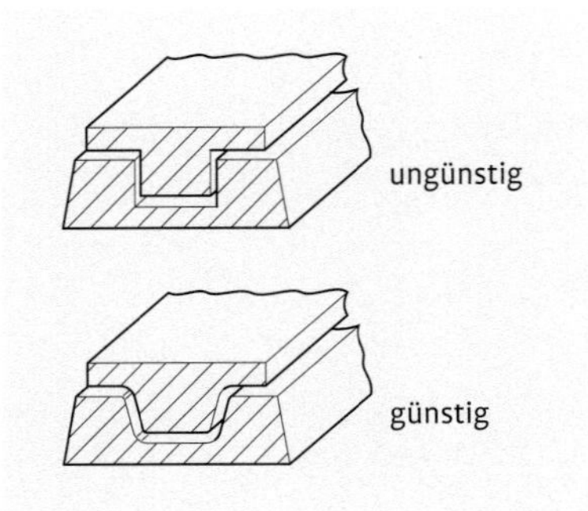

Entformungsschrägen

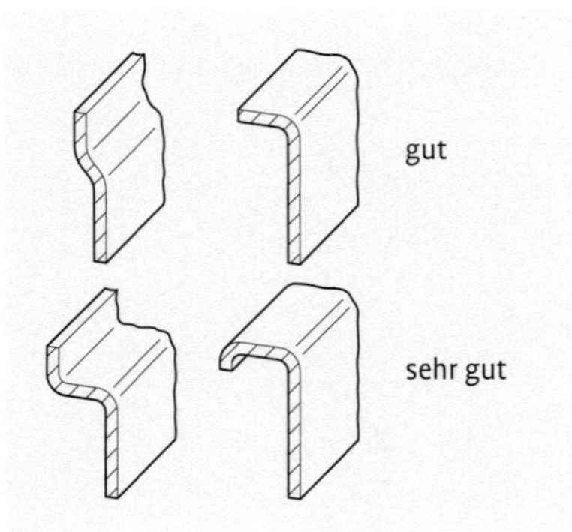

Gestaltung von Bauteilkanten

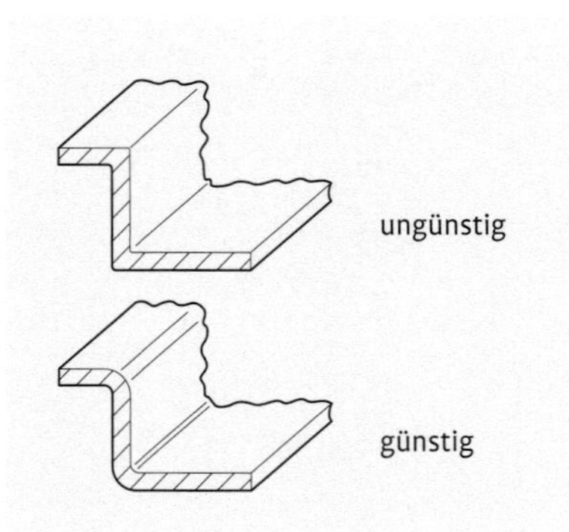

Kantenübergänge

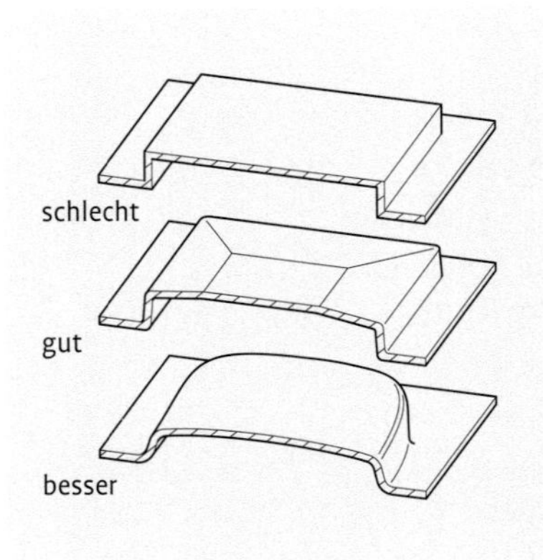

Räumliche Gestaltungsmöglichkeiten

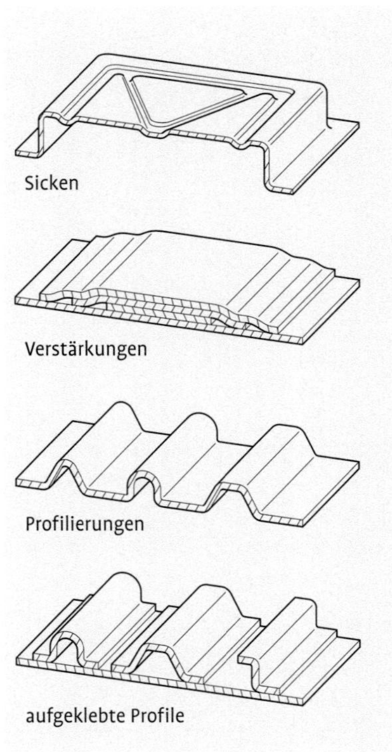

Versteifungen und Verstärkungen

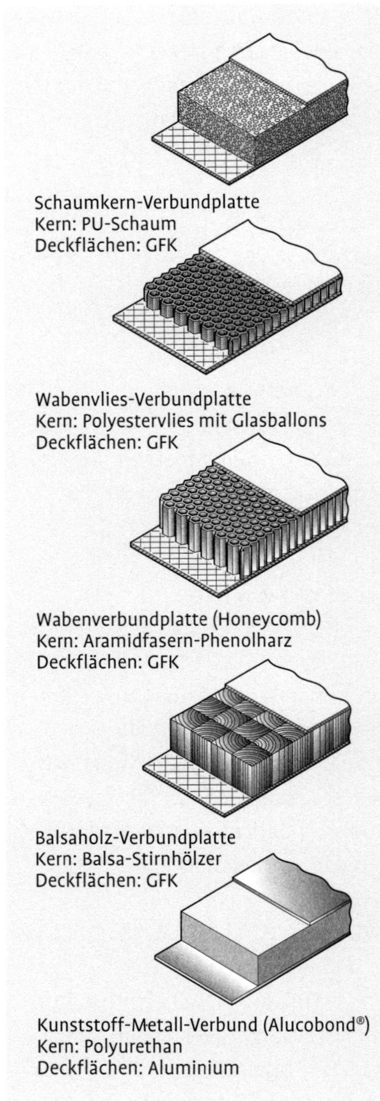

Verbundwerkstoffe

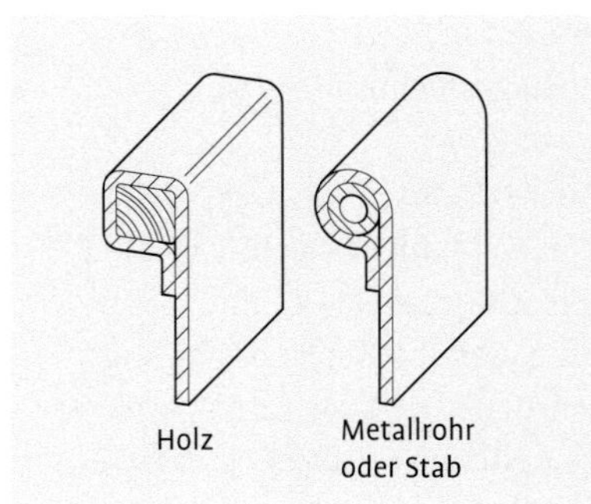

Einbettungen

Ecken und Kanten

Zu kleine Radien sind zu vermeiden. Größere Radien fördern ein besseres Anliegen der Fasern an die Form und einen besseren Kraftübergang.

Versteifungen

Statt dickerem Schichtaufbau sollten Bauteile durch
- → Sicken
- → räumliche Gestaltung
- → eingebettete Profile
- → Verbundbauweise

versteift werden. Innerhalb dieser Möglichkeiten gibt es mehr oder weniger günstige Varianten.

Verbundbauweise

Durch die Verbundbauweise erreicht man eine optimale Steifigkeit bei geringem Gewicht für flächige Bauteile. Als Kernmaterial verwendet man Aramid- oder Aluminiumwaben, Hartschäume oder Balsaholz. Eine andere Möglichkeit stellt das Einbetten von Profilen dar.

Praktisches Laminieren

An einem einfachen Beispiel mit Polyesterharz (UP-Harz) wird der übliche Ablauf des Laminierens gezeigt. Der klassische Laminataufbau in der Form erfolgt stufenweise durch
- → Deckschicht
- → Tragschichten

Deckschicht

Die Deckschicht, auch Gelcoat oder Feinschicht genannt, hat die Aufgabe, das spätere Eindringen von Feuchtigkeit in das Laminat zu verhindern und gleichzeitig dem Fertigteil eine glatte, meist eingefärbte und glänzende Oberfläche mit erhöhter Chemikalien- und Witterungsbeständigkeit zu geben. Die Deckschicht wird zuerst in die Form eingebracht. Üblich sind Schichtdicken von ca. 0,2mm, entsprechend ca. 250 g/m².

Tragschicht

Nach ausreichender Härtezeit von ca. 1–2 Stunden kann mit dem Laminieren der Tragschicht begonnen werden. Bei zu frühem Auftrag kann die Deckschicht bei UP-Harzen anquellen, was zu dem typischen „Elefantenhaut" oder „Orangenhaut"- Effekt führt. An der Luft ausgehärtete

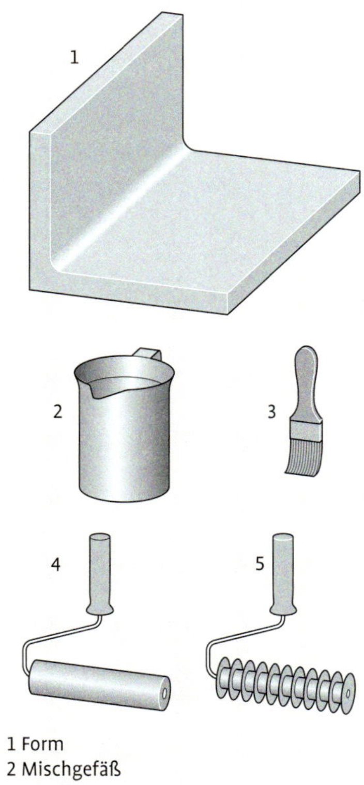

1 Form
2 Mischgefäß
3 Pinsel
4 Filzrolle
5 Scheibenrolle

Werkzeuge für die Laminiertechnik

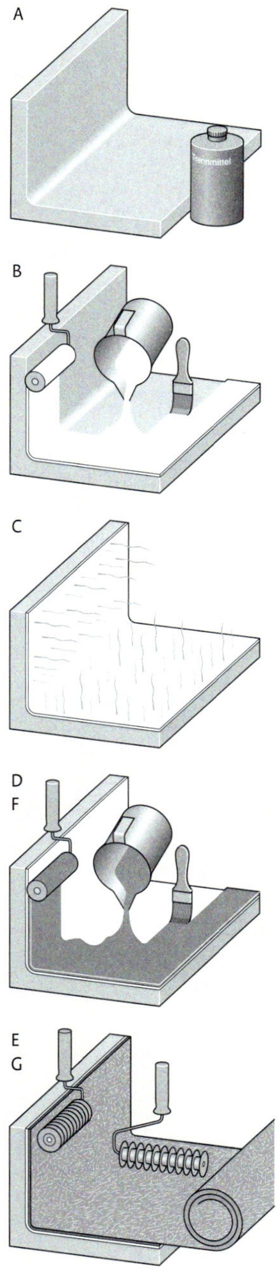

A Form mit Trennmittel polieren
B Deckschichtharz auftragen
C Deckschichtharz aushärten lassen
D Laminierharz auftragen
E Gewebe- oder Fasermatte tränken
F Laminierharz auftragen
G Gewebe- oder Fasermatte tränken

Vorgehensweise beim Laminieren

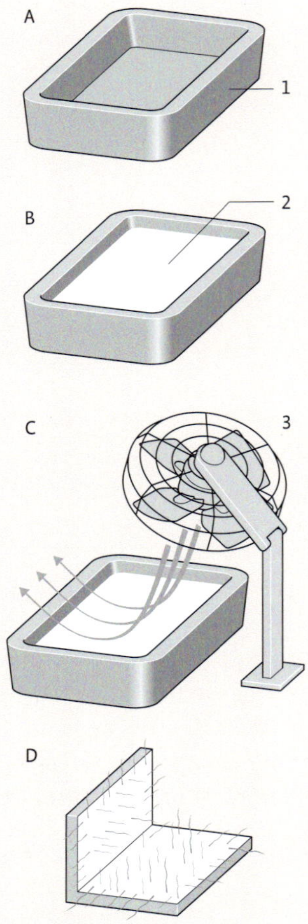

1 Hohlform
2 Styroldämpfe
3 Ventilator

A Hohlform mit Laminat
B Dämpfe bleiben in der Form
C Ventilator
D bei offenen Formen fließen die Styroldämpfe ab

Ablüften der Styroldämpfe

UP-Harze zeigen im Gegensatz zu der auf der Form gehärteten Seite eine leicht klebrige Oberfläche. Diese Seite sollte später nicht mit Wasser in Berührung kommen, da sie an der Oberfläche etwas löslich bleibt. Das nachträgliche Aufbringen einer Versiegelung mit UP-Vorgelat beseitigt diese Eigenschaft.
Die Anzahl der Tragschichten richtet sich nach der gewünschten Festigkeit und Stabilität des späteren Bauteils. Die Arbeitsabfolge bleibt dabei die selbe.

TIPP

Bei geschlossenen oder wannenförmigen Formen können die Styroldämpfe nicht abfließen, weil sie schwerer als Luft sind und erheblich die Aushärtung verzögern. Man sollte deshalb die Form so positionieren, dass die Dämpfe ablüften können oder einen auf ganz langsame Drehzahl eingestellten Ventilator zum Ablüften benützen.

Wabensandwichlaminate

Laminate mit einem Wabensandwichaufbau haben eine hohe mechanische Steifigkeit bei geringem Gewicht. Das Prinzip dieser Bauweise beruht darauf, dass zwischen zwei dünnen Decklagen ein leichtes, druckfestes Kernmaterial eingebracht wird. Die Anwendung erfolgt insbesondere bei flächigen Bauteilen. Die Verarbeitungsschritte sind folgende: Zunächst wird das äußere Decklaminat wie bei normalen Laminatbauteilen in die Form laminiert. Bei sehr dünnen Deckschichten muss das äußere Decklaminat vollständig aushärten, bevor der Wabenkern verklebt werden kann, weil sich sonst die Wabenstruktur auf der Außenseite abzeichnet. Die Verklebung erfolgt auf das angeschliffene (oder nach Entfernen des Abreißgewebes) Laminat durch Aufbringen eines sehr dünnflüssigen Laminierharzes, das zweckmässigerweise mit einer Moltoprenwalze aufgebracht wurde. Eine gute Verbindung ist nur dann gewährleistet, wenn der Harzauftrag nicht zu dick, sondern in erster Linie gleichmäßig ist.
Solange das Harz aushärtet, muss der Wabenkern fest und gleichmäßig auf das Decklaminat gepresst werden. Nach dem Aushärten der Klebung wird der Wabenkern an den Stellen, wo später Kräfte eingeleitet werden und um Bohrungen oder Durchbrüche lokal mit einem Füllstoff-Harz-Gemisch gefüllt. Das innere Decklaminat wird, bevor es mit dem Wabenkern verklebt wird, auf einer Folie vorgetränkt. Damit wird vermieden, dass die Waben mit Harz vollaufen.

Arbeitsgeräte

Mischgefäße

Als Einweggefäße haben sich Pappbecher bewährt. Kunststoffbecher („Yoghurtbecher") können nur dann verwendet werden, wenn sie vom Styrol nicht angelöst werden (vorher testen, damit man keine Überraschung erlebt!).
Mischgefäße aus PP (Polypropylen) eigen sich sehr gut. Sie sind mehrfach verwendbar. Durch ihre Elastizität können ausgehärtete Harzreste leicht entfernt werden.

Briefwaage

Nur ein genaues Mischungsverhältnis garantiert ein qualitativ gutes Laminat. Deshalb sollte man nicht schätzen, sondern messen. Damit die Tastatur der Briefwaage nicht mit Harz bekleckert wird, sollte man sie mit einer Frischhaltefolie abdecken.

Dosierspritze

Injektionsspritzen mit dicker Nadel und einem Volumen bis $2cm^2$ und $10cm^2$ eignen sich hervorragend zur Dosierung von Härter und Beschleuniger. Die scharfe Spitze der Injektionsnadel sollte man stumpf schleifen und natürlich für Härter und Beschleuniger getrennte Spritzen verwenden. Unbedingt Kennzeichnen! Spritzen gibt es in der Apotheke oder nach freundlicher Bitte vielleicht auch vom Hausarzt.

Pinsel

Nicht jeder Pinsel eignet sich. Haarpinsel sind zu weich, Borstenpinsel sind richtig. Lackierte Pinselstiele sind nicht gut, die Farbe löst sich durch das Harz auf und verfärbt das Laminat. Die Bindung des Pinsels muss lösungsmittelfest sein.

Rollen und Walzen

Zum Ausrollen von Luftblasen sollte man nur Metallscheibenroller oder Teflonroller verwenden. Sie müssen unbedingt vor dem Gelieren des Harzes ausgewaschen werden, damit sie nicht unbrauchbar werden.

Handschuhe

Bewährt haben sich Latexhandschuhe, die es auch in Sonderausführungen für Allergiker gibt. Es lohnt sich, eine etwas festere Qualität zu wählen. Man kann sie am Arbeitsende mit Aceton reinigen und so mehrmals verwenden.

Reinigung der Arbeitsgeräte

Pinsel und Rollen werden nach dem Aushärten von Harzresten unbrauchbar. Es hat sich bewährt, sie zwischen den Arbeitsgängen und am Arbeitsende in Aceton auszuwaschen. Zweckmäßigerweise benützt man als Acetongefäß einen verschließbaren Weithalskanister, der so groß ist, dass man auch die Arbeitsgeräte darin aufbewahren kann. Sie bleiben dadurch über sehr lange Zeit verwendbar.

Eigenschaften von Gieß- und Laminierharzen

Eigenschaften	Maßeinheit	Harztyp		
		UP	EP	VE
Dichte	g/cm³	1,12...1,25	1,1...1,25	1,07
Schwund Verarbeitung	%	6...10	1...3	1
Schwund Aushärtung	%	<3	<1	<1
Verarbeitungstemperatur	°C	>18	>18	>18
Gebrauchstemperatur max *	°C	50...160	45...230	100...150
Zugfestigkeit	Mpa	50...70	70...90	75...85
Biegefestigkeit	Mpa	60...120	140...160	125...135
Zugmodul	Gpa	3,5...4,7	2,8...3,6	3,4...3,5
Biegemodul	Gpa	4,0...5,0	4,5...6,0	3,2...3,8

* je nach Harztyp

Sicherheit beim Laminieren

Die Verpackungen der Harze und Reaktionsmittel enthalten Gefahrenhinweise (R-Sätze) und Sicherheitsratschläge (S-Sätze), die beachtet werden müssen. Während von den Rohmaterialien eine gesundheitliche Gefährdung ausgehen kann, sind die ausgehärteten Formstoffe unschädlich.

Hautkontakt

Direkter Hautkontakt ist zu vermeiden. Grundsätzlich muss man mit Schutzhandschuhen arbeiten. Harzreste auf der Haut können zu Allergien führen und sind schwer zu beseitigen.

Hautverschmutzungen

Die betroffenen Stellen sind sofort mit Papiertüchern zu reinigen. Nach Waschungen mit einem geeigneten Reinigungsmittel ist eine Hautschutzcreme aufzutragen. Das Reinigen der Haut darf nicht mit Lösungsmitteln erfolgen.

Atemschutz

Das Einatmen von Harz- und Härterdämpfen ist zu vermeiden. Das gilt auch für den Schleifstaub, besonders mit Faseranteilen. Atemschutzmaske verwenden und für belüfteten Arbeitsplatz sorgen. Gegebenenfalls Absauganlagen einsetzen.

Während der Arbeit nicht essen, trinken oder rauchen!

Winzige Faseranteile welche unvermeidlich beim Zuschnitt von Fasermatten und Gewebe in die Oberschicht der Haut eindringen können tagelang einen unangenehmen Juckreiz verursachen. Daher nach dem Arbeitsende und vor der Benützung der Toilette Hände gründlich reinigen!

Mischtabelle für Kunstharze

Harzmenge in Gramm	Härtermenge in Gramm beim angegebenen Mischungsverhältnis (Harz immer 100 Teile)									
	100:1,5	100:2	100:3	100:5	100:12	100:15	100:17	100:18	100:19	100:20	100:23
10	0,2	0,2	0,3	0,5	1,2	1,5	1,7	1,8	1,9	2,0	2,3
20	0,3	0,4	0,6	1,0	2,4	3,0	3,4	3,6	3,8	4,0	4,6
30	0,5	0,6	0,9	1,5	3,6	4,5	5,1	5,4	5,7	6,0	6,9
40	0,6	0,8	1,2	2,0	4,8	6,0	6,8	7,2	7,6	8,0	9,2
50	0,8	1,0	1,5	2,5	6,0	7,5	8,5	9,0	9,5	10,0	11,5
60	0,9	1,2	1,8	3,0	7,2	9,0	10,2	10,8	11,4	12,0	13,8
70	1,1	1,4	2,1	3,5	8,4	10,5	11,9	12,6	13,3	14,0	16,1
80	1,2	1,6	2,4	4,0	9,6	12,0	13,6	14,4	15,2	16,0	18,4
90	1,4	1,8	2,7	4,5	10,8	13,5	15,3	16,2	17,1	18,0	20,7
100	1,5	2,0	3,0	5,0	12,0	15,0	17,0	18,0	19,0	20,0	23,0
110	1,7	2,2	3,3	5,5	13,2	16,5	18,7	19,8	20,9	22,0	25,3
120	1,8	2,4	3,6	6,0	14,4	18,0	20,4	21,6	22,8	24,0	27,6
130	2,0	2,6	3,9	6,5	15,6	19,5	22,1	23,4	24,7	26,0	29,9
140	2,1	2,8	4,2	7,0	16,8	21,0	23,8	25,2	26,6	28,0	32,2
150	2,3	3,0	4,5	7,5	18,0	22,5	25,5	27,0	28,5	30,0	34,5
160	2,4	3,2	4,8	8,0	19,2	24,0	27,2	28,8	30,4	32,0	36,8
170	2,5	3,4	5,1	8,5	20,4	24,5	28,9	30,6	32,3	34,0	39,1
180	2,6	3,6	5,4	9,0	21,6	26,0	30,6	32,4	34,2	36,0	41,4
190	2,8	3,8	5,7	9,5	22,8	27,5	32,3	34,2	36,1	38,0	43,7
200	2,9	4,0	6,0	10,0	24,0	29,0	34,0	36,0	38,0	40,0	46,0
250	3,8	5,0	7,5	12,5	30,0	37,5	42,5	45,0	47,5	50,0	57,5
300	4,5	6,0	9,0	15,0	36,0	45,0	51,0	54,0	57,0	60,0	69,0
350	5,3	7,0	10,5	17,5	42,0	52,5	59,5	63,0	66,5	70,0	80,5
400	6,0	8,0	12,0	20,0	48,0	60,0	68,0	72,0	76,0	80,0	92,0
450	6,8	9,0	13,5	22,5	54,0	67,5	76,5	81,0	85,5	90,0	103,5
500	7,5	10,0	15,0	25,0	60,0	75,0	85,0	90,0	90,0	100,0	115,0

Härtermenge in Gramm beim angegebenen Mischungsverhältnis (Harz immer 100 Teile)											Harzmenge
100:24	**100:25**	**100:35**	**100:38**	**100:40**	**100:48**	**100:50**	**100:52**	**100:55**	**100:60**	**100:63**	**in Gramm**
2,4	2,5	3,5	3,8	4,0	4,8	5,0	5,2	5,5	6,0	6,3	10
4,8	5,0	7,0	7,6	8,0	9,6	10,0	10,4	11,0	12,0	12,6	20
7,2	7,5	10,5	11,4	12,0	14,4	15,0	15,6	16,5	18,0	18,9	30
9,6	10,0	14,0	15,2	16,0	19,2	20,0	20,8	22,0	24,0	25,2	40
12,0	12,5	17,5	19,0	20,0	24,0	25,0	26,0	27,5	30,0	31,5	50
14,4	15,0	21,0	22,8	24,0	28,8	30,0	31,2	33,0	36,0	37,8	60
16,8	17,5	24,5	26,6	28,0	33,6	35,0	36,4	38,5	42,0	44,1	70
19,2	20,0	28,0	30,4	32,0	38,4	40,0	41,6	44,0	48,0	50,4	80
21,6	22,5	31,5	34,2	36,0	43,2	45,0	46,8	49,5	54,0	56,7	90
24,0	25,0	35,0	38,0	40,0	48,0	50,0	52,0	55,0	60,0	63,0	100
26,4	27,5	38,5	41,8	44,0	52,8	55,0	57,2	60,5	66,0	69,3	110
28,8	30,0	42,0	45,6	48,0	57,6	60,0	62,4	66,0	72,0	75,6	120
31,2	32,5	45,5	49,4	52,0	62,4	65,0	67,6	71,5	78,0	81,9	130
33,6	35,0	49,0	53,2	56,0	67,2	70,0	72,8	77,0	84,0	88,2	140
36,0	37,5	52,5	57,0	60,0	72,0	75,0	78,0	82,5	90,0	94,5	150
38,4	40,0	56,0	60,8	64,0	76,8	80,0	83,2	88,0	96,0	100,8	160
40,8	42,5	59,5	64,6	68,0	81,6	85,0	88,4	93,5	102,0	107,1	170
43,2	45,0	63,0	68,4	72,0	86,4	90,0	93,6	99,0	108,0	113,4	180
45,6	47,5	66,5	72,7	76,0	91,2	95,0	98,8	104,5	114,0	119,7	190
48,0	50,0	70,0	76,0	80,0	96,0	100,0	104,0	110,0	120,0	126,0	200
60,0	62,5	87,5	95,0	100,0	120,0	125,0	130,0	137,5	150,0	157,5	250
72,0	75,0	105,0	114,0	120,0	144,0	150,0	156,0	165,0	180,0	189,0	300
84,0	87,5	122,5	133,0	140,0	168,0	175,0	182,0	192,5	210,0	220,5	350
96,0	100,0	140,0	152,0	160,0	192,0	200,0	208,0	220,0	240,0	252,0	400
108,0	112,5	157,5	171,0	180,0	216,0	225,0	234,0	247,5	270,0	283,5	450
120,0	125,0	175,0	190,0	200,0	240,0	250,0	260,0	275,0	300,0	315,0	500

Typen von Faserwerkstoffen

Typ	Bild*	Eigenschaften	Anwendung
Rovings	1	parallele Fasern	Bei längsorientierten Baukörpern und bei rotationssymmetrischen Wickelkörpern höchste Festigkeit in einer Vorzugsrichtung
Fasermatten	2	Vlies von Glasfasern gleicher oder ungleichmäßiger Länge	Gering belastete Baukörper. Hoher Harzbedarf zur vollständigen Tränkung nötig.
Gewebe, Leinwandbindung	3	gleichmäßige Verkreuzung von Kette und Schuß, dadurch schlechte Verformbarkeit	Ebene Platten, in einer Richtung geformte Bauteile.
Gewebe, Köperbindung	4	um einen Strang versetzte Verkreuzung von Kette und Schuß, dadurch bessere Verformbarkeit	Für sphärische Baukörper geeignet. Ebene Platten verziehen sich, wenn die Lagen nicht um 90 Grad versetzt verlegt werden.
Gewebe, Altlasbindung	5	um drei Stränge versetzte Verkreuzung von Kette und Schuß, sehr gute Verformbarkeit	Für sehr komplex geformte Bauteile geeignet.
Gewebe, Unidirektional	6	Fasern nur in Längsrichtung vernäht	Für in einer Richtung hochbelastete Bauteile
Gewebe, Biaxial	7	zwei um 45 Grad versetzte, vernähte Rovinggewebe. Sehr hohe Verformbarkeit	Für sehr komplex geformte, hochbelastete Bauteile geeignet.
Schlauchgewebe	8	Leinwandgewebe, als Endlosschlauch gewebt	Für rotationssymmetrische Bauteile

* Bild siehe Seite 336

Faser- und Gewebetypen – Handelsformen

Typ	Bindung	Gewicht g/m2	Anwendung typisch
Glasmatte	Vlies	225, 450	Behälter, Tanks, Fahrzeugbau, Bootsbau
Glasgewebe	Leinwand	25, 49, 58	Furnierbeschichtungen, Wabensandwich, Leiterplatten
	Leinwand	80	Beschichtungen, Sandwichbauteile, Luftfahrttechnik
	Köper	163	Modellbau, Fahrzeugbau, Luftfahrttechnik, Sportgeräte
	Köper	280	Tragende Teile Fahrzeug- Flugzeug- Bootsbau
	Atlas	296	Tragende Teile Fahrzeug- Flugzeug- Bootsbau
	Köper	390, 580	Tragende Teile Fahrzeug- Flugzeug- Bootsbau
Aramidgewebe	Leinwand	36, 61	Beschichtungen, Modellbau, Sandwich
	Köper	110, 170	Motorsport, Luftfahrttechnik, Sportgeräte
Carbongewebe	Leinwand	93	Luftfahrttechnik
	Köper	160, 200, 245	Motorsport, Luftfahrttechnik, Sportgeräte, Bootsbau
	Köper	410	Motorsport, Luftfahrttechnik, Sportgeräte, Bootsbau
	Biaxial	420	Motorsport, Flugzeug- u.Bootsbau, Torsionsteile
	Uniderektional	125	in einer Richtung hochbelastete Bauteile

Service

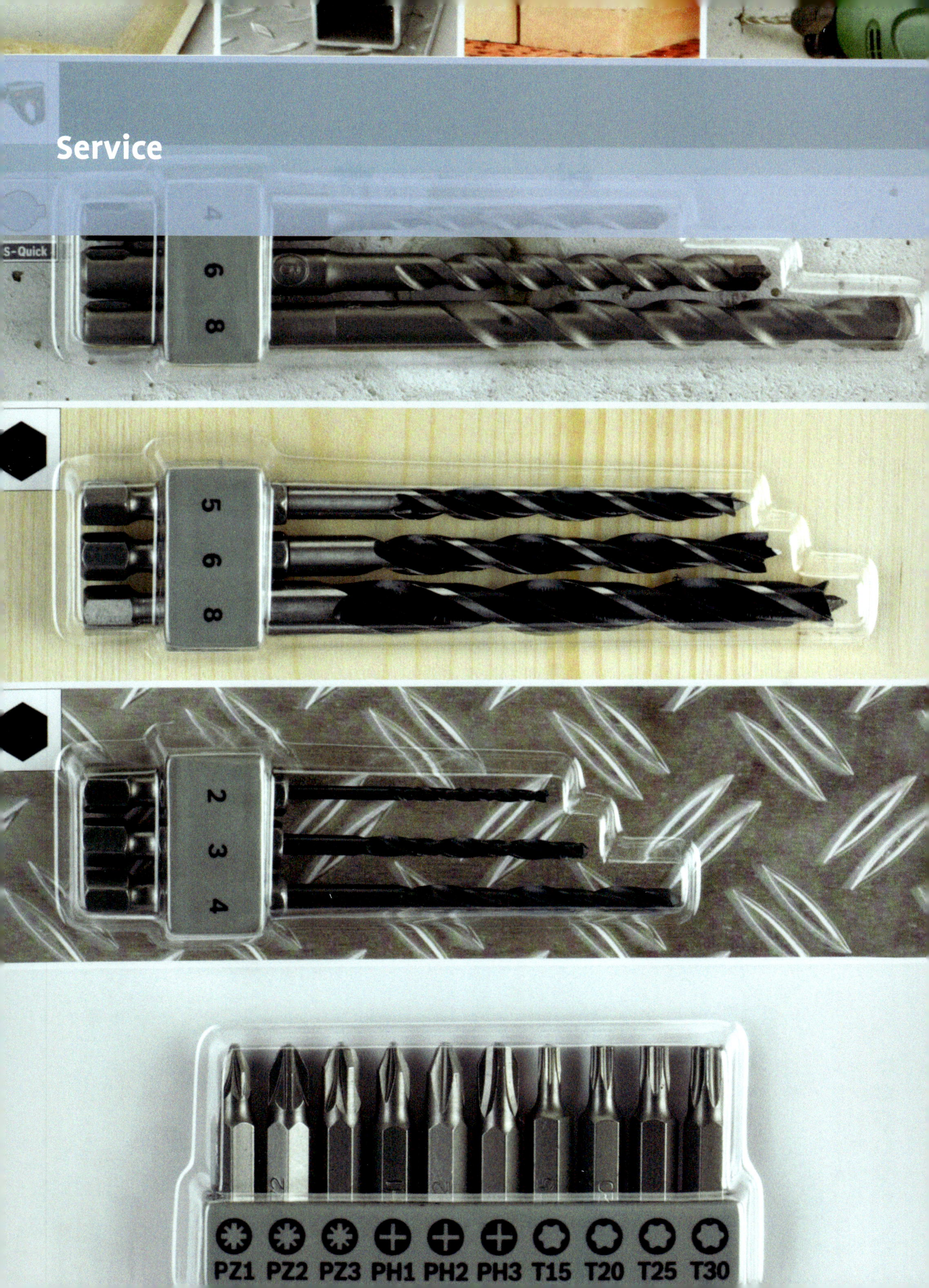

Links und Quellen

Die folgenden Links stellen eine Auswahl dar, eine komplette Auflistung aller Informationsquellen ist auf Grund der Vielfältigkeit in diesem Rahmen nicht darstellbar. Nicht alle der aufgeführten Links sind Lieferanten für Kleinmengen. Sie bieten aber zum Download Produktkataloge an, die auch über zusätzliche Informationen und Anwendungshinweise verfügen.

Aluminium. Informationen und Verarbeitungshinweise
http://www.aluinfo.de/index.php/wissens-shop.html

Aluminium-Verbundwerkstoffe
http://www.alucobond.com/alucobond-start.html?&L=1

Befestigungstechnik in Stein und Dübeltechnik
http://www.fischer.de/produkte.aspx

Bosch Elektrowerkzeuge Wissensportal
http://www.powertool-portal.com/?lng=de

Bosch Elektrowerkzeuge Service
http://www.bosch-pt.de

Edelstahl. Informationen und Verarbeitungshinweise
http://www.edelstahl-rostfrei.de/

Heimwerkerakademie, Weiterbildung, Kurse
http://www.diy-academy.eu/

Holz, Typen und Eigenschaften
http://www.zeg-holz.de/shop/wsstatic/de/produkte.asp?

Klebetechnik
http://www.uhu.de/klebeberatung/interaktiver-klebeberater.html

Kunststoff-Halbzeug, Info und Bezugsquellen
http://www.cadillac-plastic.de/
http://www.maagtechnic.ch/de.html

Kunststoffverarbeitung, Laminier- und Verbundtechnik
Reaktionsharze, Faserwerkstoffe und Hilfsmittel
http://www.r-g.de/

Metall-Halbzeug, Info und Bezugsquellen
http://www.spaeter.de/2166.0.html
http://www.ameco.de/

Schnitz- und Drechselkurse Günter Jentner
jentner@t-online.de

Schraubtechnik
http://www.ottoroth.de
http://www.wasi.de/

Schweißtechnik Lorch GmbH
http://www.lorch.eu

BOSCH
BOSCH